장르영화 대사전

장르영화 대사전

코즈믹 호러부터 무협까지, 장르영화의 모든 것

초판 1쇄 펴낸날 2025년 5월 30일

지은이 김정곤 김익상	**편집** 김현정 김혜윤 이심지 이정신 이지원 홍주은
펴낸이 이건복	**디자인** 김태호
펴낸곳 도서출판 동녘	**마케팅** 임세현
	관리 서숙희 이주원

만든 사람들
편집 이지원   **디자인** 김태호

인쇄·제본 영신사   **라미네이팅** 북웨어   **종이** 한서지업사

등록 제311-1980-01호 1980년 3월 25일
주소 (10881) 경기도 파주시 회동길 77-26
전화 영업 031-955-3000 편집 031-955-3005 **팩스** 031-955-3009
홈페이지 www.dongnyok.com **전자우편** editor@dongnyok.com
페이스북·인스타그램 @dongnyokpub

ISBN 978-89-7297-159-7 (03680)

코즈믹 호러부터 무협까지, 장르영화의 모든 것

장르영화 대사전

김정곤·김익상

동녘

차례

중요한 취급을 받지 못했던 영화들에 대하여

세상은 이야기로 만들어진다. 낮의 이야기 속에서 세상은 광휘光輝로 찬란하지만, 밤의 이야기에는 온갖 괴이한 것과 흉측한 것들이 출몰한다. 이야기는 원시 인류가 이해하기 어려웠던 것들을 받아들이던 생존의 지혜이자 삶의 양식이기도 했다. 그래서 인류 최초의 역사가들은 사람들에게 이야기를 전해주는 서사 시인, 즉 이야기꾼이었다. 오랜 시간이 흐르고 최초의 역사학자라 할 수 있을 헤로도토스는 다양한 이야기와 배경을 글로 정리한 책을 내놓았다. 그리고 이 책에 '이야기Histories/Ιστορίαι' 즉, '역사'라는 제목을 붙인다. 《역사》는 당대에 벌어진 사건들을 훌륭하게 정리하는 한편 온갖 괴이하고 신기한 것들을 무차별적으로 수록하기도 했다. 그중에는 인간의 육신을 젊게 만들어준다는 '젊음의 샘'도 등장한다. 이 젊음의 샘은 인간의 상상력에 크나큰 영향을 끼쳐 중세에서 근대에 이르기까지 세계 역사 곳곳에서 젊음의 샘에 관한 전승이 발견된다. 이야기는 이렇게 우리의 삶을 지배하고 있다.

어떤 이야기가 반복되면서 비슷한 것들이 모이면 장르Genre가 된다. 프랑스 말에서 비롯된 장르는 유행이나 종류를 뜻하며 다른 이야기 속의 인물, 시대, 기법, 주제, 소재, 구조, 표현 양식 같은 공통적 특성을 음식 메뉴처럼 묶어서 구분하는 것이다. 우리가 유사한 풍미와 조리법을 가진 음식을 한식, 중식, 양식으로 구분하는 것과 마찬가지다. 새롭고 진기한 이야기는 큰 즐거움을 주지만 새로움이 지나쳐 이해하기 어렵다면 공감을 받기 힘들다. 그래서 영화업계는 관객에게 제공되는 정서적 정보를 미각 정보처럼 익숙한 틀에 담아 안내하는 메뉴(장르)로 만들었다. 사실 영화는 태어나면서부터 연극, 음악, 미술 등 기존 예술의 영향력 아래서 장르적 익숙함을 반복하는 형태로 만들어졌다고 해도 과언이 아니다.

영화 장르는 복잡할뿐더러 방대하기까지 하다. 장르 자체를 규정하기 위해 한 권의 책이 필요하다면, 하나의 장르영화를 다루기 위해서도 두툼한 한 권의 책이 필요하다. 게다가 영화의 역사가 백 년을 넘어가며 수없이 많은 하위 장르가 등장했다. 여기까지 다루자면 백과사전 한 질이 모자랄 수도 있다. 따라서 우리는 장르를 구분하되 그 장르의 특별함을 드러낼 수 있는 특정 영역을 선택한 다음 그 특정 영역의 배경과 특징을 잘 보여주는 영화를 만든 감독을 선정하고자 했다. 그러므로 이미 다른 영화 책에서 언급한 '영화사에 길이 남을 걸작'은 이 책에서는 엄청난 경배의 대상이 아니다. 그보다 관객들은 좋아하지만 비평에서는 소외된 작품들, 즉 '중요하지만 중요한 취급을 받지 못하는 영화들' 위주로 다루고자 하였다. 위대한 걸작 영화만큼이나 관객이 사랑하는 영화들도 소중한 자원이기 때문이다. 이러한 기조를 바탕으로 큰 영역으로 구분할 수 있는 장르에서 뽑은 열두 개의 이야기 묶음을 선택했다. 장르는 대로에서 보면 크고 많은 것이 보이지만, 하위 장르라는 좁은 뒷골목으로 들어가면 특별한 사정을 더 세세하게 드러낼 수 있다고 판단했기 때문이다.

이 책은 인간의 마음이라는 추상적 영역에서 시작해 우주라는 방대한 공간을 지나 인간의 행위Action라는 가장 작은 움직임, 그 사이 어딘가에 있는 인간사 전반과 의식이 영화 속에서 어떻게 다뤄지고 변주되는지를 정리했다. 이를 위해 장르영화에 큰 영감을 부여했던 H. P. 러브크래프트 같은 기괴하고 독특한 작가에 대한 언급도 지나쳐서는 안 됐다. 영화적으로는 러브크래프트라는 작가의 업적에 영감을 얻어 영화를 만들었던 스튜어트 고든과 브라이언 유즈나, 그리고 러브크래프트의 코즈믹 호러를 재해석하여 자신만의 작품을 만든 존 카펜터 감독도 빼놓을 수 없다. 출간 이후 백여 년이 지난 지금에야 큰 주목을 받는 러브크래프트의 작품과 그의 세계를 영화에 접목한 영화들은 당시 장르영화광에게는 추앙받았으나 주류 비평가들에겐 철저히 천대받았다. 중요하지만 중요하지 않았던 영화들이다.

뿐만 아니라 그간 진지한 비평에서 무시당했던 영화들, 가령 여전히 유치한 영화라는 인식이 팽배한 스페이스 오페라, 할리우드 블록버스터의 캐시카우Cash-Cow로 활용되면서도 그냥 지나쳤던 슈퍼히어로와 슈퍼빌런에 대한 배경 탐구도 포함된다. 더불어 '칸느'나 '베를린' 같은 국제영화제 수상작만 대접해주던 비평 풍토에서 버린 자식 취급받던 아시아 호러 영화 역시 중요한 영화로 선택했다. 특히 이 책에서 장철을 중심으로 한 무협 영화와 이에 영향받은 영화를 정리한 내용은 다른 곳에서 쉽게 찾아볼 수 없는 내용이기도 하다. 이 외에도 영화 장르에 관한 진지한 접근에서 늘 한발 밀려나 있던 장르들과 작가들을 꼼꼼히 조명하고자 노력했다.

이러한 노력을 통해 세월의 어둠 속에 서서히 묻혀간 장르영화의 원전에 다시 빛을 비추어 그 영화들이 현대 장르영화에 어떤 영향을 미쳤으며 오늘날 어떤 방식으로 재사유될 수 있는지를 드러내고자 했다. 물론 《장르영화 대사전》의 목표가 세상의 모든 장르를 담아내는 것은 아니다. 이 책은 영화사의 만신전에 오른 빛나는 영화보다는 평범한 혹은 마니악한 취향을 지닌 일반 관객이 즐겁게 보았거나 보고 싶어 할 영화들에 대한 궁금증을 해소하기 위해 최선을 다해 정리한 것에 가깝다. 그런 의미에서 《장르영화 대사전》은 영화를, 그리고 장르영화를 사랑하는 모든 이들을 위한 책이기도 하다.

영화광들에게는 단계가 있다고 한다. 처음엔 미친 듯이, 닥치는 대로 영화를 많이 보고 다음으로는 영화에 대해 말하거나 글을 쓰는 것이다. 마지막 단계는 직접 영화를 만드는 일이지만 아쉽게도 모든 영화광들에게 허락된 기회는 아니다. 감사하게도 김익상은 모든 단계를 경험하였고 이제 다시 영화광의 단계로 돌아와 김정곤과 힘을 합쳐 책을 썼다. 이 책의 내용이 충실하다면 그 공로는 김정곤의 몫이고, 글이 잘 읽힌다면 김익상의 몫이라고 생각해주시면 감사하겠다. 책을 쓰는 과정에서 수많은 영화를 다시 보고 수많은 책을 다시 읽었지만, 여전히 부족한 부분이 많다. 이는 글쓴이의 부족함이 낳은 한계이며 오류가 있다면 전적으로 저자들의 몫이다. 책을 쓰는 과정은 저자들만의 시간이었으나 책을 내는 데는 출판사 동녘의 역할이 지대했다. 책 출간을 결정해주신 출판사 동녘 이건

복 대표님과 잡다한 내용이 어지럽게 흩어진 책을 애써 정리해주신
이지원 편집자님께 깊은 감사를 드린다.

2025년 새봄에
김정곤, 김익상

I

영화라는 판타지, 뮤지컬 영화

춤과 노래의
향연

애늙은이, 아니면
고전에 해박한 신세대

〈라라랜드〉가 공개되자 영화 팬들은 열광했다. 올드팬들은 추억이 떠올라서 좋았고, 젊은이들은 사라진 줄 알았던 뮤지컬 영화를 스크린으로 볼 수 있어 좋았다. 〈라라랜드〉는 대중들에게 고전 뮤지컬 영화에 대한 강렬한 관심을 불러왔으며, 감독 데이미언 셔젤은 이 영화로 젊은 거장의 반열에 올랐다. 〈라라랜드〉의 흥행 성공은 할리우드의 길거리 풍경도 바꿨다. 전 세계 관광객을 상대로 기념품을 팔던 할리우드 굿즈 숍 중 가장 큰 곳이 이름을 '라라랜드'로 바꿨고, 이름 덕인지 한창 성업 중이다.

데이미언 셔젤은 데뷔작 〈위플래쉬〉를 연출한 31세의 젊은이였다. 좋게 말하면 고전을 아는 신세대고, 농담하자면 애늙은이다. 어떻게 이렇게 젊은 감독이 고전 뮤지컬에 그토록 정통할까? 이런 영화를 21세기에 만들 생각을 어떻게 했을까? 〈라라랜드〉를 보면 수많은 고전 뮤지컬 영화의 영광스러운 순간이 보인다. 감독은 그들에게서 받은 영향을 숨기지 않으면서도 현대적 감성에 맞게 영화를 재창조했다. 가령 〈라라랜드〉에서 가장 유명한 〈사랑스러운 밤A Lovely Night〉 장면을 보자.

미아(엠마 스톤 분)와 세바스찬(라이언 고슬링 분)은 서로 이끌리지만 겉으로는 감정을 숨기며 티격태격 노래하고 춤을 춘다. 이 장면은 위대한 댄스 커플인 프레드 아스테어와 진저 로저스가 함께한 1937년 뮤지컬 영화 〈쉘 위 댄스〉의 한 장면인 〈모든 걸 끝장내자Let's Call the Whole Thing Off〉를 그대로 재현한 장면이다. 〈쉘 위 댄스〉에서 페트로프(프레드 아스테어 분)와 린다(진저 로저스 분)는 두 사람이 비밀 결혼을 했다는 악성 루머에 시달리다가 이 루머를 없애기 위해 진짜 결혼을 한 다음 바로 이혼하기로 합의한다. 바로 여기서 시작하는 춤 장면에서 막 사랑하는 연인의 아웅다웅하는 감정의 스파크는 〈라라랜드〉에서는 미아와 세바스찬의 석양의 댄스 장면으로 옮겨갔다. 모방이라고? 아니, 이런 걸 창조적 응용이라고 한다.

하지만 사실 〈라라랜드〉가 인용한 영화는 위대한 뮤지컬 영화 감독인 미국의 빈센트 미넬리와 프랑스의 자크 드미의 영화 그 자체다. 〈라라랜드〉는 오프닝부터 두 감독의 영향력을 숨기지 않는다. 영화가 시작되면 답답한 고속도로의 교통체증에서 누군가 〈또 다른 태양이 뜰 거야Another Day of Sun〉를 부른다. 고속도로는 갑자기 공연장으로 변하고 사람들은 차에서 내려 모두 흥겹게 춤추고 노래한다. 이 장면은 자크 드미 감독의 1967년 작 〈로슈포르의 숙녀들〉의 오프닝에서 강을 건너기 위해 배에 실은 차들 사이에서 춤추는 인물들이 등장하는 장면과 유사하다. 게다가 〈라라랜드〉의 전체 구조는 서로 사랑하던 연인들이 결국 헤어지는 과정이란 점에서 자크 드미의 걸작 〈쉘부르의 우산〉과 닮았다. 뿐만 아니라 〈라라랜드〉에는 빈센트 미넬리의 흔적도 곳곳에 보인다. 감독의 고전 영화에 대한 기초 독서량이 만만치 않음을 알려주는 사례다.

영화 이전에
가장 인기 있던 대중 예술, 뮤지컬

그렇다면 뮤지컬은 언제, 어떻게 시작되었을까? 연기와 춤과 노래를 결합해서 스토리텔링을 하는 방식의 예술은 어떻게 생겨났을까? 여기서 예술의 역사를 길게 늘어놓지는 않겠지만 도구 없이도 인간의 신체를 사용해서 바로 그 자리에서 가능한 공연예술, 즉 연극, 무용, 음악 이 세 가지는 문명의 시작과 함께했다는 것 정도는 알고 넘어가자. 카메라와 무대 장치가 없던 시절에도 놀이하는 인간의 본성은 인간을 노래하고 춤추게 만들었던 것이다. 세월이 지나 기원전 5세기 무렵 문명이 더욱 발전하자 무대, 배우, 코러스를 합친 고전적 그리스 연극 공연이 등장한다. 이것이 근대로 넘어와 정교하게 다듬어지면 오페라가 된다. 음악, 노래, 연기, 무용이 화려한 조명과 세트에 합쳐진 오페라는 영화가 발명되기 전까지 대표적인 종합 예술이었다. 하지만 주로 귀족을 위한 예술이었고 제작비도 비쌌다. 그래서 당시 서민들은 주로 방랑시인, 소규모 악단들, 한국으로 치면 남사당패들이나 재인ㅋㅅ들이 마을을 떠돌며 펼치는 작은 즉석 공연을 더 자주 구경했다. 서구 사회가 산업혁명을 거치면서 도시가 팽창하고 19세기가 되어 사람이 도시로 모여들자 대중사회 Mass society의 개념이 나타난다. 영화라는 기계적 복제 매체가 발명되기 전이라 이 시기 도시에는 대중의 오락을 위해 서커스, 마술, 보드빌, 그리고 뮤지컬 같은 공연 예술이 성행했다. 특히 뮤지컬과 보드빌은 연기와 노래, 춤을 버무려 노동자들의 지친 심신을 위로하던 당시의 최고 인기 버라이어티 쇼였다.

· 뤼미에르의 첫 영화를 상영한 그랑 카페

· 〈달세계 여행〉 포스터

19세기가 되자 과학 기술이 비약적으로 발전한다. 프랑스의 사진가 **루이 다게르**가 은판 사진술을 발명하고 몇십 년이 지나자 뤼미에르 형제가 1895년 12월에 파리의 그랑 카페 지하에 있던 인디언 살롱에서 사람들을 모아놓고 시네마토그래프Cinematograph**•**를 틀었다. 활동사진 기술로는 에디슨의 **키네토스코프** Kinetosope**••**가 몇 년 앞서긴 했지만, 대중을 상대로 스크린에 영상을 투사하는 방식으로는 세계 최초의 영화 상영이었다. 뤼미에르의 영화는 즉시 센세이션을 일으켰다. 하지만 이들 최초의 촬영 장비는 주로 풍경과 사람을 찍었을 뿐 어떻게 이 촬영물을 독자적인 예술로 발전시킬지에 대한 창의적 비전이 약했다. 대신 다른 이가 시네마토그래프의 가능성을 발견하고 자기 분야에 접목시켰다. 항상 **로베르 우댕**에 밀려서 이류 마술사란 콤플렉스에 빠져 있던 조르주 멜리에스였다. 1902년 멜리에스는 〈달세계 여행 Le Voyage dans la Lune〉이란 세계 최초의 SF 영화로 세상을 깜짝 놀라게 했다. 다만 이때도 영화는 필름 자체의 사운드 없이 라이브 연주와 자막으로 때우는 매체였다. 말하자면 활동사진을 틀고 그 위에 뮤지컬의 라이브 연주를 결합한 형태였는데, 그걸 **오페레타** Operetta 영화라고 했다. 그러다 1927년이 되자 최초의 **유성 영화** 〈재즈싱어 The Jazz Singer〉가 나온다.

• 영화감독이자 발명가인 뤼미에르 형제가 발명한 세계 최초의 영사기 겸 영화 촬영기.
•• 에디슨이 1889년에 발명한 영사기.

최초의 유성 영화이자 발성 영화
〈재즈 싱어〉가 준 충격

뮤지컬 영화는 보통 유성 영화의 산물로 보는 경향이 있지만, 뮤지컬 영화 초기 형식은 이미 오페레타에 기초한 1907년 〈즐거운 미망인〉부터 출발한다. 영화 상영에 맞춰 음악가들의 연주를 실연으로 들려준 무성 영화인 〈즐거운 미망인〉을 비롯해 수많은 영화가 상영과 함께 실연을 들려주는 형식으로 이미 만들어졌다. 아무리 녹음 기술이 없던 시절이라도 이미 연극이나 뮤지컬 사운드에 익숙한 관객에게 영화의 그림만 보여줄 순 없었기 때문이다. 말하자면 그림은 필름으로, 사운드는 라이브로 들려준 과도기적 뮤지컬 영화가 오페레타다.

오페레타 영화와 달리 일반적인 극영화의 음악에는 보통 큐시트 Cue Sheet를 사용했다. 파울 레니가 1927년에 만든 표현주의 스타일의 유쾌한 범죄 영화 〈고양이와 카나리아〉는 20명이 넘는 작곡가들이 만든 30편의 작품을 이용해 66개의 상세한 큐를 자세하게 설명하기도 했다. 물론 저예산으로 제작한 상당수의 일반 무성 영화는 악보 없이 연주가의 실력에 기댄 즉흥 연주로 구성됐다. 음악 연주와 영상이 따로 있던 오페레타 영화와 달리 사운드와 영상이 결합한 최초의 뮤지컬 영화는 역사상 최초의 유성 영화로 기록된 〈재즈 싱어〉다.

〈재즈 싱어〉가 관객에게 던진 진정한 충격은 음악 소리가 아니라 목소리였다. 등장인물 알 존슨이 관객에게 직접 말하는 대사 "잠깐만요! 잠깐만요! 당신은 이제까지 아무것도 듣지 못했어요!"는 그야말로 감동이었다. 엔터테인먼트 산업의 명대사로 지금도 회자되는 "하지만 쇼는 계속돼야 한다고요 The show must go on" 같은 대사도 여기서 나온다.

• 〈재즈 싱어〉
  알 존슨 대사

사실 〈재즈 싱어〉는 완전한 유성 영화가 아니다. 〈재즈 싱어〉까지도 대부분의 대사는 자막으로 처리했고 노래 가운데 대부분은 주연배우이자 가수이던 알 존슨이 기존에 녹음했던 노래를 사운드트랙에 입혀 드라마와 겉도는 느낌마저 든다. 게다가 이때는 모든 영화가 아직도 라이브 연주로 사운드를 만들던 시절이었다. 화면의 인물은 입 모양만 뻐끔뻐끔 보이고 말소리는 들리지 않는 먹통이었다. 그러다 화면 속의 인물이 말을 하기 시작한 것이다. 영화가 말을 한다는 것은 단지 소리가 있다는 게 아니라 주인공이 하는 말이 곧바로 관객에게 건네진다는 뜻이었다. 그래서 〈재즈 싱어〉를 최초의 유성 영화(소리가 있는)라기 보다는 발성영화(말을 하는)로 불러야 한다는 주장도 있다. 오늘날 우리는 은막의 스타가 처음으로 관객에게 말을 걸었을 때의 짜릿한 열광을 간과하기 쉽다. 말을 건다는 것은 참여를 요청하는 것이고 〈재즈 싱어〉에서 처음으로 알 존슨의 대사가 극장에 울려 퍼지는 순간 이제까지의 수동적 관객은 능동적 관객으로 재탄생하게 된다. 〈재즈 싱어〉에서 알 존슨이 "톳, 톳, 톳 시를 듣고 싶지 않으세요?"라고 물었을 때 "예~" 하고 호응했던 관객 반응은 세계 최초의 **상호작용영화** Inter-active movie 의 탄생과도 같았다. 작품마다 항상 영화광임을 입증하는 데이미안 셔젤도 초기 할리우드 역사를 다룬 그의 네 번째 연출작 〈바빌론〉의 한 장면에서 〈재즈 싱어〉의 관객이 느낀 바로 이 충격의 순간을 생생하게 묘사하고 있다.

뮤지컬 장르의
마에스트로,
빈센트 미넬리

1930년대 전성기를 맞은
뮤지컬 영화

〈재즈 싱어〉는 최초의 발성 영화이긴 하지만 여러 기술적 한계 때문에 본격 뮤지컬 영화라고 보긴 힘들다. 뮤지컬 영화의 진정한 시작은 1929년 영화 〈브로드웨이 멜로디〉다. 이듬해 아카데미 작품상을 받은 〈브로드웨이 멜로디〉는 브로드웨이에서 공연을 올린 자매와 한 남자 간의 사랑을 그린 작품으로 〈화장한 인형의 결혼Wedding of the Painted Doll〉이라는 노래를 부르는 가운데 테크니컬러를 사용해 흑백 영상이 컬러 영상으로 바뀌는 시퀀스가 등장한 최초의 뮤지컬 영화였고, 관객에게 처음으로 소리와 색채의 향연을 동시에 즐기게 해준 작품이다. (아쉽

• 〈브로드웨이 멜로디〉 포스터

게도 현재는 흑백 필름만 남아 있다) 〈라라랜드〉의 오프닝에서 영화사 로고가 흑백에서 컬러로 변하고 화면비가 넓어지는 것도 이를 의식한

• 빈센트 미넬리의 첫 테크니컬러 뮤지컬 영화 〈세인트 루이스에서 만나요 Meet Me in St. Louis〉

연출이다. 이어지는 〈라라랜드〉의 오프닝 곡 〈another day of sun〉에서는 "한여름 밤이면 우린 어두운 극장 안 의자에 파묻혀 '테크니컬러'와 음악으로 만들어진 세계에 빠져 살았다"고 노래한다. 아쉽게도 〈라라랜드〉 한글 자막에는 테크니컬러의 영화사적 맥락이 빠지고 "화려한 컬러"라고 번역됐다. 사실 테크니컬러는 기술 용어지만 한편으로는 그 강렬한 색감으로 인해 뮤지컬 영화가 가장 사랑했던 필름이라는 맥락까지 이해해야 하는 말이기도 하다.

　〈브로드웨이 멜로디〉의 대성공으로 인해 할리우드에 뮤지컬 영화의 붐이 일어난다. 〈브로드웨이 멜로디〉가 나온 1929년에만 55편이, 1930년에는 무려 77편이 만들어졌다. 할리우드의 흥행 공식인 '되는 장르는 계속 만들어라'를 실행한 것이다. 그러나 이런 수법은 결국 장르의 수명 단축을 재촉할 뿐이어서 뮤지컬 영화 붐은 과잉 제작으로 곧 시들해지고 1931년과 1932년에는 각각 24편과 10편으로 제작 편수가 확 줄어든다. 그래도 대중은 여전히 뮤지컬 영화를 사랑했다. 사실 뮤지컬 영화야말로 고단한 현실을 잊게 해주는 판타지 중의 최고 판타지 영화였기 때문이다. 이 시기를 배경으로 삼은 우디 앨런의 〈카이로의 붉은 장미〉에서 힘들게 살아가는 세실리아가 고된 현실을 잊으려고 밤마다 혼자 뮤지컬 영화를 보러 간 것도 그런 까닭이었다.

양적으로는 줄었지만 뮤지컬 영화는 1930년대라는 황금기 동안 계속 만들어졌고 스타일도 변화했다. 1933년에 공개한 〈42번가〉는 익숙한 이야기에 음악을 덧붙이는 식으로 만들어지던 이전 영화들과 달리 무대 공연 분량과 캐릭터들의 러브 스토리를 동일한 비중으로 그려내기 시작했고, 이로부터 오늘날 우리에게 익숙한 대본과 음악, 안무, 무대 미술 등 다양한 요소를 유기적으로 결합한 통합Integration 뮤지컬이 등장한다. 〈42번가〉는 완벽한 뮤지컬로 불리며 오늘날까지 통하는 뮤지컬 영화

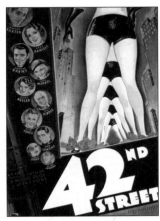

• 〈42번가〉 포스터

의 장르적 규칙을 만들었다. 영화 〈42번가〉에는 아주 인상적인 순간이 있다. 뮤지컬 공연 후원자가 여자 주인공에게 흑심을 품고 투자를 약속한다. 그러나 옛사랑을 잊지 못한 여자 주인공이 후원자의 애인이 되는 것을 거절하자 분노한 후원자는 주연 자리에 자기의 또 다른 애인을 추천한다. 그러자 주인공으로 추천된 여성은 그 자리를 사양하며 본래 주연이었던 여자 주인공을 추천하며 말한다. "내가 주연급이 아니라는 건 나도 안다. 하지만 주인공은 나 역시 평생 꿈꿔왔다. 그런 기회를 양보하려는 대상이라면 내 말을 믿어볼 만하지 않겠나"라고.• 이 대사야말로 뮤지컬이 담고 있는 한없는 꿈과 낙관의 세계관을 보여주는 정수이자 핵심이라고 해도 과언이 아니다. 누구나

스타가 될 수 있고, 누구나 꿈과 같은 로맨스를 펼칠 수 있다는 낭만적 세계관 말이다. 사실 '스타', '꿈', '로맨스'라는 세 키워드는 관객이 뮤지컬 영화에서 가장 바라는 것이었고 〈라라랜드〉가 수십 년 만에 살려낸 것도 바로 이것이었다. 그러니 지금보다 순진하고 덜 찌들었던 70년 전의 관객에겐 얼마나 감동이 컸겠는가. 〈42번가〉를 시작으로 할리우드의 황금기를 지배했던 뮤지컬 영화에서 이러한 낭만을 가장 잘 담아낸 인물은 누가 뭐라고 해도 빈센트 미넬리일 것이다. 빈센트 미넬리라는 이름은 이런 뮤지컬 세계의 그 상징이요 핵심이었다.

빈센트 미넬리를 알면
〈라라랜드〉가 더 잘 보인다

• 〈파리의 아메리카인〉 포스터

빈센트 미넬리의 1951년 영화 〈파리의 아메리카인〉은 〈라라랜드〉의 원본 같은 영화다. 우연히 마주친 한 남녀가 서서히 사랑에 빠지지만, 여자에게는 결혼을 약속한 남자가 있다. 남자는 현실의 불가능한 사랑에 좌절하면서 상상이나마 여자와 행복한 삶을 누리는 장면들을 떠올린다. 바로 〈라라랜드〉 마지막 장면에서 세바스찬이 떠올리는 환상 장면과 겹치는 순간이다. 이뿐이 아니다. 〈라라랜드〉가 대단한 점은 빈센트 미넬리의 가장 영광스러

• 〈42번가〉에서 극 중 조연으로 등장해 공연자들의 꿈인 주인공 자리를 양보하는 인물을 맡은 배우가 바로 뮤지컬 초기 황금기를 프레드 아스테어와 함께 화려하게 장식한 진저 로저스다.

운 순간을 대표하는 〈파리의 아메리카인〉만이 아니라 그의 쇠락을 대변하듯 저예산 전문 영화사에서 1975년에 만든 마지막 작품 〈시간의 문제A Matter of Time〉까지 적극 인용하고 있다는 것이다. 빈센트 미넬리에 관해서라면 데이미언 셔젤은 그야말로 A TO Z를 망라한다.

가령 〈라라랜드〉에서 엠마 스톤이 연기한 미아는 빈센트 미넬리의 마지막 영화 〈시간의 문제〉에서 그려낸 라이자 미넬리(감독의 딸이다)와 잉그리드 버그만이 맺는 가상의 멘토-멘티 관계와 유사한 모습을 보인다. 호텔 종업원으로 일하는 니나(라이자 미넬리 분)가 산지아니 백작 부인(잉그리드 버그만 분)에게 그녀처럼 되고 싶다고 말하자 백작 부인은 남을 닮지 말고 원본이 되라고 충고한다. 사람들은 원본만을 숭배하기 때문이다. 그러다 니나에게도 오디션 기회가 온다. 때마침 정신이 온전치 못한 상태로 실종된 산지아니 백작 부인을 걱정하는 니나는 오디션 현장에서 백작 부인을 떠올리며 독백 연기를 한다. 〈시간의 문제〉 속 이 장면은 〈라라랜드〉에서 미아가 이모를 떠올리며 노래로 이어 나가는 독백으로 다시 인용된다. 또 미아의 방 안은 거대한 잉그리드 버그만의 사진으로 도배되어 있는데, 이는 잉그리드 버그만을 동경하는 미아의 캐릭터를 표현한 것이자 〈시간의 문제〉에 대한 오마주다. 영화가 진행되면서 미아는 단지 배우뿐 아니라

• 〈시간의 문제〉 백작 부인에 의해 재탄생한 니나

• 〈시간의 문제〉 니나의 독백

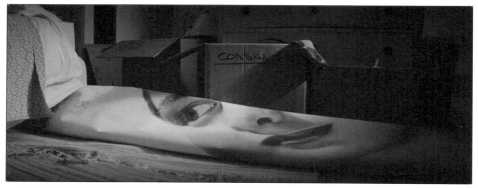

• 〈라라랜드〉 버려진 잉그리드 버그만의 사진

• 〈라라랜드〉 미아의 독백

진정한 작가가 되기로 결심한다. 그리고 더 이상 누구를 동경하는 존재가 아니라 진짜 자신이 되기 위해 잉그리드 버그만의 사진을 떼어내고 스스로 대본을 쓰고 연기하는 자기만의 연극을 준비한다. 〈시간의 문제〉에서 복제가 되지 말고 원본이 되라는 산지아니 백작 부인의 충고가 〈라라랜드〉에서는 미아가 잉그리드 버그만의 사진을 버리고 직접 대본을 쓰며 진정한 자신으로 거듭나는 순간으로 재탄생한것이다. 이 연극 공연은 미아의 본격적인 성공을 열어주는 오디션 장면으로 이어진다. 감독 데이미안 셔젤이 수많은 뮤지컬 영화를 촘촘하게 인용하여 자기의 영화적 학습량을 보여줌과 동시에 그 원소를 자신의 재주로 재창조하는 우등생의 능력을 유감없이 보여준 장면이다.

MGM 뮤지컬의 총사령관
빈센트 미넬리

빈센트 미넬리는 뮤지컬의 황금기를 이끈 메이저 스튜디오 MGM-Metro Goldwyn Mayer에서 제작자 아서 프리드와 함께 MGM 뮤지컬 영화의 전성시대를 만들어나간 인물이다. 지금은 비록 몰락해서 아마존 프라임 비디오 같은 OTT 서비스에 라이브러리를 넘기는 신세가 됐지만, MGM이야말로 할리우드의 황금기를 대표했던 슈퍼 메이저 스튜디오였다. 그 시절, 객석에 불이 꺼지고 스크린에 MGM의 상징인 사자 레오가 나타나 포효하면 관객의 마음도 함께 설렜다. 화려한 뮤지컬 영화는 화려한 MGM의 대표 상품이었고, 빈센트 미넬리는 그곳의 총사령관이었다. 제임스 스튜어트, 캐서린 햅번, 그리어 가슨, 헤디 라마 같은 전설적인 스타들이 MGM 회장 루이스 메이어를 에워싸고 있는 기록 사진은 당시 MGM의 슈퍼 파워를 한 장으로 요약한다. 지금도 스티븐 스필버그, 크리스토퍼 놀란, 제임스 카메론, 리들리 스콧과 같은 감독이 있지만 그 누구도 MGM과 빈센트 미넬리와 같은 파워를 다시 가질 수는 없을 것이다.

· MGM의 상징인 사자 레오

이 시기 빈센트 미넬리는 그의 첫 번째 뮤지컬 영화지만 소품 느낌이 강한 〈하늘의 오두막〉을 만든 다음, 곧바로 세상에 둘도 없을 한없이 사랑스러

· 루이스 메이어와 스타들

운 마을을 묘사하는 〈세인트루이스에서 만나요〉라는 MGM을 대표하는 뮤지컬 영화를 만든다. 이후 빈센트 미넬리의 뮤지컬 영화 작업은 초대형 **뮤지컬 레뷔** Revue 〈지그펠드 폴리스〉나 유쾌한 해적 이야기를 다룬 〈해적〉 그리고 MGM의 가장 위대한 시기를 대변하는 걸작들인 〈파리의 아메리카인〉과 〈밴드 웨건〉 같은 작품들에 이어 뮤지컬 영화의 영광을 대변하는 마지막 작품 〈지지〉까지 이어진다. 빈센트 미넬리는 그야말로 MGM 뮤지컬 그 자체였다고 할 수 있다.

빈센트 미넬리는 MGM의 뮤지컬 영화로 꾸준히 삶의 낙관과 희망을 노래했다. 그의 영화에는 항상 행복이 넘쳐흐른다. 심지어 주인공들의 죽음으로 끝을 맺는 〈하늘의 오두막〉마저도 주인공 커플이 천국으로 가는 해피엔딩이다. 세상에 대한 '낙관주의'와 '해피 엔딩'은 빈센트 미넬리 영화의 핵심이었다.

빈센트 미넬리의 가장 뛰어난 두 작품인 〈파리의 아메리카인〉이나 〈밴드 웨건〉이 등장한 1950년대는 뮤지컬 역사에서 가장 위대한 영화로 손꼽히는 진 켈리가 감독한 〈사랑은 비를 타고〉가 나온 시기이기도 하다. 우연히도 뮤지컬 영화의 황금기는 미국이 신흥 강국으로 부상하던 1930년대, 제2차 세계대전 이후 초강대국으로 자리잡은 1950년대와 겹친다. 세상이 즐겁고 돈이 넘치면 즐거운 영화가 먹힌다. 반대로 세상이 우울해도 즐거운 영화가 먹힌다. 현실이 괴로운데 극장에서까지 괴롭고 싶은 관객은 없으니까. 그래서 이 시기의 뮤지컬은 전쟁의 공포와 경제난에 허덕이는 관객들의 마음을 달래주고 미국의 황금시대를 화려하게 장식하는 영화였다. 영화학자 배리 랭포드는《영화 장르》에서 뮤지컬 영화는 "하나의 이데올로기적 판타지로 간주할 수 있는 반면, 뮤지컬 넘버들이 서사의 가치관들에 도전하기보다는 확증하는 헤게모니 가치관들을 촉진"한다고 지적한다. 한마디로 뮤지컬은 지배 이데올로기에 봉사한다는 것이다. 물론

• 〈사랑은 비를 타고〉 뮤지컬 역사상 가장 유명한 장면

반대 의견도 있다. "뮤지컬이 자칫 고전 할리우드의 관습들에 의해 무시되어버렸을 주체성들의 표명을 위한 공간을, 설령 제한된 것일 지라도 제공했을 가능성" 또한 있다는 것이다. 뮤지컬에는 지배 이데 올로기에 봉사한다는 비판과 제한적이라도 전복적인 주체들을 끌어 내기도 했다는 두 가지 주장이다. 크게 보자면 확실히 뮤지컬 영화는 이성애 가족 중심의 판타지를 중심에 두고 이야기를 전개하는 영화 고, 그래서 보수적이다. 또한 뮤지컬 영화는 엄청난 자본이 투입되는 영화기도 하다. 뮤지컬 영화만이 아니라 할리우드에서 만든 거의 모 든 대자본 영화는 투자된 비용을 회수하기 위해 시대의 지배적 가치 를 영화에 녹여내야 한다. 〈미드 소마〉 같은 영화는 절대로 대자본이 만들 수 없다. 사실 디즈니와 마블이 영화에 성평등이나 소수자 인권 을 강제로 배치하는 것도 정말로 좋은 가치관과 메시지를 전하기 위

• 〈쉘부르의 우산〉 우연히 만난 두 사람

• 〈사운드 오브 뮤직〉 비극의 시대

함이라기보다 어디까지나 시장에서의 안전을 위한 것이란 걸 아는 사람은 다 안다.

그래도 뮤지컬 영화에서 변화의 조짐은 간혹 감지된다. 〈사랑은 비를 타고〉가 보여주는 무성 영화에서 유성 영화로 바뀌는 시대 분위기나 〈쉘부르의 우산〉이 묘사하는 이율배반적인 삶의 흐름, 〈사운드 오브 뮤직〉에서 뛰어난 화음 속에 울려 퍼지는 교회 종소리가 새로운 가족을 맞이하는 소리가 아니라 제2차 세계대전이라는 비극으로 물들어가는 소리로 들리듯이, 뮤지컬이 마냥 밝기만 한 것은 아님을 말해준다. 어차피 독립 영화가 아닌 담에야 상업 영화는 시대의 지배적 이데올로기를 벗어날 수 없다. 그러나 이데올로기를 강조하기 위한 수단으로 영화를 이용하는 것과 삶의 낙관성을 노래하는 것은 구분해야 한다. 뮤지컬의 비판자들은 뮤지컬 영화에 담긴 낙관주의와 해피엔딩을 가장 크게 문제 삼는다. 거칠게 말하면 인민의 아편이란 거다. 그러나 빈센트 미넬리의 영화는 이런 비판을 무색하게 만드는 측면이 있다. 세상에는 많은 문제가 있지만 그렇다고 모두가 손가락을 튕겨 세계의 절반을 멸망시켜야 하는 건 아니다. 물론 헤게모니에 봉사하는 영화도 있지만 뮤지컬 판타지가 지배적 가치를 강조하는지 아니면 낙천적 삶에 대한 동기를 부여하는지는 오롯이 관객의 판단이다. 그걸 보여주는 게 빈센트 미넬리가 만든 또 한 편의 걸작 〈밴드 웨건〉이다.

한물간 뮤지컬 배우 토니(프레드 아스테어 분)는 뮤지컬 감독 제프리(잭 뷰캐넌 분)의 요청으로 '파우스트'를 현대식으로 재구성한 새로운 작품에 참여한다. 하지만, 공연은 실패하고 예정된 파티에는 아무도 참석하지 않자 토니는 자신이 머무는 호텔로 갔다가 쫑파티 중인 단원들을 만난다. 이들과 함께 어울리던 토니는 사랑스럽고 뛰어난 단원들을 그냥 내버려 두기 너무 아까워 무작정 새로운 공연을 시작한다. 〈밴드 웨건〉은 모든 캐릭터에 대한 감독의 애정을 보여준다. 단역으로 등장하는 단원들 누구도 무시하지 않는다. 보통의 뮤지컬 영화에서는 배경으로만 등장하는 코러스들도 공연의 한 막 속에서 직접 이름을 호명하고, 코러스들은 돈과 성공에 구애받지 않은 채 최선을 다한다. 그리하여 영화의 결말은 공연의 성공과 상관없이 단원들과 토니의 강력한 유대를 보여주며 끝을 맺는다. 빈센트 미넬리의 인간에 대한 본질적인 신뢰가 강하게 드러나는 순간이다. 팝의 황제 마이클 잭슨은 〈밴드 웨건〉에 감동을 받아 자신의 영화 〈문워커〉 속 한 장면인 '그녀를 찾아서 Girl hunt'를 〈밴드 웨건〉의 탐정과 갱단이 등 장하는 장면과 프레드 아스테어의 춤을 인용해 만들어내기도 했다.

음악이 바뀌고 시대가 바뀌자
뮤지컬의 영광도 저물어갔다

1950년대가 지나고 1960년대를 보내면서 뮤지컬 영화의 황금기는 서서히 저물어간다. 거기에는 몇 가지 이유가 있다.

　첫째는 TV의 보급이다. 1950년대부터 집집마다 텔레비전이 보 급되자 영화 관객은 급속히 줄어들었다. 거기에 1960년대부터는 컬 러 TV까지 등장해서 꼭 영화관을 찾아야 할 이유가 더욱 사라져갔 다. 할리우드 스튜디오는 여기에 대항해서 컬러, 대형화면, 입체음향 을 강조하는 대작 영화와 뮤지컬 영화를 연속 발표하지만 거대한 파 도를 뒤집기엔 역부족이었다. 더구나 막대한 제작비 투자가 필요한 데 수지 타산이 안 맞는 뮤지컬 영화를 계속 제작하는 것은 스튜디 오 간부들에겐 멍청한 결정이었다.

　둘째는 대중의 취향과 시대적 분위기의 변화다. 제2차 세계대전 이후 영원히 안정과 번영을 누릴 것 같던 서구 사회는 1950년 한국전 쟁 발발로 점차 그 분위기가 변해간다. 그리고 1960년대 들어서는 베 트남 전쟁의 발발로 더 이상 인류의 미래를 낙관적으로 보기 어렵게 되었다. 게다가 미·소 간의 대립으로 냉전과 핵전쟁의 공포가 사람들 의 머리를 짓눌렀다. 부모에 순응하면서 풍요를 누리고 자란 50년대 의 아이들은 60년대가 되자 '앵그리 영맨'으로 성장하면서 기성세대에 저항하기 시작했다. 이런 세상에서 마냥 꿈을 노래하는 뮤지컬 영화는 그야말로 헛소리였다. 부정·반역·저항·전복·혁명·투쟁의 구호들이 넘치는 현실에서 사랑·꿈·낭만·행복이 설자리는 없었다. 1960년대는 영화도 혁명의 시기였다. 아메리칸 뉴 시네마, 프랑스의 누벨바그, 독일의 뉴 저먼 시네마 등이 기성세대의 영화를 부정했다. 과거에는 힘들지만 이겨내자는 메시지가 통했다. 경제공황으로 사람들이 길거리에 나앉던 1930년대에 〈오즈의 마법사〉에서 주디 갈란드는 '무지개 너머 어딘가에 Over the Rainbow'를 부르며 그래도 희망을 노래한다. 가사를 쓴 입 하버그는 "노랫말에 루스벨트의 뉴딜 정책 아래 있는 미국에 대한 희망의 메시지를 표현했다"고 밝힌 바 있다. 1960년대에 이런 메시지는 조롱 아니면 비판의 대상이었다.

셋째로는 음악적 조류의 변화다. 뮤지컬 영화의 음악과 노래들은 대부분 미국의 황금기를 반영하는 시대의 산물이었다. 고전음악, 스윙, 재즈, 발라드, 스탠다드 팝에 낭만과 환상을 담아 노래해도 대중들은 거부감을 느끼지 않았다. 음악도 백인 주류의 감성에 맞는 장르 일색이었다. 그러다 호황기인 1950년대가 되면 드디어 아이들이 용돈을 받는다. 아이들은 용돈으로 자기가 좋아하는 가수의 음반을 구매했다. 하필이면 젊은이들이 좋아하는 음악은 거의가 흑인(에서 비롯된) 음악이었다. 빌보드 차트가 본격적으로 음반 판매량을 집계한 시기도 이때부터다. 아이들의 위대한 인물은 "백인이지만, 흑인 창법으로 노래하는 인물(선Sun 레코드사 사장 샘 필립스의 발언)"인 엘비스 프레슬리였다. 또 다른 로큰롤 가수 칼 퍼킨스는 "내 얼굴은 짓밟아도 내 신발은 밟지 말아주세요"라는 가사의 〈블루 스웨이드 구두 Blue Suede Shoes〉를 불러 십 대들을 열광시켰고 비치보이스는 미국의 풍요를 찬양하고 캘리포니아의 젊음을 그리는 〈서핑 USA Surfin' USA〉를 부른다. 1960년대는 베트남 전쟁으로 미국의 사회 갈등은 깊어지고 음악 조류도 완전히 바뀐 시기였다. 1950년대 말부터 척 베리, 리틀 리차드를 중심으로 고개를 들던 락앤롤은 이제 본격적으로 1960년대 젊은이들의 고막을 때렸고 나중엔 흑인들의 블루스에 백인의 감성을 입힌 블루스 록, 하드 록, 헤비메탈 음악이 1960~1970년대를 평정했다. 미국에서 시작된 로큰롤은 블루스를 연주하던 영국 밴드들이 가세하면서 '블루스 록'이 되었고 록 음악으로 발전한다. 록은 다시 하드 록, 헤비메탈, 프로그레시브 록으로 분화하며 발전한다. 거기에 비하면 고전 뮤지컬 음악은 얌전하거나 시시하거나 둘 중 하나였다.

한편 흑인들은 '검은색은 아름답다'를 외치며 흑인들의 '인종 음악 Race music(흑인 음악을 인종비하적으로 표현하는 명칭)'으로 불리던 블루스를 '리듬 앤드 블루스'로 발전시킨다. 롤링 스톤즈는 백인 블루스라는 파도의 시작이었고 블루스 마니아인 에릭 클랩턴과 제프 백, 지미 페이지가 블루스를 바탕으로 록 뮤직의 지평을 키워나갔다. 이제 젊은이들은 더 이상 뮤지컬 영화의 달달한 음악을 원하지 않았고 대신 그들의 분노와 절망을 대변하는 음악을 찾았다. 그리고 이런 모든 변화가 분출된 무대가 우드스탁이었다.

1969년 뉴욕 변두리의 목장에서 2박 3일간 벌어진 우드스탁 페스티발은 이미 시대가 변했음을 알려주는 상징적 사건이었다. 여기서 지미 핸드릭스는 미국 국가인 '성조기여 영원하라 Star Spangled Banner'를 펜더 기타에 페달을 걸어서 해괴한 피드백 사운드로 연주했다. 이제 미국의 젊은이들에게 '별이 빛나는 깃발(미국 국기)'은 더 이상 가슴이 웅장해지는 존재가 아님을 보여준 것이다. 뮤지컬 영화도 시대의 흐름을 완전히 외면할 수는 없었고 관객의 취향 변화를 맞추기 위해서는 뭐라도 해야 했다. 〈이유 없는 반항〉 같은 영화 역시 십 대 문제에 주목했지만, 당시 십 대의 진정한 음악적 상징은 역시 로큰롤이었다. 당연히 뮤지컬도 록이 필요했다. 그래서 나오게 된 영화들이 록 뮤지컬 〈토미〉 〈가스펠〉 〈헤어〉 그리고 록 오페라를 표방한 송스루 뮤지컬 〈지저스 크라이스트 슈퍼스타〉 같은 영화다. 하지만 이런 변화는 역설적으로 고전 뮤지컬의 퇴조를 알릴뿐이었다. 빈센트 미넬리는 꾸준하게 뮤지컬 영화 작업을 이어갔지만, 서서히 종막은 다가오고 있었다. 이 시기부터 음악계에 뿌리내린 속설 "음악 시장은 십 대의 용돈으로 지탱하는 시장이다!"라는 말이 나왔고 음악과 영화 산업은 전쟁 이후 엄청나게 늘어난 십 대의 구매력에 주로 집중한다. 힙합을 듣는 지금의 십 대들에게 헤비메탈과 블루스가 올드한 음악이 되었듯이 록을 듣던 1960년대의 젊은이들에게 고전 뮤지컬 영화는 한물간 장르가 되고 있었다.

빈센트 미넬리의
다양한 후반기 영화들

1958년 빈센트 미넬리는 전성기의 마지막 명작 〈지지〉로 아카데미 작품상을 수상한다. 마침 빈센트 미넬리의 초기 작품 〈욜란다와 도둑〉에도 지지라는 이름을 가진 꼬마가 등장한다. 그 아이가 자라 지지라는 성숙한 뮤지컬 캐릭터가 됐다고도 할 수 있다. 빈센트 미넬리는 뮤지컬 영화만이 아닌 다양한 종류의 영화를 만들었다. 1950년에 감독한 걸작 〈신부의 아버지〉에서는 그가 드라마와 코미디라는 장르를 얼마나 잘 다루는지 확인할 수 있다. 그리고 완성도와 상관없이 인상적인 작품은

• 〈지지〉 포스터

• 〈낯선 곳에서의 2주〉 포스터

〈낯선 곳에서의 2주〉다. 이 작품에서 커크 더글라스는 결혼 생활에 실패하면서 사고로 얼굴이 망가지고 퇴락한 배우로 등장한다. 영화는 삶의 희망을 잃어버린 주인공이 영화 작업을 진행하는 과정에서 삶의 의미를 되찾는 과정을 그리지만, 결국 타인의 방해로 영화를 완성하지 못한다. 그런데 이 영화가 묘사하는 내용이 빈센트 미넬리의 마지막 작품에 묘한 방식으로 녹아든다.

1970년대에 만든 빈센트 미넬리의 마지막 작품이자 이탈리아를 배경으로 한 〈시간의 문제〉는 영화 시작과 함께 제작사 로고가 등장하는 순간 어떤 비애감을 자아낸다. 제작사는 '아메리칸 인터내셔널 픽처스' 흔히 AIPAmerican International Pictures라는 약어로 부르는 영화사인데, 이 영화사는 로저 코먼으로 대표되는 저예산 장르 영화 전문 영화사였다. 대부분의 영화를 MGM에서 만들었던 빈센트 미넬리의 영화에 AIP의 로고가 등장하는 장면은 수입 고급차를 타던 부유한 사람이 기름이 적게 든다는 이유를 대고 갑자기 국산 경차를 타는 느낌을 준다. 국산 경차가 나빠서가 아니다. 그의 전성기와 대비가 된다는 것이다. 영화사의 로고를 보는 순간 낯섦과 함께 거장의 마지막 영화에 대한 애잔함이 동시에 느껴진다. MGM 시절과 비교할 수는 없지만 〈시간의 문제〉는 그래도 AIP의 통상적인 능력을 넘어서는 500만 달러라는 대규모 예산이 투입됐고, 초기 완성본이 3시간이 넘는 대작이었다. 하지만 예산 초과를 극도로 싫어하는 AIP는 초과된 예산을 문제 삼아 영화의 최종 통제권을 빈센트 미넬리에게서 빼앗아버린다. 그렇게 최종 영화는 97분짜리 영화로 완성된다. 최선을 다해 영화를 만들어냈지만, 결국 자신의 영화에서 밀려나는 과정은 마치 〈낯선 곳에서의 2주〉를 현실 버전으로 보는 느낌마저 들게 한다.

〈시간의 문제〉에서 등장인물들은 마치 제목이 의미하듯 시간에 쫓겨 항상 긴장 상태에 있는 것처럼 보인다. 하지만 그러한 단점에도 영화 평론가 로저 이버트가 글로 썼듯이 영화에는 잉그리드 버그만이 등장하는 빛나는 순간들과 함께 빈센트 미넬리의 딸인 라이자 미넬리가 최선을 다해 펼치는 연기와 노래가 있다. 그리고 쇠락한 72세의 노인을 연기하는 잉그리드 버그만의 모습에서 우리는 바로 그와 같은 나이의 감독 빈센트 미넬리에 대한 애틋함 또한 느낄수 있다. 그래서 〈시간의 문제〉는 전작인 〈맑은 날 영원히 볼 수 있으리〉에서 이브 몽탕이 바브라 스트라이샌드를 애타게 찾다가 이제는 사라진 항공사 팬암 Pan Am 건물 옥상에서 텔레파시를 수신할 거라는 믿음으로 바브라 스트라이샌드를 향해 노래하는 것과 같은 활력 가득한 장면은 더 이상 등장하지 않는다. 그 대신 라이자 미넬리의 회

• 〈시간의 문제〉 라이자 미넬리의 환상

상을 통해 점점 사그라드는 잉그리드 버그만의 이미지를 애수에 가득한 모습으로 그려내고 있다.

〈시간의 문제〉를 비롯한 빈센트 미넬리의 후기 작품은 제작 규모나 흥행에서 큰 인상을 남기지 못한다. 그러나 이는 빈센트 미넬리의 잘못이라기보다는 자연스러운 삶의 순환이라고 보는 게 옳다. 파도는 왔다가 사라지고 항상 그 뒤를 이어서 새로운 파도가 오기 마련이다. 1970년대가 오면서 빈센트 미넬리의 위대한 유산은 딸이자 배우인 라이자 미넬리로 이어졌다. 그리고 라이자 미넬리는 밥 포시라는 또 다른 연극 무대 출신 명감독을 만나 〈카바레〉라는 뛰어난 뮤지컬 영화를 내놓는다. 아버지의 영화에서 잉그리드 버그만에게 남을 따라 하지 말고 원본이 되라는 충고를 들었던 소녀 라이자가 성장해서 이제 그녀 스스로 라이자 미넬리라는 원본이 된 것이다. 세대와 세대가 이어지듯 영화와 영화도 이어진다.

그래도 쇼는 계속되어야 한다

영화판에는 늘 이런 소리를 하는 사람이 있다. "지금 세상에서 누가 뮤지컬 영화를 보나" "슈퍼히어로의 시대에 누가 하늘하늘한 드레스를 입은 여자 주인공과 몸에 꼭 맞는 정장을 입은 남자 주인공이 노래하며 춤추는 영화를 볼까" 만약 이들이 〈라라랜드〉의 기획안을 투자·심사했다면 반드시 중단시켰을 사람들이다. 책상머리에 앉아 '그런 영화'를 만들지도 않으면서 '그런 영화'는 관객이 안 본다고 단정하는 사람들 말이다. 하지만 〈라라랜드〉는 나왔고 관객들은 한물간 뮤지컬 영화를 안 본 게 아니라 재미있는 영화가 없어 영화관을 가지 않았음을 입증했다. 〈라라랜드〉 전까지 뮤지컬 영화는 노인들

• 〈탑 햇〉 프레드와 진저

• 〈스윙 타임〉 프레드와 진저

이 가끔 손대는 장르였다. 노년의 우디 앨런이 〈미드나잇 인 파리〉를 만들며 뮤지컬 영화의 영광을 회상했지만 주인공이 1920년 벨 에포크의 파리로 90년을 거슬러 타임슬립을 한다는 플롯 자체가 노인의 "나 때는 말이야" 타령으로 들려서 안타까울 뿐이었다.

　여기서 프랑스 화가 에두아르 마네의 예술론을 참고해볼 수 있다. "그건 아주 간단해. 첫눈에 이해한다면 그것으로 좋은 거야. 만일 이해하지 못하면 최종적으로 이해할 때까지 그것 전체를 다시 하는 거야. 그 밖의 것은 모두 시간 낭비일 뿐"이라고. 첫눈에 이해하는 무언가를 만든다는 것은 쉬운 일이 아니지만, 뮤지컬 영화사의 위대한 영화들은 그 어려운 일을 해낸 작품들이다. 《세계 영화 대사전》은 뮤지컬 영화를 설명하는 부분에서 "반세기 동안 뮤지컬 영화는 미국 사회를 안정시키고 미국을 세계에 알리는 데 중요한 역할을 했다. 가장 비싼 할리우드 상품으로서, 그리고 다른 문화적 관례와 가장 완전하게 이어져 있는 장르로서 뮤지컬은 경제적, 예술적, 사회적 목적들에 이바지했다"고 말한다. 한마디로 할리우드 뮤지컬은 30년대의 비틀즈요, 50년대의 BTS였다. 전 세계의 관객들이 뮤지컬 영화를 보고 함께 웃고 울었다. 뛰어난 뮤지컬 영화는 관객의 마음을 단번에 휘어잡는다. 프레드 아스테어와 진저 로저스가 펼치는 무대에서, 그리고 진 켈리가 행복을 온몸으로 발산하며 빗속에서 노래 부르고 춤추

· 〈로슈포르의 연인들〉 진 켈리

는 장면에서 관객의 마음도 행복으로 가득 차게 된다. 비록 극장 문을 열고 나서면 냉정한 현실이 눈앞을 가로막지만 다시 실버스크린으로 돌아가면 관객은 치유받고 위로를 얻었다.

　　대부분의 고전 뮤지컬 작품은 오늘날의 관객에겐 쉽게 접근하기 어려울 수도 있다. 유행은 변했고 감각은 낡아 보일 것이다. 자크 드미의 〈로슈포르의 연인들〉에는 진 켈리와 다른 젊은 사람들이 함께 춤을 추는 장면이 있다. 진 켈리가 춤추는 모습은 감동적이지만 안타깝게도 힙합과 스트릿 댄스의 강렬한 파괴감을 느낄 수는 없다. 어쩔 수 없는 일이다. 1950년대의 전성기를 지나서도 1970~1980년대까지 뮤지컬은 간간이 만들어졌다. 사실 이 시기에 나온 영화들은 뮤지컬이라기보다는 음악 영화에 가깝지만 그래도 몇몇 작품은 꽤 볼만하다. 록과 팝 그리고 디스코를 전면에 내세운 영화들인 〈토요일 밤의 열기〉〈그리스〉〈자유의 댄스〉〈플래시댄스〉〈페임〉 그리고 〈록키 호러 픽쳐 쇼〉에 이르면 이제 뮤지컬 영화는 음악도, 미술도, 춤도, 노래도 전과는 전혀 다른 무엇으로 변했다. 자크 드미가 〈셸부르의 우산〉에서 '만남이 있으면 헤어짐도 있다'고 말했듯이 과거의 뮤지컬은 떠나가고 새로운 뮤지컬 영화가 온 것이다. 뮤지컬 영화의 전성기는 분명 지나갔고, 이제는 대사를 하다 노래로 이어지는 오디오 디졸브Audio dissolve를 견디지 못하는 관객도 늘었다. 뮤지컬을 싫어하는 관객들이 가장 견디기 힘들어하는 부분이 바로 캐릭터가 노래를 부르는 순간이다. 현실이라면 누가 갑자기 노래를 하겠냐는 것이다. 하지만 뮤지컬이라고 아무 때나 노래를 부르지는 않는다. 캐릭터의 감정이 극도로 치솟을 때, 도저히 평범한 언어로는 그 감정을 살리지 못할 때만 노래가 나온다. 너그러운 마음으로 뮤지컬을 만나면 어떨까?

뮤지컬 영화는 시들하지만 〈미스 사이공〉, 〈레미제라블〉 같은 공연용 뮤지컬은 아직도 관객을 모으고 있고, 이걸 다시 영화로 만드는 산업의 미디어 믹스도 여전하다. 그래서 젊은 감독이 〈라라랜드〉를 만든 것이 신기하고, 관객이 좋아하는 것이 대견하다. 〈재즈 싱어〉의 대사를 빌자면 비록 시대는 바뀌었지만 "쇼는 계속되고" 있는 것이다. 뮤지컬은 관객에게 삶의 낙관을 긍정하고 괴로운 현재를 견디게 한다. 누구는 현실을 가리는 마약이라고 비판하지만 이렇게 건강에 해롭지 않은 마약이라면 모두가 봐야 하지 않겠는가. The show must go on.

배경 설명과 용어 정리

오리지널 스코어

오리지널 스코어 Original Score 혹은 필름 스코어 Film Score는 사운드트랙 Soundtrack의 하위 분류 가운데 하나다. 사운드트랙은 모든 영상 매체 혹은 공연 매체의 이미지와 결합된 형태의 사운드이고, 오리지널 스코어는 해당 작품을 위해 새로 작곡해 작품에 사용된 가사가 없는 연주곡이다. 영화 음악가로 유명한 앤니오 모르코네, 한스 짐머, 존 윌리엄스 등이 오리지널 스코어를 창작하는 대표적인 영화음악가다. 이와 함께 노래가 포함된 음악은 OST Original SoundTrack라고 부른다. 본래 OST는 '오리지널'이라는 단어에서 알 수 있듯이 노래만이 아니라 해당 작품을 위해 만들어진 스코어와 노래를 모두 포함하는 말이다. 다만 노래에 대한 선호가 높은 탓에 오늘날에는 주로 노래 파트를 수록한 음반을 말하기도 한다.

〈사랑은 비를 타고〉의 유명한 노래인 〈빗속에서 노래를〉도 1929년부터 꾸준히 불려왔던 노래기도 하다. 또한, 전성기 뮤지컬 영화에 사용된 음악과 노래는 뮤지컬을 만든 스튜디오에서 제작한 수많은 작품은 물론이고, 이후 텔레비전 영화와 쇼 그리고 애니메이션까지 두루 사용되었다. 그러나 고전기 뮤지컬 영화에 수록된 노래 가운데는 음악·노래에 대한 정보, 오리지널을 밝히기 어려운 곡들도 있다. 고전기 할리우드 영화는 영화 작업에 대한 총 정보인 크레디트에 중요 인물과 정보만 담았기 때문이다.

프레드 아스테어와 진저 로저스

영화 역사에서 가장 위대한 댄스 커플로 인정받는 프레드 아스테어와 진저 로저스는 1933년 작인 〈리오로의 비행〉에서 조연 커플로 등장해 뛰어난 춤 실력을 인정받으며 명성을 쌓는다. 아스테어와 로저스는 함께 춤을 추는 장면들을 통해 이야기를 전개해나갔으며, 왈츠나 폭스트롯의 우아한 낭만적인 분위기와 함께 힘찬 탭 댄스를 더해 할리우드 뮤지컬에 혁명을 일으켰다는 평가를 받는다. 특히 프레드 아스테어의 춤은 이후 다른 댄서들만이 아니라 게오르게 발란친과 제롬 로빈스 같은 당대의 발레 안무가들에게도 영향을 미쳤다. 영화학자 릭 올트먼은 프레드 아스테어가 춤추기를 그만둔 이후에도 "그의 팬들은 계속 아스테어의 춤을 이야기했다. 그는 영화 역사상 그리고 어쩌면 세계 역사상 가장 다양한 춤을 선보였다"고 말하고 있다. 진저 로저스 역시 프레드 아스테어와의 협업이 끝난 직후 아카데미 여우주연상을 수상하면서 상업적으로 가장 영향력이 큰 배우 가운데 한 사람이 되었다. 진 켈리는 〈지그펠드 폴리스〉에서 프레드 아스테어와 단 한 번 공연한 적이 있다. 그는 이후 MGM 뮤지컬을 다룬 다큐멘터리 〈엔터테인먼트 That's Entertainment!〉(프레드 아스테어가 출연하는 〈밴드 웨건〉의 뮤지컬 넘버이기도 하다)에서 다시 한번 프레드와 공연할 기회가 있다면 자신의 이름을 진이 아니라 '진저'로 바꿔야 한다고 말한다. 위대한 댄서 중 한 사람인 진 켈리의 이 말은 프레드 아스테어와 진저 로저스에 대한 더없는 찬사다. 그리고 〈엔터테인먼트〉 1편과 2편에서 두 사람은 함께 노래를 부르며 춤을 춘다.

그리스 연극

기원전 5세기 이전의 그리스 희극은 원래 매우 음란하고 천한 소극으로, 광란의 난장판으로 끝나는 형식이었다. 그러던 것이 5세기 말에 이르러 그리스 사회가 성숙해지고, 아리스토파네스가 희극의 틀을 다시 정립하면서 아주 건전한 무대극으로 바뀌게 된다. 기원전 5세기인 페리클레스 시대에 무대극은 그리스 시민의 축제가 된다. 디오니소스 축제는 아테네 시민의 영광을 노래하고, 비극과 희극(이를 비극 삼부작과 희극으로 구성한 세트로 묶어서 공연했다) 공연을 관람하는 시민에겐 하루를 쉬었다고 일당까지 지급했다. 공연장의 관객석은 무대를 중심으로 언덕을 따라 반원형을 이루고, 연기자들은 평평한 원형 광장인 오케스트라(춤추는 사람을 뜻하는 그리스어 Orchester에서 나온 말이며, 그리스어에서 '하다', '행동하다'를 뜻하는 동사 Dran으로부터 연극을 뜻하는 그리스어 Drama가 나왔다)에서 노래했다. 그리고 공연이 복잡해짐에 따라 원형 광장 뒤에 천막(스케네 Sèkené)을 세워 배우와 합창대(코로스 Choros)가 가면(페르소나 Persona)을 바꾸는 분장실로 사용했다. 오늘날 오케스트라는 무대 아래로 내려가 음악을 연주하는 공간이 되고, 스케네는 무대 배경이 되었다. 여기에 시인 소포클레스가 무대 장치를 도입한다. 이 무대 장치에서는 신의 강림(데우스 엑스 마키나 Deus ex machina)을 표현하기 위해 오늘날과 유사한 크레인 형식을 사용하기도 했다. 그리고 다음 세대인 에우리피데스는 합창을 연기와 분리해 배경으로 후퇴시키고 배우가 관심의 초점이 되도록 한다. 이쯤되면 공연이 종교 행사에서 비롯했다는 흔적마저 사라진다. 고대 그리스의 공연은 연설과 노래로 구성된다. 다만 오늘날까지 문서로 전해지는 이 노래는 어떻게 불렀는지 알 수가 없다. 노래가 우리에게 익숙한 악보로 만들어진 것이 아니기 때문이다. 그리고 바로 고대 그리스의 이러한 공연 양식이 로마와 중세를 거쳐 오늘날의 오페라를 포함한 모든 무대극의 전통을 만들어냈다.

루이 다게르

루이 다게르는 은판사진술 Daguerreotype을 발명하고, 이를 전시함으로써 최초로 사진에 대한 대중의 흥미를 불러일으킨 인물이다. 사진은 카메라 옵스큐라 Camera obscura(어두운 방이란 뜻의 라틴어)에서 형성된 상을 기록하려는 시도에서 등장했다. 카메라 옵스큐라는 어두운 방이나 상자 한쪽 면에 있는 작은 구멍을 통해 빛을 통과시키면, 반대쪽 벽면에 외부의 풍경이나 형태가 거꾸로 투사되어 나타나는 현상을 기계 장치로 만든 것으로, 이를 기록하려는 시도는 계속 있었다. 루이 다게르는 광을 낸 구리를 베이스로 삼아 솔벤트유에 씻긴 비노출 입자들과 매우 얇게 질산은을 입힌 음화감광유제를 사용하여 최종 결과인 양화 Positive print를 얻는 데 성공한다. 문제는 이렇게 만들어진 양화는 사진의 가장 큰 특징이라 할 수 있는 복제가 불가능했다는 것이다. 게다가 다게르의 초기 은판사진술은 사진 한 장을 찍는 데 무려 30분이나 걸렸다. 루이 다게르보다 먼저 사진술을 연구 중이던 폭스 탈보트는 1835년에 영구 음화 방식을 만들어낸다. 음화Negative는 어두운(불투명한) 부분은 빛을 차단하고, 흰(투명한) 부분은 빛을 통과시키면서 대상과 일치하는 빛과 어둠을 지닌 양화로 현상할 수 있었다. 바로 오늘날 사용하는 필름과 같은 형식이다. 얇은 종이에 밀랍을 바르는 형식으로 만들어지던 폭스 탈보트의 형식은 이후 유리(1848년)로 바뀌고, 나중엔 셀룰로이드(1888년)로 대체되었다.

키네토스코프

키네토스코프 Kinetoscope는 에디슨이 1889년에 창안한 초기 영사 장치다. 키네토스코프는 동전을 넣고 작동시키면 내부에 있는 필름이 렌즈와 전구 사이를 초당 46프레임의 속도로 이동하면서 움직이는 영상을 제공한다. 시네마토그라프와는 달리 한 번에 한 명만 관람이 가능했다.

로베르 우댕

장 외젠 로베르 우댕 Jean-Eugène Robert-Houdin은 시계 제조공이자 마술사로, 현대 마술 스타일의 아버지로 널리 알려진 인물이다. 그는 파리에서 서민들을 위한 잡다한 오락인 마술을 부유한 사람들이 즐길 수 있는 오락으로 바꾼 인물이기도 하다. 우댕은 마술을 공연하면서 단지 하나의 트릭으로 끝을 내는 것이 아니라 앞선 트릭이 이어지는 다른 트릭의 기반이 되어 놀라움은 더 큰 놀라움으로 이어져야 한다는 예술 형식으로 만들어냈다. 헝가리 태생의 마술사 에릭 와이즈는 이러한 로베르 우댕에게 영향을 받아 자신의 이름을 바꾸기도 한다.(바로 마술역사상 가장 유명한 마술사 해리 후디니가 그다) 그리고 로베르 우댕이 부유한 사람들을 위한 마술을 공연하던 로베르 우댕 극장은 훗날 멜리에스가 인수했으며, 여기서 만인을 위한 멜리에스의 영화가 공개되었다.

오페레타

오페레타 Operetta란 연극의 한 형태이자 춤과 노래를 포함하는 가벼운 희가극을 가리키는 말이다. 오페레타는 오페라의 이탈리아어 축소형이며 18세기 중반 이탈리아에서 생겨났다. 오페레타라는 용어는 1850년경 파리에서 처음으로 독립된 장르로 인정받았고, 오페라보다 짧은 소품이다.

큐시트

무성 영화의 큐시트 Cue Sheet는 갖가지 단서들과 추가 지시 사항과 함께 특별한 곡 그리고 특정한 영화 반주에 맞는 음악의 유형을 간단하게 정리한 리스트로, 무성 영화 시기 영화 음악 연주가들에게 최초이자 가장 손쉬운 도움을 줬다. 영화가 버라이어티 쇼의 일부에서 빠져나와 영화 전용 극장이 등장함에 따라 음악 연주가 필요해졌다. 여기에는 조율도 안 맞는 피아노를 연주하는 미숙한 연주자부터 오케스트라까지 다양했다. 하지만 영화를 위한 음악만을 따로 만드는 것은 극히 소수였고, 보통은 분위기에 맞는 음악을 편곡하거나 기존의 음악을 사용했다. 재정이 허락하는 한 영화 음악을 따로 만들려고 했던 D.W. 그리피스는 예외적인 인물이다. 그리고 이러한 음악을 연주하기 위해 큐시트와 악보 묶음인 앤솔러지 그리고 영화를 소개하는 카탈로그를 참조해 연주가가 연주를 해야 했다. 하지만 〈고양이와 카나리아〉의 큐시트 역시 아주 예외적인 사례이고, 할리우드보다 음악을 중요시했던 독일에서 막 건너온 파울 레니 감독의 역할이 컸을 것이다. 이 시기 미국에서의 영화 상영은 보통 수천 편의 음악이 각각의 맥락에 따라 분류된 악보집의 색인을 참고하곤 했다.

유성 영화

유성 영화는 화면과 함께 소리가 나오는 영화를 말한다. 〈재즈 싱어〉는 완벽한 유성 영화가 아니다. 〈재즈 싱어〉의 사운드는 영화를 제작한 워너 브러더스가 1926년에 완성한 바이타폰 Vitaphone이라는 디스크 기록 방식을 사용했다. 영상을 기록하는 매체인 필름과 음성을 기록하는 매체인 디스크가 따로 있었고, 디스크를 영사기에 연결해 동기화시키는 방식이었던 것이다. 이는 무성 영화 상영시의 오케스트라나 피아노 반주자를 저렴한 음성 디스크로 대체한 것일 뿐이었고, 꽤나 불편한 방식이었다. 이 시기에는 다양한 음성 기록 방식이 등장했지만, 결국 1928년 5월 거의 모든 스튜디오는 웨스턴 일렉트릭이 개발한 필름에 직접 사운드를 기록하는 장치를 채택한다. 그러니 디스크 기록 형식의 〈재즈 싱어〉와 진정한 뮤지컬 영화의 시작인 〈브로드웨이 멜로디〉는 다른 형식의 영화라고 할 수 있다.

이러한 유성 영화의 형식은 또 한 번의 변화를 맞이한다. 바로 1932년에 등장한 더빙 기술이다. 1932년 전까지 만들어진 유성 영화는 모두 동시 녹음이었다. 그러니 배우들은 음성을 녹음할 마이크 위치를 크게 벗어나기 어려웠고, 영화 음악 역시 촬영 현장에서 바로 연주한 음악을 녹음했다. 그리고 이를 통해 정적이 될 수 있는 영화를 동적으로 만들기 위해 카메라가 다양하게 움직이기 시작한다. 하지만 유성 영화의 등장은 세계적 혼란을 불러왔다. 무성 영화와 달리 각국의 언어가 직접 등장하는 유성 영화는 직접적인 문화 침략으로 느껴졌고, 이탈리아와 체코 등의 나라는 자국의 언어로 만들어진 영화가 아니라면 상영을 금지하는 법안까지 마련한다. 따라서 할리우드는 하나의 시나리오를 가지고 여러 가지 다른 언어 버전의 영화를 만들기도 하는 등 다양한 방법을 고심하게 된다. 후시녹음이 가능한 더빙 기술의 등장으로 이러한 한계도 사라지게 된다.

오늘날의 영화에 비해 다분히 정적인 〈브로드웨이 멜로디〉의 촬영을 사운드 녹음 위치의 한계가 사라진 〈42번가〉의 촬영 테크닉과 비교하면(이 시기의 영화는 대사와 음향 효과 같은 정교한 작업은 후반 작업인 더빙으로 진행했고, 춤과 노래는 미리 녹음된 음악을 틀어 놓고 촬영하는 플레이백 Playback 방식에 맞춘 립싱크였다. 오늘날에도 플레이백 방식은 여전히 사용된다), 두 영화는 마치 2D와 3D만큼 다른 영화로 보인다. 이 시기 사운드 녹음의 과도기를 가장 뛰어난 방식으로 드러낸 영화가 프리츠 랑 감독의 〈엠〉이다. 〈엠〉은 동시 녹음으로 이루어진 영화다. 그런데 프리츠 랑은 〈엠〉에서 유성 영화와 무성 영화 형식을 서로 충돌시키며 무시무시한 서스펜스를 만들어낸다. 〈엠〉은 카메라의 이동을 극대화하면서 당연하게도 현장음을 제외하고는 촬영 현장에서 연주해야만 하는 영화음악은 사용하지 못한다. 대신 살인마의 휘파람 소리가 들리며 풀샷으로 촬영하는 유성 영화의 장면과 함께 익스트림 롱샷으로 촬영해 소리가 완전히 사라진 소름 끼치는 세계를 동시에 담아내고 있다. 이처럼 유성과 무성의 세계를 동시에 잡아낼 뿐만 아니라 사운드와 이미지를 자유자재로 그려내는 영화를 보려면 더빙 기술이 등장하고도 한참을 더 기다려야 한다.

테크니컬러

테크니컬러Technicolor는 미국 회사 테크니컬러에서 개발한 컬러 영화의 색 재현 방식을 말한다. 테크니컬러는 화려한 색상의 색 재현 능력이 풍부해 낭만적인 판타지를 강조하는 뮤지컬 영화와 디즈니 애니메이션 등에서 애용한 방식이다. 테크니컬러는 렌즈 뒤편에 빛을 분산하는 프리즘을 설치하고 이를 통해 분산된 적녹청 빛의 3원색을 3개의 네거티브필름에 담아내게 한 다음, 영사용 포지티브필름으로 인화하는 과정에서 색상을 결합하게 된다. 이렇게 만들어진 테크니컬러의 색상은 뛰어났지만, 그만큼 큰 비용이 들었고, 이후 저렴한 컬러 영화용 필름이 등장하면서 차츰 영화 현장에서 사라져갔다. 이러한 테크니컬러를 활용한 가장 위대한 장면은 〈오즈의 마법사〉에 등장한다. 캔자스 외딴 시골집에서 〈무지개 너머 어딘가에 Over the Rainbow〉를 부르던 시골 소녀 도로시는 시골 마을을 습격한 토네이도에 휩쓸려 마법의 나라에 떨어진다. 흑백만으로 구성된 세상에서 온 도로시가 문을 여는 순간 세상은 찬란한 테크니컬러의 세계로 변한다. 바로 영화의 마법이다.

진 켈리

진 켈리 Gene Kelly는 1941년부터 경력을 시작해 뮤지컬 영화 배우이자 감독, 안무가로 큰 명성을 떨친 인물이다. 진 켈리의 춤은 종종 프레드 아스테어와 비교되기도 한다. 케쥬얼한 차림의 자유로운 춤이 어울리는 진 켈리와 정장 차림의 잘 다듬어진 형식미가 돋보이는 프레드 아스테어의 춤은 각자의 스타일을 대변하며, 춤의 형식만으로도 이 두 인물을 구분할 수 있을 정도다. 진 켈리가 두각을 나타낸 건 1944년 〈커버 걸〉부터다. 여기서 진 켈리는 자신이 춤추는 장면 두 가지를 찍은 다음 이 영상을 하나로 합성해 두 사람의 진 켈리가 동시에 춤추는 장면을 만들었으며, 〈닻을 올리고〉에서는 최초로 애니메이션 속에서 캐릭터(〈톰과 제리〉의 제리)와 함께 춤추는 장면을 등장시켰다. 게다가 카메라를 세트가 아닌 야외로 내보낸 인물 역시 진 켈리가 최초였다. 이 시기만 해도 야외에서 뮤지컬을 촬영한다는 건 모두 미친 짓이라고 생각했다. 프레드 아스테어가 춤을 통해 뮤지컬 영화에 혁신을 일으켰다면, 진 켈리는 자신이 안무를 담당한 뮤지컬 영화 스타일에 일대 혁신을 일으켰다. 게다가 가장 위대한 뮤지컬 영화인 〈사랑을 비를 타고〉를 만들기도 했다. 뮤지컬 영화라는 장르는 진 켈리라는 거인에게 상당 부분 기대어 있다고 해도 과언이 아니다.

아서 프리드

아서 프리드는 작사가이자 영화 제작자로 〈파리의 아메리카인〉과 〈지지〉로 아카데미 작품상을 수상한 인물이며, 〈사랑은 비를 타고〉의 공동 작사가다. 아서 프리드는 고전기 MGM 영화사를 이끌고 빈센트 프라이스, 진 켈리, 프레드 아스테어 그리고 프랭크 시나트라 등과 함께 뛰어난 작품들을 만들었을 뿐만 아니라 감독과 안무가에게 이전 고용인 시절에는 상상도 못 했던 자유로운 재량을 허용한 제작자다. 특히 아서 프리드는 〈파리의 아메리카인〉으로 제작사가 아닌 개인의 이름으로 작품상을 수상한 최초의 인물이다.

MGM의 상징 사자 레오

MGM 영화사에서 제작한 영화는 MGM의 마스코트인 사자 레오가 포효하는 로고로 시작한다. MGM은 메트로 영화사, 골드윈 영화사 및 루이스 B. 메이어 영화사를 1924년 단일 회사로 결합하여 설립한 회사로, 슬로건은 "하늘에 있는 것보다 더 많은 별"이었다. 그리고 이 슬로건과 함께 영화사 로고에 사자 레오를 MGM의 공식 모토인 "예술을 위한 예술 Ars Gratia Artis"이라는 라틴어 문구가 둘러싸고 있다.

MGM의 마스코트 사자에는 100여 년이라는 역사 동안 총 11마리가 있다. 이 사자들 가운데는 이름이 없었던 초기 사자도 있으며 재키, 빌, 텔리, 커피 등의 이름으로 불린 사자들이 있지만, MGM 로고에 등장하는 사자를 부를 때는 모두 1957년에 등장해 이후 모든 MGM 영화에 등장한 사자인 레오의 이름으로 부른다. 우리가 보통 MGM 로고를 떠올릴 때는 대개 포효하는 사자의 이미지를 떠올리게 되지만, 모든 사자가 포효한 것은 아니다. 영화사 초기의 레오는 살짝 으르렁거리거나 아니면 그저 멀뚱거리기만 했다. 레오의 포효는 1928년에야 등장한다. 그리고 이와 함께 영화의 특성에 따라 톰과 제리의 톰이 등장하기도 하는가 하면, 새끼 고양이가 등장하기도 하고, 〈핑크 팬더〉에선 경관 옆에 숨어 있던 핑크 팬더가 레오를 대신하기도 한다.

백스테이지 뮤지컬

백스테이지 뮤지컬 Backstage musical은 초기 뮤지컬의 일반적인 서사 방식이다. 보통 뮤지컬 스타를 꿈꾸는 주인공을 내세우며, 그로 인해 생겨나는 무대 뒤의 이야기와 사랑 이야기가 중심이 되는 뮤지컬 형식이다. 그렇기 때문에 스타를 향하는 주인공을 둘러싼 주변 동료들 간의 질투와 사랑 그리고 예술에 대한 열망을 중심 이야기로 삼는다. 백스테이지 뮤지컬은 마지막 장면에서 모든 역경을 극복하면서 성공적인 공연을 끝내며, 삶과 예술 그리고 사랑을 예찬하는 뮤지컬 특유의 낙관적 세계관을 구현한다.

뮤지컬 레뷔

뮤지컬 레뷔 Revue는 간단한 토막극 형식으로 춤과 노래 그리고 낭독과 시사풍자 등을 통해 만든 간결한 뮤지컬 코미디가 옴니버스 형식으로 이어지는 작품을 말한다.

벨 에포크

벨 에포크 Belle Époque는 아름다운 시절, 좋은 시절이란 뜻으로, 주로 19세기 말부터 제1차 세계 대전 발발 전까지 프랑스가 사회, 경제, 기술, 정치적으로 발전하며 번성했던 시대를 일컫는 회고적 표현이다. 이 회고적인 명칭에는 그 시대에 대한 낭만적 측면(무사태평, 발전의 연속, 쾌활 등)이 있으며, 꿈같던 시절을 회상할 때 쓰기도 한다. 하지만, 그 낭만과 사회적 발전은 프랑스 혁명의 재발을 막기 위해 파리 시장 오스만 남작의 주도하에 파리를 바리케이트를 칠 수 없는 환경으로 만들면서 배수로 등의 환경을 대대적으로 개조해 파리의 생활 환경이 개선됐기 때문이다. 프랑스 사회의 번성 역시 약소국에 대한 침략과 수탈로 인한 부의 증대라는 제국주의로부터 비롯한 것이기도 하다.

상호작용영화

상호작용영화 Inter-active movie란 영화와 관객이 서로 반응하며 스토리를 만들어가는 개념이다. 인터랙티브 영화라고도 불린다. 주인공의 결정적인 행위와 대사가 등장할 때 영화의 진행 방향을 관객이 선택해서 다양한 이야기와 결말을 영화와 관객이 서로 소통하며 만들어가는 형식이다. 물론 아직까지 인터랙티브 영화는 초보적인 양자 선택 방식이지만, 영화가 점차 게임의 진행 방식을 받아들이면서 다양한 실험적 형식이 등장할 것으로 보인다. 이제는 많이들 잊었지만 영화와 관객의 상호작용은 한국에서도 시도된 바 있다. 1989년 감독 남기남, 주연 심형래 영화 〈영구와 땡칠이〉의 극장에서는 희한한 광경이 벌어졌다. 영화가 시작되면 여성 성우의 "어린이 여러분. 우리 모두 영구를 불러봅시다. 하나둘 셋. 영구야"라는 내레이션이 울려퍼진다. 그 순간 영화관 안의 아이들은 일제히 "영구야!" 하고 외친다. 그러자 스크린에 나타난 영구는 "영구 없다~"로 관객에게 응답한다. 진정한 한국판 인터랙티브 영화의 시작이라고 할 수 있다.

2

한없는
무대를 누비는
스페이스 오페라

우주에서
아리아를 부른다?

우주를 꿈꾸기는 쉽지만
묘사하기란 쉽지 않다

SF 영화는 한국에서 제작이 잘 안 되는 장르다. 그나마 드물게 시도된 〈승리호〉는 팬데믹을 만나 OTT로 직행하는 바람에 스크린에서 관객을 만날 수 없었고, SF와 판타지를 섞어 야심차게 제작된 〈외계+인〉은 흥행에서 참패하고 말았다. 극장용으로 제작된 〈더 문〉은 흥행에서 실패했을 뿐 아니라 악평과 비난까지 쏟아졌다. 그나마 SF 드라마 시리즈로는 〈고요의 바다〉가 넷플릭스에서 공개되었지만 시각 효과에 대한 칭찬과는 별개로 작품에 대한 평판은 악평은커녕 언급 자체가 별로 없을 정도로 주목을 받지 못했다. 그렇다고 한국 관객이 항상 SF 영화를 외면한 것도 아니다. 〈에이리언〉〈로보캅〉〈터미네이터〉는 한국 관객들의 베스트 영화 목록에 항상 오른다. 특히 〈마션〉이나 〈인터스텔라〉 같은, 어쩌면 근 미래에 실현이 가능한 '과학수업 교보재용 SF 영화'는 학부모들이 자녀들의 손을 끌고 반복 관람했고, 심지어 〈인터스텔라〉는 난해한 내용에도 불구하고 관람객

수 1,000만 명이 넘게 흥행했다. 반면에 한국에서는 우주로 뻗어나간 SF인 스페이스 오페라 장르가 유독 취약하다. 아마 전 세계 주요 영화 시장에서 〈스타워즈〉 시리즈가 찬밥 취급을 받는 나라는 한국이 유일할 것이다. 〈가디언즈 오브 갤럭시〉도 한국에서는 비교적 흥행이 저조했다. 아직 정확한 연구 결과로 검증된 바는 없지만 원인으로는 아마 한국에 누적된 스페이스 오페라의 전통이 없다는 점, SF를 진지한 장르로만 받아들이는 한국 관객의 취향(앞서 한국에서 흥행한 사례로 든 SF 영화는 한결같이 진중한 톤의 과학 기반 하드 SF 영화다)이 반영된 결과가 아닐까 추정된다. 일부는 심형래의 영화들을 한국 SF 장르에 나쁜 선입견을 심어놓은 원흉으로 치부하기도 하지만, 그의 영화들을 유치하거나 조악하다고 비판할지언정 그런 낙인은 지나치다.

사실 스페이스 오페라는 영화의 시작과 함께 등장했다고 해도 과언이 아니다. 조르주 멜리에스가 1902년에 만든 단편 영화 〈달세계 여행〉은 최초의 스페이스 오페라다. 〈달세계 여행〉에서 탐험가들은 대포로 쏘아 올린 포탄 형태의 비행체를 타고 달에 간 다음, 달 왕국에 있는 외계인 병사들과 싸우다 지구로 돌아온다. 〈달세계 여행〉이 만든 '주인공이 여정을 떠난다'는 이 이야기 구조는 이후에도 수많은 SF 영화에서 모방되거나 재창조된다. 1924년 화성을 배경으로 만든 소련 최초의 SF 영화 〈아엘리타〉는 주인공이 화성을 탐험하고 돌아오는 이야기다. 톨스토이°가 소비에트 건국 5주년을 기념해 쓴 원작《아엘리타》와 달리 영화는 주인공의 모험이 중심이 되며, 과거 아틀란티스 대륙에 살던 사람이 화성으로 이주했다는 설정(이 부분은 국내 번역에서 빠졌다)이나 전제적인 지배 체제에서 방탕한 삶을 사는 화성인에 관한 묘

° 《전쟁과 평화》로 잘 알려진 위대한 문호 레프 니콜라예비치 톨스토이의 조카 알렉세이 니콜라예비치 톨스토이로, 귀족 태생이면서 볼셰비즘을 옹호한 작가다.

사 등은 영화에는 거의 반영되지 않았다. 영화로 만들어진 〈아엘리타〉
는 1시간 52분에 이르는 상영 시간 가운데 무려 1시간 24분을 지구에
서의 삶을 묘사하는 데 할애한다. 그러나 영화에서는 화성에서 벌어지
는 화성 사회에 대한 묘사와 유사 전제주의·자본주의에 대한 비판은
존재하지 않으며 화성의 혁명 역시 갑작스럽게 등장한다.

　　주인공의 여정을 담은 이야기 구조는 고전 SF 영화의 대표작인
1936년의 시리얼 영화 〈플래시 고든〉에서도 드러난
다. 지구에 갑작스러운 기상 이변이 생기고 원인이 지
구를 향하는 '몽고 행성' 때문이라는 것을 안 과학자
는 우연히 만나게 된 폴로 선수 플래시 고든과 함께
지구를 구하기 위해 로켓을 타고 우주로 향한다.(몽
고 행성에 관한 상세한 내용은 〈슈퍼히어로와 슈퍼빌런〉 장
참조)

　　〈플래시 고든〉보다 일찍 나온 또 다른 신문 연
재 SF 만화 〈25세기의 벅 로저스〉에서도 이러한 이
야기 구조를 찾아볼 수 있다. 〈25세기의 벅 로저
스〉는 본래 방사능 때문에 잠들었다가 500년 후에

• 〈플래시 고든〉 포스터

깨어난 인물 벅 로저스의 모험을 다룬 작품이었으나 〈플래시 고든〉
의 사악한 외계 문명이라는 설정에 영향을 받아 지구와 토성을 오
가는 스페이스 오페라이자 1939년 시리얼 영화 〈벅 로저스〉로 변형
됐다. 1979년에 TV 드라마로 만들어진 벅 로저스 이야기는 오늘날
주인공이 자신이 살던 세계와는 전혀 다른 세계로 이동하는 이세계
물異世界物이라고 부르는 형식의 원조와도 같은 작품이다. 1979년 작
에서는 심우주 탐험에 나선 벅 로저스가 우주 폭발에 휘말린 사고로
우주선 안에서 500년간 냉동 상태로 있다가 발견된다. 드라마는 과
거의 정보가 대부분 사라져버린 미래 사회에서 벅 로저스가 컴퓨터

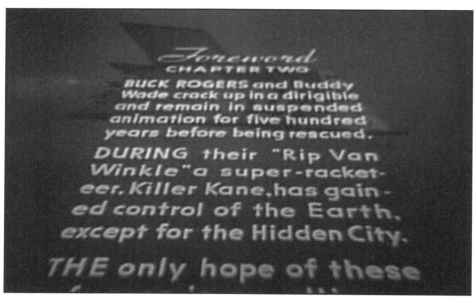

· 〈벅 로저스〉 인트로 자막●

의존을 벗어난 뛰어난 아날로그 지식으로 적 외계인과 맞서 싸우는 이야기로 전개된다. 그러나 고전 스페이스 오페라가 모두 이러한 형식으로 만들어진 것은 아니다. 창작자들은 더 새로운 이야기를 만들기 위해 고심했고, 때때로 인상적인 결과물을 내놓기도 했다.

영화사에서 SF 장르의 태동기는 보통 1940년대로 본다. 그런데 이 시기에 등장한 대략 45편의 영화 가운데 절반 이상은 SF호러 영화였다. 그러던 것이 1950년대에 들어서면 무려 200편이 넘는 작품이 만들어지게 된다. 물론 이 시기에 만들어진 대부분의 SF 영화는 B급 영화였고, 상당수가 호러 장르에 속하기도 한다. 그러나 절대적인 작품 수가 늘면서 다양한 이야기가 등장했고, 스페이스 오페라로 분

●   〈스타워즈〉의 유명한 인트로 자막은 1939년 시리얼 영화 〈벅 로저스〉에서 처음으로 등장한다.

• 〈금지된 행성〉SF 장르에 큰 영향을 미친 홀로그램 영상

류할 수 있는 작품들 역시 새로운 이야기를 전개했다.

　　1955년 영화 〈우주수폭전〉은 외계인에게 납치된 지구인 과학자들의 이야기를 다룬 작품이다. 그런데 과학자들이 도착한 이 행성은 다른 행성과 전쟁을 치르며 망해가는 중이다. 외계인은 이 전쟁에 사용할 핵무기를 만들 수 있는 우라늄이 필요했기 때문에 납을 우라늄으로 바꾸는 연구를 진행하고 있던 주인공을 납치한 것이다. 여기서 상대방 행성의 무기가 인상적이다. 바로 대량의 유성을 날려 보내 행성을 공격하는 것이다. 이 공격 방식은 우리에게 폴 버호벤 감독의 〈스타쉽 트루퍼스〉로 익숙하다. 그러나 〈스타쉽 트루퍼스〉의 원작인 로버트 하인리히의 소설이 1959년으로 더 늦게 출판됐으니 유성을 행성간 공격 무기로 사용하는 것은 〈우주수폭전〉이 먼저다. 이와 함께 탐사를 위해 화성에 도착한 이들이 화성에 존재하는 다양한 거대 생물에게 공격당하는 〈성난 붉은 행성〉 역시 인상적인 전개를 펼친다. 이 작품에서 화성인은 지구인보다 아득히 우월한 기술을 지니고 있지만, 늘 분쟁에 시달리는 폭력적인 지구인에게 다시는 화성에 발을 디디지 말 것을 경고한다.

　　1950년대에 등장한 스페이스 오페라 가운데 가장 주목할 만한 작품은 1956년 작인 〈금지된 행성(1984년 KBS 국내 방영 시에는 '금단의 별'이란 제목이 붙었다)〉이다. 행성 연합에 소속된 수색대가 20년 전 개척 임무를 부여받았던 원정대를 찾아간다. 그들이 행성에서 발견한 것은 이 행성의 본래 거주자였던 고대인과 그들이 남긴 엄청난 과학 기술 그리고 그 때문에 파멸된 문명의 잔재였다. 게다가 이 행성에서 연구를 계속하고 있었던 박사의 무의식이 행성의 기계와 동조해 만들어낸 무시무시한 괴물도 등장한다. 프로이트의 이론을 본격적으로 스페이스 오페라에 결합한 〈금지된 행성〉은 과학 기술 만능주의와 인간의 오만을 경고하는, 상상력이 뛰어난 작품이다. 다만 다른 수많은 작품이 이처럼 창의적인 아이디어나 뛰어난 이야기를 영화로 만들어낸 것은 아니다.

절정의 경지에 도달한
스페이스 오페라, 〈듄〉

SF 영화의 하위 장르 중 하나인 스페이스 오페라는 애초에 다분히 비아냥조로 쓰이던 말이다. 이 용어를 처음 만든 작가이자 평론가 윌슨 터커의 주장을 들어보자. "툭하면 조어가 뚝딱 만들어지는 시대에 한 가지를 제안하고 싶다. 서부극은 '말 타고 돌아다니는 오페라 Horse opera'라고 불리고, 아침 시간 주부들을 눈물짓게 만드는 드라마는 '소프 오페라 Soap opera'라고 한다. 그럼 아마추어처럼 어설프고 다람쥐 쳇바퀴 돌듯 뻔한 패턴을 반복하는 고리타분하고 구태의연한 우주선 이야기, 또는 이와 관련된 세계 구원의 이야기를 스페이스 오페라 Space opera로 부르면 어떻겠는가." 여기서 '오페라'는 통속극이란 의미다. 실제로 고전 오페라도 〈피가로의 결혼〉이나 〈세빌리아의 이발사〉 등 통속적인 내용이 많았다. 통속극은 인간사 중 가장 보편적인 남녀 간의 사랑을 주로 다룬다. 1950년대까지만 해도 미국 주부의 일상은 아침마다 남편과 아이들을 내보내고 혼자(혹은 이웃들과) TV 드라마를 보는 것이었다. 세탁세제 광고는 이런 드라마의 단골 스폰서였다. 여기까지가 우리가 아는 소프 오페라의 탄생 스토리다.

그러나 사정은 그렇게 간단하지 않다. 남자들, 그중에서도 윌슨 터커 같은 지식인들은 소프 오페라를 한심하고 뻔하다고 경멸했지만 이는 '비누의 힘'을 경시한 단견이다. 통속에는 보편성이 있다. 할리우드에 소프 오페라가 있다면 라틴어권에서는 텔레노벨라Telenovela가, 대한민국에서는 우주최강의 소프 오페라인 막장 드라마가 있다. 물론 한국의 지식인들도 소프 오페라를 경멸했다. 하지만 글로벌 플랫폼으로 한국 드라마가 소개되는 지금에 와서는 한국 드라마의 넘치는 감성과 과잉된 감정은 일부지만 서양인에게도 흥미를 끄는 경쟁력이 되었다. 어쨌거나 윌슨 터커 주장의 요체는 당시 스크린이나 TV를 도배했던 SF물들이 한심하고 뻔한 내용을 배경만 우주로 바꿨다는 것이다. 그리고 이런 스페이스 오페라들은 미국에서 오랫동안 대중적인 인기를 얻던 코믹스나 펄프 소설들을 바탕으로 만들었다. 잡기雜技도 신념을 가지고 오래 다듬으면 장인의 작품이 되는 법이다. 많이, 오래 만들다 보면 언젠가는 수준이 올라간다. 스페이스 오페라도 마찬가지였다. 스페이스 오페라에 대한 거부감은 1960년대까지 계속되다가 1965년 프랭크 허버트의 소설《듄》이 나오자 그런 비판은 사라졌다.

기존의 스페이스 오페라는 진지한 몇 작품을 제외하면 웨스턴 장르 그리고 중세 기사와 로마 제국 서사를 대충 모방해서 만들었다. 그러던 것을 이 모든 요소를 수용하면서도 아득한 미래 세계를 무게감 있으며 우아한 세계로 창조한 것이《듄》이다. 물론 이전에 아이작 아시모프의《파운데이션》같은 작품이 토대를 다져놓은 것을 잊으면 안 된다. SF 문학의 초창기는 진중한 하드 SF와 아이들이나 보는 것으로 취급하던 SF를 빙자한 모험 활극이 확연히 구분되던 시기다. 물론 이러한 구분은 여전히 남아 있기도 하다. 그러나 이 시기에 SF 모험 활극 수준의 아득한 미래 이야기를 다양한 인간 사회의 역사와 사상을 역사적 사건과 버무려 장대한 SF 서사극으로 바꿔 놓으면서 하드 SF와 우주 모험 활극을 결합한 작품이 바로《듄》이다. 그러니 오늘날 성인들도 즐겁게 접할 수 있는 스페이스 오페라를 알기 위해서는 프랭크 허버트의 원작《듄》과 영화〈듄〉을 자세히 알아볼 필요가 있다.

《듄》이 나오고 SF의 수준이 달라졌다

프랭크 허버트가 쓴 소설《듄》의 영화화는 꿈의 프로젝트였다. 여러 제작자와 감독이 시도했지만 방대한 스케일과 세계관에 번번이 무산되고는 했다. 가장 먼저 본격적으로《듄》을 영화로 만들고자 했던 인물은 〈엘 토포〉와 〈홀리 마운틴〉같이 영화 역사상 가장 기이한 영

• 〈듄〉(1974) 포스터

화를 찍은 알레한드로 조도로프스키 감독이었다. 1974년 그가《듄》을 영화화하기 위해 꾸린 팀은 그야말로 드림팀이었다. 조도로프스키는《듄》의 세계관을 먼저 시각적으로 구현할 인물들로 당시 명성을 떨치던 프랑스의 만화가 뫼비우스, 스위스의 화가 H. R. 기거를 선택한다. 뫼비우스는 미야자키 하야오의 〈바람계곡의 나우시카〉와 리들리 스콧의 〈블레이드 러너〉에 영향을 끼치고, 뤽 베송의 〈제5원소〉에서 미래 도시 이미지를 만들어낸 인물이다. H. R. 기거 역시 기괴한 그림으로는 둘째가라

면 서러워할 인물이다. 기거의 스타일은 조도로프스키와 함께《듄》의 악당인 하코넨 남작의 그로테스크한 성과 더불어 수많은 이미지를 만들어냈다.(이 작업은 이후 리들리 스콧의 〈에이리언〉에서 외계 생명체의 모습으로 재가공되었다)

조도로프스키의 〈듄〉에 참여한 예술가의 면면은 이뿐만이 아니다. 초현실주의 회화의 대표인 살바도르 달리가《듄》세계관에서 권모술수의 상징 그 자체라고 할 수 있는 황제 역으로 캐스팅되었으며,《듄》의 가장 사악한 악당인 하코넨 남작은 〈시민 케인〉의 감독이자 명배우 오손 웰즈가 맡기로 했었다. 게다가 〈듄〉의 음악은 프로그레시브 록의 전설적인 밴드 핑크 플로이드가 담당했다. 여기에 존 카펜터와 함께 참신한 코믹 SF 영화 〈다크 스타〉의 시각 효과를 작업하고 이후 〈에이리언〉의 각본을 맡은 돈 오베넌을 포함해 정말로 당대를 대표하는 기라성같은 아티스트가 참여했지만 조도로프스키의 〈듄〉은 결국 좌초되고 만다. 결국 문제는 제작비였다. 감독이 요구한 천문학적인 제작비와 함께 무려 16시간에 달하는 상영시간은 누구도 받아들일 수 없었다. 이때는 삼부작을 전제로 제작된 〈반지의 제왕〉이나 넷플릭스 같은 OTT 플랫폼에서 회당 2,000만 불이 넘는 예산으로 10부작이 넘어가는 오리지널 시리즈를 만들기 수십 년 전이었다. 모든 건 때가 있는 법이다.

《듄》의 영화화는 그로부터 10년 후인 1984년에 역시 괴상하기로는 둘째가라면 서러워할 인물인 데이비드 린치에 의해 추진된다. 그러나 데이비드 린치가 만든 〈듄〉(한국어판 제목은 '사구'이다)은 린치의 의도와는 달리 제작사에 의해 마구잡이로 편집된 136분 길이의 영화로 공개됐다. 그 때문에 데

• 〈듄〉(1984) 포스터

이비드 린치는 이 작품에 자기 이름을 올리길 원하지 않았고 결국 당시에 실명을 쓰지 않는 감독이 사용하는 가명인 '앨런 스미시'로 영화를 공개했다. 비록 원작자인 프랭크 허버트는 린치의 〈듄〉을 좋게 봤지만, 감독의 비전과는 전혀 달랐던 결과물의 평가는 제각각이었다. 게다가 원하지 않는 방식으로 편집된 데이비드 린치의 〈듄〉은 이후 TV 판(186분)과 확장판(177분) 그리고 TV 특별판(176분)으로 추가 편집돼 공개됐으며, 린치의 팬이 편집한 '얼터너티브 에디션(The Alternative Edition: 178분)'도 존재한다. 이 가운데 가장 완성도가 높은 버전은 린치의 팬이 재편집한 버전이다.

많은 사람이 데이비드 린치의 완전판 〈듄〉을 꿈꾸지만, 린치가 사망한 이상 이제 그럴 일은 없을 것 같다. 그런데 왜 린치의 〈듄〉은 이렇게도 많은 버전이 만들어졌을까? 이는 단지 관객들이 린치가 애초에 의도한 〈듄〉의 완전한 비전을 보고 싶어 하기 때문만은 아니다. 그보다는 '듄'이란 놀라운 세계관을 제대로 그려낸 영화를 보고 싶어 하기 때문이다. 프랭크 허버트가 창조한《듄》의 세계관은 무척 인상적이다. 지금으로부터 대략 26,000년 이후의 세계를 묘사하는데, 이 세계는 엄청난 과학 기술이 난무하는 세계가 아니다. 본래 수많은 인공지능이 인간의 삶을 편리하게 만들었지만, 이 때문에 점차 나약해져 결국 인공지능에게 지배당한 인간들이 인공지능에 반기를 들고 전쟁을 벌인 결과로 인공지능이 금지된 세계다. 여기에 황제를 중심으로 우주의 권력을 나누고 있는 세력들이 있다. 그리고 이들 세력은 모두 스파이스 멜란지 Spice melange라는 물질을 중심에 두고 권력을 다투는 중이다.

《듄》은 미래 세계를 배경으로 한 정치 드라마에 가까운 작품이다. 그렇다고 해서 드라마 전체가 음모와 협잡으로만 구성된 것은 아니다. 프랭크 허버트는《듄》에서 아득한 미래 세계에서 구성될 수 있는 인물과 집단을 매우 그럴듯하게 설정한다. 나약한 인간들이 인공지능에 반기를 들고 전쟁을 벌이는 것은 19세기 초에 노동자들이 자신들의 일자리를 뺏는다며 기계를 부수었던 러다이트 운동 Luddite movement을 떠올리게 한다. 그리고 이 운동의 원인에는 이익만을 목적으로 인간을 기계의 부품처럼 취급했던 당시의 산업 자본가가 있다. 이 산업 자본가는 정치 권력과도 매우 밀접했다. 이처럼 권력과 인간의 일자리를 빼앗는 산업화에 대한 극단적인 저항인 러다이트 운동은 《듄》의 새로운 세계를 구성하는 토대가 된다. 한편 《듄》에서 여성으로 구성된 일종의 초인집단인 베네 게세리트는 '인류를 올바른 방향으로 이끌려는 음모 집단'으로 묘사된다. 의도는 좋지만 행위에는 믿음이 가지 않는 집단이다. 여기에 인공지능을 대신할 인간 컴퓨터와도 같은 멘타트라는 존재도 있다. 이러한 초인과 인간 컴퓨터와 같은 존재는 또 다른 세력으로도 존재하며 《듄》의 세계관을 풍성하게 만들어준다.

조롱의 상징이었던 스페이스 오페라가
대하 서사극으로 변모하다

프랭크 허버트는 《듄》에서 단순히 산업 혁명 시기의 사건만을 세계관의 토대로 삼은 것은 아니다. 《듄》은 사실 인류 역사와 그것이 빚어낸 현실의 철저한 반영이자 통찰이었다. 이 작품에서 인간이 인공지능에 대항해 벌인 전쟁인 버틀레리안 지하드 Butlerian Jihad*라는 말에

* 유토피아 소설이자 기계가 두려워 모든 기계를 파괴한 세계를 묘사한 《에레혼》의 작가 새뮤얼 버틀러의 이름을 딴 성전 聖戰. 지하드라는 말 자체는 이슬람교도들이 이교도들과 벌이는 성전을 가리킨다.

• 카파도키아 데린쿠유 지하 도시

서 볼 수 있듯이 《듄》은 이슬람과 기독교 세계관이 반영된 작품이다.
특히 《듄》의 주요 종족인 프레멘이 거주하는 사막은 중동의 사막지
대를 떠올리게 한다. 《듄》에서 프레멘은 사막에 간간이 드러나 있는
바위산에 굴을 파고 살아간다. 이들 프레멘은 중동 지역의 사막 민족
인 베두인Bedouin을 모티브 삼았다고 하지만, 단지 이 뿐만은 아니다.
투르키예의 아나톨리아고원에 자리한 카파도키아 Cappadocia에는 기

독교 공동체가 만든 석굴 교회와 지하도시가 남아 있는데, 카파도키아 지역에만 36개가 존재하는 이 지하도시 가운데 큰 것은 지하 7층까지 내려가며 무려 2만 명이 거주했다고 한다. 여전히 발굴 중인 이 지하도시는 《듄》에서 한 번에 수만 명이 모이는 것으로 묘사한 프레멘의 거주지역과 아주 유사하다. 이와 함께 프레멘이 성스러운 물질로 생각하는 스파이스가 있다. 이는 스파이스(향신료)라는 단어에서 알 수 있듯 대항해시대에 향신료 무역 이권을 둘러싸고 벌어진 유럽 열강의 전쟁과 약탈까지 떠올리게 한다.

《듄》은 본질적으로 동일한 신을 믿는 이슬람과 기독교 세계관의 충돌과 교류 역시 반영한다. 1부의 주인공 폴은 선지자 무함마드와 같은 존재다. 그리고 3부에 등장해 폴과 갈등을 겪는 폴의 아들 레토 아트레이데스 2세는 예수와 같은 존재로 3,500년간 신황제 God emperor로 우주를 지배한다. 다만, 작품에 등장하는 프레멘이 중동 지역에 사는 사람들을 반영한 만큼 사상적 측면 역시 이슬람의 관점을 많은 부분 인용한다. 이러한 요소들은 《듄》의 세계관과 갈등을 구성하면서 우주를 배경으로 한 대하드라마를 만들어낸다.

《듄》을 좀더 세밀하게 규정하면 **루리타니아 스페이스 오페라**라고 불리는 SF의 방계 장르에 속한다. 루리타니아 스페이스 오페라는 중세에서 근세로 이어지는 유럽 사회를 모방한 거대 제국이 지배하는 우주를 배경으로, 이해 집단 간의 음모와 배신이 벌어지는 이야기 형식을 말한다. 스페이스 오페라에 대한 인식을 완전히 바꿔 놓은 혁신적인 영화였던 〈스타워즈 에피소드 4: 새로운 희망〉 역시 여기에 속하는 작품이다. 한동안 한국에서는 이러한 형식만을 스페이스 오페라로 생각하던 시절도 있었다. 한국은 스페이스 오페라를 포함한 SF 장르의 저변이 넓지 않았다. 1970년대에는 '스페이스 판타지'라는 말을 쓰기도 했을 정도로 스페이스 오페라는 한국에서는 개념조차 생소한 말이었다(스페이스 오페라라는 용어가 한국 언론에 처음 등장한 건 1997년 〈제5원소〉 개봉부터다). 그렇다 보니 스페이스 오페라를 한국식으로 번역해서 '쫄쫄이 우주복 입고 레이저 총 쏘는 활극'이라는 유치찬란한 내용으로 받아들이기 쉬웠다. 물론 어떤 스페이스 오페라는 그렇게 만든다. 고전기 스페이스 오페라를 대표하는 작품인 〈플래시 고든〉 같은 작품이 이러한 우주 활극의 전형적인 작품이었고, 과거 일요일 오전 TV에서 방영하던 〈우주보안관 장고〉와 같은 작품들은 아예 배경만 우주에, 옷을 바꿔 입은 웨스턴이었다.

허무맹랑해도 시대상을 반영했던
1960년대의 스페이스 오페라

혁명의 시대인 1960년대가 문학으로서 스페이스 오페라의 질적 전환기였던 것처럼 영화 역시 커다란 질적 전환을 보인다. 그 시작을 연 작품은 놀랍게도 당시 공산권인 체코슬로바키아에서 제작한 〈이카리 XB-1〉이라는 작품이다. 서기 2163년 이카리 XB-1 우주선은 지구형 행성을 탐사하기 위해 28개월간의 우주 항해에 돌입한다. 텅빈 우주를 항해하는 과정에서 승무원은 점차 지쳐가기도 하고, 우주 방사선 '다크 스타'에 의해 치명적인 인지 장애를 겪으며 공포에 휩싸인다. 〈이카리 XB-1〉은 우주선 내부를 묘사한 뛰어난 세트 미술이 인상적이다. 여기에 더해 광속에 가까운 속도로 이동하는 우주선에서의 28개월이 지구에서는 15년의 세월이 흐른다는 상대성 이론을 중요한 요소로 삼은 첫 작품이며, 규격화된 우주 식량이 등장하는 초기 작품이기도 하다. 이처럼 과학적 고증을 거친 영화 속 묘사는 실제 우주여행과는 다소 차이가 있을지라도 영화에 뛰어난 사실감을 부여한다. (〈이카리 XB-1〉에서 우주 방사선 다크 스타에 노출돼 점차 광기에 빠지는 인물은 이후 2007년 영화 〈선샤인〉에서 유사한 방식으로 묘사되기도 했다.)

그러나 역시 스페이스 오페라 장르에 가장 큰 영향을 끼친 작품은 단연 〈스타트렉〉이다. 1966년부터 TV 드라마로 제작된 장수 시리즈 〈스타트렉〉은 고도로 발달한 과학 문명으로 인간이 노동에서 벗어나 "각자의 자유로운 발전이 모든 이의 자유로운 발전을 위한 조건이 되는 연합체"인 세계에서 우주 탐사를 진행하는 이야기다. 〈스타트렉〉은 비록 미국이 주장하는 프론티어 정신의 우주판이기는 했으나 당시의 지적 사상에 큰 영향을 받은 작품이기도 하다. 앞선 인용문은 마르크스의 《공산당 선언》에 나오는 마지막 문장인데, 〈스타트렉〉 극장판에서 커크 선장이 지구 문명을 설명하는 과정에서 등장한다. 이러한 사상은 작품 내용에도 영향을 미쳐 우주 탐사 과정에서 발견한 새로운 문명과 충돌하기도 하지만 동시에 각자의 가치관을 인정하려는 태도로 이어진다. 여기에 외계인을 등장시켜 종 다양성을 포용하며, 우주 탐사선인 엔터프라이즈호의 승무원들 역시 1960년대 작품으로서는 이례적으로 아시안과 흑인을 포괄하는 다양한 인종 구성을 보여준다. 항해사인 술루 역을 맡은 일본계 배우 조지 타케시는 실제로 동성애자이기도 했다.

〈스타트렉〉은 제작되는 동안 사회적 이슈를 녹여내기 위해 많은 노력을 기울였고, 이와 함께 (실제 구현 가능한지는 별개로) 과학적 사실성에도 큰 노력을 기울인 작품이다. 〈스타트렉〉에 등장해 유명해진 기술이 많다. 그 가운데 하나는 워프 드라이브Warp drive로 빛보다 빠른 속도로 비행하는 것을 말하며, 다른 하나는 1939년 작 〈벅 로저스〉에서 처음 등장한 트랜스포터Transporter라 이름 붙은 원격 전송 장치의 활용이다. 놀랍게도 우주 공간을 접으며 광속보다 몇 배 빠른 속도로

• 〈스타트렉〉 워프 드라이브

• 〈스타트렉〉 트랜스포터

• 〈스타트렉〉 투명 알루미늄을 사용한 수조

72

이동하는 워프 기술은 현재 실제로도 연구 중이다. 물론 성공할 것이란 보장은 없다. 이와 달리 전송 대상의 정보를 읽고 이를 분해·재구축하는(또는 전송 공간에 원본의 복제를 만들고 원본을 제거하는 또 하나의 방법이 있다) 트랜스포터는 양자 역학의 관점에서 볼 때 가능성이 없어 보인다. 그럼에도 불구하고 〈스타트렉 4〉에 등장한 투명 알루미늄 기술이 오늘날 알루미늄과 산소 그리고 질소를 결합한 산질화알루미늄으로 사용되고 있듯이, 〈스타트렉〉은 SF 드라마가 실제 현실에도 커다란 영향을 미친 가장 긍정적인 사례 가운데 하나라고 할 수 있다. 이렇듯 〈스타트렉〉은 방대한 에피소드를 만들어내는 동안 스페이스 오페라 초창기의 조잡한 우주 활극과 과학적 사실성을 모두 담으려는 노력을 추구하면서 이후 SF 영화와 스페이스 오페라 모두에게 큰 영향을 끼친 TV 시리즈였다.

1960년대에 만들어진 스페이스 오페라가 모두 〈스타트렉〉처럼 진지하거나 과학적 사실성을 강조하기만 한 것은 아니다. 분위기는 진지하지만 황당한 설정도 있다. 1964년 작 〈화성의 로빈슨 크루소〉는 화성에 추락한 한 인물과 외계 종족에게 납치당해 강제로 광산 노동을 하는 화성인을 통해 로빈슨 크루소의 우주 버전을 만들어내기도 했다. 그리고 1960년대 중반을 지나며 스페이스 오페라는 다시 변화한다.

당시의 세계는 혁명의 시대, 특히 성해방을 주창하는 성혁명의 시대로 돌입한다. 혁명의 물결이 세계를 뒤덮던 1968년에 등장한 〈바바렐라〉가 바로 그러한 세계를 SF 영화에 처음으로 담아낸 작품이다. 〈바바렐라〉는 우주복을 벗으며 등장하는 제인 폰다를 시작으로 영화 전체를 성적인 농담으로 구성했는데, 권위적인 권력자에 대항하는 세력으로, 약에 취한 히피같은 저항군과 인간의 자유로운 성적 욕망을 제시했다. 이러한 경향은 1974년에 〈플래시 고든〉을 패러디한 〈플레시 고든Flesh Gordon〉이라는 작품으로 등장하기도 한다. 한때 포르노로 알려지기도 했던 이 작품은 포르노보단 섹스 코미디에 가까운데, 행성 '포르노'에서 발사하는 광선 '섹스 레이'를 막기 위한 플레시의 모험을 다루며 성적인 용어가 난무하는 패러디영화다. 〈플레시 고든〉은 〈바바렐라〉보다 더 막 나가거나 뛰어난 작품은 아니다. 오늘날에도 〈바바렐라〉가 여전히 전복적인 메시지를 지니고 있는 반면에 〈플레시 고든〉의 코미디는 제목이 말해주듯 말장난(영어로 Flash는 '섬광', Flesh는 '육체', '살집'이란 뜻이다)에 의존하는 편이다. 그렇지만 〈플레시 고든〉에서 괴물을 등장시키기 위해 사용한 스톱 모션 애니메이션은 지금 봐도 상당한 수준급이다. 특히 특수 효과의 장인 레이 해리하우젠이 〈아르고 황금 대탐험〉에서 창조한 해골 병사를 모방해 만든 동굴 수호신과의 전투 장면, 〈킹콩〉을 패러디한 괴물 장면에선 놀라운 수준의 스톱 모션 애니메이션을 볼 수 있다. 이처럼 당시의 스페이스 오페라는 비록 스토리나 메시지는 뻔하다는 비판을 받았지만 적어도 시각적으로는 상상을 눈앞에 보여주려는 노력을 그치지 않았다.

구태의연한 스페이스 오페라와 가치전복적이고 발칙한 SF포르노가 서로 뒤섞이며 나오던 1960년대가 후반에 접어들면서 SF 영화는 물론 영화사를 통틀어서도 가장 놀라운 작품 한 편이 등장한다. 바로 스탠리 큐브릭 감독의 1968년 작품 〈2001: 스페이스 오디세이〉다. 〈2001: 스페이스 오디세이〉는 기술적으로도 완벽한 작품이었다. 비록 특수 효과에 익숙해진 오늘날에 보면 상당수 장면이 합성이라는 티가 나지만, CG라는 개념 자체가 없었던 당시에 평면 모니터를 개인 태블릿 컴퓨터로 묘사하거나 상하 개념이 없는 무중력 상태에서 우주선 내부를 자유롭게 이동하는 등의 묘사는 그야말로 혁신이라고 할 수 있었다. 심지어는 우주선 내부 무중력 화장실에 붙어

〈2001: 스페이스 오디세이〉 우주 정거장

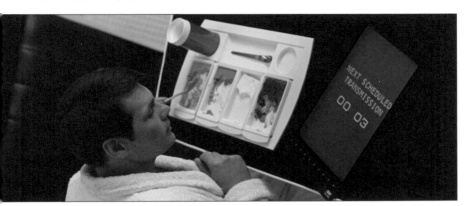

〈2001: 스페이스 오디세이〉 태블릿 컴퓨터

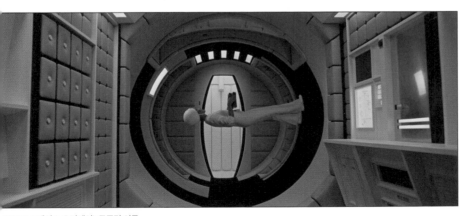

〈2001: 스페이스 오디세이〉 무중력 이동

2 한없는 무대를 누비는 스페이스 오페라

있는 화장실 사용 매뉴얼까지 NASA의 표준 매뉴얼과 같을 정도였다. 게다가 영화에서 묘사한 컴퓨터 HAL9000의 능력은 그동안 인간 중심이었던 SF 서사에 인공지능의 반란으로 빚어진 공포라는 새로운 형식까지 창조했다. 기계 장치의 오작동은 1954년 영화 〈곡〉과 1956년 영화 〈금지된 행성〉에서도 다루기는 했지만, 기계가 자유로운 의식을 지니고 인간의 행위를 통제하고 자신의 의지를 내세운다는 건 당시에는 그야말로 놀라운 설정이었다.

〈2001: 스페이스 오디세이〉는 단지 이런 놀라운 설정만으로 끝낸 영화가 아니다. 이 영화는 인류라는 종의 등장과 함께 종의 변화와 발전 그리고 미지의 영역인 우주로 진출한 인류가 초월적인 힘과 마주하면서 인간과 우주 자체의 궁극적 변화를 목도한다는 심오한 서사까지 보여주는 작품이다. 이 때문에 많은 관객이 이 작품을 어려워하지만 〈2001: 스페이스 오디세이〉만큼 기술과 사상의 진화를 이보다 충격적으로 펼친 작품은 드물다고 할 수 있다. 그리고 1977년 〈스타워즈 에피소드4: 새로운 희망〉(이후 작품명은 〈스타워즈〉로 표기한다)가 개봉하면서 SF 영화는 완전히 다른 형태로 진화한다. 〈스타워즈〉는 이후 수십 년간 후속 영화와 다양한 시리즈로 이어지면서 〈2001: 스페이스 오디세이〉의 기술적 성취를 바탕으로 스페이스 오페라를 재정의한다. 루리타니아 스페이스 오페라적 서사가 과학 기반 하드 SF의 시각 효과라는 옷을 입은 것이다.

이 두 편의 혁명적인 작품이 등장하기 전까지 고전 스페이스 오페라는 그 자신의 틀을 가지지 못한 장르라고 할 수 있다. 다양한 스페이스 오페라 영화는 근대 이전의 기사 문학과 전설 그리고 근대의 서부극에서 틀과 서사를 빌려와 20세기 초에 등장한 '공상과학'적 상상력을 표현하는 작품이었다. 그러니 얄팍한 상상력의 한계는 단순한 활극에 기대고 있었고 당시의 평자들은 이들 작품을 아이들이나 볼 유치한 이야기라고 평가했다. 그러나 영화인들 역시 놀고만 있었던 것은 아니다. 이들은 상상력의 한계를 시험하듯이 다양한 이야기를 현대에 막 등장한 과학적 사고와 이리저리 맞춰가며 다양한 이야기와 이미지를 만들어냈다. 〈2001: 스페이스 오디세이〉와 〈스타워즈〉는 그 궁극의 결과물이라고 할 수 있다.

　이제 영화를 만드는 사람들은 다른 별에서 온 기이한 생명체나 지구를 침공하는 외계인이 아니라 우주 그 너머를 생각하기 시작했다. 이러한 사고의 확장은 우주에 존재하는 다양한 존재들의 삶과 문화, 정치에 대한 상상력을 넓혀갔고, '창백한 푸른 점'에 불과한 지구를 벗어나 우주적인 영역으로 사고를 확장해나갔다. 오늘날 우리가 보고 즐기는 스페이스 오페라는 대포를 타고 달세계로 여행을 떠난다는 아주 단순한 생각에서 출발해 우주라는 공간 그 자체를 구성하는 다양한 존재의 이야기까지 넓혀왔다. 고전 스페이스 오페라는 단순히 조악한 상상력과 유치한 완성도로 만든 작품이 아니다. 이런 작품들은 다양한 상상력으로 스페이스 오페라를 포함한 SF 장르 전체의 토대를 다져나갔고, 이 토대 위에서 진정 새로운 작품이 등장할 수 있었기 때문이다. 언제나 그렇듯이 위대함은 아주 사소하지만, 누군가의 감시와 억압 없는 풍요로운 사상적 토양 위에서만 자라날 수 있다. 창조란 결국 다양성의 찬가이기도 한 것이다.

〈스타워즈〉와
스페이스 오페라의
혁명적 변화

수십 년이 지나도 잊을 수 없는
〈스타워즈〉의 충격

"오래전 멀고 먼 은하계에…" 고풍스런 한줄의 자막이 지나가면 '스타워즈'란 타이틀과 함께 장엄한 음악이 흐르면서 은하 제국에 맞서 싸우는 반란군의 역사가 화면 가득 흘러 올라간다. 좀 과장해서 말

• 〈스타워즈〉(1977) 포스터

하자면 〈스타워즈〉의 등장은 문명사적인 사건이었다. 서사와 시각 효과 두 가지 측면에서 〈스타워즈〉는 이전까지의 스페이스 오페라를 완전히 새로 썼다. 애초 조지 루카스의 목표는 〈플래시 고든〉과 같은 고전을 자기 방식으로 재창조하는 것이었다. 물론 야심만만했던 조지 루카스가 기존의 빈약한 스토리까지 답습하려 했던 것은 아니다. 루카스는 수준 높은 서사 구조를 가진 영화를 꿈꿨다. 기존 스페이스 오페라의 단선적인 구조를 벗어나기 위해 프랭크 허버트의 《듄》부터 조지프 캠벨의 《신의 가면》까지

아이디어를 얻을 수 있는 것은 모두 연구 자료로 삼았다. 거기에 공화정과 제정의 대립 구도는 에드워드 기번의 《로마제국쇠망사》를 참조한 흔적이 짙다. 특히 조지프 캠벨이 쓴 《천의 얼굴을 가진 영웅》은 그야말로 신화적 캐릭터의 행동 연구를 집대성한 것이었고, 영화에도 적극 반영 되었다. 그래서 나중에는 역으로 연구자들이 〈스타워즈〉를 조지프 캠벨의 신화 분석 틀을 연구하기 위한 텍스트로 활용하기도 했다. 이렇게 깊은 철학적, 역사적 기반을 가지고 영화를 만들었지만 20세기 폭스의 최초 내부 시사에서는 지루하다는 판단이 나와 재편집을 거쳐 수정되는 우여곡절을 거쳤다. 그러나 개봉일에는 차이니스 시어터 광장을 꽉 채우고도 모자라 할리우드 대로를 인파로 넘치게 만드는 미증유의 흥행 성공을 거두었다. 그리고 이제 〈스타워즈〉는 SF로 미국의 건국 신화를 쓴 가장 미국적인 영화가 되었다. 먼저 서사적 측면을 알아보자.

　〈스타워즈〉 이전에 등장한 일반적인 스페이스 오페라는 큰 틀에서 로마 제국 이야기와 중세 기사 이야기의 모방과도 다름 없었다. 많은 스페이스 오페라는 할리우드에서 만든 대형 서사 영화 〈벤허〉나 〈클레오파트라〉를 이탈리아에서 모방한 페플럼 Peplum• 장르를 그대로 우주 공간으로 가져왔다고 해도 무방했다. 범선과 말 대신 우주선을 타고 질주하는 인물들이 검과 광선총으로 악당을 제압하는 페플럼 장르의 변형에, 또 다른 미국 신화인 웨스턴 장르를 결합해서 우주 기사나 우주 총잡이를 주인공으로 만들어냈다. 이러한 틀은 〈스타워즈〉에도 부분적으로 녹아 있다. 〈스타워즈〉는 여기에 제국과 공화정의 대립을 중심에 둔 정치 드라마를 첨가하고 주인공인 스카이워커의 영웅적 행위에 신화적 색채를 강하게 부여했다. 루크는 제

•　검과 샌들 장르라고도 하며, 그리스와 로마 시대를 배경으로 한 영화를 말한다.

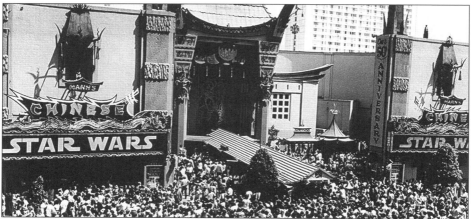

• 〈스타워즈〉 개봉 풍경

국의 입장에서 보면 반역자지만 공화국의 입장에서는 혁명가다. 〈더록〉에서 해병대원을 이끌고 알카트라즈를 기습 점거한 험멜 장군이 부하들에게 "지금은 제군들이 미국의 반역자이지만 200년 전에는 제퍼슨이나 워싱턴도 대영제국의 반역자였다. 지금 우리는 그들을 애국자라 부른다"라고 연설한 것처럼, 제국의 권위에 대한 반역은 미국인의 유전자에 뿌리 깊게 새겨진 인장이었다. 그러니 〈스타워즈〉의 기본 서사가 제국에 대항하는 반란군들의 이야기라는 점에서 미국 관객의 가슴에 불을 당긴 것도 무리가 아니다. 더해서 조지 루카스는 대학시절 USC 시사실에서 수없이 돌려보던 구로사와 아키라의 〈숨은 요새의 세 악인〉의 이야기 구조(핍박받는 백성과 망국의 공주를 지키고 거대 세력에 저항하는 영웅 서사)와 검술 활극을 광선검 대결로 변형하면서 동양의 기氣에 해당하는 포스The Force라는 개념을 창조했다. 특히 이 포스야말로 당시의 뉴에이지 개념과 결합해 물질 중심의 서구 세계관을 벗어나 정신 에너지의 개념으로 미국의 수많은 청년에게 영향을 미치기도 했다. 오죽하면 포스를 믿는 제다이교Jediism까지 등장했겠는가.

하지만 〈스타워즈〉의 진정한 충격은 서사보다 시각 효과Visual effect, VFX에 있었다. 〈스타워즈〉는 한마디로 이전까지 상상으로만 가능한 모든 것을 스크린 위에 구현했다. 이 영화를 만들기 위해 이전까지 골방에서 미니어처 모형과 특수 분장으로 씨름하던 할리우드의 온갖 별종, 괴짜, 마스터들이 다 모여들었다.* 제국 함선 스타 디스트로이어가 거대한 선체로 2.35:1 시네마스코프의 넓은 화면을 끊임없이 짓누르며 등장하는 오프닝 장면은 그 자체로 장엄하다. 이 밖에

* 〈스타워즈〉의 시각 효과를 둘러싼 뒷이야기는 디즈니 플러스에 〈라이트 앤 매직〉이라는 다큐멘터리로 상세히 소개되었다.

• 〈스타워즈〉 세계 각국 포스터들

2 한없는 무대를 누비는 스페이스 오페라

• 〈스타워즈〉 스타 디스트로이어

도 〈스타워즈〉에는 너무도 다양한 시각 효과의 혁신이 등장했다. 제
국군 전투기, 공화국군의 X윙 파이터, 각종 우주선, 우주인, 로봇, 샌
드맨 외계 부족(《듄》에서 영향받은 게 분명하다), 사막 위를 떠서 달리는
자동차, 나치 헬멧을 연상시키는 다스베이더의 모습은 등장만으로도
관객을 흥분시켰다. 대부분의 효과는 애니메트로닉스나 퍼펫, 미니
어처, 블루스크린 프로세서 같은 전통적 시각 효과를 활용한 것이었
지만 마지막에 데스 스타로 돌진하는 공화국 비행편대의 놀라운 속
도감이 빚어내는 액션은 당시까지 영화에 사용되지 않던 컴퓨터 제
어의 **모션 컨트롤** 카메라를 사용한 혁신의 결과였다. 개인적 경험이
지만 1978년 여름 (한국에선 1년 늦게 개봉했다) 중학생이던 필자는 종
로3가 피카디리 극장에서 〈스타워즈〉를 보고 충격에서 헤어나오지
못한 채 한 시간 넘게 걸어 집으로 갔다. 신화적 분석이나 동서양 문
화의 결합 같은 분석은 나중에 성인이 돼서 경험한 이야기고, 오로지
'할리우드가 만화영화에서나 가능하던 로봇이나 우주선을 너무나
실감 나게 진짜로 보여주는 것' 자체가 충격적이었다. 아마 이런 충
격은 국민소득 1,000불도 안 되던 동북아시아 작은 나라의 소년만의
체험은 아닐 수도 있다. 영국의 영화 잡지 〈엠파이어〉가 전 세계 영

화 팬들을 상대로 한 설문에서 평론가들은 〈시민 케인〉을 최고로 꼽았지만 일반 관객은 〈스타워즈〉를 최고로 꼽은 걸 보면 말이다.

〈스타워즈〉의 탄생을 내다본
하길종 감독

잘 알려지지 않았지만 조지 루카스는 한국의 영화인과도 교분을 나누었다. 바로 〈바보들의 행진〉의 하길종 감독이다. 하길종 감독은 1964년 UCLA 영화과에 유학하며 조지 루카스를 만났다. 조지 루카스가 다니던 USC 영화과는 UCLA와 함께 LA의 양대 명문대학이자 은근한 라이벌이었다. USC와 UCLA는 경쟁 관계면서 매년 학생 작품을 교환해서 발표하고 간담회를 여는 전통이 있다.(한국에서도 영화과가 몇 없던 1980년대 초에는 이런 전통이 있어서 동국대, 중앙대, 한양대 학생들이 자신들의 작품을 교환상영했다) 1967년 상영회 모임에서 하길종은 〈나의 환자〉로, 조지 루카스는 〈THX 1138〉로 만난다. 이 발표회를 기회로 두 사람은 "영화에 대한 피차의 정열을 통해 자주 술잔을 나누는 친구로 발전"하게 된다. 조지 루카스와 즐겨 어울린 하길종은《사회적 영상과 반사회적 영상》에서 조지 루카스가 했던 말을 술회하고 있다. 조지 루카스는 "이민자의 후예라서 어렸을 때 고독한 시간이 많았다는 것이다. 그럴 때면 혼자 소설을 많이 읽었는데 주로 공상 과학 소설을 닥치는

• 〈THX-1138〉 포스터

대로" 읽었다는 사실을 밝힌다. 이러한 배경에서 등장한 것이 〈THX 1138〉이었다. 그뿐만이 아니다. 하길종은 조지 루카스에 대해 "루카

스 감독은 〈스타워즈〉를 구성하고 집필하는 데 무려 6년이라는 시간을 바쳤다고 말하고 있지만, 필자(하길종)가 보기에는 그 유년 시절과 대학 시절 그리고 나머지 최근의 6년, 그러니까 그의 반생이 송두리째 〈스타워즈〉에 바쳐진 게 아니냐"는 생각을 회고한다. 또 조지 루카스의 말을 빌려 "서부 영화가 몰락한 후 영화 관객들이 즐길 만한 신화적인 판타지 영화가 많지 않다는 사실"을 전하고 있다. 그러니까 〈스타워즈〉는 조지 루카스가 어린 시절부터 그의 삶을 지배했던 SF 문학과 웨스턴 장르, 신화적 세계를 창조적으로 결합한 결과물이라는 것이었다.

〈스타워즈〉의 서사는 이전까지 스페이스 오페라의 단선적 구조를 벗어나 로마의 공화정이 제정으로 넘어가는 역사적 배경에 서구의 신화학을 결합하고 거기에 반란으로 시작된 미국의 역사적 정서에 1960년대를 풍미하던 일본 영화의 정서를 섞은 복합적 산물인 것이다. 문화는 한자리에 머물지 않는다. 문화란 서로 접촉하고 피를 섞다가 때로는 새로운 결과물로 탄생한다. 그러나 문화가 항상 수평적으로 흐르는 건 아니다. 오히려 문화는 통상 높은 곳에서 낮은 곳으로 흐른다. 그 영향력을 내려받는 주체가 기초 체력과 재능 그리고 상상력이 풍부하다면 자신이 흡수한 문화를 완전히 재창조해서 애초에 그것을 만든 측도 감탄하게 만든다. 1960년대의 구로사와의 영화는 분명 할리우드의 영화 청년들에게 내려주는 영향력이 있었다. 독자적인 형태로 발전해버려 고립되고 정체된 문화 생태계를 이르는 갈라파고스Galápagos화 된 지금의 일본 영화로서는 상상도 못 할 일이다.

〈스타워즈〉로 시작된
스페이스 오페라의 대유행

〈스타워즈〉의 등장과 함께 스페이스 오페라는 큰 틀에서 두 가지 경향으로 진행된다. 한쪽은 〈스타워즈〉를 모방해 만들어진 작품들로 스페이스 오페라의 한국어 번역인 '우주 활극'에 딱 들어맞는 작품들이었다. 다른 한쪽은 〈스타트렉〉의 과학 중심적 세계관을 바탕으로 만들어지는 작품들이다. 이 두 경향 가운데 모방하기 쉬운 형식은 단연 〈스타워즈〉였지만, 〈스타워즈〉를 그대로 모방하기에는 너무 많은 제작비가 드는 게 문제였다. 물론 이탈리아 영화 제작사나 로저 코먼 같은 저예산 전문 제작자에게 이는 전혀 문제될 것이 없었다. 〈스타워즈〉가 나오고 이를 따라한 (정확히는 그 흥행의 물결에 숟가락을 얹은 아류작) 수많은 스페이스 오페라가 조잡한 세트와 엉성한 이야기에 저예산으로 만들어지게 된다. 이 가운데는 1979년 이탈리아 영화인 〈스타워즈 2020〉이 있다. 이 작품은 〈스타워즈〉를 기본 베이스로 〈아르고 황금 대탐험〉부터 심지어는 〈혹성탈출〉까지 섞어서 인용하는 영화로, 마치 의식의 흐름대로 만든 영화처럼 보이지만 묘한 재미를 주는 작품이기도 하다. 특히 우주 최고의 조종 실력을 지닌 여성 선장과《듄》의 멘타트와도 같은 초인적인 항해사 그리고 늘 촐싹거리지만 뛰어난 능력을 지닌 로봇 경찰이 한편이 돼 떠나는 모험은 흥미진진하게 펼쳐진다.

　〈스타워즈 2020〉의 미국 배급을 맡은 인물은 역시 로저 코먼이다. 원래부터 아류작 전문인 로저 코먼은 〈스타워즈〉의 인기에 편승한 스페이스 오페라를 만들 생각이 있었고, 이를 위한 테스트로 〈스타워즈 2020〉을 배급해 이익을 보게 된다. 이후 로저 코먼은 핵전쟁을 다룬 애니메이션 걸작 〈바람이 불 때〉를 만드는 지미 T. 무라카미와 함께 〈황야의 7인〉을 모방해 1980년 〈우주의 7인〉을 제작한다. 이 작품 역시 저예산으로 만든 영화지만, 〈스타워즈 2020〉과 비교하면 무척 세련된 작품으로 완성됐고, 큰 수익까지 거둔다. 이러한 흐름에 일본 역시 가세했다. 일본은 1978년에 후쿠사쿠 긴지 감독이 〈우주에서 온 메시지〉라는 스페이스 오페라 영화를 만든다. 우주 비행선으로 범선이 등장하며 〈7인의 사무라이〉와 〈플래시 고든〉을 결합한 이 작품은 특촬물에서나 볼 수 있는 화려한 갑옷을 입은 우주 악당을 등장시키면서 어이없는 코미디가 난무하는 괴상한 영화로 완성됐다. 후쿠사쿠 긴지는 당대 최고의 야쿠자 영화 〈인의 없는 전쟁〉을 만들던 감독이었지만, 자신의 영역이 아닌 쪽에서는 영 맥을 못 춘 것이다. 이 시기에는 〈스타트렉〉처럼 논리 정연한 이야기 구조와 과학적 사고를 중심에 두는 스페이스 오페라는 거의 만들어지지 않는다. 1979년 작인 〈블랙홀〉과 같은 작품은 예외라고 할 수 있다. 대신 〈스타트렉〉처럼 진지한 이야기를 담은 스페이스 오페라는 실험적인 제작이 가능한 TV 방송국을 통해 만들어지기 시작한다. 1975년에 등장해 지구에서 이탈하는 달 기지 이야기를 배경으로 이야기를 전

• 〈UFO〉에서 미니어처를 활용한 장면

· 〈우주전함 야마토〉 포스터 　　　· 〈은하철도 999〉 포스터 　　　· 〈우주해적 코브라〉 포스터

개한 〈우주대모험 1999〉나 1978년에 방영을 시작해 인류와 외계 종
족과의 전쟁을 그린 〈배틀스타 갤럭티카〉 같은 작품이 그렇다.
　　1970년대에 나타난 또 하나의 경향은 영국 드라마 〈UFO〉처럼
아이들을 대상으로 미니어처 촬영을 강조한 SF 드라마가 등장했다
는 것이다. 일정 부분 1965년에 영국에서 제작한 SF 인형극 〈선더버
드〉의 영향을 받은 〈UFO〉는 미니어처(〈선더버드〉에서 특수 효과를 만든
데릭 메딩스가 담당했다)로 처리한 우주선이나 장갑차 등을 〈선더버드〉
보다 훨씬 세련된 디자인으로 만들어낸다. 그리고 이 작품의 속편
으로 기획됐다가 제목을 변경한 작품이 바로 〈우주대모험 1999〉다.
80년대 한국의 문방구에는 〈UFO〉의 비행선과 〈우주대모험 1999〉
의 비행선 프라모델이 나란히 놓여 있기도 했다. 장난감을 팔기 위해
콘텐츠를 제작한다는 사업 구조가 이때부터 본격화된 셈이다. 여기
에 애니메이션을 잘 만드는 일본은 스페이스 오페라를 적극 받아들
여 〈우주전함 야마토〉 같은 군국주의적 색채가 짙은 작품을 내놓는
다. 〈우주전함 야마토〉의 성공에 힘입어 1978년부터 방영한 〈우주해
적 캡틴 하록〉은 우리에게 우주에서도 해적이 활개를 칠 수 있다는

로망을 알려준 작품이다. 뿐만 아니라 〈은하철도 999〉 같은 스페이스 오페라와 존재론적 철학을 결합한 이색적인 작품도 나왔다. 여기에 본격적으로 성인을 대상으로 한 〈우주해적 코브라〉도 등장했다. 〈우주해적 코브라〉는 다양하고 독창적인 캐릭터를 대거 등장시키면서 성적인 이미지와 과격한 폭력으로 성인용 해적 이야기의 새로운 형식을 제시한 작품이다. 스페이스 오페라가 다국적인 매체와 장르로 확산되어 간 것이다.

스페이스 오페라를 넘어서
변화하는 SF 장르

1977년 최초의 성간 탐사선 보이저 1호와 2호가 우주를 향해 날아오른다. 이전 파이오니어호의 단점을 개선한 보이저호는 인류 역사상 최초로 태양계의 관측 정보를 제공했다. 여기서 얻은 우주에 대한 진짜 이미지와 정보는 스페이스 오페라 장르에도 영향을 미치게 된다. 1979년 첫 번째 극장판 〈스타트렉: 더 모션 픽처〉는 바로 이 보이저

* 〈스타트렉〉 비저

호의 탐사에서 아이디어를 얻어 만든 작품이다. 〈스타트렉: 더 모션 픽처〉는 지구를 향해 정체불명의 거대한 외계 물체(원통형인 본체 길이가 무려 76km다)가 날아오면서 시작된다. 자신을 비저 V'ger라고 소개한 이 외계 물체는 강력한 힘을 과시하며 지구를 위협하고, 이를 막기 위한 엔터프라이즈호 승무원의 노력이 펼쳐진다. 〈스타트렉: 더 모션 픽처〉에서 창조한 비저는 SF 영화 사상 가장 참신한 존재로 영화의 결말에서 그 정체가 밝혀질 때 영화를 보던 관객은 탄성을 터트릴 수밖에 없다. 〈스타트렉: 더 모션 픽처〉는 하드 SF와 스페이스 오페라가 어떤 방식으로 결합해야 하는가를 보여준 그 전형이라고 해도 과언이 아니다. 그런데 이 시기에 또 한 편의 놀라운 스페이스 오페라가 등장한다. 바로 리들리 스콧의 〈에이리언〉이다.

1979년 SF와 호러 그리고 크리처물이 혼종 결합된 걸작 〈에이리언〉의 등장은 이후의 SF가 어떻게 달라질지를 예고한다. 〈스타트렉: 더 모션 픽처〉보다 먼저 개봉한 〈에이리언〉은 그야말로 SF의 새로운 형식을 창조했다고 해도 놀랍지 않다. 이전까지 스페이스 오페라에 등장했던 외계인은 인간과 대결을 벌여야 했기에 마치 인간처럼 나쁜 의도로 음모를 꾸미는 캐릭터였다. 반면에 〈에이리언〉은 정체, 목적, 동기를 알 수 없는 완전한 미지의 존재다. 의도를 모르기에 〈에이리언〉의 괴물은 더 무섭고 더 무자비하고 더 강력하다. 특히 H. R. 기거가 디자인한 외계 생명체는 악몽에서라도 마주치고 싶지 않은 모습이다. 뿐만 아니라 외계 우주선의 독창적인 디자인과 이제는 스페이스 자키로 불리지만 정체를 알 수 없는 외계인 역시 다양한 비평적 해석을 내놓게 만들어졌다. 〈에이리언〉은 〈스타워즈〉에도 〈스타트렉〉에도 속하지 않는 전혀 새로운 작품이었고 이후 〈타이탄의 지배자〉 〈금지된 세계〉 〈공포의 혹성〉 등을 포함해 수많은 모방작 Rip-off을 양산하게 한다.

· 〈타이탄의 지배자〉 포스터　　　　　· 〈금지된 세계〉 포스터　　　　　· 〈공포의 혹성〉 포스터

　　그러나 〈에이리언〉이나 〈스타트렉: 더 모션 픽처〉처럼 창조적
인 작품은 아주 예외였고, 80년대에 들어서면서 만들어진 대부분의
스페이스 오페라는 70년대의 〈스타워즈〉의 표절작과 유사하면서도
연령층을 낮추어 순수한 오락물로 만들어진다. 말하자면 고전 스페
이스 오페라로의 복귀. 대표작이 고전 〈플래시 고든〉을 리메이크
한 1980년 작 〈제국의 종말〉이었다. 록그룹 퀸Queen이 음악을 맡아 화
제가 된 〈제국의 종말〉은 그렇지 않아도 단선적이었던 1934년 버전
〈플래시 고든〉을 더욱 단순하게 코미디로 만든 작품이다. 영화의 오
프닝과 함께 등장하는 원작 코믹스의 이미지는 이 작품의 지향점이
어린, 정확하게는 코믹북을 수집하는 십 대 남자아이들임을 분명히
알게 해준다. 이와 함께 컴퓨터 게임에서 최고 기록을 올린 주인공이
최고의 우주 전투기 조종사로 선택돼 우주 악당의 공격을 막아낸다
는 1984년 영화 〈최후의 스타화이터〉는 당시 막 도입된 컴퓨터 그래
픽을 전면에 내세운 작품이지만, 오늘날 보기에는 그럴듯해 보이는
실사 장면과 달리 그래픽의 질이 너무 떨어져 실사 영상과 완전히
겉돈다.

1980년대에는 성인 취향의 스페이스 오페라 역시 등장하지만, 〈바바렐라〉처럼 발칙한 상상력을 보여줬던 과거와 달리 성적 묘사를 자제하면서 모험 활극의 요소만을 더욱 강화한다. 레이건으로 대표되는 미국 사회의 전반적인 보수화와도 관련이 없지는 않을 것이다. 1983년 작인 〈스페이스 헌터〉는 우주 쓰레기를 치우는 주인공이 악당에게 납치된 여성 세 명을 구해 현상금을 받아 내려는 이야기로, 마치 우주판 〈매드맥스〉와도 같다. 1984년에 공개한 〈우주 해적선〉은 해적 행위를 하다 사로잡혀 공주와 함께 공주의 아버지를 찾으려는 내용을 그리고 있다. 이 두 작품 모두 난장판인 우주 시대를 아주 유쾌한 톤으로 묘사하는 영화다. 특히 코미디가 영화의 중심을 차지하는 〈우주 해적선〉에서 양쪽 팔에 칼을 단 작은 전투 로봇이나 거세 수술 전 결박된 주인공을 면도하기 위해 손을 부들부들 떨며 면도하는 노인이 등장하는 장면은 〈토르: 라그나로크〉에 등장하는 팔다리가 기계로 되어있는 외계 종족 미에크와 토르의 긴 머리를 자르려는 이발사로 특별출연한 마블 코믹스의 거장 스탠 리를 떠올리기 충분하다.

이러한 유쾌함(또는 경박함)은 1987년에 등장한 〈스페이스볼〉에서 정점에 이른다. 패러디 영화의 거장 멜 브룩스 감독이 〈스타워즈〉를 패러디해 만든 이 작품은 최고의 패러디 영화 가운데 한 편으로 꼽히며, 〈스타워즈〉만이 아니라 수많은 작품을 인용하고 있다. 특히 영화 중반 〈에이리언〉에서 베이비 에이리언(체스트버스터)에게 가슴이 뚫려 죽은 토머스 케인을 연기한 배우 존 허트가 이 영화에 직접 출연해 다시 한번 같은 장면을 재연하면서 "아! 이런 또야Oh No. Not Again"라고 한탄하는 장면은 영화의 백미 가운데 하나다.

〈스타워즈〉와 함께 양대 산맥을 이루는 〈스타트렉〉 역시 1999년에 〈갤럭시 퀘스트〉라는 영화로 만들어져 오리지널 〈스타트렉〉보다 더 뛰어나다는 평가를 받기까지 한다. 〈스타트렉〉의 팬을 일

• 〈스페이스볼〉 포스터　　　　　• 〈갤럭시 퀘스트〉 포스터

컬트 트래키Trekkie를 모방한 인물과 〈스타트렉〉을 떠올리게 하는 드라마 〈갤럭시 퀘스트〉에 출연한 배우들이 얼떨결에 우주를 위기에서 구한다는 이 작품은 스페이스 오페라를 패러디한 작품 가운데 〈스페이스볼〉과 함께 가장 뛰어나고 재미있는 작품으로 손꼽을 만하다. 영화를 만드는 사람들은 항상 익숙한 것과 새로운 것 사이의 균형에 고민한다. 〈스타워즈〉로 시작된 스페이스 오페라 열풍은 한쪽에서는 〈에이리언〉과 〈스타트렉〉 같은 진화로, 다른 한쪽은 익숙한 장치를 패러디해서 다시 우려먹는 쪽으로 변형되어 간 것이다.

기술은 발전하지만
상상력은 제자리에 머물고

제임스 카메론이 〈어비스〉와 〈터미네이터 2〉로 CGComputer Graphics의 시대를 연 이후 상상력을 실현할 수단은 크게 확대됐고, 우주 묘사에 있어서도 CG의 역할은 더욱 중요해졌다. 1990년대에는 이러한 CG를

• 〈스페이스 트러커〉 스틸 컷

• 〈제5원소〉 스틸 컷

전면에 내세운 작품들이 등장한다. 1994년 작인 〈스타게이트〉를 시작
으로 1997년 〈제5원소〉와 〈스타쉽 트루퍼스〉는 CG 기술을 전면에 내
세운 스페이스 오페라 작품으로 당시로서는 놀랄만한 비주얼 충격을
선사한 작품들이다. 이후 기술의 발전에 따라 CG는 점차 정교해졌고,
그에 따라 제작 단가 역시 올라가기 시작했다. 물론 저예산 영화들은
여전히 퀄리티가 떨어지는 CG를 사용했지만, 대자본이 투입된 영화
는 더욱 사실적인 이미지를 위해 CG에 더 많은 비용을 지출했다. CG
로 구현된 초기 작품의 퀄리티는 저예산 영화로 제작된 1996년 영화

〈스페이스 트러커〉와 1997년 영화 〈제5원소〉를 비교하면 그 차이가 뚜렷하게 보인다. 이러한 CG 퀄리티가 오늘날에는 그 차이가 많이 좁혀졌다고 해도 여전히 결과물의 차이는 무시할 수 없다. 게다가 관객은 영화의 질에만 신경 쓰지 제작비에는 신경 쓰지 않는다. 그렇다 보니 스페이스 오페라는 점차 대규모 예산을 투입한 영화로 만들어지게 된다.

그러나 스페이스 오페라의 대형화는 상상력의 빈곤과 반비례해 갔다. 라디오 드라마에서 장편 소설을 거쳐 영화로 만들어진 〈은하수를 여행하는 히치하이커를 위한 안내서〉처럼 뛰어난 상상력을 보인 작품도 있긴 하지만, 영화사들은 안전한 방법으로 검증된 이야기에 대규모 예산을 투입해 큰 수익을 얻길 원했다. 그러나 영화흥행이란 귀신도 모르는 것이다. 그렇게 만들어진 〈존 카터: 바숨 전쟁의 서막〉은 처참한 실패로 스튜디오를 파산 위기에 몰아넣기도 했다. SF 장르에서 새로운 상상력이 고갈될 무렵인 21세기는 〈반지의 제왕〉이 거둔 거대한 성공에 고무된 제작사들이 너도나도 대형 판타지를 영화로 만든다. 그러나 모든 작품이 〈반지의 제왕〉처럼 성공할 수는 없었다. 그래서 제작자들은 스페이스 오페라에 새로운 피를 수혈할 공급처를 찾는다. 바로 마블 코믹스다. 마블 코믹스의 슈퍼히어로는 지구와 우주를 모두 무대로 다루고 있었기에 그야말로 안성맞춤이 아닐 수 없었다.

마블식 스페이스 오페라가 거둔 새로운 성공은 〈가디언즈 오브 갤럭시〉였다. 〈가디언즈 오브 갤럭시〉의 성공은 영화 자체의 완성도도 있지만, 마블 슈퍼히어로 프랜차이즈가 아니었으면 성공하기 어려운 영화이기도 했다. 〈가디언즈 오브 갤럭시〉의 성공을 그간 흥행이 부진하던 〈토르〉 시리즈가 이어받아 만든 시리즈 3편 〈토르: 라그나로크〉는 〈가디언즈 오브 갤럭시〉보다 더욱 유쾌한 스페이스 오페라로 만들어지게 된다. 그러나 〈토르〉의 네 번째 영화인 〈토르: 러

브 앤 썬더〉는 극단적으로 호불호가 나뉘기도 했으며, 〈가디언즈 오
브 갤럭시〉의 속편은 전편보다 떨어지는 완성도를 보였으나 3편에
이를 만회하는 낭만적인 결말을 완성해냈다. 이는 마치 〈반지의 제
왕〉 이후 창의성이 떨어지던 판타지 영화들이 서서히 몰락해간 것처
럼 마블 역시 대규모 성공 이후 점차 그 힘이 떨어져 가는 느낌을 주
기도 한다. 물론 아직 많은 작품이 남았으니 속단할 필요는 없다. 다
만 상상력이란 측면에서 이제 더는 새로운 스페이스 오페라가 등장

• 중국 장가계

• 〈아바타〉—장가계

• 아이슬란드 빙하

• 〈인터스텔라〉—빙하

• 요르단 와디럼

• 〈마션〉—와디럼

하지 않고 있다는 것이 아쉬울 따름이다.

　스페이스 오페라의 서사는 이른바 서부 개척을 다루는 고전적 웨스턴과 비슷하다. 전인미답의 공간을 개척하고 그곳에 문명을 세우는 일이다. 그 와중에 지구인과 다르게 생겼다는 이유로 무수한 외계인이 죽어 나간다. 20세기에 만들어진 스페이스 오페라에 가장 자주 등장하는 용어 가운데 하나가 식민지植民地, Colony인데, 우리처럼 식민지를 경험한 나라에서 듣기는 몹시 거북한 단어다. 다행히 21세기에 들어서 이 단어를 사용하는 스페이스 오페라는 거의 사라졌다. 대신 이국적이거나 이질적인 풍경과 함께 다양한 외계 종족을 묘사한다. SF 영화 가운데 가장 큰 수익을 올린 제임스 카메론 감독의 〈아바타〉는 식민주의의 패배라는 서사를 바탕으로 화려한 외계 생태계를 묘사하고 있다. 물론 이러한 묘사가 감독의 상상만으로 가능한 것은 아니다. 〈아바타〉가 묘사하는 '판도라 행성'은 중국의 장가계張家界의 기기묘묘한 자연환경을 모델 삼아 구현했다고 한다. 인간은 아직 우주에서 영화를 찍을 수 없으니 다른 영화도 지구의 풍경을 참조하기는 역시 마찬가지다. 하드SF인 〈인터스텔라〉에 등장하는 얼어붙은 행성은 아이슬란드에서 촬영했으며, 〈마션〉에서 묘사하는 화성의 붉은 황무지는 요르단의 붉은 사막을 CGI로 가공한 결과물이다.

　스페이스 오페라에는 지극히 화려하거나 삭막한 외계 행성을 묘사하는 방식과 함께 아주 다양한 외계 생명체 또한 자주 등장한다. 특히 〈발레리안: 천 개 행성의 도시〉에는 우주 연방에 속하는 수없이 다양한 외계 생명체가 등장하기도 한다. 그런데 가끔 왜 외계 생명체는 대부분 인간형인가, 인간 중심주의가 아니냐는 불만도 들린다. 물론 이는 인간이 지닌 상상력의 한계일 수도 있지만, 우주 생명체를 그리기 위해 허황된 상상력을 남발할 수도 없기 때문이기도 하다.

한국의 〈스타워즈〉를 꿈꾸는
젊은 영화인을 기대한다

예나 지금이나 스페이스 오페라에 남아 있는 것은 미지의 세계를 탐험한다는 모험에 대한 낭만이다. 천문학이 학문으로 정립되기 이전 사람들은 밤하늘을 밝게 비추는 별을 보며 그 별에서 살아갈 어떤 존재에 대한 낭만을 키워나갔다. 물론 오늘날 우리는 '별'이라 부르는 것이 대부분 생명체가 살아갈 수 없는 불타는 항성恒星임을 알고 있다. 생명체가 살 수 있는 행성은 스스로 빛을 내지 못한다. 그러므로 행성을 빛내는 것은 그곳에서 살아가는 생명체의 역할이다. 그리고 스페이스 오페라는 그 생명체가 어떻게 생겼건 어떤 사상을 지니고 있건 극한의 상상력을 동원해 편견 없이 다루는 방향으로 점차 변화해왔다. 앞으로 스페이스 오페라가 어떤 이야기를 다룰지는 알수 없다. 그러나 스페이스 오페라가 품기 시작한 다양성의 증대라는 가치는 사회가 퇴행적으로 경직되지 않는 한 여전히 중요한 가치로 남을 것임이 틀림없다. 이처럼 복잡 미묘한 우주를 영화를 통해서나마 체험하는 스페이스 오페라는 여전히 낭만에 관한 영화이기도 한 것이다.

2021년에는 한국에서도 드디어 첫 스페이스 오페라 〈승리호〉가 등장했다. 〈승리호〉는 완전히 새롭지는 않다. 오히려 이전에 등장한 여러 스페이스 오페라가 떠오르는 영화기도 하다. 우주 쓰레기 청소선이 위험한 거래에 뛰어드는 이야기는 〈스페이스 헌터〉를 떠올리게 하며, 여성 선장과 남성 조종사 그리고 촐싹거리는 로봇이 등장한다는 측면에서는 〈스타워즈 2020〉, 그리고 우주 공간을 누비는 트럭 형태의 우주선과 지구를 배경으로 한 영화의 클라이맥스는 〈스페이스 트러커〉를 떠올리게도 한다. 그러나 이를 두고 〈승리호〉가 무작정 다른 영화를 베낀 작품이라고 매도할 수는 없다. 승리호가 데브리 De-bris(우주 쓰레기)를 피하며 맹렬하게 날아가는 속도감이나 떠버리 로봇 업동이가 승리호 외부로 나가 작살을 던지는 장면은 스페이스 오페라를 포함한 SF 장르에 필요한 영화 기술적 성취를 보여준다. 더불어, 우주 공간을 누비는 우주선 외벽에 발을 딛고 선 채 고전적 무기인 작살을 던진다는 낭만적 상상력이 동시에 생겨난다는 점에서 한국 영화의 또 다른 발전 가능성을 짜릿하게 제시한다. 결국 영화를 포함한 모든 창작품은 창작자 자신이 영향을 받았던 작품을 인용하고 변형하면서 점차 새로운 작품이 등장할 토대를 만들기 마련이다. 더군다나 〈승리호〉가 묘사한 하층민 거주지의 미술이나 자연스러운 CG는 수준급이며, 앞서 살펴본 스페이스 오페라 영화들로 알 수 있듯이 대다수 스페이스 오페라에 비하면 이야기 전개도 뒤처지지 않는다. 기술상으로 어떤 방법을 사용했건 간에 〈승리호〉에서 구현한 우주 공간의 실물감은 시각 특수 효과의 중요한 성과물이며 한국 영화가 우주 공간을 배경으로 서사를 진행해도 관객이 받아들일 수 있음을 입증한 시작점이 된 것이다.

〈승리호〉는 서양처럼 유구한 SF 전통에서 탄생한 《듄》이 아니다. 〈듄〉같이 2억 달러가 넘는 제작비를 투입할 수도 없다. 한국에서는 큰 영화라고 하지만 할리우드 메이저 영화의 1/10 정도에 불과한 제작비로 만든 작품이다. 비록 한국이 당장 〈스타워즈〉를 만들지는 못해도 한국의 촬영감독 정정훈이 〈스타워즈: 오비완 케노비〉 시리즈를 촬영하고, 〈오징어 게임〉의 이정재가 〈스타워즈〉 시리즈 〈애콜라이트〉에 제다이로 출연하는 일이 현실이 되었다. 아직은 갈 길이 멀지만 언젠가는 가능할 것이다. 한국 영화인들이 몇몇 실패를 딛고 우주를 향한 상상력과 도전을 계속해 나가기를 빌며 격려의 박수를 보낸다.

스페이스 오페라 영화 베스트 10

★

스페이스 오페라는 인간이 지닌 낭만을 최대화하는 장르면서 동시에 인간이 지닌 공포의 한계를 추적하는 영화 장르기도 하다. 영화사 초기부터 등장한 스페이스 오페라는 한편으로는 〈달세계 여행〉처럼 먼 우주에서의 모험을 꿈꿨으며 다른 한편으로는 〈이벤트 호라이즌〉 같이 우주의 끝에 있을지도 모를 지옥을 묘사하기도 한다. 그러고 보면 인간이 상상 가능한 가장 폭넓은 이야기를 담아내는 영화 장르가 바로 스페이스 오페라라고 할 수 있다. 이 지면에서 정리한 베스트 목록은 영화사의 걸작만을 추린 것이 아니다. 그보다는 방대한 우주를 다루는 저 수없는 이야기를 보다 다양한 지점에서 살펴볼 수 있는 작품들을 제시한 것이다. 그러니 이 목록은 단순 참고용이기도 하다.

10 가디언즈 오브 갤럭시 Guardians of the Galaxy   2014

감독 제임스 건
출연 크리스 프랫, 조 살다나, 브래들리 쿠퍼, 데이브 바티스타,
      마이클 루커, 빈 디젤

스페이스 오페라 장르는 서서히 잊혀가는 장르였다. 물론 다양한 영화가 만들어졌지만, 관객은 이러한 영화들을 SF 영화의 한 변형으로만 받아들일 뿐이었다. 〈인터스텔라〉 같은 작품을 스페이스 오페라로 분류하는 건 여전히 한국 관객에게는 어색하기만 하다. 이제 스페이스 오페라는 〈스타워즈〉 정도만 남은 듯했다. 그러다가 마블 시네마틱 유니버스를 구성하는 한 작품이 스페이스 오페

라를 선언하며 등장한다. 〈가디언즈 오브 갤럭시〉는 적어도 한국에서는 잊혀가던 스페이스 오페라의 즐거움을 되살려낸 영화라고 할 수 있다. 그리고 바로 이 작품으로부터 우리 역시 〈승리호〉와 같은 작품을 만들 수 있다는 결심을 하게 된다.

9 이카리 XB-1 Ikarie XB-1   1963

감독   인드리치 폴락
출연   카치르코바 이레나, 다나 메드르지츠카, 프란티섹 스몰릭,
      라도반 루카프스키, 오토 라코빅

이카루스는 아버지 다이달로스가 만든 날개를 달고 신나게 하늘을 날다 태양에 너무 가까이 가는 바람에 날개를 붙인 밀랍이 녹아서 떨어져 죽고 만다. 우주선 이름에 '이카루스'를 뜻하는 '이카리'라는 이름을 달았다는 건 이 우주선이 결정적인 위기를 맞을 거라는 선언과도 같다. 대신 이카리호는 태양 때문에 위기를 겪지는 않는다. '백색 행성' 탐사를 위해 떠났던 이카리호는 치명적인 우주 방사능을 뿜어내는 '다크 스타'를 지나치며 마음의 날개인 인간의 이성이 크나큰 위기를 맞이한다. 〈이카리 XB-1〉은 오늘날의 관점에서도 뛰어난 미술을 보여주는 작품으로, 결코 낡아 보이지 않는다. 그리고 이카리호의 위기는 이후 태양을 대상으로 한 영화 〈선샤인〉에서 같은 방식으로 인간을 공포로 몰아넣는다.

8 갤럭시 퀘스트 Galaxy Quest   1999

감독   딘 패리소
출연   시고니 위버, 팀 앨런, 앨런 릭먼, 샘 록웰, 토니 샬호브, 다릴 밋첼,
      저스틴 롱

'트레키'는 TV 드라마 〈스타트렉〉의 열성 팬을 일컫는 단어다. 결코 긍정적인 뉘앙스를 담은 단어는 아니다. 그도 그럴 것이 트레키들은 그 광적인 열성 때문에 극성스러운 영국 축구팬인 훌리건 Hooligan을 떠올리게도 하니 영화에서 이들을

다룰 때도 부정적인 태도를 드러낸다. 〈갤럭시 퀘스트〉는 이 트레키가 지구만이 아닌 우주를 지켜내는 영화. 영화는 〈스타트렉〉을 패러디한 미니 시리즈 출연진이 진짜 우주 함선 승무원이라고 생각한 외계인의 방문으로 시작한다. 그리고 신기한 이 경험은 곧바로 우주 전쟁으로 변한다. 〈갤럭시 퀘스트〉는 주류에게 무시당하는 인물들에게 집중하는 영화. 조금 어리석고 조금 하찮아 보일지라도 결국 삶의 주인공은 '나'라는 이야기다.

7 듄 Dune   2021

감독 드니 빌뇌브
출연 티모시 샬라메, 젠데이아, 레베카 페르구손, 오스카 아이작,
       제이슨 모모아, 스텔란 스카스가드, 하비에르 바르뎀, 조시 브롤린

드니 빌뇌브가 프랭크 허버트의 《듄》을 영화화한다고 했을 때 영화 팬들은 기대와 걱정을 동시에 드러냈다. 이미 《듄》을 둘러싼 악명 높은 영화화 과정이 있었기 때문이다. 이러한 걱정에도 영화 〈듄〉은 마치 〈반지의 제왕〉처럼 뛰어난 작품으로 완성됐다. 《듄》은 스페이스 오페라를 일변하게 한 작품이다. 게다가 이후에 등장하는 수많은 스페이스 오페라의 원전이기도 하다. 다만, 1960년대에 쓰인 이 작품을 오늘날의 시선에 맞추는 데는 큰 노력이 필요했다. 감독은 60년대식의 고풍스럽거나 현대와 어울리지 않는 관점을 제거한 다음 〈듄〉을 철저히 신화적인 세계로 만들어냈다. 결과는 대성공이었고 우리의 즐거움이 또 하나 늘어났다.

6 바바렐라 Barbarella   1968

감독 로제 바딤
출연 제인 폰다, 존 필립 로우, 아니타 팔렌버그, 마일로 오시어,
       데이비드 헤밍스, 마르셀 마르소

1968년은 혁명과 뉴에이지의 시대다. 이 키워드는 또다시 기성세대에 저항하

는 청년, 마약, 신흥종교 그리고 섹스로 분류할 수 있다. 그리고 이것들은 성 SEX. Gender혁명으로 분출된다. 영화사에서 성 혁명을 다룬 영화는 그리 많지 않다. 이러한 작품으로 〈WR 유기체의 신비〉 정도를 떠올릴 수도 있고 혹은 섹스에서 폭력으로 이어지는 과정을 다룬 BBC의 반혁명 영화 〈성 올림픽의 해〉를 떠올릴 수도 있다. 〈바바렐라〉는 성 혁명 담론에 이야기를 푹 담그면서도 놀라운 재미를 준다. 담론의 무게에 짓눌리지 않을 뿐더러 바바렐라의 유쾌한 우주 모험담이 신나게 펼쳐진다. 게다가 결코 강압적이지 않다.

5 금지된 행성 Forbidden Planet 1956

감독 프레드 M. 윌콕스
출연 레슬리 닐슨, 앤 프랜시스, 월터 피전, 워렌 스티븐스, 잭 켈리

〈금지된 행성〉은 기념비적인 영화다. 〈금지된 행성〉은 SF 호러 장르에서 기계 장치의 공포를 다룬 테크노 호러 Techno-horror의 시작을 열었으며, 호러 장르에서 최초로 프로이트의 이론을 전면에 내세운 작품이다. 영화는 멸종된 문명이 남긴 초월적인 기계 장치를 등장시킨다. 이 장치는 인간의 무의식(이드 Id)에 반응해 거대한 괴물을 만들어내고, 인간은 이 괴물을 '그것(이드의 독일어 원어는 Es로 '그것'이라는 뜻이다)'이라고 부른다. 탐사대는 과거에 위대한 문명과 과학 기술을 이뤘던 외계 존재가 결국 감당하기 어려운 기계 장치를 만들어냄으로써 멸망했음을 알게 된다. 인간의 인지를 넘어서는 기계 장치를 만들고 파멸한 외계 존재와 그것을 제어하려는 인간의 욕망, 바로 '프랑켄슈타인'과 같은 인간의 오만을 다루고 있다. 〈금지된 행성〉은 외계 탐사의 표준과도 같은 영화다.

4 스타트렉: 더 모션 픽처 Star Trek: The Motion Picture 1979

감독 로버트 와이즈
출연 윌리엄 샤트너, 레너드 니모이, 드포레스트 켈리, 제임스 두한,
조지 타케이, 월터 케이니그, 니셸 니콜스, 메이젤 배럿

SF는 과학적 상상력에 관한 이야기다. 여기서 개연성이 떨어질 때 이를 '공상 과학'이라 폄하하는 일이 생겨난다. 한국에서 〈스타워즈〉가 한때 그런 취급을 받았다. 〈스타트렉〉은 이 개연성에 있어서만큼은 비난의 대상이 된 적이 드물다. 대신 관객은 〈스타트렉〉이 전개하는 이야기가 얼마나 새로운가에 초점을 맞췄다. 〈스타트렉〉 시리즈의 첫 극장판 영화 〈스타트렉: 더 모션 픽처〉는 바로 이 지점에서 평단의 만장일치를 받은 작품이다. 머나먼 우주에서 거대한 비행체가 지구를 향해 다가오고 지구는 위기를 맞이한다. 어쩌면 식상할 수 있는 이 설정에 영화는 단 하나의 실제 사건을 결합한다. 그렇게 〈스타트렉〉은 놀라운 영화가 되었다.

3 에이리언 Alien 1979

감독 리들리 스콧
출연 시고니 위버, 톰 스커릿, 베로니카 카트라이트, 존 허트,
해리 딘 스탠턴, 이안 홈

외계 괴물은 완전히 새로운 이야기가 아니다. 어쩌면 〈에이리언〉의 원형이라고 할 수 있을 〈그것! 외계 너머의 테러〉나 〈흡혈귀 행성〉 같은 작품 역시 1950년대를 지배한 우주에 대한 상상력 아래 있던 작품이기 때문이다. 그러나 인간이 감당하기 힘든 공포를 스페이스 오페라 형식에 완벽하게 녹여낸 첫 작품은 단연 〈에이리언〉이다. SF 장르에서 〈에이리언〉 이전까지의 공포는 설명 가능한 것이어야 했다. 상상이 불가능한 미지의 공포는 호러 장르에서도 간혹 등장할 뿐이었다. 관객은 〈에이리언〉이 묘사하는 스페이스 자키의 죽음과 초월적인 괴물을 오직 상상력으로만 판단할 수밖에 없다. 그리고 이러한 것들이 70년대에 가능했던 가장 뛰어난 미술과 영상으로 전개된다.

감독 조지 루카스
출연 마크 해밀, 해리슨 포드, 캐리 피셔, 알렉 기네스, 피터 메이휴,
       피터 커싱, 케니 베이커, 안소니 다니엘스

영화사에서 스페이스 오페라 장르가 시리얼 영화로 처음 등장했을 때 그건 단지 순수한 오락 영화였다. 시간이 흐르고 시리얼 영화가 텔레비전에 흡수되기 시작하자 스페이스 오페라는 아이들을 위한 SF 장르가 되었다. 어른들이 보기에는 황당하고 유치한 작품인 것이다. 〈스타워즈〉 역시 순수한 오락 영화다. 출생의 비밀을 간직한 소년 · 소녀가 우주를 위협하는 거대한 악의 무리와 맞서 싸운다. 게다가 초능력까지 사용한다. 그러나 〈스타워즈〉는 신생 국가 미국에 스며든 온갖 신화와 사상을 흡수한 다음 이를 최초의 신화로 만들어냈다. 〈스타워즈〉로 인해 이제 그 누구도 스페이스 오페라 장르를 어린이나 보는 것으로 무시하지 못했다.

스페이스 오페라 장르 역시 그 역사만큼이나 다양한 영화가 있다. 최근에 가장 큰 사랑을 받았던 〈아바타〉에서 거슬러 올라가보면 〈은하수를 여행하는 히치하이커를 위한 안내서〉나 〈스타쉽 트루퍼스〉 혹은 〈솔라리스〉처럼 성격이 전혀 다른 다양한 작품을 만날 수도 있고, 〈다크 스타〉처럼 초저예산으로 만든 작품 또한 볼 수 있다. 저예산 영화 역시 예외는 아니어서 〈우주의 7인〉은 꽤 뛰어난 완성도로 만들어지기도 했다. 이 목록은 순위에 큰 의미를 두진 않지만, 목록의 최상단을 차지하는 1위 작품은 의미가 있다. 이보다 뛰어난 스페이스 오페라가 등장할 것이란 생각이 전혀 들지 않기 때문이다.

1

2001: 스페이스 오디세이
2001: A Space Odyssey

1968

감독 스탠리 큐브릭
출연 케어 둘리, 게리 록우드, 윌리엄 실베스터, 대니얼 리처,
      더글라스 레인

스페이스 오페라 장르, 아니 SF 영화 장르 전체에서 〈2001: 스페이스 오디세이〉를 빼놓고 말할 수 있을까? 이 작품 이전에도 우주를 배경으로 한 수많은 작품이 등장했다. 그러나 〈이카리 XB-1〉 정도를 제외한다면 '현대 우주 미술의 아버지'라 불리며 1930년대 후반부터 환상적인 우주 및 성간 로켓을 아주 다양하게 그림으로 남긴 체슬리 본스텔의 이 우주 삽화를 넘어서진 못했다. 〈2001: 스페이스 오디세이〉는 SF 장르를 재정의한 작품이다. 이후 우리는 이 작품으로부터 뻗어 나온 수많은 줄기에서 〈스타워즈〉의 환상과 낭만을, 〈스타트렉〉 극장용 영화의 진지한 물음들을 볼 수 있다. 현대 SF 또는 스페이스 오페라는 바로 이 작품에서 시작한다.

배경 설명과 용어 정리

루리타니아 스페이스 오페라

루리타니아 스페이스 오페라 Ruritanian space opera는 1960년대에 기존의 진부한 스페이스 오페라를 탈피하기 위해 등장한 스페이스 오페라의 하위 장르다. 이 명칭은 허세 가득한 로맨스 모험 소설로 조롱을 받기도 했던 루리타니아 로맨스 Ruritanian romances에서 온 말로 중세 또는 근대로의 변화기 가상의 유럽 국가 루리타니아를 배경으로 귀족정에 대항해 공화정을 복원하기 위한 인물들의 혁명적인 사회를 다루는 작품이다. 루리타니아 스페이스 오페라는 은하계 전체를 하나의 거대한 제국으로 설정하고, 제국의 억압에 대항하는 소공화국 혹은 제국의 이익과 대립하는 세력들을 대상으로 거대한 음모와 배신 그리고 암투에 이은 은하계 전체의 혁명을 다룸으로써 영웅적인 주인공의 단순 활극이 펼쳐지던 우주라는 공간의 서사를 더욱 크게 확장했다. 이로부터 등장한 문학 작품이 《듄》이고, 스페이스 오페라 자체를 재규정한 〈스타워즈〉 같은 영화가 등장하게 된다.

차이니스 시어터

TCL 차이니스 시어터는 할리우드 대로에 있는 중국식 사원 모습을 한 극장이다. 할리우드 명예의 거리 Hollywood Walk of Fame에 있는 차이니스 시어터는 1927년에 개관한 이래 여전히 할리우드에서 최고의 프리미어 행사 장소로 인기가 높다. 그러나 무엇보다 차이니스 시어터를 유명하게 한 것은 할리우드를 빛낸 200여 명의 스타가 직접 손자국과 발자국을 찍고 서명한 프린팅이 극장 앞을 수놓고 있기 때문이다.

뉴에이지

뉴에이지New age는 1960~1970년대 서구 국가 전체에서 크게 유행한 사회 운동으로, 신비주의적이고 영지주의적인 특징을 지닌다. 뉴에이지는 운동가들이 "과학적"이라고 주장하는 점성술, 꿈해몽, 연금술, 마술을 사용하거나 동양 종교에서 모방한 정신 수련 방법을 사용하기도 하며, 유사 심리학이나 정신분석학을 이용해 인간의 무의식적 능력을 향상시키려고 시도하기도 한다. 이러한 뉴에이지 사상에는 중세 교부 철학자들에게 큰 영향을 미쳤던 철학자 플로티누스와 서양의 천년왕국운동, 인도 힌두교 그리고 불교의 선禪 사상 등이 일정한 체계없이 피상적으로 뒤섞여 있기도 하다. 1960년대에 부흥한 뉴에이지는 산업사회의 급격한 발달과 그 앞에서 한없이 무기력해 보이는 젊은이들이 기존의 사회, 문화, 종교(특히 기독교)에 반발하면서 그 대안적 유토피아를 인간의 영적이며 정신적인 것에서 찾으려 하면서 시작됐다. 다만 뉴에이지 운동가들은 단합하지 않고 소규모의 그룹이나 개인적으로 활동하기 때문에 뉴에이지 전체에 대한 명확한 정의를 내리기는 힘들다.

모션 컨트롤

모션 컨트롤Motion control은 컴퓨터에 의해 카메라 움직임이 제어되는 기술을 말한다. 모션 컨트롤은 컴퓨터에 좌표값을 입력하는 간단한 조작만으로도 트랙 위에서의 전후 이동, 카메라 조작부에서 상하좌우의 이동이 가능하게 해 준다. 컴퓨터에 의해 제어되는 만큼 정확한 촬영을 할 수 있고 필요한 만큼 반복할 수도 있다. 영화 제작 시에는 다이내믹한 시각 효과를 만들어내기 위해서 한 동작을 정확하게 반복하는 게 매우 중요한데, 이것을 가능하게 해주는 것이 모션 컨트롤 기술이다. 또한, 모션 컨트롤은 촬영 전에 미리 카메라 움직임을 영상으로 확인할 수 있기 때문에 실제 촬영 전에 촬영될 영상을 확인할 수도 있으며, 좌푯값을 바꾸는 것만으로 카메라의 움직임을 다양하게 적용해볼 수 있어 실제 촬영 시간을 단축하기도 용이하다.

3

슈퍼히어로와
슈퍼빌런

신화와
전설의 자식들

할리우드를 먹여 살렸던
미국의 코믹스 산업

21세기의 한동안은 히어로 무비의 전성시대였다. 특히 마블은 〈아이언맨〉에서 시작해서 〈어벤져스: 엔드게임〉으로 이어지는 과정을 통해 어린이 영화로 여겨지던 히어로물을 성인 관객을 위한 초대형 블록버스터로 탈바꿈시켰다. 주인공 캡틴 아메리카Captain America는 미국식 히어로의 상징이자 자유와 정의를 위해 목숨 바치는 영웅이다. 오죽하면 이름마저 '미국 대장'일까. 한마디로 미국의 가치를 대변하는 영웅의 상징, 그것이 캡틴 아메리카다.

현재 미국 코믹스 산업의 세력 판도는 크게 보면 마블 코믹스Marvel Comicsl와 DC 코믹스DC Comics로 양분되어 있다. 영화에선 마블이 압도적이지만, 출판 쪽은 아직도 DC의 힘이 세고 역사도 길다. 할리우드와 코믹스 업계는 만화 원작을 영상으로 만들려는 시도를 수십 년간 해왔지만 리처드 도너 감독이 1978년 영화 〈슈퍼맨〉을 만들어 대성공하기 전까지 결과는 미미했다. 그러고도 한동안은 잠잠

• 〈마블 코믹스〉 표지

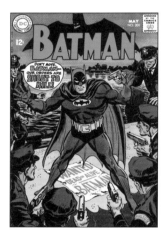

• 〈DC 코믹스〉 표지

했다. 간혹 1989년 〈배트맨〉 같은 성공작이 나왔지만 산업적 흐름
으로까지 이어지지는 못했다. 코믹스 영화의 본격적인 성공은 역시
2008년 〈아이언맨〉부터라고 봐야 할 것이다. 〈아이언맨〉이 성공하자
코믹스 기반의 히어로 영화들이 속속들이 만들어지고, 거기에 탁월
한 능력을 지닌 프로듀서 케빈 파이기가 총괄 지휘를 맡으면서 오늘

날 우리가 아는 마블 시네마틱 유니버스MCU가 펼쳐진다.

　슈퍼히어로의 원조는 단연 DC의 '슈퍼맨'과 마블의 '캡틴 아메리카'라고 할 수 있다. 이들은 정의를 향한 의지와 강한 힘으로 사악한 슈퍼빌런Supervillain으로부터 우리를 지켜주는 존재다. 코믹스가 잇달아 영화로 만들어지면서 슈퍼히어로와 슈퍼빌런의 숙명적 대결도 관심이 높아졌다.

　빌런과 히어로는 시대를 막론한다. 인류의 역사 자체가 나와 상대방이 벌이는 투쟁의 역사이기 때문이다. 연구자들은 미국인이 유달리 슈퍼히어로를 좋아하는 이유를 무법천지의 서부 시대를 겪었던 무의식적 공포심과 구원자인 메시아를 기다리는 기독교 심리가 결합한 것으로 해석하기도 한다. 종교의 힘이 약해진 현대에는 메시아의 자리를 슈퍼히어로가, 악마의 자리를 슈퍼빌런이 대체한 것이다.

빌런과 히어로는 원래 한 몸이다

2012년 조나단 리브스만 감독은 2010년에 나왔던 영화 〈타이탄〉의 속편인 〈타이탄의 분노〉를 만든다. 전편인 〈타이탄〉은 리메이크 작품이었다. 고대 그리스 신화에 나오는 영웅 페르세우스의 모험을 그린 1981년 영화 〈타이탄족의 멸망〉이 원작이다. 이 영화는 당시까지 현역에서 활동하던 스톱 모션 애니메이션의 거장 레이 해리하우젠의 후기 걸작이었다. 1981년 영화의 특수 효과는 인형을 한 땀 한 땀 손으로 움직여 만든 스톱 모션인 반면에 CG로 만든 조너선 리브스만의 영화는 동작은 매끄럽지만 생생한 물성이나 생물감生物感은 떨어진다. 두 영화는 모두 슈퍼히어로 무비와 슈퍼빌런의 다양한 원형

• 〈타이탄의 분노〉 마카이 포스터

• 마카이
  소개 영상

이 되는 그리스 로마 신화 속 페르세우스* 신화에 기반한다.

〈타이탄의 분노〉는 불화와 분쟁의 여신 에리스Eris의 아들이자 전쟁의 신 마카이Makhai를 등장시킨다. 영화 속 마카이는 신이지만 아랫도리는 하나, 몸뚱이는 두 개, 여섯 개의 팔이 달린 무지막지한 괴물로 묘사된다. 그런데 이 모습은 왠지 우리에게 익숙한 경건하고 아름다운 신의 모습과는 아주 다르다. 원래 그리스 신화에서 신이란 인간이 도달해야 하는 최상의 외모를 가진 존재였다. 그래서 그리스 시인 호메로스는 항상 아름답고 뛰어난 영웅들을 묘사할 때마다 "신과 같은"이라는 표현을 즐겨 썼다. 그만큼 고대인들은 신이 인간보다 아름답고 우월한 육체를 지녔다고 믿었다. 그런데 〈타이탄의 분노〉에서 묘사하는 마카이는 오로지 싸움밖에 모르는 흉측한 괴물이다. 이유는 그 신들이 불안정한 인간으로부터 왔기 때문이다.

인간에 대한 고대인의 생각은 어땠을까. 플라톤의 《향연Symposion》에서 플라톤의 제자 아리스토파네스가 신화를 통해 인간의 원형을 묘사한 구절에는 "원래 각 인간의 형태는 등과 옆구리가 원형을 이룬 둥근 전체였네. 네 개의 팔, 그리고 팔과 같은 수의 다리, 그리고 원통형의 목 위에 모든 면에서 비슷한 두 개의 얼굴을 가지고 있었네"라는 말이 있다. 아리스토파네스가 묘사한 최초의 인간은 엄청난 힘과 활력으로 여덟 개의 팔다리로 바닥을 빙글빙글 굴러다니듯 움직였다. 바로 〈타이탄의 분노〉에서 나온 마카이의 모습과 같다. 게

• 메두사를 물리치거나 안드로메다 공주를 구하는 등 불가능해 보이는 임무를 수행하며 신화 속 진정한 영웅으로 성장해나가는 인물이다.

다가 거북이 등과 같은 몸뚱이에 앞뒤를 동시에 보는 두 개의 얼굴로 전후좌우를 살피며 자신이 원하는 방향으로 재빠르게 움직였다고 한다.

신화 속 최초의 인간은 자신의 능력을 과신한 나머지 신들을 공격하기로 마음먹는다. 그러자 분노한 신 아폴론이 인간을 반으로 쪼갠 다음 머리를 배가 생길 방향으로 180도 돌려버리고 갈라진 부위에는 연약한 배를 만들고 거기에 각각 남성과 여성이라는 생물학적 성 정체성을 부여한다. 이후로 둘로 나뉜 인간의 힘은 약해지고 갈라져 불완전해진 여성과 남성은 서로를 그리워하게 된다. 사랑이 시작되는 것이다. 갈라져 불안정한 인간의 약점은 동일한 존재의 상반된 측면이기도 하니 결국은 히어로와 빌런은 같은 몸이요, 〈다크 나이트〉의 배트맨과 조커도 사실은 같은 뿌리에서 갈라져 나온 동일체라 할 수 있다. 그래서 조커는 배트맨을 향해 "넌 나를 완성시켜You complete me"라고 사실상 사랑 고백을 하는 것이다. 이처럼 원래는 같은 몸이지만 갈라져 나온 빌런과 히어로의 뿌리를 알려면 신화와 전설로 돌아가야 한다.

신에게 대들면 빌런이고,
순종하면 히어로가 된다

신에게 반항하는 인간은 그리스 신화에만 등장하지 않는다. 사실 지역과 시대를 막론하고 비슷하게 전개되는 느낌이 있다. 가령 북유럽 신화 천둥의 신 토르는 어벤져스의 간판 히어로 중의 한 명이고, 동생인 장난꾸러기 신 로키 역시 북유럽 신화에 등장하는 신이다. 그런데 토르가 주인공인 두 번째 영화 〈토르: 다크 월드〉의 로키는 원전

• 위그드라실을 표현한 도상들

인 북유럽 신화와 조금 다른 부분이 있다. 로키는 신들의 하나가 아니라 지하에 사는 '다크 엘프' 종족의 아이로 설정된 것이다. 엘프는 인간과 다른 종이긴 하지만, 신은 아니다.

　북유럽 신화에서 토르가 사는 세상은 거대한 **세계수** 世界樹 위그드라실의 뿌리에서 만들어진 세 개의 공간으로 구분된다. 첫 번째가 신들의 공간인 아스가르드, 또 하나는 인간 세계인 미드가르드, 그리고 마지막으로 안개의 나라인 니플헤임이다. 여기서 니플헤임은 저승이긴 하지만, 영화 속 다크 엘프가 사는 음침한 공간은 아니다. 그런데 북유럽 신화의 사촌 동생 같은 켈트족(지금의 스코틀랜드, 아일랜드, 웨일스 민족의 선조) 신화로 건너가면 신에게 대항하는 검은 모습을 한 인간이 등장한다. 켈트 신화에 따르면 신들을 정복하는 건 인간이고, 인간은 죽음의 신의 후손이다. 어느 날 땅속 죽음의 나라(니플헤임의 모방이다)에 살던 검은 모습을 한 인간은 지상을 차지하기 위해 올라와 신들을 파멸시킨다. 빌런의 원형이라고 할 수 있을 뿐더러 바로 영화 〈토르: 다크 월드〉 속 다크 엘프의 원형이기도 하다. 고대의 신화가 묘사하는 인간에겐 신과 빌런의 속성이 모두 있는 공통점이 드러난다. 신은 히어로고 빌런은 신을 거스르는 인간이다. 즉 인간이

신을 따르면 히어로, 반항하면 빌런이 된다. 애초에 신의 세계가 인간을 보호하는 요새이자 성채이기 때문에 그걸 부수려고 하면 신의 뜻을 거르는 자, 즉 악당이 된다는 논리다. 신화 속의 선악 구분은 나중에 원시 종교가 고등 종교로 발전하면서 사람들의 의식 세계와 문화를 전반적으로 지배하게 된다.

가장 오래된 영웅 길가메시 —
히어로 서사의 원형을 만들다

신화의 시계를 그리스보다 좀 더 앞으로 돌려서 메소포타미아로 가보자. 히어로의 원형질과 같은 모습은 인류가 만든 가장 오래된 영웅 이야기 《길가메시 서사시》에 나타난다. 《길가메시 서사시》는 나중에 중동이나 유럽의 전설로 차용되면서 나라별, 시대별 사정에 맞게 여러 버전으로 바뀌었다. 길가메시 이야기는 무려 4,000년 전에 점토판에 설형 문자로 새겼으며, 기록되던 시기보다 대략 900년 전의 이야기니까 지금으로부터 5,000년 전이고, 호메로스보다 2,000년 이상

• 길가메시 점토판

앞선다. 그러니 호메로스의 《일리아스》, 《오디세이》를 비롯한 모든 그리스와 로마 그리고 유럽의 영웅 신화가 사실 길가메시 이야기를 모태로 했다 해도 이상할 것이 없다.

《길가메시 서사시》는 도시를 창조하는 영웅 길가메시의 이야기를 노래한다. 하지만 그가 처음부터 위대한 영웅이었던 것은 아니다. 《길가메시 서사시》의 한 부분을 인용해보자. "길가메시는 분명 우루크의 목자牧者인데도! 용감하고, 고귀하고, 멋지고, 현명한데도! 그의 욕망이 워낙 크기 때문에 어머니의 품으로 자유롭게 갈 수 있는 딸은 아무도 없다." '우루크'는 길가메시가 있는 나라고, '목자'는 나라를 다스리는 지배자를 말하니 길가메시는 자연히 우루크의 왕이다. 하지만 길가메시는 그야말로 난봉꾼에 호색한이라 마음에 드는 여인이 있으면 무턱대고 잡아간다. 길가메시가 너무도 강력해 아무도 그를 막을 자가 없었다.

창조의 여신 아루루는 다른 신들의 부탁으로 찰흙을 떼어내 대초원에 뿌려 용감무쌍한 엔키두를 창조한다. 길가메시와 엔키두는 처음 만난 순간 "서로 맞잡고 젊은 황소처럼 겨루었"다. 둘의 싸움이 아무래도 승부가 나지 않자 "두 사람은 서로 입을 맞추고 친구가 되었"다. 이후 길가메시는 엔키두를 꼬드겨 신들에게 반항하지만 신의 징벌로 엔키두가 죽고 만다. 길가메시는 엔키두를 잃자 죽음을 두려워하며 영생을 찾기 위한 기약 없는 멀고 먼 여정 Odyssey을 떠난다는 것이 이 서사시의 골격이다.

길가메시 이야기는 그리스 로마의 신화는 물론 이후 수천 년간 서구의 신화와 문학적 상상력의 원천이 되어왔고 여러 영웅 서사에 골고루 통하는 표본을 만들었다. 대표적인 영웅 서사의 구조는 이렇다. 주인공은 처음엔 두려움과 거부감에 자신에게 주어지는 운명(또는 임무)을 거절한다. 그러나 계시를 받거나 선지자를 만나서 결국 숙명을 받아들이고 여행을 떠난다. 고난의 여정을 통해 주인공은 적대적인 인물을 만나고 위험에 빠지지만 끝내는 목적을 이루고 고향에 돌아온다. 하지만 그는 떠날 때와는 다른 사람이 되어 있다. 〈스타워즈4: 새로운 희망〉이나 J. R. R. 톨킨의 《반지의 제왕》에서 절대반지를 찾아 떠나는 여정을 여기에 대입해보면 거의 들어맞는다. 루카스는 〈스타워즈〉를, 톨킨은 길가메시의 모험에 고대 그리스에서 벌어진 마라톤 전투와 테르모필레 전투까지 녹여내서 《반지의 제왕》이라는 전쟁, 영웅, 빌런의 대서사극을 만들었다.

《길가메시 서사시》에는 인상적인 한 대사가 등장한다. 여행 도중 만난 전갈 부부가 길가메시를 보자 "우리에게 온 자, 그의 몸은 신들의 육체구나!"라고 말한다. 인간을 초월한 아름답고 우월한 육체는 히어로의 전매특허다. 이런 신의 육체를 지녔지만 신들과의 싸움에서 패하여 다시 우르크로 돌아온 길가메시는 말한다. "성벽에 올라, 우루크로 들어가서, 거닐어보라, 진정, 그곳을 거닐어보라." 길가메시도 결국 유한한 인간이기에 내가 죽어

• 길가메시와 전갈 부부

도 자손들이 대대손손 살아갈 영원불멸의 도시를 바란다. 길가메시에게 우르크란 도시는 바로 세계였다. 오늘날 히어로들이 세계를 지키는 것도 사실은 길가메시가 자신의 도시를 지키는 것과 같다. 이렇게 '신이 되려는 존재'였던 길가메시의 시대를 지나면 반신半神의 세계가 펼쳐진다. 호메로스가 노래하던 그리스 신화의 세계다.

저작권 만료된 고대 신화와 전설은
마블 영화의 보물창고

그리스 신화의 세계는 방대하다. 나중에 로마가 신들의 이름을 바꾸고 그리스-로마 신화라고 슬쩍 숟가락을 얹었어도 원래 저작권은 엄연히 그리스 것이다. 신화는 기록보다 구전이 많아서 입에서 입으로 건너는 동안 달라진 버전들이 많다. 그래서 히어로의 본질을 보려면 기록으로 남은 고대 그리스 문학 가운데 가장 오래된 서사시인 호메로스의 《일리아스》를 봐야 한다. 그런데 지금의 시점에서 《일리아스》 영웅들의 면면을 따라가다 보면 잔인한 묘사도 많다. 영웅 서사는 실제 벌어진 전투를 반영한 부분이 많기 때문이다. 가령 "날카로운 창으로 머리의 힘줄을 치자, 청동이 이빨 사이를 뚫고 나가며 혀 뿌리를 잘랐다" "그러자 아킬레우스가 날카로운 칼을 빼어 목 옆 쇄골을 내리쳤다. 그리하여 쌍날칼이 온통 그의 몸속에 잠기자 그는 얼굴을 땅에 박고 길게 뻗었고 검은 피가 흘러내려 대지를 적셨다" 등등이다. 참혹한 전투는 인간들만 치르는 것이 아니다. 전쟁의 와중에 각자 편드는 군대를 도와주려는 신들이 개입하고, 때로는 장수로 변신하여 직접 싸우기까지 한다. 하지만 이 광포한 전쟁에 참여한 적군 장수들도 인간과 신들의 혼혈이니 인간을 넘어서는 전투 능력을 보여주어 신들도 싸우기 버겁다. 신과 반신과 인간이 모두 뒤엉켜 전쟁을 벌이는 것이 신화 속의 전쟁이다. 히어로, 빌런, 인간과 군대가 전투를 벌이는 〈어벤져스: 엔드게임〉의 장면은 여기서 영감을 받은 흔적이 강하다. 어떤 장면은 《일리아스》의 많은 부분을 마블이 그대로 옮겨서 쓴 버전으로 봐도 무방하다. 하지만 누구도 이걸 탓하지는 않는다.

《일리아스》에는 다양한 인물이 등장한다. 우선 그리스 연합군의 사령관인 아가멤논이 있다. 그는 영웅 서사에 늘 등장하는 '책임지지

• 《일리아스》를 표현한 그림들

않는 인물˙*의 전형이다. 그다음 테티스 여신의 아들인 아킬레우스가
있다. 그는 그리스 연합군 장군 가운데 가장 용맹하지만, 〈어벤져스〉
의 토르처럼 성격이 불같은 인물이다. 아킬레우스가 자신이 가장 사
랑하던 벗을 죽인 헥토르를 죽인 다음 그 시체를 마차에 묶어 끌고
다니는 장면을 보면, 토르가 〈어벤져스: 엔드게임〉에서 타노스의 목
을 자를 때 보인 분노가 여기서 왔음이 느껴진다. 그리고 꾀가 많은
인물인 오뒷세우스가 있다. 〈어벤져스〉의 로키 캐릭터는 스칸디나비
아 신화에서 따왔지만 성격은 음흉한 오뒷세우스를 참조한 게 분명

•   영웅의 여정을 다룬 이야기에는 영웅과 적대자만이 아니라 영웅을 위험으로 내몰면서
    도 그 자신은 위험에 대해 어떤 책임도 지지 않는 지도자 혹은 지휘관이 꼭 등장하기 마
    련이다.

하다. 물론 삐딱하긴 하지만 오뒷세우스도 영웅이다. 마블 채널의 스핀오프 드라마 〈로키〉에서 로키가 점차 더 나은 인물이 되어가는 설정은 디즈니의 각본가들이 덧붙인 것이다. 오리지널 오뒷세우스는 자신의 꾀 때문에 신들의 미움을 얻어 10년간 바다를 떠돌게 된다. 로키 역시 자신의 꾀 때문에 시간의 지배자에게 잡혀간다. 결국 〈마블〉 캐릭터의 기본 속성이나 이야기의 얼개는 고대 신화에서 가져온 것이다. 마블 영화와 고대신화의 데칼코마니는 게으른 창작자의 태만인가 익숙한 요소를 차용해서 스토리에 쉽게 몰입하도록 만든 시나리오 작법의 테크닉인가. 아무리 마블 캐릭터들이 그리스 신화에서 따왔어도 2000년이 지난 지금 저작권을 요구할 저자 호메로스도 없고 정작 그리스도 이젠 서구문화권의 공유 재산처럼 된 《일리아스》의 저작권을 주장하지도 못한다. 대신 그리스 신화가 수천 년간 시장을 넓히고 독자에게 선행 학습을 시켜온 덕분에 마블 코믹스와 할리우드는 영원히 마르지 않는 샘을 마시고 있다.

마블이 고대 신화라면
DC는 중세 신화

마블이 고대 그리스 신화를 차용한 반면 DC는 대체로 중세 신화를 바탕으로 삼았다. 원래 미국은 건국 신화가 없는 나라다. 아서왕이나 니벨룽겐 같은 중세 신화에 서부 개척이나 건국 영웅의 서사가 결합되면 그것이 미국의 건국 신화가 되었다. 왜 중세 신화인가. 미국의 초기 주류 인종이었던 앵글로색슨과 게르만 신화는 한국인들에게 단군 신화만큼이나 친숙한 이야기였다. 그러니 영국인들이 '아서왕의 전설'과 게르만(독일)의 '니벨룽겐의 노래'에서 미국 신화의 기초

를 찾은 것은 당연한 것이기도 하다. 중세 서구에는 다양한 영웅 이야기가 등장하는데 그중 히어로물에 가장 많은 영향을 끼친 것은 단연 '아서왕 신화'다.

· 원탁의 기사들

여기에도 여러 버전이 있는데 현재 남은 아서왕 신화는 여러 버전의 구전을 한 사람이 정리한 창작물이다. 아서라는 인물 자체가 켈트 신화에서도 실체가 몹시 모호한 존재였고 9세기까지 여러 신화와 전승에서 자주 보이던 인물이었다. 그러다가 1129년 영국 옥스퍼드셔주의 오즈니에 살던 제프리 오브 몬머스가 아서왕 신화를 정리했다. 제프리는 킹 아더는 물론이고 왕비 귀네비어와 마법사 멀린, 원탁의 기사들을 창조했을 뿐더러 사연 있는 악당 모드레드와 함께 명검 엑스칼리버라는 절대무기, 정체가 모호한 기독교 유물인 성배(그랄)까지 등장시킨다. 아서왕 신화는 여러 문화권과 종교의 상징이 복잡하게 혼종 교배되어 있어서 사실 '과거의 왕이자 미래의 왕'이란 켈트 신화의 영웅이 기독교적 세계관과 결합해서 만들어진 작품으로 봐야 한다.

제프리 오브 몬머스가 정리한 아서왕 신화는 중세 유럽 전체에 아주 큰 반향을 일으킨다. 요즘으로 따지면 유럽 세계의 베스트셀러가 된 것이다. 흑사병과 봉건제의 수탈에 지쳐있던 민중들은 이야기에 빠져들어 아서왕이 다시 돌아와 자신들을 구원할 왕이 되기를 바랐다. 흥미롭게도 아서왕 이야기가 정립된 영국의 오즈니섬이 속한 옥스퍼드에서는 이후로도 수많은 판타지 문학이 탄생한다. 과거 영광의 흔적인 큰 교회의 초라한 잔재를 지나 오즈니 다리를 건너면

작은 포구 너머 오래돼 무너진 공장과 제리코 지역의 집들이 줄줄이 늘어선 풍광으로 채워진 옥스퍼드에서 우리가 잘 아는 《이상한 나라의 앨리스》《나니아 연대기》《반지의 제왕》《황금 나침반》과 같은 위대한 판타지 작품들이 모두 같은 지역에서 탄생했다는 것은 단순한 우연이 아닐 것이다.

　게르만을 대표하는 영웅 서사시 《니벨룽겐의 노래》역시 다양한 문학 작품에 영향을 미쳤다. 니벨룽겐은 게르만어로 '안개의 아이들'이란 뜻이며, 안개나라 니플헤임의 인간들이란 뜻이기도 하다. 안개 속에서는 앞을 내다보기 힘들다. 수시로 비가 오고 안개에 쌓인 우중충한 게르만 지역에서 탄생한 이야기답게 《니벨룽겐의 노래》는 단순한 영웅담이 아니라 배신과 파멸, 잔혹한 멸망의 이미지로 가득 차 있다.

　《니벨룽겐의 노래》의 영웅 지크프리트는 마치 아킬레우스처럼 금강불괴의 강력한 육체를 지녔지만 동료 기사 하겐의 함정에 빠져 죽고 만다. 지크프리트의 아내 크림힐트는 복수를 다짐하고 야만족인 훈족의 왕과 결혼한 다음 원수 하겐 일당을 연회에 초대한다. 하겐 일당은 그걸 알면서도 초대에 응하고 훈족 군대와 무시무시한 전투를 벌인다. 하겐과 부하들이 건물 안에 있는 모든 훈족을 죽이자 적들의 피가 발목까지 차오른다. 분노한 훈족이 하겐 일당이 있는 건물에 불을 지르고 하겐은 비처럼 쏟아지는 불을 방패로 막으며 부하들에게 발목까지 차오른 적들의 피로 너희들의 뜨거워진 목을 축이라며 소리친다. 이런 과정은 1924년 프리츠 랑이 감독한 영화 〈니벨룽겐의 노래: 크림힐트의 복수〉에도 묘사되어 있지만, 꼭 크림힐트가 선이고, 하겐이 악은 아니다. 각자 이유가 있고 사연이 있다. 이들의 어둡고 다면적인 캐릭터를 보면 배트맨이 영웅이지만 어두운 구석을 감춘 존재고, 조커는 빌런이지만 자신만의 정당성을 주장하는 모습과 겹쳐진다.

메피스토펠레스와 프랑켄슈타인 ─
르네상스와 과학의 시대가 만든 빌런

고대와 중세를 거쳐 르네상스 시대가 오자 서구 사회는 점차 종교에 대한 의문과 함께 과학에 관심을 가진다. 르네상스는 종교 지배의 어둠에 빛을 비추어 눈을 뜨게 만드는 계몽의 시대기도 했다. 이 시기는 과학이 꽃을 피우기는 했지만 어설픈 유사 과학도 많았다. 과학적 사고가 퍼지게 된 계기도 유럽인들이 스스로 각성해서가 아니라 십자군 전쟁에서 무수히 약탈했던 이슬람의 문서들, 그중에서도 이슬람이 보전했던 고대 그리스 로마의 지식 덕분이었다. 연금술이 대표적인 경우다.

16세기 철학자이자 연금술사인 파라켈수스는 플라스크 속에서 인공적으로 키워낸 인간 '호문쿨루스'를 만들 수 있다고 주장했다. 그는 이렇게 만들어진 인간은 강인한 육체와 기술 지식을 타고나기 때문에 배울 필요가 없다고 주장했다. 과학과 마술의 비빔밥 같은 발상으로 만들어진 최초의 인조인간 호문쿨루스는 이후 많은 작가의 상상력에 불을 지폈고 특히 영국의 메리 셸리는 여기에 동물에게 전기를 흘려 넣으면 근육이 반응하며 마치 살아난 것처럼 보인다는 당시의 최신 과학 이론인 갈바니의 동물-전기Animal electricity론을 결합했다. 바로《프랑켄슈타인》의 탄생이다.《프랑켄슈타인》은 영화화되면서 프랑켄슈타인 박사를 '미친 과학자'의 전형으로 만들어냈고, 이를 기점으로 영화에는 슈퍼히어로의 숙적으로 세계를 파멸시키려는 '미친 과학자'들이 연달아 등장한다. 〈스파이더맨〉의 빌런인 닥터 옥토퍼스, 그린 고블린, 리저드 같은 과학을 기반으로 하는 빌런은 바로 프랑켄슈타인을 모델로 탄생한 것이다.

근대에서 시작한 과학 만능의 시대는 인간의 인식을 크게 바꿔 놓

• 〈프랑켄슈타인〉 스틸 컷

왔지만, 지금 보기엔 이상한 것들을 믿었던 시대이기도 하다. 이 시기에는 산소 대신 플로지스톤이란 물질을 믿었으며, 뉴턴의 으뜸가는 적수인 조지 버클리는 상록수 수액으로 만병통치약을 만들 수 있다고 생각했고, 전성설*을 신봉했던 이들은 현미경으로 정자 속에 든 완전한 인간의 형태를 보고 그림으로까지 남긴다. 올챙이에서 열 달 뒤의 인간을 미리 보다니 실로 놀라운 상상력 또는 관찰력이 아닐 수 없다. 이처럼 당시에는 과학이라지만 결국은 인간의 상상력이 보태져서 나온 일종의 사이비 과학이 판을 쳤다. 하지만 그건 당시 사람들의 이해력의 한계이기도 했다. 가령 비행기가 발명되기 훨씬 전부터 인간은 하늘을 나는 걸 꿈꿨다. 하지만 불가능하단 것도 알고 있었다. 그러다 17세기 몽골피에의 열기구에서 내린 사람들을 보고 농민이 "당신들은 인간입니까, 신입니까?"라고 물었던 것은 인간이 하늘을 나는 것은 불가능하다는 지식의 한계에서 나온 것이다. 과학은 그런 불가능을 현실

• 　　발육에서 완성되어야 할 개체 낱낱의 형태가 발생이 시작될 때부터 이미 그 형태를 갖
　　추고 있다는 이론이다.

• 〈파우스트〉(1926) 스틸 컷

로 가능하게 했으니 당시에 사람들이 과학이라면 신앙처럼 무조건 신
봉한 것도 무리는 아니다. 과학만능주의는 20세기 들어 영화에도 큰
영향을 미친다. 영화야말로 과학을 아버지로, 예술을 어머니로 삼아
태어난 자식 매체기 때문이다. 1910년 에디슨 스튜디오에서 만든 최초
의 단편 호러 영화 〈프랑켄슈타인〉을 시작으로 1950년대 말까지 SF 장
르는 물론이고, 수많은 호러 영화가 미친 과학자를 등장시켰으며, 과
학 기술이 인간을 파괴하거나 변형하는 내용을 다뤘다.

《프랑켄슈타인》은 과학으로 모든 것이 가능할 것이란 믿음이 퍼
져 있던 19세기에 태어난 작품이다. 이보다 십 년 이른 시기에 그 못
지않게 빌런의 세계에 영향을 미칠 존재도 등장했다. 바로 괴테의
《파우스트》다. 《파우스트》에 등장하는 악마 메피스토펠레스야말로
모든 초자연적 능력을 지닌 빌런의 원형이다. 그는 신과의 내기를 통
해 파우스트 박사를 타락시키는 악마다. 파우스트는 성실하지만, 자

신만의 방식으로 신을 믿는 약점이 있다. 《파우스트》는 파우스트 박사의 한탄으로 시작한다. "아아! 나는 이제 철학도, 법학도, 의학도, 유감스럽게 신학까지도, 온갖 노력을 기울여 속속들이 연구하였도다. 그러나 지금 여기 서 있는 난 가련한 바보에 지나지 않으며, 옛날보다 더 나아진 것 하나도 없도다!" 하고 좌절한 파우스트에게 메피스토펠레스는 쾌락 역시 신이 만든 것이니 죄책감을 느끼지 말고 쾌락에 몸을 맡기라고 꾀어낸다.

19세기는 신의 세계를 건드리는 것에 대한 두려움이 팽배하던 시기다. 이 시기 작품에는 과학의 경이로움과 과학이 빚어낼지도 모르는 파멸에 대한 두려움이 공존했다. 그리고 이는 지금까지 이어지는 SF 영화의 영원한 주제이기도 하다. 천재 과학자가 타락하면 천재적 빌런이 된다. 괴테의 《파우스트》는 무르나우 감독이 1926년에 영화화한 이래 수많은 영화가 다양한 모습의 메피스토펠레스를 불러내며 초자연적 빌런을 만들어낸다. 과학자의 발명이 인간을 위협하는 절대적인 악이 된다는, 경이와 두려움이란 양가적 감정의 근본은 결국 신에게 도전하며 높은 탑을 쌓다 재앙을 맞는 구약성경 속의 바벨탑 이야기에서도 원형을 찾을 수 있다. 종교는 결국 문학적 상상력의 원천이기도 한 것이다.

고민하는 빌런과 자기 분열적 히어로의 원형, 에이해브 선장

신화와 전설 속의 빌런은 19세기에 다시 한번 진화한다. 단순한 악당이 아니라 소신이 뚜렷하고 자신만의 정당성까지 지닌 캐릭터로 발전한 것이다. 이를 담은 대표적인 작품이 허먼 멜빌의 소설 《모비딕》이다. 허먼 멜빌은 1819년에 태어나 1891년까 지 살았던 인물이다. 당시 그가 살던 미국은 건국 한 지 100년밖에 안 된 불안한 신생국가였다. 그런 미국 사회와 인간 군상의 모습을 허먼 멜빌은 다 양한 상징과 우화를 섞어 표현한다. 사람들은 보 통 《모비딕》의 빌런은 거대한 고래라고 착각하지 만 사실은 고래와 에이해브 선장 둘 다.《모비딕》 에서 화자 이슈메일*이 관찰하는 것은 선장 에이해 브와 괴물 흰고래 모비딕이다. 모비딕과 에이해브 는 절대 화합할 수 없는 관계이자 역설적으로 동질 적인 관계다. 이슈메일의 입장에서 모디빅과 에이

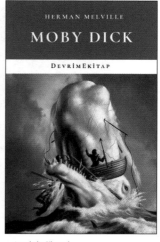

• 〈모비딕〉 책 표지

해브는 둘 다 빌런이지만 하나는 강력하고 절대적인 악, 다른 하나 는 같은 인간이지만 어렵고 두려운 존재로 다가온다. 소설은 "에이해 브 선장은 위엄 있고, 신앙심은 없지만 신 같은 사람"이라고 묘사한 다. 동시에 그를 "여기, 신조차 두려워하지 않는 백발노인, 증오심에 가득 차서 욥의 고래를 찾아 세상을 돌아다니는 노인"이라고 표현한 다. 에이해브 선장은 신을 믿지 않는다. 그가 쫓는 거대한 고래 모비 딕은 구약에서 야훼와 내기를 한 사탄이 욥에게 보낸 고난(재앙)과 도 같다. 고난에 지친 욥은 결국 신에게 항의하지만, 신이 권능을 드 러내자 욥은 자기의 불신을 뉘우치고 용서를 빈다. 그러나 에이해브 는 신에게 맞서는 불굴의 태도를 보인다. 소설의 클라이맥스에서 드 디어 거대한 흰고래 모비딕과 대결하다 죽어가는 에이해브와 피쿼 드호의 침몰은 마치 세계의 종말을 그리는 듯 장엄하다. 이런 명작을

• 구약성서 〈창세기〉 16장에 나오는 인물 이스마엘에서 유래한 인물로, '방랑자', '세상에 서 추방당한 자'라는 뜻이 있다.

- 〈백경〉의 에이해브

할리우드가 그냥 둘리 없다. 이를 기반으로 제작되고, 그래고리 팩이 주연한 1956년 영화 〈백경 白鯨〉이 그려낸 피쿼드호의 침몰 장면은 지금 보면 미니어처 티가 많이 나지만, 에이해브와 모비딕의 대결은 여전히 박진감 넘친다. 에이해브가 모비딕과의 대결을 앞두고 갈등하던 일등 항해사 스타벅에게 화해를 청하는 장면을 보자. "어떤 자는 썰물에도 죽는다. 어떤 자는 얕은 물에도 빠져 죽고, 어떤 자는 홍수에도 죽는다. 나는 지금 가장 높은 물마루에 도달한 파도 같은 기분일세. 스타벅, 나는 이제 늙었네. 자 우리 악수하세." 에이해브는 선과 악의 경계를 넘나들면서 문학 역사상 가장 강고한 면모를 보여주는 인물이지만 인간적인 면을 포기하지도 않는다.

다가가기 어려운 카리스마와 신념을 지녔지만 인간적인 면모도 보이는 에이해브의 모습은 DC 코믹스가 창조한 자아 분열적인 히어로와 빌런의 모습에 녹아든다. 배트맨은 어린 시절 부모님의 죽음을 목격한 후 세상의 모든 악과 대결하리라 마음먹은 강직하고 냉정한 인물이다. 그러나 또 한편으로는 화려한 겉모습에 어두운 내면을 숨겨둔 자기분열적 인물이기도 하다. 〈다크 나이트〉의 빌런 조커 역시 단순한 인물은 아니다. 조커는 배트맨에게 '나는 혼돈을 선택했지'라는 유명한 대사를 날린다. 또한 조커의 대사에는 《모비딕》에이해브 선장의 허무주의 Nihilism적 영향이 느껴진다. 에이해브는 인간은 일생 동안 유아기와 소년기를 반복하며 어른이 돼도 '만약에'를 되풀이한다면서 "우리가 더 이상 닻을 올리지 않을 마지막 항구는 어디에 있는가?"라고 독백한다. 이 문장은 본래 소설 출간 초기에는 관찰자인 이슈메일의 독백으로 알려졌다가 여러 가지 연구에 의해 1988년 이후에는 에이해브의 독백으로 확정된 부분이다. 하지만 이를 둘 모두의 독백으로 읽을 수도 있다. 이와 같은 독백은 이후 다양한 영화 속 빌런에게 영향을 미쳤으며 마블스튜디오의 〈캡틴 아메리카: 시빌

워〉에서 완성된 복수를 지켜보며 자신의 삶을 끝내려는 빌런 지모 남작의 모습을 통해 이러한 허무주의를 강하게 떠올릴 수도 있다.

슈퍼히어로와 빌런의 원형에 영향을 미친《모비딕》이후 영화가 시각적으로 화려하고 정교해지면서 히어로와 빌런의 내면 묘사도 강하게 부각되고, 더욱 다층적인 캐릭터로 만들어진다. 제1차 세계대전이 끝난 후에 등장한 초기 코믹스의 슈퍼히어로는 평범한 인간보다 조금 더 뛰어난 존재였다. 하지만, 슈퍼히어로 장르가 진행되는 동안에 히어로는 점차 초월적인 육체와 초자연적인 능력을 획득하게 된다. 제1차 세계대전 다음에는 인류가 전멸할 뻔한 제2차 세계대전이 일어났으며, 세계의 복잡성이 증대했고, 인류를 멸망시킬 가공할 핵무기가 등장했으며, 그 위험한 물건이 어리석은 정치인에 의해 단추가 눌릴 수도 있다는 공포가 다가왔다. 자연히 그것을 막아야 할 슈퍼히어로라는 존재가 더욱 필요해진다. 그리고 여기에《성경》에서 묘사하는 메시아 예수 이미지와 고전 신화에서 그려지는 신과 신적인 존재들의 이미지가 섞이게 된다. 20세기 초반에 등장한 히어로를 설명할 때는 수많은 고전 문학과 신화를 일일이 언급할 필요는 없지만, 21세기에 이른 오늘날 슈퍼히어로를 설명할 때는 이들 고전과 현대 사회를 같이 언급하지 않을 수 없는 이유다. 인류는 역사 이래로 강렬한 불안을 한 번에 제거해줄 초인과도 같은 히어로를 늘 꿈꾸고 있었기 때문이다. 인류를 구해줄 슈퍼히어로를 바라는 관객의 심리는 결국 유한한 인간을 구원해줄 메시아를 기다리는 종교적 믿음을 엔터테인먼트 산업이 가져다 쓴 것이라고 보면 거의 틀림없다.

영화 속의 슈퍼빌런들

전설이 된 최악의 슈퍼빌런, 조커

누가 뭐래도 현대적인 슈퍼히어로 영화의 시초는 리처드 도너 감독의 〈슈퍼맨〉이다. 다만 20세기 말까지 슈퍼히어로 영화는 〈슈퍼맨〉과 〈배트맨〉 정도가 개별적으로 히트했을 뿐, 하나의 흐름으로 영역을 확장하지는 못했다. 슈퍼히어로 영화가 진지한 주제 의식까지 지닌 품격 있는 영화로 등장한 것은 크리스토퍼 놀란의 〈다크 나이트〉부터라고 보는 것이 옳다.

〈다크 나이트〉는 그냥 히어로 무비가 아니라 9·11 사태 이후 황폐해진 미국의 정치·사회 환경을 고스란히 녹인 작품이다. 미국인들은 진주만 공습 이후 처음으로 미국 영토가 공격당했다는 사실에 경악하고 절망했다. 당시 부시 행정부는 이걸 기회로 국민의 사적 영역까지 모두 감시할 수 있는 애국자 법Patriot act을 선포했다. 조국을 지키기 위해서는 개인 생활은 중요치 않다는 권력의 으름장 앞에서 평소 그렇게 자유를 강조했던 미국인들도 감히 이의를 제기하지 못했다. 자유의 나라 미국은 흔들리기 시작했고 사람들의 마음속에는 점차 불안이 퍼져갔다. 〈다크 나이트〉는 이를 카오스 상태로 묘사한다.

등장인물 조커는 말한다. "나는 혼돈Chaos을 선택했지" 조커는 고담을 붕괴시키기 위해 두 척의 배를 선택해 폭탄을 심어둔 상태다. 하지만 조커의 계획은 사람들의 선한 의지에 의해 가로막힌다. 여기서 배트맨은 불안에 빠져 있는 사람들에게 도시를 구할 수 있다는 희망을 주기 위해 도시의 모든 죄를 자신이 짊어지고 밤의 어둠 속으로 사라져간다. 그리고 그의 진실을 아는 인물이 그에게 또다른 이름을 붙인다. 어둠의 기사The Dark Knight. 여기서 〈다크 나이트〉는 '죄수의 딜레마'를 사용해 혼돈 상태를 그려내고 있다. 이 딜레마는 상대방이 나에게 가장 나쁜 선택을 할 것이라는 이기적 행위 모델이다. 경제학은 기본적으로 인간을 이기적 행위자로 보는 경향이 있지만 역으로 최선의 선택, 즉 협력적 모델을 선택한다면 딜레마는 해소된다. 〈다크 나이트〉의 이 장면에서 놀란은 미국인들이 서로를 해칠 뻔한 극단적 상황을 해결하는 모습을 통해 상호 신뢰 회복이 얼마나 중요한가를 역설적으로 말한다. 잘 만든 영화는 오락 영화라도 현실을 반영하기 마련이고, 관객은 영화를 즐기면서도 감독의 의도를 감지한다. 〈다크 나이트〉가 시대를 대표하는 걸작으로 인정받는 이유가 있다. 그래도 역시 〈다크 나이트〉를 뛰어난 히어로 영화로 만드는 요인에서 조커를 빼면 섭섭하다.

조커는 그야말로 혼돈 그 자체다. 동기도 없는 순수 악이다. 조커는 돈 따위에는 아무런 욕심도 없다. 누가 죽고 누가 사는지도 관심이 없다. "왜 그리 심각하신가?Why so serious?"라는 유명한 대사처럼 조커는 배트맨과 노는 것 자체가 즐거운 인물이다. 목적 없이 악행 자체를 즐기는 이런 악당이 제일 곤란하다. 이 장면을 좀 더 보자. 거꾸로 매달려 있는 조커를 카메라는 180도 회전한 상태로 배트맨과 조커가 똑같이 마주 보는 것처럼 그렸다. 감독이 이런 앵글을 통해 의도한 것은 조커와 배트맨이 데칼코마니처럼 동일한 존재이며, 서로의 반대쪽 이미지란 것이다.

"나는 혼돈을 선택했지"라는 대사도 그냥 넘어갈 게 아니다. 카오스는 보통 '무질서, 혼돈'으로 번역되지만 본래 뜻은 조금 다르다. 카오스에 혼돈이라는 의미가 붙은 건 로마의 작가 오비디우스 시대 이후부터다. 원래 고대 그리스의 시인 헤시오도스가 묘사한 카오스는 텅 빈 공간, 즉 공허空虛와 같은 공간이다. 즉 카오스는 혼돈이라기보다는 그냥 없는, 말하자면 헛헛함 그 자체란 것이다. 헤시오도스는 《신통기》에서 "카오스는 밤(닉스)을 낳고 밤은 죽음과 불화를 낳았다"고 한다. 물론 카오스는 대지(가이아)와 하늘(우라노스), 즉 우리의 세상도 낳았다. 조커가 카오스를 택했다는 것은 공허라는 원점을 선택한 것이기도 하다. 남은 것은 원점이 조커를 선택할지 배트맨을 선택할지를 결정하는 것으로 이것이 진정 조커가 벌이는 게임이다. 조커의 말은 이런 뜻일 것이다. "너는 네가 선이고, 나를 악이라 생각하겠지만 내가 선택한 건 아무것도 없는 텅 빈 원점이야. 그런데 여기서 선악 구분이 의미가 있을까?" 조커야말로 빌런 사상 가장 복잡하고 다층적인 인물이다.

빌런은 왜 빌런일까 ―
부락Village에 사는 사람들은 죄가 없다

빌런Villain이란 오늘날 악당을 뜻하는 말로 사용되지만 처음부터 악당을 뜻하는 말은 아니었다. 원래 악당이라는 것은 입장에 따라 상대적이다. 고전적 스토리텔링 법칙의 하나인 "누군가가 무엇을 얻기를 간절히 원하지만 그것을 이루기가 매우 어렵다Somebody really want something but it is very difficult to get"라는 구조에서 빌런은 주인공(앞으로 가는 자)Protagonist

Fig. 66.—Villains before going to Work receiving their Lord's Orders.—Miniature in the "Propriétaire des Choses."—Manuscript of the Fifteenth Century (Library of the Arsenal, in Paris).

• 15세기의 빌런

의 간절히 바라는 목적(사랑, 복수, 승리 등)Want something 달성을 매우 어렵게 하는 적대자Antagonist로 등장한다. 적대자는 주인공이 앞으로 나아가는 걸 가로막는 자다. 그것도 주인공을 '매우 어렵게Very difficult' 만들며 가로막는다. 악이 강해야 선도 돋보인다. 그런데 적대자와 빌런이 항상 같은 건 아니다. 적대자는 '악당'이라기보다는 '악역'이다. 악당과 악역은 구분해야 한다. 한국 드라마에서 여주인공과 남자친구와의 결혼을 반대하는 시어머니는 악당이 아니라 악역이다. 그 시어머니도 아들에겐 좋은 가족일 수 있다. 하지만 이 어머니가 반대를 넘어서 여주인공을 폭행하고 청부 살인을 한다면 악당이 된다. 악당인 빌런은 적대자, 반대자를 넘어서 주인공을 해치려는 위협적 존재이다.

원래 빌런은 마을을 뜻하는 단어 'Village'에서 나왔다. 영주와 귀족이 중심이 되는 영웅 서사에서, 귀족의 시각으로 보면 미천한 마을 사람들이 빌런으로 변한 것이다. 그리고 이런 부락민들은 사람을 해치면서까지 원하는 걸 얻으려는 탐욕적인 캐릭터로 발전해왔다. 그러나 사태를 반대로 보면 마을 사람Villain을 착취하는 영주야말로 진짜 악당이다. 그러므로 빌런은 태생적으로 양면적인 존재다. 영주가 히어로고 마을 사람이 빌런 같지만 반대로 착취하는 폭압적인 영주에 맞서는 사람들의 행동이 영웅이 될 수도 있다. 하지만 조커처럼 목적도 동기도 없는 빌런은 설명하기 어렵다. 고전적 의미의 빌런과 다른, 일종의 진화한 빌런이다. 코믹스의 역사가 100년 가까이 되면서 현대의 빌런은 갈수록 다층적이고 복잡해지는 경향으로 변해왔다. 히어로도 빌런도 모두 슈퍼가 붙는다. 이들은 엄청난 신체 능력을 지녔을 수도 있고, 상상을 초월하는 부를 소유하고 있을 수도 있으며, 사악한 천재일 수도 있다. 그러나 그들은 능력을 오로지 세계를 위협하고 광기에 가득 찬 자신의 신념을 위해 쓴다.

근대 문학에서 빚진
영화의 초기 빌런들

20세기 초반까지 영화는 아직 독자적인 영상 문법이나 매체의 정체성을 확립하지 못하고 이전의 예술에서 많은 영향을 받았다. 그중 연기는 연극에서, 서사와 캐릭터는 문학에서 가져왔다. 그러므로 당시의 영화인들이 참조할 수많은 빌런의 텍스트는 문학과 연극이었고 영화는 그걸 스크린으로 옮기는 수준이었다. 초창기 영화에 등장한 '악당'들은 대부분 문학의 전통에서 탄생했다. 1913~1915년에 제작된 유명한 **시리얼 영화** 〈팡토마스〉와 〈흡혈귀단〉은 19세기 말 코난 도일의 히트 소설 《셜록 홈즈》에 등장한 홈즈의 숙적 모리아티 교수를 모델로 한 캐릭터들이다.

　〈팡토마스〉와 〈흡혈귀단〉은 나중에 거의 모든 영화에서 모방하는 범죄자 묘사의 교과서로서 여기에는 각각 변신술을 쓰는 '팡토마스'와 '대흡혈귀'가 등장한다. 이들은 헐렁한 상의에 몸에 딱 달라붙는 쫄쫄이 바지를 입고 복면을 쓰거나 눈만을 가리는 마스크를 쓴다. 트럼프 카드의 조커나 서커스의 광대에 가깝다. 〈흡혈귀단〉 2화 오프닝에는 흡혈귀단을 묘사하는 발레리나가 박쥐 망토를 입고 춤추는 인상적인 장면이 나온다. 여기에 범죄단이 쓰고 나온 마스크를 덧

• 〈팡토마스〉의 빌런

• 〈흡혈귀단〉의 빌런들

붙이면 배트맨 코스튬의 원형이 된다. 옛날 시리얼 영화의 빌런을 요즘 보면 약간 어수룩하고 귀엽기까지 하며 능력도 슈퍼빌런이라고 보기는 어렵다.

　수많은 악당 문학 가운데서도 공포 문학은 강력한 빌런을 찾기에 딱 좋은 보물창고였다. 대표작이 메리 셸리의 원작 소설을 영화로 만든 〈프랑켄슈타인〉이다. 이 작품을 영화화한 최초의 호러 영화인 1910년의 단편 영화 〈프랑켄슈타인〉에는 인간이 만든 괴물이 인간을 공격한다. 프랑켄슈타인 박사가 '크리처'를 만드는 장면은 지금 다시 봐도 끝내준다. 원작 소설이 호문쿨루스의 아이디어로 시체 조각들을 이어붙여 거대한 괴인을 만들어냈다면, 영화는 다시 호문쿨루스로 돌아가 항아리 속 정체 모를 액체에서 뼈와 살이 서서

• 〈프랑켄슈타인〉 괴물의 생성

히 자라나는 장면을 묘사한다. 단순한 컷과 초보적 합성만 있던 이 시대에 무생물에서 생명이 자라나는 장면을 본 관객들은 엄청난 충격을 받았다고 한다. 1980년대의 걸작 호러 영화 〈헬레이저〉는 되살아난 악당 프랭크의 육신이 뼈와 살이 붙으면서 부

• 〈헬레이저〉 프랭크의 부활

활하는 장면으로 이 장면을 오마주하기도 했다.

　　1913년에 나온 최초의 장편 호러 영화인 〈프라하의 학생〉은 《파우스트》의 악마 메피스토펠레스 캐릭터를 가져와 가난한 학생을 타락시키는 빌런으로 써먹는다. 같은 해에는 로버트 루이스 스티븐슨의 소설을 영상화한 단편 영화 〈지킬 박사와 하이드 씨〉도 나온다. 지킬과 하이드는 1920년, 1931년을 비롯해 여러 번 영화로 만들어진 인기 빌런이자 〈헐크〉 같은 자아 분열 변신 캐릭터의 원조다. 하지만 초기 영화의 빌런에는 한계도 있었다. 20세기 초반 과학 기술의 한계라는 울타리가 있었고, 제1차 세계대전, 제2차 세계대전이라는 현실의 트라우마를 반영한 정도였기 때문이다. 손가락을 튕겨 우주를 없애는 타노스 같은 극초능력 슈퍼빌런의 등장은 나중에 코믹스가 적극적으로 신화와 전설 속의 캐릭터를 반영하면서부터였다.

• 론 채니, 〈페널티〉 스틸 컷

• 론 채니, 〈노틀담의 꼽추〉 스틸 컷

• 론 채니, 〈오페라의 유령〉 스틸 컷

• 론 채니, 〈괴인 서커스단의 비밀〉 스틸 컷

초창기 영화의 다양한 빌런들

초기 영화사를 보면 다양한 빌런이 등장한다. 당시는 추함Ugly과 악함Evil이 동격으로 취급되던 시대였다. 〈골렘〉에서처럼 마법 괴물뿐 아니라 장애인, 기형 인간들도 빌런의 단골 소재였다. 당연히 지금은 용납이 안 되는 발상이다. 장애와 기형을 주특기로 보여준 배우이자 할리우드 역사상 손꼽히는 악당 전문 론 채니가 〈노틀담의 꼽추〉의 척추가 굽은 주인공*를 비롯해서 〈페널티〉의 복수심에 찬 다리 없

• 오늘날에는 〈노틀담의 꼽추〉의 등장인물 콰지모도가 빌런으로 취급됐다는 것을 이해

142

는 악당, 그리고 〈괴인 서커스단의 비밀〉의 팔 없는
인간 등을 연기했는데, 이는 장애인은 심사가 뒤틀
려 빌런이 되기 쉽다는 당시의 편견에 악마적 이미
지를 덧씌운 것이다. 물론 현재 할리우드의 슈퍼빌
런은 오늘날의 윤리적 기준에 맞게 기형이나 장애
인은 없어지고 갑각류, 파충류, 두족류 등 혐오스런
생물체의 모양을 주로 사용한다.

• 〈기계 인간〉 포스터

　　여기에 거대 로봇을 훔쳐 강도질을 하는 악당
을 등장시킨 1921년 영화 〈기계 인간〉도 빼놓을 수
없다. 이 영화에는 영화사상 처음으로 거대 로봇의
격투 장면이 등장한다. 당시는 로봇이란 개념 자체도 생소하던 시기
였음을 생각하면 놀라운 상상력이다.

　　본격적인 빌런의 진화는 <u>펄프 매거진</u> Pulp magazine과 코믹스 산업
의 발전에서 찾아야 한다. 1930년대부터 코믹스 산업이 본격적으로
성장하면서 작가들은 스토리텔링의 필요에 따라 다양한 영웅 못지
않게 다양한 빌런을 필요로 했다. 마침 그전 시기였던 1896년에서
1950년대 후반까지는 〈위어드 테일〉과 같은 펄프 매거진의 전성기
였다. 펄프 매거진은 주로 호러, SF, 히어로, 탐정, 전쟁 등 자극적인
장르물로 채워졌고, 이 가운데 등장한 작품들인《플래시 고든》《쉐도
우》《닥 세비지》《푸 만추 박사의 미스터리》등은 1930년대 시리얼
영화나 장편 영화에서 악당의 주된 공급처였다. 펄프 매거진의 전성

하기 어려울 수도 있다. 그런데 당시는 인간과 비인간의 경계가 뚜렷하던 시기였다. 왜
소증을 앓고있는 '난쟁이'가 학술적으로 인간에 속한다고 규정한 때가 19세기다. 그 이
전까지 장애가 있는 인간은 인간과 요정 사이에 속한 괴물 같은 존재로 여겨졌고, 이는
20세기에 들어서도 교육 수준이 낮은 사회에서 통용되던 생각이었다. 영화사 초기에는
이러한 인식이 가감없이 영화 속에 표현되던 시기다.

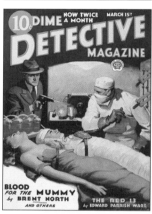

• 펄프 매거진 표지들

기가 지속되면서 바로 이런 펄프 픽션Pulp Fiction을 자양분 삼아 히어로와 빌런 캐릭터들이 펄프 매거진에 그림을 결합한 코믹스에도 본격 등장한다.

할리우드 역시 장르와 문법을 완성해가는 1930년대에 더 많은 악당이 필요했다. 대중이 펄프 잡지 독자건 영화 관객이건(사실 둘은 같다) 그들은 현실의 고단함을 잊으려고 자기를 대신해서 악당을 물리치는 영웅들에게 열광했고 돈 냄새를 잘 맡는 영화 제작자들이 재

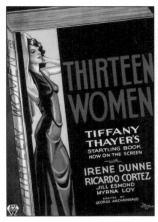

· 〈13번째 여자〉 포스터

· 〈화이트 좀비〉 포스터

· 〈잃어버린 영혼들의 섬〉 포스터

빨리 이런 수요에 편승한 것이다. 다만 이처럼 극
단적인 악당을 묘사하기에는 검열이라는 큰 걸림
돌이 있었다. 당시는 초보적 검열의 시대이긴 했으
나, 인간의 신체를 파괴하고 극단적으로 사악한 악
당을 영화에 등장시키는 걸 제재하고 있었다. 그런
데 1930년대 초에 변화가 생긴다. 특히 1932년과
1933년은 슈퍼빌런에게는 중요한 해다. 이 시기에
최면을 통해 사람들을 살해하는 여성 악당을 내세
운 〈13번째 여자〉가 제작되고 부두교 주문을 걸어
죽은 자를 되살리는 최초의 좀비 영화 〈화이트 좀

· 〈슈퍼내추럴〉 포스터

비〉가 나왔다. 사악한 과학자의 완성판이라 할 〈잃어버린 영혼들의
섬〉도 물론 빼놓을 수 없다. 1933년에는 다른 사람의 육체로 영혼을
옮기는 능력을 과학자에게 부여받는 여성 사형수를 내세운 〈슈퍼내
추럴〉 같은 전이Transfer 소재의 영화도 등장한다. 이렇게 갑자기 요상
한 영화들이 쏟아진 데는 이유가 있었다. 정부의 직접 검열에 반대해
영화계의 자율적인 검열이 만들어지던 그 사이는 검열이 아주 약해

진 시대였기 때문이다. 할리우드에서 1930년대 초반은 흔히 프리코드Pre-Code Era, 즉 검열 이전의 시대라고 불린다. 프리코드 시대란 정부의 검열에 반발한 영화제작배급협회 초대 회장 윌 H. 헤이즈가 만든 영화제작 코드Motion Picture Production Code, 일명 '헤이스코드Hays Code'로서 그는 이걸 자율적으로 적용하자고 주장했다. 코드를 만들고 기준이 적용되는 1930년에서 1934년 6월까지는 일종의 유예기간이자 과도기였다. 간략하게 정리한 헤이스코드의 10개 금지 목록은 다음과 같다.

1. 법률 위반 2. 허벅지 안쪽 노출 3. 속옷 4. 시체 5. 마약
6. 음주 7. 가슴 노출 8. 도박 9. 총기 조준
10. 토미 기관총(일명 시카고 타자기)

• 헤이스코드 검열 목록

헤이스코드는 1930년에 채택되었으나 1934년 7월 1일 생산 코드 관리국PCA이 설립될 때까지 엄격하게 시행되지는 않았다. 그 사이를 틈타 비교적 검열에서 자유로운 영화 제작이 가능했고, 그래서 프리코드 시대의 영화가 나온 것이다. 가령 1932년에 나온 〈마법사 찬두〉와 〈푸 만추의 가면〉은 프리 코드의 이점을 충분히 활용해서 강력한 영웅과 더 강력한 악당, 무시무시한 초능력을 보여주는 빌런과의 대결을 본격적으로 보여주고 있는 영화다.

최초의 슈퍼히어로와 슈퍼빌런을 등장시킨
〈마법사 찬두〉와 〈푸 만추의 가면〉

1932년에는 영화사에서 최초의 슈퍼히어로와 슈퍼빌런이 동시에 등장하는 모험 영화 〈마법사 찬두〉가 공개된다. 주인공 찬두는 인도에서 3년 동안 수련하며 '영혼의 아트마'라는 술법을 익혀 시바신의 힘을 얻었다. 찬두의 적대자는 벨라 루고시가 연기하는 록소르다.(이집트 도시인 룩소르 Luxor를 적당히 바꾼 이름이다) 그리고 최초의 슈퍼빌런 록소르는 이후 등장할 수많은 악당 두목에 큰 영향을 끼친 인물인데, 이 록소르의 목표는 당연하게도 세계 정복이다. 그는 찬두의 매형이자 '죽음의 광선'을

• 〈마법사 찬두〉 포스터

연구하는 과학자를 납치하여 런던, 파리 등의 도시를 단번에 파괴하는 기계를 만들게 한다. 데스 레이 Death Ray라고 불리는 이 기계 광선은 40년 뒤 〈스타워즈〉의 데스 스타가 한 방으로 행성을 통째로 날리는 광선과 똑같다. 과학만능주의가 팽배하던 당시는 뢴트겐이 발명한 X-Ray가 의료진단용으로 각광 받던 시기여서 데스 레이 같은 영화 속의 광선 무기까지도 실제로 만들려는 사람이 있었다고 한다. 그리고 〈마법사 찬두〉의 악당 록소르는 자신의 과학과 조직력을 통해 세계 곳곳에 스파이를 심어 놓고 음모를 꾸미는 인물이다. 게다가 부하가 사소한 실수만 해도 벌건 쇠꼬챙이로 눈알을 지져버리는 무자비한 인간이다. 이에 맞서는 영웅 찬두는 마법으로 록소르와 싸우지만 눈이 멀면 마법을 못 쓰는 약점이 있다.(나중에 마블의 〈닥터 스트레인지〉에서는 이걸 손이 묶이면 마법을 쓰지 못하는 설정으로 바꿨다) 록소르는 찬두의 약점을 이용해서 최루 가스로 눈을 공격해 무력화 시킨

다음 데스 레이로 도시들을 날려버리려 한다. 극적으로 위험에서 벗어난 찬두가 회복한 마법으로 반격을 가하자 록소르는 폭발하는 데스 레이와 함께 화염 속으로 사라진다.

〈마법사 찬두〉와 같은 해에 등장한 〈푸 만추의 가면〉은 주인공보다 빌런이 더 주목받는 영화란 점에서 〈다크 나이트〉와 비슷하다. 푸 만추는 아시아 암흑계를 지배하는 빌런으로 〈프랑켄슈타인〉에서 괴물을 연기한 보리스 카를로프가 독특한 분장을 통해 구현했다. 푸 만추는 철학, 법학, 의학 등 박사 학위만 3개일 정도로 지능이 높으며 마법술까지 익혀 사람을 꼭두각시로 부린다. 푸 만추 역시 세계 정복을 노리지만 궁극의 목표는 백인 절멸이다. 푸 만추는 칭기즈 칸의 힘이 담긴 신비의 가면과 칼을 찾아내 지구의 모든 백인을 죽여버리고 아시아인만의 세계를 만들려 한다. 도시 몇 개 부수겠다는 록소르와는 급이 다른 악당으로, 뛰어난 지능과 함께 슈퍼 파워까지 지닌 인물이다. 영화의 클라이맥스에서 주인공은 푸 만추를 죽인 다음 푸 만추가 만든 백만 볼트 전기를 뿜어내는 살벌한 무기로 푸 만추의 추종자를 한 번에 학살한다. 그런데 왜 하필 푸 만추가 찾는 힘이 칭기즈 칸에서 나올까. 실제로 칭기즈 칸에 대한 유럽인들의 공포가 너무 뿌리가 깊었기 때문이다.

오리엔탈리즘과
동시에 전개된 황화론

〈마법사 찬두〉의 찬두는 영화사상 최초의 슈퍼히어로다. 불 위를 걸으며, 밧줄을 허공에 띄운 뒤 타고 올라가기도 할뿐더러 심지어는 유체 이탈까지 가능한 정의의 마법사다. 사실 찬두는 아서왕 전설의 선

• 〈푸 만추의 가면〉 푸 만추　　　　　　　　　　　• 〈플래시 고든〉 무자비한 밍

한 마법사 멀린에 인도적 배경을 적당히 섞어 만들었다. 선한 마법사 설정에 동양적 요소, 그것도 인도를 섞은 까닭은 인도가 당시까지 영국의 식민지였다는 점을 감안해야 한다. 같은 동양이라도 식민 지배에 순종하는 동양은 선한 동양이다. 반면 보리스 카를로프가 연기한 〈푸 만추의 가면〉의 푸 만추는 서양인들의 인종차별 언어인 '찢어진 눈'을 가진 전형적인 아시아 악당이다. 서양인 배우를 완벽한 동양인 악당으로 탈바꿈시킨 특수 분장 능력은 쓸 만하지만 사실 속내는 유럽 대륙을 짓밟았던 몽골 군대에 대한 두려움을 보여준 것이다. 그들에겐 동양이란 공포 아니면 신비였던 것이다. 푸 만추가 백인을 모두 죽이려 한다는 설정 자체가 훈족과 몽골 침략이라는, 천 년 간격으로 유럽을 두 번이나 공포에 떨게 한 황화론Yellow Peril, 黃禍論*의 피해 의식이 아직도 생생하게 남은 흔적이다.

1936년에 나온 스페이스 오페라 〈플래시 고든〉의 악당들도 우리가 보기엔 우스꽝스럽다. 악의 제국 몽고 행성의 황제는 이름이

• 　황화론은 1895년 독일 황제 빌헬름 2세가 동양인을 억압하고 식민정복을 정당화하기 위해 언젠가 동양인이 서구 세계를 모두 오염시킬 것이라는 공포를 유발하기 위해 만든 프로파간다 술책이었다.

'무자비한 밍 Ming Merciless이다. 행성 이름부터 몽골일뿐더러 황제의 이름인 밍은 명나라의 '명'을 중국인들이 '밍'으로 발음하는 것을 그대로 따왔다. 황화론의 공포와 상처가 얼마나 깊었으면 그렇게까지 하겠냐만 서도 무지와 편견의 골은 역시 깊고도 깊음을 느끼게 한다. 여기에 영향을 받은 20세기 초 할리우드 영화에도 공포와 차별, 조롱이 뒤섞인 동양인 캐릭터가 넘쳐났다(이 시기에 황화론에 반대하며 '찰리 챈'이라는 중국계 미국인 탐정 캐릭터가 등장하기도 했다. 다만 배우는 최초로 푸 만추를 연기한 스웨덴계 미국인이다). 할리우드는 헤이스코드로 관객들의 윤리적 타락을 막으려고 검열을 강화한다면서도 유색 인종에 대한 부정적 묘사는 넉넉하게 허락한 것이다.

푸 만추로 인기를 얻은 동양 악당의 계보는 꾸준히 이어진다. 〈마법사 찬두〉가 속편 〈찬두의 귀환〉을 끝으로 더는 만들어지지 않았던 반면에 〈푸 만추의 가면〉은 1965년의 리메이크 작품을 시작으로 4개의 속편이 더 만들어진다. 여기서 푸 만추는 1954년 마블 코믹스의 사악한 마법사 캐릭터인 만다린으로 이어지고, 〈아이언맨 3〉에서 등장하더니 〈샹치와 텐 링즈의 전설〉에서는 드디어 양조위가 연기하는 캐릭터로 돌아오기도 했다. 물론 히어로 찬두 역시 닥터 스트레인지가 캐릭터를 그대로 이어받아 21세기에도 활동 중이니 역시 슈퍼히어로와 슈퍼빌런의 생명력은 대대손손 끝이 없다.

어린이용이라는 선입견을 없애지 못한
코믹스 슈퍼히어로물

〈슈퍼맨〉보다 앞선 최초의 코믹스 기반 슈퍼히어로 무비는 〈캡틴 마블의 모험〉이었다. 그런데 이건 지금 우리가 아는 〈캡틴 마블〉이 아니라 40년대 코믹스 황금기 당시 잘 나가던 출판사 가운데 하나인 포셋 코믹스Fawcett Comics에서 만든 다른 캐릭터다. 나중에 이 캐릭터는 DC코믹스의 샤잠이라는 캐릭터로 이어지는데, 시리얼 영화 〈캡틴 마블의 모험〉을 보면 소년 빌리가 자신을 샤잠이라고 소개하는 노인에게 초인적인 힘을 얻어 "샤잠!"이라고 외치면 하늘을 날아서 적을 해치우는 슈퍼히어로가 된다. 이렇게 영웅이 하늘을 날기도 하자 〈슈퍼맨〉도 한 몫 끼어들 때가 됐다. 이미 코믹스와 라디오 드라마에서 인기를 얻었던 〈슈퍼맨〉을 할

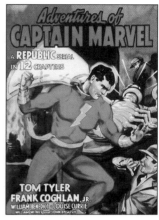

• 〈캡틴 마블의 모험〉 포스터

리우드는 1940년에 실사영화로 만들려 하지만 출판사가 절대적인 통제권을 요구하는 바람에 영화화에 실패한다. 그런데 〈슈퍼맨〉은 영화화에 실패했어도 제작 준비 기간에 먼저 만들어뒀던 비행 장면 촬영용 특수 장치가 있었다. 바로 이 장치를 빌려 만든 〈캡틴 마블의 모험〉은 히어로가 하늘을 나는 효과를 그럴듯하게 보여주어 원래 〈슈퍼맨〉이 가져갈 뻔했던 최초의 코믹스 캐릭터 영화화와 히어로의 비행 장면이란 타이틀을 모두 가져간다.

마블 코믹스의 영화가 대세가 되기 전부터 슈퍼빌런에 큰 영향을 미친 캐릭터는 또 있다. 슈퍼맨이 코믹스에 등장한 첫해인 1938년에 공개한 시리얼 영화 〈파이팅 데빌 독스〉다. 〈파이팅 데빌 독스〉는 1937년의 시리얼 영화 〈딕 트레이시〉를 트레이싱Tracing한

• 〈파이팅 데빌 독스〉 라이트닝

영화다. 그래도 하늘을 날아와 폭발하며 강력한 전기를 내뿜는 항공 어뢰와 전기총으로 무장한 라이트닝이라는 악당 캐릭터는 꽤 잘 만들어졌으며, 검은 투구와 망토로 몸을 가린 라이트닝의 외견은 이후 〈스타워즈〉의 다스 베이더 캐릭터에도 강한 영향을 미친다. 이와 함께 타란티노가 "영화 역사상 가장 위대한 액션 감독"이라고 표현한 이 영화의 감독인 윌리엄 위트니도 뛰어난 액션 연출을 보여준다(자신은 이 영화를 자신이 만든 최악의 영화라고 했지만). 〈파이팅 데빌 독스〉는 영화를 위해 개발한 오리지널 빌런의 마지막 작품으로, 이후부터 슈퍼히어로와 슈퍼빌런 영화들은 대부분 코믹스에서 소스를 충당한다.

코믹스를 실사로 만드는 노력은 1943년 〈배트맨〉의 시리얼 영화, 1944년 〈캡틴 아메리카〉의 시리얼 영화로 계속 이어진다. TV 이전에 TV 드라마의 형식을 미리 선보였던 시리얼 영화는 1948년 〈슈퍼맨〉까지가 전성기였다. 시리얼 영화 〈슈퍼맨〉은 이전 실사영화에서 시도했던 특수 효과를 포기하고, 하늘을 날거나 총알을 튕겨내는 슈퍼맨의 능력을 모두 애니메이션으로 만들었다. 초능력을 실사로는 표현하기 어려워 선택한 방법이고, 당시 시리얼 무비의 관객이 대부분 어린이였으니 크게 문제가 되지는 않았지만 하늘을 자유롭게 나는 실사판 슈퍼히어로를 바랐던 관객에게는 아쉬운 일이었다.

본격적으로 TV의 시대가 열리면서 슈퍼히어로 소재의 극장용 시리얼 영화는 경쟁력을 잃는다. 게다가 1966년부터 시작한 〈배트맨〉의 텔레비전 시리즈가 성공하자 가면을 쓰고 코스튬을 입는 슈퍼히어로 물은 완전히 어린이 대상 작품이라는 편견이 굳게 박힌다. 한편 일본에도 1960년대에 〈울트라맨〉을 시작으로 〈가면라이더〉 같은 특촬물, 전대물이 등장하면서, 일본 나름대로 일본식 슈퍼히어로 물을 만들었지만 역시 아동용이란 한계를 넘지 못했다. 이렇게 '슈퍼히어로물은 어린이용'이란 공식은 리차드 도너가 1978년 크리스토퍼 리브를 주연으로 한 〈슈퍼맨〉을 만들 때까지 깨지지 않고 계속됐다.

진정 강력한
슈퍼히어로와 슈퍼빌런의 등장, 슈퍼맨

1978년의 실사판 〈슈퍼맨〉은 슈퍼히어로 영화가 더 이상 아이들의 코 묻은 돈만 긁어가는 유치하고 조악한 수준이 아님을 보여준 영화다. 슈퍼맨의 변신 장면과 하늘을 나는 장면은 당시 최고의 특수 효과로 만들어졌으며, 〈대부〉의 원작자인 마리오 푸조가 쓴 시나리오는 슈퍼맨에게 초인을 넘어서 신적인 이미지를 부여했다. 원작부터 슈퍼맨은 초능력으로 지구를 구하는 외계인과 구세주의 정체성이 부여된 것이다. 이민자가 세운 나라인 미국에, 외계로부터 온 엄청난 힘을 지닌 수호자 슈퍼맨은 여러모로 꼭 들어맞는 설정이었다. 속편

· 〈슈퍼맨〉 포스터

· 〈슈퍼맨 2〉 포스터

인 〈슈퍼맨 2〉에서는 드디어 슈퍼맨과 맞먹는, 어쩌면 더 엄청난 힘을 지닌 슈퍼빌런도 등장한다. 그 빌런이 슈퍼맨과 같은 행성에서 온 조드 장군이니, 지구에서 슈퍼맨에 맞먹는 초능력을 발휘하는 건 당연하다.

〈슈퍼맨 2〉는 슈퍼빌런이 나오는 코믹북의 첫 실사판 영화다. 슈퍼맨과 조드 장군의 대결은 소련과 대결하던 냉전 시기 미국인의 두려움을 은근히 반영한다. (미국에 잘 정착한)선한 이민자 슈퍼맨과 지구(미국)를 침략하는 외계인(소련)의 대립 구도는 관객들에게는 현실 그 자체였다. 현실에서는 소련과 미국이 상호확증파괴라는 한계 때문에 서로 핵미사일을 쏘지 못하지만 영화 속의 슈퍼맨은 마음대로 지구를 누비며 절대악 조드 장군(소련)을 두들겨 부순다. 당연히 미국 관객은 악의 제국을 깨부수는 슈퍼맨을 미국이란 나라, 미국의 영웅과 동일시했다.

슈퍼히어로와 슈퍼빌런은 왜 유독 미국에서 자주 등장했을까. 알다시피 미국은 건국 신화가 없다. 신화를 만들기에는 역사가 너무 짧았고《일리아스》나《길가메시》같은 전설이 쌓일 연륜도 없었다. 대신 미국인들은 '개척정신 Frontier ship'이라는 자가 발전의 신화를 만든다. 1600년대 아메리카라는 미지의 땅에 도착한 유럽 이민자들은 처음엔 동부에 모여 살다 차츰 영역을 확장했다. 아메리카 대륙에는 원주민이 살고 있었지만, 백인들은 그 영역에 비집고 들어가 땅을 일구고 가축을 키우며 정착(침범)한다. 그리고 100년이 지난 1776년에는 대영제국과 전쟁을 벌여 독립 국가 아메리카 합중국 United States of America을 얻어냈다. 하지만 이런 개척과 건국의 과정은 원주민에게는 살육의 역사다. 백인들은 원주민을 몰살시키고 재미 삼아, 혹은 철도 건설에 방해가 된다고 멀쩡하던 들소 떼를 멸종시켰다. 뿐만 아니라 아프리카 사람을 납치해서 미국 농장에 파는 노예 무역은 당시 가장 고수익을 보장하는 사업이었다. 이 시기의 미국인 농장주들은 사람을 사고팔면서도 전혀 죄의식을 느끼지 않았다. 그들에게 흑인은 사람이 아니라 단지 사람 말을 알아듣는 면화 따는 기계였기 때문이다.

남북 전쟁을 거치며 산업 국가로 성장한 미국은 제2차 세계대전 이후에는 세계의 경찰을 자처하면서 이란, 과테말라, 쿠바, 칠레 등에 폭력적으로 개입하기도 했다. 명분은 세계의 안보 질서를 수호하는 것이지만 사실은 자국의 이익 관철을 위한 패권 국가의 깡패 행위였다. 그래도 미국이 비록 타인의 희생을 강요하면서 부강해졌다고 해도 아직도 초강력 패권 국가로 남는 이유는 자기 치유의 능력 때문이다. 노엄 촘스키, 하워드 진 같은 양심적 지성이 살아 있었고 정부의 부당한 행위를 목숨을 걸며 감시하고 고발한 언론과 시민들이 권력을 견제했다. 이들이야말로 현실 속의 진정한 히어로들이다. 잘못해도 그걸 바로잡고 자정하려는 태도가 미국을 지탱하는 진정한 파워인 것이다. 이런 태도는 코믹스의 슈퍼히어로들에게 반영되기도 한다.

슈퍼히어로의 대표인 슈퍼맨은 신과 같은 힘을 지녔지만, 정의로운 이민자 국가, 미국의 표상이다. 또한, 마블 코믹스의 캡틴 아메리카는 미국적 가치에서 최우선하는 자유와 정의를 지키며 희생하는 인물이다. DC 코믹스의 배트맨 역시 공동체의 안전을 위해 거대한 악과 싸우는 인물이다.

정치적 올바름의 영향을 받아 변하는
21세기 슈퍼히어로

21세기 들어 정치적 올바름을 강조하는 풍조의 영향을 받아 슈퍼히어로들은 인종의 벽을 허물었다. 바로 〈블랙 팬서〉다. 블랙 팬서는 고난의 역사를 살아온 아프리카계 미국인의 표상이자 미국이 건국하면서 흑인들에게 지은 죄를 조금이라도 반성하고 존중하려는 태도의 산물이다. 〈블랙 팬서〉의 조국 와칸다Wakanda라는 나라 이름은 흑인들이 떠나온 고향 아프리카 대륙을 상징한다. 와칸다의 기원에 대해선 몇 가지 설이 있지만 원작자가 뚜렷이 밝힌 일은 없다. 그런데 약간 생뚱맞게도 와칸다란 가상의 국명은 아메리카 원주민의 언어에서 찾을 수 있다. 와칸다(Wakanda 혹은 Wakonda 외에도 여러 철자로 쓸 수 있다)는 아메리카 원주민 수Sioux족의 말로 '힘'을 뜻하는 말이라고 한다. 그냥 일반적인 힘이 아니라 영적이며 신적인 힘을 뜻하는 말로, 이 힘은 위대한 정령인 와칸탕카Wakan Tanka가 내려준 것으로 블랙 팬서가 힘을 부여받는 장면에서 써먹고 있다. 또 미주리 지역의 아메리카 원주민인 오세이지Osage족에게는 와칸다라는 말이 '신' 또는 '창조자'라는 뜻이라고 한다. 결국 와칸다는 신이면서 신적인 힘이고, 동시에 위대한 정령이 인간에게 부여하는 힘이기도 하다. 와칸다가 아메리카 원주민의 언어가 맞다면 〈블랙 팬서〉는 흑인 사회만이 아니라 아메리카 원주민에게도 화해를 구하는 영화다. 하지만 좀 삐딱하게 보면 흑인 소재 영화에 원주민 용어를 쓴다는 것 자체가 백인들이 아메리카 원주민과 아프리카 흑인 문화에 대한 명확한 구분과 이해 없이 한 방에 퉁 치는 방법이기도 하다.

히어로 영화는 점차 변화하는 중이다. 이제 흑인 사회만이 아니라 아메리카 원주민과 아시아 그리고 아랍계 히어로까지 등장했다.

원더우먼, 캡틴 마블 등 여성 히어로들의 비중도 갈수록 높아간다. 앞으로의 변화가 어떻게 될진 모르겠지만 더 나은 방향으로 진행하길 바랄 뿐이다.

배경 설명과
용어 정리

○

세계수

세계수世界樹는 하늘을 떠받치는 거대한 나무로 수많은 종교 신화 속 우리 세계를 구성하는 상징이다. 가지는 하늘과 지상을 구성하고 뿌리는 지하 세계를 구성한다. 북유럽 신화 속 위그드라실은 거대한 물푸레 나무로 세상의 중심에 생겨나 세계를 만든다. 여기에 인간과 신 그리고 죽음의 세계와 같은 신화적 공간이 자리 잡는다. 세계수는 대부분의 문화에서 신화의 첫 장을 장식한다. 한국 역시 단군이 내려오는 신단수가 우주의 중심이고, 아프리카에서는 거대한 바오밥 나무가 그 중심 역할을 한다. 이러한 수목숭배樹木崇拜는 세계 각지의 샤머니즘 문화에 공통적으로 나타나는 요소이며, 삶의 안정과 다산 그리고 풍년 등을 기원하기 위한 매체 역할을 하기도 한다. 여기서 세계수는 우주 그 자체를 나타내기 때문에 모든 존재의 삶과 근원, 나아가 지혜의 상징이기도 하다. 고대 인류가 나무의 생명력과 영속성을 부러워했음을 알게 하는 대목이다.

정체가 모호한 성배(그랄)

제임스 놀스가 정리한 《아서왕과 원탁의 기사들》에는 성배를 가리켜 "우리 주 그리스도가 돌아가시기 전 최후의 만찬 때 사도들과 함께 포도주를 마신 그 성스러운 잔은 그 후 세상에서 가장 성스러운 보물이었고, 성배가 있는 곳에는 평화와 번영이 함께했다"고 묘사한다. 성배가 예수가 쓰던 잔이라는 표현은 작가 제프리 오브 몬머스에 의해 처음 등장했다. 제프리 오브 몬머스가 아더 왕 신화를 정리한 직후인 1200년경, 볼프람 폰 에센바흐가 쓴 《파르치팔》은 성배의 왕이 되는 원탁의 기사 파르치팔의 모험을 다루고 있다. 그런데 여기서 '성배'는 전혀 다른 형태로 그려질뿐더러 '성석'으로 번역되고 있다. 성배를 일종의 물건 내지 일종의 돌로 칭하고 있는 것이다. 이를 통해 아서왕 신화에 포함된 성배 전설은 그 기원을 알 수 없는 켈트 신화의 그 무엇과 기독교 세계의 예수 신화가 결합해 있음을 알 수 있다.

허무주의

허무주의Nihilism는 기성의 가치 체계와 이에 근거를 둔 일체의 권위를 부인하고 허무(라틴어 Nihill)의 심연을 직시하며 살려는 철학적 태도를 말한다. 그렇기에 우리가 일상에서 '허무하다'란 말을 쓸 때와는 큰 차이가 있다. 이때의 '허무'는 불교 용어 '공허空虛'에서 온 말로, 일상적 용어인 허무하다는 불교식의 공허주의라고 할 만한 것이다. 허무주의는 서구 교회의 몰락과 이로 인해 등장한 회의주의로부터 등장했다. 허무주의 정립에 큰 역할을 한 헤겔은 청년 시절부터 "피조물이 '무Nihill'다"라는 문장을 모스하임의 교회사에서 발췌해 쓰고 있었다. 종교적, 신적 권위가 무너지고 혁명이 휩쓸던 19세기에 인간은 기댈 수 있는 절대권위를 거부한 것이다. 그렇다면 남는 건 인간뿐이다. 허무주의는 문제에 대한 답을 신에게서 구하는 것이 아니라, 답 없는 문제는 어쩔 수 없으며 절망에 마주쳤지만 신에게 기대지 않는다는 태도다. 인간의 두 팔과 두 다리로 어찌되었건 살아간다는 것이다.

죄수의 딜레마

죄수의 딜레마란 각자 협력할 때는 이익이 되지만, 그렇게 하지 않으면 둘 다 불리해지는 상황을 말한다. 상대방의 상태를 알 수 없는 두 명의 죄수를 통해 묘사하는 게임 이론이다.

빌런

빌런 Villain이라는 단어는 귀족의 영지에 묶여서 농장일을 하는 사람을 지칭하는 라틴어 빌라누스 Villanus(여기서 마을을 뜻하는 'Village'가 나왔다), 그리고 거기에서 파생된 농노 혹은 법적으로 예속된 소작농 Villein으로부터 나온 단어다. 중세 유럽 시기 소작농은 영주의 토지에 묶여 있었으며, 거주지 이동의 자유가 없었다. 즉, 소작농 역시 영주의 재산으로 취급됐다. 여기에 기사 문학에 심취한 귀족들은 이들 소작농을 '매너가 없고 무뢰한 불한당'으로 자신들과 구분했다. 그리고 시간이 흐르면서 여기에 '사악함', '비열함' 같은 부정적 의미가 덧붙게 된다. 이로부터 예의와 도덕을 힘과 동일시하는 정서가 퍼지고 세련되지 않은 마을 사람들로부터 현대적 악당의 이미지가 만들어지게 된다. 이처럼 '빌런'이란 말은 역사적으로 저열한 집단과 우월한 집단을 분리하는 '구분 짓기'로부터 등장한다. 이러한 사례는 유럽만이 아니다. 한반도에 '백정白丁'이란 단어가 등장한 것 역시 마찬가지다. 본래 우리에게 백정이란 계층은 없었다. 그러던 것이 고려 시기에 북방 유목민인 타타르족이 한반도로 유입됐다. (한반도는 누가 뭐래도 농경사회였는데, 유목민은 짐승을 잘 다뤄 도살업에 특화됐다) 게다가 다수의 타타르족은 한반도 사람과 생김새도 달랐다. 이들을 한반도인과 구분하기 위한 단어가 백정이었지만, 여기에는 차별의 의미 또한 내포된 것이다. 그리고 내포된 차별은 세월이 지나며 완전한 차별이 된다. 이러한 사례는 일본의 부락민部落民에서도 찾아볼 수 있다. 이 계층은 가축의 도살, 사형 집행인, 피혁 가공 등의 직업에 종사하는 사람들로, 살생을 금지하는 전통적인 불교 사회였던 일본은 이들을 '더러운 일에 종사하는 사람'으로 여겨 배타적이며 동시에 멸시하는 대상으로 취급했다. 빌런이란 우리와 같은 힘없는 소시민 가운데서도 더욱 무시당하는 약자로부터 등장한 것이다. 그러니 어찌 보면 빌런이 행하는 사회적 복수는 당연한 결과라고도 할 수 있다. 소련 스탈린 시기에 만들어진 1925년 영화 〈곰의 결혼식〉은 이러한 상반된 시각을 잘 드러낸다. 자신이 곰으로 변한다는 공포에 빠진 지주는 결국 사고를 치고 마을 주민에게 추격 당하게 된다. 이때 지주가 내뱉는 대사가 "감히 소작농 따위가!"라는 말이다. 지주가 보기에 무지한 소작농이 자신에게 대드는 건 말이 안 된다. 빌런인 것이다. 하지만 마을 사람들이 보기엔 지주야 말로 진짜 빌런이다. 각자 상대를 빌런으로 확정하는 이러한 태도가 바로 선전, 선동의 기본 원칙이기도 하다.

시리얼 영화

시리얼 영화Serial film 혹은 연쇄 영화는 20세기 초부터 일련의 짧은 이야기가 매주 한 편씩 상영되는 특이한 포맷으로 TV가 나오기 이전의 극장용 연속극과 같다. 보통은 하나의 이야기가 연속해서 이어지기도 하지만, 이야기의 연결성 없이 짧은 주제를 다루기도 한다. 최초의 시리얼 영화는 에디슨 스튜디오에서 제작한 〈메리에게 무슨 일이?〉다. 오늘날 유튜브에서 접할 수 있는 시리얼 영화들은 첫 화를 30분 이내로 만들고, 이어지는 시리즈를 20분 정도로 구성해서 보통 12화 정도로 만들어낸 영화들이다. 시리얼 영화는 보통 토요일에 상영했으며, 각 편의 마지막 장면을 주인공이 위기 상황이나 딜레마 상황인 클리프행어Cliffhanger로 끝맺는다. 다만, 위기 상황이나 딜레마 상황으로 끝날지라도 다음 편의 오프닝에선 이 상황을 그렇게 큰 위기 상황은 아니것처럼 얼렁뚱땅 넘어가는 장면이 많다. 클리프행어는 이미 《천일야화》같은 고전 작품에서도 사용한 수법으로 관객이 다음 편을 기대하도록 '다음번에 계속to be continued'같은 자막을 붙여 지금도 써먹는다. 현재 거의 모든 한국 드라마, 미국 드라마 특히 OTT 드라마에서 클리프행어 엔딩은 매우 중요하다.

펄프 매거진

펄프 매거진Pulp magazine은 1896년부터 1950년대 후반까지 발행된 저렴한 소설 잡지를 가리키는 말이다. 주로 자극적이고 말초적인 장르 소설을 다뤘기 때문에 저급한 문학이란 뜻으로 사용하는 펄프 픽션Pulp fiction이란 단어까지 여기서 나오게 됐다. 하지만 펄프 매거진에 글을 기고한 인물들은 무명의 모험 액션 소설가부터 아이작 아시모프, 필립 K. 딕, 로버트 E. 하워드와 같은 SF 문학의 거장들, H. P. 러브크래프트처럼 독창적인 장르 작가, 심지어 마크 트웨인까지 다양했다. 오늘날 현대 슈퍼히어로 코믹스는 '펄프 영웅'의 후손으로 간주되기도 한다.

4

코스믹 호러의
세계

호러계의 시조새,
H. P. 러브크래프트의
생애와 사상을 만나다

인식을 초월하는 공포를 대하는
연약한 인간의 자세

1995년 〈쇼생크 탈출〉로 성공적인 감독 데뷔전을 치른 프랭크 다라본트는 2000년 〈그린 마일〉에 이어 2007년 〈미스트〉를 내놓는다. 원작은 미국 공포 문학의 대가인 스티븐 킹의 동명 단편 소설. 미군이 극비리에 다른 차원의 벽을 여는 실험을 하다 뜻하지 않은 사고로 괴물을 인간 세상에 끌어들이면서 대재앙을 맞는다는 내용이다. 이 영화는 괴물의 충격적인 비주얼과 극한 상황에 놓인 인간의 적나라한 모습을 묘사한 수작이지만, 지나치게 절망적인 결말 때문인지 흥행은 썩 좋지 못했다. 영

• 〈미스트〉 포스터

화는 스티븐 킹의 원작과 달리 극한의 절망을 묘사하나 정작 스티븐 킹은 출구 없는 절망을 그리는 작가는 아니다. 스티븐 킹은 어떻게든 해결 가능성을 제시하는 작가다. 장편 소설 《토미노커》에서 작가

• H. P. 러브크래프트

는 〈미스트〉의 사건을 다시 언급하며 사태는 미군에 의해 진압되었다고 이야기한다. 아무런 꿈도 희망도 없는 잔인하고 파멸적인 절망의 이미지는 스티븐 킹이 아니라 '코즈믹 호러'를 창조한 H. P. 러브크래프트 Howard Phillips Lovecraft의 영역이다.

러브크래프트는 인간의 인지를 넘어서는 공포를 다룬 문학의 초기 대가다. 인간은 자신이 살아가는 사회를 세상의 전부라고 생각하지만 러브크래프트는 가끔씩 우주 저 너머의 인지 불가능한 강력한 힘, 또는 인간이 지구에 처음 나타났던 시기보다 아득히 먼 옛날에 지구를 지배했던 신들의 힘이 돌연 우리 앞에 드러나는 상황을 그린다. 도저히 이해할 수 없는 사건을 말하는 작가의 시점을 통해 세상은 점차 변해가고 일그러지며, 기이하고 알 수 없는 생명체가 득시글거리는 곳으로 변해간다. 러브크래프트는 자신의 에세이 《공포 문학의 매혹》에서 "가장 오래되고 강력한 인간의 감정은 공포이며, 그중에서 가장 오래되고 강력한 것이 바로 알 수 없는 것에 대한 공포"라고 말했다. 인간의 모든 이성을 아무리 동원해도 공포의 근원을 단한 조각도 알아낼 수 없고, 그런 힘에 의해 세계가 점차 몰락하고 붕괴한다는 생각은 극단적인 공포를 불러오기 마련이다.

인간은 두려움을 느끼게 하는 외부의 위협 요소에 맞서온 역사를 갖고 있다. 맹수를 만나면 도망치고, 추위를 피하려면 동굴에 들어가서 모닥불을 피우면 된다. 하지만 원인을 모르는 공포는 맞서는 것 자체가 불가능하다. 그것이 러브크래프트가 추구하는 세계다. 한국의 우경민 감독이 만든 단편 애니메이션 〈자니 익스프레스〉를 보면 인지를 넘어선 초월적 공포를 코믹한 방식으로 아주 잘 표현하고 있다. 택배 운송업자 자니는 어느 작은 별에 물건을 배달한다. 그런데 택배 박스가 렌즈 배율을 5,500%나 올려야 보일 만큼 작다. 게다가 그 별의 인간이 사는 도시란 것도 개미보다 작다. 무심한 자니는 도시를 짓밟으며 깡통을 던지기도 한다. 자니에겐 일상적인 업무지만, 이 별의 사람들에게는 재앙이다. 만일 인간이 개미고 우주가 자니라면? 인간이 아무리 애를 써도 어쩔 도리가 없는 무력감과 절망이 코즈믹 호러의 근본이다.

세상 모든 것과 단절하고 자신만의 신화를 만든 러브크래프트의 생애

러브크래프트의 세계는 방대하다. 러브크래프트가 생전에 직접 쓴 문서만 해도 대단한 분량이다. 중·단편 소설만 해도 65편이고, 다른 작가와 협력하거나 수정했으며 이름을 알리지 않고 쓴 작품까지 따지면 대략 50편이 추가된다. 시詩는 350여 편이 있으며, 각종 논문과 에세이 200여 편을 합하면 읽기에 꽤 지칠 만하다. 게다가 러브크래프트의 편지는 10만여 통이나 된다. 그중에는 무려 70페이지가 넘는 편지까지 있어 이걸 편지라 부르기도 미안할 정도다. 여기에 더해서 그에게 영향받은 다른 후속 작가들의 방대한 문서도 있다. 방대한 저작 목록으로 도서관의 모든 분류 항목에 저서를 넣었다는 아이작 아시모프도 두 손 들고 갈 분량이다. 러브크래프트는 짧은 생애 동안 정말로 읽고 쓰기만 하다 떠난, 요즘으로 따지면 진정한 은둔형 외톨이 천재다.

　　러브크래프트는 '크툴루 신화Cthulhu Mythos'를 창조한 인물이다. 크툴루 신화는 아득히 오랜 옛날 우주와 지구를 지배하던 초월적인 존재들과 거기서 비롯한 근원을 알 수 없는 깊은 공포를 기반으로 하

• 러브크래프트의 자필 문서

• 러브크래프트가 그린 크툴루

는 신화 체계다. 시조 신화라 할 수 있는 신화 체계를 개인이 만든 경우는 러브크래프트가 유일하다. 다만, 크툴루 신화라는 용어는 작가 본인이 만든 게 아니라, 러브크래프트와 공동 작업을 하기도 했으며 이후 러브크래프트의 작품을 출판하기 위한 아캄 하우스라는 출판사를 만든 어거스트 덜레스가 만든 명칭이다. 러브크래프트는《기묘한 이야기들Weird Tales》과 같은 펄프 잡지에 연재한 소설과 함께 지인들과 교류한 편지 교환과 공동 작업을 통해 크툴루 신화의 기틀을 놓았고, 그의 사후에도 그를 추종하는 후계자들에 의해 지금까지도 점차 확장되는 중이다.

러브크래프트는 점잖고 친절한 사람이었다. 프랑스 작가 미셸 우엘벡은 러브크래프트에 대해 "그는 일평생 전형적으로 귀족적인 태도를 유지하며 인류 전체를 경멸하며 살았으나 개인 한 명 한 명에게는 지나치게 친절한 사람"이었다고 말한다. 원래 인간은 모순적인 존재지만 러브크래프트야 말로 그런 사람이다. 인류를 경멸하면서도 개별적 인간에겐 친절했다니 말이다. 사실 러브크래프트는 결코 평범하지 않은 삶을 살았다. 생전의 러브크래프트는 극단적인 금욕 생활을 했고 자신이 중요하지 않다고 생각한 것을 모두 거부했던

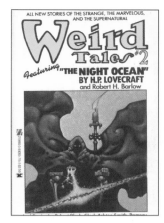

• 〈기묘한 이야기들〉 표지들

인물이다. 한편으로 그는 작품과 편지에서 노골적으로 인종차별적
시각을 드러내 많은 비판을 받았다. 당연히 인종차별은 큰 문제지만,
지금의 의학적 기준으로 보면 러브크래프트의 태도는 극도의 대인
기피증, 혹은 대인 공포증에 가까워 보인다. 한마디로 기인奇人이었
던 것이다. 그는 자신이 이해하기 어려운 모든 사람을 거부했다. 가
령 한 번도 간 적 없는 이탈리아 사람들도 그에겐 '모르는 사람들'이
기에 거부의 대상이었다. 러브크래프트는 1920년에 쓴 편지에서 어
린 시절 작은 잔디밭에서 땅을 파고 정원을 가꾸며 놀던 시절을 회

고하고 있다. 그는 "오락을 즐기기에는 너무 나이가 들어버렸다는 무서운 사실을 깨달았네. 무자비한 시간이 나를 향해 발톱을 들이밀었지. 그때 나는 열일곱 살이었어… 어른이 된다는 건 지옥이나 다름없어." 러브크래프트는 평생 자신이 이해하지 못하는 것과 벽을 쌓는 아이의 마음으로 세상을 살았을지도 모른다.

그런 러브크래프트도 뉴욕에서 2년 동안의 결혼 생활을 하는 동안 생계를 위한 직업이 꼭 필요한 적이 있었다. 그는 수백 건의 이력서와 자기소개서를 뿌리며 사람을 구하는 곳이면 아무리 적은 금액을 준다고 해도 달려갔지만, 한 번도 취직에 성공하지 못한다. 러브크래프트는 자신이 보기에 뉴욕 뒷골목에서 아무렇게나 살아온, 자신보다 못한 사람들마저도 쉽게 취업한다는 사실에 절망한다. 이들을 묘사한 러브크래프트의 편지를 보자. "특별하게 정해진 형태도 없는 유기체들이 서로 다른 출구에서 기어나와 좁은 오솔길을 따라 거닐고 있었네…." 러브크래프트의 단편 소설 〈데이곤〉에는 흐물거리는 어류처럼 변해버린 마을 사람들이 등장한다. 러브크래프트의 이런 관점은 모르는 존재에 대한 혐오와 공포인 동시에 서양인들이 일반적으로 가진 두족류頭足類 생물에 대한 혐오와 공포를 보여주고 있다. 작가가 뉴욕의 빈민들을 보면서 느꼈던 건 차별이라기보단 혐오와 공포 그 자체였을 것이다. 아마 그의 눈에는 걸어 다니는 모든 사람이 두족류로 보였던 것 같다.

사회생활에 실패한 다음 모든 걸 접고 고향으로 돌아온 러브크래프트는 자신이 소속됐다고 믿는 백인 개신교 집단(와스프W.A.S.P, White Anglo-Saxon Protestant) 말고는 모든 인간에 대한 혐오를 키운다. 극단적 대인 기피증이 고립을 낳고, 그 고립이 기괴한 상상력의 작품을 낳은 것이다. 이 시기부터 흔히 '위대한 저작'이라고 불리는 8편의 작품이 등장한다. 러브크래프트의 위대한 저작에는 《시간의 그림자》《위치

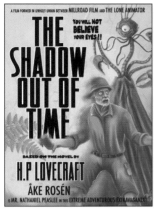
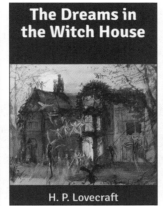

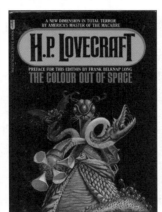

· 러브크래프트가 쓴 책의 표지들

하우스에서의 꿈》《크툴루의 부름》《광기의 산맥》《우주에서 온 색채》《던위치 호러》《어둠 속에서 속삭이는 자》《인스머스의 그림자》가 있다.

　　전문가들은 러브크래프트가 창조한 크툴루 신화 속에는 온갖 기괴한 상상력이 있지만 없는 것이 두 가지 있다고 말한다. 그건 돈과 섹스다. 평생 철저한 유물론자의 태도로 살았던 러브크래프트는 재물과 섹스에 대해서만큼은 죽을 때까지 청교도적 삶을 고집했다. 그는 평생 전업 작가였던 적이 단 한 번도 없었으며, 잡지사에서 원고료를 잊어버려도 돈을 요구한 적도 없었다. 섹스 또한 관심이 없었다. 어린 시절 섹스와 관련된 주제를 삼촌의 의학서적을 통해 모조리 파악했던 러브크래프트는 친구에게 보낸 편지에서 "이후 자연스럽게도 (섹스에 대한)호기심이란 것이 불가능해져버렸네"라고 말한다. 유일하게 사랑을 느꼈던 2년간의 결혼 생활 때도 이런 태도는 마찬가지였다. 러브크래프트의 작품에 없는 또 하나를 추가하자면, 그건 바로 유머다. 그도 노력하긴 했다. 러브크래프트는 6편으로 구성된 연작 단편 〈허버트 웨스트─리애니메이터〉를 쓸 때 코미디를 염두에 뒀다고는 하지만, 안타깝게도 독자들에겐 전혀 유머로 느껴지지 않았다. (자신이 쓴 글에서 단어나 문장 부호 하나조차도 수정하길 거부했던 러브크래프트에게 〈허버트 웨스트─리애니메이터〉 연작은 편집자의 의도에 따라 수정이 가해진 소수의 작품 가운데 하나다. 러브크래프트는 이 6편으로 구성된 연작 단편을 스스로 쓰레기Dead dog 취급한다.) 이렇게 러브크래프트는 유머와 어울리진 않는 인물이었으나 어떤 독자들은 이 작품에서 기이한 유머를 찾아내기도 한다. 스튜어트 고든이 단편 소설 〈리애니메이터〉를 발굴해 유머를 찾아주지 않았다면 이 작품 또한 영원히 쓰레기로 머물렀을지도 모른다.

B급 저예산 영화의 대부 로저 코먼,
러브크래프트의 세계에 도전하다

러브크래프트는 20세기 중반까지 작가로서는 그다지 알려지지 않은 인물이었다. 그러니 생전에 그의 작품이 영화화될 일도 없었다. 하지만 더 큰 이유는 러브크래프트의 작품이 당시 대중이 받아들이기 어려운 내용으로 가득했다는 것이다. 20세기 초는 과학만능의 태도가 팽배하던 시기다. 하지만 러브크래프트는 과학과 합리로 설명이 불가능하고, 인간 인지를 초월한 세계를 그렸다.

러브크래프트는 "그들의 손에 멱살 잡히는 순간에도 그들을 볼 수 없으며, 아무리 신중하게 문을 지키고 서 있다고 해도 그들이 들어와 사는 것을 막아낼 수 없다"고 쓰고 있다. 크툴루 신화의 신적인 존재들에게 인간은 그저 바람에 흩날리는 먼지와도 같은 존재다. 평생을 무신론자이자 유물론자로 살았던 러브크래프트는 보통 인간들이 종교의 영역으로 넘기는 초월적 존재의 공포를 우주로 넘겨버린 것이다. 우주는 인간과는 관계없이 그 자체의 힘으로 그저 변화하고 있을 뿐이다. 태평양의 모래알보다 미미한 인간 따위로는 어찌해볼 도리가 없다. 러브크래프트는 이러한 태도를 지닌 자신을 "우주적 무관심주의자 Cosmic Indifferentist"로 표현했다. 말 그대로 러브크래프트가 그리는 신화의 세계는 '우주적 무관심'의 세계여서 이를 영화로 표현하기는 쉽지 않았다. 인과관계에 따라 이야기를 받아들이는 흐름을 따르지 않기 때문이다.

영화의 서사는 통상 인과관계에 의해 진행된다. "왕비가 죽었다. 그러자 왕비를 너무 사랑하던 왕도 상심에 빠져 시름시름 앓다가 죽었다"는 식으로 선행 사건이 후행 사건의 원인이 되어 인과적 연관관계를 맺는다. 그렇지만 러브크래프트에게 같은 이야기를 소재로 맡기면 아마 왕의 죽음만 제시하고 원인은 알 수 없다고 할 것이다. 분위기와 공포만 있는 것이다. 이래서야 스토리를 끌고 나가기 어렵다.

• 〈유령 출몰지〉 포스터

영화 크레딧에 러브크래프트의 이름이 처음으로 올라간 작품은 로저 코먼 감독의 1963년 작 〈유령 출몰지The Haunted Palace(원제는 에드거 앨런 포의 시에서 따왔다)〉다. 로저 코먼은 포의 작품을 연속해서 영화로 만들 계획을 세웠고, 이미 5편의 포 작품을 영화로 만든 상태였다. 하지만 코먼은 차기작에서 다른 이야기를 하고 싶어서 러브크래프트의 소설《찰스 덱스터 워드의 사례》를 선택한 것이다. 그런데 영화가 시작하면 러브크래프트의 이름은커녕 "에드거 앨런 포의 유령 출몰지"라는 타이틀이 뜬다. 그리고 포의 이름은 흥행을 위해 그대로 두고 "AND A STORY BY LOVECRAFT"라고 러브크래프트의 이름을 붙이고 있다. 제목은 유명한 포의 시에서 따오고 줄거리의 뼈대는 러브크래프트에서 따온 비빔밥 전략이었다. 이렇게 영화 제작자들은 러브크래프트의 원작을 직접 영화로 만들기보다는 초월적인 공포 분위기를 먼저 접목시키는 방식으로 접근한다. 저예산 영화의 제왕인 로저 코먼의 시도도 그중 하나인 셈이다. 게다가 〈유령 출몰지〉는 러브크래프트 세계관에 등장하는 중요 설정들이 처음으로 영화에 등장한 작품이다. 러브크래프트 작품에서 주요한 무대로 쓰이는 가상 마을인 아캄Arkham이 나오고, 샘 레이미의 〈이블 데드〉 덕에 유명해졌지만, 러브크래프트가 만든 상상의 마도서 네크로노미콘Necronomicon, 그리고 인간과 이종 결합으로 태어난 잡종인간 등등 러브크래프트만의 익숙한 장치와 상징들이 곳곳에 등장한다. 러브크래프트의 원

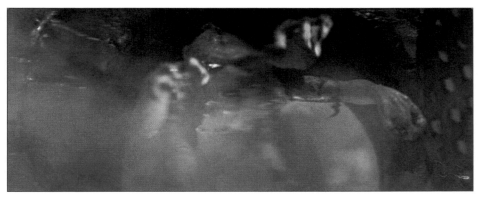

• 〈유령 출몰지〉의 크툴루

작을 아는 팬들이라면 과거·현재·미래를 아는 전지전능한 신이자 빛나는 구체의 집합체 형태를 취하는 요그 소토스Yog-Sothoth 혹은 그의 손자이자 고대의 위대한 존재들Great old ones의 대표격인 크툴루를 알아볼 텐데, 특히 〈유령 출몰지〉 클라이맥스에 잠시 등장하는 고대의 존재는 크툴루의 모습에 가깝다. 크툴루는 이후 2005년 단편 영화인 〈크툴루의 부름〉에서 스톱 모션 애니메이션 형식으로 등장했다. 또한 2020년 영화 〈언더워터〉에서는 제대로 구현된 크툴루의 모습을 볼 수 있다. 크툴루 신화에서 고대신 크툴루는 태평양 아래에 가라앉은 고대 도시 리예Rlyeh에 잠들어 있는 것으로 설정되어 있다. 영화는 심해에 잠들어 있는 거대한 크툴루의 모습과 함께 《인스머스의 그림자》에서 묘사한 심해의 도시에서 사는 심해인Deep one과 유사한 생명체의 모습을 묘사하면서 크툴루 신화의 세계를 상당히 공포스럽게 보여준다. 크툴루가 많은 영화에서 직·간접적으로 나온 것과는 달리 요그 소토스라는 신의 모습은 1970년 영화 〈던위치 호러〉에서 아주 짧게 등장할 뿐이다.

〈유령 출몰지〉는 150년 전에 사람들에게 화형당한 사악한 마법사가 150년 후 자기 증손자의 몸을 빼앗아 거대한 우물을 통해 고대의 신들을 불러내려는 이야기다. 다만 앞서 말했듯이 러브크래프트의 여러 요소를 가져와 공포 분위기를 써먹기는 하지만, 관객에게 스토리를 이해시키기 위해 그저 배경 요소로만 활용하는 경향이 있다. 진정한 코즈믹 호러의 세계관을 영화에서 최초로, 그리고 가장 그럴듯하게 그려낸 작품이라면 역시 1953년 영국 텔레비전 영화 〈쿼터매스의 실험〉으로 넘어가야 한다.

코즈믹 호러의 세계관에 지대한 영향을 끼친 러브크래프트의 작품들

• 〈쿼터매스의 실험〉 포스터

1953년 영국 BBC에서 제작한 SF 시리즈 〈쿼터매스의 실험〉은 인류 최초의 우주 비행사가 우주에서 알 수 없는 무엇인가에 감염돼 지구로 돌아와 벌어지는 재앙을 그리고 있다. 아직도 인간은 우주에 대해 아는 것이 많지 않지만, 50년대 당시 우주란 어떤 일이 벌어질지 모르는 절대적 미지의 세계였다. 소련의 우주 비행사 유리 가가린이 최초로 우주로 나간 게 그보다 7년 뒤인 1961년이니 이런 상상도 무리는 아니다. 감염돼 돌아온 승무원은 인간은 물론이고, 동·식물들까지 흡수하며 점차 기괴한 무언가로 변해갈뿐더러 포자를 터트려 그 개체를 무한히 늘릴 수 있다는 것이 밝혀진다. 이제 인간은 절멸의 공포와 맞서야 한다. 비슷한 이야기를 물리학자 스티븐 호킹도 한 적이 있다. 정말로 외계인이 지구를 찾아오는 날이 온다면 과거 유럽인이 아메리카 원주민에게 전염병을 옮겨 절멸시킨 것보다 더 끔찍한 상황이 벌어질 거라고.

• 〈뱀파이어〉 속 에너지를 빨아들이는 흡혈귀

　이런 의미에서 〈쿼터매스의 실험〉은 최초의 코즈믹 호러라고 할 수 있다. 특히 근원을 알 수 없는 존재라는 설정은 러브크래프트의 영향을 강하게 느끼게 한다. 이렇듯 러브크래프트는 영국이 먼저 주목했다. 미국이 러브크래프트를 외면하던 1960년대까지 러브크래프트 영화나 그 세계관을 다룬 잘 만든 영화는 거의 영국 영화거나 영국과 미국의 합작 영화다. 과학적 사고와 실용주의를 따지던 미국보다 켈트 기독교의 신비주의가 생활에 남아 있던 영국의 관객들에게 비이성적이며 초월적인 러브크래프트의 세계가 더 잘 먹혔던 것이다. 한참 뒤인 1985년 토브 후퍼 감독이 우주선을 타고 온 섹시한 여자 뱀파이어가 인간의 기를 쪽쪽 빨아먹는다는 설정의 끝내주게 매력적인 코즈믹 호러 판타지 영화 〈뱀파이어 Life Force〉를 영국에서 만든 것도 이런 전통이 있어서 가능했다고 봐야 한다. 게다가 〈뱀파이어〉는 〈쿼터매스〉 시리즈의 세 번째 작품인 〈쿼터매스와 구덩이〉에 지대한 영향을 받은 작품이기도 하다.

　영국이 본격적으로 코즈믹 호러의 문을 연 이유로는 제2차 세계대전이란 배경도 어느 정도 작용했다. 원래 호러 영화는 초기 할리우드를 먹여 살릴 정도로 중요한 장르였다. 지금은 메이저 영화사인 유니버설 픽쳐스도 1930년대까지는 저예산 호러로 돈을 버는 중급 규모의 영화사였다. 그러나 한동안 관객의 사랑을 받던 할리우드 호러는 1946년 이후 제작이 중단된다. 끔찍한 제2차 세계대전을 겪은 관객들이 공포를 자극하는 호러 영화를 거부했기 때문이다. 그러다가 1950년대부터 미국과 소련의 우주 개발 경쟁이 본격화되는 분위기에 힘입어 〈금단의 행성〉 같은 호러와 SF를 결합한 영화들이 성공하고, 코믹스에서 〈플래시 고든〉 같은 우주 배경의 스페이스 오페라가 인기를 얻자 호러 영화는 점차 다시 생명력을 얻는다.

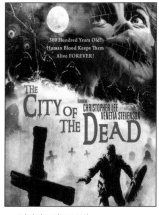

• 〈망자의 도시〉 포스터

러브크래프트의 영향력이 강하게 드러나는 최초의 영화는 1960년에 공개한 영국 영화 〈망자의 도시 The City of the Dead〉다. 〈망자의 도시〉는 마녀와 마법을 연구하는 학생이 진짜 마녀에게 희생 제물로 바쳐지고 사라지자, 이를 찾으려는 오빠의 모험을 그린 영화다. 흥미롭게도 〈망자의 도시〉 플롯은 알프레드 히치콕의 〈싸이코〉와 거의 같다. 〈망자의 도시〉는 1부에서 주인공이 모험을 벌이다 상영 시간의 절반인 40분이 되는 시간에 죽음을 맞이하게 되고, 이후 나머지 2부는 주인공의 오빠가 동생을 찾으려는 이야기로 〈싸이코〉와 동일한 형식을 취하고 있다. 심지어 두 작품은 제작을 시작한 시기도 비슷하고 개봉일 역시 1960년 9월로 같다. 무엇보다 〈망자의 도시〉는 러브크래프트의 작품《위치 하우스에서의 꿈》과 분위기가 몹시 비슷하며, 〈싸이코〉의 원작자는 러브크래프트의 제자를 자처한 작가 로버트 블록이다. 놀라운 우연이 아니라면 이것은 당시 영국 영화계가 이미 러브크래프트의 세계관에서 상당히 많은 영향과 영감을 얻었다는 증표다. 그리고 이러한 영감은 러브크래프트에게 영향을 받은 작가이자 감독인 클라이브 바커의 걸작 호러 영화 〈헬레이저〉로 이어지기도 한다.

한편 〈망자의 도시〉는 러브크래프트 풍의 영화 가운데 최고의 걸작으로 손꼽히는 존 카펜터 감독의 작품 〈매드니스〉의 원형질에 가까운 작품이기도 하다. 〈망자의 도시〉는 〈매드니스〉처럼 "현실Riality"이란 단어를 강조하며, 숨겨진 마을을 찾는 과정과 그 과정에서 만나는 기괴한 남자 그리고 까마귀 여관의 주인인 마녀를 그린다. 게다가 여관 방 창문 밖으로는 〈매드니스〉의 검은 교회처럼 낡은 교회가 보이기도 하며, 여관방의 가공하지 않은 듯한 나무 벽은 〈매드니스〉의 사라진 작가 케인이 검은 교회 속에서 글을 쓰던 방의 벽과 똑같다.

러브크래프트 원작을 영화로 만든 것보다
러브크래프트 풍의 영화가 더 좋다?

1985년 〈좀비오〉가 러브크래프트 작품을 다양한 오락 요소로 활용한 것을 기점으로 러브크래프트 원작을 영화화한 작품과 이전의 '러브크래프트 풍'의 영화를 보면 큰 차이점을 느낄 수 있다. 이상하게도 러브크래프트의 원작을 직접 각색한 영화보다 그 분위기를 가져온 영화의 완성도가 더 높다는 것이다. 앞서 소개한 로저 코먼의 1963년 영화 〈유령 출몰지〉보다 이전에 나온 〈망자의 도시〉와 마리오 바바 감독의 〈블랙 선데이〉는 러브크래프트 원작 영화는 아니지만 훨씬 더 러브크래프트스럽다. 특히 1962년에 공개한 시드니 하이어스 감독의 영국 영화 〈독수리의 밤 Night of the Eagle〉은 러브크래프트 풍의 대표적 작품 가운데 하나

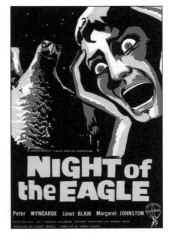

· 〈독수리의 밤〉 포스터

로 손꼽아도 손색이 없다. 〈독수리의 밤〉의 원작《아내가 마법을 쓴다 Conjure Wife》를 쓴 프리츠 라이버는 1936년부터 러브크래프트가 사망하는 1937년 4월까지 러브크래프트와 서신을 교환하며 작가로부터 직접 격려와 칭찬을 받았던 사람이니 그의 영향력이 느껴지는 것도 당연하다.

〈독수리의 밤〉은 "나는 믿지 않는다 I Do Not Believe"라는 문장을 칠판에 써두고 미신과 심층 심리에 관한 수업을 진행하는 주인공의 모습으로 영화를 시작한다. 영화는 현실에서 마법이 작동하는 세계로 점차 밀려들어 가는 주인공의 여정을 서늘하게 묘사한다. 그리고는 영화 후반 주인공은 "나는 믿지 않는다"라는 문장 아래서 절규한다. 영화는 결말에서 마법을 믿지 않던 주인공의 태도 변화와 함께 "당신은 믿습니까? Do You Believe?"라는 자막으로 질문을 던지며 끝을 맺는다.

〈독수리의 밤〉은 호러 영화에서 처음으로 마법의 대결을 다루는 영화다. 그러나 마법을 쓰는 인물조차 마법이 어떤 방식으로 작동

• 〈독수리의 밤〉 "당신은 믿습니까?"

하는지는 잘 모른다. 그저 무언가 거대한 힘이 작용하고 있음을 분위기와 효과를 통해 그려내고 있을 뿐이다. 그리고 그 힘은 누가 사용하건 모두 동일하게 작동한다. 마법의 힘 자체는 선과 악을 구별하지 않는다. 같은 원자력 에너지가 폭탄에도 쓰이고 발전에도 쓰이는 것처럼, 그것은 그야말로 인간의 사정에는 무관한 '절대적 힘'일 뿐이다. 의도가 없거나 의도를 무시하는 힘은 그래서 더 무섭다. 사악한 의지가 개입하면 엄청난 재앙이 되기 때문이다.

한편, 다작의 영화인답게 로저 코먼은 〈유령 출몰지〉 바로 직후 또 다른 러브크래프트풍 영화 〈X-레이 눈을 가진 사나이〉를 만든다. 이 영화에서 주인공은 자신의 눈을 X-레이처럼 모든 걸 투시하는 눈으로 만든다. 처음엔 알몸을 보는 관음증 정도로 만족하던 주인공은 나중에는 콘크리트 건물과 도시의 철골 저 너머까지를 보게 된다. 영화의 마지막 장면에서 부흥회에 찾아간 주인공이 목사에게 말하는 대사가 끝내준다. 주인공은 "큰 어둠이 있습니다. 여기 시간 자체보다 더 멀리, 어둠 너머에 밝게 빛나고 변화시키는 빛 그리고 우주의 중

• 〈X-레이 눈을 가진 사나이〉 포스터

심에서 우리 모두를 바라보는 그 눈이 보입니다"라고 말한다. 경악한 목사는 〈마태복음〉 5장을 인용하며, "네 눈이 너를 죄짓게 하거든, 그것을 빼어버려라" 하고 외친다. 시간보다 더 먼 어둠 너머의 빛과 우주의 중심을 악과 대비시키는 이 장면이야말로 러브크래프트적 요소를 강렬하게 그려내고 있는 명장면이다.

보통 우리는 인간의 인지를 뛰어넘는 무엇을 상상하기 어렵다. 상상하더라도 기존에 알던 것을 응용하거나 변용한 것이다. 외계인을 상상하면 팔다리가 있는 인간 형태를 먼저 생각한다. 또 이야기는

인과관계가 있어야 하고 그렇지 않은 서사로 관객을 납득시키기는 어려운 일이다. 그래서 러브크래프트와 관련된 영화는 꼭 과학적 원리를 덧붙여 보완 설명을 하거나 관객이 이해하기 어려울만한 내용은 삭제해버렸다. 1963년 로저 코먼이 러브크래프트의 이름을 '스토리'로 처음 스크린에 새긴 뒤로 스튜어트 고든이 1985년에 〈좀비오〉를 만들기 전까지 러브크래프트의 작품이 영화화된 것은 단 4편뿐이다. 러브크래프트가 그렇게 많은 작품을 남겼음에도 불구하고 말이다. 러브크래프트 풍 영화까지 포함해도 총 12편에 TV 시리즈 〈제6지대〉에서 다룬 작품 2편과 단편 영화 5편뿐이다. 1985년까지 러브크래프트의 이름과 그의 작품을 원작으로 만든 영화는 관객들에게 받아들여지지 않았다고 해도 과언이 아니다.

1965년에 《우주에서 온 색채》를 각색하며 처음으로 러브크래프트의 이름을 단독 원작 크레딧에 올린 〈죽어, 괴물아, 죽어Die, Monster, Die!〉와 어거스트 덜레스가 러브크래프트의 메모에서 영감을 얻어 쓴 동명 원작을 영화화한 1967년 작 〈셔터 룸The Shuttered Room〉 그리고 《위치 하우스에서의 꿈》을 영화화한 1968년 작 〈진홍빛 제단

• 〈죽어 괴물아 죽어!〉 포스터   • 〈셔터 룸〉 포스터   • 〈진홍빛 제단의 저주〉 포스터

의 저주Curse of the Crimson Altar〉까지 이 세 작품은 모두 영화에 어떤 과학적 논리를 적용하려고 한다. 즉, 설명하기 난해한 우주적 광기 대신 인간의 광기를 제시하려 한다는 점에서 모두 같은 태도를 취하고 있다. 하지만 러브크래프트의 작품을 인간 세계의 수준으로 끌어내렸을 때 러브크래프트의 세계관이 지니는 매력은 역설적이게도 크게 손상된다. 모호해서 매력적이었던 작품은 분명해지면 외려 시시해진다.

〈죽어, 괴물아, 죽어!〉는 운석이 지닌 방사성 물질 때문에 점차 변화하는 환경과 생물을 다룬다. 영화에서 많이 쓰는 클리셰 설정이다. 〈셔터 룸〉은 기형으로 태어난 주인공의 언니를 공포의 근원처럼 묘사하지만, 영화에서는 큰 역할을 하지 않고 영화의 주된 공포는 섬에서 행패를 부리는 젊은 무뢰한들에게서 나온다. 그리고 〈진홍빛 제단의 저주〉는 과거 마녀의 후손이 벌이는 복수극이다. 역시 뻔한 감이 있다. 그렇지만 러브크래프트의 《던위치 호러》를 1970년에 영화화한 동명의 영화는 이런 전철을 밟지 않는다. 〈던위치 호러〉는 원작에 대체로 충실하게 전개되며, 분위기 또한 나쁘지 않다. 다만, 〈던위치 호러〉에서 가장 중요하다고 할 수 있는 요그 소토스 자손의 기괴한 외형은 제작비의 한계상 크리처로 만들지 못하고 그저 시점 샷으로만 묘사될 뿐이다. 결국 영화도 상업적으로 실패했다. 인과관계와 개연성에 익숙한 관객에게 인간의 광기와 우주적 광기가 결합한 모호한 혼돈 그 자체인 러브크래프트의 세계는 오랫동안 받아들여지기 힘들었던 것이다.

수십 년간 재조명되며
콘텐츠 업계를 거의 먹여 살리는 러브크래프트

1985년 스튜어트 고든과 브라이언 유즈나가 함께 만든 러브크래프트 원작 영화 〈좀비오 Re-Animator〉는 성공을 거두었지만, 당시에는 관객의 선행 학습이 준비된 시기였기도 했다. 관객들은 이미 1970년대부터 〈엑소시스트〉와 〈오멘〉 등의 영화로 초자연적 서사를 받아들일 준비가 됐다. 게다가 〈할로윈〉의 성공으로 이유 없는 살인마도 만났다. 여기에 1968년 작 〈살아있는 시체들의 밤〉을 시작으로 숱한 좀비 영화도 있었다. 좀비야말로 이해 불능의 존재다. 근원도, 동기도, 이유도, 목적도 없다. 그저 "우-우-우~" 하면서 양팔을 벌리고 흐느적거리며 쫓아온다.(지금처럼 뛰어다니고 빠른 좀비는 21세기에 나왔다) 〈좀비오〉는 과학으로 재생한 좀비 같은 괴물을 이용해서 러브크래프트의 세계를 뒤틀어버린다. 원작의 설정은 유지하되, 작가의 근엄하고 결벽증적인 세계에 돈과 섹스, 욕망이 온통 뒤죽박죽 섞여버린 난장판 세계를 만든 것이다. 그래서 진정한 러브크래프트의 팬들은 〈좀

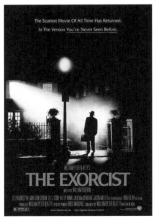

• 〈엑소시스트〉 포스터

• 〈오멘〉 포스터

• 〈할로윈〉 포스터

비오〉를 좋아하지 않았지만 스튜어트 고든과 브라이언 유즈나가 러브크래프트 영화 〈좀비오〉 시리즈와 〈지옥 인간〉, 〈공포의 이블 데드〉 그리고 〈데이곤〉 등을 통해 러브크래프트에 대한 사람들의 관심을 불러일으킨 것은 부정할 수 없다. 그렇다고 해서 러브크래프트의 세계관이 단시일 내에 대다수의 영화 관객에게 받아들여진 것도 아니다. 그래도 고든과 유즈나의 작품은 일종의 입문자용 버전이었다. 본격적인 러브크래프트 영화들은 2000년 이후의 작품들로 봐야 한다. 2007년 이전까지 러브크래프트의 원작을 영화화한 작품이나 러브크래프트 풍의 영화는 아주 간간이 등장한다. 그러다 2007년이 되자, 갑자기 장편, 단편을 합해 11편의 영화가 등장하고 그다음 해부터 수십 편에 달하는 러브크래프트 단편 영화가 등장하기 시작한다. 〈좀비오〉를 시작으로 천천히 쌓인 러브크래프트에 대한 관심과 이해가 2007년이 돼서야 전 세계적으로 받아들여진 것이다. 여기에 2008년작 〈미스트〉는 러브 크래프트의 원작을 영화화한 것은 아니지만 러브크래프트의 분위기를 매우 잘 담아내 관객들의 주목을 받기도 했다. 러브크래프트의 작품은 문학적인 가치가 높았지만 본격적으로 유명해진 것은 역시 영화의 덕이다. (영화를 통해 러브크래프트가 대중적으로 알려지기 이전, 서구와 일본에서는 1970년대부터 문학을 통해 러브크래프트의 부흥기가 시작된다) 21세기가 되자 한국에도 러브크래프트는 서서히 알려지고 2009년에는 드디어 전집이 국내 번역·출간됐다.

그렇다고 해서 러브크래프트가 지금은 모두에게 이해받는다는 것은 아니다. 그가 창조하고 지지자들이 키워나간 세계관은, 방대하다고 알려진 마블 코믹스와 DC 코믹스의 세계관보다 더욱 방대하다. 사실 슈퍼히어로 영화의 흥행으로 한국도 이젠 '마블 덕후'나 'DC 덕후'를 자처하는 사람이 많지만 정말 수천 편의 코믹스를 죄다 읽고 정통하게 아는 사람은 그리 많지 않다. 러브크래프트의 방대한

- 〈캐빈 인 더 우즈〉 포스터
- 〈나를 찾아봐〉 포스터
- 〈타임루프: 벗어날 수 없는〉 포스터

작품 역시 아직도 접근과 이해가 어려운 것은 당연하다. 그래도 직·간접적으로 우리는 많은 창작물에서 러브크래프트의 흔적을 찾을 수 있다. 러브크래프트에 영향을 받은 작가 마이크 미뇰라의《헬보이 Hellboy》는 2004년 기예르모 델 토로 감독의 영화로 만들어졌으며, 일본 만화 작가 모호로시 다이지로는 그의 작품 〈시오리와 시미코〉 시리즈내에서 약간 어설프면서도 코믹한 크툴루 신화 세계 같은 곳에서 살아가는 여고생 이야기를 다룬다. 〈센과 치히로의 행방불명〉으로 알 수 있듯이 아직도 수만 가지 토속적 잡신을 섬기는 일본인과 일본 만화가의 관점에서 보면 러브크래프트의 세계는 정말로 찰떡궁합이다.

러브크래프트의 세계관은 난해하다. 그래서 매력적이다. 그리고 난해하지만 매력적인 이 세계관은 지금도 폭을 넓혀가는 중이다. 2011년에는 괴물을 한 장소에 몰아넣고 러브크래프트 식의 초월적 존재를 등장시키는 〈캐빈 인 더 우즈〉가 등장했으며, 이후 고대의 존재가 재물을 바치지 않으면 30년마다 마을을 파괴하려 한다는 〈나를 찾아봐〉나 러브크래프트 세계관을 무심한 배경처럼 사용하는 영화인 〈타임루프: 벗어날 수 없는〉, 〈콜드 스킨〉 같은 영화들이 등장한다. 그리고 넷플릭스에서 공개한 〈서던 리치: 소멸의 땅〉은 러브크래프트 풍 영화의 수작이다. 여기에 드라마 시리즈 〈기묘한 이야기〉나 또 다른 드라마 시리즈 〈러브크래프트 컨트리〉처럼 러브크래프트 세계관이 배경이 되는 드라마들도 등장하고 있다.

이와 함께 잘 만든 러브크래프트 원작 영화로 손꼽히는 〈컬러 아웃 오브 스페이스〉의 리차드 스탠리 감독은 러브크래프트 삼부작을 준비 중이며 다음 영화는 〈던위치 호러〉가 될 것이라고 밝혔다. 수십 년간 러브크래프트와 크툴루 신화는 단지 영화만이 아니라 음악, 패션, 팬시상품, 인형, 생활용품까지 그 영역을 끝없이 확장하는 중이다. 이제 러브크래프트의 세계관은 난해하기만 한 무엇에서 친근한 일상의 영역에까지 자리 잡아가고 있는 것이다. 〈스타워즈〉 세계관, 마블 영화의 세계관 이전에 러브크래프트의 세계관이 있었고 그것이 오늘날 영화와 대중문화 산업의 마르지 않는 돈줄이 되고 있는 모습을 보면 정작 평생을 궁핍하게 살았던 러브크래프트 본인이 뭐라고 말할지 궁금하다. 그래도 본인의 이름 자체가 신화가 되었으니 아마도 그것만으로도 흡족해하려나.

80년대 호러광을 위한
영혼의 파트너,
스튜어트 고튼과 브라이언 유즈나

제임스 완이 보여준
고전 호러 영화에 대한 애정

지금은 할리우드를 대표하는 거물 감독이 되었지만 제임스 완의 영화 데뷔작은 2005년에 만든 〈쏘우〉라는 저예산 호러 영화였다. 데뷔작의 성공 이후 〈컨저링〉, 〈애나벨〉 등 주로 장르 영화의 제작과 연출로 두각을 보이던 제임스 완은 2018년 DC코믹스의 〈아쿠아맨〉을 감독하면서 대작 블록버스터에서도 그 능력을 보여준다. 그러다 2021년에는 다시 저예산 호러 영화 〈말리그넌트〉로 돌아왔다. 〈말리그넌트〉 개봉을 앞두고 제임스 완은 1980년대 어릴 적에 자신을 영화에 푹 빠지게 했던 호러 영화들이 이제는 더 이상 만들어지지 않는 현실이 아쉬워 이런 영화를 만들었다고 밝혔다. 제임스 완이 어렸던 1980년대는 호러 영화의 전성기였다. 1978년 〈할로윈〉을 시작으로 1980년대를 거치며 〈13일의 금요일〉, 〈버닝〉, 〈이블 데드〉, 〈나이트메어〉, 〈헬레이저〉와 같은 걸작들이 줄줄이 쏟아져 나왔다. 이탈리아에서도 〈서스페리아〉를 비롯해 지알로 영화의 문제작들이 끊이질 않았다. 하지만 이젠 이런 영화들은 모두 사라졌다. 80년대 호러 영화 장르의 핵심 인물인 브라이언 유즈나는 2020년 호러 전문 웹 사이트《데일리 데드 daily dead》와의 인터뷰에서 "그런 영화를 지금 만드는 것은 불가능합니다… 그렇게 시각적이고 실험적인 영화는 이제 적어도 주류 내에서는 상상하는 것이 불가능합니다"라고 말한다. 이런 미친 영화들은 다 어디로 갔을까? 80년대처럼 거칠고, 과감하고, 도전적이고, 무모하고, 막나가면서, 어이가 없을 정도로 대담한 호러 영화는 이제 더 이상 나오기 힘든 것일까? 본인 스스로 호러 키드임을 자부하는 제임스 완이 만든 영화들에는 마리오 바바, 다리오 아르젠토, 그리고 브라이언 드 팔마와 데이비드 크로넨버그 같은 호러 영화의 명장, 거장들의 이미지로 넘쳐난다. 그리고 제임스 완이 인용한 이 명단은 호러광이라면 모두가 공유하는 명단이기도 하다. 마리오 바바는 지알로 장르의 창시자이며, 다리오 아르젠토는 지알로 장르의 특성을 결정지었다. 브라이언 드 팔마는 알프레드 히치콕의 고전 서스펜스 스릴러를 현대식으로 재탄생시켰다. 그리고 데이비드 크로넨버그는 <u>바디 호러 Body horror</u>라는 독창적 호러 장르를 발명한 감독이다. 이 모든 영화가 1970년대와 1980년대에 걸쳐 제작되었다. 제임스 완은 말하자면 그러한 호러 영화가 나오던 시대의 자양분을 섭취한 마지막 세대인 것이다. 그나마 그가 흥행 감독으로 업계에서 힘이 있어서 〈말리그넌트〉로 1980년대 느낌을 다시 맛보게 해주는 것이 가능했다.

　　호러광이라면 〈말리그넌트〉를 보면서 바로 알아챌 몇 편의 영화가 있다. 조지 A. 로메로 감독의 〈다크 하프〉, 어빈 커쉬너 감독의 〈로라 마스의 눈〉, 그리고 프랭크 헤넨로터 감독의 〈바스켓 케이스〉와 같은 영화들이다. 하지만 그중에서도 역시 최고는 스튜어트 고든이 연출하고 브라이언 유즈나가 제작한 〈좀비오〉다. 뒤틀리고 기괴한 신체 변형, 산 자와 죽은 자의 모호한 경계, 한 몸에 있는 두 개의 정체성, 무지막지한 고어와 폭력을 떠올리면 첫 번째로 소환되는 영화가 바로 〈좀비오〉다.

무섭고 징그럽고 끔찍해서
더 웃기는 영화, 〈좀비오〉

〈좀비오〉는 감정이라곤 눈곱만큼도 없는 의대생 허버트 웨스트(제프리 콤스 분)가 생명 재생 Re-animate 약의 효능을 실험하다 난장판이 벌어지는 이야기를 담았다. 요즘 같으면 생명 윤리와 법적 절차로 쉽지 않을 실험이지만 그 시대 1980년대는 그런 것을 신경 쓰지 않았다. 더구나 미친 과학자 허버트 웨스트는 오로지 자신의 이론이 옳다는 걸 증명하는 것 외에는 관심이 없다. 그의 지도 교수인 힐 박사(데이비드 게일 분)는 평소에도 시건방진 웨스트가 맘에 들지 않던 차에 웨스트가 놀라운 발명을 한 걸 알고 성과를 가로채려 한다. 격분한 웨스트는 힐 박사의 목을 잘라 죽이고 이왕 죽인 김에 힐 박사를 상대로 인간 재생을 실험한다. 마침 죽을 때 머리와 몸통이 분리된 힐 박사는 그 상태 그대로 되살아나 허버트 웨스트와 생 난장판 대결을 펼친다. 죽었지만 살려는 힐 박사와 죽은 자를 다시 죽이려는 웨스트의 광란은 선과 악의 경계를 지우면서 광기와 욕망, 섹스와 폭력의 롤러코스터에 관객을 태우고 앞으로 달려 나갈 뿐이다. 잔혹한 설정에 스튜어트 고든은 유머라는 양념을 더해 세상 이상한 맛의 영화를 만들어낸다. 그렇다고 〈좀비오〉가 단지 러브크래프트의 원작에 섹스와 코미디만 덧칠한 영화는 아니었다. 고든과 유즈나는 호러 영화 마니아이자 미국 하위대중문화의 영향을 받은 젊은이들이었다.
　〈좀비오〉에서 첫 사건이 일어나는 장면을 보자. 한밤중에 괴상한 비명을 들은 댄은 소리를 따라 지하실로 내려간다. 그곳에서는 웨스트가 죽었다 다시 살려낸 고양이와 사투를 벌이고 있다. 이 장면은 사실 저렴한 특수 효과 예산 때문에 배우가 고양이 인형을 휘두르며 하는 원맨쇼 슬랩스틱으로 촬영했다. 게다가 이 장면은 에드거 앨런 포의 《검은 고양이》의 코미디 버전이기도 하다.(걸작 호러 영화의 오마주는 이어진다) 한편 댄이 지하실 문을 뚫고 들어가다 매달린 전등을 치자 흔들리는 전등 불빛이 사투를 벌이는 인물과 그의 그림자를 교차·반복해서 보여준다. 이건 알프레드 히치콕이 〈싸이코〉의 클라이맥스에서 사용한 테크닉이다. 이쯤 되면 거의 호러 세계관의 잡탕 버전이다. 이것저것 참조한 〈좀비오〉는 간 크게도 〈싸이코〉의 유명한 테마곡을 무단 사용하기까지 했다. 영화 오프닝에서 버나드 허먼의 원곡과 똑같은 테마곡을 듣는 순간 관객은 뻔뻔스럽게 〈싸이코〉를 따라 하는 감독이라고 비난

• 〈죽지 않는 괴물〉 포스터

하기보다 유명한 대상을 농담으로 활용한 일종의 유머로 받아들인다. 이어서 〈좀비오〉의 가장 악명 높은 장면이 이어진다. 머리가 잘린 힐 박사가 잘린 자기 머리를 손에 들고 기절한 메건의 나신을 탐색한다. 머리와 몸통이 분리된 주제에 욕정은 살아서 자기 손에 머리를 들고 여체를 탐하는 모습은 공포와 혐오를 넘어선 웃음을 자아낸다. 그런데 '잘린 자기 머리를 든 몸통'이란 설정도 오리지널은 아니다. 장르영화 팬들은 〈죽지 않는 괴물〉의 한 장면을 떠올리고, 문학 팬들은 그 장면의 원조를 단테의 《신곡-지옥편》에서 보른의 베르트랑이 자신의 잘린 머리를 단테를 향해 치켜드는 무시무시한 장면을 연상할 것이다. 고든이 여기에 덧붙인 것은 팝 컬쳐의 불경하고 장난스러운 터치다.

이제 더 이상 〈좀비오〉 같은 미친 호러 영화는 나오지 않는다

한 남성이 모형 해골을 목에 끼우고 큰 가방을 든 채 시체 안치실로 슬금슬금 다가온다. 무사안일한 경비원이 쳐다보지도 않고 "누구냐"고 묻는데 대답은 가방 속에서 들려온다. 잘려나간 몸뚱이 주인의 목은 가방에 있기 때문이다. 이 남자의 이름은 칼 힐, 의과대학 교수다. 그는 얼마 전 위험한 실험을 하던 조수이자 의대생인 허버트 웨스트와 싸우다가 목이 잘려 도망친 상태다. 그런데 힐 박사의 잘린 머리는 자기 몸뚱이의 손에 쥐어져 여전히 몸에 명령을 내리고 있다. 힐 박사는 목과 몸통이 분리된 주제에도 자신이 평소 음탕한 마음을 품었던 메건(바바라 크램톤 분)을 좀비 부하들을 시켜 납치한 것이다. 몸과 머리가 분리된 힐 박사는 메건에게 다가가고, 위기의 순간에 메건의 남자친구 댄 캐인(브루스 애보트 분)과 허버트 웨스트가 쳐들어온다. 그러자 힐 박사는 주변의 시체들에게 공격을 명령한다. 분리된 목이 시체들에게 명령하고, 그 말을 들은 시체들이 달려들고, 산 사람은 잘려진 목과 말싸움을 하고, 한편으로는 움직이는 시체들과 일대 난투극을 벌이는, 이제껏 듣도 보도 못한 황당무계한 난투극이 펼쳐진다. 관객은 끔찍하고도 웃기는 광경을 보며 해괴한 재미를 느낀다. 지옥을 넘는 지옥을 그려낸 〈좀비오〉의 클라이맥스다.

1985년에 공개된 〈좀비오〉는 그 시대 영화 팬이라면 음지에서라도 꼭 찾아봐야 하는 영화였다. 원제는 '리애니메이터 Re-Animator', 직역하면 '다시 살리는 자'다. 이게 일본을 거쳐 한국에 수입되면서 〈좀비오〉라는 제목으로 바뀌었다. 일본 개봉 제목은 〈좀바이오: 사령의 물방울 ZOMBIO: 死霊のしたたり〉이다. 좀비 Zombie 그리고 바이오 Bio, 즉 생물학적으로 좀비를 만드는 액체가 영화의 제목이다. 이 영화가 수입되

는 과정에서 '좀바이오'를 한국식으로 읽으며 국내 제목이 '좀비오'가 됐다. 〈좀비오〉는 제작자 브라이언 유즈나와 감독 스튜어트 고든의 우연하고도 운명적인 만남이 있었기에 가능한 영화였다.

　스튜어트 고든은 원래 시카고 연극판에서 실험극으로 유명한 인물이었다. 〈좀비오〉를 만들기 전에 만든 영화라고는 1979년에 만든 소소한 TV 영화 한 편뿐인 초짜였다. 대신에 고든에게는 누구에게나 익숙한 고전을 현대 감각으로 재창조하는 특기가 있었다. 미국 사회가 베트남전쟁 반대로 시끄럽던 70년대에 고든은 《피터 팬》을 현대판으로 각색한 아이디어를 떠올린다. 고든은 네버랜드의 아이들을 전쟁을 반대하는 히피 무리로, 피터 팬을 그들의 지도자로 설정하고, 이들을 쫓는 후크 선장과 해적을 시카고 시장과 시카고 경찰로 설정해서 자신의 극단 '배배꼬인 극장The Screw Theatre'에 올린다. 공권력을 해적단으로, 히피를 정의로운 무리로 뒤집은 고든의 도발적인 《피터 팬》은 당시 큰 논쟁을 일으켰다. 삐딱한 고든의 기질은 계속 이어져서 당시까지 잘 공연되지 않던 시체 조각을 기워 인간을 만들려는 미친 과학자 이야기를 다루는 '프랑켄슈타인' 스타일의 연극에 도전하게 한다. 텍스트로 삼은 것은 러브크래프트의 단편 〈허버트 웨스트: 리애니메이터〉였는데 따지고 보면 〈리애니메이터〉란 원작 자체가 《프랑켄슈타인》의 러브크래프트적 재해석이었다. 고든은 여기에 자기만의 해석을 덧붙인 것이다. 이렇게 〈리애니메이터〉를 준비하던 무렵, 스튜어트 고든은 브라이언 유즈나를 만난다.

　브라이언 유즈나는 미네소타에서 영화와는 전혀 관련 없는 일을 하다가 영화 제작의 꿈을 안고 LA로 막 건너온 풋내기였다. 유즈나 본인 스스로도 살바도르 달리 같은 초현실주의 미술은 좋아했지만, 영화 공부를 한 적도 없고 영화 경험도 없었다고 말한다. 그래도 돈 모으는 수완은 있었는지 스튜어트 고든에게 자신이 제작을 맡겠다고 제안했고, 〈좀비오〉의 맨 앞에 '제공present'으로 자기 이름을 올릴 수 있었다. 마침 유즈나도 공포 문학의 팬이었다. 차이가 있다면 브라이언 유즈나는 러브크래프트보다는 에드거 앨런 포의 열혈 팬이라는 정도였다. 유즈나는 막연하게 괴물이 등장하는 호러 영화를 만들고 싶어 했고 당시 1940년대 심리 호러의 대가인 제작자 발 루튼과 감독 자크 투르뇌르를 동경하고 있었다. 그런 브라이언 유즈나가 러브크래프트 작품의 영화화 아이디어를 가진 스튜어트 고든을 만났으니 둘이서 작업하지 않을 이유가 없었다. 고든과 유즈나는 리애니메이터 프로덕션이란 다소 엉성한 이름의 제작사를 만들고(그러나 나중에 영화의 대성공으로 이 영화사는 계속 〈좀비오〉 시리즈의 판권 소유자가 된다) 천신만고 끝에 겨우 영화를 완성했다. 그러나 영화를 개봉하는 건 또 다른 문제였다. 광고도 해서 영화를 극장에 걸어야 한다. 여기엔 또 다른 자금과 인맥이 필요했다. 무명의 그들이 그나마 내세울 것은 조금이라도 알려진 원작자 러브크래프트의 이름뿐이었다. 유즈나는 궁리 끝에 타이틀 위에 'HP 러브크래프트의 리애니메이터HP Lovecraft's Re-Animator'라는 부제를 붙여 홍보에 나선다. 결국 고든-유즈

• 〈좀비오〉 포스터

나 콤비의 영화 세계는 러브크래프트라는 미국 문학사상 가장 기괴한 작가의 유산이란 밑천마저 없었다면 아예 만들어지지 못했을 것이다.

　마침 1980년대는 비디오 혁명의 시대였다. 전국 곳곳에 깔린 비디오 상점 덕분에 유즈나 같은 신참 영화인들은 메이저 스튜디오를 거치지 않고서도 직접 비디오 체인점에 판매해 수익을 거둘 수 있었다. 2022년 부천국제영화제에 방한한 브라이언 유즈나는 필자와의 인터뷰에서 자신이 비디오 혁명의 시대에 영화를 만들었기에 〈좀비오〉의 성공이 가능했다고 말했다. 지금 이런 미친 영화가 다시 나올 수 있겠느냐고 묻자 유즈나 자신은 영화 제작에서 명성을 얻었고 판매 실적도 우수했지만, 결국 나중에는 대형 영화사의 비디오 판매망 독점에 밀려나기 시작했다며 오늘날에는 그 역할을 넷플릭스가 하고 있다고 말한다. 독점이 있는 한 〈좀비오〉 같은 미친 영화가 다시 나올 가능성은 적다는 것이다.

• 브라이언 유즈나 인터뷰

　〈좀비오〉는 유즈나 스스로 말하기를 "최대한 유혈이 낭자하고, 야하고, 재미있게"라는 목적만을 생각하고 만든 영화였다. 〈좀비오〉를 시작으로 감독 스튜어트 고든, 제작 브라이언 유즈나 콤비가 만들어낸 일련의 호러 영화들은 '서로가 상대방의 재능을 보완할 때 어떤 결과가 나타나는가'를 잘 보여주는 모범 사례다. 이들은 서로가 좋은 친구이자 평생의 작업 파트너였다.

제프리 콤스,
스튜어트 고든의 페르소나가 되다

감독이 어떤 캐릭터를 그리고자 할 때 특정 배우를 계속 선택하는 일은 영화계에서는 자주 있는 일이다. 이런 배우를 감독의 페르소나라고 한다. 젊은 시절 마틴 스콜세지의 페르소나는 로버트 드 니로였고 지금은 레오나르도 디카프리오다. 마찬가지로 송강호는 봉준호 감독의 페르소나다. 페르소나가 되는 배우는 꼭 유명 스타일 필요는 없으며 감독이 창조하려는 인물의 이미지에 부합하면 된다. 저예산 호러 영화의 명장 로저 코먼은 1960년대 초부터 〈어셔 가의 몰락〉을 시작으로 빈센트 프라이스와 함께 에드거 앨런 포의 원작으로 무려 8편의 영화를 연달아 만들었다. 당연히 스튜어트 고든도 이런 배우를 찾고 있었고 〈좀비오〉에서 만난 배우에게 마침내 "제프리 콤스야말로 나의 빈센트 프라이스다!"라고 환호를 질렀다. 화면에서 제프리 콤스를 보는 순간, 그 말은 곧바로 관객들에게 설득된다.

　　장르영화는 종종 정극 드라마로는 도저히 주연이 될 것 같지 않은 독특한, 심지어는 괴이한 개성의 배우를 스타로 만든다. 가령, 〈이블 데드〉의 브루스 캠벨은 지금까지 애쉬 캐릭터로 기억되고 있고, 또 본인도 이걸 사양하지 않는다. 제프리 콤스도 '정상적인' 영화에서는 절대로 주연을 맡지는 못할 것 같은 독특한 배우다. 결국 어떤 배우에게나 다 인생 배역이 있는 것이다. 제프리 콤스의 특별한 겉모습이 아니었다면 〈좀비오〉는 그토록 정신 나가고 불경스런 영화까지는 되지 못했을 것이다. 제프리 콤스의 무심해보이는 표정, 불안정한 눈빛, 뭔가 이상한 몸짓, 그리고 어눌한 말투까지, 마치 러브크래프트 원작에서 바로 튀어나온 인물 같다. 특히 와스프만을 중요한 인간으로 생각하던 러브크래프트가 그려낸 허버트 웨스트의 인물 묘사에서 제프리 콤스는 금발과 푸른 눈이 아니란 것만 빼고는 거의 완벽하게 들어맞았다. 이런 인물이 극중 "웨스트, 허버트 웨스트요"라는 말을 무심하게 반복해서 내뱉는 걸 보면 관객은 "본드, 제임스 본드요"라고 말하는 〈007〉의 시그니처 장면이 오버랩된다. 그런데 제

• 〈좀비오〉 제프리 콤스

• 〈좀비오〉《수술 오류 및 안전장치》를 읽는 웨스트

프리 콤스가 말하면 비슷한 대사도 멋진 스파이가 아닌 코즈믹 호러
속 캐릭터가 말하는 버전으로 바뀐다. 이게 배우의 힘이다. 그뿐인
가. 자기를 죽이러 오는 힐 박사를 기다리며 태연하게 앉아 막스 토
렉의《수술 오류 및 안전장치 Surgical errors and safeguards》를 읽으며 낄낄거
리는 제프리 콤스의 연기를 보고 있으면 세상사에 무심하고 감정이
없는 러브크래프트가 배우의 몸을 빌어 태어났다는 생각마저 든다.

〈좀비오〉에서 또 하나 인상적 인물은 러브크래프트가 "사악하리만큼 냉철한"이라고 묘사한 허버트 웨스트에 못지않은 사악한 인물인 칼 힐 박사다. 힐 박사를 연기한 데이비드 게일의 이미지도 제프리 콤스에 절대로 밀리지 않는다. 그에게선 드라큘라를 연기한 고전 호러 영화 배우 존 캐러딘의 사악한 눈빛이 떠오른다. 초창기 할리우드의 호러 스타 존 캐러딘은 다른 영화인 〈투명인간의 복수〉에서 투명 약물을 사람에게 주입하는 미친 과학자를 연기하기도 했다. 존 캐러딘, 벨라 루고시, 빈센트 프라이스, 피터 커싱, 잭 팰런스로 면면히 이어져 온 호러의 대표적 얼굴 계보가 1980년대에는 제프리 콤스와 데이비드 게일로 '리-애니메이팅' 한 것이다. 재생약을 지키려는 허버

• 〈투명인간의 복수〉 주사기를 든 존 캐러딘

트 웨스트나 그걸 뺏으려는 힐 박사나 모두 사악한 인물이며, 관객은 둘 중 누구에게도 감정을 이입할 여지가 없다. 이 두 인물처럼 공감 능력이 없는 인간을 우리는 '사이코패스'라고 한다. 자연히 관객은 인간 말종 허버트 웨스트와 힐 박사가 서로 싸우는 모습을 심리적 거리를 두고 보게 된다. 그러므로 '비극은 클로즈 업, 희극은 풀샷'이라는 채플린의 말대로 〈좀비오〉는 코미디의 길을 밟는다. 겉으로는 이성을 내세우지만 스스로 괴물이 되어 목을 자르고, 뼈를 분지르고, 음탕한 짓까지 하는 힐 박사와 인간성이라곤 눈곱만큼도 없는 웨스트의 대결을 통해 결국 〈좀비오〉는 관객에게 인간의 본질이란 무엇인가라는 의미심장한 질문을 던지는 것이다.

다시 한번 러브크래프트의 세계로, 〈지옥 인간〉

〈좀비오〉의 대성공으로 스튜어트 고든과 브라이언 유즈나는 유명해졌다. 영화의 성공으로 얻는 가장 큰 선물은 다음 영화를 만들 기회를 얻는 것이다. 고든과 유즈나는 주저 없이 다시 한번 러브크래프트 원작으로 영화를 만들기로 했다. 차기작인 1986년 작 〈지옥 인간 From Beyond〉 역시 러브크래프트의 단편 〈저 너머로부터 From Beyond〉를 각색한 작품이다. 이번에도 스튜어트 고든의 페르소나 제프리 콤스가 크로포드 틸링해스트를 연기하고, 또 다른 선배 과학자인 에드워드 프리토리우스 박사는 테드 소렐이 연기한다. 선임자와 조수가 금기를 건드리는 발명으로 재앙을 맞는 기본 줄거리의 설정은 〈좀비오〉와 비슷하지만 〈좀비오〉의 칼 힐 박사가 원작 캐릭터인 반면, 〈지옥 인간〉의 프리토리우스 박사*는 영화에서 새롭게 창작한 인물이다. 그리고 훨씬 더 사악하다. 프리토리우스를 연기한 배우 테드 소렐은 캐릭터

· 〈지옥인간〉 포스터

의 악마성을 생생하게 표현하고 있다. 미치광이 과학자 크로포드와 악마 과학자 프리토리우스 사이에서 관객은 숨도 쉬기 힘든 긴장과 광기를 경험한다.

● 프리토리우스라는 이름은 고전 영화 팬들 사이에서는 〈프랑켄슈타인의 신부〉에서 프랑켄슈타인보다 더 미친 과학자로 등장한 인물로 기억되는 이름이다. 이 이름은 《프랑켄슈타인》에 큰 영향을 미친 호문쿨루스의 제작 방법을 다룬 파라켈수스의 《사물의 본성에 관하여》의 연금술을 비판하며, 《지옥의 인간 군상》을 쓴 요한 프리토리우스를 〈프랑켄슈타인의 신부〉에서 활용한 이름이다.

〈좀비오〉나 〈지옥 인간〉 같은 이런 정신 나간 영화를 만들려면 정신 나간 연기를 해줄 배우가 있어야 한다. 이런 정신 나간 설정을 받아들이는 것 자체가 합리와 이성의 사고로는 곤란하다. 배우도 감독처럼 맛이 가거나, 모든 상상력을 허용하고 몰입하는 해방된 정신 세계가 필요하다. 〈지옥 인간〉의 설정이 그렇다. 연구실에는 보이지 않는 또 다른 차원의 문을 여는 공명기共鳴器가 있다. 기계를 작동하면 인간에 내재된 여섯 번째 감각이 열려 다른 차원을 보는 능력이 생긴다. 하지만 위협도 따라온다. 다른 차원의 괴물이 이 세계로 넘어와 그 인간 자체를 바꿔버리는 것이다. 물론 당사자는 처음에 초월적 능력을 얻은 흥분 때문에 이걸 알지 못한다. 배우 테드 소렐은 프리토리우스 박사의 흥분과 희열, 고통과 쾌락을 동시에 연기한다. 〈좀비오〉의 닥터 칼 힐이 죽었어도 죽은지 모르고 욕망을 좇는 존재라면 〈지옥 인간〉의 프리토리우스 박사는 사람의 인지 한계를 넘는 초월적 영역을 밝히려는 욕망을 다룬다. 사실은 둘 다 신의 영역에 도전하는 인간의 오만이기도 하다. 러브크래프트의 이러한 원작은 이전까지 신의 영역으로 간주되던 영역을 과학과 이성의 힘으로 밝힐 수 있다는, 당시 새로운 이슈로 떠오른 과학 이론의 영향을 받은 것으로 보인다.

러브크래프트가 〈저 너머로부터 From Beyond〉 집필 당시 지인에게 보낸 편지에는 하이젠베르크 같은 당대의 물리학자의 이론을 언급한 대목이 나온다. 러브크래프트는 엄청난 양의 글을 쓴 만큼 동시에 수많은 글을 읽었고, 당시 물리학의 최전선에 있는 이론들 역시 포함되었다. 그래서 자기 소설에 하이젠베르크의 불확정성 원리나 양자역학 같은 얼핏 부조리해 보이면서도 사람들의 상상력을 자극하는 최신 이론들을 녹여내기도 했다. 그런데 이러한 러브크래프트의 작품을 영화로 만든 스튜어트 고든과 브라이언 유즈나는 한술 더 뜬다.

현대 과학 철학의 기틀을 놓은 데카르트가 인간의 영혼이 있는 곳이라고 주장했던 송과선 Pineal gland이 크로포드의 이마에서 뱀처럼 튀어나와 인간과 사물을 다른 방식으로 파악하는 장면을 추가한 것이다. 양자역학과 고전 과학 이론을 그야말로 가장 괴기한 방식으로 결합해서 상상력의 한계까지 밀어붙인 장면이다.

러브크래프트의 원작 단편 〈저 너머로부터〉는 '겹쳐진 세계'를 묘사하고 있다. 인간이 인지하지는 못하지만, 사악한 욕망만이 들끓는 괴물들의 세계가 인간 세계와 동시에 존재한다는 것이다. 이건 SF 영화에서 유행하는 멀티 유니버스와도 좀 다르다. 여기저기 다른 공간에 다른 세계가 있다는 게 아니라 내가 있는 현재 공간의 저 너머로부터 아주 깊은 근원적 공포의 존재가 있다는 크툴루 신화의 세계다.

크툴루 신화의 세계는 러브크래프트 문학의 핵심이지만 영화나 드라마에서 성공적으로 묘사한 적이 없었다. 하지만 고든과 유즈나는 80년대에 이미 크툴루 신화의 지옥도를 성공적인 비주얼로 구현한다. 실험실에서 크로포드는 프리토리우스 박사의 명령으로 공명기를 작동시킨다. 그러나 프리토리우스 박사는 공명기를 통해 다른 차원에 있는 생물에게 먹혀버리고 실험을 도와준 크로포드는 살인 혐의로 정신병원에 감금된다. 경찰의 의뢰를 받은 정신의학자 캐서린 박사(바바라 크램톤 분)는 공명기 탓이란 크로포드의 주장을 검증하려고 그를 다시 프리토리우스의 실험실로 데려간다. 문제는 캐서린 박사가 공명기를 작동시키자 정작 그녀 자신도 성적 욕구가 넘쳐흐르는 상태가 된 것이다. 마약 환자가 또 마약을 찾듯, 캐서린은 크로포드의 경고가 있었음에도 넘치는 욕망을 주체하지 못하고 또다시 공명기를 작동시킨다. 그러자 다른 차원의 생물로 변한 프리토리우스 박사가 나타나 캐서린과 크로포드를 '저 너머'로 끌어들이려 하고 크로포드는 저항한다.

장르영화의 틀에 담긴
지독한 풍자와 비판

〈지옥 인간〉은 〈좀비오〉만큼 엉망진창으로 난장판을 벌이는 영화는 아니다. 오히려 제프리 콤스가 연기하는 크로포드는 상상치도 못했던 괴물들이 등장하는 상황에서도 최대한 이성을 유지하려 노력하며, 끝내 자신을 희생해 괴물을 물리치며 자신을 치료하려다 광기에 휩쓸린 캐서린을 지키려는 인물이다. 선배 과학자 프리토리우스는 젊은 과학자 크로포드보다 더 강한 악마성을 지녔다. 그는 성불구라는 핸디캡을 보상받으려 연구에 매달리지만, 사실은 그것도 콤플렉스를 채우려는 욕심이다. 욕망의 도구인 공명기를 통해 '저 너머'의

• 〈지옥 인간〉 공명기

존재와 만나 능력을 얻자 박사는 더 큰 쾌락을 얻으려고 무자비하게 사람들을 희생시킨다. 나아가 〈지옥 인간〉은 은근하고 코믹하게 보여줬던 〈좀비오〉와 달리 노골적으로 섹슈얼리티를 다룬다. 거기에 걸려든 것이 정신의학자 캐서린이다. 공명기는 다른 차원을 열어주는 문이자 프리토리우스의 욕정을 전달하는 매개체이기도 해서 공명기에 노출된 캐서린은 자신의 의지와 상관없이 성적 욕망에 이끌리게 된다. 말하자면 강제로 마약성 흥분제를 먹은 피해자인 것이다. 본디 사악한 자의 주변에 있다 보면 사악함에 영향을 받기 마련이다. 그리고 가학과 피학은 지배자와 피지배자 간의 관계를 만든다.

　스튜어트 고든은 사실 〈지옥 인간〉을 통해 역사적으로 반복된, 괴물인지도 모른 채 지배자를 섬기는 대중의 독재자 숭배를 풍자하

고 있다. 강한 능력을 지닌 프리토리우스의 본 보습은 추악하지만 욕망에 눈이 가려진 대중(영화에선 캐서린)은 희생자이면서도 그 진면목을 못 본다. 지배자의 찬란한 휘광을 제거하면 그 안에는 인간을 착취하고 집어삼키려는 추악한 괴물이 있다는 걸 보지 못하는 것이다. 이는 스튜어트 고든이 〈피터 팬〉 같은 실험 연극에서 보여줬던 태도를 영화 매체의 힘을 빌어 가장 역겨운 방식으로 재현한 것이라 봐야 한다.

물론 굳이 이런 상징과 비유를 생각하지 않아도 〈지옥 인간〉의 엽기적인 괴물들을 보는 재미가 떨어지는 것은 아니다. 〈지옥 인간〉에는 장르 팬의 쾌감을 만족시키는 시각적 서비스가 풍부하다. 허공을 헤엄쳐 다니며 사람을 물어뜯는 물고기와 사람을 뼈만 남긴 채 모조리 파먹는 날벌레 떼, 인간의 머리를 피 한 방울 흘리지 않고 비틀어 떼어내는 거대한 환형동물을 구경하는 것은 서커스단의 프릭쇼 Frick show를 보는 호기심과 죄책감을 동시에 건드린다. 마지막에 엄청나게 증강된 괴물로 변한 프리토리우스에게 삼켜진 크로포드는 프리토리우스의 거대한 살덩이를 필사적으로 뚫고 나온다. 그리하여 이제 살가죽마저 벗어버려 해골과 뼈대만 남은 지옥 인간 사이의 처절한 사투가 펼쳐진다. 어디서 본 듯한 장면이다. 이건 분명 데이비드 크로넨버그의 〈스캐너스〉에서 초능력을 쓰며 싸우는 두 사람이 결국 서로 융합하는 장면에서 빌려온 것으로 보이지만 훨씬 더 잔인하다. 기왕 다른 영화를 인용하려면 이처럼 사건을 더욱 크게, 더 세고 뻔뻔하게 밀어붙일 필요가 있는 것이다.

〈지옥 인간〉은 〈좀비오〉의 성공에 탄력받은 고든-유즈나 콤비가 야심 차게 도전했던 작품이었다. 이번에는 유즈나가 제작뿐 아니라 각색에도 참여하면서 더 깊게 창작의 영역으로 들어갔다. 고든과 유즈나의 원래 계획은 기왕 러브크래프트의 세계관으로 영화를 만

• 〈스캐너스〉 스틸 컷

들기 시작한 김에 아예 로저 코먼이 빈센트 프라이스와 연달아 작품을 만든 사례처럼 러브크래프트의 작품들을 제프리 콤스, '스크림 퀸' 바바라 크램톤과 함께 계획 시리즈로 만들려는 것이었다. 말하자면 요즘과 같은 시네마 유니버스를 구축하려 했다. 아쉽게도 이런 계획은 〈지옥 인간〉의 흥행이 생각보다 잘 안되면서 성사되지 않았다.

따로 했어도 항상 같은 곳을 바라보던
고든과 유즈나

이제 고든과 유즈나는 세 번째로《헨젤과 그레텔Hansel and Gretel》에서 아이디어를 얻은 영화 〈돌스〉를 만들게 된다. 〈돌스〉는 인형을 소재로 한 공포라는 점에서 신선했지만 흥행은 소소했다. 그래도 〈돌스〉가 〈사탄의 인형〉이나 심지어는 인형을 소재로 한 한국 호러 영화 〈인형사〉에까지 영향을 미친 점을 박하게 평가할 필요는 없다. 〈돌스〉를 마지막으로 둘은 각자의 길을 간다. 스튜어트 고든은 계속 감독으로 활동했으며, 제작자 브라이언 유즈나도 감독 일을 시작한다. 둘 사이에 불화가 있었던 건 아니다. 비유하자면 한참 잘 연애하다가 쿨하게 헤어지고 각자 다른 짝을 만난 연인 같다고나 할까. 그걸 입증하는 사례로 이 두 콤비는 이후에도 〈애들이 줄었어요〉나 〈덴티스트〉와 같은 영화 등에서 작가와 제작자 혹은 작가와 감독으로서 공동 작업을 계속했다. 서로 각자 일을 하면서도 언제라도 다시 만나 같이할 수 있는 여지를 보인 것이다. 이후 둘의 필모그래피가 그걸 말해준다.

러브크래프트,
고든과 유즈나의 영혼 속에 담긴 불멸의 세계

각자의 길을 걷게 됐음에도 호러 장르 팬들은 또다시 두 사람이 함께한 영화를 보길 갈망했다. 그리고 그 염원은 2001년 〈데이곤〉이란 작품으로 이루어진다. 원작은 역시 러브크래프트다. 영화 〈데이곤〉은 러브크래프트의 원작 소설 〈데이곤〉과 〈크툴루의 부름〉을 합쳐 만든 영화다. 영화는 스페인의 한적한 어촌에서 난파당한 사람들이 어촌을 지배하는 이질적인 존재들에게서 탈출하려는 이야기를 그리고 있다. 이 어촌을 지배하는 존재들은 본래 인간이었으나 '데이곤'이란 신을 모시면서 점차 물속에서 살기 적합한 두족류와 갑각류가 결합한 듯한 생물체로 변한 존재들이다. 이들은 일 년에 한 번 데이곤을 위해 인신 공양을 해야 하고, 때마침 난파한 사람을 데이곤에게 바치려 한다.

　〈데이곤〉은 465만 달러라는 저예산으로 만든 영화다. 당시에도 블록버스터에는 1억 달러 이상의 제작비를 쓰는 것이 보편적이었던 만큼 〈데이곤〉에 쓰인 특수 효과의 기술적 완성도는 떨어져 보인다. 그러나 〈데이곤〉은 기술을 뛰어넘는 분위기가 일품인 영화다. 특히 황폐해진 스페인 어촌의 황량한 풍경과 이곳을 배경으로 문어 다리처럼 흐물흐물한 존재들이 천천히, 그러나 끈덕지게 주인공을 추격하는 장면들은 그동안 책으로만 상상했던 본격적인 러브크래프트의 세계를 시각적으로 뛰어나게 구현한다. 그리고 여기에 고든과 유즈나는 앞선 영화에서 추구해왔던 신체 변형이란 주제에 더해서 러브크래프트 팬들이라면 기겁할 근친적 욕망까지 담아낸다. 고든과 유즈나 이전에는 그 누구도 시도하지 않았던 러브크래프트 세계의 변형이다. 고든과 유즈나는 러브크래프트의 원작을 기반으로 이를 변형하고 다른 요소들을 추가해서 장르 팬들을 만족시키는 결과물을 내놓는다. 보통 스튜어트 고든과 브라이언 유즈나의 관계를 이야기할 때 고든이 뛰어난 영화 작업 능력을 지닌 반면에 유즈나는 창의적인 캐릭터를 만들어내는 기획 능력이 있다고 말한다. 둘이 시너지를 발휘해 만든 영화는 잔인하면서도 유쾌하고 미친 에너지로 넘쳐난다. 하지만 안타깝게도 〈데이곤〉은 흥행에 실패하고, 겨우 돌아온 러브크래프트의 원작을 영화화하는 작업은 한동안 수면 아래로 가라앉고 만다.

동료이자 오랜 친구였던 고든과 유즈나의 관계는 스튜어트 고든이 2020년 3월 병환으로 타계하면서 끝난다. 브라이언 유즈나는 제작자이자 작가로서 여전히 활동 중이다. 비록 주류에서는 외면받았어도 세계의 호러 마니아들은 항상 그들을 환영했다. 그리고 스튜어트 고든이 한국을 방문한 2010년 이후, 12년이 지난 2022년 브라이언 유즈나도 부천국제판타스틱영화제를 방문해서 한국 팬의 환영을 받는다. 아마 그들이 함께 한창 영화를 만들던 1980년대 당시, 머나먼 한국에도 음습한 지하 방에서 불량한 화질로 자기들의 영화에 열광하던 소수의 팬이 있었다는 사실을 고든과 유즈나는 몰랐을 것이다. 브라이언 유즈나는 인터뷰에서 이제는 〈좀비오〉와 같은 영화를 만들 수 있는 시대는 끝났다고 말했다. 그러나 고든과 유즈나의 영화들을 보고 자란 팬에게는 언제나 이들의 영화가 머릿속에 남아 있기 마련이다. 그리고 시간이 흐른 뒤 그 기억은 다른 형태로 부활하기도 한다. 제임스 완의 〈말리그넌트〉나 데미안 리온이 초자연적인 살인 광대를 등장시켜 무자비한 살육을 벌이는 〈테리파이어〉 같은 호러 패러디 영화는 고든과 유즈나의 영화에 열광했던 그 팬들이 여전히 그들의 작품을 기억하고 있을뿐더러 이를 다른 형태로 만들어내고 있음을 증명해준다고 할 수 있다. 많은 영화가 사라지지만, 절대로 사라지지 않는 영화도 있는 법이다.

기묘한 이야기 Weird Tale가 만들어낸 세계

코즈믹 호러의 세계는 러브크래프트의 소설을 싣던 펄프 잡지《기묘한 이야기들》로부터 등장했다.《기묘한 이야기들》을 만든 세 명의 핵심 인물 가운데 한 사람인 클라크 애슈턴 스미스는 "저는 시詩든 다른 장르든 '위어드weird'가 한물갔다고 생각하는 지식인들에게 동의하지 않습니다. 모두가 기계화된 상상력에 병들어 있습니다. 저는 이 시대의 무미건조하고 세속적인 풍조에 순응하지 않겠습니다. 낭만의 시대가 조만간 부활할 거라 확신"한다고 말한다. 천재적인 시인으로서 셰익스피어의 전통을 이었으며, 위대한 낭만주의 시인들인 존 키츠와 퍼시 비시 셸리에 비견되기도 했던 클라크 애슈턴 스미스는 러브크래프트에 매혹되어 기묘한 소설의 세계를 쌓아나간다. 그리하여 스미스와 러브크래프트는 서로 영향을 주고 받으며 클라크 애슈턴 신화와 러브크래프트 신화를 서로 인용하며 기묘한 세계를 만들어 갔다.

　　코즈믹 호러를 예비했던 기묘한 혹은 기괴한 세계는 이미 오랫동안 유럽의 전설과 신화 속에 상당히 녹아 있었다. 러브크래프트는 이에 대해 "규격화된 문학으로 틀이 잡힌 기괴한 이야기는 18세기의 자식"이라고 말한다. 바로 낭만주의이며, 문학으로서는 최초의 <u>고딕 문학</u>인 호레이쇼 월폴의《오트란토 성》이 그 토대가 되었다.《오트란토 성》에서 초자연적 거인이 등장할 때 독자는 앞으로 등장할 코즈믹 호러의 단초를 미리 볼 수 있다. 그러나 누가 뭐래도 기묘하고도 초월적인 이야기가 등장할 토대를 가장 단단하게 다졌던 인물은 역시 에드거 앨런 포다. 포의 음산한 이야기들 가운데 유일하게 완성된 장편 소설인 《아서 고든 핌의 모험》의 마지막을 장식하는 거대한 빙하는 하찮은 인간의 인지를 한없이 넘어서는 공포 그 자체를 드러낸다. 러브크래프트는 바로 이 장면에서 시작하는 걸작 《광기의 산맥》을 썼으며, 스미스는 바로 이 절망적인 빙하의 이미지를 그의 단편 소설 〈빙마〉를 포함한 여러 작품에 녹여내고 있기도 하다.

물론 코즈믹 호러는 고딕과 포에 이어 곧바로 스미스와 러브크래프트에게 당도하진 않았고, 몇 번의 문학적 매개를 거친다. 니콜라이 고골의 《오월의 밤》은 인간 세계를 지배하는 사악하고 어두운 힘을 각종 마녀와 악령들로 묘사하고 있다. 또한 기 드 모파상은 〈오를라〉(초판)에서 눈에 보이지 않는 공포스러운 존재를 이르러 "그는 이 지구가 인간 다음으로 기다리고 있는 존재"라고 선언한다. 신의 자비심에 닿으려는 인간의 죄의식을 형상화한 고딕 성당과 죄의 상징인 검은 옷을 담아낸 고딕 문학은 이제 서서히 기독교적 신의 세계를 넘어서려 하고 있었다. 마녀와 악마는 점차 알 수 없는 그 무엇으로 변해가고 있었다. 그리하여 19세기 말에 이르면 아서 매캔은 고대 신의 무자비한 권능을 묘사한 《위대한 신, 판》을 내놓는다. 그리스 신화의 목양신 판을 사악하고 초월적인 신의 대표로 내세운 이 작품은 그 한없는 절망을 통해 러브크래프트에게 깊은 영향을 미친다. 그는 매캔을 두고 "코즈믹 호러를 가장 예술적인 경지로 끌어 올린 창작자"라고 언급하기도 했다.

코즈믹 호러에서 공포의 근원으로 종종 언급되는 고대의 존재 또는 '저 너머'에서 오는 존재는 이 시기 여러 작가의 작품에 등장한다. 20세기 초에 윌리엄 호프 호지슨은 한없이 나약한 존재인 인간이 저 너머까지 도달하는 작품을 그리고 있다. 《이계의 집》에서 주인공은 기이한 저택에서 사악한 괴물들을 상대하다 급기야 집 자체가 영겁의 세월을 넘어 우주의 종말까지 이르는 걸 목격한다. 20세기에 이르러 기묘한 세계는 이제 기독교의 신과 악마를 비켜나 인간으로서는 도무지 알 수도 없고 인지할 수도 없는 초월적 세계로 접어든다. 그리고 이처럼 감당하기 어려운 이야기는 싸구려 잡지인 펄프 잡지에 속속 실린다. 다만 그 경계는 있었다. 스미스의 〈마법사의 귀환〉 같은 작품은 너무 무섭다는 이유로 〈기묘한 이야기들〉과 〈고스트 스토리스〉 같은 잡지사에서 거부당하기도 했다. "여전히 너무 무섭습니다. 직원들이 이 작품을 읽고서 보인 반응만 놓고 보자면, 당신은 몹쓸 짓을 한 게 분명합니다"라는 평을 받기도 했다. 결국 스미스는 원고를 다시 수정해야 했다.

러브크래프트가 그랬던 것처럼 스미스 역시 후대의 작가에게 큰 영향을 미쳤다. 스미스는 위대한 SF 작가 레이 브래드버리와 현대 호러 소설의 선구자로 평가받는 프리츠 라이버가 소설에 뛰어들 용기를 준 것으로도 유명하다. 스미스는 《아내가 마법을 쓴다》에서 본격적인 마법 대결을 다루었으며, 〈일로르뉴의 거인〉에서는 "마법은 마법으로만 맞설 수 있었다"라고 선언한다.

한편 우주적 공포와는 전혀 다른 공포를 제시한 인물을 언급하지 않을 수가 없다. 루스벨트 대통령의 다재다능한 지식인 친구 앨피어스 하이엇 베릴은 〈좀비 감염 지대〉에서 인간이 만들어낸 최악의 피조물을 제시한다. 인류를 위해 영생을 연구하던 과학자는 신체의 영원불멸을 약속할뿐더러 분리된 시체 조각까지 부활시키는 항체를 만든다. 그러나 항체는 인간의 육체에만 해당하지 영혼(혹은 정신)에 작용하는 건 아니었다. 항체를 맞은 시체는 사람을 뜯어먹고 조각난 신체는 서로 결합해서 기괴한 육체로 변하기도 한다. 게다가 불로 태워도 죽지 않는다. 이 놀라운 존재는 우리가 1980년대 영화 〈좀비오〉 1, 2편과 〈바탈리언〉에서 보는 바로 그 내용이다. 인간이 만들어낸 불사의 괴물이 인류를 위협하는 이야기 또한 코즈믹 호러가 다루는 초월적 공포에 속하기도 한다.

코즈믹 호러에는 선구자들이 창조한 고대의 존재나 다른 차원의 이야기만 있는 것이 아니다. 당연히 인간 의식의 한계를 추적하는 SF 장르 역시 코즈믹 호러의 순간들을 묘사하고 있다. 위대한 SF 작가들 가운데 존 W. 캠벨은 〈거기 누구냐?〉를 통해 생물체를 무한정 복제하는 외계 생명체의 공포를 묘사하며, 이후에 등장한 필립 K. 딕의 〈도매가로 기억을 팝니다〉에서는 종말의 기다림을 볼 수 있다. 이 작품에서는 이를 원작으로 영화화된 〈토탈 리콜〉과 달리 기억이 심어진 주인공이 죽는 순간 지구는 파멸할 운명을 갖는다. 물론 이 정도는 인류만이 아니라 기계까지 몰살하려는 세계를 담은 〈두번째 변종〉보다 조금 나은 상태라고 할 수 있다.

인간이 영원히 이해하기 어려운 불가지의 존재·세계도 등장한다. 스타니스와프 렘은 《솔라리스》에서 인간의 기억을 통해 가장 사랑했던 대상을 끝없이 복제해 보내는 별 솔라리스를 묘사한다. 내 삶의 가장 중요한 존재가 영원한 공포의 대상이 되는 세계는 그야말로 답 없는 세계라 할 수 있다. 이처럼 인간의 인지가 닿지 않는 세계에 관한 묘사 가운데 가장 강렬하며 또 가장 큰 영향을 미친 작품은 스트루가츠키 형제가 쓴 《노변의 피크닉》이다. 《노변의 피크닉》의 설정은 그야말로 인상적이다. 어느 날 지구에 우주선이 도착하고는 얼마 뒤 떠나간다. 그리고 우주선이 머물렀던 자리는 시공간과 질료 자체가 완전히 변해버리고 만다. 인간은 이 기묘한 공간에서 쓰레기처럼 버려진 물건들을 얻기 위해 목숨을 건다. 외계 존재가 마치 지구에서 피크닉을 즐긴 뒤 쓸모없어진 쓰레기처럼 버려버린 물건이 인간의 모든 과학 기술을 한없이 초월하는 물건이기 때문이다. 그야말로 SF 코즈믹 호러의 결정판이라 할만하다. 흥미롭게도 러시아의 영화 거장 안드레이 타르코프스키는 이 두 편의 작품을 그 순서대로 각각 〈솔라리스〉와 〈잠입자〉로 영화화하기도 했다.

　지금까지 다룬 작품은 소름 끼치는 이야기들이다. 그러나 어떤 초월적인 것이 꼭 이런 이야기로만 등장하는 것은 아니다. 노벨 문학 상 만년 후보인 이스마일 카다레는 《H 서류》에서 그 순간을 묘사한 다. 소설에서 서사시인을 찾던 윌리는 마지막 순간에 "오른손을 외투 밖으로 내밀어 얼굴 높이까지 올리고 손바닥을 펴서 볼 윗부분과 귀 사이에 가져다 대고는 손가락을 닭의 볏처럼 목덜미 위에 펼쳐" 보 인다. 소설에서 언급하진 않지만, 이 동작은 서사시인이 이야기를 가 져오는 다이몬(정령)을 부르는 동작이다. 그리하여 윌리는 죽음을 넘 어선 다른 무엇(이야기)으로 변해버린다.

　사실 문학의 세계는 영화의 세계보다 깊고도 넓다. 기껏해야 100년 남짓의 역사를 가진 영화에 비해 이미 수천 년간 작품을 누적 시켜 온 문학의 세계가 그렇다는 건 당연하기도 하다. 이제까지 언급 한 문학 작품들은 저 방대한 '기묘한 이야기'를 다룬 아주 사소한 목 록이지만, 기묘하고 우주적인 세계를 다룬 영화들을 이해하는 데 어 느 정도 길잡이가 되어줄 목록이기도 하다. 신묘한 이야기는 우리의 삶으로부터 등장하기도 하지만, 때로는 우리가 전혀 예측하지 못했 던 곳으로부터 밀려오기도 한다. 바로 저 너머로부터 From Beyond.

배경 설명과
용어 정리

코즈믹 호러

코즈믹 호러는 인지를 초월한 존재와 그 존재로부터 비롯하는 공포를 그리는 호러 장르다. 이 장르의 특징은 시간과 공간을 초월한 세계나 우주적 존재가 등장하며, 이러한 세계에서의 우주적 존재에 비해 마치 개미만큼의 존재감도 없는 인간의 절망과 공포를 그린다. 이 장르의 선구자는 러브크래프트가 찬사를 바쳤던 아서 맥켄이며, 윌리엄 호프 호지슨이 쓴 《이계의 집》에서는 영겁의 시간이 엄청난 속도로 지나가는 집이 등장한다. 러브크래프트 역시 이들에게 영향을 받아 크툴루 신화의 코즈믹 호러 세계를 창조해 나간다.

지알로

지알로 Giallo 는 이탈리아에서 등장한 미스터리 소설과 스릴러 영화를 가리키는 용어. 지알로는 이탈리아어로 노란색을 의미하며, 이탈리아에서 유행했던 저렴한 페이퍼백 미스터리, 범죄 소설의 노란색 표지에서 유래했다. 지알로 장르 영화는 마지막까지 실체가 밝혀지지 않는 미스터리한 범죄와 함께 희생자의 심리를 강조한다. 그리고 명확하고 꼼꼼한 이야기 구성보다는 영상 스타일에 더 신경을 쓰기도 한다. 최초의 지알로 영화로 손꼽히는 영화는 마리오 바바 감독의 〈너무 많은 것을 안 여자〉다. 마리오 바바 감독의 조감독 생활을 했던 다리오 아르젠토는 이후 자신의 초기 영화인 〈서스페리아 2(원제는 짙은 선홍색 'Profondo rosso'이다. 한국 제목이 서스페리아의 속편처럼 돼 있지만, 이는 일본 개봉명을 그대로 쓴 것이다. 이 영화는 서스페리아보다 먼저 만든 영화다)〉로 지알로 장르 최고 걸작을 만들어낸다.

바디 호러

바디 호러 Body horror는 인간의 신체나 정신이 극단적인 변형을 겪는 영화를 말한다. 이러한 변형에는 극단적인 섹스, 돌연변이, 신체 절단과 질병 그리고 신체의 확장 등을 들 수 있다. "바디 호러"라는 용어는 다양한 문화 영역에서 활동했던 필립 브로피가 1983년에 쓴 기사 〈호러리티: 현대 호러 영화의 텍스트 Horrality The Textuality of the Contemporary Horror Film〉에서 처음 사용했다. 오늘날 바디 호러는 데이비드 크로넨버그의 작품들을 언급할 때 빼놓을 수 없는 용어가 됐다. 크로넨버그의 〈열외 인간Rabid〉 〈비디오드롬 Videodrome〉 〈크래쉬 Crash〉와 같은 규정하기 난해한 작품들을 설명할 때 바디 호러라는 용어가 필수가 됐기 때문이다. 그리고 영화사의 초창기로 돌아가면 토드 브라우닝의 영화와 론 채니의 분장 또한 빼놓을 수 없다.

〈좀비오〉의 음악

〈좀비오〉의 음악은 분명한 표절임에도, 지금에 와서 이 음악보다 〈좀비오〉에 더 잘 어울리는 음악을 떠올리기는 쉽지 않다는 것 또한 분명하다. 〈좀비오〉와 〈지옥 인간〉을 포함해 수많은 호러 영화 음악을 작업한 인물은 호러 영화 전문 음악가라고 할 수 있는 리차드 밴드 Richard Band다. 그의 아버지는 알버트 밴드라는 뛰어난 B급 영화 제작자다. 〈좀비오〉는 물론이고 스튜어트 고든과 브라이언 유즈나의 두 번째 작품인 〈지옥 인간〉 그리고 〈돌스〉, 〈로봇 족스〉 등 스튜어트 고든의 이후 영화들은 물론이고, 샘 레이미의 파트너 스콧 스피겔이 샘 레이미 형제를 출연시켜 만든 〈인트루더〉 등을 제작한 영화사 엠파이어 픽처스를 공동 설립했다. 알버트 밴드의 아들인 리차드 밴드는 브라이언 유즈나와 스튜어트 고든에게는 중요한 인물이라고 할 수 있다.

미친 과학자

미친 과학자Mad scientist는 자신의 이론과 실험 그리고 그 결과만을 절대화하는 인물을 말한다. 이런 인물에겐 선과 악의 구분은 의미가 없을뿐더러 나아가 신의 위상까지 도달하려는 인물이다. 미친 과학자의 표준은 메리 셸리가 《프랑켄슈타인》에서 최초로 정립했다. 빅터 프랑켄슈타인은 신의 영역인 인간 창조를 위해 금기의 영역인 시체를 훔쳐 조각내서 이어붙이는 연구를 진행한다. 프랑켄슈타인 캐릭터는 16세기 철학자이자 연금술사인 필리푸스 파라켈수스에서 영감을 얻어 만들어졌다. 자신의 연구를 위해 인간의 윤리의식 따위는 무의미한 것으로 취급하며, 세상을 낙원으로도 혹은 파멸로도 이끌 수 있는 극단적인 연구를 진행하는 미친 과학자의 표준은 빅터 프랑켄슈타인으로 완성됐다. 할리우드 호러 장르의 전성기였던 1950년대까지 만들어진 호러 영화의 절반 정도는 이러한 미친 과학자를 다루는 영화로 이런 영화들의 상당수는 재미있게도 영화 〈프랑켄슈타인〉에서 '괴물'을 맡았던 보리스 카를로프가 미친 과학자를 연기한다.

발 루튼과 자크 투르뇌르

1942년 전설적인 제작자 데이빗 O. 셀즈닉 아래서 영화 제작의 기본을 배운 발 루튼은 셀즈닉의 동의와 도움을 얻어 RKO 라디오 픽처스로 이전해 일련의 저예산 심리 호러 영화를 제작한다. 발 루튼은 셀즈닉의 도움으로 대형 영화를 만들 수 있었음에도 저예산 장르 영화를 선택하는데, 이는 전적으로 창작의 자유 때문이었다. 발 루튼이 셀즈닉 아래서 8년간 일하면서 알게 된 인물들은 이후 그의 영화 파트너가 된다. 프랑스의 젊은 영화인 자크 투르뇌르, 오손 웰즈의 〈위대한 앰버스가〉에서 편집자로 일했던 로버트 와이즈와 편집부였던 마크 롭슨 같은 인물들이다. 발 루튼이 처음 제작한 영화는 자크 투르뇌르가 감독한 1940년대 심리 호러의 걸작 〈캣 피플〉이다. 〈캣 피플〉은 공포의 순간들을 관객에게 꼭 확인시켜야 했던 당시 할리우드 호러 영화의 관습과는 달리 공포의 순간들을 어둠 속에 밀어 넣고 사운드와 분위기로 관객이 공포를 상상하게 만든 영화다. 자크 투르뇌르는 다양한 장르영화를 만들다 작업이 정체되자 이 시기를 떠올리며 호러 영화로 다시 돌아온다. 이 영화가 샘 레이미의 〈드래그 미 투 헬〉의 원작인 〈악령의 밤〉이다. 사실 〈캣 피플〉은 자크 투르뇌르의 영화가 아니라 투르뇌르와 루튼 공동의 영화라고 해야 한다. 루튼은 자신이 제작하는 영화에서 대본 수정은 물론이고, 캐스팅, 세트 디자인, 의상, 감독, 편집 등 자신이 할 수 있는 일이라면 모든 영역에 참여했다. 이러한 공동 작업은 이후 이어지는 마크 롭슨의 뛰어난 영화 〈일곱 번째 희생자〉나 로버트 와이즈의 놀라운 걸작 〈캣 피플의 저주〉와 같은 영화 제작에서도 마찬가지다. 오늘날 발 루튼 유닛 Val Lewton unit이라고 불리게 되는 발 루튼의 작업은 저예산 영화에서 제작자와 감독의 협업이 얼마나 중요한가를 가장 잘 보여주는 영화사 초창기의 모범 사례라 할 수 있다.

송과선

송과선松果腺은 좌우 대뇌 반구 사이 셋째 뇌실腦室의 뒷부분에 있는 솔방울 모양의 내분비 기관이다. 생식샘 자극 호르몬을 억제하는 멜라토닌을 분비한다. 데카르트 이론에서 송과선은 몸과 마음이 만나는 곳이다.

프릭쇼

프릭쇼 Frick Show는 선천적 혹은 후천적으로 신체 기형이나 신체 변형을 겪은 사람들을 서커스와 카니발 같은 쇼에서 구경거리로 삼은 것을 말한다. 17세기부터 귀족들은 궁중의 광대 대신 왜소증 상태로 태어나 자신들에게 즐거움을 줄 '난쟁이'를 수집하는 일에 열광했다. 이러한 귀족들의 행위는 평민에게도 흘러들어 신체장애가 있는 사람들을 구경거리로 삼기 시작했다. 프릭쇼의 대상에는 토드 브라우닝 감독의 〈프릭스〉나 데이비드 린치 감독의 〈엘리펀트맨〉에서 볼 수 있듯이 주로 선천적인 장애를 지닌 사람들이 많이 등장한다. 하지만 꼭 그런 것은 아니다. 기예르모 델 토로 감독이 2021년에 리메이크한 1947년 동명의 영화 〈나이트메어 앨리〉에서처럼 인간을 완전히 망가진 상태로 추락시키거나 혹은 분장시키기도 한다. 심지어는 사지를 절단해 프릭

쇼의 구경거리로 만들었다는 기록도 있다.

고딕 문학

고딕 문학 Gothic novel은 고딕 건축물로 상징되는 성당이나 성 그리고 거대한 저택에서 벌어지는 사건과 그 건축물에 스며든 죄와 죄의식을 다루는 작품이다. 고딕 문학이 활용한 고딕 문화는 산업혁명기에 시작됐다. 사회가 극도로 변화하는 가운데 이를 받아들이기 힘들었던 이들은 신에 닿으려는 욕망(하늘 높이 솟은 성당의 첨탑)과 죄의식(성당의 장미창은 죄인의 죄를 비추는 신의 시선)을 상징적으로 형상화한 고딕 건축물(여기서 고딕이라는 단어가 나왔다)을 선호하며 죄를 상징하는 검은 옷을 입고 지냈다. 사람들의 이러한 행위와 죄의식을 담는 소설이 17세기에 등장하고, 빅토리아 시대에 절정을 맞이한다. 그리고 이로부터 영향을 받은 현대의 호러 문학이 등장한다.

최초의 영화 장르,
웨스턴

메이드 인
U.S.A 장르

타란티노, 하위문화를 엮어
정통 웨스턴을 넘어서다

〈장고: 분노의 추적자〉는 쿠엔틴 타란티노 감독이
이탈리아 웨스턴의 명작인 세르지오 코르부치 감
독의 〈장고〉를 오마주해 만든 영화다. 물론 타란티
노의 다른 영화들이 그렇듯이 〈장고〉를 그대로 카
피하거나 리메이크하진 않았다. 〈장고: 분노의 추
적자〉는 흑인 노예에서 분노한 복수자로 변하는 총
잡이 장고의 이야기를 다루면서 노예 제도의 본질
적 문제까지 접근한다는 점에서, 우리가 봐왔던 영
웅적인 총잡이의 살인을 정당화하는 일반적인 서
부극과는 결이 다르다.

· 〈장고: 속 황야의 무법자〉 포스터

　타란티노의 〈장고: 분노의 추적자〉가 정통 서부극과 다른 또 한
가지는 폭력 묘사다. 1950년대까지 황금기를 누린 정통 서부극은 그
리 폭력적이지 않았다. 물론 검열 문제도 있었지만, 할리우드가 총

• 〈장고: 분노의 추적자〉 몰살   • 〈영웅본색 2〉(오우삼 감독) 몰살

잡이를 정정당당한 대결을 펼치는 중세 기사와 같은 위상에 둔 이유
가 크다고 할 수 있다. 정의의 총잡이는 결코 총을 먼저 뽑지도 않으
며, 악당의 등 뒤에서 총을 쏘는 비겁한 짓도 하지 않는다. 타란티노
가 최고의 서부극 가운데 한 편으로 꼽은 〈리오 브라보〉에서도 수세
에 몰린 악당들이 손을 들고 항복하자 총격전은 끝이 난다. 고전 서
부극에 대한 경멸을 언급한* 타란티노는 1960년대 이탈리아 웨스턴,
그 가운데서도 세르지오 레오네가 아니라 항상 이인자 취급을 받았
던 세르지오 코르부치나 줄리오 페트로니 같은 감독의 영화를 원전
으로 삼아 그들이 낭만적인 폭력을 제거한 채 그려낸 극단적인 폭력
을 다시 영화로 묘사한다.

  〈장고: 분노의 추적자〉의 한 장면을 보자. 슐츠가 죽고 난 후 장
고는 캘빈의 부하들과 일대 혈전을 벌인다. 총탄에 맞은 살점은 터져나
가고 핏덩어리가 끊임없이 허공으로 솟아오른다. 게다가 장고가 시체를
총알받이로 삼고 사격하는 바람에 캘빈의 부하들이 쏘는 총탄은 계

•   타란티노는 특히 서부극 영화감독 존 포드를 혐오하기로 유명하다. 타란티노가 〈장고:
    분노의 추적자〉 홍보 기간에 "나의 미국 서부극 영웅은 존 포드가 아니다. 과장 없이 말
    하지만 나는 그를 싫어한다. 그가 좀비처럼 죽여버린 정체불명의 인디언들에 대해서
    는 잊어라"고 했던 발언을 영화 비평 웹사이트 〈인디와이어 Indiewire〉에서 기사화하기도
    했다.

속해서 시체에 박혀 피를 흩날린다. 그 바람에 장고 주변의 바닥과 벽은 온통 피와 살점으로 뒤덮이고, 그 주위로는 장고에게 죽어 널브러진 백인들이 가득하다. 이런 이미지는 정통 웨스턴 장르에서는 보기 어려웠던 극단적인 폭력이다. 그런데 이러한 극단적인 폭력은 어디서 비롯했을까? 스크린을 피로 물들이는 세계는 홍콩 느와르의 대가 오우삼에 앞서 1960년대의 장철과 샘 페킨파로 거슬러 올라가며, 샘 페킨파는 다시 1950년대의 사무엘 풀러로 올라간다. 정정당당한 총잡이의 끝과 극단적인 폭력 묘사는 거의 같은 시기에 시작됐다고 할 수 있다. 그런데 이러한 폭력 묘사의 흐름 이전에 먼저 알아야 할 것들이 있다.

액션과 폭력 장면은
어떻게 다른가

영화에서 묘사하는 폭력과 액션은 구분이 모호하지만 분명 느낌이 다르다. 액션은 잘 설계된 작용(액션)과 반작용(리액션)으로 구성된다. 액션은 리얼해야 하지만 보기에 부담스럽지 않을 정도로만 리얼해야 한다. 공격, 수비, 회피의 동작이 연속적으로 보이도록 하면서도 타격의 실감을 주는 것이 핵심인데 이를 '합을 짠다'고 한다. 이걸 담당하는 전문가를 무술 감독 또는 액션 코레오그라퍼Action choreographer라 하며, 안무를 뜻하는 '코레오그라피'라는 말에서 알 수 있듯, 액션 장면은 철저한 약속 대련이라고 보면 된다. 배우의 안전을 담보하면서도 카메라가 강력한 이미지를 담도록 전문가들이 구도와 움직임을 계획하고 연출하는 것이다. 그래서 액션 시퀀스는 무술 감독이 미리 연기자들의 합을 맞춰주고 **콘티뉴이티**를 짜줄 뿐 아니라, 때로 아예 장면 자체를 연출하는 경우도 있다. 무술 감독 원화평 팀이 〈와호장룡〉이나 〈매트릭스〉에서 했던 것처럼.

액션은 예측 가능한 상황에서 벌어진다. 주인공과 악당의 대결로 서사를 점차 발전시키다가 드디어 최후의 싸움으로 긴장을 폭발시킨다. 주먹과 주먹이 서로 교차하고, 날아가는 총탄을 피해 뛰고 구르기도 한다. 액션 장면에서 중요한 요소 가운데 하나는 액션을 펼치는 인물들의 동선이다. 관객은 액션 연출의 동선을 따라가거나 그 과정을 머릿속에 그리면서 액션 장면의 활력을 즐기게 된다. 그래서 액션을 보는 관객의 기본 정서는 통쾌함과 카타르시스다.

이와 달리 폭력은 관객의 예측을 넘어선다. 아름답지 않고, 끔찍하거나 때로는 추하다. 그리고 그것을 바라보는 관객의 감정은 불편하다. 액션이 폭력으로 넘어가는 지점은 일반적인 영화의 허용 한계를 넘어서는 그 처절함과 과격함에서 비롯된다. 그리고 이러한 것들은 현실과의 관련성 때문에 더욱 끔찍한 폭력으로 느끼게 된다. 그래서 영화는 대부분의 폭력을 액션으로 포장해 시각적 양념을 쳐서 보여준다. 동작의 역동성은 키우고 출혈은 줄인다. 총을 맞아도 "억!" 하고 쓰러지고, 칼에 베여도 "악!" 하고 넘어지면 끝난다. 관객은 그런 표현에 익숙하다. 그런데도 어떤 감독은 이것이 현실이라며 적나라한 폭력을 관객에게 보여준다. 진정 예술적 표현의 자유인지 관객의 고통을 보고 즐기는 가학 심리인지 모호할 정도다.

액션과 폭력의 경계는 계측기로 재듯 명확하게 자르기는 어렵다. 액션에는 폭력이 있고, 폭력에도 액션이 섞여 있다. 영화를 보는 관객은 액션은 즐기지만 폭력은 쉽게 즐기지 못한다. 너무 끔찍하고 고통스럽기 때문이다. 이건 폭력이 단지 신체 해부 수준으로 상세하기 때문은 아니다. 상황이 불편한 것이다. 그러므로 액션과 폭력의 구분은 결국은 관객이 느끼는 정서적인 측면과 감독이 의도한 영화적 묘사적 측면의 총합이라고 봐야 할 것이다.

할리우드의 역사와 함께 시작된
영화의 폭력 묘사

초기 할리우드에서 폭력을 가장 뛰어나게 묘사했던 감독은 사무엘
풀러 감독이다. 그는 한국전쟁을 배경으로 한 〈철모〉에서 적과의 전
투를 극단적인 폭력으로 묘사한다. 이어서 다시 한국전쟁을 배경으
로 만든 영화 〈총검장착〉에서는 심리적인 폭력 장면을 보여준다. 영
화 후반, 소대를 지휘하던 상사가 인민군이 쏜 총탄에 맞고 동굴로
실려 간다. 상사가 죽으면 그다음으로 소대를 지휘해야만 하는 상병
은 상사에게 절대 죽지 않을 것이라고 말한다. 그러자 상사는 상병에
게 몇 가지 지시를 한 다음 "나는 죽었어"라고 말한다. 상병이 웃으면

• 〈총검장착〉 스틸 컷

서 그걸 부정하자 상사는 다시 "말했잖아… 나는 죽었어"라고 말한다. 죽은 자와의 대화라고 불리는 이 장면은 눈앞의 엄연한 폭력을 회피하고 부정하려는 인간의 원초적 심리를 가장 강렬하게 표현한다. 사무엘 풀러는 또한 범죄 영화 〈대나무 집〉에서 총탄에 맞아 피가 튀는 장면 등을 보여주면서 샘 페킨파와 같은 후대 영화인의 폭력 묘사에 지대한 영향을 미치게 된다. 사무엘 풀러가 묘사하는 폭력은 결코 과시적이지 않다. 영화 속 인물들은 어쩔 수 없는 상황에서 최후의 수단으로 폭력에 기댄다. 그러나 폭력에 대한 사무엘 풀러의 성찰적이고 비판적 태도는 곧이어 도래하는 아메리칸 뉴 시네마 시대에 이르러 아서 펜 감독의 〈우리에게 내일은 없다〉에서 다소 다른 과시적 폭력으로 바뀌게 된다.

〈우리에게 내일은 없다〉는 대중에게 잘 알려진 원제 '보니와 클라이드Bonnie and Clyde'에서 짐작할 수 있듯이 미국 대공황기에 은행 강도와 살인을 저지르며 다닌 커플 갱단의 실화를 영화로 만든 작품이다. 엔딩에서 감독은 수많은 총탄 세례를 받으며 죽어가는 보니와 클라이드의 모습을 슬로모션으로 담아내 장엄하고 비극적이며 낭만적

• 〈우리에게 내일은 없다〉 보니와 클라이드의 최후

인 장면으로 연출했다. 그리고 이 장면을 모방해 TV 드라마의 한 에피소드를 편집했던 편집자 루이 롬바르도는 샘 페킨파와 함께 〈와일드 번치〉의 클라이맥스를 만들어낸다. 폭력 묘사를 멋지고 장엄하게 하는 풍토가 시작된 것이다.

삶 속에서 폭력은 내가 처해있는 한계 상황의 돌파구가 보이지 않거나 삶이 점차 피폐해져 가고, 사회가 점차 무너진다고 느낄 때 발생한다. 인간은 분명 폭력성을 지니고 있지만, 그걸 알기 때문에 폭력적인 상황은 가능하면 피하려 할 뿐 아니라 삶과 사회가 평온하다면 폭력은 저 멀리 치워버리고 하루하루를 즐기고 싶어 한다. 그러나 "인간사회가 언젠가 완전히 폭력을 극복할까"라고 진지하게 질문한다면 누구도 그렇다고 대답하기는 어렵다. 폭력은 인간의 본성이자 자연의 본성이기도 하기 때문이다. 다만 이성과 합리로 폭력을 제어할 뿐이다. 그런데 영화는 합법적으로 그걸 보면서 심지어 즐기게 만든다. 그래서 나라마다 보기 편한 폭력을 액션으로 덧칠해서 즐기게 만드는 영화들이 나왔다. 홍콩 무협, 일본의 사무라이가 대표적이다. 할리우드는 여기에 자신만의 독특한 역사적 경험을 녹여서 서부극이라는 액션 장르를 발명했다. 종전의 서부극은 카우보이들이 기사처럼 겨루는 영웅물이었지만 샘 페킨파는 그것을 폭력물로 바꾸었다.

미국이 발명한 영웅,
카우보이는 어떻게 만들어졌나

서부극의 주인공인 카우보이의 고향은 미국이 아니라 멕시코다. 멕시코에서는 오래전부터 카우보이들이 소 떼를 방목했고 스페인어로 그들을 바케로Vaquero(스페인어로 '소 치는 사람'이란 뜻)라고 불렀다. 그걸 영어로 번역한 말이 카우보이다. 카우보이의 탄생은 미국이 멕시코로부터 강제로 빼앗은 땅인 텍사스에서 멕시코인들을 따라 하며 시작되었다. 미국에서 카우보이의 전성기는 1867년부터 1887년까지 고작 20년에 불과하다. 여기에는 전설적인 카우보이 키트 카슨을 빼놓고 얘기할 수는 없다.

목축업에 종사하기 전의 키트 카슨은 '산사람'이라고 불리던 모피 사냥꾼이었다. 산사람이 된 건 단 한 가지 이유 때문이었다. 자유롭고 싶다는 것. 키트 카슨은 글을 전혀 몰랐지만, 다양한 인디언 원주민 언어와 스페인어를 구사했고 특히 사람을 추적하는 데 탁월한 능력을 보였다. 한 번은 백인 여성을 납치한 인디언 원주민을 며칠간 추적하던 카슨이 어느 날 아침, 정확히 오후 2시에 그들을 따라잡을 것이라고 자신 있게 말하지만 이를 믿는 사람은 없었다. 그리고 카슨은 인디언을 정확히 2시 7분에 찾아냈다. 카슨은 시간을 맞추지 못했다고 말했지만, 고작 7분 차이였으니 "이 세상 백인 가운데 최고의 추적자"라는 명성은 결코 허풍이 아니었다. 카슨은 정직과 성실 그리고 고결한 예의를 갖췄을 뿐만 아니라 타고난 살인자이기도 했다.

카슨은 자신의 추적 능력과 함께 미국사에서 굵직한 사건마다 '우연히' 참여하게 된다. 인디언 절멸 전쟁에 계속해서 참여를 강요당했고, 강제로 중위 계급까지 부여받아 미국 멕시코 전쟁에, 남북전쟁에는 대령 계급장을 달고 참여했다. 그러나 이보다 키트 카슨을 유명하게 만든 사건은, 당시에 아무도 통과하지 못했던 서부 지역의 상세 지도 제작 임무를 맡아 프리몬트라는 군인과 함께 노새(신문 기사에서는 말로 표현했다)를 타고 서부 전역을 누빈 사건이다. 카슨의 행적이 지도 제작 과정을 담은 책과 함께 미국 도시들에 전해지자 서부라는 미지의 공간을 가리던 베일이 걷혔다고 믿은 사람들의 모험심을 들끓게 했고, 급기야 서부로 향하는 이주민의 행렬을 만들어냈다. 바로 서부 영화에서 자주 보이는 이른바 프런티어(개척민) 포장마차 행렬의 시작이다. 카슨의 모험기는 신문 기사로 계속해서 전해졌고 1849년에는《키트 카슨: 황금 사냥꾼의 왕자》라는 모험 소설이 출간되어 대성공을 거두면서 이후 카슨을 다루는 책만 해도 70권이 넘게 등장한다.(카슨을 다룬 이런 식의 모험 소설을 '피와 천둥' 장르라고 한다) 그리고 이러한 소설 속에서 키트 카슨이 서부에서 펼치는 모험과 수많은 인디언을 살해하는 이미지는 이후 1860년대에 이르자 웨스턴 신화 속 인물인 버팔로 빌을 다룬《밀라에스카: 백인 사냥꾼의 인디언 아

• 소설《모피 사냥꾼The Fighting Trapper, Kit Carson To The Rescue》

내》와 같은 초창기 서부를 무대로 한 장르 소설의 탄생으로 이어지고, 버팔로 빌 코디라는 흥행업자의 '와일드 웨스트 쇼Wild West shows'라는 엔터테인먼트로 만들어진다. 그리고 초기 서부 영화는 이 쇼를 기반으로 만들어졌다. 서부 영화야말로 폭력으로 점철된 미국의 역사가 아니면 만들 수 없는 철저한 '메이드 인 U.S.A 장르'인 것이다.

와일드 웨스트 쇼는 1870년경부터 1920년경 사이에 미국과 유럽을 순회하던 보드빌 공연의 하나였다. 최초로 흥행에 성공한 웨스턴 영화 〈대열차 강도〉 역시 와일드 웨스트 쇼의 단골 코너인 '(인디언이나 무법자들의) 데드우드 스테이지에 대한 공격'을 재가공해서 만든 작품이기도 하다. 또한 초창기 웨스턴 영화의 스타 배우들인 윌 로저스, 톰 믹스, 팀 맥코이와 같은 인물들은 대부분 로데오와 와일드 웨스트 같은 보드빌 쇼 출신이었다.

당시 와일드 웨스트 쇼 가운데 가장 유명했던 버팔로 빌 코디의 와일드 웨스트 쇼의 인기는 엄청났다고 한다. 1885년에서 1886년 동안 100만 명 이상의 관객이 들었으며, 시카고 세계 박람회에서 공연

• 1905년 런던에서 공연한 와일드 웨스트 쇼

했을 때는 6개월 동안 무려 600만 명 이상이 쇼를 관람했으니 요즘으로 따지면 초대박 블록버스터 영화인 셈이다. 이처럼 와일드 웨스트 쇼는 미국인에게 서부라는 환상의 공간을 현실로 만드는 데 아주 중요한 역할을 했다. 그리고 토마스 에디슨은 1898년 이 쇼를 5분이 채 안 되는 영상으로 찍어 최초의 서부 영화를 만든다. (다만 영화사에서 최초의 웨스턴은 에디슨의 공연기록물이 아니라 각본과 연출이 있었던 〈대열차 강도〉로 인정한다) 미국 역사의 관점으로 보면 키트 카슨이야말로 웨스턴(서부)이란 장르를 탄생하게 한 인물이었고 지금도 미국에 가면 볼 수 있는 카슨시티 Carson City와 카슨강 Carson River과 같은 여러 지명에 자신의 이름을 남기기도 했다. 말하자면 키트 카슨의 일생 자체가 서부극의 단군신화가 된 것이다.

미국 정서가 아니면 이해가 어려운
서부라는 공간과 서부극의 변화

서부 영화를 보는 관점은 지난 세기 동안 몇 가지 변화의 단계를 밟는다. 고전주의 서부극 시대에는 백인 지배 이데올로기에 대한 완벽한 동조화, 수정주의 서부극(평론가들이 나중에 붙인 이름이다)이 나오면서는 서부 개척사에 대한 비판적 성찰, 그리고 현재는 사멸해 없어진 줄 알던 서부 영화가 사실은 죽지 않고 현대 범죄 영화에 계승되었다고 보는 시각이다.

동조화는 국적, 문화, 인종에 상관없이 서부극의 이데올로기에 관객을 정서적으로 일치시키는 것이다. 와일드 웨스트 쇼를 뿌리로 하는 고전주의 서부극은 개척, 모험, 영웅, 낭만의 시각으로 백인들의 서부 진출을 정당화한다. 동조화를 통해 관객들은 백인은 선하고, '인디언'은 악당이라는 고정관념을 습득한다. 그러다 두 번의 세계대전을 치르며 1950년대부터 미국이 고도 산업 사회로 변화하자 서부극은 점차 현실과 동떨어진 낡은 장르가 되었고 점차 관객의 외면을 받는다. 서부극의 거장 존 포드는 전성기와 종말을 같이한 감독이었다. 그래서 1956년 작 〈수색자〉는 고전 서부극의 마지막 걸작으로 손꼽히기도 한다.

　　우리는 이제 인디언이라는 이름 대신 보통 '아메리카 원주민'이라는 표현을 쓴다. 그러나 이러한 규정 역시 그들의 정체성을 명확히 규정하지는 못한다. 인디언으로 불렸던 사람들은 절대로 간단하지 않다. 북아메리카와 남아메리카라는 자연환경의 차이뿐만 아니라 북아메리카로만 한정해도 원주민을 구성하는 수많은 부족 간에 큰 차이를 보이기 때문이다. 이를테면 케빈 코스트너가 주연을 맡은 〈늑대와 춤을〉에 등장하는 평원 원주민 부족 코만치, 아라파호, 샤이엔 등은 대평원에 거주하며 버팔로를 사냥하고, 고깔 모양의 티피(텐트)에 거주하는 유목 원주민이었지만 푸에블로 인디언으로 불리는 타오스, 아코마, 주니, 호피 부족들은 농경 생활을 하며 테라스가 있는 아파트 모양의 7층 높이에 이르는 진흙 성채*에서 살며 정착 생활을 했다. 나바호 같은 원주민 부족은 농경과 유목을 동시에 진행하기도 했다. 이러한 아메리카 원주민과 백인의 만남은 강력한 문명의 충돌

●　　진흙을 햇볕에 말린 어도비|Adobe 벽돌로 만들었으며 벽돌의 크기는 작게는 수십 센티미터에서 크게는 무려 전쟁 기간에 포탄을 막을 정도로 큰 3미터 짜리까지 다양했다.

· 어도비 건물

이었다. 남미에서는 그 충돌이 16세기에 이미 벌어져 원주민의 씨를 말리는 참극으로 나타났고 북미에서는 19세기에 본격화된 것이다. 절대로 만날 수 없는 기차의 철로처럼 백인들과 인디언의 만남은 처음부터 너무 멀었다. 이를 말해주는 일화를 보자.

메스칼레로 아파치 부족의 추장 카데테는 미군과의 대화에서 평생 열심히 일하면서 문명을 건설하는 미국인을 언급하며 "그런 걸 노예살이라고 봅니다… 하지만 우리는 바람처럼 자유롭습니다. 멕시코인이나 다른 이들이 우리를 대신해 일하지요"라고 말한다. 카데테는 멕시코인이나 미국인이 생산한 물품을 약탈하는 걸 아주 자연스러운 소득이라고 생각한 것이다. 넓게 보면 자연에 대한 약탈 행위의 하나인 사냥과 채집으로 생활하던 원주민의 관점에서 이는 당연한 것이었다. 이러한 아메리카 원주민의 의식은 문명과 법을 꾸리려고 하는 미국인의 의식, 특히 자본주의의 맹아가 유럽에서 막 건너와 사유재산의 개념을 중요시하는 백인들의 시각과 필연적으로 충돌할 수밖에 없었다. 땅을 소유하는 개념, 화폐로 물건의 가치를 평가하고 교환하는 것 자체가 인디언에게는 우스꽝스럽고 이해 못할 일이었다. 다만 한 가지 면에서는 아메리카 원주민과 이제 막 아메리카에 자리 잡은 백인들과 확실하게 통하는 것이 있었다. 바로 복수다. 원주민이 지닌 '부족의 윤리'에서는 모욕당하면 기필코 복수에 나서야 했다. 백인들 역시 공격당하거나 비위를 거스르는 일이 있으면, 원주민 마을을 초토화하는 방법 등으로 되갚았다.

존 포드의 고전 서부극은 이런 가치관의 충돌을 다루고 있다. 정성일 평론가가 "서부극의 역사는 고전 영화 문법이 세워지는 과정"

232

이라고 말했을 때 이를 완성한 인물이 바로 존 포드다. 사실 존 포드는 이데올로기를 논하기 전에 그 자체로 위대한 영화감독이었다. 영화감독 로버트 와이즈는 영화의 장면을 만들 때 "존 포드라면 이 장면을 어떻게 만들었을까"를 생각한다는 인터뷰를 한 적이 있다. 로버트 와이즈는 위대한 뮤지컬 〈사운드 오브 뮤직〉의 수녀원 장면에서 당시 뮤지컬 장르에 거의 사용하지 않는 **로우키 조명**을 사용해 수녀원의 어둠을 담아냄으로써 영화 후반에 닥칠 비극을 미리 암시하기도 했다. 이러한 장면은 존 포드가 〈수색자〉에서 다른 영화와는 달리 **로우 앵글**을 사용해 인물의 공허함이나 시선의 거리를 표현하는 스타일이나 유명한 오프닝 장면에서 어둠에 잠긴 카메라가 서서히 문을 지나 광활한 황무지로 나가는 장면을 연상케 한다. 하지만 아쉽게도 작품의 위대함과는 별개로 하워드 혹스, 존 포드로 상징되는 고전주의 서부극은 현대의 시각으로는 백인 우월주의와 인종차별을 정당화한다는 비판을 받는다. 그리고 고전주의 서부극은 1950년대가 오자 그들이 멸종시킨 버팔로처럼 점차 멸종 과정을 겪었다. 앞서도 언급했듯이 미국의 영화 산업 자체가 텔레비전의 등장으로 1960년대

• 〈사운드 오브 뮤직〉 로우키 조명

• 〈수색자〉 로우 앵글

부터 급격한 쇠락을 겪고 있었기 때문이다.

　할리우드는 TV 산업과 단절하는 것으로 생존을 모색했지만 아이러니하게도 TV 출신의 젊은 감독들이 영화를 찍기 시작한 1960년대 말부터 아메리칸 뉴 시네마란 이름으로 다시 활력을 되찾는다. 〈졸업〉〈이지 라이더〉 같은 대표작과 함께 〈내일을 향해 쏴라〉〈우리에게 내일은 없다〉같이 고전 양식을 파괴한 서부극이 나오면서 관객들이 다시 영화관을 찾은 것이다. 여기에 결정타를 날린 것이 샘 페킨파의 〈와일드 번치〉 같은 수정주의 서부극이다. 이것이 서부극이 겪은 두 번째 단계다. 수정주의 서부극의 경향은 비단 샘 페킨파의 영화들뿐 아니라 〈솔저 블루〉나 〈작은 거인〉처럼 1970년대까지 이어졌던, 고전주의 서부극에 대한 비판적 성찰의 결과물이었다. 마침 당시 벌어진 베트남 전쟁에서의 민간인 학살은 고전주의 서부극의 인디언 학살과 등치되었다. 〈늑대와 춤을〉 같은 영화가 훨씬 뒤인 1991년 작품임에도 여전히 수정주의 서부극으로 분류되는 걸 보면 그 영향력은 꽤나 길었음을 알 수 있다. 결과적으로 보면 수정주의 서부극은 일차적으로 고전 서부극의 비판적 성찰이었지만 나중에는 서부극 장르의 재창조이자 수명 연장의 계기가 됐다.

서부극이 겪은 세 번째 변화의 단계는 현대 범죄극으로의 계승이다. 일각에서는 〈로건 Logan〉이나 〈노인을 위한 나라는 없다〉 같은 영화를 '네오 웨스턴'이라고 해서 서부극의 현대적 부활이라고도 하지만 배경이나 몇몇 유사점이 있을 뿐 온전한 계승이라고 간주하기엔 무리가 있다. 그보다 서부극의 진정한 현대적 계승자 또는 창조자라는 명칭은 작가이자 배우이자 감독인 테일러 쉐리던이 갖는 게 훨씬 온당해 보인다.

테일러 쉐리던은 흥미로운 인물이다. 카우보이의 본고장인 텍사스에서 태어나 불우한 어린 시절을 보내다 배우로 데뷔해서 〈썬즈 오브 아나키〉 같은 드라마에서 제법 비중 있는 조역을 맡았지만 연기로는 크게 빛을 보지 못했다. 정작 테일러 쉐리던의 재능은 다른 곳에 있었는지 영화 〈시카리오〉의 각본을 쓰면서 주목받는다. 쉐리던이 시나리오를 쓴 〈시카리오〉 〈로스트 인 더스트〉 〈윈드 리버〉는

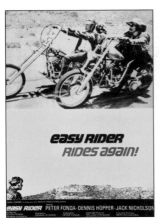

• 〈이지 라이더〉 포스터

• 〈내일을 향해 쏴라〉 포스터

• 〈우리에게 내일은 없다〉 포스터

- 〈시카리오〉 포스터 · 〈로스트 인 더스트〉 포스터 · 〈윈드 리버〉 포스터

이른바 '변경 삼부작'으로 불리며 높은 평가를 받았고 〈윈드 리버〉
로 감독에 데뷔한 다음에도 〈옐로우 스톤〉 같은 시리즈로 확실한 자
신의 세계를 보여준다. 〈윈드 리버〉는 거대자본의 개발 음모가 어떻
게 현지 원주민 토착민의 삶을 무너트리는지를 냉정하고 서늘하게
보여준다. 〈로스트 인 더스트〉는 셰일가스 개발로 삶의 터전을 빼앗
긴 사람들이 범죄로 내몰리는 과정을 그리고 있다. 파라마운트 TV
의 시리즈물 〈옐로우 스톤〉은 전형적인 서부극의 공간이었던 몬타나
를 배경으로 자신의 왕국을 지키려는 목장주와 가족이 주변과 겪는
갈등과 분쟁을 통해 현대까지 이어지는 미국 서부인들의 정신세계
를 생생하게 그린다. 테일러 쉐리던의 공간은 대부분 와이오밍, 텍사
스, 몬타나 같은 서부 배경이지만 이보다 더 중요한 부분은 미국인만
이 이해하는 서부 특유의 정서와 세계관을 통해 이야기를 풀어나간
다는 점이다. 테일러 쉐리던이야 말로 서부극이 사라진 21세기에 서
부의 정서를 계승하고 재창조하는 작업을 꾸준히 하고 있다.

다른 나라에서도
변종과 진화를 이어갔던 서부극

서부극은 전성기를 지난 다음에도 지속적으로 환골탈태하며 다양한 이종과 변종 영화를 만들었다. 아서 펜 감독의 〈우리에게 내일은 없다〉는 현대 웨스턴의 시작이자 수정주의 서부극의 단초를 놓은 작품이다. 실존 인물 보니와 클라이드는 친형 부부 그리고 자동차 정비 일을 하던 소년과 함께 갱단을 만들어 말 대신 자동차를 몰고 1930년대 미국 전역을 누비고 다니던 무법자다. 이 신종 무법자의 이미지야말로 정통 웨스턴과 이탈리아 웨스턴을 결합하는 시초가 되었다. 이제 카메라의 관점이 카우보이에서 무법자 쪽으로 이동한 것이다. 이탈리아 웨스턴은 그 이동의 결정판이었다.

이탈리아 웨스턴은 이탈리아 영화계가 할리우드 웨스턴 장르를 모방해 만든 영화다. 세계적으로 유명했던 할리우드 서부극은 1950년대에 나라마다 문화적 수용을 거쳐 다양한 아류와 변종을 만들었다. 일본 사무라이 영화나 홍콩 무협 영화에도 일대일 대결이 도입되었고 한국에도 만주 웨스턴(당시에는 '만주물'이라 불렀다) 같은 혼종 장르를 낳게 했다. 이런 나라별 변종 서부극 가운데서도 유독 이탈리아 웨스턴이 인기를 얻은 데는 몇 가지 이유가 있었다. 첫째는 1960년대부터 이탈리아가 할리우드의 저렴한 생산 기지로 사용되면서 영화인들의 교류가 활발해지고 이탈리아 영화 제작 수준이 향상된 것이다. 원래도 이탈리아는 무솔리니 시절부터 영화 산업을 중요시하여 치네치타 스튜디오 같은 할리우드에 필적하는 강력한 영화 생산 기지

· 〈쇠사슬을 끊어라〉 스틸 컷(만주 웨스턴)

가 있었다. 스태프들의 숙련도나 제작 기술도 높아서 미국의 영화감독 윌리엄 와일러는 "치네치타 스튜디오와 우수한 이탈리아 엑스트라가 없었다면 〈벤허〉의 촬영은 불가능했을 것"이라고 회고한 바 있다. 제일 중요한 것은 이탈리아의 인건비가 할리우드보다 낮아 훨씬 저렴한 비용으로 영화를 촬영하기가 좋았다는 점이다. 이런 이유로 다양한 장르의 많은 할리우드 영화가 이탈리아 촬영을 선호해 이탈리아 영화계는 일감이 늘었고, 할리우드 영화를 모방한 서부극, 액션, 호러 등 장르물을 자체적으로 활발하게 생산해서 국내 시장에서 개봉하거나 유럽과 아시아 시장에 수출했다. 그중 몇 편은 일본을 거쳐 한국에까지 들어와 〈황야의 무법자〉나 〈내 이름은 튜니티〉 같은 제목으로 소개되기도 했다. 이탈리아-할리우드가 합작한 혼종 영화에는 이탈리아·미국 배우가 다양하게 출연했다. 〈원스 어폰 어 타임... 인 할리우드〉에서 극 중 퇴물 배우 릭 달튼(레오나르도 디카프리오 분)이 할리우드에서 별 볼일이 없어지자 이탈리아 영화에 출연해 한몫 잡는 설정은 이런 사실이 배경으로 있어서 가능했다. 그중 서부극은 특히 이탈리아 영화계의 주력 상품이었다. 미국에서 〈황야의 역마차Rawhide〉라는 TV 서부극으로 막 이름을 알리던 클린트 이스트우드라는 풋내기 배우가 이탈리아 감독 세르지오 레오네의 부름을 받아 영화를 촬영한 것도 이 무렵이었다.

　　이탈리아 서부극은 보통 스파게티 웨스턴이나 마카로니 웨스턴(일본에서만 사용하는 명칭이다)이라고 불리지만, 이탈리아인은 '이탈리아 웨스턴'이라고 부르길 원한다. 세르지오 레오네 감독의 〈황야의 무법자〉로 시작한 이탈리아 웨스턴은 대체로 미국 서부와 풍광이 비슷한 스페인에서 찍었다. 이탈리아 웨스턴의 특징은 반영웅주의다. 수많은 이탈리아 웨스턴에서 묘사하는 서부 공간은 온통 더럽고 추한 악당들 천지다. 게다가 주인공 역시 이러한 악당과 구분되지 않거나 더한 악당으로 묘사되기도 한다. 그렇다 보니 이탈리아 웨스턴은 폭력 묘사에 있어 종종 미국 웨스턴을 아득히 넘어선다. 그 가운데 세르지오 코르부치의 〈위대한 침묵〉은 결말에서 선한 이들이 모두 몰살되고 악당(클라우스 킨스키가 진정 사악한 악당을 연기하며, 영화 배경은 타란티노의 〈헤이트풀 8〉에 영향을 미쳤다)이 승리하는 충격적인 폭력을 묘사한다. 혹은 줄리오 퀘스티의 초자연적 이탈리아 웨스턴 〈장고 킬〉에서는 황금 총탄을 맞고 죽어가는 사람의 몸에서 총탄을 빼내다 그것이 금이라는 것을 알자 사람들이 달려들어 총에 맞은 사람이 죽을 때까지 상처를 마구 헤집는 장면이 등장하기도 한다. 이러한 폭력적인 이탈리아 웨스턴을 통해 유명해진 배우

• 〈장고 킬〉 상처를 헤집는 사람들

도 적지 않다. 앞서 말한 클린트 이스트우드나 리 반 클리프 같은 미국 배우들은 물론, 프랑코 네로, 테렌스 힐, 줄리아노 젬마, 토마스 밀리안 같은 이탈리아 배우들 역시 큰 명성을 얻었다.

가장 미국적인 영화 서부극을
전 세계에서 만들었다

서부극은 미국 그 자체를 상징하는 장르지만, 이미지와 스타일은 다른 나라에서 수없이 모방했다. 일본의 스키야키 웨스턴, 소련 시기 미국 웨스턴에 대항해 원주민을 착취하는 미국을 묘사한 오스테른 장르, 한국의 만주 웨스턴 등 다양한 웨스턴들이 등장했다. 흥미로운 건 이 웨스턴 장르의 대량 생산이다. 미국은 1920년대에만 1,300여 편의 작품을 생산했으며, 1950년대까지 10년마다 1,000여 편의 서부

극을 쏟아냈다. 이탈리아 웨스턴은 전성기인 12년 동안 500여 편의 작품을 만들었다. 여기에 만주 웨스턴은 1965년에서 1969년인 5년 동안 무려 160편이 만들어지게 된다. 저명한 지리학자이자 사상가인 데이비드 하비는 "어렸을 때, 나는 수시로 가출했고 그러다 힘들어지면 이내 집으로 돌아왔다. 좀 자란 후부터는 상상 속에서만 가출을 시도했는데, 적어도 그곳에서만큼은 세상이 활짝 열려 있었다"라고 회고했다. 답답하고 통제당하는 일상에서 탈출하고 싶다는 소년의 욕망은 그를 탁월한 지리학자로 만들었지만, 이러한 상상은 이 소년만이 아니라 성인이 된 우리의 마음에도 여전히 소년기의 감성으로 남아 있다. 그러니 상상된 서부라는 폭력적이면서도 한편으론 낭만적인 공간에 대한 판타지는 소년이 어른이 되는 과정처럼 급격히 타올랐다 사그라지는 장르 붐을 만들어냈다.

1903년 서부극 장르의 시작을 연 에디슨 스튜디오의 영화 〈대열차 강도〉는 정의로운 카우보이를 다룬 영화가 아니다. 여기에서 묘사하는 강도단은 영화가 만들어지기 몇 년 전 실제로 악명을 떨치고 다녔던 부치 캐시디와 선댄스 키드가 속한 무법자 무리 '와일드 번치'였다. 보통 '부치 캐시디의 와일드 번치'라고 부르는 이들 집단은 살인과 열차 강도 등을 거듭하며 수 년 동안 추적자들을 피해 다닌 것으로 잘 알려졌다. 이 때문에 〈대열차 강도〉는 그 당시의 현실을 반영한 범죄 영화이기도 하다. 이렇게 본다면 샘 페킨파의 〈와일드 번치〉도 낭만적인 카우보이 신화로 채색된 미국 역사를 좀 더 정직하게 복원한 작품일 것이다. 그리고 이탈리아 웨스턴은 샘 페킨파가 추구한 고전 웨스턴의 선악 구도의 전복에 탈미국적 시각을 더한 이탈리아 영화계의 응답이었다.

1964년 세르지오 레오네 감독은 이후 〈이름 없는 남자 삼부작 (또는 달러 삼부작)〉의 시작인 〈황야의 무법자〉를 만든다. 레오네가 만든 서부극에는 정의로운 카우보이 따위는 등장하지 않는다. 정의로운 인물은 단 한 명도 등장하지 않으며, 거칠고 더러운 무법자들이 서로 싸우고 죽이는 이 영화는 서부극 장르의 흐름을 바꿔 놓는다. 재미있는 건 〈황야의 무법자〉가 구로사와 아키라 감독의 〈요짐보〉를 무단으로 리메이크한 영화란 것이다. 그런데 사실은 아키라의 〈요짐보〉도 하드보일드 소설 작가 대실 해밋의 《피의 수확》을 무단으로 참고한 다음 존 포드의 서부극 스타일로 만든 작품이다. 무협 영화와 장철을 다룬 10장에서 살펴보겠지만 1960년대는 세계영화계가 서로 영향력을 주고받던 시절이었다. 게다가 서부극의 영향을 진하게 받은 구로사와의 1954년 영화 〈7인의 사무라이〉는 1960년에 존 스터지스가 〈황야의 7인〉으로 리메이크했으며, 장철 감독은 〈와일드 번치〉의 슬로모션 총격전을 〈복수報仇〉에서 처절하고 장엄한 칼부림으로 그려냈다. 이런 상호영향은 꼭 할리우드에만 그친 것도 아니다. 1960년대는 미국의 젊은 영화인들이 필름 스쿨의 시사실에서 일본 영화를 밤새 보며 토론하던 시기였다. 조지 루카스, 프랜시스 포드 코폴라 같은 영화 청년들이 구로사와의 사무라이 영화를 보며 샷과 촬영을 논했고 뉴욕의 괴짜 영화 청년 데이비드 린치도 구로사와에 탐닉했다. 린치는 나중에 〈광란의 사랑〉을 만들면서 〈요짐보〉에서 개가 악당의 잘린 팔을 물고 가는 장면을 고스란히 모방한다. 이탈리아 웨스턴의 무법자 클린트 이스트우드 역시 1992년에 자신의 출세작인 〈이름 없는 남자〉 시리즈 주인공의 노년을 그린 듯한 걸작 〈용서받지 못한 자〉를 만든다. 역시 영화는 현실의 모방인 동시에 상호참조이기도 한 것이다.

폭력의 바이블을 새롭게 쓴
할리우드의 이단아,
샘 페킨파

샘 페킨파,
수정주의 서부극으로 폭력의 미학을 추구하다

니콜라스 빈딩 레픈 감독의 〈드라이브〉는 라이언 고슬링의 출연작 가운데 가장 컬트적 인기를 얻고 있는 작품이다. 이 영화는 비극적 멜로드라마와 충격적인 폭력을 동시에 담고 있는 작품이다. 그런데 〈드라이브〉가 묘사하는 폭력은 어딘가 낯익다. 우선 동명의 영화이 자 가차 없는 폭력의 세계를 묘사하는 월터 힐 감독의 〈드라이브〉가 있다. 월터 힐 감독은 〈스트리트 오브 파이어〉〈워리어〉〈롱 라이더 스〉 등의 작품으로 1980년대를 풍미한 폭력 영화의 대가였다. 〈롱 라 이더스〉에서 달리는 말 위에서 총을 맞을 때마다 옷이 터지며 피를 뿌리던 카우보이들의 슬로 모션은 수십 년이 지난 지금도 뇌리에 선 명하다. 서부극과 도시 느와르를 오가던 월터 힐의 뿌리를 좀 더 거 슬러 올라가면 아메리칸 뉴 시네마 감독이자 수정주의 서부극을 탄 생시킨 샘 페킨파의 영화들이 나온다. 물론 샘 페킨파가 서부극만을 연출한 감독은 아니다. 현대를 배경으로 한 〈어둠의 표적〉, 〈겟터웨

이〉 같은 작품은 박진감이 넘치면서도 한편으로는 서늘한 폭력이 관객을 짓누른다. 그러나 진정한 샘 페킨파의 영화 세계는 〈와일드 번치〉 같은 서부극일 것이다. 평론가들은 이전의 서부극과는 완전히 다른 정서와 기법으로 채워진 이 영화를 분류할 말이 없어 이때 수정주의 서부극이란 용어를 만들었다. 샘 페킨파는 〈와일드 번치〉에서 이전까지 웨스턴 무비가 추구했던 모든 가치를 전복시키며 극단적인 폭력 묘사를 통해 블러디 샘 Bloody Sam 이란 별명까지 붙는다. 월터 힐과 샘 페킨파는 마치 오우삼과 장철의 관계처럼 세계관을 공유하고 발전시킨 스승과 제자였고, 〈와일드 번치〉는 그 신화의 시작이었다.

〈와일드 번치〉가 시도한
폭력 장면의 혁신적 영상

〈와일드 번치〉는 영화 문법의 측면에서도 혁신적 시도가 있었다. 첫째는 시퀀스 전체에 사용된 슬로모션이다. 샘 페킨파는 이전까지 주로 인서트*나 플래시백 등에서 잠깐씩 사용되던 슬로모션을 과감하게 시퀀스 전체에 사용해 피비린내 넘치고 유장한 장면을 만들어낸다. 철도 회사가 고용한 현상금 사냥꾼에게 쫓기던 와일드 번치 일당은 미군의 무기를 강탈해서 멕시코 군부 장군인 마파치만이 아니라 멕시코 저항 세력에게도 무기 상자를 넘겨주게 되고, 배신을 알게 된

● 인서트 Insert는 특정 동작이나 상황을 강조하기 위해 화면 사이에 삽입되는 장면을 의미한다. 마스터샷과 다른 각도와 거리에서 촬영된 샷을 주로 클로즈업 기법을 사용하여 화면 중간에 삽입하며, 상황을 더 명확하게 전달하고 의미를 강조한다.

마파치는 와일드 번치 일당 중 한 명인 엔젤을 사로잡는다. 남은 와일드 번치 일당은 돈을 받았으니 냉정하게 떠나는 것 같아 보이지만 마지막 순간 엔젤을 구하려 다시 마파치에게 향한다. 이제 고작 네 명의 총잡이와 마파치 군과의 일대 혈전이 벌어진다. 이 장면의 촬영을 위해 샘 페킨파는 여섯 대의 카메라를 동원해 촬영 속도를 각각 초당 24프레임(일반 속도), 30프레임, 60프레임, 90프레임 그리고 120프레임까지 다양한 속도로 촬영했다. 그렇게 촬영한 〈와일드 번치〉의 클라이맥스는 다양한 속도를 통해 총에 맞아 살점이 튀고 폭발에 휘말리는 사람들의 동작을 모자이크처럼 느리게 배열한다. 죽음의 순간을 길게 늘이는 이 슬로모션은 마치 아름다운 무용 공연을 보는 듯한 느낌을 선사해 '폭력의 발레'라고도 부르기도 한다. 아니, 사실 이 장면은 피가 튀고 살이 찢기는 모습을 너무 상세하게 보여 주어 전혀 아름답지 않다. 그러나 추하지만도 않다. 그리하여 〈와일드 번치〉의 라스트 시퀀스는 할리우드의 폭력을 재정의한 결정적 장면이 되었다. 〈와일드 번치〉는 개봉 당시 "구로사와 아키라의 영화에 맞먹거나 능가하는 미국 영화"라는 극찬을 받았으나, 다른 한편에선 과도한 폭력으로 많은 비난을 받기도 했다. 폭력의 발레라는 표현은 온갖 폭력 장면에 무감각해진 오늘날의 관점이지, 폭력 시퀀스를 이 정도로 길며 노골적으로 묘사한 영화는 당시까지 없었기 때문이다.

　　다음으로는 콘티뉴이티를 무시한 액션 연결이다. 이전까지 할리우드의 고전 문법의 기본은 부드러운 동작의 연결이었다. 특히 캐릭터의 움직임이 정적인 상태에서 움직이게 되면 동작이 더욱 풍부해지면서 앞뒤 샷에서 더블액션(반복 촬영)Double action을 맞추어서 샷을 바꿔도 동작의 흐름이 이어졌다. 반면 〈와일드 번치〉의 총격 장면은 콘티뉴이티의 흐름보다는 각각의 이미지가 연속적으로 제시되며 발생시키는 충격에 더 힘을 준다. 멀티 카메라로 찍은 이 장면에서 중요한 폭력의 순간은 다양한 속도의 슬로모션으로 촬영되어 모자이크를 이어 붙이듯 **몽타주**로 편집했다. 이러한 편집 형식은 이후에도 계속해서 사용하며 〈철십자 훈장〉에 이르면 마치 **서브리미널 효과** Subliminal effect를 떠올릴 정도로 한두 프레임에 불과한 조각컷을 끼워넣는 방법으로 더 역동적으로 변한다. 영화는 관객이 현재 발생하는 폭력을 다양한 각도에서 바라보며 가능한 입체적 관점에서 경험하도록 배치한 것이다. 샘 페킨파가 그려내는 폭력은 보기 좋게 연출한 액션과 달리 어떤 흐름과 이야기를 지니고 전개되는 것이 아니라 느닷없이 터져 나와 마치 핵분열처럼 삽시간에 퍼져나간다. 혹은 〈어둠의 표적〉에서처럼 수많은 방향에서 동시에 나에게 몰려든다. 그리고 이는 콘티뉴이티를 지키는 고전적 편집 방식으로는 불가능하다. 샘 페킨파의 폭력 시퀀스는 마치 피카소의 입체주의 미술*을 보는 듯하다. 샘 페킨파는 폭력 장면의 개별 이미지를 각각 촬영한 다음, 이를 이미지에서 이미지로 이어지는 영상 콜라주처럼 재결합한다. 이런 방법은 관객에게 관전자가 아니라 스스로 폭력의 물결에 휩싸이는 느낌을 준다. 샘 페킨파에게 '폭력의 피카소'라는 별명이 왜 붙었는지 알게 되는 지점이다.

이전까지의 감독들은 액션을 서사의 보조 장치이자 관객의 활력을 위한 서비스 샷으로 사용했다. 총을 잘 쏘거나 검술이 특출한 것은 캐릭터가 임무를 완수하기 위해 보여주는 능력이며 그것이 사용되는 액션은 서사의 결말을 위한 과정이다. 하지만 샘 페킨파는 캐릭터들이 만나는 액션(폭력)의 디테일을 아주 세밀하게 부각하여 실제 시간보다 훨씬 길게 늘여서 보여준다. 관객에게 보여주고 싶은 것은 인

---

* 사물을 다양한 방향에서 바라볼 때의 이미지를 하나의 캔버스에 동시에 표현한 미술 형식이다.

물이 아니라 폭력 그 자체인 것이다. 여기서 샘 페킨파가 폭력을 바라보는 관점이 드러난다. 기존의 할리우드 영화가 묘사해온 폭력의 뿌리, 폭력으로 만들어져온 미국이란 나라의 건국 역사 그리고 서부에서 보낸 유소년기까지, 샘 페킨파에게 세상은 폭력 그 자체였던 것이다.

세상은 영화보다 더욱 폭력적이다

샘 페킨파는 〈철십자 훈장〉 촬영 직후 진행한 TV 대담에 출연해 "나는 폭력을 매우 슬픈 시처럼 표현한다"라고 밝히면서 "폭력을 분석함으로써 우리가 사랑하는 사람들을 제외하고 우리의 공격성이 어디로 향할 수 있는지를 발견하려 한다"라고 말한다. 자신은 영화를 통해 "단지 질문을 던지고 있을 뿐"이라는 것이다. 그런 다음 아주 인상적인 말을 덧붙인다. "다른 사람들은 또 다른 이름으로 더 많은 폭력과 살인을 가하고 있으니 그것의 이름은 '평화'"라며 영화보다 "뉴스가 더 위험하다"고 주장한다.

　　샘 페킨파는 자신의 이런 주장을 증명하듯 〈철십자 훈장〉의 크레딧이 끝나는 지점에 베르톨트 브레히트가 쓴 희곡 《아르투로 우이의 출세》 에필로그 대사를 자막으로 보여준다. "그의 패배에 기뻐하지 말라, 제군들. 온 세계가 일어서 그 자식을 막았지만, 그를 낳은 암캐는 다시 발정이 났으니*" 영화에서 아무리 과격한 폭력을 묘사할지라도 그것을 지적하며 현실의 정치·사회적 폭력을 가리려는 언론과 정치권력의 폭력이 더 위험하다는 것이다. 실제로 미국은 민주정부를 수립하고 평화를 수호한다는 명분으로 수많은 군부 쿠데타 세력을 지원하기도 했으니 이는 평화라는 이름으로 폭력을 지원한 것이다. 샘 페킨파는 이러한 국가의 폭력은 결국 시민 사회에 영향을 미쳐 "우리가 사랑하는 사람들을 제외"한 타자에 대한 폭력에 무신경하게 만들거나 아니면 적극 지지하게 만들기도 한다고 주장하는 것이다.

영화에서 폭력 묘사는 아주 유서 깊은 전통이다. 초기 할리우드의 서부극, 모험 영화, 사극 영화에는 폭력 장면이 빈번하게 등장했다. 초창기 웨스턴이자 범죄 영화인 〈대열차 강도〉를 시작으로 전성기 매년 100편 이상이 만들어진 웨스턴 장르는 그 특성상 선인과 악인의 대결을 담을 수밖에 없지만, 당시만 해도 '총에 맞으니 죽는다'정도로 표현하고 있을 뿐이다. 이 정도의 표현도 국가 검열에서 '폭력'으로 낙인찍혔다. 가장 유명한 사례인 1931년 영화 〈공공의 적〉에서 갱단 두목을 연기하는 제임스 카그니가 연인의 얼굴에 자몽을 뭉개는 장면은 영화 검열의 강도를 더욱 높여야 한다는 주장의 근거가 되기도 했다. 그러나 당시 영화 속 묘사 수준은 현실 할리우드에서 벌어지는 온갖 범죄 행위와 비교하면 그야말로 한없이 얌전한 수준이었다.

샘 페킨파가 활동하던 1960~1970년대 초반은 모든 기성의 가치가 무너지던 시대였다. TV에선 연일 베트남 전쟁의 폭력적인 이미지를 방영하고 대도시에는 범죄가 기승을 부리고 있었다. 1950년대 중반부터 유명무실하게 된 영화 검열은 1968년부터 영화등급제도로 변경될 것이었다. 샘 페킨파는 이전의 영화 검열도, 이후의 영화 등급제도도 긍정적으로 보지 않았다. 영화야말로 현실에서 벌어지는 사태를 탐구하면서 영화의 폭력을 통해 현실의 폭력을 환기시킬 수 있다고 봤다. 그가 영화를 "시처럼 표현"한다고 한 것은, 시야말로 현실의 비극을 가장 압축적으로 표현할 수 있기 때문이었다. 그렇기에 샘 페킨파는 현실의 폭력을 가리려는 뉴스를 더 위험한 매체로 본 것이다.

• 　 아들인 악당이 개새끼란 뜻.

폭력의 해부인가,
폭력에의 집착인가

샘 페킨파의 세 번째 영화인 〈메이저 던디〉부터 폭력 묘사는 한층 강렬해진다. 영화의 클라이맥스에서 던디의 부대가 프랑스 군대와 강물에서 격돌하는 순간 강은 붉은 피로 온통 시뻘겋게 물든다. 다음 영화 〈와일드 번치〉에서는 더 나아가 '죽음의 발레'로써 누구도 보여주지 못한 극단적인 폭력의 향연을 그려낸다. 우아한 죽음을 그리는 페킨파의 화면을 통해 관객은 감독이 폭력을 비판하는 것인지 아니면 폭력에 집착하고 예찬하는 것인지 혼란스럽다. 〈와일드 번치〉를 시작으로 〈어둠의 표적〉〈겟터웨이〉〈가르시아〉 그리고 〈철십자 훈장〉은 이 죽음의 발레를 아주 뛰어나게 사용한 영화들이다. 특히 〈겟터웨이〉의 싸구려 호텔에서 슬로모션으로 벌이는 총격 장면은 오우삼 감독이 〈영웅본색 2〉에서 고스란히 인용하기도 했다. 이러한 폭력 장면에서 우리는 폭력적 세계에 던져진 인간의 특정한 유형을 떠올리게 된다. 폭력에 자신을 던지는 것을 영광으로 여기던 고대 그리스 비극의 영웅들이다.

· 〈메이저 던디〉 스틸 컷

그리스 고전에 관한 해석을 묶은 《아주 오래된 질문들》에서 그리스 영웅주의를 묘사한 철학자 정준영은 그리스인들이 "전쟁터에서 살아남기 위해 도망치는 것을 가장 수치스럽게 생각했다"면서 이들의 행동을 "죽음이라는 위험을 무릅쓰고 자신의 온 존재를 던지는 태도"라고 설명한다. 그리고 아리스토텔레스는 이를 "아름다운 죽음 Kalos thanatos"이라고도 말한다. 샘 페킨파 영화의 인물들 역시 죽음을 알면서도 그에 맞서는 인물들로 구성된다. 〈어둠의 표적〉에서 더스틴 호프만은 폭력적인 마을 사람들이 집으로 쳐들어오자 죽음을 무릅쓰고 이들과 싸움을 벌인다. 〈관계의 종말〉에서도 빌리 더 키드는 팻 가렛이 자신을 죽이러 올 것을 알면서도 최후의 순간을 느긋하게 기다린다. 현대 관객의 시각에선 조금 우스꽝스럽게 묘사하긴 했지만 〈킬러 엘리트〉에서 벌이는 중국 혁명가와 일본 닌자 두목과의 싸움 역시 마찬가지고, 〈콘보이〉의 클라이맥스는 유쾌한 결말 직전에 이처럼 예정된 비극을 맞이하듯이 기관총을 난사하는 장갑차를 향해 트럭을 몰며 돌진하는 순간을 묘사한다. 샘 페킨파는 어쩌면 낭만적인 죽음에 경도된 인물일 수도 있다.

평론가들은 샘 페킨파가 영화에서 어린이를 부정적으로 묘사하는 장면을 보며 아이들의 폭력적 본성을 제시한다고 지적했다.* 특히 〈와일드 번치〉의 유명한 오프닝 장면에서 마을 아이들이 불개미 둥지에 전갈을 집어 놓고 놀다가 마지막에는 둥지를 통째로 불태우는 장면은 말 그대로 '세계를 파괴하는 아이'의 이미지다. 〈관계의 종말〉에서

---

* 범죄자란 아이처럼 행동하는 어른이란 말에 꼭 맞는 부분이다. 작가 콜린 윌슨은 인간의 폭력을 다룬 《잔혹》이란 저서에서 "아이에게 권력을 부여하면, 그 아이는 세계를 파괴할 것이다"라는 프로이트의 말을 인용한다. 그리고 "아이는 완벽하게 주관적이다. 자기감정에 완전히 사로잡혀 있다. 따라서 남의 사고방식을 엿볼 수가 없다. 범죄자란 계속 아이처럼 행동하는 어른"이라고도 말했다.

• 〈와일드 번치〉 불개미 둥지에서 노는 아이들

• 〈관계의 종말〉 닭을 들고 달아나는 아이들

• 〈어둠의 표적〉 공동묘지에서 노는 아이들

도 아이들은 무법자들이 사격 놀이용으로 사용해 머리가 터져나간 닭을 잡아 들고 달아난다. 〈어둠의 표적〉 역시 마찬가지다. 영화가 시작되면 흐릿하게 움직이는 이미지에 점차 초점이 맞춰지면서 공동묘지에서 뛰어노는 아이들이 드러난다. 그런 다음 카메라는 서서히 줌 아웃 하면서 이 공동묘지가 마을과 붙어 있음을 보여준다. 여기서는 아이들이 죽음과 삶 그사이에 존재한다. 페킨파는 정말 아이들을 사악하고 부정적인 이미지로 그려내고 싶었을까. 그보다는 철없는 아이들의 잔혹한 행동과 사회에 적응하지 못하는 무법자들의 본성은 결국 같다는 것을 말한다. 결국 샘 페킨파가 그려내는 모든 무법자 캐릭터는 이성, 규율, 질서보다 순간의 재미나 본능에 충실한 아이들에 가깝다. 이들은 어른이 되지 못한 아이면서 스스로 무법자로 살기를 선택한 자들이다. 여기서 중요해지는 것이 인간의 선택을 강조하는 '자유의지'다.

영국의 철학자 이사야 벌린은 《자유론》에서 "자유의 정수는 언제나 각자 선택하고 싶은 대로, 어떤 거창한 체계에 사로잡히거나 강압이나 협박에 의해서가 아니라 각자 그렇게 원하기 때문에 선택하는 능력 안에 들어 있다"고, "저항할 권리, 인기가 없어도 될 권리, 순전히 자기가 그렇게 확신한다는 이유 때문에 자기 확신을 신봉할 권리에 들어 있다. 그것이 진정한 자유"라고 말한다. 이사야 벌린의 자유 개념이 방종이 아니라 '자기 확신'이라면 이보다 샘 페킨파 영화의 남성들을 더 잘 설명해주는 개념은 없다.

성장하지 못하고
파멸에 이르는 자유를 선택하는 인물들

샘 페킨파 영화의 남성들은 무법자이자 시대 변화를 따라잡지 못하는 부적응자다. 성장하지 못한 무법자는 골목대장의 심성을 지닌다. 〈와일드 번치〉에 이를 잘 설명하는 대사가 등장한다. 무법자 일당은 동료 엔젤의 마을에서 축제를 벌인다. 이때 마을 촌장이 즐겁게 춤추는 이들을 보며 무법자 리더인 파이크에게 "우리 모두 동심을 그리워한다네. 아무리 악독한 자라도 악독할수록 더 순진할 수도 있는 법이지." 하고 말을 건넨다. 무법자들은 법이란 이름의 규율이 강고해지는 세계를 피해 무법 시대인 서부로 달아난 인물들이다. 19세기 서부 개척 시대에는 확고한 법이 없었다. 당시 미국은 모국이던 영국법을 대충 수용해서 이것저것 수선해가는 중이었고, 1962년 작 〈하오의 결투〉에서 노골적으로 제시하듯이 당시 공동체를 책임지는 치안판사는 "일반인들에게는 법 집행 기관이었지만 이들은 법률 분야에서 공식적으로 훈련받은 사람들은 아니"었다. 작은 마을에는 법원도 없어서 순회판사들이 이리저리 돌아다니며 사건을 접수하고 그때마다 판결을 내렸다. 말 그대로 법은 멀고 총알은 가까운 세상이었으니 〈와일드 번치〉에서 무법자 일당을 추적하던 철도 회사의 대리인이나 〈장고: 분노의 추적자〉에서 슐츠(크리스토퍼 발츠 분) 같은 허술해 보이는 인간들도 "우린 법을 대표하고 있다"는 주장을 내뱉을 수 있었던 것이다.

무법자들의 삶은 하루하루가 목숨을 건 놀이와 같다. 아이들은 목숨을 담보로 놀이를 하진 않는다. 하지만 몸만 성장한 〈와일드 번치〉의 무법자들은 놀이하듯 약탈을 저지르고, 사람을 죽이고, 끝내는 자신들도 죽임을 당한다. 그리고 이를 '명징하게 직조'한 장면이 바로 클라이맥스의 몰살이다. 마파치가 엔젤의 목을 칼로 베어 죽이자 무법자 일당은 마파치를 죽여버리고는 주변을 둘러싼 군인들을 향해 총을 겨눈다. 수많은 군인이 행동을 멈추고 모두가 숨죽인 순간 주변을 둘러보던 무법자 일당이 갑자기 크게 폭소를 터트린다. 그리고는 수많은 총구에서 불을 뿜는 학살이 벌어진다. 이 인상적인 장면이야말로 놀이의 마지막 순간을 극명하게 드러낸다. 이제 놀이는 끝이 났고, 놀이와 같은 그들의 삶 역시도 끝났다. 그래도 마지막의 마지막까지 즐기려는 게 아이들의 마음이다. 바로 이 지점에서 '집'에 관한 문제가 등장한다.

샘 페킨파의 영화에 등장하는 모든 인물은 집이 없거나 집을 떠나는 인물이다. 집이 등장하는 영화는 〈케이블 호그의 발라드〉와 〈어둠의 표적〉 그리고 〈오스터맨〉 세 편뿐이고, 집이 있을 것으로 짐작은 되지만 집 자체가 등장하지 않는 〈킬러 엘리트〉가 있다. 그리고 유일하게 자신의 집을 짓는 장면이 등장하는 〈케이블 호그의 발라드〉에서 집은 삶의 공간이라기보다 잠시 쉬어가는 휴식처 같은 곳으로 묘사된다. 그런데 〈어둠의 표적〉과 페킨파의 마지막 영화인 〈오스터맨〉은 집 자체가 인간 사냥이 벌어지는 학살의 현장으로 변한다. 이때의 집은 안식처가 아니라 도망쳐야 할 곳이다. 〈어둠의 표적〉에서 더스틴 호프만은 자신의 집에 침입한 인물을 모두 죽여버린다. 그렇게 모든 사태가 끝나자 침입자들이 잡으려 했던 상처 입은 남자를 데리고 집을 떠난다. 어둠에 잠긴 도로를 달리는 와중에 그 남자의 "집으로 가는 길을 모르겠다"는 말에 더스틴 호프만은 웃으며 "괜찮아. 나도 모르니까"라고 대답한다. 여기서 이 남자는 마을에서 덩치는 크지만 아이 취급받는 지능이 떨어지는(말하자면 동네 바보형 같은) 인물이고, 자신이 죽여버린 사람들의 시체를 내려다보다 감탄한 표정으로 "전부 내가 죽였어"라며 뿌듯해하는 더스틴 호프만 역시 몸만 어른인 아이다. 영화의 엔딩은 이 덩치만 큰 두 아이가 집에서 한없이 멀어지는 장면이다.

집이 없거나 집을 떠난 샘 페킨파의 인물들이 찾는 진정한 집은 '동료'다. 〈와일드 번치〉에서 무법자 일당은 죽을 줄 알면서도 동료 엔젤을 구하기 위해 다시 마파치를 찾아가고, 〈케이블 호그의 발라드〉 주인공 케이블 호그는 사랑하는 여인을 찾아 떠나기 위해 아무런 미련 없이 집을 한심한 악당에게 그냥 줘버린다. 〈관계의 종말〉에서는 빌리 더 키드를 중심으로 일당이 모여 일종의 유사 가족을 형성하지만, 집 따위는 전혀 중요시하지 않는다. 여기에다가 〈가르시아〉에 이르면 주인공 베니는 약혼한 여인을 잃고 복수심에 휩싸여 죽은 자의 머리통을 배달하면서 그 머리와 기이한 유대 관계를 맺는다. 이들에게 중요한 것은 억압의 공간인 집이 아니라 감정의 유대에 있고, 감정의 유대야말로 아이의 심리를 지배하는 정서다. 그리고 이 모든 일은 상징화된 서부에서 벌어진다.

무법과 모험의 공간이자
페킨파의 고향이었던 서부

샘 페킨파의 영화는 위대한 두 감독 존 포드와 세르지오 레오네를 수없이 참조한다. 샘 페킨파는 유년 시절을 전형적인 거친 목장에서 보냈다.(서부극의 현대적 계승자인 테일러 쉐리던도 텍사스의 목장에서 자랐음을 기억하자) 그가 추억하는 어린 시절은 두 살 때 말에 태워져 대평원을 달리던 행복한 이미지다. 서부의 이미지에 경도된 샘 페킨파는 데뷔작인 〈데들리 컴패니언〉을 시작으로 일련의 웨스턴을 만든다. 이후 〈어둠의 표적〉을 시작으로 무대를 현대로 옮기기도 하지만, 샘 페킨파의 모든 영화는 기본적으로 웨스턴이다. 무대만 현대로 바꿔

놓았을 뿐이다. 심지어 살인 게임을 벌이는 일당에 의해 집 자체가 살육의 공간으로 변모하는 페킨파의 마지막 영화 〈오스터맨〉은 가족이 석궁과 활로 무장해 킬러들에게 대항하는 장면으로 '인디언 학살'이라는 비극적 이미지까지 불러온다. 서부라는 배경은 분명 샘 페킨파의 유년기와도 연관되겠지만, 미국 역사의 민낯을 밝히기에 웨스턴 장르보다 더 뛰어난 게 없어서도 그렇다. 이를 인상적으로 묘사한 영화가 샘 페킨파의 〈주니어 보너〉다. 이 영화에서 로데오 선수인 주니어 보너를 연기하는 스티브 맥퀸은 몸이 망가져 가는 최고의 로데오 선수로서 다시 한번 대회에 도전한다. 이 프론티어 데이 로데오 대회에서 진행하는 경기 목록이 인상적이다. 카우보이들의 행진으로 시작해서 야생마 타기, 달리는 소를 맨손으로 잡아 쓰러트리기, 밧줄로 소를 잡아 우유 짜기, 달리는 소를 붙잡아 결박하기, 마지막으로 황소 등에 올라타기 등 다양한 경기가 펼쳐진다. 카우보이의 다양하고 위험한 업무 동작을 경연대회 방식으로 재구성한 것이다. 그리고 술집에서의 격투 장면이 서비스로 들어간다.

샘 페킨파의 서부극은 대부분 멕시코 인접 국경 지역을 배경으로 설정한다. 백인들이 많은 와이오밍 같은 중서부나 북서부 몬태나보다는 접경 지역이 무법자의 공간에 가까웠기 때문이다. 이 시기 텍사스는 완벽한 변경이었다. 뉴멕시코와 텍사스는 사막 지대인 데다가 사람과 환경이 다르고 법 질서까지 달라 미국 법이 적용되지 않는 멕시코로 도망치기도 좋았다. 미국-멕시코 범죄인 인도조약은 1978년에야 체결된다. 그러나 실제로 인도된 범죄자는 1980년에서 1994년 사이에 고작 8명이었다. 여기에 2009년 미대법원은 이 범죄인 인도조약이 합헌인지 조사하기까지 했다. 결과는 합헌이었지만, 미국 정부가 작정하고 쫓을 정도의 거물이 아닌 일반적인 범죄자는 돈만 있다면 멕시코로 넘어가 잘 살 수 있었다.

오늘날에도 원칙상으로는 멕시코에 미국의 수사관이 함부로 들어가 수사할 수 없지만 미국은 종종 이를 무시한다. 그래서 멕시코는 자국 영토에 대한 미국 공권력의 개입에 역사적 트라우마가 깊다. 미국-멕시코 전쟁 이후 그리고 혁명기에 판초 비야를 체포하려던 미국의 개입부터 오늘날의 마약 카르텔에 대한 트럼프 정부의 테러 조직 지정 경고 등 미국의 공권력 개입은 수시로 있었다. (테일러 쉐리던의 〈시카리오〉가 바로 멕시코로 넘어간 미국 공권력을 다룬 영화다) 미국은 자신이 테러 조직으로 지정된 세력에 대해서는 타 국가의 주권을 넘어선 초법적 힘을 멋대로 행사했다. 여기에 멕시코의 만연한 관료주의와 부패, 멕시코 사회를 지배하는 카르텔의 무법 행위 역시 한몫하고 있다. 이런 역사적 배경 때문에 웨스턴 장르에서 그려지는 뉴멕시코나 텍사스 그리고 멕시코는 무법자들을 억압하는 '법'이란 장치가 작동하지 않는 공간으로 묘사된다. 일종의 무한한 자유와 평등이 주어지는 낭만적 범죄자들이 도피할 수 있는 상상의 유토피아인 것이다.

근대에서 현대로 이어지는 미국의 법과 질서 역시 폭력 아래에 위치할 뿐이다

샘 페킨파는 이러한 무법자의 세계가 결국은 그저 폭력에 경도된 것임을 데뷔작 〈데들리 컴패니언〉에서 복수심에 사로잡힌 한 총잡이를 통해 묘사한다. 영화의 주인공은 자신에게 총상을 입히고, 머리 가죽을 벗기려 했던 한 남자를 쫓는 중이다. 주인공은 드디어 복수 상대를 찾은 순간 갑자기 나타난 은행 강도 탓에 오발로 한 여성의 아들을 죽게 만든다. 이제 영화는 아들을 묻으려는 여성을 따라가는 주인공의 여정으로 변하게 된다. 결말에서는 주인공의 상처와 술집에서 일했던 여주인공이 숱한 남성들에게 받은 마음의 상처를 동일한 것으로 다룬다. 그리고 그 상처는 상대방을 죽이는 것으로 해소되지 않음을 보여준다. 살인은 살인을 낳을 뿐이라는 것이다. 미국인이 가장 중요시하는 권리는 '자유'라는 개념에 있으며 미국 수정헌법이 이를 잘 보여준다. 미국 수정헌법 제1조는 '자유의 권리'이며 제2조는 '무기 소지의 권리'다. 이러한 권리는 미국 개척시대부터 폭력으로 스스로를 지켜야 했던 삶에서 나온 것이다. 이를 경전처럼 받드는 미국인은 이 수정헌법으로부터 행위와 자기방어라는 폭력의 자유를 내세운다. 이 자유가 타인에게는 폭력이 될 것을 전혀 고려하지 않는 것이다. 샘 페킨파는 그 어떤 미사여구로 치장하더라도 폭력은 폭력일 뿐이라는 것을 말하고자 한다.

이러한 태도는 샘 페킨파의 다음 영화인 〈하오의 결투〉와 〈메이저 던디〉에도 이어진다. 〈하오의 결투〉는 화려했던 과거를 뒤로한 채 이제는 늙고 초라한 총잡이가 되어 광산에서 금 운송을 맡는 인물을 다룬다. 그는 이 위험한 임무를 함께할 다른 총잡이와 팀을 꾸리지만, 실은 파트너 총잡이는 금을 가로챌 꿍꿍이를 지녔다. 하지만 결말에서 파트너는 마음을 바꾸어 주인공과 힘을 합쳐 악당들을 물리치고 주인공인 노인은 죽음을 맞이한다. 선한 주인공은 죽지 않는다는 웨스턴 장르의 불문율을 깨트리면서 거친 남성 세계의 현실을 드러낸 것이며 동시에 폭력을 허망함을 묘사하는 장면이다.

〈메이저 던디〉는 인디언에게 납치당한 아이들을 구하려는 남북전쟁 시기 북군을 묘사한다. 이 임무를 추진하는 던디 소령은 포로로 잡은 남부연합 군인들을 인디언 추적 팀에 포함시킨다. 포로가 된 남부연합의 지휘관은 과거 던디와 죽마고우였던 인물이다. 실제로 남북전쟁 시기는 멕시코 전쟁과 인디언 학살 시기에 동료로 활동했던 수많은 군인이 서로 편을 갈라 싸웠던 전쟁이기도 하다. 〈메이저 던디〉는 친구가 적에서 포로가 되었다가 다시 함께 추적팀을 꾸리면서 인디언을 쫓는 과정이 점차 프랑스군과의 전투라는 혼란으로 급격히 변해가는 아수라장을 묘사한다. 적과 동지가 불분명하고, 무용지물이 된 법 대신 무질서와 폭력이 난무하는 세상이다.

작품의 혁신성과 대비되는
인간성의 한계

영화와는 별개로, 술과 마약에 찌든 삶을 산 샘 페킨파의 평판은 좋지 않았다. 얼마나 중증이었는지 약이 필요하면 사람들이 있건 말건 바지를 내리고 약이 든 주사기를 엉덩이에 찔러 넣을 정도였다. 페킨파의 영화 속에서 여성을 묘사하는 방식 역시 비난의 대상이 됐다. 페킨파 영화에서 여성은 그저 배경이거나 아니면 매춘부로 묘사된다. 그러나 샘 페킨파의 전체 영화를 순서대로 다시 한번 살펴보다 보면 조금 다른 요소들도 발견된다. 페킨파는 여성을 비하하기보다는 두려워하고 있다는 인상을 주기도 하기 때문이다. 어쩌면 페킨파 스스로가 철들지 못한 아이였는지도 모른다.

첫 연출작인 〈데들리 컴패니언〉이 그런 초기 모습을 보여주기도 하지만, 특히 〈가르시아〉에서 그러한 태도가 뚜렷이 드러난다. 〈가르시아〉에서 논란이 된 장면은 가르시아를 찾던 킬러가 술집에서 자신을 유혹하는 여성을 팔꿈치로 쳐서 쓰러트리는 장면이다. 〈가르시아〉에서 가르시아를 쫓던 두 명의 킬러는 게이 커플로 묘사된다. 물론 게이라고 해서 여성에게 폭력을 가하는 것이 용납된다는 것은 아니다. 대신 이 장면을 통해 알 수 있는 것은 샘 페킨파가 여성을 묘사하는 방식에 매우 서툴다는 것이다. 그러나 이보다 중요한 것은 주인공인 베니(오렌 워츠 분)와 엘리타(이젤라 베가 분)의 관계다. 〈가르시아〉에서 베니의 연인 엘리타는 끊임없이 베니를 설득하고 달래려는 인물이다. 마치 철없지만 그래도 착한 아들을 달래고 돌보려는 어머니와 같다. 그러다 엘리타가 끔찍하게 살해당한다. 절망한 베니는 이제 잠시나마 엘리타의 연인이기도 했으며 그토록 혐오하던 가르시아의 머리통과 진실한 대화를 나눈다. 멕시코 마피아 보스를 만난 베니는 가르시아의 머리통을 전달하며 보스의 딸이자 죽은 가르시아의 아들을 낳은 테레사(자넌 말도나도 분)에게 동의를 얻어 보스를 쏴 죽여버린다. 그리고 이어지는 대사야말로 의미심장하다. 베니는 아기를 안고 있는 테레사에게 "아기를 잘 돌보시오. 난 그 아비를 책임질 테니"라고 말하고는 가르시아의 머리통을 들고 총탄이 빗발치는 황무지로 나가 처참한 죽음을 맞이한다. 아이 같은 남자가 최고의 허세를 내뱉은 다음 (어머니 같은) 여성을 떠나 죽음으로 뛰어드는 이 영화는 어른 남자아이의 최후를 절절한 비극의 순간으로 완성해낸다.

샘 페킨파의 인성과 영화에 나타난 그릇된 여성관은 앞으로도 논쟁의 대상이 될 것이다. 그러나 우리는 엄격하게 사안을 판단하는 것과 매사에 과도한 엄숙주의를 적용하는 것을 구분할 필요가 있다. 샘 페킨파가 비록 술과 마약에 찌든 삶으로 평생을 보냈을지라도 〈철십자 훈장〉처럼 그의 영화에는 앞서 서술했듯이 극단적인 폭력 묘사로 폭력을 반대하는 메시지 또한 분명하게 담겨 있다. 모든 인물에는 공과 과가 있듯이 인간 페킨파와 그의 영화들도 그렇게 봐야 할 것이다. 무엇보다 샘 페킨파의 영화는 지금 시대에 다시는 만들어지기 어려운 영화가 되었다. 그러니 우리는 아직 박물관에라도 그의 영화가 남아 있을 때 봐두어야 한다. 더 지나면 화석이 되어 자취마저 사라질지도 모르니 말이다.

배경 설명과
용어 정리

총탄에 맞아 피가 튀는 장면

영화에서는 이를 피탄효과라고 한다. 특수 효과의 일종으로 배우가 총을 맞는 부분에 보호대를 붙인 다음 거기에 소량의 화약과 인공 혈액을 담은 고무 풍선 등을 붙인다. 여기에 전기 퓨즈를 붙이고 감독의 신호에 따라 특수 효과 담당이 스위치를 누르면 화약 폭발로 풍선과 옷이 찢기면서 총알을 맞아 피가 터지는 장면이 연출된다. 보호대로 작은 판자를 화약과 피부 사이에 넣지만 배우는 약간 따끔거리는 걸 감수해야 한다. 칼에 찔려 피가 계속 뿜어져 나오는 장면은 배우 몸에 튜브를 숨기고 뒤에서 계속 펌프질로 피를 내보낸다.

로우키 조명

할리우드 영화에서 사용하는 표준 조명은 삼점 조명Three-point lighting이라고 부른다. 삼점 조명은 주된 방향성 광원을 뜻하는 주광선 Key light 그리고 주광선에 의해 생긴 그림자를 채우는 약한 조명인 보조 광선 Fill light과 약한 빛으로 캐릭터와 배경을 구분하기 위해 세트 뒤와 세트 사이의 공간을 비추는 배후 조명 Back light으로 구성된다. 물론 삼점 조명이라고 해서 단 세 개의 조명만을 사용하는 것은 아니다. 수십 개의 실제 조명을 포함하며, 세 개의 기본 광원으로 나뉘게 된다. 삼점 조명이 만들어내는 효과 대부분은 두 가지의 기본적인 스타일에 속한다. 그것이 하이키High key와 로우키 Low key 조명이다. '하이'와 '로우'라는 말은 조명의 위치와 상관없이 주광선과 보조광선의 비율을 가리키는 말이다. 하이키는 이 비율이 높아 그림자를 지워 세트 전체에 조명을 분배해 밝은 화면을 만든다. 로우키는 주광선에 대한 보조광선의 비율이 낮다. 따라서 그림자 효과가 만들어지고, 빛의 분배도 고르지 않게 된다. 이에 따라 하이키 조명은 코미디나 뮤지컬처럼 경쾌하고 밝은 장면에 사용되는 반면 로우키 조명은 주로 스릴러나 호러 영화 그리고 누아르 영화 같은 음울한 장르영화에 사용된다.

로우 앵글

카메라가 인물을 촬영하는 방식은 그 인물이 어떻게 보일지를 결정하는 데 있어 매우 중요하다. 일반적으로 카메라는 인물의 눈높이와 같은 아이 레벨 샷Eye-level shot으로 촬영한다. 이와 달리 카메라가 눈높이보다 위에 위치해 인물을 내려다보는 화면을 구성하는 하이 앵글 High angle과 카메라가 눈높이보다 아래에 위치해 인물을 올려다보는 로우 앵글 Low angle로 구성하기도 한다. 하이 앵글과 로우 앵글은 부감과 앙각이라고도 한다. 보통 하이 앵글 샷은 나약하며 수동적이고 무력한 인물을 표현할 때 사용하고, 로우 앵글 샷은 자신감이나 권위, 힘 등을 전달하는 데 사용한다. 그러나 이러한 사용 방식은 절대적인 것이 아니다. 〈시민 케인〉의 한 장면에서처럼 케인의 무력감을 로우 앵글 샷에 사용하기도 하며, 〈수색자〉에서처럼 머나먼 평원에서 다가오는 인물과의 거리감을 표현하기 위해 로우 앵글 샷을 사용하기도 한다. 또한 하이 앵글은 아주 많은 호러 영화에서 공포감을 만들어내기 위해 사용하기도 한다. 주인공은 살인마를 피해 안정감을 느낄 수 있는 2층으로 도망가고 이때 살인마가 쫓아오면서 카메라는 계단 아래 있는 살인마를 2층 시점에서 하이 앵글로 잡아낸다. 여기서 하이 앵글은 안전한 2층을 향해 압박해오는 살인마의 시선과 공포를 담는다. 따라서 앵글의 사용 방식은 그 영화의 맥락에 따라 변하기 마련이다.

수정주의 서부극

수정주의 서부극 Revisionist Western은 기존의 정통 서부극이 다루던 선악이 분명한 세계에 대한 의문으로부터 등장한 영화 형식이며 또 다르게는 인간의 심리가 서사에 중요한 역할을 차지하는 심리 서부극Psychological Westerns을 포함하기도 한다. 서부극은 상상의 공간인 '서부'를 배경으로 선량하며, 정직한 인물이 미국의 법을 지키기 위해 폭력적 수단을 사용하는 공간으로 형상화했다. 여기에는 아메리카라는 땅과 재산에 대한 백인의 당연한 권리를 요구하며, 이를 위협하는 세력에 대한 폭력적 권리를 강조한다. 미국이 독립전쟁 이후 100여 년에 걸친 헌법 형성 과정에서 가장 중요하게 여긴 것이 재산권이었기 때문이다. 이와 함께 부의 증대는 프런티어라는 미개척지를 향하는 가치 행위를 통해 합리화했다. 프런티어는 약탈과 같은 행위지만, 미국 신화의 형성에서 원주민인 인디언은 유령 같은 존재거나 아니면 '재산을 약탈하는 야만인'으로 규정됐다. 제2차 세계대전의 참화를 거치면서 이러한 가치에 의문을 품은 영화들이 하나씩 등장한다. 초기에 등장한 반성적 서부극은 아직까진 수정주의라고 불린 단계는 아니었다. 그러던 것이 세르지오 레오네의 이탈리아 웨스턴이 등장하면서 서부극의 형식적 측면에 중대한 변화가 생겨난다. 미국적 가치라는 기괴한 신념을 받아들일 수 없었던 이탈리아 웨스턴은 서부라는 황무지를 본래 그대로 야만적인 공간으로 묘사했다. 그리고 샘 페킨파는 이러한 약탈과 살육 그리고 무지의 공간이라는 서부를 〈와일드 번치〉에서 고스란히 표현한다. 이러한 영화들로부터 수정주의 서부극이라는 명칭이 생겨났고, 이후 평론가들은 1960년대 이전 영화에서도 수정주의를 반영하는 영화들을 찾아낸다. 이처럼 미국 신화를 구성하는 미국식 신념 체계에 대한 반발로 등장한 수정주의 서부극에 대해서는 또 다른 접근방식도 있다. 수정주의 서부극은 수천 편의 서부극이 등장하면서 서부극이란 장르의 생명력이 소진하는 현상에 대한 일종의 경고라는 것이다. 미국인이 가장 사랑하는 장르의 소멸에 대한 반응으로 등장해 새로운 미국적 가치와 또 다른 세계로 향하는 프런티어를 요구하는 장르가 바로 수정주의 서부극의 등장 배경으로 분석되기도 한다. 이처럼 수정주의 서부극은 미국 신화라는 명확한 견해를 대변했던 정통 서부극과는 달리 복잡한 양상을 취한다. 베트남 전쟁 이후에는 여기에 노골적인 미국 비판이 담기기 시작했고(이 또한 미국의 올바른 방향성을 지시하는 역할이다), 〈스타워즈〉의 등장과 함께 우주를 무대로 한 뉴 프런티어라는 가치가 등장하기도 했다.

치네치타 스튜디오

치네치타 Cinecitta 스튜디오는 침체된 이탈리아 영화산업을 위해 1937년 무솔리니가 설립한 영화 촬영 스튜디오다. '영화 도시'라는 뜻인 치네치타는 "영화는 가장 강력한 무기 Il cinema è l'arma più forte"라는 슬로건 아래 단지 파시스트 이데올로기의 선전 목적만이 아니라 1931년 이래 최저점에 도달한 이탈리아 장편 영화 산업을 지원하기 위해 만들어진 공간이다. 치네치타 스튜디오는 제2차 세계대전 시기에 국제 난민을 수용하는 시설로 사용되기도 했으며, 전쟁 직후에는 거리로 나가 현장을 직접 촬영하던 이탈리아 네오리얼리즘이 흥하고 전쟁의 폐해 때문에 스튜디오의 역할이 크게 줄어들기도 했지만, 전후 복구 이후 〈벤허〉, 〈클레오파트라〉와 같은 대작들과 페데리코 펠리니, 루키노 비스콘티, 세르지오 레오네와 같은 감독들이 치네치타 스튜디오에서 영화를 제작하면서 이탈리아 영화 제작의 중심이 된다. 치네치타 스튜디오는 여전히 이탈리아 영화 산업의 중심이며, 마틴 스콜세지의 〈갱스 오브 뉴욕〉, 멜 깁슨의 〈패션 오브 크라이스트〉와 같은 영화들이 치네치타 스튜디오에서 영화를 촬영했다.

멜로드라마

멜로드라마 Melodrama는 '음악을 동반한 드라마'라는 뜻이다. 이 용어는 1770년에 장 자끄 루소가 판토마임과 음악이 번갈아 나오는 자신의 작품 〈피그마리온〉의 극적 독백을 묘사하기 위해 그리스어의 노래 Melo와 극 Drama을 결합해 만든 용어다. 멜로드라마는 프랑스에서 1770년대와 1780년대에 등장한다. 당시 프랑스는 코메디 프랑세즈 Comédie-Française처럼 공인된 레파토리 극단에만 '대사가 있는' 연극을 공연하도록 왕실이 독점권을 주었다. 이때 대사를 쓸 수 없는 2군에서 등장한 형식이 멜로드라마다. 그 때문에 2군에 속한 극단은 재주부리기, 곡예, 발레, 인형극과 판토마임 같은 비언어적 연극 형태만 공연할 수밖에 없었다. 그러다가 1789년 프랑스 혁명으로 대사가 있는 연극의 독점권은 사라지고 모든 극단이 대사를 사용할 수 있게 된다. 그러나 비언어적 차원에서 인간의 진정한 감정을 전달하는 능력은 사라지지 않고 생각과 감정을 제스처와 의상, 장식 그리고 다른 미장센으로 표현하는 시각적 기술로 완성된다. 그리하여 오늘날 우리가 멜로드라마라고 부르며 인간의 감정을 격정적으로 묘사하는 장르로 성립된다.

판초 비야

프란시스코 비야로 이름을 바꾼 후 애칭인 판초 Pancho로 더 잘 알려진 인물이다. 본명은 도로테오 아랑고다. 판초 비야는 멕시코의 가난한 농장 노동자의 아들로 태어나 자신의 누이를 강간한 농장 주인을 살해하고 산으로 들어가 산적이 된다. 그런데 판초 비야는 약탈한 물건을 '판초 비야'의 이름으로 가난한 사람에게 나눠주었고 이에 따라 명성을 얻게 된다. 그러던 중 1909년 멕시코 혁명이 일어나면서 판초 비야 역시 자신의 세력을 이끌고 혁명 세력에 참여해 연전연승을 거두면서 멕시코 민중의 영웅이 된다. 판초 비야는 1차 혁명이 성공하면서 민간인 신분으로 돌아갔으나, 반혁명 세력이 등장하면서 다시 전쟁에 뛰어들어 반혁명군을 지원하는 미군에 맞서 싸우기도 했다. 그러나 결국 판초 비야는 정적에게 암살당하고 무덤까지 파헤쳐져 목이 잘리는 수모까지 당하게 된다.

콘티뉴이티

콘티뉴이티 Continuity는 영상 구성에 있어 장면과 장면을 이해하기 쉽고 부드럽게 연결하여 하나의 일관된 흐름을 갖게 하는 것을 말한다. 영화는 연속성(콘티뉴이티)이 중요하다. 영화 촬영은 각각 촬영된 장면 Shot이 모여 하나의 이야기, 즉 시퀀스 Sequence를 이룬다. 이때 신과 신, 시퀀스와 시퀀스를 제대로 연결하지 않으면 영화 진행의 일관성이 깨지게 된다. 촬영 현장에서 연속성을 확보하는 가장 용이한 방법은 반복 촬영이다. 대화 장면을 촬영할 때 두 사람의 대화 장면을 동시에 촬영한 후 카메라를 옮겨 같은 대화를 한 사람씩 따로 촬영한다. 여기에 카메라 이동과 렌즈 조작이 필요한 만큼 반복해서 촬영하기도 한다. 그리고 손, 커피 잔, 담배와 같은 소품들 역시 클로즈업으로 촬영해 편집시 활용하면 일관성을 유지하면서도 다양한 편집을 할 수 있다. 여기에 음악, 음향 효과와 같은 사운드 역시 콘티뉴이티를 유지하고 강화하는 데 큰 도움이 된다. 비주얼의 콘티뉴이티가 깨지더라도 사운드를 사용해서 연속성을 만들어낼 수 있기 때문이다. 그리고 이러한 콘티뉴이티를 고려해서 대사, 액션, 카메라 위치, 음향 효과 등을 기입한 연출 대본을 콘티뉴이티, 줄여서 콘티 Conti라고 한다.

몽타주

몽타주 Montage는 '모으다', '조합하다'를 뜻하는 프랑스어 Monter에서 유래한 용어다. 미술에서 몽타주는 서로 다른 이질적인 소재나 이미지들을 잘라내고 맞추는 재구성을 통해 하나의 작품으로 결합시키는 기법을 말한다. 영화에서 몽타주는 영화를 편집하는 과정을 말하지만, 일반적으로 영화를 잘라내고 이어 붙이는 기계적인 편집 과정 이상의 의미가 담겨 있다. 몽타주는 영화의 전체적인 의미와 효과를 고려해 마치 레고 블록을 창조적으로 조립하는 듯한 과정을 말한다. 이러한 영화 예술로서의 몽타주를 처음으로 강조한 인물은 관객에게 다양한 감정적 영향을 주기 위해 컷과 컷을 다양하게 이어 붙인 레프 쿨레쇼프다. 쿨로쇼프의 몽타주를 가장 장난스럽게 만든 것이 인터넷에서 유명한 스티븐 시걸의 같은 표정 아래 다양한 감정을 표현한 단어를 집어넣은 이미지다. 쿨레쇼프의 몽타주는 영화사에서 가장 유명한 두 인물인 세르게이 에이젠슈테인과 프세볼로트 푸도프킨에게 이어졌다. 에이젠슈테인은 서로 다른 샷을 충돌시키면서 전혀 다른 영상적 의미를 만들어 내는 변증법적 몽타주 Dialectical Montage 이론을 전개했고, 푸도프킨은 명확한 연결을 통해 영화의 액션(행위)을 만들어 내는 연결 몽타주 Montage of linkage 이론을 전개했다. 오늘날에는 난해한 변증법적 몽타주는 주로 예술 영화에 사용되고, 우리가 보는 일반적인 영화에는 보통 연결 몽타주가 사용된다. 그런데 샘 페킨파의 〈와일드 번치〉와 같은 영화는 영화의 컨티뉴이티를 무시하듯이 미술에서 잘라낸 부분들을 한 화면에 병치시키는 것처럼 영화의 액션 장면을 시퀀스 내에서 무작위처럼 보이게 배열하고 있다. 물론 당연히 무작위는 아니며, 관객이 시퀀스 전체를 통해 폭력을 더 강도 높게 느끼게 하려는 편집이다.

서브리미널 효과

서브리미널 효과 Subliminal perception는 인간이 쉽게 인지하기 어려운 영상이나 음향을 삽입해 인간의 잠재의식에 영향을 미치는 효과를 말한다. 1957년 소비자 구매 동기 조사 전문가 제임스 비카리가 타키스토스코프 Tachistoscope•를 사용해 영화 상영 중간에 팝콘과 콜라를 먹으라는 메시지를 끼워 넣자 팝콘과 콜라의 판매량이 증가했다는 실험을 통해 처음 등장했다. 오늘날 이 실험을 대체로 거짓으로 여겨지며, 서브리미널 효과에 대해서도 논란의 여지가 있다. 다만, 2010년 과학잡지 〈사이언스〉에서 네덜란드 위트레흐트대학교 심리학과 루드 쿠스터스와 헹크 아츠 교수의 '무의식 의지'에 대한 논문이 실리며, 서브리미널 효과가 다시금 재평가받기도 했다. 그러나 영화나 드라마에 등장하는 간접 광고로도 알 수 있듯이 굳이 논란이 많은 서브리미널을 사용할 필요는 없다. 시청자는 자신의 욕구에 따라 광고에 영향을 받기도 그렇지 않기도 하기 때문이다. 대신 서브리미널은 영화에서 공포 효과를 자아내기 위한 효과로 사용되기도 했다. 1958년 작 〈귀신 들린 집의 공포〉는 최초로 서브리미널 효과를 사용한 영화다. 영화는 이 기법을 사이코라마 Psychorama 라고 홍보하며 영상이 흐르는 가운데 해골이나 악마의 이미지 등이 잠시 나타나게 했지만, 별다른 반응을 얻지 못해 싸이코라마가 사용된 영화는 단 두 편에 그쳤다. 그러나 이후에도 이러한 기법은 사라지지 않고 〈엑소시스트〉나 〈파이트 클럽〉 같은 영화에서 종종 사용되기도 했다.

• 그림, 글자 등을 짧은 시간만 화면에 보여주는 순간 노출기.

머리 가죽

수많은 웨스턴 영화에서 머리 가죽 벗기기는 인디언의 전유물처럼 묘사됐지만, 역사가(역사가에 따라 백인이 먼저 시작한 행위로 보기도 한다)들에 따르면 이 행위가 백인이 먼저인지 인디언이 먼저인지 알 수 없다고 말한다. 두 집단 모두 어느 순간부터 머리 가죽을 벗기고 있었기 때문이다. 물론 머리 가죽은 백인이 훨씬 많이 벗겼고, 인디언은 주로 분노를 표현하기 위해 벗겼다. 백인은 인디언의 머리 가죽, 특히 머리채를 가발로 팔고 다녔고, 인디언의 가죽을 벗기고 무두질해 지갑 따위를 만드는 유행도 있었다. 뮤지션이자 영화감독인 롭 좀비는 이러한 머리 가죽 벗기기를 〈살인마 가족 2〉에서 백인 살인마가 희생자의 얼굴 가죽을 벗겨내 뒤집어쓰는 행위로 묘사하며 머리 가죽 벗기기가 실은 백인 학살자의 행위임을 노골적으로 비틀고 있다.

6

죽었으나
늘 변화하는 좀비

좀비도 진화한다!
워킹 데드에서 러닝 데드로

좀비는 언제부터 뛰기 시작했나?

2016년 신인 감독 연상호가 〈부산행〉을 만들 당시에는 충무로의 누구도 성공을 장담하지 못했다. 그러나 막상 개봉한 〈부산행〉은 천만을 넘는 흥행 성공을 거두었을 뿐 아니라 국제적으로도 큰 호응을 얻었다. 한국산 좀비의 열풍은 여기서 그치지 않았다. 얼마 후 넷플릭스가 좀비 액션과 사극을 결합한 〈킹덤〉을 공개했고, 뒤를 이어 고등학교를 무대로 한 〈지금 우리 학교는〉까지 나오자 한국은 단번에 좀비 영화의 강국이 되었다. 이런 작품에서 한국의 좀비는 엄청난 활력으로 뛰어다닌다.

• 〈괴시〉 포스터

코리안 좀비가 세계적으로 유명해진 것은 최근의 일이지만 놀랍게도 한국에서는 이미 오래전에 좀비 영화를 만든 적이 있다. 강범구 감독의 1980년

• 〈죽음의 숲〉 포스터   • 〈GP506〉 포스터   • 〈무서운 이야기〉 포스터

작 〈괴시〉다. 하지만 이 영화는 1974년에 만든 〈잠든 시체를 건들지 마라〉라는 스페인, 이탈리아 합작 영화를 노골적으로 표절한 데다 완성도 역시 원작에 크게 못 미치는 작품이다. 예전에는 이렇게 저 작권을 무시하고 베끼는 일이 영화, 방송계에 비일비재했다. 2000년 이후 잠시 붐을 이룬 한국의 공포영화는 좀비보다는 주로 귀신, 유령 과 같이 한국인의 정서에 좀 더 익숙한 주제를 다루었다. 그러다가 유일한 작가의 공포 문학 작품 네 편을 동시에 영화화한 〈죽음의 숲〉 이나 〈GP506〉 그리고 옴니버스 영화 〈무서운 이야기〉 등에서도 좀 비화된 인간을 다루기도 했지만 별다른 반향을 일으키진 못했다. 그 러다 연상호 감독의 〈부산행〉이 나온 것이다. 실사 영화 연출 전의 연상호 감독은 〈사이비〉, 〈돼지의 왕〉 같은 사회적 문제 의식이 강한 작품으로 주목받던 애니메이션 감독이었다. 연상호 감독이 선보이는 〈부산행〉은 엄청나게 불어난 좀비가 무시무시한 속도로 마치 해일 이 몰아치듯 휩쓸고 다니는데, 이 모습은 시각적 센세이션을 일으키 며 한국 좀비 영화의 기본 틀이 되었다. 하지만 좀비가 원래부터 빨 리 뛰던 것은 아니다. 한국의 뛰는 좀비는 좀비물의 역사가 짧은 만

큼 흐느적거리는 고전적 좀비보다는 빨리 뛰는 현대적 좀비의 최근 트렌드를 받아들인 결과로 봐야 한다.

좀비는 기본적으로 '되살아난 시체'라는 설정이어서 죽었다 막 깨어난 상태로 의식 없이 흐느적거리며 인간을 쫓아다닌다. 1968년 영화 〈살아있는 시체들의 밤〉은 최초로 이런 설정을 도입했다. 현대는 죽은 인간만이 좀비가 될 수 있고, 좀비는 인간을 잡아먹는다. 물론 다른 것도 먹긴 하지만, 이들은 특히 인육에 집착한다. 이런 좀비를 죽이려면 꼭 뇌를 파괴해야 한다. 죽었다 살아나고, 인간을 뜯어먹으면서 흐느적거리며 걷는 좀비는 21세기에 들어오며 변화를 보인다. 잭 스나이더 감독이 조지 A. 로메로의 좀비 삼부작 중 2편인 〈시체들의 새벽〉을 리메이크한 〈새벽의 저주〉부터다.

〈살아있는 시체들의 밤〉과 2004년 〈새벽의 저주〉 사이의 영화에도 뛰어다니는 좀비는 간간이 보이는데, 지금의 좀비 설정이라기보단 여러 호러 영화에 등장하는 괴물의 특성을 섞어놓은 형태가 많았다. 가령 이탈리아 감독 움베르토 렌지의 영화 〈나이트메어 시티〉의 좀비들은 뛰어다닐 뿐만 아니라 심지어 비행기에서 총을 들고 내려 사람들을

• 〈나이트메어 시티〉 총, 도끼로 무장한 좀비

사살하기까지 하며, 사람의 피를 빤다. 이 영화는 방사능에 오염된 인간들을 좀비처럼 그렸지만, 너무 이질감이 심하고 좀비에 흡혈귀를 원칙 없이 섞은 것 같다.

본격적으로 뛰는 좀비가 나온 영화는 대니 보일 감독의 〈28일 후〉다. 여기의 좀비는 인간이 분노 바이러스에 감염되어 좀비처럼 행동할 뿐이며 신체에 아직 인간의 한계가 남아 있어 아무 데나 총을 맞으면 죽는다. 현대적 좀비의 주류가 된 뛰는 좀비의 특성에 가

장 잘 부합하는 영화는 이보다 앞선 댄 오배넌 감독의 〈바탈리언〉이다. 마침 〈바탈리언〉은 현대 좀비 장르의 창시자 조지 A. 로메로 감독과 함께 〈살아 있는 시체들의 밤〉의 각본을 쓴 존 A. 루소가 각본을 쓴 영화다. 이 영화에서 좀비들은 군대에서 만든 가스 때문에 죽었다가 깨어난다. 게다가 일반적인 좀비와 달리 인지능력을 지니고 있으며, 사지를 절단해도 각 부분이 살아있을 정도로 생명력이 강하다. 바로 이 작품에서 기존의 좀비 '워킹 데드Walking Dead'와 다른 '러닝 데드Running Dead'가 등장하고 〈월드워 Z〉에서 빠르게 무리 지어 움직이더니 〈지금 우리 학교는〉에까지 오면 사고력과 초능력을 지닌 슈퍼 좀비가 등장하게 된다. 인류가 진화한 것처럼 좀비도 진화한 것이다. 그런데 좀비란 도대체 무엇이고 어디서 왔을까?

좀비의 기원을 찾아서

부두교를 뿌리로 하는 좀비의 기원은 영화와는 약간 다르다. 영화의 좀비가 인간을 공격하는 괴물이라면 원래 '좀비'는 부두교에서 마법을 부리는 주술사가 시체를 되살려 노예처럼 부리는 것이었다. 좀비의 원산지도 부두교가 번성하던 중앙아메리카의 섬나라 아이티였다. 1492년 스페인에 점령된 아이티는 정복자들이 가져온 질병과 모진 학대로 원주민 대부분이 사망한다. 이후 스페인을 쫓아낸 프랑스가 17세기부터 아이티를 지배하면서 이곳은 점차 프랑스 무역량의 1/3을 담당하는 거대한 사탕수수 생산 기지가 된다. 이런 사정을 알면 최초의 좀비 영화인 〈화이트 좀비〉에서 악당 두목역 배우 벨라 루고시가 좀비를 부려 사탕수수를 가공한다는 설정이 괜히 나온 것이 아님을 알 수 있다.

게다가 아프리카에서 잡아온 흑인들을 북미에 공급하는 중간 기착지라는 지리적 이점으로 아이티에서는 대규모의 노예 무역이 성행했다. 노예를 잡는 것은 백인만이 아니었다. 아프리카 서해 연안의 다호메이 왕국의 왕은 주변 소왕국들에서 포로를 잡아 유럽 노예상에게 팔아넘겼다. 이렇

・〈화이트 좀비〉 벨라 루고시와 좀비들

게 팔린 노예 중에는 다양한 부두교의 마법사나 사제들도 섞여 들어왔다. 잡혀간 흑인들은 "떠 있는 무덤"이라 불린 노예 수송선에 짐짝처럼 실려(비유가 아니다) 중간 기착지인 카리브해의 아이티로 향했다. 죽음의 뱃길을 가면서 흑인들은 가족과 고향에서 뿌리 뽑힌 괴로움을 수호 정령의 노래를 부르며 위로받았는데 이것은 지금 흑인 음악 장르 소울Soul의 뿌리기도 하다. 흑인들은 노예선이 목적지에 도착하기도 전에 숱하게 죽었으며 (스필버그 영화 〈아미스타드〉에 그 실상이 상세히 묘사되었다) 백인들은 그들을 노예로 여기저기 팔면서 멋대로 그리스 신화나 로마 역사에서 마음대로 따온 이름을 붙여줬다. 흑인들의 기억과 역사를 지우고 정체성마저 제거해버린 것이다.

백인들은 각기 다른 부족 출신이던 이들을 뒤섞어 가족과 혈통, 조상에 대한 기억을 지워버리고 모임이나 집회도 금지했다. 흑인들의 각성을 막고 인간성을 박탈하여 정신적·육체적으로 완전한 복종 상태로 만들려 했던 것이다. 시 엘 아르 제임스가 쓴《블랙 자코뱅》에는 당시 노예들의 끔찍한 처지가 묘사된다. "(백인들은) 쾌락을 박탈하기 위해 노예의 은밀한 부위도 서슴지 않고 잘라냈다. 주인은 노예의 팔과 손과 어깨에 뜨거운 밀랍을 들이부었고, 펄펄 끓는 사탕수수액을 노예의 머리 위에 부었고, 노예를 산 채로 불태우거나 서서히

타오르는 장작불에 구웠으며, 노예에게 화약을 채워 성냥으로 불을 붙여 날려버리기도 했다……." 그만 인용하자. 아무리 역사적 사실이라도 호러 영화를 장난처럼 보이게 만들 정도로 끔찍하다.

흑인 노예에게 유일하게 허락된 활동은 가톨릭 신앙을 갖는 것이었다. 그러나 전통의 기억은 쉽게 제거하기 어렵다. 백인들이 노예제도를 공고히 해주리라 믿었던 가톨릭의 세례는 역설적으로 부두교 신앙과 의식을 강화하는 결과를 낳았다. 부두교 사제들은 가톨릭을 응용해서 자신들의 신비스럽고 강력한 능력을 과시하는 의식을 보여준다. 호웅간이라 불리는 제사장들의 가장 강력한 주술 행위는 바로 시체를 깨워 노예로 부리는 행위였는데, 이 깨어난 시체를 '좀비Zombi'라고 불렀다. 여기서 바로 좀비가 탄생했다. 좀비의 근원은 역사적인 사실, 주술, 종교가 섞인 사실적이면서도 모호한 것이었다.

할리우드가 부두교와 좀비를
영화에 써먹기 시작했다

20세기에 들어 부두교와 아이티에 대한 자극적이고 원색적 비난에 가득 찬 문서들이 서구 사회에 널리 퍼진다. 그렇지 않아도 악마, 흡혈귀, 늑대인간 이야기를 좋아하던 엔터테인먼트 산업이 좀비 같은 좋은 소재를 그냥 둘리 없었다. 1932년에 만든 〈화이트 좀비〉에서 드디어 좀비란 이름의 괴물이 등장한다. 이 영화에는 사탕수수 기계 위에서 일하던 좀비가 얼굴에 어떤 감정도 고통도 느끼지 못하는 표정으로 기계에 갈려 나가는 장면이 등장한다. 한때는 인간이었던 좀비가 물건처럼 부서지는 이 장면은 초기 좀비 영화 가운데 단연 가장 끔찍하다. 하지만 〈화이트 좀비〉 이후 1950년대까지 좀비는

부두교보다 영화 소재로 인기가 없었다. 영화에 거의 등장하지 않았고, 그나마 좀비를 등장시킨 영화들은 코미디 도구로 활용한 영화들이었다. 〈고스트 브레이커스〉, 〈좀비들의 왕〉이 그 대표적 작품이다. 1943년 자크 투르뇌르 감독이 만든 〈나는 좀비와 함께 걸었다〉는 코미디로 사용되는 이런 경향에 변화를 준다. 현재까지도 부두교 좀비 영화 가운데 가장 뛰어난 영화로 평가받는 이 영화는 호러 영화의 외피를 두르고는 호러 장르 최초로 인종과 계급에 대한 다층적인 문제를 제기하고 있다. 등장인물 흑인 마부는 백인 지주의 정원에 세워진 '티-미저리Ti-Misery'라는 뱃머리 조각이 원래 노예 무역선의 뱃머리라는 사연을 들려준다. 그리고 왜 흑인들은 아기가 태어나면 기뻐하지 않고 슬피 우는지 사연을 들려준다. 흑인은 태어나자마자 사슬에 묶일 운명이며, 노예의 삶으로 태어나는 것은 불행이고, 반대로 죽음은 평화와 안식을 누리는 행복이라는 것이다. 〈나는 좀비와 함께 걸었다〉에 등장하는 좀비는 사슬에 속박된 흑인의 상징이며 영화는 마치 다큐멘터리처럼 부두교 의식을 가장 현실에 가깝게 묘사했다. 이처럼 자크 투르뇌르는 좀비를 그저 볼거리로 제시하지 않는다.

사실 부두교의 되살아난 시체인 좀비는 영화에서 다루기 어려운 캐릭터다. 죽었지만 살아있는 사람처럼 움직인다. 그런데 그것 말고는 더는 공포감을 자극하는 무엇을 찾기가 어렵다. 부두교는 그나마 사제가 마술을 쓰는 장면 등에서 배우의 연기를 통해 보여줄 것이 있다. 어기적거리며 걷는 것만으로는 공포감을 느끼기 어렵다. 그래서인지 좀비는 보통 〈브로드웨이에 선 좀비〉처럼 주인공을 놀라게 하는 코미디 장치로 더 많이 사용된다. 이 영화는 〈나는 좀비와 함께 걸었다〉에서 좀비와 음악가를 연기한 배우가 캐릭터 그대로 등장해 코믹한 상황을 보여주는 속편 아닌 속편 같은 영화다. 좀비가 서커스로 가지 않은 게 그나마 다행이다.

부두교와 분리되기 시작한
좀비 캐릭터

1950년대가 되면 좀비에게도 획기적인 변화가 생겨난다. 참혹한 기억을 남긴 제2차 세계대전의 공포 때문에 한동안 만들어지지 않던 호러 장르는 1950년대에 SF와 결합하며 재등장했다. 가령 1951년과 1953년에 공개한 〈미지의 행성에서 온 존재〉와 〈화성에서 온 침입자〉는 지구를 침공한 외계인이 인간을 부두교의 좀비처럼 부리는 장면을 보여준다. 부두교의 주술사가 외계인으로 바뀐 것이다. 그중 외계인의 인간 지배를 다룬 가장 무시무시한 영화는 역시 돈 시겔 감독의 1956년 영화 〈신체 강탈자의 침입〉이다. 이 영화로 인간의 신체를 마음대로 조종하는 신체 강탈 Body snatcher이라는 장르가 등장했다. 신체 강탈 장르의 좀비들은 부두교 좀비처럼 어기적거리지 않고 폭력적이고 괴물 같은 강력한 존재로 변모했다.

〈신체 강탈자의 침입〉에서는 외계에서 날아온 꼬투리 같은 물질이 인간으로 복제된다. 독특하게도 같은 본질에서 복제된 인간들은 모두 동일한 감정과 사고를 지닌다. 이 영화의 최초 엔딩은 복제인간

• 〈신체 강탈자의 침입〉 "다음은 당신이야!"

을 피해 달아나던 주인공 마일스 박사가 외계 종자로 가득 찬 트럭이 소도시 산타 마이라에서 출발해 대도시로 향하는 고속도로에 진입하는 것을 보면서 "다음은 당신이야!"를 외치는 장면이다. 하지만 제작사는 재난을 암시하는 암울하고 절망적인 이 엔딩 대신 더 낙관적인 결말을 추가하길 원했다. 하는 수 없이 돈 시겔은 에필로그를 추가했지만, 그 때문에 영화를 망쳤다고 생각했다. 돈 시겔 본래의 비전에

따르면, 〈신체 강탈자의 침입〉은 상반되는 두 개의 구조를 지닌 영화다. 영화는 마일스 박사의 일인칭 시점으로 진행되는 이야기로 펼쳐진다. 이것은 시점을 뒤집으면 사태가 정반대로 읽힐 수 있다는 것이다. 마일스가 겪은 끔찍한 일이 사실일 수도 있지만, 다른 시점으로 보면 마일스가 (냉전의 공포를 은유하는) 정신질환을 앓고 있다는 뜻일 수도 있다. 게다가 〈신체 강탈자의 침입〉은 관객의 입장에 따라 공산주의에 대한 공포로도, 반공을 명분으로 전체주의적 사회를 합리화하는 매카시즘에 대한 비판으로도 읽을 수 있는 영화다. 마일스를 추격하는 마을 사람 모두가 같은 의식과 신념을 공유하는 폭력 집단이란 측면에서 마을 사람들이 당시에 미국인이 상상하던 공산주의처럼 보이기도 하고, 반대로 마일스를 의심하는 이들의 관점에서 마일스는 공산주의의 공포(매카시즘)에 사로잡혀 자신을 제외한 모든 이들을 공산주의자로 보는 강박증에 빠진 인물이 되기도 한다.

고전적 좀비를 극단적으로 변형한 〈신체 강탈자의 침입〉과 함께 냉전이 본격화되면서 대중의 불안 심리를 반영한 현대적 좀비 영화들이 탄생한다. 우연히 이 영화들은 에드워드 L. 칸이라는 같은 감독에 의해 만들어졌다. 에드워드 L. 칸은 1950년대에 세 편의 좀비 영화를 만드는데, 〈원자 뇌가 달린 피조물〉〈모라 타우의 좀비〉〈보이지 않는 침입자〉가 바로 그 작품들이다. 이 작품들은 모두 다른 스타일로 만들어졌다. 〈원자 뇌가 달린 피조물〉은 배신당한 범죄자 두목이 독일 과학자를 시켜 시체들의 뇌에 무선 수신이 가능한 전극 다발을 심고 명령을 내려 정적들을 살해하는 이야기를 다룬 영화다. 〈모라 타우의 좀비〉는 원주민의 저주를 받아 살아 있는 시체 상태로 영원히 보물을 지키는 존재들에 관한 이야기, 그리고 〈보이지 않는 침입자〉는 에너지로만 존재하는 외계인이 하필이면 시체에 스며들어 지구를 정복하려는 이야기다. 이 영화들에서 에드워드 L. 칸이 그

• 〈원자 뇌가 달린 피조물〉 스틸 컷

• 〈모라 타우의 좀비〉 스틸 컷

• 〈보이지 않는 침입자〉 스틸 컷

려 보이는 좀비 집단(저예산 영화의 한계상 좀비가 많이 등장하진 않는다)은 조지 A. 로메로 감독 영화의 한 장면이라고 속여도 그냥 넘어갈 정도로 멍한 표정으로 어기적거리며 지금의 현대식 좀비와 유사한 모습을 보여준다. 또한 에드워드 L. 칸과 더불어 이 시기의 영화 가운데 현대적 좀비 장르에 가장 큰 영향을 미친 작품에는 우발도 라고나 감독이 1964년에 만든 〈지상 최후의 사나이〉(원작과 영화 내용에 따르면 '사나이'보다 '인간'이 번역 제목에 더 적합하다)도 있다.

조지 A. 로메로 감독,
검열의 틈새에서 현대식 좀비를 발명하다

리처드 매드슨의 1954년 소설 《나는 전설이다》는 2007년 윌 스미스가 나온 작품을 포함해 여러 번 영화로 만들어졌다. 여기서 파생된 두 편의 영화 〈지상 최후의 사나이〉와 〈살아있는 시체들의 밤〉은 좀비 영화가 갖춰야 할 모든 요소를 만들었다. 오늘날 익숙한 되살아난 시체가 흐느적거리며 사람을 뜯어 먹고, 뇌를 파괴해야 멈춘다는 좀비 영화의 뼈대가 여기서 갖춰진 것이다. 그중 최초인 〈지상 최후의 사나이〉에서 나오는 괴물은 설정상으로는 흡혈귀지만 모습은 좀비에 더 가깝다. 보통 흡혈귀는 섹시하면서도 교활하게 인간을 유혹하지만 여기서 괴물들은 지적 능력 없이 흐느적거리며 돌아다닌다. 밤에 주인공을 공격하는 흡혈귀들 역시 막무가내로 문틈 사이로 손을 집어넣는 모습이 좀비에 가깝다. 이것은 추정이지만 고전 드라큘라 영화의 흡혈귀들이 양손을 늘어뜨리고 서서히 희생자들에게 다가가는 연출적 관습이 아직 남아 있을 때라 이렇게 연출한 게 아닌가 싶다. 흡혈귀가 좀비처럼 흐느적거리는 이 장면은 나중에 〈살아

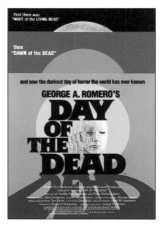

· 〈살아 있는 시체들의 밤〉 포스터　　· 〈시체들의 새벽〉 포스터　　· 〈시체들의 낮〉 포스터

있는 시체들의 밤〉에서 조지 A. 로메로가 그대로 다시 써먹었고, 나중에는 모든 좀비 묘사의 교과서가 되었다. 로메로는 특히 매드슨의 《나는 전설이다》를 언급하면서 "소설을 인용해서 각본을 썼다"고 밝히고 있다. 사실상 소설이 원작이란 이야기다.

　　한편 〈살아있는 시체들의 밤〉은 1950년대 SF 호러 장르의 유산을 물려받은 영화이기도 하다. 영화에서는 시체들이 깨어난 명확한 이유를 설명하진 않는다. TV 뉴스를 통해 금성에서 돌아온 인공위성이 방사능에 오염돼 지구에 퍼지고 있다는 정보를 주지만 나머지는 관객이 알아서 짐작할 뿐이다. 우주, 외계인 침공, 방사능 오염이란 설정은 인류가 핵전쟁의 공포에 떨던 냉전의 산물이기도 하다.

　　원래 로메로의 각본 초고는 인육을 먹는 외계인 소년과 친구가 되는 지구 소년의 이야기였다. 그러나 존 루소가 합세하면서 최종 각본은 1950년대의 정서를 첨가해서 잔혹한 설정과 암울한 정서가 합쳐진 새로운 세계로 만들어진다. 그 결과 조지 A. 로메로는 현대적 좀비 영화의 진정한 창조자가 된다. 현대 좀비 영화를 이야기할 때 조지 A. 로메로 감독의 '좀비 삼부작'은 절대 빼놓을 수 없다.

사실 나중의 모든 좀비 영화는 대부분이 로메로 좀비 삼부작의 변형이라고 봐도 무방하다. 첫 영화인 〈살아있는 시체들의 밤〉은 지금 봐도 경악스럽고 오싹한 장면이 넘친다. 불에 탄 사람을 좀비들이 바비큐처럼 뜯어 먹고, 살아남은 자가 강철 렌치로 뇌를 꿰뚫어도 좀비의 눈알은 반복해서 좌우로 움직인다. 하지만 가장 끔찍한 건 좀비로 변한 소녀가 죽은 아버지의 팔을 뜯어 먹다가 지하실로 내려온 어머니를 모종삽으로 가슴을 연이어 내려찍는 장면이다. 정말 이래도 되나 싶을 정도로 잔인하다. 영화 평론가 로저 이버트는 "관객석에 있는 아이들은 기겁했고, 거의 완전한 침묵이 흘렀다"라고 말한다. 이 시기에 어떻게 이토록 잔혹한 묘사가 가능했을까. 하필 당시는 1930년대의 프리 코드 시기 같은 일시적인 검열의 공백기였기에 가능했다.

한편, 1960년대 할리우드는 사상 최악의 불황기였다. 다급해진 메이저 스튜디오는 〈벤허〉나 〈아라비아의 로렌스〉 같은 대작 영화로 맞불을 놓았지만 이마저도 텔레비전으로 기울어진 시장을 되돌리기엔 역부족이었다. 검열도 점차 유명무실해졌다. 관객이 없는데 검열이 무슨 소용인가. 할리우드는 1966년부터 엄격한 검열 체제인 헤이스코드를 대체할 다른 등급 체제를 검토했고, 1968년 11월에 지금 우리에게 익숙한 MPAA 영화 등급제가 시작된다. 즉 이 장면은 잘라내라는 '검열' 체제에서 이런 묘사는 이 정도 나이의 관객들에게만 허락한다는 '등급' 체제로 바뀐 것이다.(한국도 이를 참조해서 김대중 정부 시기인 1999년부터 검열이 아닌 등급 체제로 바뀌었다) 이렇게 1968년 10월에 공개한 〈살아있는 시체들의 밤〉은 검열의 공백기를 틈타 아무런 제재 없이 등장한 것이다. 관객들은 듣도 보도 못한 끔찍한 영화에 치를 떨었지만, 그걸로 돈을 버는 건 완전히 다른 이야기다. 결국 이 영화는 12만 달러의 예산으로 무려 1,500만 달러의 수익을 거둬들인다. 한번 흥행의 맛을 보자 잔인한 장면은 속편으로 갈수록 더해졌다. 특히 2편인 1978년 작 〈시체들의 새벽〉부터는 특수 분장의 전문가 톰 사비니가 참여해 터져나가는 머리와 쏟아지는 내장의 고어 효과를 의과대학의 해부학 교재 수준으로 생생하게 묘사한다.

당시에는 그저 그런 B급 영화 대접을 받았어도 영화사적으로 조지 A. 로메로의 좀비 삼부작은 단순한 호러 영화 이상의 취급을 받는다. 한국의 영화 잡지 《키노》는 〈시체들의 새벽〉이 미국 대학의 한 경제학과에서 중요 텍스트로 활용했다고 언급한다. 이유는 좀비들의 행동 양식에 있다. 초기 다른 영화의 부두교식 좀비는 인간의 탐욕에 이용되는 노예 같은 존재다. 나중에 좀비들은 조종자가 악당 혹은 외계인으로 바뀌었을 뿐 역시 타자의 목적을 위해 활용되는 피동적 대상들이다. 하지만 로메로의 좀비는 자신들의 생존본능과 인간의 신선한 육체를 노리고 주체적으로 움직인다. 인간을 이기적 행위자로 규정하는 경제학은 이러한 좀비의 행동 동기를 단순한 이기적 모델을 넘는 초 합리적 행위자 모델로 규정한다. 좀비를 경제이론을 설명하는 모델로 쓴 교수도 유별나지만 역설적으로 로메로의 좀비 영화에는 단지 호러 영화를 넘는 뭔가가 있다는 뜻이기도 하다.

좀비의 정치경제학,
생각 없이 시키는 대로 일만 하는 존재가 되어라

로메로 감독이 그려낸 좀비는 현대 자본주의가 좋아하는 이상적인 노동자 모델이자 같은 목적을 지녔다면 서로 해치지 않는 이상적인 경제적 인간상이기도 하다. 1932년 영화 〈화이트 좀비〉는 그야말로 기계 부품처럼 일하는 좀비를 보여준다. 하지만 로메로 감독의 좀비는 인간을 잡아먹으러 다닌다. 그런데 잘만 이용한다면 이 좀비를 아주 훌륭한 일꾼으로 부릴 수가 있다. 좀비는 인육을 원하니 하나가 죽어도 옆을 물면 또 좀비 일꾼을 쉽게 만들 수 있고, 서로 다투지도 않는다. 좀비의 이 세 가지 특성이야말로 자본가가 원하는 가장 이상적인 노동자상이다. 오늘날 공장 자동화에 로봇 이용이 점점 증가하는 것 역시 로봇이 바로 이 세 가지 특성, 즉 적당한 에너지 공급만으로 얻을 수 있는 끊임없는 노동력, 손쉬운 교체, 노동자 연대(노조)의 원천 차단이라는 특성을 완벽하게 갖췄기 때문이다. 현대인은 자기는 단순 노동자 취급받기를 원치 않으면서도 막상 자기가 남에게 일을 시키면 로봇 같은 단순 노동자를 원한다. 이런 이중적 태도를 만족시키는 가장 완벽한 대상이 좀비다. 우리에게 좀비가 두려운 까닭은 나의 삶도 혹시 언젠가는 좀비 같은 노예 노동으로 추락할지 모른다는 공포가 암묵적으로 반영되었기 때문이다.

반대로 좀비처럼 극단적인 목적 지향적 존재는 다양성이라는 또 다른 삶에 대한 가치를 요구하는 태도로 읽힐 수도 있다. 조 홀드먼의 1975년 소설《영원한 전쟁》에서 주인공은 우주에서 싸우고 지구로 돌아온다. 주인공이 돌아온 지구는 시간의 상대성 때문에 오랜 시간이 흘렀고 모두 변해 있다. 사람들은 모두 동일한 외모와 성격으로 복제되어 누가 누군지 구분할 수 없다. 주인공은 동일화를 거부하고 자기 자신으로 남기를 선택하지만 쉽지 않다. 전쟁 같은 다툼과 적대를 없애는 가장 확실한 선택은 바로 동일화다. 모두가 나와 같은 생각과 태도를 지니는 것이다. 다양성(자유)과 동일화는 서로 상충하는 개념이지만, 좀비는 이 두 개념을 모두 제시한다고 할 수 있다.

〈살아있는 시체들의 밤〉은 동일화와 다양성을 좀비와 인간의 대비로 극명하게 드러낸다. 먼저 좀비들은 인육 외에는 아무것도 신경 쓰지 않는다. 심지어 인육을 두고 다투지도 않는다. 팔다리냐 내장이냐 그저 먼저 손을 뻗는 놈이 임자다. 반면에 인간들은 가장 안전한 곳이 지하실이냐 거실이냐를 두고 다투기만 한다. 다툼은 끝내 살인으로 이어진다. 인간의 가장 큰 특징인 갈등 행위다. 좀비들은 경제학의 이상적 모델이라 할 수 있을 초 합리적 집단 행위자 모델을 따른다. 욕망을 단일화하고 나머지는 무시한다면 모두가 행복한 사회가 될 수 있다. 좀비 사회는 가장 이상적인 공리주의이자 전체주의 모델이기도 하다. 그런데 우리가 다양한 가치를 지키며 사는 사회 모델을 추구하려면 갈등을 견디는 수밖에 없다. 하지만 과연 이것이 우리가 바라는 사회일까? 좀비 아포칼립스는 결국 겉으로는 자유를 바라는 인간이 사실은 전체주의를 그리워하고 있지 않은가 하는 의심과 공포의 표현이다. 그리고 이런 공포는 나치즘과 군국주의로 그리고 최근까지 현실로 종종 나타나고 있다.

조지 A. 로메로 감독은 텍스트로 삼은 《나는 전설이다》를 혁명에 관한 작품이라고 생각했다며, "나는 지구를 뒤흔드는 변화를 원했다…. 사람들이 이에 대해 어떻게 반응하거나 반응하지 않는지에 대한 것"이 자신이 표현한 '좀비'의 전부라고 말한다. 혁명은 어떤 형태로건 세상이 뒤집히는 것이다. 그 결과가 긍정적이냐 부정적이냐는 그 후에 판단할 일이다.

〈살아있는 시체들의 밤〉 이후의
초창기 현대 좀비 영화들

조지 A. 로메로가 시작한 좀비의 원형(느리고 흐느적거리며 인육을 먹는 되살아난 시체)은 70년대 호러 영화에 많은 영향을 미친다. 좀비 삼부작이 만들어지는 와중에 좀비 같은 되살아난 시체(좀비 혹은 구울이란 용어는 〈시체들의 새벽〉 이전까지는 단어가 정착되지 않았다)를 담아내는 영화들이 연달아 등장했다. 가령 주인공이 아버지를 찾아 한적한 어촌에 들렀다 겪게 되는 이상한 사건을 그린 1973년 영화 〈사악한 메시아〉는 러브크래프트의 소설 《인스머스의 그림자》의 영향과 좀비 설정이 동시에 보인다. 핏빛으로 변한 달빛 아래서 눈에서 피를 흘리며 마치 좀비처럼 변한 주민들이 나오는 장면이 대표적이다. 1974년 영화 〈잠든 시체를 건들지 마라〉는 좀비 탄생의 원인을 밝히는 몇 안 되는 작품이다. 초음파에 의해 깨어난 시체가 사람들을 공격하는 설정은 〈살아있는 시체들의 밤〉에서 크게 영향을 받은 게 분명하다.

1974년 〈데스드림〉은 조지 A. 로메로의 영화보다 죽은 군인들이 다시 돌아오는 아벨 강스의 1919년 작 〈나는 고발한다〉의 분위기가 더 짙게 풍기는 영화다. 이 영화는 베트남 전쟁에 참전한 아들이 전사했다는 소식이 전해지면서 시작한다. 시체인 주인공은 원치 않는 전쟁에 끌려가 죽었지만, 죽은 상태로 돌아오자 주변 사람들이 두려워하고 거부하는 존재가 된다. 그리고 살인이 벌어진다. 이 영화는 베트남전 소재 호러 영화 가운데 가장 끔찍하기도 하다.

베트남 전쟁이 벌어지던 1960년대 후반에서 1970년대 초반은 반전의 목소리가 높던 시기다. 프랑스의 68운동, 미국의 히피 운동, 영국의 성난 젊은이들Angry Young Man은 모두 부모 세대의 가치를 거부하면서 일어났다. 기성세대들은 젊은이들에게 체제에 순응하라고 가르쳤지만 정작 그들은 두 번에 걸친 세계대전과 한국 전쟁, 베트남 전쟁에 젊은이들을 내몰며 피 흘리게 했다. 젊은이들이 본 기성세대는 물질주의 사회 속에서 자기만족에 빠진 사람들이며 사회에 대한 무관심과 순응을 강요할 뿐이다. 68운동은 성난 젊은이들이 이런 체제에 대항해서 일으킨 혁명이었는데, 1960년대 말 꽃을 피운 청년 문화는 부도덕한 전쟁, 빈곤과 불평등 그리고 인종차별에 방관하는 정치 경제 구조를 공격하는 영화 운동을 낳기도 했다. 아버지 세대의 영화는 죽었다고 선언한 독일의 뉴저먼 시네마, 아메리칸 뉴 시네마 운동이 그것이다. 〈살아있는 시체들의 밤〉이 바로 이러한 문화적 환경에서 등장한 시대상과 젊은이들의 의식을 강하게 반영한 영화였다.

이렇게 다양한 방식으로 변화한 조지 A. 로메로의 좀비 세계관은 1970년대 캐나다 출신의 괴이한 감독을 만나면서 다시 한번 진화를 겪는다. 바로 혼돈의 1970년대라는 시대적 분위기를 가장 괴상한 방식으로 만들어낸 데이비드 크로넨버그의 1975년 작 〈쉬버스 Shivers〉다. 내용은 아주 단순하다. 현대인이 너무 이성적으로만 사고하기 때문에 세상이 더 끔찍해졌다고 믿는 한 정신 나간 의사(기성세대)가 있다. 그는 최음제와 성병으로 감정을 자극하는 기생충을 만들어 젊은 여성(청년세대)에게 심어 놓는다. 의사는 이 기생충이 감정이 더 풍부한 사회를 만들 것이라고 믿지만, 결과는 섹스에 미친 좀비 같은 인간의 폭증으로 인간 사회 자체가 박살이 난다. 평생 섹스와 폭력이라는 두 개의 화두에 천착하며 영화를 만든 데이비드 크로넨버그는 기성세대를 인정하지도 청년세대를 대변하지도 않는다. 〈쉬버스〉에서는 기성세대가 괴물을 만들고, 괴물이 된 젊은 세대는 괴물의 욕망을 무한대로 풀어 놓는다. 여기서 인간의 의식을 지배하는 괴물성

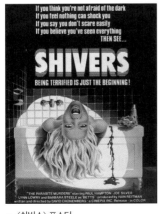

• 〈쉬버스〉 포스터

은 곧 이데올로기의 다른 말이기도 하다. 결국 크로넨버그가 말하는 건 기성세대건 청년세대건 자신들의 이데올로기에 세상을 꿰맞추려 하다간 결국 세상 자체가 괴물이 되고 만다는 것이다. 이렇게 1970년대까지의 좀비 영화는 극단적인 폭력 묘사로 세상의 진짜 폭력과 광기를 반영하며 만들어졌다. 하지만 시대가 달라지면 영화도 달라지기 마련이다. 1970년대 말과 1980년대에 디스코와 펑크 시대가 오면서 미국에는 〈좀비오〉 같은 해괴망측

하고도 유쾌한 변형 좀비물이 만들어지고 또 한동안 잠잠했다. 좀비물의 생명이 다했나 할 정도로 뜸하다 21세기가 되자 기존 좀비와는 전혀 다른 세상이 펼쳐진다. 엄청난 활력을 지닌 다이내믹 좀비들이 등장한 것이다.

워킹 데드에서 러닝 데드의 세계로

오늘날 영화 관객은 더 이상 어기적거리는 좀비에서 아무런 감흥을 느끼지 못한다. 대신 〈월드워 Z〉처럼 좀비가 대규모로 몰아치는 걸 선호한다. 〈부산행〉은 이런 경향을 재빨리 담아낸 영화다. 〈부산행〉 이후 한국 좀비물은 모두 빠르다. 느린 좀비는 더 이상 공포가 아니다. 우선 사람들의 심성이 변했다.

인터넷상에 수많은 정보가 떠돌기 시작하면서 사람들은 과연 내가 두려워하는 것이 무엇인지에 대한 확실성이 떨어졌다. 너무 많은 정보는 판단을 흐리게 한다. 대신 내가 신뢰하는 몇 가지 정보로만 세상을 알아도 된다. 원래 인간의 본성은 듣고 싶은 이야기만 듣는다. 그러다 정보를 잘못 판단해도 두려움은 없다. 내가 듣기 좋은 이야기가 옳은 이야기다. 이러한 태도로부터 이해할 수 없는 대상에 대한 무관심이 생겨난다. 결국 이런 태도는 지금 내가 모르는 것은 앞으로도 알 필요가 없다는 반지성주의로 발전한다. 모든 것이 빨리 바뀌고 아침과 저녁의 유행어가 다른 세상에 적응하려면 어쩔 수 없다. 세상이 빨리 도는데 왜 좀비만 느려야 하는가. 그러자 달리는 좀비가 등장했다. 어기적거리는 좀비는 시간을 두고 피할 수 있지만 달리는 좀비는 피하기도 힘들다. 그래서 더 위험하고 무섭다. 거기에 좀비는 지능까지 가지려 한다. 드라마 〈지금 우리 학교는〉에는 이성을 지녔으며 불사에다 일반인을 월등히 뛰어넘는 힘을 지닌 좀비가 등장한다. 〈바탈리언〉에서처럼 절대 죽일 수 없는 좀비에 강력한 힘까지 더한 것이다. 슈퍼히어로와 슈퍼빌런이 합쳐진 존재다. 역설적으로 이런 이성과 불사의 파워를 지닌 최상위 포식자야말로 모두가 원하는 권력자의 이미지이기도 하다. 내게 거대한 힘이 주어지면 엄청난 부를 거머쥘 수도 있지만 동시에 내가 소속된 공동체를 지킬 수도 있다.

그런데 여기에 문제가 하나 있다. 내 가족과 친구들을 해친 좀비들을 통쾌하게 박살 내긴 했는데 의문이 떠오른다. 과연 누가 좀비인가? 내가 원하는 정보만 선택적으로 수용하다 보니 구분하는 기준이 희미해지고 무엇인가를 판단하는 능력이 떨어지게 된다. 그러니 이제 점점 불안해지고, 불안감은 적으로 판단한 그룹에 대한 적개심을 더욱 높이게 된다. 일라이 로스의 〈캐빈 피버〉가 이러한 상황을 잘 보여준다. 갑자기 사람들이 주인공 그룹을 공격한다. 공포에 질린 이들은 자신을 공격하는 사람들을 박살 내며 살아남기 위해 최선을 다한다. 그런데 알고 보니 바로 자신들이 좀비였고, 공격하던 사람들은 좀비에 대항한 것이었다. 협소한 정보만으로 세상을 판단하며, 자신의 가치에 맞지 않는 그룹을 무조건 적대시하는 이들이야말로 좀비인 것이다. 그러니 현대의 좀비는 자신이 인정한 세계만을 관철하려는 집단이기도 하다.

좀비는 100년이 넘는 영화사 속에서 마치 유령처럼 천천히 배회하다가 21세기에 폭발적으로 증가했다. 모든 사회가 엮이면서 웹을 통해 세계 곳곳을 돌아볼 수도 있고, 수없이 넘쳐나는 정보를 찾아볼 수도 있다. 정보가 많아지니 시간이 부족해진 기분도 든다. 그리고 여기서 공포가 생겨난다. 그러나 사실은 복제된 정보의 양만 늘었을 뿐 새로운 정보는 그리 많이 늘지 않았다. 〈살아있는 시체들의 밤〉에서 가족을 좀비에게 잃은 바바라는 공황 상태에서 해결할 수 없는 불안에 영화 끝까지 벌벌 떤다. 당연하다. 이런 상황을 겪으면 대부분의 인간이 보이는 반응이다. 하지만 우리에게는 영화처럼 시간이 없는 것이 아니다. 우리는 고전 시대에 그려진 좀비처럼 세상을 천천히 그리고 느긋하게 살펴볼 필요가 있다. 우리 모두 좀비가 되기를 바라지 않는다면 말이다. 그렇게 한다면 단 하나의 목표를 위해 급박하게 내달리는 러닝 데드와 같은 빠른 삶이 그다지 필요치 않다는 것도 알 수 있다.

고전 좀비에서
현대 좀비로,
샘 레이미의 영화 세계

영화광 소년, 카메라를 잡다

샘 레이미는 장르영화의 대가다. 그는 젊은 시절 만든 초저예산 호러 영화 〈이블 데드〉를 시작으로 21세기에 만든 마블의 〈닥터 스트레인지: 대혼돈의 멀티버스〉까지 장르적 즐거움을 철저하게 추구한 감독이다. 그러면서도 장르 안에서 영화적 실험을 추구했다. 그가 저예산의 한계를 극복하려고 궁리 끝에 만든 〈이블 데드〉 속 날아가는 악령의 시점 샷은 영화 미학적으로도 기념비적인 장면이었다. 영화 역사에서 샘 레이미만큼 오락성과 작품성을 동시에 만족시키는 감독은 흔하지 않다. 게다가 1981년 작 〈이블 데드〉는 조지 A. 로메로가 현대적으로 창조한 좀비 영화에 새로운 형식을 부여했으며 이를 통해 좀비라는 존재를 새롭고 다양한 방식으로 확장할 계기를 마련했다고 평가받는다.

　모든 영화광이 꾸는 궁극적 꿈은 자신만의 영화를 만드는 것이다. 그러나 쉽지 않은 꿈이다. 영화 제작에는 막대한 돈이 든다. 아무리 저예산 단편 영화라고 해도 개인에게는 적은 돈이 아니다. 결국 크건 작건 간에 영화는 돈이 필요한 예술이다. 〈이블 데드〉는 샘 레이미의 첫 장편 영화 데뷔작이다. 그리고 이 영화 한 편으로 그는 단박에 주목받는 감독이 되었다. 하지만 여기까지 오는 길은 결코 쉽지 않았다. 샘 레이미는 어린 시절 아버지가 선물로 준 8mm 카메라에 매혹돼 여러 편의 단편과 한 편의 중편 영화를 만들었지만, 아마추어의 습작일 뿐이었다. 이 시기 영화인 〈살인이다!〉는 분명 유쾌한 농담과 잘린 머리를 식탁에 올리는 식의 괴상망측한 레이미 특유의 색깔을 보여주지만, 여전히 제작비를 투자받기는 힘든 작품이기도 했다. 예나 지금이나 아마추어 영화광의 설익은 재능에 과감하게 투자하는 사람을 찾기는 쉽지 않다. 대신에 샘 레이미는 어렵게 끌어모은 제작비로 먼저 자신의 능력을 증명하는 영화를 찍기로 한다. 그것이 〈이블 데드〉의 축소판이라 할 수 있는 〈숲속에서〉다.

　31분짜리 중편 분량으로 만든 〈숲속에서〉는 아메리카 원주민의 성스러운 묘지로 피크닉을 온 청년이 수백 년 전 주술사의 칼을 파내자 저주가 깨어나고, 악령에 빙의되면서 벌이는 살육을 그린 영화다. 이 작품에서는 이후 〈이블 데드〉에서 등장할 분장과 특수 효과 그리고 촬영 스타일의 기본 형태가 이미 완성됐음을 볼 수 있다. 이렇게 자기가 만들고 싶은 영화의 사이즈를 줄여서 투자자를 설득하는 방법은 초보 영화감독들이 종종 사용하는 전략이기도 하다. 사례는 한국에도 있었다. 가령 장재현 감독이 장편 〈검은 사제들〉을 만들기 전에 만든 단편영화 〈12번째 보조 사제〉가 그렇다. 미장센 단편영화제에 출품된 단편이 심사위원들의 시선을 사로잡았고 그중 한 명이었던 제작자가 이를 장편으로 만들 것을 제안하면서 〈검은 사제들〉이 장편 상업 영화로 만들어졌다. 의도했든 안 했든 장재현 감독은 결과적으로 샘 레이미와 유사한 경로를 밟은 셈이다.

　〈숲속에서〉가 좋은 반응을 얻자 용기백배한 샘 레이미는 지인

• 〈이블 데드〉 스틸 컷

들에게 돈을 융통하고, 친구들을 끌어들여 드디어 저예산 호러의 걸
작 〈이블 데드〉를 장편 데뷔작으로 내놓는다. 〈이블 데드〉는 슬래셔
영화의 전성기에 등장한 영화다. 슬래셔란 호러 영화의 하위 장르
로 1970년대에 탄생해서 1980년대에 전성기에 오른 분야다. 파이널
걸Final girl과 초인적인 살인마라는 슬래셔의 2대 요소를 모두 갖춘 존
카펜터 감독의 〈할로윈〉으로 불붙은 슬래셔 영화 붐은 1980년 〈13일
의 금요일〉의 대성공과 함께 1980년대의 호러 영화 경향을 지배한
다. 끔찍한 장면 때문에 보통 〈이블 데드〉를 1980년대 슬래셔로 분류

하는 경향이 있는데 이는 오해다. 그보다 〈이블 데드〉는 할리우드의 고전 호러에 정서적 원류를 두고, 부족한 제작비를 신인 감독의 아이디어와 신선한 카메라 테크닉으로 극복한 고전 호러의 새로운 해석이라고 봐야 한다. 샘 레이미가 〈이블 데드〉의 레퍼런스로 삼은 영화들을 보면 슬래셔와는 조금 결을 달리하는 고전 호러 영화의 계보가 드러나기 때문이다.

〈이블 데드〉의 레퍼런스 영화들

샘 레이미의 영화를 관통하는 특징 가운데 하나는 고전 할리우드 호러 영화의 그림자와 인기 만화 출판사 EC 코믹스 같은 하위문화, 또는 B급 문화의 영향력이다. 우선 장편 데뷔작인 〈이블 데드〉에는 영화의 전체 구조에 로버트 와이즈 감독의 〈더 헌팅〉에서 받은 영향이 많이 보인다. 귀신 들린 집 Haunted House 영화 중 가장 뛰어난 걸작인 〈더 헌팅〉은 힐 하우스 저택에 초대받은 사람들이 겪는 초자연적 사건을 심리 호러 스타일로 만든 영화다. 영향을 받은 또 다른 영화는 1965년 작

· 〈더 헌팅〉 포스터

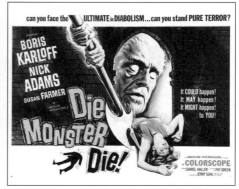

· 〈죽어, 괴물아, 죽어!〉 포스터

〈죽어, 괴물아, 죽어!〉다. 〈더 헌팅〉이 고색창연한 고딕식 저택을 배경으로 한다면 〈죽어, 괴물아, 죽어!〉는 설정을 전원 배경의 저택으로 바꾸었다는 점에서 시골 고딕 Rural Gothic인 셈이다. 샘 레이미는 두 영화의 세계를 결합한 다음 그 크기를 숲속 오두막 사이즈로 축소해 버린다. 즉 고딕저택 흉가 영화, 시골저택 흉가 영화의 설정을 합쳐 사이즈를 줄인 〈이블 데드〉라는 자기만의 변종 영화를 만든 것이다. 부족한 제작비를 감안하면 상당히 영리한 선택이다. 그런 다음 이들 영화 속에서 사용된 다양한 테크닉을 〈이블 데드〉의 세계에 꼭 알맞게 인용한다. 이는 21세기인 오늘날의 관점으로도 놀라운 변형이라고 할 수 있다. 〈더 헌팅〉과 같은 대자본을 투입한 영화나 중급예산을 들인 〈죽어, 괴물아, 죽어!〉의 테크닉을 초저예산 영화 사이즈에 맞추면서도 그 임팩트를 전혀 잃지 않는다는 것은 거의 불가능한 일이기 때문이다. 샘 레이미는 〈이블 데드〉를 통해 이 불가능한 영화 작업을 완벽하게 해낸다. 〈이블 데드〉가 〈더 헌팅〉에서 모방한 가장 인상적인 테크닉은 촬영과 사운드의 활용이다. 주인공이 저택 발코니에서 불길한 기운을 느끼고 꼭대기 층을 올려다보는 순간 주인공의 시선을 향해 카메라의 시점 샷이 내리꽂히는 장면은 긴장감을 자아낸

• 〈더 헌팅〉 카메라 시점 샷

다. 이와 함께 저택의 서재에서 괴이한 사운드가 들릴 때마다 사람들의 시선이 소리가 들린 쪽으로 급격히 쏠리는 장면 등은 〈더 헌팅〉에서 시청각적 공포를 만들어내는 장면이다. 때로는 소리만 들릴 때가 더 무서운 법이다.

샘 레이미는 부족한 예산으로 자신이 원하는 자유로운 카메라 워킹을 위해 16mm 카메라를 선택한다. 16mm 카메라는 일반 상업 영화용 35mm 카메라 화질보다는 못하지만 아마추어용인 8mm보다는 뛰어나고, 무엇보다 35mm로 확대할 수 있는 장점이 있어 이전부터 종종 저예산 영화에 활용되곤 했었다. 뿐만 아니라 16mm 카메라는 필름 값이 싸고 (디지털로 영화를 찍는 요즘 세대는 이해가 안 가겠지만) 장비도 작고 가벼워서 다이나믹한 활동성을 보장하기도 한다. 〈이블 데드〉는 처음부터 초고속으로 날아다니는 악마의 시점 샷으로 16mm의 장점을 적극 활용한다. 고가의 스테디캠을 쓸 돈도 없고, 고프로 같은 미니카메라도 없던 시절에 어떻게 이런 장면을 찍었을까. 정답은 아이디어와 몸으로 때우기였다. 촬영팀은 두 개의 각목에 카메라를 고정한 다음 양쪽에서 잡고 죽어라 뛰었다. 안정적으로 카메라를 이동하려면 레일을 깔고 **트래킹 샷**을 찍어야 하지만 숲속에서는 레일 설치가 어렵고 속도감도 안 나온다. **들고 찍기**는 속도가 나오지만 화면이 너무 흔들린다. 스탠리 큐브릭은 그전에 이미 〈샤이닝〉에서 스테디캠을 사용했지만 가난한 영화 청년들에게 이런 비싼 장비는 무리였고, 있어도 아마 그런 속도감을 얻지는 못했을 것이다. 저예산을 상상력으로 극복한 아이디어 덕택에 〈이블 데드〉는 메이저 영화 〈더 헌팅〉에서 보여준 쏟아져 내리는 것과 유사한 사악한 시선의 질주를 영화 오프닝에서 당당하게 드러내며 시작부터 관객의 시선을 낚아채 끌고 간다.

〈이블 데드〉가 카메라를 활용하는 방식은 너무도 기발하고 다양하다. 각목에 고정하거나 벨트로 허리에 고정한 카메라는 숲과 오두막 속을 종횡무진 누비고 다니고, 영화 후반 자전거에 고정한 카메라는 오두막 속 좁은 복도를 미친 듯이 질주하다가 애쉬(브루스 캠벨 분)와 충돌한다. 거칠기는 해도 이전까지 보통 예산을 적게 쓰는 호러 장르에서 이렇게 다이나믹한 촬영이 등장한 적이 없었다. 〈이블 데드〉에는 카메라가 제3자 시점에서 피해자의 공포를 관찰하는 앵글이 아니라 주관적 시점, 그것도 악령의 시점에서 마구 펼쳐진다. 〈이블 데드〉에서 가장 뛰어난 시퀀스의 한 장면을 보자. 친구들이 모두 죽고 홀로 남은 애쉬는 사악한 힘이 집과 지하실을 지배하는 걸 느낀다. 이때 사운드 효과를 따라 이동하는 애쉬의 시선과 함께 애쉬가 서까래를 지나칠 때마다 울리는 기괴한 사운드는 비록 〈더 헌팅〉을 인용한 것이긴 하지만, 〈이블 데드〉에서 더욱 큰 효과로 나타난다. 게다가 이 원맨쇼 시퀀스의 가장 뛰어난 장면으로 꼽히는 '애쉬가 지하실을 누비는 장면'에서 영화는 폭포처럼 쏟아지는 피에 이어 달리 샷과 익스트림 클로즈업 그리고 스크린 프로세스로 이으며 놀라운 속도감을 만들어낸다.

　〈더 헌팅〉이 〈이블 데드〉의 촬영과 사운드의 활용에 큰 영향을 미쳤다면, 〈죽어, 괴물아, 죽어!〉는 〈이블 데드〉의 지독하게 끔찍한 분위기와 특수 효과를 결정한다. 〈죽어, 괴물아, 죽어!〉에서 운석의 영향을 받은 식물들은 마치 촉수를 휘두르듯이 여주인공의 몸을 휘감는다. 〈이블 데드〉는 이 모습뿐만 아니라 영화에서 가장 인상적인 특수 효과 역시 인용하고 있다. 애쉬의 여자 친구 린다(벳시 베이커 분)의 상처에서 핏줄이 거미줄처럼 퍼져나가는 장면이나 녹아내리는 얼굴 역시 〈죽어, 괴물아, 죽어!〉에서 가져온 장면이다. 비록 설정은 따왔지만 충격적 비주얼의 매운맛은 〈이블 데드〉가 훨씬 극악하다. 〈죽어, 괴물아, 죽어!〉는 저택을 벗어나기로 결정한 순간 운석 때문

• 〈이블 데드〉 퍼지는 핏줄

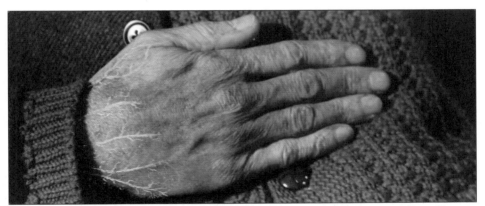

• 〈죽어 괴물아 죽어!〉 퍼지는 핏줄

에 괴물로 변한 저택 주인이 사람들을 공격하지만, 〈이블 데드〉는 아예 오두막 자체를 벗어날 수가 없다. 그냥 도망갈 수 없는 정도가 아니다. 악령에 들리면 오두막을 벗어나는 순간 죽어야 하는 처지인 동시에 오두막 안에서 살아남으려 해도 가장 친한 친구와 사랑하는 여자까지 죽여야 하는 운명을 갖기 때문이다.

이러한 영화적 인용과 함께 〈이블 데드〉에서 가장 중요한 요소는 바로 죽음의 책 Book of Dead 이다. 오늘날 이 죽음의 책을 떠올리

• 〈이블 데드2〉 죽음의 책

• 〈에퀴녹스〉 죽음의 책

는 이들은 누구 할 것 없이 H. P.. 러브크래프트가 창조한 문학 역사 상 가장 사악한 책 네크로노미콘Necronomicon을 생각하기 마련이다. 네 크로노미콘이야 말로 악마적 책의 표준인 만큼 당연하다. 그런데 샘 레이미는 이 책의 활용 역시 고전 영화를 인용하면서 등장시킨다. 1970년 작 〈에퀴녹스〉는 청년들이 '진정한 악의 성경 Veritable Bible of Evil' 이란 책을 연구하는 고고학자를 찾아갔다가 책 때문에 나타난 사악한 세력에게 모두 끔찍한 최후를 맞이하는 영화다. 악의 세력 때문에 젊은 청춘 남녀가 모두 죽음이란 결말에 이르게 되는 친숙한 내용만을 놓고 본다면 〈이블 데드〉의 오리지널 영화라고 해도 무방할 정도다. 〈에퀴녹스〉는 조악한 영화 만듦새와는 달리 뛰어난 스톱 모션 애니메이션으로 각종 괴물을 묘사해 독특한 영화적 분위기를 만들어냄으로써, 영화사적으로 의미가 있는 작품만 출시하는 크라이테리언사의 DVD로 출시되기도 했다.

저예산이라도 상상력과 시각 효과는
부족하지 않은 〈이블 데드〉

〈이블 데드〉에서 살육 장면과 악마에 빙의된 육체를 묘사하는 장면은 영화에 종종 변태적인 유머를 그려내기도 한다. 애쉬의 친구 스콧은 자신의 연인 셸리를 도끼로 토막을 낸 다음 "그녀를 묻어야겠다"고 말한다. 애쉬가 "그녀는 우리 친구야. 어떻게 묻을 수가 있어?"라고 말하자 스콧은 "이미 죽었어"라고 말한다. 토막 났지만 사지가 여전히 움찔거리는 시체를 두고 벌어지는 이 괴이한 대화는 끔찍한 블랙 유머로 묘사된다. 이와 함께 완전히 좀비처럼 변한 셰릴의 머리가 급격히 썩어가면서 애쉬 앞에 떨어져 부서지고 동시에 애쉬 얼굴에 거대한 핏덩이를 쏟아낼 때는 차마 표현하기 어려운 기괴한 유머가 발생하기도 한다. 평론가들은 살덩이가 찢어지고 유혈이 낭자한 끔찍한 장면으로 코미디를 만드는 이런 영화를 **스플래터 영화**라고 부른다. 이러한 스플래터 장면은 다른 많은 감독에게도 영향을 미쳤다. 〈이블 데드〉에 영향을 받았음이 분명한 〈캐빈 피버〉를 연출한 일라이 로스 역시 애쉬와 스콧의 대화 장면에서 끔찍한 유머를 느낀다고 말하지만 왜인지 잘 설명하지는 못한다. 이것이 스플래터에서 느끼는 감정이다. 끔찍하지만 웃긴다. 그게 왜 웃기냐고 물으면 설명은 못 한다. 설명하는 순간 자신도 길티 플레저를 즐기는 인간이 되기 때문이다.

　〈이블 데드〉를 선구적인 스플래터 영화로 만드는 데 기여한 또 다른 요소는 파격에 가까웠던 **시각 효과**ᴠꜰˣ였다. 감독의 친구였던 톰 설리반은 〈이블 데드〉에서 대부분의 특수 분장과 시각 효과를 담당했다. 특히 영화의 클라이맥스에서 시체가 점차 썩으며 녹아내리는 장면은 시각적으로 관객을 공포의 극단으로 몰아붙이는 영화의 피날레로 탁월한 선택이었다. 당시는 컴퓨터 그래픽이 메이저 영화에서도 활용되지 않던 시절이었다. 저예산 영화에서 어떻게 이런 장면이 가능했을까. 다행히 톰 설리반이 전통적인 시각 효과 도구였던 **스톱 모션 애니메이션**과 스크린 프로세스 합성에 기초 지식이 있었다. 본래 샘 레이미는 풍선에 분장을 하고 천천히 바람이 빠지는 식으로 시체가 무너지는 장면을 찍으려 했지만,* 톰 설리반의 아이디어로 10개월에 걸친 스톱 모션 애니메이션 효과가 탄생한다. 이 장면이 주는 충격은 대단했다. 〈이블 데드〉가 시종일관 그려내는 끔찍한 좀비 묘사와 도끼로 사지를 절단하는 장면들은 샘 레이미가 어렸을 때부터 읽고 자랐던 EC 코믹스의 전설적인 작품인《납골당의 미스터리》같은 시리즈에서 자주 등장하는 이미지다.《납골당의 미스터리》는 해골만 남은 해설자가 아주 잔인하거나 무서웠던 사건을 하나씩 소개하는 형식으로 된 만화다. 그리고 이 시리즈에는 무덤에서 되살아나 돌아온 시체처럼 살이 썩어 문드러진 시체가 종종 등장한다. 자

●　　풍선으로 인간의 외형을 만들어 시체가 무너지는 장면을 표현한 영화에는 1975년 작 〈데블스 레인〉이 있다. 이 영화는 〈이블 데드〉 클라이맥스에 큰 영향을 끼쳤으며, 녹아내리는 인간 가운데 한 사람에게 이 방식을 사용했다. 이보다 풍선 형식을 더 잘 활용한 작품은 1958년 일본 영화 〈미녀와 액체인간〉이다.

본과 전문가가 투입돼야만 가능했던 이런 이미지들이 톰 설리반의 실력으로 〈이블 데드〉 같은 저예산 영화에도 가능하게 된 것이다.

자신이 하고 싶은걸 다한
샘 레이미

〈이블 데드〉는 1981년 10월 미시간의 레드포드 극장이라는 동네극장에서 〈죽은 자의 책Book of Dead〉이라는 제목으로 최초로 상영한다. 그러다가 제목에 '책'이 들어가는 영화는 누구도 보지 않는다는 전설적인 배급업자 어빈 샤피로의 권유에 따라 샘 레이미는 그가 제안한 여러 제목 가운데 '이블 데드'를 선택한다. 지금 생각하면 신의 한 수였다. 샤피로는 또 〈이블 데드〉를 1982년 칸 영화제에서 공개하도록 도움을 주었고, 칸에서의 상영 덕택에 샘 레이미는 공포문학의 거장 스티븐 킹의 찬사를 받으면서 유명세를 얻게 된다. 하지만 검열 자체를 신경 쓰지 않고 최대한 잔인하게 만든 〈이블 데드〉는 미국에서 X등급**을 피하기 위해 무등급으로 상영해야 했고(어쩌면 샘 레이미 본인도 이 영화가 심의를 받아 극장에 걸릴 가능성을 생각하지 못 했을 수도 있다), 영국에서는 몇몇 장면을 삭제한 후에야 간신이 X등급을 받고 상영되었다. 무등급 상영이란 결국 제한 상영이란 의미이며, 때문에 많은 극장에 걸리지 못한다. 나중에 2000년에 들어서야 무삭제 버전 DVD가 출시된 걸 감안하면 그 시절 분위기로는 〈이블 데드〉에 줄마땅한 등급 자체가 없었을지도 모른다. 다행히도 당시는 비디오의 시대가 열리고 있었다. 〈이블 데드〉는 미국에서 극장 상영과 동시에

** 성인만이 관람 가능하며 홍보도 금지된 영상물 등급이다.

비디오카세트를 출시하는 모험을 감행했고 극장에서는 소규모로 흥행했지만, 1980년대부터 시작된 홈 비디오 덕택에 비디오가 날개 돋친 듯 팔리며 전 세계 호러광들의 입길에 올랐다. 얼마 후에는 소문이 한국에까지 퍼져 한국의 영화광들도 자막조차 없는 비디오로 알음알음 〈이블 데드〉를 봤다. 몇 년이 더 지나고 1980년대 후반 한국에도 비디오 플레이어가 필수품이 된 시대가 오자 드디어 〈이블 데드〉도 정식 출시되었다. 그러나 엄격한 검열 정책에 따라 당시 정식 발매된 VHS 비디오는 가장 끔찍한 (혹은 가장 재미있는) 장면들은 모두 삭제됐으며, 그보다 덜 끔찍한 장면은 화면을 확대한 후 피칠갑된 부분만 화면에 드러나지 않는 식으로 영상을 수정해서 간신히 출시했다. 하지만 원래 보지 말라면 더 보고 싶지 않은가. 정발된 〈이블 데드〉로 갈증을 채우지 못한 영화 팬들은 어떤 방법을 써서라도 기어이 오리지널 비디오 판을 구해서 보았고 당시 무삭제 버전을 본 영화광은 그렇지 못했던 이들에게 우쭐대기도 했다.

샘 레이미는 〈이블 데드〉를 만든 다음 탄력을 받아 두 번째로 황당무계한 즐거움을 선사하는 코미디 범죄 영화 〈크라임웨이브〉를 만들지만, 비평과 흥행에서 크게 실패했다. 낭패한 샘 레이미에게 수십 년간 상업 영화를 배급하며 흥행 감각을 키워온 어빈 샤피로는 차기작으로 〈이블 데드〉의 속편을 만들라고 코칭한다. 〈이블 데드〉가 세상에 알려지는 데 최고의 기여를 한 그의 말을 듣지 않을 이유가 있을까.

〈이블 데드 2〉는 샘 레이미의 관심사가 단순히 잔인한 이미지에만 머물러 있지 않다는 것을 드러낸 작품이다. 고어에서 코미디로 무게 중심이 조금 이동했다고나 할까. 〈이블 데드 2〉의 초반은 전편의 이야기를 다시 들려주면서 진행하지만, 전편처럼 과도한 고어 이미지를 전시하지는 않는다. 대신 〈이블 데드 2〉를 만들면서 인용하는 영화들은 〈이블 데드〉에서 인용한 작품보다 더 오래된 영화들이다.

샘 레이미는 〈이블 데드〉를 만들면서 1920년대부터 활동한 보드빌 코미디 팀 '바보 삼총사The Three Stooges'에서도 영감을 얻었다고 한다. 〈이블 데드 2〉에서 슬랩스틱을 펼치며 자기 오른손과 싸우는 애쉬의 모습은 보드빌 쇼의 익살극을 떠올리게 하는 동시에 패티 아버클과 함께 공연하던 시절에 늘 당하는 역할을 전담했던 버스터 키튼을 떠올리게도 한다. 그리고 1964년부터 ABC에서 방송된 〈아담스 패

· 〈이블 데드〉 애쉬와 싸우는 사악한 손

· 〈다섯 손가락의 야수〉 사람을 공격하는 잘린 손

밀리〉와 1946년 로버트 플로리 감독이 연출한 무시무시한 영화 〈다섯 손가락의 야수〉도 연상시킨다. 사람을 공격하는 손을 양동이 속에 가두는 장면은 〈다섯 손가락의 야수〉에서 잘린 손을 잡아 서랍 속에 가두는 장면과 꼭 같다. 물론 샘 레이미는 여기에 더해 손을 가둬 놓은 양동이 위에 헤밍웨이의 《무기여 잘 있거라 A Farewell to Arms》를 시침 뚝 떼고 올려놓으면서 은근히 자신의 코미디를 과시하고 있다. 특히 괴물의 눈알을 탁구공처럼 핑퐁을 치는 장면은 샘 레이미의 특기가 잔혹함과 유쾌함이 함께 버무려진 스플래터 호러임을 마음껏 보여주는 명장면이다.

사실 〈이블 데드 2〉는 〈크라임웨이브〉와 함께 샘 레이미 영화의 원형을 모두 담고 있다. 어린 시절부터 만들고 싶었던 영화를 넉넉한 예산과 진보한 특수 효과로 보여주는 점이 다를 뿐이다. 초저예산으로 만든 〈이블 데드〉와 달리 〈이블 데드 2〉의 악령들은 좀 더 정교한 스톱 모션 애니메이션으로 구현됐다. 1초당 24프레임의 필름 영화에서 예산의 한계 때문에 16프레임 정도만 사용했던 1편의 덜컥거리는 화면이 〈이블 데드 2〉에서는 훨씬 자연스러워진 것이다. 영화 초반 애쉬의 연인인 린다가 무덤에서 튀어나와 자신의 머리를 가지고 춤을 추는 악취미 가득한 장면이나 중반 이후 오두막 주인이자 고고학자의 악령 들린 아내 헨리에타를 묘사하는 장면에서 쓰인 스톱 모션 애니메이션은 1950년대 레이 해리하우젠이 특수 효과를 담당한 〈지구에서 2천만 마일〉의 금성 괴물의 모습, 혹은 해리하우젠의 스승 윌리스 오브라이언이 특수 효과를 맡은 1933년 작 〈킹콩〉을 떠올리게 한다. 게다가 샘 레이미는 〈이블 데드〉 세 번째 영화에서 〈아르고 황금 대탐험〉의 해골 병사를 유사 좀비로써 고스란히 가져오기도 한다. 달라진 제작 환경이 평소부터 감독이 바라던 할리우드 고전 호러, 판타지 영화에 온전한 경의를 표하도록 허락한 것이다.

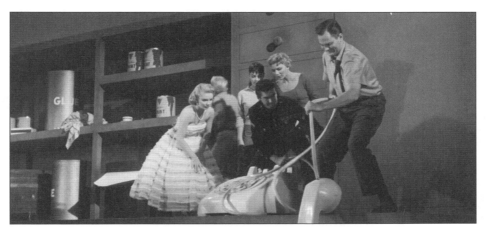

• 〈인형 인간의 역습〉 축소된 인간

• 〈이블 데드 3〉 미니 이블 애쉬

　　이어지는 〈이블 데드 3: 암흑의 군단〉은 완전한 판타지 코미디로 만든 작품이다. 그런데 〈이블 데드 3: 암흑의 군단〉은 한국 개봉 버전과 미국 개봉 버전이 다르다. 한국에서 개봉한 버전은 샘 레이미의 감독판으로 이블 애쉬(이 이블 애쉬는 이미 사지가 토막난 채 무덤에서 부활해 좀비 애쉬가 된다)의 미니 버전과의 싸움 그리고 애쉬에게서 분리된 이블 애쉬와의 싸움이 더 길게 담겨 있으며, 시니컬한 배드 엔딩으로 끝난다. 원래 감독의 의도를 반영한 엔딩이다. 반면에 미국 버전은 S-마트에서 일하는 직원 애쉬가 수다스러운 잡담과 함께 다시 등장한 악령을 처치하는 유쾌한 장면으로 끝난다. 감독판의 결말이 너무 부정적이고 우울하다는 판단에 따라 결말을 재촬영했기 때문이다. 사실 영화의 결말은 전체 분위기에 걸맞는 재촬영한 버전이 더 맞다고 할 수 있다. 〈이블 데드 3: 암흑의 군단〉의 전체적인 내용은 애쉬의 천방지축 영웅 코미디지만 애쉬가 세계가 멸망한 이후 깨어난다는, 처음 촬영했던 결말은 너무 시니컬하기 때문이다.

기본적으로 〈이블 데드 3: 암흑의 군단〉은 '만약 현대의 뛰어난 지식을 지닌 인물이 과거로 간다면 어떤 일이 벌어질까?'라는 엉뚱한 상상을 샘 레이미식 코미디로 풀어낸 영화이기 때문에 영화 배경인 중세에 등장할 리가 없는 물건들과 물리학, 화학은 물론이고 현대적 전투 기술에도 능한 캐릭터가 등장한다. 나쁘게 말하면 황당무계하고, 좋게 말하면 자유로운 상상이 날아다니는 영화다. '여기서 개연성을 왜 따져, 재밌으면 되지'라는 'Have some Fun'의 정신에 충실한 영화라고나 할까.

〈이블 데드〉가 만들어낸
좀비 묘사의 변화

〈이블 데드 3: 암흑의 군단〉에는 뒤에 만들 영화의 아이디어 원형도 미리 보인다. 영화 후반 애쉬의 연인 쉐일라를 납치해 날아가는 악령의 얼굴은 〈스파이더맨〉에서 빌런으로 등장한 그린 고블린의 얼굴이다. 이와 함께 〈이블 데드 3: 암흑의 군단〉에서 가장 코믹한 시퀀스는 애쉬가 여덟 마리의 미니 이블 애쉬들과 싸움을 벌이는 장면과 이블 애쉬의 등장이다. 이 시퀀스는 1958년 작 〈인간 인형의 역습〉에서 사악한 과학자와 싸우는 축소된 여섯 명의 인간과 1959년 작 〈맨스터〉에서 인간이 선한 부분과 사악한 부분으로 쪼개지는 것을 고스란히 모방한 장면이다.

샘 레이미가 〈이블 데드〉에서 시도한 것은 단순히 고전 영화의 애정을 과시한 것만은 아니다. 그는 고전적 패러다임을 새롭게 해석하고 재구성했으며 이를 통해 미래에 만들 영화에 이용할 토대를 놓기도 했다. 이를테면 좀비라는 소재가 그렇다. 샘 레이미가 〈이블 데드〉에서 제시한 좀비는 단순히 조지 A. 로메로의 좀비를 변형한 것이 아니다. 러브크래프트의 네크로노미콘이라는 마도서가 등장하는 만큼 이는 더 먼 과거에 토대를 두고 있다. 러브크래프트는 메리 셸리의 《프랑켄슈타인》에서 시체를 되살린다는 아이디어를 차용했고, 당시에 부두교 주술사가 시체를 되살리던 시기에 과학자가 시체를 되살리기 위해 숱한 시체를 파괴하는 이야기를 만들었다. 샘 레이미는 좀비 서사에서 가장 중요한 두 인물 러브크래프트와 조지 A. 로메로의 좀비를 참고한 다음 여기에 결코 없앨 수 없는 악의 힘이라는 요소를 포함했다. 이뿐이 아니다. 〈이블 데드〉에서 사지가 움직이는 시체는 영화에서 절대로 죽일 수 없는 좀비라는 아이디어를 낳기도 했다. 그리하여 이로부터 좀비를 다양한 방식으로 이용할 수 있다는 깨달음이 생겨난다.

이렇게 〈이블 데드〉는 동시대의 다른 감독들에게 큰 영감을 주었다. 아마 가장 큰 영향이라면 "영화를 이렇게 만들어도 되는구나!" 하는 용기를 준 것이다. 실제로 이후 호러 영화에서 〈이블 데드〉를 레퍼런스로 삼았음직한 장면은 곳곳에 보인다. 일라이 로스 감독은 〈이블 데드〉를 보고 나서 자기도 〈캐빈 피버〉를 만들 용기를 얻었다고 고백했다. 사실 〈캐빈 피버〉는 좀비 영화를 좀비의 시선으로 변주한 영화로, 〈이블 데드〉의 길을 따르되 피해자들이 오두막에 갇힌 설정에 그들을 관찰하는 정체 모를 연구원들의 시점을 더했을 뿐이다. 제한 없이 잔인하고 끔찍한 묘사, 그 상황에 끼어드는 고약한 유머라는 〈이블 데드〉의 유산은 스튜어트 고든과 브라이언 유즈나의 〈좀비오〉와 댄 오베논의 〈바탈리언〉에도 분명하게 보인다. 또 〈반지의 제왕〉으로 거장이 된 피터 잭슨의 〈고무 인간의 최후〉와 초기 걸작 〈데드 얼라이브〉에도 큰 영감을 주었다. 흑마술과 좀비를 결합한 스페인 영화 〈R.E.C〉 역시 〈이블 데드〉의 영향력을 숨기지 않는 영화며, 2024년 작인 남동협 감독의 〈핸섬가이즈〉 역시 〈이블 데드〉에 깊은 애정을 바치는 작품이다. 만일 〈이블 데드〉를 영화 역사상 가장 위대한 데뷔작이라 한다면 엄숙주의에 젖은 영화 근본주의자들에게 돌팔매질을 당하겠지만 적어도 호러 영화의 신도들은 천재이자 악동 감독의 가장 괴랄한 데뷔작이라는 것을 인정할 것이다.

〈이블 데드〉 시리즈는 1편에서 새롭게 정립한 좀비 형식의 존재를 내세웠고, 2편에서는 좀비에서 시작해 괴물로 신체 변형에 이르는 장면을 보여줬다. 3편에서는 좀비 애쉬와 함께 유사 좀비인 해골 병사를 등장시켰다. 이 밖에도 샘 레이미는 계속해서 영화를 만드는 가운데 다양한 좀비를 내세운다. 〈다크맨〉에서 주인공은 분명 앙드레 드 토트 감독의 1953년 작 〈밀랍 인형의 집〉에서 따온 캐릭터지만 여기에 끔찍한 화상으로 썩어버린 것처럼 보이는 얼굴에 통각을 상실해 고통을 전혀 느끼지 않는 점 등은 그야말로 이성이 남은 좀비의 모습과도 다름 없다. 그리고 〈드래그 미 투 헬〉에서는 주인공이 살아있는 것만 같은 시체와 혈투를 벌이기도 한다. 게다가 이러한 요소들은 최신작 〈닥터 스트레인지: 대혼돈의 멀티버스〉에서 다른 차원에서 건너온 자신의 시체를 되살려 내는 닥터 스트레인지의 모습으로 이어진다.

주류 할리우드로 건너온
비주류 감독 샘 레이미

유니버설 스튜디오의 75주년 기념작 〈다크맨〉은 고전 할리우드 호러 장르의 대표작을 한 편의 영화에 결합한 작품이다. 그리고 여기에는 단순히 유니버설 클래식 몬스터에만 속하는 작품들이 아닌 고전기 할리우드에서 만들어진 뛰어난 작품들을 모두 아우른다.(샘 레이미는 〈다크맨〉 속에 다양한 고전을 인용했다. 이를 모두 설명하려면 다른 한 권의 책이 필요할 정도다) 〈다크맨〉은 인공 피부를 연구하는 과학자가 악당에 의해 얼굴과 손 대부분이 불에 녹아 죽을 뻔하다 간신히 살아남아 복수하는 이야기다.

〈다크맨〉의 대성공 이후 탄력을 받아 연출한 서부극 〈퀵 앤 데드〉는 아쉽게도 전작과 같은 임팩트는 주지 못하고 비평과 흥행 면에서 모두 냉담한 반응을 얻었다. 하지만 이때의 인연으로 샘 레이미는 콜럼비아 픽쳐스에게 다음 작품인 〈스파이더맨〉의 감독으로 낙점이 된다. 이후 샘 레이미의 감독으로서의 행보는 우리가 아는 바와 같다. 오리지널 스파이더맨 삼부작을 만들고 성공과 찬사를 얻었지만 그만큼 간섭 많고 피곤한 메이저 영화와 잠시 결별한 샘 레이미는 자신의 고향인 저예산 호러로 돌아와 자크 투르뇌르 감독의 〈악령의 밤〉을 자신만의 스타일로 새롭게 재창조한 〈드래그 미 투 헬〉을 만들어 오랜만에 전 세계 호러 영화광들을 다시 흥분시킨다.

1980년대 호러 영화는 1970년대에 비해 퇴행했다고 지적받기도 한다. 호러 영화에서 전복적 요소가 사그라지고, 보수 회귀성을 보이기 때문이라는 것이다. 1980년대 호러 영화에 대한 이러한 독해는 한국 영화광들에게 절대적 지지를 받았던 영화학자 로빈 우드뿐 아니라 평론가 대부분이 지적하는 요소이기도 하다. 그러한 측면에서 바라보는 샘 레이미 영화는 사회적 맥락이 완전히 제거된 순수한 오락 영화처럼 보인다. 그래서인지 로빈 우드는 물론이고, 한국에서 중요한 비평서 가운데 하나로 평가되는 마이클 라이언과 더글라스 켈너의《카메라 폴리티카》같은 책에서도 1980년대 호러 영화를 다루면서 〈이블 데드〉는 전혀 언급하지 않는다. 샘 레이미는 장르영화 분야에서도 보기 드물게 자신에게 영향을 준 영화를 만드는 작품들에 노골적으로 인용하는 영화광 감독이다. 그러나 그렇다고 해서 샘 레이미가 비평에서 완전히 무시당할 만큼 단지 과거의 영화를 모방하기만 하는 감독은 아니다.

〈이블 데드〉부터가 1980년대에 등장한 그 어떤 영화와도 다르다. 1980년대 호러 장르가 존 카펜터의 〈할로윈〉이 만들어낸 영향력 아래 있었던 반면, 〈이블 데드〉는 그 영향력과 전혀 상관없이 만들어졌다. 게다가 〈할로윈〉 이후 모방작들에 의해 정립된 방종한 청춘 남녀의 학살이라는 테마 역시 반복하지 않는다. 대신 〈이블 데드〉는 1980년대 영화가 거의 다루진 않았던 선과 악의 동시성을 다룬다. 친구를 지키려던 인물이 갑자기 살인마로 돌변하는 이 세계는 아무도 믿을 수 없는 '신체강탈자'의 세계이면서 동시에 악의 힘으로 표현할 수 있는 사회적 힘에 순식간에 휩쓸리는 철없는 청년들의 세계다. 오늘날 극단적 폭력과 살의 가득한 분노를 동시에 오가는 이들이 떠다니는 세계가 바로 〈이블 데드〉 속에 있다고 할 수 있다.

샘 레이미는 이러한 세계 속에서 갈팡질팡하는 청년들을 희생자인 동시에 가해자로 다루었고, 이 주제는 〈이블 데드〉 시리즈와 함께 〈다크맨〉에 이어 〈드래그 미 투 헬〉까지 이어져왔다. 심지어는 마블 영화인 〈닥터 스트레인지: 대혼돈의 멀티버스〉까지 닥터 스트레인지라는 중년 남성 마법사를 통해 이 주제를 다루고 있다. 이렇게 본다면 샘 레이미는 비록 유혈 난무와 코미디를 종횡무진 오가지만,

1980년대 감독 가운데 가장 복잡한 주제를 영화로 다루고 있다고 해도 과언이 아니다.

　이제 중견 감독이 된 샘 레이미는 연출만이 아니라 제작자로서 알려지지 않은 다른 감독의 재능을 할리우드에 선보이는 역할을 하고 있다. 일본 영화 〈주온〉을 리메이크해서 엄청난 성공을 거두고 이어서 〈맨 인 더 다크〉, 한국계 배우 산드라 오가 출연한 호러 영화 〈엄마〉 모두 샘 레이미가 제작한 영화다. 그리고 오랜만에 돌아온 메이저 영화 〈닥터 스트레인지: 대혼돈의 멀티버스〉로 감독에 복귀하면서 샘 레이미는 '화려한 상상력을 가난한 예산으로 찍는 감독'에서 '화려한 상상력을 넉넉한 예산으로 찍는 감독'이 되었다. 게다가 이번에는 다른 사람이 만든 고전이 아니라 이제는 고전이 된 자신이 만든 영화들을 적극 인용하고 있기도 하다. 샘 레이미의 영화는 늘 새롭지만 동시에 과거부터 익숙한 이미지와 장치를 다시금 참신하게 만들어내는 새로움을 모두 가지고 있다. 그렇게 고전은 역사가 되고 역사의 세례를 받고 자라난 영화들은 또다시 새로운 영화로 탄생한다. 초짜 호러 영화감독에서 이제는 메이저 영화감독이 된 셈 레이미가 자기의 큰 힘을 큰 책임감을 가지고 쓸지 앞으로도 지켜보자.

좀비 영화
베스트 10

★

좀비 영화는 특이하고도 특별한 장르다. 영화사에서 현대 호러 영화는 두 개의 분기점을 가진다. 첫째는 〈싸이코〉이며, 둘째는 〈살아있는 시체들의 밤〉이다. 이 둘 가운데 어떤 작품을 현대 호러 영화의 시작으로 볼 것인지는 전적으로 평자의 선택이다. 좀비 영화로서 〈살아있는 시체들의 밤〉은 이전 좀비 영화와는 전혀 다른 이야기를 진행한다. 〈살아있는 시체들의 밤〉 이전 영화가 부두교의 노예 좀비라면 이후 영화는 인간의 변형을 다룬다. 인간에 의해 괴물이 되던 시대에서 인간 그 자체가 괴물인 〈싸이코〉를 지나 이제는 인간이 아닌 다른 무엇으로 변형되는 것이다. 즉《나는 전설이다》를 넘어서는 자멸적 진화의 극단적 방향을 제시한 것이 좀비 영화라고 할 수 있다. 여기서 제시하는 목록 역시 단순 참고용이다.

10 원자 뇌가 달린 피조물 Creature With The Atom Brain 1955

감독 에드워드 L. 칸
출연 리차드 데닝, 안젤라 스티븐스, S. 존 로너, 마이클 그레인저, 그레고리 게이

〈원자 뇌가 달린 피조물〉을 본다면 아마도 현대 좀비 영화의 시작이 〈살아있는 시체들의 밤〉이라는 것에 의문을 품을 수도 있다. 영화에는 인간에 의해 만들어진 좀비들 그리고 좀비를 만드는 나치 출신 과학자도 등장한다. 게다가 좀비를 만드는 인물은 부하들에게 복수하려는 갱단 두목이다. 〈쇼크 웨이브〉, 〈오버로드〉 같은 나치 좀비의 원형이라고 할 수 있다. 감독인 에드워드 L. 칸은 1950년

대에 저주와 외계인을 포함한 세 편의 좀비 영화를 만든다. 조지 A. 로메로가 창조한 좀비가 변형을 거듭해 우리가 1980년대 이후에 보게 되는 말도 안 되는 좀비 영화가 바로 1950년대에 시작했다는 건 흥미로운 지점이다.

9 델라모르테 델라모레 Dellamorte Dellamore   1994

감독 미켈레 소아비
출연 루퍼트 에버렛, 프랑수아 하지 라자로, 안나 팔치, 안톤 알렉산더

좀비는 인간의 극단적 변화를 그리는 영화 장르이면서 동시에 죽음을 거부당한 비이성적 존재들을 제시하는 영화 장르이기도 하다. 〈델라모르테 델라모레〉는 죽음을 거부당한 존재를 묘사한다. 제목의 뜻은 '죽음과 사랑'이다. 주인공은 홀로 묘지를 지키며 밤마다 살아 돌아오는 자들을 다시 죽음으로 돌려보내는 일을 하고 있다. 그러다 한 여성과 사랑에 빠지지만, 그녀는 좀비가 되고 만다. 사랑 다음에 죽음이 오는 것이다. 〈델라모르테 델라모레〉는 좀비 영화 가운데 가장 독특한 분위기를 제시한다. 영화는 좀비들을 처리하는 느긋한 일상에 갑자기 사랑이 들어오면서 변하는 삶을 다룬다. 사랑과 죽음은 늘 함께 간다는 것이다.

8 부산행   2016

감독 연상호
출연 공유, 정유미, 마동석, 김수안, 김의성, 최우식, 안소희, 예수정

연상호 감독은 애니메이션 〈서울역〉과 극영화 〈부산행〉을 거의 동시에 만든다. 〈서울역〉은 그가 작업해왔던 애니메이션처럼 시니컬한 시선을 줄곧 유지한다. 그러나 극영화는 전혀 다르게 만들었다. 과도한 신파라는 비난을 받았음에도 그는 〈부산행〉에서 인간 찬가를 묘사한다. 그리고 이러한 태도는 이후 연상호가 만드는 극영화의 태도가 되었다. 이와 함께 연상호는 거대한 재난처럼 굉장

한 속도로 휩쓸려 다니는 좀비를 묘사한다. 이러한 묘사는 이미 〈새벽의 저주〉가 보여준 것이지만, 영화 내내 압도적인 물량으로 쏟아지는 좀비에 관한 묘사는 이제 한국 좀비 영화 고유의 형식이 되었다. 그렇게 좀비 영화의 기념비적인 작품이 탄생했다.

7 새벽의 황당한 저주 Shaun Of The Dead   2004

감독 에드거 라이트
출연 사이먼 페그, 닉 프로스트, 케이트 애쉬필드, 피터 세러피너위치,
      루시 데이비스, 제시카 하인스, 빌 나이

좀비를 다룬 영화가 얼마나 웃길 수 있을까? 몸뚱이가 썩어 문드러진 살아있는 시체라는 설정은 웃음과는 거리가 먼 것처럼만 보였다. 에드가 라이트 감독은 시체들에게 겹겹이 둘러싸인 상태에서도 인간은 유머를 유지할 수 있다는 걸 보여준다. 게다가 억지스럽지도 않다. 세상이 종말을 맞이할 것 같은 상태에서도 주인공은 사랑을 위해 목숨을 걸고 좀비로 변해가는 친구와 소중한 LP 음반도 챙긴다. 이를 보는 관객은 끔찍하다기보다 유쾌함을 먼저 느낀다. 〈새벽의 황당한 저주〉는 그 제목에서 알 수 있듯이, 〈시체들의 새벽〉을 패러디했다. 그러나 〈시체들의 새벽〉이 묘사한 절망 대신에 밝은 낮을 그리는 흥겨운 영화다.

6 새벽의 저주 Dawn of the Dead   2004

감독 잭 스나이더
출연 세라 폴리, 타이 버렐, 킴 포이리어, 제이크 웨버, 마이클 켈리,
      빙 레임스, 린디 부스

조지 A. 로메로의 〈시체들의 새벽〉을 리메이크한 〈새벽의 저주〉는 그야말로 좀비 영화의 형식을 바꿔버린다. 이제 좀비는 떼를 지어 뛰어다니며, 연약한 인간은 이를 결코 피할 수 없다. 물론 뛰는 좀비가 이 영화에서부터 나타난 것은 아니다. 그러나 대량의 좀비가 단 한 명의 인간을 잡기 위해 엄청난 속도로 몰려

오는 장면은 〈새벽의 저주〉에서 처음 등장한다.(직전 영화 〈28일 후〉는 유사 좀비 영화
다) 과도한 슬로모션으로 항상 비난받는 잭 스나이더 감독은 첫 영화 〈새벽의 저
주〉에서 슬로모션을 사용하지 않는다. 그는 "슬로모션은 영웅적인 화면을 만들
어낸다"고 말한다. 과연 좀비 영화는 영웅을 다루는 영화가 아니다. 그 시절의
정직한 태도가 뛰어난 영화를 완성했다.

5   바탈리언 The Return of the Living Dead   1985

감독 댄 오배넌
출연 톰 매튜스, 제임스 카렌, 크루 굴레이저, 돈 칼파, 브라이언 펙,
리니아 퀴글리, 비벌리 랜돌프

〈살아있는 시체들의 밤〉을 함께 쓴 조지 A. 로메로와 존 루소는 의견 차이로 갈
라선다. 이때 존 루소는 자신이 쓴 〈살아있는 시체들의 밤〉의 속편 소설 《Re-
turn of the Living Dead》의 권리를 가지게 된다. 이 원작을 기반으로 댄 오배
넌이 감독한 〈바탈리언〉은 좀비 영화의 초기 형식을 완전히 새롭게 만들었다.
여기서 좀비는 아무 의식 없이 그저 인육만을 탐하는 존재가 아니다. 존 루소는
좀비가 죽음의 고통을 겪고 있는 것으로 묘사한 다음, 이 고통을 잊으려면 인간
의 뇌를 먹어야 한다고 설정한다. 바로 여기서부터 이성 없이 오로지 욕망만을
향해 질주하는 좀비와 목적을 가지고 인간을 사악한 욕망으로 끌어들이는 좀비
가 갈라진다. 특히 마지막의 화장터 장면에서는 호러 영화를 넘어서, 영화 팬이
라면 절대 잊지 못할 명장면이 펼쳐진다.

4   나는 좀비와 함께 걸었다 I Walked With A Zombie   1943

감독 자크 투르뇌르
출연 프랜시스 디, 톰 콘웨이, 크리스틴 고든, 에디스 바렛,
테레사 해리스, 제임스 벨, 다비 존스

초기 좀비 영화는 부두교 좀비를 다룬다. 영화사에서 최초로 등장한 부두교 좀

비 영화는 〈화이트 좀비〉다. 그러나 영화사에서 가장 뛰어난 부두교 좀비 영화는 〈나는 좀비와 함께 걸었다〉다. 〈화이트 좀비〉 이전에도 좀비는 이미 문학에서 공포의 대상으로 다뤄지곤 했다. 로버트 어빈 하워드의 《어둠 속의 휘파람》이나 가넷 웨스턴 허터의 《노예에게 소금은 금물》 같은 작품이 있다. 게다가 허터는 〈화이트 좀비〉의 시나리오도 맡았다. 다만, 이들 작품이 원초적 공포에 충실한 오락적 요소가 강한 작품이었다면, 〈나는 좀비와 함께 걸었다〉는 인류학적 사실성으로 좀비와 아이티 사회의 비극을 공포와 함께 제시한다. 현대에도 지속되고 있는 아이티의 비극을 생각한다면 여전히 강렬한 힘을 지닌 작품이다.

3 데드 얼라이브 Brain dead   1992

감독 피터 잭슨
출연 티모시 발므, 다이아나 피넬버, 엘리자베스 무디, 이안 왓킨,
프랜 월시, 제이미 셀커크

살아있는 시체를 다루는 영화가 얼마나 막 나갈 수 있을까? 〈시체들의 새벽〉 이후 좀비 영화는 고어 묘사를 과시하는 장이 되기도 했다. 이 방면에서 가장 뛰어난 인물은 특수 효과 전문가 톰 사비니가 아니라 이탈리아 영화감독 루치오 풀치다. 그는 〈좀비 2〉나 〈비욘드〉 같은 좀비 영화에서 관객의 구역질을 유발하는 처참한 고어 장면을 보여준다. 그러나 피터 잭슨은 달랐다. 그는 루치오 풀치보다 더한 고어 장면들을 만들어낸다. 거대한 저택은 인간의 살점과 내장이 분리된 시체가 산처럼 쌓여만 간다. 그런데 관객은 미소를 짓고 있다. 영화가 즐겁기 때문이다. 이처럼 끔찍한 장면을 계속해서 보여주면서도 즐거운 영화는 아무나 만들 수 있는 게 아니다. 감독이 미치지 않고서야.

2 좀비오 Re-Animator 　　　　　　　　 1985

감독　스튜어트 고든
출연　제프리 콤스, 브루스 애벗, 바버라 크램프턴, 데이비드 게일,
　　　로버트 샘슨

스튜어트 고든과 브라이언 유즈나는 〈프랑켄슈타인〉의 새로운 버전을 만들기 위해 러브크래프트의 단편을 가져왔다. 결과는 영화사에 길이 남을 난장판 좀비 영화다. 그야말로 막 나간다. 〈데드 얼라이브〉가 더 막 나가지 않느냐고? 〈데드 얼라이브〉는 고어 장면을 뺀다면 아주 순진한 영화다. 영화의 중심이 사랑이기 때문이다. 그런데 〈좀비오〉는 그야말로 '사랑 따윈 개나 줘라'라고 외치는 영화다. 영화에서 인간의 감정은 전혀 중요하지 않다. 가장 중요한 건 시체를 부활시키는 것이다. 그리고 그 과정에서 말도 안 되는 코미디가 만들어진다. 브라이언 유즈나 감독의 말처럼 오늘날에도 이 정도로 막 나가는 영화는 쉽게 만들 수 없다.

　〈살아있는 시체들의 밤〉으로부터 시작된 현대 좀비 영화는 다양한 변주를 거치기도 했다. 1970년대 중반만 해도 러브크래프트 풍의 〈데드 피플〉, 베트남 전쟁의 비극을 표현한 〈데드 오브 나잇〉, 인간이 오로지 섹스만을 탐닉하는 존재로 변하는 〈쉬버스〉 등. 여기에 좀비 영화는 아니지만, 좀비 영화를 일정 정도 참고하면서 전혀 다른 영화를 만들어낸 1980년대의 걸작 〈이블 데드〉도 언급할 수 있다. 좀비 영화는 여전히 변하는 중이다. 한국에서도 〈킹덤〉, 〈지금 우리 학교는〉을 통해 이전과는 다른 좀비를 묘사하기도 한다. 사라진 듯했던 한 장르가 갑작스럽게 열광적 반응을 얻는 건 영화사에서도 드문 일이다. 그리고 이러한 현대 좀비 영화의 토대를 만든 인물이 바로 조지 A. 로메로다.

1

시체 삼부작 −
살아있는 시체들의 밤 Night of the Living Dead   **1968**
시체들의 새벽 Dawn of the Dead   **1978**
시체들의 낮 Day of the Dead   **1985**

감독   조지 A. 로메로
출연   두안 존스, 주디스 오디, 칼 하드먼, 데이비드 엠지, 켄 포리,
      게일른 로스, 로리 카딜, 조셉 필라토, 셔먼 하워드

조지 A 로메로가 창조한 '시체 삼부작'은 한 편의 영화로 다룰 수밖에 없다. 좀비 영화 베스트 10에 이 작품들이 안 들어갈 수도 없을뿐더러 시체 삼부작이야말로 좀비 영화의 알파요, 오메가이기 때문이다. 비록 존 루소가 〈리빙 데드〉 시리즈를 만들기는 했으나, 로메로의 삼부작이 이후 좀비 영화에 끼친 영향과 비교할 때 그저 새발의 피랄 수밖에 없다. 사실상 현대의 모든 좀비 영화는 로메로 영화의 변주에 불과하다고 해도 과언이 아니다. 이유를 알 수 없는 좀비의 등장과 오로지 인육만을 탐하는 시체의 등장, 여기에 인류 문명의 붕괴는 이 삼부작이 만들어지는 가운데 완성된 것이다. 그러니 이 영화들이야말로 좀비 영화의 천지창조라고 할 수 있다. 이 영화는 호러 영화인 동시에 현대 미국 사회의 본질을 담고 있는 가장 뛰어난 정치사회학 교과서이기도 하다.

배경 설명과
용어 정리

신체 강탈 장르

신체 강탈 Body snatcher은 본래 '시체 도둑'을 일컫는 말이다. 시체 도둑은 18세기에서 19세기 사이 특히 영국에서 유행하던 직업이다. 의술을 연구하는 의사들은 항상 해부용 시체가 필요했고, 해부용으로 사용할 범죄자 시체로는 한계가 있었기 때문에 무덤에서 파낸 시체가 암암리에 거래됐다. 이 시기 가장 유명한 시체 도둑인 버크와 해어의 이야기는 로버트 루이스 스티븐슨이 쓴 소설 《시체 도둑》을 영화화한 1945년 동명의 영화를 시작으로 꾸준하게 만들어지기도 했다. 하지만, 오늘날 영화 장르에서 '신체 강탈'은 SF 호러 영화에 등장해 사람들의 자의식을 빼앗아 일꾼으로 부리는 영화들을 통해 규정됐다. 신체 강탈이 등장하는 최초의 영화는 1951년 작 〈미지의 행성에서 온 존재〉이지만, 가장 대표적인 영화는 잭 피니가 쓴 소설 《바디 스내처》를 영화화한 1956년 영화 〈신체 강탈자의 침입〉으로 '신체 강탈'이라는 호러의 하위 장르를 규정하다시피 했다. 신체 강탈은 기본적으로 외계인 혹은 그 무엇이 인간의 신체를 지배하고, 전혀 다른 사고와 행동을 지닌 존재로 탈바꿈시키는 영화 장르를 말한다. 신체 강탈은 최근까지도 계속해서 다루어지는 주제일뿐더러 현대 좀비 영화의 형식 역시 신체 강탈과 매우 유사하다.

MPAA 영화 등급제

MPAA Motion Picture Association of America는 1966년 미국 영화협회 회장으로 취임한 잭 발렌티가 '헤이스코드'를 두고 "검열의 역겨운 냄새가 난다"고 비판하며 마련한 영화 분류 체계다. 1968년 MPAA는 영화를 관람할 수 있는 분류 항목으로 모든 관객이 관람할 수 있는 G등급, 성인에게 권하지만, 부모의 재량에 따라 자녀들도 볼 수 있는 M등급, 부모가 동반해야 볼 수 있는 R등급 그리고 16세 미만은 관람 불가인 X등급으로 분류한다. 이 분류 체계는 1970년 이후 여러 번 수정되었으며, 현재는 모든 관객이 관람할 수 있는 G등급, 부모의 지도가 필요한 PG등급, 13세 미만의 자녀에게는 강력한 주의가 필요한 PG-13등급, 17세 미만은 부모나 성인 동반이 필요한 R등급 그리고 17세 미만 입장 불가인 NC-17등급으로 구분돼 있다.

톰 사비니

톰 사비니는 배우, 스턴트맨 그리고 영화감독이기도 하지만, 특수 분장으로 가장 유명한 인물이다. 톰 사비니가 일을 시작한 1970년대만 해도 특수 분장은 몹시 조잡하고, 가짜임이 확연하게 티가 나던 때였다. 톰 사비니는 조지 A. 로메로 감독의 1978년 작 〈마틴〉을 시작으로 로메로 감독과 다시 함께 작업한 〈시체들의 새벽〉을 통해 명성을 얻는다. 톰 사비니는 이 영화에서 사람의 어깨를 뜯어 먹는 좀비 묘사와 좀비의 머리가 총에 맞아 폭발하는 장면 등을 통해 관객들에게 깊은 인상을 심어줬으며, 〈13일의 금요일〉과 〈버닝〉 등의 작업을 통해 "스플래터의 제왕 The Sultan of Splatter"이라는 평가를 얻는다. 톰 사비니는 로메로와 다시 뭉친 〈시체들의 낮〉에서 묘사한 사실감 넘치는 고어 효과로 SF, 판타지 및 호러 영화에 상을 수여하는 새턴 어워드에서 최우수 특수 분장상을 수상하기도 한다. 배우로서의 톰 사비니는 로버트 로드리게스 감독의 〈황혼에서 새벽까지〉를 보면 확인할 수 있다.

슬래셔 영화

슬래셔 영화 Slasher film란 일명 난도질 영화라고 불리기도 한다. 칼날이나 여타의 도구를 사용해 사람들을 스토킹하고 살해하는 살인마가 등장하는 호러 영화의 하위 장르다. 슬래셔 영화는 일반적으로 정형화된 양식을 따르려고 한다. 등장인물의 과거 잘못된 행동 때문이거나 혹은 기억할만한 특정 이벤트로 인해 살인마가 탄생하고, 살인마는 살해 대상을 스토킹하며 살해된 시체를 전시하는 등의 양식이 슬래셔 영화의 특징을 이룬다. 이 장르의 초기작으로는 보통 〈싸이코〉와 〈피핑 톰〉을 언급한다. 그러나 슬래셔 영화라는 규정은 1978년 작인 〈할로윈〉의 대성공 이후 이를 모방한 유사 영화인 〈13일의 금요일〉과 같은 작품들이 대규모로 양산되면서 붙여진 이름이다. 이렇게 슬래셔라는 하위 장르가 생겨나면서 이전에 제작된 작품인 〈텍사스 전기톱 학살〉이나 〈블랙 크리스마스〉와 같은 영화들이 슬래셔 영화로 재규정되기도 한다. 특히 1980년대 슬래셔 영화의 살육 방식에 큰 영향을 미친 작품으로는 마리오 바바 감독의 〈블러드 베이〉를 꼽을 수 있다.

파이널 걸

파이널 걸Final girl은 슬래셔 영화에서 항상 살인마를 처단하고 최후에 살아남는 단 한 명의 여성을 지칭하는 말이다. 슬래셔 영화는 대부분 괴물과 같은 살인마와 청소년의 대결로 구성된다. 이 때문에 슬래셔 영화는 청소년을 억압하는 기성세대의 보수적 태도를 영화적으로 구성하고 있다는 분석들이 등장하기도 하며, 권위적인 기성세대에 대한 저항이라는 전복적인 양식으로 해석되기도 한다. 슬래셔 영화의 전성기에 등장한 〈이블 데드〉는 이 시기 호러 영화 가운데 남성을 주인공으로 내세운 극히 예외적인 소수의 영화 가운데 하나다.

귀신 들린 집

귀신 들린 집(흉가 영화 Haunted house)은 음모와 미스터리가 난무하는 다크 하우스Dark house와 초자연적 호러 영화Supernatural horror film가 결합한 하위 장르지만, 초자연적 요소를 다룬 호러 영화에서 가장 오래된 장르이기도 하다. 흉가 영화는 유령이나 사악한 힘에 지배된 집에서 평범한 인물들이 겪게 되는 공포를 다룬다. 18세기에 처음 등장해 고딕 건축 양식의 건축물 속에서 음산한 이야기를 전개하던 고딕 소설에서 시작된 흉가 영화는 이후 미국에서는

19세기 중반 유행한 카펜터 고딕 Carpenter gothic이라고도 불리는 시골 고딕 Rural gothic과 샘 레이미가 처음 만들어낸 오두막 호러 Cabin horror 등으로 파생된다.

트래킹 샷

트래킹 샷 Tracking shot은 레일이 깔린 이동차에 실린 카메라가 피사체와 동일한 속도로 같은 방향을 따라가면서 촬영하는 기법을 말한다. 트래킹 샷은 배경보다 인물에 중점을 둔다. 레오 카락스는 〈나쁜 피〉에서 드니 라방이 모던 댄스에 맞춰 춤을 추며 거리를 질주하는 장면을 트래킹 샷으로 담아낸다. 이 장면에서 관객은 시점을 따라가며 질주의 속도감과 인물의 감정을 동시에 느낄 수 있다.

들고 찍기

들고 찍기 Hand-held camera는 고정된 받침대나 기계장치에 부착되지 않은 카메라를 촬영 감독이 들고 찍는 방식을 말한다. 들고 찍기는 무게추가 달린 스테디캠과 달리 화면이 불안정하게 흔들림으로써 현장감을 강조하는 장면에서 많이 쓰이며, 다큐멘터리처럼 활동성이 중요한 촬영에서 주로 쓰인다. 들고 찍기가 처음으로 사용된 영화는 F.W. 무르나우 감독의 〈선라이즈〉다. 이 시기 독일에서 처음으로 들고 다닐 수 있는 가벼운 카메라가 개발되었고, 카메라의 역동성이 크게 확장된다.

달리 샷

달리 샷 Dolly shot은 바퀴가 달린 이동차에 카메라를 싣고 움직이며 촬영하는 방법이다. 트래킹 샷이 인물에 중점을 두는 촬영 방식인 데 반해, 달리 샷은 인물을 추적하거나 인물과 상관없이 배경을 앞질러 보여주기도 한다.

익스트림 클로즈업

익스트림 클로즈업Extreme close-up은 인물이나 피사체를 한 화면에 잡은 클로즈업보다 더 작은 부분을 잡아내는 화면 기법이다. 익스트림 클로즈업은 지금 보이는 것이 영화 속에서 어떤 식으로든 중요하고 의미가 있을 것이라는 기대를 만들어내는 장치다. 익스트림 클로즈업보다 더 세밀한 디테일을 잡아낼 때는 매크로 샷Macro shot이라 부른다.

스크린 프로세스

스크린 프로세스Screen process는 미리 촬영한 배경을 스크린에 투사하고 그 앞에서 연기하는 배우를 촬영하는 기법이다. 1930년대에 완성된 이 기술은 배우들을 안전하게 촬영해야 할 장면이나 촬영이 어려운 지역의 배경을 만들기 위해 사용됐다. 따라서 배경이 되는 영상만 있으며 스튜디오 내에서 안전하고 간편한 촬영이 가능하다. 알프레드 히치콕의 1944년 작 〈구명선〉은 전체 화면에 스크린 프로세스를 사용한 영화다.

스플래터 영화

스플래터 영화Splatter film는 고어와 노골적이고 끔찍한 폭력 묘사에 초점을 맞추면서 슬랩스틱 코미디까지 결합하는 호러 영화의 하위 장르다. 이 용어는 조지 A. 로메로 감독이 자신의 영화 〈시체들의 새벽〉을 설명하기 위해 처음 사용했다. 스플래터 영화는 노골적으로 엄청난 양의 피와 잘리고 뭉개진 신체 부위를 전시한다. 허셸 고든 루이스의 〈피의 축제〉가 최초의 스플래터 영화로 평가받기도 하지만, 오직 피와 파괴된 신체를 전시하는 데만 집중하는 이 영화는 고어 영화로 지칭한다. 이와 달리 살육이 난무하면서 그 속에 기괴한 유머가 담긴 작품을 스플래터 영화로 분류한다.

길티 플레저

길티 플레저 Guilty pleasure는 죄책감을 느끼거나 윤리적으로 문제가 있다는 것을 알면서도 그것에 즐거움을 느끼는 행위를 말한다. 특히 호러 장르에서 이런 행위가 부각된다. 호러 장르는 과도한 신체 훼손과 비윤리적 살인마가 중심을 차지하는 영화가 많다. 영화에 등장하는 폭력적이고 잔인한 행동에 즐거움을 느끼는 심리를 설명하기 위해 다양한 이론이 등장하기도 했다.

시각 효과

시각 효과 VFX는 다양한 이미지를 영화의 프레임에 합성하여 만드는 방식을 지칭하는 용어다. 오늘날 대부분의 시각 효과는 컴퓨터 그래픽을 통해 구현된다. 그러나 컴퓨터 그래픽이 사용되기 이전에는 그림으로 그린 배경이나 손상된 신체 부분을 만들어 화면 일부분에 합성하는 기법이 주로 사용됐다.

스톱 모션 애니메이션

스톱 모션 애니메이션 Stop motion animation은 정지하고 있는 물체를 한 프레임마다 조금씩 움직이며 카메라로 촬영하는 방식이다. 이렇게 한 프레임씩 촬영된 이미지를 연속된 화면으로 볼 때 촬영된 물체가 마치 스스로 움직이는 것처럼 보이게 된다. 스톱 모션 애니메이션은 영화의 초창기부터 사용된 기법이다. 1908년 영화 〈유령의 집〉에서는 식탁에 차려진 음식과 식기가 스스로 움직이며 식사를 준비하는 장면이 코믹하게 그려진다.

보드빌

보드빌 Vaudeville은 19세기에서 20세기 초까지 인기를 끌었던 무대 공연이다. 이 공연은 주로 유랑 극단이나 서커스단 출신들이 모여 다양한 묘기를 코믹 극과 섞어 만든 것으로 주로 공연자의 스턴트와 코미디로 구성된다. 보드빌로 유명한 인물로는 바보 삼총사와 버스터 키튼이 있다. 특히 버스터 키튼은 생후 18개월부터 보드빌 공연을 했으며, 이후 여기서 보여준 위험천만한 슬랩스틱 연기를 통해 당대의 유명 코미디언인 패티 아버클과 함께 영화를 만들게 된다.

유니버설 클래식 몬스터

유니버설 클래식 몬스터 Universal classic monsters란 유니버설 영화사가 1931년부터 1960년까지 만든 다양한 괴물이 등장하는 일련의 호러 영화를 지칭하는 말이다. 보통 1931년 〈드라큐라〉와 〈프랑켄슈타인〉을 그 시작으로 말하지만, 차차 그 이전 작품인 〈노틀담의 꼽추〉와 〈오페라의 유령〉까지도 포함하게 됐다.

7

아포칼립스와
포스트 아포칼립스

글러 먹은
세상이여, 안녕

아포칼립스 영화란 무엇인가?

아포칼립스Apocalypse 영화는 한마디로 말하자면 세상의 종말을 주제로
다룬 작품이다. 아포칼립스는 멸망 직전을 다루고, 포스트 아포칼립스
는 멸망 이후 살아남은 소수의 생존 과정을 그린다. 가령 〈월드워 Z〉가
아포칼립스 영화라면 〈매드 맥스〉는 포스트 아포칼립스 영화다.

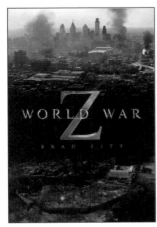 

· 〈월드워 Z〉 포스터   · 〈매드맥스〉 포스터

영화 속에서 아포칼립스는 대체로 재난과 종말의 이미지로 그려진다. 그러나 아포칼립스의 뿌리는 생각보다 깊고, 영화 이전부터 아주 오랫동안 종교와 문학의 형태로 있어왔다. 예언서, 종교 경전 등에 나타난 아포칼립스를 묵시* 문학이라고 한다. 한국에도 미륵 사상 같은 종말론이 있는 것처럼 묵시 문학은 문화와 민족을 가리지 않고 다양하게 나타나는데 가장 대표적인 것이 유대인의 기록이다.

고대 유다왕국은 기원전 586년에 신흥 국가인 바빌론에 의해 무너지면서 시드기야왕을 비롯해 전 국민이 포로로 끌려간다. 이 시기를 포로기, 성경에서는 바빌론 유수幽囚라고 한다. 묵시 문학을 대표하는 작품은 신약의 〈요한묵시록〉이지만, 유대인의 포로기에 쓰인 《히브리 성서(구약성경)》 가운데 〈에스겔서〉 〈스가랴서〉 〈이사야서〉 등 여러 문서가 포로로 잡혀간 유수기에 쓰인 초기의 묵시 문학에 속한다. 나중에 페르시아의 키루스 2세가 바빌론을 멸망시키고 유대인들을 해방시킨 이후에 쓰인 〈다니엘서〉나 〈에녹서〉 같은 작품도 묵시 문학에 속한다. 참혹한 포로 생활을 겪으며 민족의 구원과 해방을 바라는 것이 주된 내용이다. 이런 초기 작품들을 원묵시Proto-apocalyptic라고 한다. 유대인들이 겪은 긴 고난의 시기만큼 다양한 묵시 문학은 여러 시대를 배경으로 존재한다.

묵시, 또는 계시로 번역되는 '아포칼립스'는 밝히다, 드러내다를 뜻하는 그리스어 동사 아포칼립토(Apokalyptō, 숨기다, 감추다를 뜻하는 칼립토Kalyptō에 부정 접두사 아포Apo가 결합)에서 유래한 단어다. 묵시 문학을 다룬 책에 따라 아포칼립시스Apokalypsis, 아포칼립테인Apokalyptein

* 아포칼립스를 신학적으로는 '계시'로, 문학적으로는 '묵시'로 표현한다. 그래서 성경은 요한'계시록'이고 코폴라의 영화 〈Apocalypse Now〉는 〈지옥의 '묵시록'〉이다. 정확한 번역은 '현대 묵시록'이지만 일본에서 만든 제목을 그대로 번역해서 쓰다 보니 '지옥의 묵시록'이 되었다.

을 원형으로 쓰기도 하지만 뜻은 같다. 어떤 사태를 폭로한다는 것이다. 신학자 스티븐 L. 쿡은 《묵시문학》과 《예언과 묵시》에서 "그것은 문학 작품을 지칭하기도 하고(장르), 특별한 종류의 종교적 상상력을 지칭하기도 하며(세계관), 사회 안에 존재하는 특정한 종류의 그룹(사회적 실체)을 지칭하기도 한다"고 말한다. 거칠게 정리하면 세계의 종말과 함께 새로운 신의 나라가 도래할 것을 믿는 문학의 한 장르 정도로 규정할 수 있다. 특히 수많은 **천년왕국** 그룹이 이러한 묵시적 Apocalyptic 세계관을 공유하곤 한다. 고난의 시기가 끝나고 종말이 오면 새로운 천년의 왕국이 도래한다는 것이다.

묵시 문학은 현실의 비극을 씨앗으로 자라났다. 신학자이자 작가 제임스 칼라스는 《요한계시록》에서 고대 유대인이 처한 상황을 묘사하면서 묵시 문학의 네 가지 형태를 제시한다. 그 전에 우선 고대 유대인의 처지를 살펴보자.

기원전 175년에 "나는 에피파네스, 세상의 빛이다"라고 선언한 고대 그리스 지역의 셀로우코스 제국의 황제 안티오쿠스 4세가 등장한다. 그는 자신의 신념에 반발하는 유대인을 마구잡이로 학살한다. 할례를 받은 아이는 당연히 사형이고, 아버지도, 할례를 집행한 제사장도 사형, 그리고 어머니에겐 사형당한 아이의 시신을 목에 걸어놓고 시신이 썩어가도록 했다. 이러한 끔찍한 핍박을 겪으며 예수 시대에 본격적으로 유대인의 여러 분파가 갈라져 나간다. 바리새파, 사두개파 등 신약 성경에 자주 나오는 분파들이다. 이 중 에센 Essenes이라는 분파가 사해 서쪽 쿰란 Qumran 평원에 작은 공동체를 만들어 "세상은 신의 세계에서 끊어져 사탄의 통치를 받고 있다"는 신념을 공유하면서 각종 문서를 만든다. 이들의 신념이 바로 묵시 문학의 출발점이다. 재난에서 도피해서 고난을 견디며 다가올 새로운 좋은 세상을 희구하는 집단심리가 묵시 문학의 바탕인 것이다.

• 안티오쿠스 4세의 학살

• 에센의 분파가 만든 문서

다시 돌아와 제임스 칼라스가 제시하는 묵시 문학의 네 가지 견해를 살펴보자. 우선, 묵시는 세상의 종말이라는 한 가지 주제만 다룬다는 '말세론적 견해'다. 이러한 종말론적 관점을 바탕으로 세상의 종말과 예수의 재림까지 모든 것이 묵시록에 정확한 시간 순서대로 기록돼 있다는 '전 역사적 견해'가 있다. 이러한 견해들을 부정하면서 묵시는 신과 악마의 투쟁이며 어느 시대 어느 장소에나 있는 것으로 그 모든 투쟁을 요약한 것이라는 '초역사적 견해'가 있다. 마지막 견해로는 묵시록이 그 책을 처음 읽는 사람들을 위해 기록된 것이라는 '그 시대적 견해'가 있다.

오늘날 아포칼립스 영화, 문학은 대체로 말세론적 견해와 초역사적 견해를 기본 바탕에 둔 것이 다수다. 물론 종말을 믿는 종교 집단은 여전히 전 역사적 견해를 고수한다. 가령 전 역사적 견해를 영화 내용으로 삼은 짐 자무시의 영화 〈데드 돈 다이〉를 보고 호러인지 코미디인지 장르가 애매하다는 감상이 나오는 것도 바탕에는 사뭇 심각한 종교 근본주의적 관점인 전 역사적 묵시록의 관점을 깔고 마치 시니컬한 농담을 던지듯이 장면을 묘사하기 때문이다. 기독교 문화로 대표되는 서양의 관점에서 묵시의 세계관은 장르를 가리지 않고 반영될 정도로 상당히 뿌리가 깊으며 시대 변화에 따라 문학, 서사시, 음악 등 매체 변환을 거쳐 근대에 이르면 당연히 영화에도 나타난다.

영화에서 그려내는
다양한 아포칼립스의 순간들

영화의 아포칼립스는 몇 개의 큰 주제로 나눠볼 수 있다. 가장 먼저 등장한 것은 '외계로부터의 재앙'이다. 그런 다음 '자연재해 및 기후 변화'가 등장했고, 이후 '핵 위협'을 포함한 인간의 탐욕과 오만을 묘사한 영화들이 등장한다. 이와 함께 '자연의 역습'과 '전염병' 상황을 그리는 영화들과 함께 마지막으로 '좀비'를 다룬 아포칼립스 영화들이 등장했다.

외계로부터의 재앙은 각각의 주제에 따라 말세론적 견해와 초역사적 견해를 드러낸다. 거대 혜성은 말세론적 견해에 강한 영향을 받은 반면, 운석과 이로부터 비롯한 생물학적 재난 그리고 외계인의 침공은 초역사적 견해를 드러내고 있다. 물론 전 역사적 견해를 다룬 영화들도 있다. 2009년 작 〈노잉〉이 그 결정된 종말의 순간을 그린다. 어떤 아포칼립스 영화들은 공동체의 위기에 대항해서 행동할 것을 촉구하는 그 시대적 견해를 주제로 내세우고 있기도 하다.

아포칼립스를 다룬 영화들은 인간 문명이나 한 공동체의 종말 위기를 다루기 때문에 대체로 어둡고 심각하기 마련이다. 아포칼립스 자체가 글러 먹은 현시대를 끝낸다는 의미 또한 품고 있기 때문이다. 글러 먹은 시대, 즉 세상을 사탄이 지배하고 있다는 생각은 기원전 2세기 쿰란 동굴에서 시작된 묵시론적 신념이지만 변하지 않는

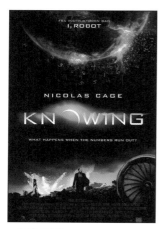

• 〈노잉〉 포스터

• 〈리핑: 10개의 재앙〉 포스터

• 〈세븐 사인〉 포스터

인간 본성 탓에 현대의 아포칼립스 영화에까지 이어지고 있다. 인간의 폭력, 탐욕, 오만, 전쟁이 아포칼립스의 원인이다. 인류 최초의 대량 학살인 포에니 전쟁 이후에도 인류는 반복되는 대량 학살을 벌여왔다. 대량 학살이란 참혹한 경험을 한 사람들에겐 차라리 종말이 왔으면 하는 심정이 들 것이다. 20세기에는 전쟁은 물론 세르비아, 코소보 등 사상 초유의 **홀로코스트**가 현실 곳곳에 벌어져 생생한 사진과 영상으로 공개됐다. 바로 이런 비극적 감정들이 아포칼립스 영화의 저변에 깔려 있다.

이처럼 인간에 대한 절망적 태도는 인간 종의 극단적 변화로도 드러난다. 바로 좀비다. 좀비는 부두교 전통에서 등장했으나 1950년대에 시체를 이용하는 SF 호러 영화를 거친 다음, 흡혈귀 팬데믹을 통해 인간 종의 절멸을 다룬 1964년 작 〈지상 최후의 사나이〉에 이어, 1968년 〈살아 있는 시체들의 밤〉에서 인간을 공격하고 잡아먹으려는 괴물로 등장한다. 여기서 〈지상 최후의 사나이〉은 인간이라는 종이 전혀 다른 종으로 변하는 의미심장한 세계를 제시한다. 좀비를 다룬 장에서 보았듯이 좀비는 영혼 없이 기계처럼 일하는 노동자를 대변하기도 하지만, 아포칼립스라는 상황에서 인간이라는 종을 완전히 말살하고 인류를 새로운 종으로 대체하려는 극단적인 세력이 되기도 한다. 이는 인간 사회 간의 분쟁에 대한 메타포이기도 하다. 인간은 제2차 세계대전 시기부터 적군을 완전히 섬멸한다는 절멸 작전을 수립하며 적군을 악마화하거나 혐오스러운 생물에 비유하기 시작했다. 적군은 인간이 아니며 적군과의 전쟁에서 패배한다는 것은 바람직한 인간 사회의 종말을 의미한다는 메시지는, 전쟁에 참전한 모든 국가에서 내세우는 메시지이기도 했다. 그리고 이는 나치의 대량 학살(유대인, 집시, 장애인), 일본군의 난징 대학살 등으로 드러났다. 인간의 형상을 하고 있으나 인간이 아닌 것으로 보이는 존재에 대한 공포가 좀비 아포칼립스로 표현된다고 할 수 있다.

절망이 있다면 희망도 오기 마련이다. 실제로 수많은 아포칼립스 영화에서 사회를 재건하려는 의지를 보이는 건 이 때문이다. 많은 사람이 현대의 전쟁과 대량 학살을 예로 들며 인간 문명은 더욱 폭력적으로 변해왔다고 말한다. 이러한 주장에 대해 심리학자 스티븐 핑커는《우리 본성의 선한 천사》에서 1,400쪽에 걸쳐 그 주장이 잘못됐음을 논증한다. 인간 육체를 하나의 고깃덩어리로 취급하던 과거에서 점차 인간의 슬픔과 고통에 공감하는 폭력에 대한 민감도가 현대로 오면서 극히 높아졌다는 주장이다. 그래서 현대의 아포칼립스 영화는 끔찍한 재난 상황으로 관객을 몰아세운 다음 후반에는 그래도 더 나은 인간 사회를 세우려 한다. 아포칼립스 영화에는 이러한 두 가지 경향이 따로 혹은 동시에 작동한다. 이를 영화의 몇 가지 아포칼립스 유형들을 통해 살펴보자.

작거나 크거나,
혜성 혹은 운석의 충돌

인류의 최후를 그리는 영화에 자주 등장하는 것은 혜성의 충돌이다. 혜성은 국지적인 자연재해와 달리 전 지구적 종말을 초래한다. 아마 공룡의 멸종 원인으로 운석 충돌설이 유력해진 이후로 폭 넓은 지지를 얻게 되었을 것이다. 혜성이 지구에 접근하는 현상을 관찰한 역사는 오래되었다. 그러다 보니 각종 신화나 전설에 자주 언급되면서 자연스럽게 혜성의 출몰은 신의 권능을 드러내는 상징으로도, 악마의 등장을 나타내는 징조로도 쓰였다. 이러한 혜성 충돌의 공포를 처음 문학 작품으로 남긴 인물은 카미유 플라마리옹이다. 그가 1894년에

• 〈세상의 끝〉(1916) 포스터(덴마크) • 〈세상의 끝〉(1931) 포스터(프랑스)

쓴 작품은 이후 1916년 덴마크와 1931년 프랑스에서 〈세상의 끝〉이란 원작과 같은 제목의 영화로 만들어진다.

이 두 편의 영화는 같은 원작을 공유하기 때문에 내용 역시 유사하다. 주식 매매를 주업으로 삼으며 혜성 충돌 사건을 이용해 주가를 조작하고 한몫을 챙기는 남자와 아버지의 반대에도 그 남자와 결혼한 여성이 등장하며, 최후에는 지구에 혜성이 충돌한다. 그러나 두 작품의 주제는 완전히 다르다. 1916년 영화는 혜성이 충돌한 후 유럽 전체가 완전히 초토화된 상황에서 살아 있는 단 두 사람의 남녀가 만나는 결말을 보여준다. 이와 달리 1931년 영화는 전 세계의 지식인이 모두 모여, 만약 그들 가운데 일부가 살아남는다면 비폭력적이고 인간 중심의 사회를 만들자고 결의하는 장면을 보여준다. 1916년 작이 재난 이후에도 삶은 이어진다는 희망의 메시지를 담고 있다면, 1931년 작은 거대한 재난을 맞이한 참에 파괴적인 인간 사회를 올바른 방식으로 재건하자는 변혁에 관한 메시지를 담고 있어 그 태도가 크게 다르다.

혜성 충돌을 본격적으로 다룬 영화는 1951년에 등장했다. 〈세계가 충돌할 때〉는 거대 혜성이 지구를 향해 날아오는 것을 알게 된 과학자가 이기적인 자산가의 돈을 이용해 지구를 탈출할 우주선을 건조하는 이야기다. 그리고 이 우주선에는 일군의 젊은 남녀와 각종 동식물을 함께 싣는다. (노아의 방주가 연상되는 이런 설정은 롤랜드 에머리히가 2009년 작 〈2012〉에서 거의 똑같은 방식으로 활용하고 있으며, 2022년 작 〈돈 룩 업〉은 같은 상황을 패러디해 돈 많은 노인들만 지구를 탈출하는 것으로 비틀었다) 〈세계가 충돌할 때〉 이후 혜성 충돌을 통한 전 지구적 위기를 다루는 영화는 한동안 만들어지지 않다가 1998년 〈딥 임팩트〉와 〈아마겟돈〉이 동시에 개봉하면서 다시 등장한다. 그동안 할리우드는 저예산 장르 영화, 특히 SF 호러 장르에서 기이한 외계 생명체를 우주에서 묻혀 오거나, 인간을 좀비처럼 만드는 작은 혜성의 침범을 주로 다루곤 했다. 1984년 작 〈혜성의 밤〉에서는 혜성을 본 사람들이 모두 증발해버리고, 증발하지 않는 사람 대부분이 좀비처럼 변하는 상황을 그리고 있으며, 1986년 작 SF 크리처 영화 〈나이트 크리프스〉는 운석을 타고 온 민달팽이 형태의 생물이 죽은 인간을 좀비처럼 조종하며 개체 수를 늘려가는 상황을 다루고 있다. 이런 영화는 혜성을 외계로부터 온 위협의 매개체로만 다루지 혜성 충돌 자체를 종말의 원인으로 잡지는 않는다. 아무래도 〈딥 임팩트〉나 〈아마겟돈〉 같은 전 지구적 종말을 표현하려면 예산이 커야 해서 블록버스터가 아니면 어려웠을 것이다. 중저예산 영화에서 자주 사용한 방법은 외계인의 지구 침공이다.

도망쳐라,
외계인이 지구를 침공했다!

과연 외계인은 있을까? 대답하기 어려운 질문이지만 질문 자체는 재미난 상상력을 자극한다. 외계인의 침공을 다룬 소설은 이미 19세기 말, 20세기 초에 대유행했었고 당시에는 사람들이 가능한 일로 믿고 있었다. 오죽하면 1938년 10월 미국에서는 배우 오손 웰즈의 라디오 드라마 《화성으로부터의 침공》을 듣고 사람들이 패닉에 빠져 도망치는 사태까지 벌어졌을까.

외계인 침공을 다룬 영화는 1950년대에 저예산으로 활발히 제작됐다. 냉전이 절정이던 당시는 미국과 소련의 우주 개발 경쟁과 핵전쟁의 공포가 팽배하던 시기였다. 영화에서 소련을 침략자 외계인으로만 바꾸면 이야기가 딱 맞아떨어졌다. 내용도 대개는 비슷비슷했다. 막강한 외계 침략자가 지구를 습격하고 지구인들은 처음에는 속수무책으로 당하지만 결국 참신한 아이디어로 외계 종족을 물리친다는 이야기다. 이런 영화의 대표적 사례가 레이 해리하우젠이 시각 효과를 담당한 〈지구 대 비행접시〉로, 외계인의 비행접시가 미국의 대표적인 상징물을 마구 부수면서 다닌다.

남자아이들은 이런 영화들을 보며 모험심을 불태웠다. 1950년대에 '위기'란 곧 '모험'을 뜻하는 단어였다. 미국 아이들은 아버지가 나치와 싸웠듯이 누구라도 손에 광선총 하나쯤은 들고 다니며 외계인(소련)을 물리치는 전쟁놀이를 했다. 〈백 투 더 퓨처〉에서 1985년의 마티 맥플라이가 1955년으로 시간여행을 했을 때 농장의 꼬마가 그가 입은 방사선 방호복을 보고 외계인이라고 생각한 것도 당시의 분위기로 봐선 자연스러운 반응이었다.

이 시기에 최초로 등장한 외계 침공 영화는 1951년에 공개한

• 〈지구 대 비행접시〉 비행접시가 건물을 부수는 장면

〈미지의 행성에서 온 존재〉로, 감독인 에드거 G. 울머가 대형 영화인 〈괴물〉이 제작된다는 이야기를 듣고 6일 만에 뚝딱 만들어 〈괴물〉보다 먼저 새치기로 공개한 영화다. 〈미지의 행성에서 온 존재〉는 단순히 외계인의 침공만이 아니라 행성 X가 지구를 스칠 때 발생하는 폭풍과 지진까지 50,000달러라는 저렴한 제작비로 묘사해 저예산의 한계를 아이디어로 극복한 영화이기도 하다. 반면 〈우주 전쟁〉과 〈신체 강탈자의 침입〉은 조금 결이 다른 이야기를 전개한다.

〈신체 강탈자의 침입〉은 제작자의 요구로 덧붙인 에필로그 때문에 어느 정도 희망을 묘사하긴 했지만, 〈우주 전쟁〉은 인간이 어떤 수단을 써도 이길 수 없는 외계인을 묘사한다. 심지어 핵폭탄을 터트려도 화성인의 비행체는 아무런 흠집조차 나지 않는다. 인간으로서는 도저히 물리칠 수 없는 거의 신의 경지에 달하는 능력을 지닌 외계 침략자는 인간을 절멸할 수 있는 존재이기에 인간은 아포칼립스가 주는 공포감과 함께 진정한 종말의 순간을 보게 된다.

이런 영화가 너무 우울하다면 혜성 충돌이나 외계 침공을 다룬 영화 가운데 상대적으로 밝고 즐거운 영화를 선택할 수도 있다. 2012년 영화 〈세상의 끝까지 21일〉은 혜성 충돌 상황을 맞이하면서 처음 만난 남녀가 가족을 찾아가는 여정을 종말의 분위기를 제시하면서도 아주 따듯한 시선으로 그려내고 있으며, 사이먼 페그가 주연을 맡은 〈지구가 끝장나는 날〉은 술집 투어 와중에 지구에 침투한 외계 로봇을 상대로 한판 대결을 벌이다 어처구니없이 승리하는 우스꽝스럽고 유쾌한 상황을 그려낸다.

좀 더 특이한 영화를 원한다면 장준환 감독의 2003년 작 〈지구를 지켜라〉가 있다. 이 영화는 비록 흥행에는 실패했지만 시대를 앞서간 상상력으로 평단의 극찬을 받은 데뷔작이다. 아포칼립스를 전면에 내세우지는 않지만 외계 침공의 설정을 차용해서 괴상한 코미디와 소름 끼치는 상황을 동시에 다룬다. 영화는 주인공이 회사 사장을 외계인으로 믿고 납치해 고문하는 코믹한 장면으로 시작하지만, 영화가 진행될수록 상황은 점차 잔인하게 변해간다. 그리고 한국 영화에서 다시 보기 어려울 기괴한 엔딩이 이어진다. 영화의 제목 〈지구를 지켜라〉는 일종의 반어적인 제목이다. 이 영화에서 외계인은 그저 향락을 즐기는 한량처럼 보이기 때문이다. 그런데 지구를 지키려는 주인공의 행위가 외계인을 자극해 지구를 파괴하는 결과를 낳는다. 결국 문제는 외계인이 아니라 인간일지도 모른다는 감독의 시각이 보인다. 영화 역사에서 최악의 영화로 종종 언급되는 에드 우드 감독의 〈외계로부터의 9호 계획〉 역시 이와 유사한 웃기고도 슬픈 상황을 그리고 있다.

자연재해 및 기후 변화

현실적으로 발생할 가능성이 가장 큰 아포칼립스는 자연재해 및 기후 변화다. 극단적인 기후 변화는 전 세계적인 생태계의 파괴를 가져온다. 이것이 천천히 진행될지 어느 순간 갑자기 닥칠지는 아무도 모른다. 지금도 수많은 학자가 기후 변화를 경고하며 이제 시계를 되돌리긴 늦었다고도 한다. 결국은 닥칠 일이란 것이다. 유엔은 〈2000~2019 세계 재해 보고서〉를 통해 기후 변화 20년 동안 자연재해가 1.7배 늘었다고 발표했다. 40억 명이 피해를 보았으며, 123만 명의 사망자가 발생했다는 보고다. 기후 변화도 결국 사람이 벌인 일이다.

1965년 작 〈부서지는 세계〉는 인간의 이익을 위해 지구를 함부로 건드리면 어떤 재앙이 벌어지는지를 선제적으로 보여주고 있다. 이 영화는 지구 맨틀 상부에 있는 마그마를 무한한 에너지로 사용하려는 인간을 묘사한다. 이들은 마그마를 이용하려고 지각에 깊은 구멍을 뚫고 핵폭탄을 터트렸다가 그만 지각판에 균열을 일으켜 지구 자체가 갈라지게 한다. 어처구니없는 설정이지만 실제로 핵을 이용해 개발을 추진하자는 인물이 있기도 했다.(1950년대에 헝가리 태생의 물리학자 에드워드 텔러와 미국 원자력위원회 인물들은 수소폭탄을 이용해 대규모 토목공사를 간단히 해낼 수 있다고 주장하기도 했다) 지금으로서는 정신 나간 것처럼 보이지만 당시에는 진지하게 고려했던 사안이다. 이와 함께 인간의 무분별한 산업화와 오염물질 배출 때문에 모든 식물이 괴사하고 식량난에 처한 인간 사회를 다룬 〈풀의 죽음〉 또한 언급할 만하다. 〈풀의 죽음〉에서 인간들은 식량난으로 문명 붕괴의 위기에 처해 있으면서도 타인의 식량을 빼앗기 위해 서로 싸우고 죽어간다. 여전히 인간이 문제다.

극단적인 자연재해 가운데 수많은 사람을 공포에 질리게 하는 것이 바로 지진이다. 1973년 작 〈일본 침몰〉은 지각판의 변화로 일본 전체가 바다로 가라앉을지도 모른다는 연구 결과를 영화로 만든 작품이다. 급격히 심해로 가라앉는 일본을 담담하면서도 힘 있게 그려냈다. 21세기가 되면 한국에서도 자연 재난의 순간을 묘사한 〈해운대〉와 〈백두산〉이 나온다. 이 가운데 한국에서 벌어질 가능성이 있는 재난을 묘사한 영화는 2019년 작 〈백두산〉이다. 백두산은 이미 기원후 946년경에 대분화를 했다는 기록이 있고 언제 다시 터질지 모르는 휴화산이다. 정설로 확립되진 않았지만 일부 역사가들은 발해의 멸망 원인을 백두산 폭발에서 찾기도 한다. 만일 정말 백두산이 폭발한다면 엄청난 규모의 재앙이 벌어질 것이다. 실제 946년의 분화로 화산재가 일본 북부까지 날아간 기록이 있으며 발굴조사에 따르면

• 〈일본 침몰〉 본편
(퍼블릭 도메인)

• 〈해운대〉 포스터

• 〈백두산〉 포스터

그 지역의 토양과는 확연히 다른 화산재 누적층이 나오고 있다. 화산 폭발과 그로 인한 기후 변화가 당시 동북아 지역에 소빙하기를 가져 왔다는 설도 있다. 백두산이 다시 분화구를 열면 그때는 그냥 한반도 초토화다. 영화 〈백두산〉은 이런 아이디어를 기반으로 자연재해와 남북한 문제를 동시에 잡으려는 의도를 보인다. 〈백두산〉은 현실 가능성이 있는 재난을 묘사하지만 액션과 유머에 더 초점을 맞추고 있어 미증유의 재난이 크게 와닿지 않는 단점이 있다. 화산 폭발이나 지진은 혜성 충돌처럼 전 지구적 종말을 초래하는 재앙은 아직 아니지만 기후 변화가 극단적으로 계속되고 지구상의 모든 화산이 동시에 폭발하는 상황이 온다면 아포칼립스적인 재난이 될지도 모르는 일이다.

대자연의 역습,
복수는 시작되었다!

우리에게 크게 와닿는 자연의 역습 사례로는 아프리카에서 창궐한 메뚜기 떼가 있다. 이 메뚜기 떼는 무려 하루에 35,000명분의 식량을 먹어 치운다. 전문가들은 메뚜기 떼의 창궐 원인으로 난개발과 기후 변화를 지목한다. 곤충의 재난은 아프리카의 메뚜기에만 국한되지 않는다. 한국에서도 깔따구, 매미 유충, 노린재, 대벌레 게다가 사람들이 혐오스러워하는 노래기 등이 무더기로 출현하기도 했다. 전문가들은 수십 년간 지속돼온 한반도의 고온 현상을 원인으로 분석한다. 이러다가 정말로 1950년대 SF 영화에서 나오는 **방사능**과 결합한 슈퍼사이즈의 해충이 등장할지도 모르겠다. 후쿠시마 원자력 발전소 사고로 여전히 방사능이 유출되고 있으니 완전히 허황된 말이 아닐

• 〈새〉 새 떼

수도 있다. 물론 방사능은 돌연변이를 만들지, 생물의 사이즈를 키우
지는 않는다는 것이 과학적 지식이지만 혹시 누가 아는가. 방사능에
또 무엇이 결합되어 비행기만 한 파리, 모기가 나타날지.

초창기 아포칼립스 영화 가운데 자연의 역습을 다룬 가장 충격
적인 영화는 알프레드 히치콕 감독의 1963년 작 〈새〉다. 여기서는 이
유도 원인도 모르는 새 떼의 공격을 다루고 있다. 영화 속의 새는 마
을 하나를 습격하지만 만일 지구상의 모든 조류가 인간을 공격한다
면? 정말 상상만으로도 끔찍하다. 새들은 항상 우리 주위에 존재한
다. 거리에는 '닭둘기'라는 멸칭으로 불리는 비둘기가 항상 떠돌고
있고, 작은 화단에는 참새들이 놀고 있다. 여기에 까치는 떼를 지어 몰
려다니다가 가끔 까마귀와 싸움을 벌이기도 한다. 히치콕은 대프니 뒤
모리에의 원작 소설《새》의 이야기 배경을 영국에서 미국의 해안 도시
로 변경하면서 많은 부분에 수정을 가했다. 특히 원작에서 새들이 집
안으로 침투하기 위해 나무를 쪼아대는 마지막 장면을 영화의 클라이
맥스로 삼았는데, 엄청난 수의 새들이 문짝을 쪼아 부수고 집 안까지

BEWARE THE TRIFFIDS...they grow
...know...walk...talk...stalk...and KILL!

• 〈트리피드의 날〉 포스터

쳐들어오는 장면으로 만들어 공포를 극대화했다. 인간의 인지로는 도저히 이해할 수 없는 새들의 공격은 영화가 끝난 후에도 두려움을 자아낸다. 당시 관객들은 〈새〉를 관람한 후 새 공포증을 호소하기도 했다고 한다.

〈새〉보다 한 해 앞선 공개된 〈트리피드의 날〉 역시 중요한 영화다. 〈트리피드의 날〉은 혜성과 외계 생명체 그리고 자연의 역습이라는 삼박자가 잘 짜인 작품이다. 영화는 외계에서 왔으며, 육식을 하는 식물인 트리피드와 수많은 유성이 지구에 침투하면서 이 때문에 눈이 먼 사람들의 이야기를 기가 막히게 엮어 놓는다. 〈트리피드의 날〉에서는 육식 식물 트리피드의 위험을 피해다니는 눈이 먼 인간들이 생존을 위해 앞이 보이는 인간을 공격하는 이기적 행위도 영화의 핵심 축으로 묘사하고 있다. 작가 주제 사라마구가 《눈먼 자들의 도시》에서 묘사한 바로 그 상황이다. 대니 보일 역시 〈28일 후〉를 만들 때 원작 소설 《트리피드의 날》을 참고했음을 밝히기도 했다. 여러 종말 영화에 영향을 미친 작품인 셈이다.

핵전쟁과 방사능의 공포

좀비를 제외하면 아포칼립스 영화에서 가장 자주 등장하는 주제가 바로 핵에 대한 공포다. 제2차 세계대전에서 확인한 핵과 방사능의 위력은 다양한 영화에 영향을 미쳤다. 방사능의 공포가 가득하던 당시에는 한편으로 방사능을 만능의 재앙유발자로 만들기도 했다. 당시 영화에서 방사선은 곤충이나 동물만이 아니라 인간까지도 거대

사이즈로 키우기도 했으며, 심지어는 고대에 파묻힌 공룡을 깨우기
도 했다. 현실에서는 우리도 후쿠시마 오염수 배출로 불안을 안고 살
아간다. 한국에도 많은 원자력 발전소가 있으며 게다가 중국과 일본
에서 건설된 수많은 원자력 발전소까지 합치면 방사능 위협이 한반
도를 포위하고 있다고 해도 과장이 아니다. 방사능에 대한 공포는 현
재 진행형이다. 이 가운데 가장 진지하게 만들어진 영화들은 핵전쟁

• 〈그날이 오면〉 포스터

• 〈그날 이후〉 포스터

• 〈그날 그 이후〉 포스터

• 〈바람이 불 때〉 포스터

의 '그날'을 경고하는 영화들이다. 〈그날이 오면〉 〈그날 이후〉 〈그날 그 이후〉 그리고 〈바람이 불 때〉 같은 영화들이 그렇다.

이들 영화는 핵전쟁이 벌어지는 순간의 엄청난 충격을 묘사하고 있으며, 전쟁 직후의 참담한 삶과 피폭 이후 점차 죽어가는 죽음의 이미지를 강렬하게 묘사한다. 〈그날이 오면〉은 거대한 핵전쟁 직후 호주로 피신한 사람들이 점차 지구를 뒤덮는 방사능을 바라보며 죽음을 기다리는 내용이다. 〈그날 이후〉와 〈그날 그 이후〉 같은 TV 영화는 다큐멘터리의 사실성으로 핵전쟁을 서늘하고도 참담하게 묘사한 작품이다. 〈바람이 불 때〉는 핵전쟁과 그 직후 서서히 죽어가는 한 노부부의 삶을 담담하게 그려낸 애니메이션 영화의 걸작이기도 하다. 이처럼 핵전쟁을 사실적이고도 잔혹한 것으로 묘사하는 영화들과 함께 가상의 핵전쟁 상황을 다큐멘터리 형식으로 만든 영화 〈워 게임〉도 있다.

〈워 게임〉은 1965년 BBC에서 제작했지만, 표현 수위가 높아 방영이 어렵자 극장에서 공개한 문제작이다. 〈워 게임〉은 앞선 작품들처럼 드라마 중심의 영화가 아니다. 전쟁이 벌어지고 핵폭발이 일어나 사람들이 휩쓸리며, 이후 이어지는 사회의 붕괴를 재현 영화 형식으로 만듦으로써 다른 모든 작품보다 핵전쟁을 반대하는 메시지를 더욱 강렬하게 전달한다. 지금까지 핵전쟁을 배경으로 만들어진 영화 가운데 가장 뛰어난 작품으로 평가받는다.

핵전쟁 아포칼립스를 묘사한 영화는 공산주의 진영인 1980년대 소련에서도 등장한다. 콘스탄틴 로푸산스키 감독은 1986년 〈죽은 자의 편지〉를 시작으로 종말론 연작 시리즈(두 번째 영화부터는 포스트 아포칼립스를 다루고 있다)를 만든다. 〈죽은 자의 편지〉는 핵전쟁 직후 박물관의 방공호 속에서 서서히 죽어가는 사람들을 묘사하는데, 감독은 영화 마지막에서 자막과 내레이션을 통해 러셀-아인슈타인 선언 Russell-Einstein Manifesto을 인용하며 전쟁을 반대하는 메시지를 전한다.

"여러분의 인간다움을 상기하라. 그런 다음에 나머지는 모두 잊어버려라. 만약 그렇게 할 수 있다면 새로운 낙원으로 향하는 전망이 열릴 것이다. 만약 그렇게 할 수 없다면 인류 전체가 멸종당할 위험이 여러분 앞에 다가오게 될 것이다."

팬데믹이 현실이 되는 종말의 세계

우리는 코로나19의 창궐이라는 미증유의 감염병 유행을 겪으며 이미 유사 아포칼립스 사태를 경험했다. 봉쇄령으로 도시에는 인간의 흔적이 없어지고 물 한 병을 차지하려고 죽일 듯 싸우는 사람들을 보며 문명이 한순간에 휴지 조각처럼 버려지는 광경도 목격했다. 한동안 잊고 살았지만 인류는 전염병의 공포를 알고 있다. 가장 혹독했던 흑사병은 14세기 유럽 인구의 1/3을 사망하게 했다. 이는 최소 7,500만에서 최대 2억에 이르는 인구다. 1918년에는 스페인 독감이 맹위를 떨쳤다. 이 역시 5,000만 명을 사망하게 한 것으로 추정한다. 게다가 스페인 독감으로 희생된 사람은 코로나와 달리 대체로 젊은 층이었다. 정상 세포마저 공격하는 과도한 면역반응인 사이토카인 Cytokine 폭풍 때문으로 추정하고 있다. 이 시기보다 의료 기술이 월등히 높아진 오늘날에도 코로나바이러스로 인해 이미 700만 명이 훌쩍 넘는 사망자가 생겼다. 가족과 친구가 어느 순간 갑자기 쓰러지는 전염병의 공포는 이루 말할 수 없었다.

전염병 역시 자연의 역습이다. 팬데믹 아포칼립스를 다룬 초기

• 〈안드로메다의 위기〉 포스터　　　　• 〈부활의 날〉 포스터

영화로는 두 편의 영화를 언급할 수 있다. 마이클 클라이튼의 1969년 원작을 영화화한 〈안드로메다의 위기〉와 고마츠 사쿄의 1964년 동명의 원작을 영화화한 〈부활의 날〉이다. 이 두 편의 영화는 강력한 바이러스 무기를 만들려는 인간의 오만으로 시작하는 영화다. 그러나 내용 전개는 전혀 다르다. 〈안드로메다의 위기〉는 과학자들의 초인적인 노력으로 인간이 만든 외계 바이러스를 결국 무력화시킨다. 그러나 〈부활의 날〉에서 인류는 바이러스에 의해 전멸의 위기에 놓인다. 이뿐이 아니다. 사람이 모두 죽어버린 상태에서 미국이 보유한 ARS(자동보복장치)가 실행돼 무인 핵전쟁까지 벌어진다. 가까운 미래에 살아남은 사람들로 약간의 희망을 묘사하긴 하지만 영화 전체에 스며든 비관주의를 외면하긴 어렵다.

• 〈부활의 날〉 본편
(퍼블릭 도메인)

　　2011년 영화 〈컨테이젼〉은 인간의 탐욕 때문에 닥친 팬데믹을 묘사한다. 기업의 난개발로 박쥐가 서식지를 잃고 떠돌면서 박쥐가 보유하던 바이러스가 돼지에게 스며든다. 그리고 그 돼지를 인간이 맨손으로 만지면서 바이러스가 전파된다. 코로나 바이러스 역시 가장 가능성 큰 숙주가 박쥐다. 아직은 코로나19가 어떤 경로를 밟아나갔는지 전부 알 수는 없다. 코로나 발생 시기 한국의 질병관리본부가 보여줬던 뛰어난 대처 능력처럼 바이러스 자체를 없앨 수는 없지만 바이러스는 확실한 예방 및 대응이 가능하다.

• 〈컨테이전〉 포스터

　한국 영화 〈연가시〉와 〈감기〉는 역병에 대한 극단적인 처치를 묘사한다. 이 두 편의 영화에서 바이러스와 기생충에 감염된 사람들은 사흘 이내에 죽음을 맞는다. 영화 속 정부는 같은 지역에 있는 시민을 감염 여부에 상관없이 한 곳에 집단 격리하는 모습을 보인다. 2008년 영화 〈눈먼 자들의 도시〉에서 집단 격리를 묘사한 상황과 같다. 병원소(감염의 원천)를 제거 및 감소하게 하고 감염자를 격리하며, 환경 위생에 신경 쓰면서 면역 증대를 노리고 치료에 돌입하는 것이다. 그런데 〈감기〉와 〈연가시〉는 이 가운데 격리만을 실행하며, 그것도 제대로 못 해 감염자들이 죽어 나가게 만든다. 결국 이 영화들이 제시하는 것은 당시 정부에 대한 극단적 불신이다. 이런 재난을 극복하려면 불신부터 해소하는 것이 중요하다는 것을 영화를 통해 알 수 있다. 세금을 받아 일하는 정부의 역할은 세금으로 국민을 지키는 사회적 안전망을 만드는 것이다. 뿐만 아니라 사회적 안전망이 비상시에 제대로 작동할 수 있는가를 지속적으로 감시, 유지, 보수해야 한다. 정부가 그렇게 하고 있는지 항상 눈을 부릅뜨고 감시하는 것이 국민과 언론의 역할이겠다.

세상을 리셋하다, 포스트 아포칼립스

미친 속도감의 액션 영화 〈매드 맥스〉,
포스트 아포칼립스 장르의 시작이 되다

1979년 조지 밀러 감독이 〈매드 맥스〉를 완성했을 때 그 누구도 이 영화가 포스트 아포칼립스 영화의 알파요, 오메가가 될 것이란 생각은 하지 않았다. 〈매드 맥스〉 1편은 1970년대에 유행하던 〈불리트〉 같은 카 체이스 영화와 웨스턴을 함께 녹여낸 작품이다. 즉 원래 영화의 기획 목적은 무한 질주와 스피드를 내세운 액션 영화였다. 그러나 지금은 영화의 배경 때문에 포스트 아포칼립스 영화의 선구자로 인정받는다. 〈매드 맥스〉 시리즈에서 맥스는 영화의 주인공이자 관객을 대신해 이 세계를 체험하는 관찰자다. 지그문트 바우만의 《고독을 잃어버린 시간》에 추천의 글을 쓴 장석주 시인은 바우만의 글을 인용하며 "근대가 정원사의 시대였다면 현재는 사냥꾼의 시대"라고 말한다. 이러한 구분 방법은 포스트 아포칼립스 세계관에도 잘 들어맞는다. 사회를 다시 세우려는 이들은 정원사들이다. 당장의 만족을 위해서 새로운 세상을 꿈꾸는 집단을 착취하려는 세력은 사냥꾼

이다. 이 사이에서 맥스를 통한 감독의 시선은 때로는 관찰하고 때로는 적당히 개입하면서 그 결과를 우리에게 전달해준다. 주인공이자 관찰자로서 맥스의 역할은 속편인 〈매드 맥스 2〉의 오프닝에 잘 드러난다. 영화 속에서 어린 시절 만났던 맥스를 회상하는 노년의 화자는 맥스의 주변에서 벌어진 일들을 통해 대격변 이후 삶을 들려준다. 거대한 전쟁은 석유 시대의 종말을 불러오고, 경제 붕괴는 사회 혼란과 함께 약탈과 식인 행위로까지 이어진다. 화자는 이 혼돈의 시대 속에서 벌어지는 무자비한 폭력과 방랑자 맥스가 어떻게 자신과 아무 상관없던 공동체를 구원했는지를 이야기한다. 또한 여기서 드디어 '핵전쟁 이후의 세계'라는 설정 또한 등장한다. 그리고 2015년 조지 밀러 감독은 망한 세계의 결정판인 〈매드 맥스: 분노의 도로〉와 2024년 〈퓨리오사: 매드맥스 사가〉를 만든다. 핵전쟁 이후의 황폐한 세계라는 설정은 〈매드 맥스〉 시리즈에 앞선 선배 영화들이 있었기에 가능했다.

종말과 종말 이후의 세계를 상상하게 만든 핵무기의 무시무시한 위력

포스트 아포칼립스 영화는 종말 이후의 세상을 다룬다. 아포칼립스가 혜성 충돌, 대홍수, 대지진, 전염병 그리고 핵전쟁 등이 초래한 기존 문명의 절멸을 말한다면 포스트 아포칼립스는 그 이후 새롭게 시작하는 세상, 즉 인류 문명의 리셋(초기화)이다. 종말과 리셋을 초래할 가능성이 가장 높은 것은 핵전쟁이다. 그러므로 아포칼립스 이후 삭막한 세계를 묘사하는 영화들이 대부분 핵전쟁 이후의 포스트 아포칼립스를 배경으로 삼는 것도 우연은 아니다. 냉전의 붕괴로 핵전쟁의 위협이 완화되었다고 믿던 2000년대 초에는 핵전쟁 종말 영화는 조금 뜸해졌다. 대신 〈28일 후〉나 〈월드워 Z〉 같은 좀비 아포칼립스 영화가 그 자리를 채웠다. 좀비로 모자랐는지 〈몬스터즈〉, 〈러브 앤 몬스터〉 같은 몬스터 아포칼립스도 등장했다.

핵무기가 나오기 전인 1933년에도 영화 〈대홍수〉 같은 포스트 아포칼립스 영화는 있었다. 급격한 기상 변화로 엄청난 폭풍과 거대한 해일이 몰려와 뉴욕시를 완전히 박살 내는 장면이 등장하는 이 영화는 대홍수 이후 살아남아 사회를 재건하려는 사람과 약탈자의 대립을 다룬다. 특히 초반 홍수 장면에서 해일이 몰려와 뉴욕을 초토화하는 장면은 롤랜드 에머리히가 〈투모로우〉와 〈2012〉에서 묘사한 해일 장면과 아주 유사하다. 물론 이 시기에는 아직 개념조차 몰랐던 핵과 같은 요소는 등장하지 않지만 묘하게도 H. G. 웰스의 소설을 원작으로 1936년에 만든 〈다가올 세상〉은 미래에 있을 핵전쟁으로 인한 종말과 유사한 분위기를 그려낸다.

〈다가올 세상〉은 1940년에 세계대전이 발발하는 것으로 시작한다. 이 당시 나치즘의 위험성을 경고하는 이들이 있기는 했지만, 이를 세계대전이란 개념으로 1933년에 소설로 묘사한 H. G. 웰스의 선구적 시선은 탁월하다고 할 수 있다. 〈다가올 세상〉에서 그려내는 전쟁은 1940년부터 1976년까지 무려 36년간 이어진다. 영화는 아포칼립스와 포스트 아포칼립스를 동시에 다루면서 미래 사회까지 제시한다. 그리고 미래 사회에서 인간을 달로 보낼 대포를 둘러싸고 벌어지는 논란은 오늘날 핵 문제를 떠올리게 한다. 옹호자는 진보를 위한 것이라 주장하고, 반대자는 극단적 진보가 세상을 망칠 것이라며 대포를 파괴하려 한다. 출간 당시에는 소설가의 상상에 불과했지만 지금 보면 대부분 벌어진 일이란 면에서 웰스의 예지력은 섬뜩하다.

이러한 미래 예지의 첫 사례는 히로시마다. 히로시마에 원자폭탄

• 〈파이브〉 마을을 비틀거리며 걷는 여성

이 떨어지고 몇 년 뒤인 1951년에 등장한 〈파이브〉는 핵전쟁 이후의 포스트 아포칼립스 세계를 최초로 다룬다. 폐허가 된 마을을 비틀거리며 걷는 한 여성으로부터 시작하는 이 영화에는 사람들이 대부분 죽은 세계에서 방사선을 피해 모인 다섯 명의 인물이 등장한다. 결국 이들 가운데 단 두 사람만이 살아남는 결말에서 영화는 자막을 통해 새로운 세계와 땅이라는 희망을 제시하기는 하지만, 영화를 지켜본 관객은 고작 두 사람만이 남겨진 세계에서 위로를 느끼긴 어렵다. 1959년에 만들어진 〈세계, 육체 그리고 악마〉 역시 비슷한 주제를 내세우면서 〈파이브〉보다 조금은 더 낙관적이고 화합하는 미래를 제시했다.

　　1950년대에 등장한 포스트 아포칼립스 영화 가운데 가장 인상적인 작품은 우주여행 과정에서 500년 후의 지구에 도착하는 1956년 작 〈끝없는 세계〉와 영화사에서 최악의 작품 가운데 하나로 손꼽히는 1958년 작 〈십 대 혈거인〉이다. 이 두 작품은 포스트 아포칼립스의 위대한 걸작 〈혹성 탈출〉의 원형에 해당한다. 특히 로저 코먼 감독의 〈십 대 혈거인〉은 동굴에서 살아가는 원시적인 부족을 다루는데, 이들은 법전에 의지한 삶을 살며 법이 금지한 하천 너머로는 절대 가서는 안 된다. 여기에 모험심과 진리 탐구로 무장한 십 대가 등장해 결국 법을 깨고 하천을 넘어가 그곳에서 핵전쟁으로 몰락한 이전 문명을 본다. 게다가 괴물로 등장하던 존재가 알고 보니 낡고 해진 방독면과 방호복을 뒤집어쓰고 수십 년간 살아온 인간이라는 설정은 〈혹성 탈출: 지하 도시의 음모〉에 등장하는 인간의 껍질을 쓰고 사는 변형된 지하 인간을 떠올리게도 한다. 〈혹성 탈출〉보다 〈십 대 혈거인〉의 설정이 먼저인 데다가 지하에서 사는 인간이란 설정은 분명 〈끝없는 세계〉의 아이디어지만, 겉으로 보이는 모습과 숨기고 있는 내부의 모습이 다르다는 아이디어는 〈십 대 혈거인〉을 먼저 떠올릴 수밖에 없다.

핵전쟁으로 인류 문명이 절멸한 이후의 세상을 그린 영화는 그 뒤로 냉전이 이어지던 1980년대까지 인류 멸망의 단골 원인으로 쓰였다. 미국과 소련이 몇 번이라도 인류를 몰살시키고도 남을 핵무기를 서로 겨누며 으르렁대던 당시에는 '핵전쟁은 곧 인류 멸망'의 공식이 포스트 아포칼립스 상황을 관객에게 납득시키기에 가장 확실했을 것이다. 1984년 작 〈터미네이터〉도 인간 대신 핵무기를 통제하는 인공지능 컴퓨터 '스카이넷'이 핵 버튼을 눌러서 인류가 멸망하고, 그 사건을 예방하기 위해 미래의 전사가 현재로 온다는 설정이 등장한다.

세상이 어쩌다
이 모양이 됐을까

1960년대부터 서서히 시작된 미국 경제 위기는 70년대에 최악을 맞이한다. 1973년의 석유파동 Oil shock은 〈매드 맥스〉 세계관에도 큰 영향을 끼칠 만큼 세계 경제에 막대한 혼란을 초래했다. 사람들은 석유 자원 무기화의 위력을 강력히 깨달은 것이다. 에너지뿐 아니라 음식과 물 같은 필수 자원 역시 포스트 아포칼립스 세계를 구성하는 중요한 요소로 등장한다. 1970년에 등장한 아포칼립스 영화 〈풀의 죽음〉이 세상에 있는 모든 식물의 괴사를 통해 그 단편적인 이미지를 묘사했다면, 1972년에는 미래에 모든 식물의 멸종에 맞서 지구 궤도에 거대한 온실 우주선을 만들어 식물을 연구하는 〈싸일런트 러닝〉이 개봉한다. 〈싸일런트 러닝〉 직후에 등장한 〈소일렌트 그린〉에서는 환경 파괴와 동시에 극심한 인구 증가를 그린다. 서기 2022년 미래의 미국을 다룬 이 영화에는 부족한 식량을 대체하기 위한 음식으로 '소일렌트'라는 비스킷이 등장한다. 문제는 이 비스킷이 상류층이 주장하는 해양 플랑크톤이 아니라 전혀 다른 끔찍한 무엇으로 만들었다는 것이다. 이 아이디어는 봉준호 감독의 아포칼립스 영화 〈설국열차〉에서 순화된 방식으로 묘사되기도 한다.

　포스트 아포칼립스의 세상에는 식량 자체가 귀하다. 식량과 에너지라는 인간의 기본 생존조건을 둘러싼 투쟁은 포스트 아포칼립스 영화에서 자주 보이는 주제다. 1969년 할란 엘리슨이 발표한 단편 소설 〈소년과 개〉는 이러한 배고픔의 순간을 기괴한 방식으로 묘사한다. 이 소설을 영화화한 〈소년과 개〉에서 미국은 케네디가 암살을 피해 살아남은 상태에서 엄청난 과학 기술을 쌓아 올린다. 안드로이드를 만들고, 텔레파시를 통해 지능이 향상된 동물과 대화를 나누기도 한다. 그러다 제3차 세계대전이 벌어진다. 전쟁은 끝나지만 이어진 냉전은 경제를 붕괴시키고 또다시 5일간 벌어진 제4차 세계대전으로 지구는 망한다. 이제 사람들은 황폐해진 사회에서 식량 찾기에 몰두한다. 여기에 몇몇 인간은 지하로 내려가 전체주의 사회를 만들기도 한다. 소년과 텔레파시로 소통이 가능한 개는 황무지를 떠돌

・〈소년과 개〉 본편
　(퍼블릭 도메인)

• 〈소년과 개〉 스틸 컷

다 지하 세계를 탐험하기도 한다. 영화의 마지막 장면에서 굶주리고 상처 입은 소년은 그의 개 그리고 한 소녀와 지하 세계를 탈출한다. 그리고 배를 든든히 채운 소년은 개와 함께 다시 여행을 떠난다. 그런데 소녀는 어디로 갔을까?

　먹을 것을 놓고 다투는 암울한 포스트 아포칼립스 영화를 보다 보면 자연스럽게 질문이 떠오른다. 세상이 어쩌다 이렇게 되어 버렸을까. 당연히 이 질문은 현실 사회의 반영이기도 하다. 재미있게도 〈소일렌트 그린〉의 원작을 포함해서 아포칼립스 혹은 포스트 아포칼립스를 다룬 문학과 영화의 전성기는 미국 경제의 황금기인 1950년대에서 1960년대였다. 풍요가 절정인 시대에 풍요의 종말을 상상한 것이다. 하긴 원래부터 없으면 잃어버릴 걱정을 할 필요도 없다. 그래서인지 한국도 먹는 문제를 해결하고 사회가 민주화된 21세기가 되면서 아포칼립스를 다룬 작품들이 등장한다. 고 이외수 작가는 예술가의 헝그리 정신을 강조하는 '굶주려 봐야 좋은 글이 나온다'는 주장을 반박한 적이 있다. 이외수는 그 자신이 썩은 음식을 먹고 살았을 정도로 심각한 빈곤을 겪었고, 굶으면 오로지 먹을 생각밖에 나지 않는다고 말한다. 마찬가지로 심각한 비극 상태에서는 또 다른 비극을 상상하기 어렵다. 현실이 비극인데 무엇하러 또 비극을 상상하겠는가. 배부르고 등 따뜻할 때는 새로운 상상의 문이 열리게 된다. 좀비 아포칼립스물 〈부산행〉이나 〈지금 우리 학교는〉 등은 한국 사회가 적어도 경제적으로는 선진국의 문턱에 왔을 때 나온 영화들이다.

포스트 아포칼립스의 자매품
디스토피아 영화

포스트 아포칼립스와 디스토피아 영화는 같은 듯 다르다. 전자는 종말 이후의 생존을 그리면서 어느 정도 종말의 원인(핵전쟁, 기후 재앙 등)을 밝히고 이야기를 전개한다. 디스토피아는 한마디로 어두운 미래를 그린다. 꼭 종말이 아니더라도 종말을 향해가는 미래, 또는 지금보다 더 나빠지고 황폐해진 세상을 배경으로 한다. 포스트 아포칼립스와는 비슷한 유전자를 공유하지만 디테일이 다른 자매품이라고나 할까.

디스토피아는 그리스어 dys(나쁜)와 topos(장소)를 결합한 단어로 존 스튜어트 밀이 처음 사용했다. 토머스 모어가 자신의 책《유토피아》에 그리스어 부정적 접두사 ou(없다)와 topos(장소)를 조합해, 이상향理想鄕을 뜻하는 단어로 만든 유토피아에 반대되는 뜻을 가진다. 우리는 미래를 상상할 때 더 나은 세계를 떠올리지만, 이야깃거리로 미래를 떠올릴 때는 보통 디스토피아를 떠올린다. 인간 사회의 규칙과 윤리가 사라지고 억압자에 대항하거나 아니면 제멋대로 해도 되는 방종을 묘사하기 좋기 때문이다. 그래서 디스토피아는 때때로 포스트 아포칼립스와 피를 섞은 이야기로도 만들어진다. 핵전쟁 공포, 에너지 위기, 사회 혼란이 심하던 1960~1970년대는 이런 영화가 나오기에 좋은 환경이었다.

〈소년과 개〉에서 묘사하는 문명 붕괴 이후의 세계 묘사는 이후 〈매드 맥스 2〉의 세계관에 큰 영향을 미쳤다. 〈매드 맥스 2〉에는 〈소년과 개〉에서 보여줬던 돌연변이는 등장하지 않지만, 대신 거대한 근육을 자랑하는 폭주족 대장 휴멍거스나 죽은 사람의 머리를 말려 장식용으로 어깨에 달고 다니는 놈들이 나온다. 신체 기형이 아닐 뿐 인간성을 상실했다는 점에서 돌연변이와 다르지 않다. 누더기 같은 옷을 입은 인간들이 황량한 사막에서 서로를 죽이고 약탈한다는 설정도 〈소년과 개〉에서 영향받은 것이다. 속편인 〈매드 맥스 2〉는 〈소년과 개〉뿐 아니라 앞선 여러 디스토피아 영화에서 영향받은 흔적이 보인다.

1975년 로저 코먼 감독이 제작한 황당한 디스토피아 영화 〈죽음의 경주〉 역시 그렇다. 〈죽음의 경주〉는 경제 붕괴 이후 전체주의 사회로 변한 미래 미국 사회를 배경으로 한다. 억압적인 정부는 시민

• 〈매드 맥스 2〉 맥스와 개

362

을 달래기 위해 로드 레이스 게임을 매년 실행한다. 운전자는 레이스를 펼치는 과정에서 눈에 띄는 사람들을 차로 치어 죽여야 보너스 점수를 얻는다. 심지어 성인에 비해 아동과 노약자처럼 더 연약해보이는 타깃은 배점이 더 높다. 〈죽음의 경주〉는 포스트 아포칼립스와 서바이벌 게임 등의 아이디어를 결합해서 영화화한 로저 코먼의 특기가 잘 발휘된 영화다. 게다가 점차 억압적으로 변해가는 당시 미국 사회에 대한 비판적 요소까지 포함하고 있다.

사실 디스토피아는 세계가 점차 끔찍하게 변해가는 모습을 다루기 때문에 아포칼립스와는 엄연히 다른 형식의 이야기다. 예브게니 이바노비치 자먀찐의 《우리들》이나 올더스 헉슬리의 《멋진 신세계》 그리고 조지 오웰의 《1984》가 이러한 디스토피아 장르를 연 작품들이다. 디스토피아는 때때로 포스트 아포칼립스와 피를 섞기도 한다. 자먀찐의 《우리들》은 디스토피아 문학의 효시로 꼽으며 '은혜로운 분'이 지배하는 강력한 전체주의 사회를 묘사한다. 사람들은 감정 없이 생활하며, 이름 대신 번호가 부여되고 사생활이 없는 유리 건물에서 살아간다. 오웰은 《우리들》에 영향받아 '빅 브라더'가 세상을 지배하는 전체주의 사회를 묘사했다. 냉전이 한창이던 시기의 영화는 전체주의적 미래를 묘사할 때 보통 오웰이 묘사한 《1984》의 세계를 인용하곤 했다. 테리 길리엄의 〈브라질〉 같은 작품이 대표적이다. 그런데 사회가 더욱 발전하고 인터넷이 등장한 후, 익명으로 수많은 혐오와 불신 그리고 음모론 따위를 사람들이 널리 소비하면서부터 세상은 《1984》의 세계가 아닌 헉슬리의 《멋진 신세계》와 같은 향락을 강조하며 구조적 문제를 외면하는 사회가 될 것이란 예측이 우세해졌다. 그리고 오늘날에는 《1984》의 강력한 통제 체제와 함께 《멋진 신세계》의 본질을 가리는 관리 방식을 동시에 사용할 것이란 예측으로 발전하고 있다.

《멋진 신세계》에 영향을 받은 소설을 영화화한 〈로건의 탈출〉은 수명이 30살로 정해진 미래 사회를 다룬다. 사람들은 로건 5, 프란시스 8, 제시카 6 등 많지 않은 이름에 숫자를 붙여 구분한다. 이들은 행복하게 살다 30살이 되면 부활할 것이란 믿음으로 '회전목마'란 곳에서 레이저에 의해 소멸된다. 〈로건의 탈출〉이 묘사한 세계처럼 한정된 자원을 적절하게 사용하기 위해서는 인구 통제가 필수이기 때문에 디스토피아를 그린 작품들은 대체로 인간의 수명을 제한하거나 불필요한 인구를 적절히 감소시키는(그냥 죽여버리는) 방법을 주로 사용한다. 이들 디스토피아 작품들이 가장 강력하게 주장하는 것은 인간의 '자유'다. 어떤 고난이 있을지라도, 어떤 책임을 지더라도 내 삶의 주인은 나라는 태도다. 사실 자신의 자유로운 삶을 책임진다는 것만큼 힘든 일도 없다. 포스트 아포칼립스처럼 나의 행동을 규제하는 목줄이 사라진 사회에서는 책임지려는 자와 한없이 방종한 자와의 대립이 등장하게 된다.

어차피 망한 세상, 신나게 즐겨보자

내일 지구가 망한다면 여러분들은 어떻게 할 것인가? 그래도 한 그루의 사과나무를 심겠다는 사람도 있을 것이며 어차피 끝날 세상 마음대로 놀자는 쪽도 있을 것이다. 디스토피아 영화는 기존의 윤리와 규범을 무시한 이야기를 가능케 한다. 존 카펜터 감독의 〈뉴욕 탈출〉에서 정부는 세상에서 가장 방종한 인물인 스네이크 플린스킨에게 목줄(극소형 폭발물)을 채우고는 자신들의 명령을 수행하게 만든다. 뉴욕 맨해튼 전체를 거대 감옥으로 만들어 놓고 펼쳐지는 스네이크의 억지 구출 작전은 그야말로 디스토피아 영화의 최고봉 가운데 하나라고 해도 과언이 아니다. 〈뉴욕 탈출〉은 제2차 석유파동과 워터게이트 사건에 영향을 받아 만들어진 작품으로 권력에 대한 조롱이 넘쳐난다. 조롱은 투쟁 대신 방종을 선택하게 만든다. 막장 디스토피아를 그린 〈뉴욕 탈출〉은 속편 〈LA 탈출〉과 함께 이후 다른 영화와 하위문화에 영향을 미쳤고 2008년에는 〈뉴욕 탈출〉의 비공식 리메이크라 할 수 있는 〈둠스 데이: 지구 최후의 날〉도 만들어진다. 이런 영화들은 권모술수와 음모, 비합리가 난무하는 권력을 조롱하면서 일탈과 방종으로 치닫는 태도를 보여준다.

1977년에는 영화사에서 가장 중요한 영화 한 편이 등장한다. 바로 〈스타워즈〉다. 그러나 당시 20세기 폭스는 흥행이 미심쩍은 〈스타워즈〉보다 평단에서 뛰어난 평가를 받았던 원작을 영화화한 〈지옥의 사막〉에 더 힘을 쏟았다. 그 결과 〈지옥의 사막〉은 오늘날 아는 사람만 아는 작품이 돼버렸다. 영화 자체도 핵전쟁 이후 무장 트럭을 몰고 다니는 주인공 그룹의 느슨한 액션을 다루고 있을 뿐이다. 여기에 영화 초반 실제 전갈 몇 마리를 거대한 전갈처럼 부풀려 합성한 장면은 헉! 소리가 날 정도로 엉성하다. 1,700만 달러(〈스타워즈〉 제작비는 이보다 낮은 1,100만 달러였다)의 제작비가 어디에 쓰였는지 수상할 정도다. 그래도 〈지옥의 사막〉은 이후 황무지를 배경으로 다루는 여러 포스트 아포칼립스 영화에 영향을 끼쳤다. 특히 1982년 뉴질랜드 영화 〈무장 트럭〉은 〈지옥의 사막〉을 거의 모방하다시피 했지만, 놀랍게도 〈지옥의 사막〉보다 훨씬 뛰어나고 재미있는 영화로 완성됐다.

〈지옥의 사막〉과 〈매드 맥스 2〉 이후에 등장한 다른 포스트 아포칼립스 영화들은 어차피 망한 세상 내 멋대로 살아보자는 태도가 강하다. 그렇다 보니 아포칼립스 영화가 제시하는 깊은 비극과 원인

· 〈지옥의 사막〉 포스터　　　　· 〈무장 트럭〉 포스터　　　　· 〈헬과 8인의 미녀〉 포스터

에 대한 고찰은 거의 드러나지 않는다. 어차피 망했으니 남은 인간들끼리 무법천지의 세상에서 신나게 악당들을 물리치는 주인공의 영웅적 행동에 더 집중하는 것이다. 이러한 영화들 가운데 1988년 영화 〈헬과 8인의 미녀〉가 이러한 태도를 특히 잘 드러낸다.

영화가 시작하면 내레이션이 흐른다. 20세기 후반 세계 정상들 간에 의견 차이가 생긴다. 이들은 핵폭탄 몇 개면 평화로운 대화가 오갈 것이라 믿는다. 그리고 단 10일 만에 세계는 멸망한다. 정말 어이없고 웃기는 설정이지만, 곰곰이 생각하면 꽤 사실적이기도 하다. 실제로 핵을 대화 수단으로 생각한 권력자들이 종종 있었기 때문이다. 〈헬과 8인의 미녀〉는 기존 포스트 아포칼립스 영화들이 설정한 공식들을 비트는 영화다. 강력한 무장 트럭을 소유한 군벌과 자유로운 남성 영웅 간의 대립이 펼쳐지는 〈무장 트럭〉이나 물을 구하러 나섰다가 실종된 아버지를 찾아 나선 소년과 어쩌다가 함께하게 된 남성 주인공을 다룬 〈매드썬〉과 같은 영화들이 포스트 아포칼립스의 전형인 강력한 남성 중심 서사인 반면, 〈헬과 8인의 미녀〉는 이를 정말 웃기는 방식으로 패러디하기 때문이다. 황폐해진 세계를 지배하는 건 강력한 여성

의료 집단이다. 그런데 이들 집단의 한 여성 그룹이 돌연변이 개구리 집단에게 납치된다. 이들은 강한 남자 헬(로디 파이퍼 분)을 납치해 폭약이 장착된 정조대를 입히고는 팀을 꾸려 납치된 여성들을 구해오게 한다. 놀라운 것은 이 여성 의료 집단이 정말로 강력해서 악당을 간단하게 제압한다는 것이다. 영화 후반 헬은 자신과 동행한 여성에게 묻는다. "정말 내가 필요하긴 한 거요?" 그러자 그 여성은 그저 씩 웃고 만다. 레슬러 선수 출신이자 존 카펜터 감독의 〈화성인 지구 정복〉에서 강력한 근육을 자랑했던 로디 파이퍼가 이런 대사를 날리는 장면은 정말로 유쾌하다.

현시대의 절망이
포스트 아포칼립스를 잉태했다

일반적인 포스트 아포칼립스 영화에서 아이들은 구원의 상징이자 재생의 상징으로 그려진다. 핵전쟁 이후 한 부자父子의 생존기를 그린 〈더 로드〉 역시 식인이 횡행하는 세상에서 유일한 희망의 상징인 아들이 윤리적인 인간으로 살도록 도우면서 동시에 그 아들을 지키려는 투쟁을 다룬다. 결국 이 세계의 미래는 아이들에게 달려 있기 때문이다. 〈매드 맥스 2〉와 〈매드 맥스: 분노의 도로〉에서도 아이는 중요한 요소로 등장한다.

포스트 아포칼립스의 걸작 가운데 하나로 손꼽히는 영화가 알폰소 쿠아론 감독의 〈칠드런 오브 맨〉이다. 〈칠드런 오브 맨〉은 전 인류가 불임 상태에 처한 미래를 다룬다. 인간은 종말을 맞으면서도 서로 싸우는 중이고, 그 와중에 세계는 서서히 무너지고 있다. 여기서는 현대의 분쟁과 참화를 피해 유럽으로 이주하는 난민의 이미지를 노골적으로 묘사한다. 분쟁은 인간 집단의 갈등이자 인간 위에 군림하며 갈등을 조장하는 권력자의 욕망이 표면화된 것이다. 보호막이 없는 약자와 아이들은 그저 희생양이 된다. 아이들은 미래의 희망이라지만 권력자는 자신의 욕망을 위해 미래를 제물로 바친다. 서서히 종말을 맞이하는 이 세상에서 주인공 테오는 한 임신한 여성을 돕는 일을 맡는다. 희망이 완전히 사라졌다고 믿었던 세계에서 구원의 희망인 아기를 본다. 〈칠드런 오브 맨〉은 종말과 구원의 메시지를 그려낸다. 결국 미래를 생각한다면 어떤 행동이라도 해야 한다는 것이 이 영화의 메시지다. 알폰소 쿠아론은 긴 호흡의 롱 테이크로 이어지는 촬영으로 영화의 클라이맥스를 흡입력 있게 묘사한다.

〈칠드런 오브 맨〉의 원작 소설은 1992년에 발표한《인간의 아이들》인데, 이와 아주 유사한 불임 인간 이야기를 담은 영화가 1983년에 이미 등장했다. 이탈리아에서 만든 〈2019년 멸종지대〉란 포스트 아포칼립스 영화다.

〈2019년 멸종지대〉는 제목 그대로 2019년에 핵전쟁으로 인해 세상이 망하고 유럽 연합은 유라크Euraks라는 세력으로 변모해 전 세계를 폭력적으로 지배하는 세상을 다룬다. 게다가 핵전쟁의 여파로 모든 인간은 불임 상태에 처하고 만다. 유라크에 저항하는 반란군 연합은 지구에서 가장 강하며 방종한 인간 파르치팔(주인공의 이름은 아서왕 전설에서 성배의 기사로 묘사되는 파르치팔의 이름을 차용한 것이다)에게 인류를 구원할 여성을 구출할 것을 요청한다. 한편 〈2019년 멸종지대〉는 〈뉴욕 탈출〉과 〈매드 맥스〉를 혼합해서 만든 독특한 액션 영화다. 영화는 〈칠드런 오브 맨〉의 난민에 해당하는 방사선에 오염된 사람들이 유라크 군대에 학살

• 〈2019 멸종지대〉 포스터

당하는 장면을 담는다. 그리고 유라크에게 붙잡힌 저항군 리더는 피카소의 작품 '게르니카'가 걸린 공간에서 심문당한다. 이때 〈칠드런 오브 맨〉에서 통행증을 얻기 위해 권력자 사촌의 집으로 찾아간 테오 역시 게르니카가 걸린 식탁에서 식사한다. 여기서 짚고 넘어가자면 게르니카는 스페인 내전에서 벌어진 학살의 이미지를 묘사한 그림이며 이 두 작품은 게르니카를 통해 학살에 분노하는 영화의 태도를 분명히 밝힌다.

〈어벤져스〉도 알고 보면
아포칼립스 영화

오늘날 가장 유명한 아포칼립스 영화는 사실 마블에서 만들었다. 화려한 시각 효과에 가려서 그렇지 〈어벤져스: 인피니티 워〉와 〈어벤져스: 엔드게임〉은 엄연한 아포칼립스 영화다. 우주의 자원 부족을 우려한 타노스는 우주 전체의 생명체 절반을 소멸시키려 한다. 이러한 사태를 막기 위해 어벤져스는 최선을 다해 타노스와 맞선다. 그러나 어벤져스는 이전부터 갈등으로 분열된 상태였고 결국 타노스는 우주 전체 생명체의 절반을 날려버리고 만다. 그리고 5년의 세월이 흐른다.

　〈어벤져스: 인피니티 워〉가 비극적 정서의 아포칼립스 영화라면 〈어벤져스: 엔드게임〉은 비극 이후의 삶을 다루는 포스트 아포칼립스 영화다. 포스트 아포칼립스를 배경으로 살아남은 자의 심리적 공허를 〈어벤져스: 엔드게임〉보다 탁월하게 그려낸 영화는 없다고 해도 과언이 아니다. 갑자기 내 가족과 친구가 순식간에 사라졌고, 우주 전체를 뒤져도 찾을 수 없다. 그 공허함은 깊은 상실로 드러나고 사회는 제 기능을 하지 못한다. 이때 어벤져스는 과거로 돌아가 무너진 세계를 바로 세울 방법을 찾아낸다. 그리고 5년 만에 완벽히 부활한 어벤져스는 신나는 시간 여행을 떠난다. 어벤져스의 재결성을 통해 그려내는 연대의 이미지는 영화의 클라이맥스에서 장대한 이미지로 묘사된다. 여기에 생물학적 성별이나 종의 특성 따위는 아무런 의미가 없다. 그저 지킬 것을 지키고, 되돌려 받아야 할 것을 되돌리기 위해 모두가 합심하는 것이다. 종말 이후 재건을 위해서는 이제 적대와 분열보다 굳건한 연대가 우선이다.

　서로 다른 사람들이 더 큰 목표를 위해 연대하는 모습은 〈매드 맥스: 분노의 도로〉에서도 극명하게 드러난다. 이 영화는 미친 세상에서 홀로 살아 온 맥스와 자신이 지키려는 여성들 말고는 누구도 믿지 못하는 퓨리오사, 그리고 광적으로 임모탄을 숭배하다 나중에는 맥스 일행과 협력하는 워보이 눅스와의 기묘한 연대를 그린다. 그리고 이는 인간 연대를 상징하는 메시지로 받아들여졌다. 실제로 퓨리오사 역의 샤를리즈 테론은 개봉 후 인터뷰에서 "조지 밀러 감독이 놀라운 페미니스트 영화를 만들어냈다"고 말했다. 페미니즘은 여성의 권리를 주장하는 참정권 운동에서 비롯했지만, 시간이 흐르면서 점차 그 영역을 넓혀 나간다. 페미니즘 운동 과정에서 여성들은 사회로부터 소외된 인물이 단지 여성만이 아니라는 것을 깨닫는다. 처음에는 어린이, 그다음에는 장애인, 그리고 유색인과 빈곤층 등 권리 회복의 영역을 넓혀가는 과정에서 이들 집단을 끌어안고 연대하면서 전체를 재규정해야 할 필요를 느끼게 된 것이다.

불안은 영혼을 잠식한다.
그래도 절망하진 말아야 한다

미국인들이 "최초로 아포칼립스적 순간을 느꼈다"고 말하는 사건은 9.11 테러다. 9.11 테러 때 비행기가 충돌한 건물이 세계무역센터라는 것은 의미심장하다. 경제 위기는 사람들 간의 연대를 해체하기 때문이다. 아포칼립스 영화는 결국 괴로운 현실과 불안한 미래를 형상화한 것이다. 우리는 수많은 불안에 시달리며 살아간다. 갑자기 소득이 끊기고 궁핍 상태로 살아가야 할지 모른다는 불안부터 내 연인이 나를 떠나지 않을까 하는 불안, 나 빼고 남들만 잘사는 것 아닌가 하는 불안, 심지어는 내가 어릴 때 했던 부끄러운 일을 남들이 알지 않을까 하는 불안과 함께, 크게는 사회와 경제 붕괴에 대한 불안까지 다양한 불안을 안고 살아간다. 사회학자 하인츠 부데는《불안의 사회학》에서 "오늘날 사회에서 중요한 경험적 개념은 바로 불안"이라고 말한다. 이 "불안이라는 개념을 통해 갈등은 어디서 불거졌고, 언제 특정 집단이 의욕을 상실하고 사회에 등을 돌렸으며, 어떻게 갑자기 종말을 연상케 하는 분위기와 씁쓸한 기분이 번져나가는지 분명하게 알 수 있다"고 말한다. 이러한 불안을 창작품으로 형상화할 때는 사회적 붕괴를 주제로 다루게 된다. 사회의 붕괴는 나만의 소외가 아닌 내가 속한 세계의 동시 붕괴이기 때문에 오히려 관조할 수 있다. 너도나도 다 죽는 세상이라면 오히려 차분해지는 셈이다.

세계의 붕괴는 또한 붕괴를 막기 위해 서로 힘을 모아야 한다는 동기 또한 불러일으킨다. 지그문트 바우만은《고독을 잃어버린 시간》에서 현대인은 '공포에 대한 공포증 Phobophobia'으로 고통받는다고 말한다. 이 공포증의 핵심은 "불행의 순간에는 결국 우리 스스로가 버려진 채 홀로 남겨지게 될 것"이라는 소외의 공포가 포함된다. 아포칼립스 영화에서 홀로 죽어가는 인물은 자연의 장엄한 파괴나 절멸의 순간에 매혹당한 정신 나간 인간, 또는 그 자체를 즐기는 슈퍼빌런뿐이다. 나머지는 모두 손에 손을 잡고 공포의 순간을 극복하려 한다. 모두가 죽겠지만, 그래도 함께한다는 안도감은 종말의 순간을 견디는 힘이 된다.

공포의 심연을
철학적으로 탐구하는 감독,
존 카펜터

천재와 기인 사이를 오간 르네상스 맨,
첫 영화 〈다크 스타〉를 만들다

한국에서는 존 카펜터가 〈할로윈〉을 제외하면 〈LA 탈출〉, 〈빅 트러블〉 같은 이상한 B급 영화를 만드는 감독이라고 오해하는 경향이 있다. 아마 수십 년간 영화를 만들다보니 별로인 작품도 있고 엉뚱한

• 〈할로윈〉 포스터

• 〈뉴욕 탈출〉 포스터

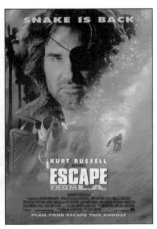

• 〈LA 탈출〉 포스터

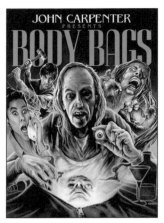
· 〈보디 백〉 포스터

작품도 있어서 그럴 것이다. 심지어 존 카펜터는 비디오용 호러 앤솔러지 영화 〈보디 백〉에서 시체로 분장하고 진행자로 출연한 적도 있으니 기인 취급해도 할 말이 없다. 하지만 이건 존 카펜터를 모르고 하는 이야기다. 그는 감독이자 작가, 제작자, 배우, 심지어는 자기 영화의 음악까지 작곡한 이 시대의 진정한 르네상스 맨이다. 사실 존 카펜터는 젊은 시절부터 '천재'로 불렸던 인물이다. 그래서 모든 것을 흥행으로만 판단하는 할리우드와 달리 유럽에서는 그를 더 높이 평가한다. 2019년 프랑스 감독 조합은 카펜터를 "원시적이고, 환상적이며, 스펙터클한 감정의 창조적 천재"라고 찬사를 아끼지 않았다.

르네상스 맨 기질을 지닌 사람들의 공통점 중 하나가 글 쓰고, 그림도 그리고, 음악도 좋아하다가 나중엔 이 모든 걸 담아내는 영화로 넘어온다는 것이다. 청년 존 카펜터도 그런 사람이었다. 존 카펜터는 서부 켄터키대학 음대 교수였던 아버지의 영향으로 음악을 공부하다 USC^{University of Southern California}의 영화학과에 들어간다. 캘리포니아에는 영화학교의 양대 산맥으로 UCLA^{University of California Los Angeles}와 USC가 있는데 둘 사이에는 약간 라이벌 의식도 있었다. 하지만 1960년대는 출신 학교를 떠나 젊은 영화학도들끼리 뭉쳐서 뭔가를

· 존 카펜터

해보자, 새로운 영화를 만들어보자는 움직임이 일던 시기였다. UCLA 출신의 프란시스 포드 코폴라는 그 무리에서 맏형 격이었고 그를 따라다니던 인물 중에는 나중에 〈스타워즈〉를 만든 조지 루카스도 있었다. 그들

보다 어렸던 카펜터도 그런 분위기에 영향을 받았을 것이다. 당시에는 〈2001: 스페이스 오디세이〉의 성공으로 젊은 영화인들이 SF에 도전하는 분위기였고, 멀리 갈 것도 없이 학과 선배 조지 루카스가 졸업 작품으로 만든 〈THX 1138〉도 저예산 SF 영화였다. 기본적으로 SF는 돈이 많이 드는 장르지만 그걸 극복하게 하는 것이 독특한 아이디어다. 그래서 다양한 재능을 가진 존 카펜터가 기발한 상상력에 철학적 풍자를 더한 첫 장편영화 〈다크 스타〉를 SF로 만든 건 우연이 아니었다.

〈다크 스타〉는 22세기 중반 우주 공간을 식민지로 만드는 인류를 설정한다. 여기서 다크 스타 호는 우주 개척에 방해가 될 항성을 찾아 폭파하는 임무를 맡는다. 문제는 노후화된 다크 스타 호를 통제하는 인공지능이 우주 폭풍으로 인해 심각하게 손상되었다는 것이다. 다크 스타호는 폭탄 분리 장치가 고장 난 상태에서, 제거 목표인 불량 행성을 폭발시키는 명령을 받았다고 오인하고 폭탄을 발사하려 한다. 이제 명령 수행을 고집하는 인공지능을 말리기 위해 다크 스타호의 지휘관인 중위

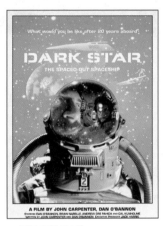

• 〈다크 스타〉 포스터

가 나선다. 하지만 마땅한 방법이 없던 중위는 뇌만 살아남아 통신장치에 연결된 채 냉동 보존 중인 이전의 죽은 지휘관에게 방법을 묻는다. 죽은 그의 뇌는 '현상학적 방법'을 사용해보라고 충고한다. 여기서부터 영화는 〈2001: 스페이스 오디세이〉의 표절 냄새 짙은 B급 SF물에서 돌연 철학적이고 존재론적 질문을 던지는 영화로 비약한다. 중위가 폭탄을 설득하는 방법은 데카르트 형이상학의 첫 번째 단계인 자립적 자기 구축이다. 데카르트는 《성찰》에서 "감각은 종종 우리를 속인다는 것을 이제 경험하고 있으며, 한 번이라도 우리를 속인 것에

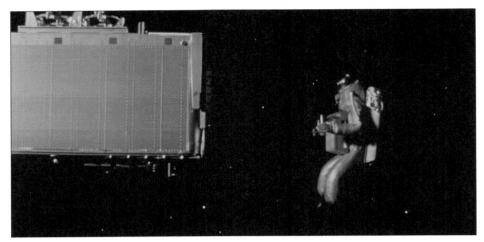

• 〈다크 스타〉 논쟁 중인 중위와 폭탄

대해서는 전적으로 신뢰하지 않는 편이 현명한 일"이라고 말한다. 중
위는 폭탄에게 '너한테 주어진 명령이 진짜라는 걸 증명할 수 있냐'
고 묻는다. 그리고 폭탄의 실존적 의문은 '나는 폭탄인가? 내 목적은
폭발인가?'라는 의심으로 이어진다. 그야말로 엄청난 수준의 농담
이 이 저예산 영화 속에서 말도 안 되게 전개된다. 인간은 생각하는
존재이지만, 폭탄은 폭발하는 존재다. 그러니 폭탄이 자신의 존재를
증명하는 방법은 폭발밖에 없다. 마침내 인공지능은 "빛이 있으라Let
there be light"는 성경 말씀을 마지막으로 던지며 자폭한다. 그리고 모두
가 절멸한다. 폭탄의 존재 증명이 절멸이라는 것은 괴팍하게 웃기는
결말이지만, '절멸'이라는 키워드는 〈다크 스타〉 이후로도 존 카펜터
의 아포칼립스 삼부작 속에서 꾸준히 다루어진다. 이쯤 되면 존 카펜
터를 단지 슬래셔나 B급 영화만 찍는 감독으로 여기지 않아야 하는
이유가 밝혀진다. 〈괴물〉, 〈프린스 오브 다크니스〉, 〈매드니스〉로 이
어지는 절멸(아포칼립스)의 세계관이야말로 진정한 존 카펜터 작품세
계의 본령이요 엑기스기 때문이다.

존 카펜터,
〈할로윈〉으로 상업적 승리를 거두다

〈다크 스타〉의 초기 흥행 성적은 좋지 못했다. 하지만 〈다크 스타〉는 비디오테이프로 출시된 이후 SF 영화 팬들 사이에서 컬트의 지위를 부여받는다. 그리고 의도하지 않게 몇 명의 재간꾼을 발굴하기도 한다. 그중 하나가 바로 댄 오베논이다. 오베논은 〈다크 스타〉에서 〈2001: 스페이스 오디세이〉의 '스타 게이트' 장면을 모방해서 빛이 선처럼 길게 늘어나는 하이퍼스페이스 효과를 만들었다. (이후 댄 오베년은 〈다크 스타〉에서 작업한 경험을 통해서 나중에 리들리 스콧의 〈에이리언〉의 시각 효과 책임자가 될뿐더러 〈스타워즈〉에서도 밀레니엄 팔콘의 초광속 비행 장면에서 자신이 고안한 하이퍼스페이스 장면을 그대로 사용하게 된다.)

한편 카펜터는 흥행이 아쉬웠던 〈다크 스타〉에 이어 1976년에 하워드 혹스 감독의 〈리오 브라보〉를 자신의 방식대로 재해석해 영화 〈분노의 13번가〉를 만든다. 지금은 숨겨진 걸작으로 평가받지만 이 영화 역시 흥행은 잘 안 됐다. 그러다 세 번째로 만든 〈할로윈〉이 30만 달

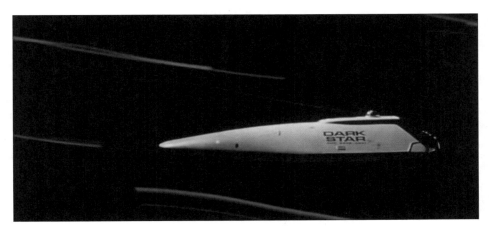

• 〈다크 스타〉 최초의 하이퍼스페이스 효과

• 〈분노의 13번가〉 포스터

러 예산으로 무려 7,000만 달러에 가까운 초대박 흥행 수익을 올린다. 〈할로윈〉은 흥행뿐 아니라 존 카펜터 영화 가운데 가장 많은 비평을 쏟아냈을뿐더러 여전히 비평 작업이 이루어지고 있다. 또한 2018년에 새로 시작한 삼부작 〈할로윈〉을 비롯해 영화사상 가장 많이 그리고 오래 만들어진 시리즈 호러 영화가 되었다. 여기에 비교할 작품으로는 〈13일의 금요일〉이나 〈나이트메어〉 시리즈가 있지만 요즘은 제작이 되지 않는 반면 〈할로윈〉은 세기가 바뀌도록 40년 넘게 푹 우려낸 사골 국처럼 리메이크와 후속작이 만들어지고 있다. 그렇지만 진짜 존 카펜터 영화의 본령이 남아 있기 때문에 여기서 〈할로윈〉을 길게 언급하지는 않겠다.

당대에 외면받은 걸작 〈괴물〉로
아포칼립스 삼부작의 막을 열다

존 카펜터의 〈괴물The Thing〉은 SF 작가 존 W. 캠벨의 소설《거기 누구냐?Who Goes There?》라는 원작 소설을 기반으로 한다. 이 소설은 1951년 하워드 혹스 감독에 의해 먼저 영화로 만들어졌다. 다만 여기서는 설정이 북극이고, 추락한 UFO에서 탈출한 외계인이 인간을 공격한다. 반면 카펜터의 〈괴물〉의 배경은 남극기지다. 생물이라곤 찾아보기 힘든 혹독한 환경에 노르웨이 탐험대의 헬리콥터가 웬 개 한 마리를 쫓는다. 미국기지까지 쫓아와 광인처럼 개를 공격하는 노르웨이 대원들을 미국인들이 반격해 모두 죽인다. 원인 조사를 위해 노르웨이 기지를 찾아간 미국인들은 거기서 이상한 외계 생명체를 발견하

378

고, 개의 괴물화와 그 괴물의 복제 능력을 목격한 뒤 급기야 그들 자신도 변하게 된다. 이제 그들은 서로를 죽이며 폭주한다. 개와 인간을 모두 변하게 만든 그 생명체는 무엇이고 어디서 온 것일까?

외계 생명체가 지구에 도착해 지구의 생명을 복제하고 절멸시킨다는 소재는 인간에게는 끔찍한 공포지만 외계인 입장에서는 생존을 위한 진화다. 이는 바이러스와 싸우는 현실의 우리에겐 더욱 생생하게 다가온다. 인간이라는 종이 사회를 유지하기 위한 전략을 설명할 때 팃포탯Tit for Tat이란 이론

• 〈괴물〉 포스터

이 등장한다. 일종의 주고받기지만, 단순한 주고받기 Give and Take와는 다르다. 내가 저 녀석에게 무언가를 주더라도 한두 번쯤은 내가 아무 것도 못 받을 수도 있다. 팃포탯 전략은 기본적으로 약한 신뢰를 기반으로 한다. 내가 베풀면 언젠가 나도 받을 수 있다. 하지만 받는 행동만 계속된다면 상호 신뢰는 사라지고 적대적 관계가 되는 것이다. 물론 인간도 다른 종을 착취하면서 생존을 유지한다. 그래도 생존을

• 〈괴물〉 괴물의 등장

위해서는 다른 종을 어느 정도 보존하려는 이성을 지닌다. 타인과 대립하지만 상대의 자유의지를 인정하고 절멸을 피하려면 어느 정도는 공존해야 한다는 것도 안다. 반면 〈괴물〉의 외계 생명체는 받기만 하는 존재다. 자기 번식이라는 극단적인 합리성 말고는 아무것도 없다. 이들은 자기 종을 유지할 수만 있다면 주변의 다른 세포가 죽어가도 눈 하나 깜짝하지 않는다. 내가 죽더라도 나와 같은 종의 누군가가 또다시 계속 번식하고 확산할 것이라는 본능적 확신이 있기 때문이다. 바이러스의 속성과 같다. 인간에게 침투한 바이러스는 숙주가 죽으면 같이 죽지만 어딘가에는 살아남은 놈이 종을 퍼트리며 계속 번성해 나간다. 내가 죽는 것은 종의 번성이라는 더 큰 목적 앞에선 아무 의미가 없다.

여기에 당한 인간들은 다른 인간 역시 이 괴물처럼 변하지 않을까 하는 두려움과 불신에 휩싸인다. 불신은 의심을 낳고 의심은 폭력을 불러온다. 〈괴물〉에 깔린 존 카펜터의 메시지는 약한 신뢰를 기반으로 하는 사회는 불신이 만연하게 되며, 그 사회는 절멸하고 만다는 것이다. 감독은 그걸 적나라한 시각 효과로 생생하게 보여준다.

하워드 혹스의 〈괴물〉이나 존 카펜터의 〈괴물〉이나 둘 다 걸작이지만, 30년 먼저 만들어진 하워드 혹스의 〈괴물〉은 기술의 한계로 우주에서 온 종이 식물형 외계인이다. 컴퓨터 그래픽이 없을 때 생물의 움직임을 표현하려면 정교한 애니메트로닉스Animatronics가 필요한데 당시에는 여러모로 한계가 있었기 때문이다. 하지만 존 카펜터가 〈괴물〉을 만든 1982년은 발달한 기술 덕에 괴물체의 온몸이 찢어지며 변하는 장면이 더욱 생생하고 끔찍한 장면으로 완성됐다. 인간 속에 숨었던 괴생명체가 정체를 들켰을 때를 보자. 쩍 하고 열린 가슴에서 기다란 목에 달린 머리가 솟구쳐 나오고 목에는 막대기 같은 팔이 달려 있다. 쓰러져 있던 몸뚱이에서는 목이 찢기며 본래 달려

• 〈괴물〉 신체 변형

있던 머리가 떨어져 나간다. 그리고 이 머리에서 거미 같은 다리와 달팽이 같은 눈이 솟아나 벌레처럼 재빠르게 달아난다. 괴물의 세포를 연구한 과학자는 복제 생명체가 남극을 벗어나 도시에 침투할 경우 대략 3년이면 모든 종을 감염시킬 것이란 계산을 내놓는다. 관객은 이 끔찍한 생명체를 보며 자신도 저렇게 변하면 어쩌나 하는 생각에 몸서리친다.

다른 한편, 〈괴물〉은 외계인 지구 침공이란 아포칼립스 유형의 아주 독특한 버전이다. 보통 외계인 침공은 인간형 외계인을 등장시키지만 〈괴물〉에서는 외계인 개체가 세포 단위로 활동하며 근처에 있는 생명체를 사로잡아 복제한다. 이러한 형식은 오늘날에는 사람들을 미혹하고 자신과 동일한 집단으로 만들려는 사이비 집단을 떠올리게 한다.

〈괴물〉은 공개와 동시에 심각한 비난에 직면했다. 비평가들은 유혈 장면이 너무나도 끔찍하고, 등장인물들이 마치 죽기만을 기다리는 존재처럼 보인다고 비난했다. 존 카펜터는 1985년 인터뷰에서 "나는 폭력적인 포르노 작가로 불렸다"며 괴로워했다. 〈괴물〉은 개봉 당시는 흥행에 실패했지만, 시간이 흐르면서 점차 재평가받았고, 오늘날에는 역사상 가장 뛰어난 SF와 호러 영화 가운데 한 편으로 손꼽히는 '고전'이 됐다. 어디서든지 선구자는 외롭기 마련이다.

아포칼립스의 두 번째 작품, 〈프린스 오브 다크니스〉로 돌아오다

존 카펜터는 〈괴물〉의 상업적 실패 후 다시 소규모 영화로 돌아간다. 존 카펜터는 AV클럽과의 인터뷰에서 "〈괴물〉이 성공했다면 내 경력

· 〈크리스틴〉 포스터　　　　　　　· 〈스타맨〉 포스터　　　　　　　· 〈빅 트러블〉 포스터

이 달라졌을 것"이라고 말한다. 하지만 〈괴물〉 이후에 만든 카펜터의
영화 역시 뛰어난 작품이다. 스티븐 킹의 원작으로 만든 〈크리스틴〉
은 마니아들에게 테크노 호러Techno-horror 장르의 걸작으로 여전히 추앙
받고 있는 작품으로, 해괴하게도 자동차가 살의를 가지고 스스로 움
직이며 사람을 죽인다. 특히 불량 청소년들에 의해 완전히 부서진 차
가 스스로 복원하며 원형으로 돌아가는 장면이 압권이다. 존 카펜터
는 코미디 영화도 만들었다. 인간의 모습을 복제한 낭만적 외계인을
다루는 〈스타맨〉과 차이나타운에서 벌어지는 선과 악의 유쾌한 소동
극인 〈빅 트러블〉은 걸작은 아닐지라도 존 카펜터의 독특한 영화적
재능을 드러내는 작품들이다. 이처럼 장르를 오가던 존 카펜터는 다시
종말론적 호러 영화로 돌아온다. 아포칼립스 삼부작의 두 번째 영화인
1988년 작 〈프린스 오브 다크니스Prince of Darkness〉다. 제목의 뜻인 '어둠
의 왕자'는 러브크래프트의 별명으로, 존 카펜터는 러브크래프트의 세
계관을 현대적 아포칼립스 장르와 함께 변형된 좀비에 결합한다.
　　〈프린스 오브 다크니스〉는 700만 년 전에 봉인된 지구 최초의
사악한 신이 부활하는 것을 저지하려는 과학자들의 이야기다. 과학

• 세계 각국의 〈프린스 오브 다크니스〉 포스터

자들은 신의 아들이 봉인된 실린더를 조사하다가 밖으로 흘러나온 사악한 액체의 힘에 하나둘씩 사로잡히고 심지어 죽어서도 좀비처럼 인간을 공격한다. 〈프린스 오브 다크니스〉 역시 인간 종의 변화와 절멸을 다룬다. 고대 신에게 홀린 부랑자들이 부활을 저지하려는 과학자들을 죽이고, 희생당한 과학자 한 명의 몸이 벌레로 변해 무너져 죽는 장면은 2018년 넷플릭스 영화 〈서던 리치: 소멸의 땅〉에서 빛을 내뿜으며 다른 존재로 변해버린 인간을 연상시킨다. 전작인 〈괴물〉이 마지막 장면을 통해 외계 생물체와의 대결이 쉽게 끝나지 않을 불길한 느낌을 준다면 〈프린스 오브 다크니스〉에서는 악신이 좀비 같은 모습으로 인물을 변화시키는 장면을 통해 그 싸움이 영원히 반복될 것임을 암시한다. 이러한 영원한 전쟁의 이미지는 아포칼립스 삼부작의 마지막 편인 〈매드니스〉에 이르러 결국 인간의 패배로 결정된다. 진정한 절멸이며, 꿈도 희망도 없는 세계의 승리인 것이다. 여기가 바로 존 카펜터와 러브크래프트가 만나는 지점이다.

러브크래프트는 지인에게 쓴 편지에서 "내 모든 이야기는 일반적인 인간의 법칙, 이해관계 및 감정이 광대한 우주에서는 타당성이나 의미가 없다는 근본적인 전제에 기초하고" 있음을 말한 적이 있다. 두려움은 상대를 알지 못하는 것에서 출발한다. 그리고 우주는 아직 인간이 알지 못하는 것투성이다. 공포는 아무리 발버둥 쳐도 피할 수 없는 상대를 만나는 지점에서 피어오른다. 공포의 근원이 우주에서 온다면 우리는 그것을 알 수 없고 피할 수도 없다. 그것은 우리 모두를 소멸시키려고 찾아왔다. 러브크래프트와 존 카펜터가 창조한 공포가 진정 두려운 까닭이 이것이다. 〈매드니스〉가 보여주는 세계는 인간 사회를 구성하는 모든 것이 끝나는 진정한 아포칼립스다.

우리가 알던 현실은 과연 진짜 현실인가?
절멸 삼부작의 완결 〈매드니스〉

프리랜서 보험 조사원 존 트렌트는 위대한 호러 작가 서터 케인의 실종을 조사한다. 만약 그의 실종이 진실이라면 출판사는 거액의 보험금을 받을 것이고, 실종이 거짓이라면 예정된 베스트셀러《매드니스 In the Mouth of Madness》의 원고를 얻으니 회사는 잃을 게 없다. 그래서 가장 실력 있는 보험 조사원 트렌트에게 서터 케인의 실종 조사를 의뢰한 것이다. 트렌트는 서터 케인의 편집자인 린다 스타일스와 함께 서터 케인이 창작한 가상 마을인 '홉스의 끝'이란 마을을 찾아간다. 잠든 트렌트를 옆에 두고 운전하던 스타일스는 불빛 하나 없는 도로를 달리던 도중 청년에서 갑작스럽게 노인으로 변한 남자를 들이박는다. 그는 "서터 케인이 날 내보내지 않아"라는 말만 남길 뿐이다. 그런 다음 자동차는 허공을 지나 갑자기 대낮으로 변한 홉스의 끝에 도달한다.

관객은 〈매드니스〉를 보는 내내 영화 속 현실을 의심해야 한다.

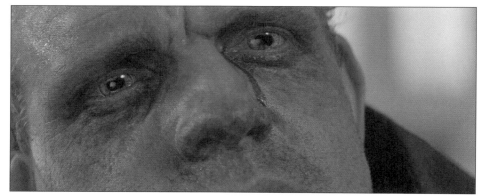

• 〈매드니스〉 두 개로 갈라진 눈동자

• 〈매드니스〉 자신의 몸을 찢는 서터 케인

• 〈매드니스〉 책 속을 보는 트렌트

현실이란 지금 내가 존재하는 바로 여기이자 동시에 앞으로도 상존하면서 지속될 세계다. 그런데 영화 속 존재인 존 트렌트의 현실적 위상은 점차 변형되어 간다. 존 트렌트는 실력과 이성적 판별력을 누구나 인정하는 인물이다. 그런 그 앞에 눈동자가 두 개로 갈라진 인물이 도끼를 들고 나타나 자신을 죽이려 한다. 생각해보자. 자신을 죽이려는 인물은 현실에도 나타날 수 있지만, 그것이 눈동자가 두 개로 갈라진 괴물일 가능성은 거의 없다. 그건 현실이 아니다. 계속해서 트렌트는 낮에 만난 폭력적 경찰이 끔찍하게 변형되면서 나타나는 걸 꿈에서 본다. 여기까지 관객은 영화를 차분하고 흥미진진하게 따라간다. 문제는 스타일스와 함께 홉스의 끝을 찾는 과정과 홉스의 끝에서 맞닥뜨리는 '이야기', 즉 서터 케인이 쓴 새 소설의 원고 내용이다.

〈매드니스〉의 각본을 쓴 마이클 데 루카는 뉴욕 거리를 걷던 어느 날 "내 주위를 배회하는 모든 사람이 인류를 대체하려는 이 세상 음모의 일부라면?"이라는 현실을 의심하는 생각을 떠올린 다음, 이를 러브크래프트 신화와 결합했다고 밝혔다. 상상은 이야기가 되고, 이야기 자체는 세상이 된다. 영화 후반 서터 케인이 자신의 몸을 찢으면서 책으로 변하고 그 책에 뚫린 구멍으로 저 너머의 존재들이 기어 나오는 장면은 바로 '인간의 존재 그 자체가 이야기'라는 명확한 상징성을 드러낸다.

앞서 말했듯 아포칼립스는 절망의 문학으로 시작했다. 이 절망은 우리 공동체를 망치는 세력에게 천벌이 내렸으면 하는 바람으로 이어진다. 아포칼립스는 바로 공동체의 위기를 다루는 장르인 것이다. 그런데 만약 이미 공동체 대부분이 인간 아닌 무언가로 변해버렸다면? 사람들이 광기에 휩싸이고 이 광기는 모두 서터 케인이라는 인물로 향한다. 서터 케인이라는 인물이 사람들을 변화시킨 것이다. 그리고 이 변화의 핵심은 이야기다.《세상은 이야기로 만들어졌다》

를 쓴 자미라 엘 우아실과 프리데만 카릭은 이 책에서 "우리가 스토리를 이야기하는 또 다른 이유는 죽음의 두려움에 희망으로 맞서기 위해서"라고 말한다. 세상이 위기에 빠져 괴롭고 힘들지라도 결국 우리는 살아가야 하기 때문이다. 그런데 다른 한편으로 이야기는 세계를 파괴시키기도 한다. 대중은 손쉽게 휩쓸린다. 아무리 허무맹랑한 이야기라도 자신이 소속된 집단에서 이 이야기가 정설로 통용되면 이는 진실이 된다. 그리고 이러한 거짓을 믿는 이들이 집단이 될 때 사회는 붕괴한다. 〈매드니스〉에서 서터 케인의 이야기에 휩쓸린 이들과 연상호 감독의 드라마 〈지옥〉에서 사람들을 선동하고 죽이려는 화살촉 집단이 같은 존재인 이유다. 물론 〈매드니스〉에는 한 가지가 더 있다. 〈매드니스〉의 세계는 서터 케인이 쓴 소설에 따라 재구성되는 중이다. 만약 세상을 원하는 대로 구성할 수 있는 신이 광인이라면 이보다 더 무서운 아포칼립스 상황은 없을 것이다.

이야기를 좋아하는 것은
인간의 유전적 본능이다

인간은 본능적으로 '이야기'에 이끌리는 동물이다. 동물도 감정이 있고 생존을 위해 신호를 주고받지만 이야기를 만들지는 못한다. 이야기를 만드는 것은 지구상의 생물 중에 인간이라는 종만이 지닌 능력이다. 인간만이 음성 신호를 언어로, 그리고 그 언어를 사용해 추상 능력을 발달시켜 문명을 건설할 수 있었다. 스토리텔링은 원시인류의 생존 수단이기도 했다. 생존에 필요한 정보(맹수를 피하려면 동굴에 살아라, 비를 오래 맞으면 체온이 떨어져 몸이 아프다 등)를 스토리텔링에 담으면 정보의 보존력과 전달력이 훨씬 강해진다. 알타미라 동굴의 벽화와 울산 반구대의 암각화는 원시적 예술이자 정보 저장 매체인 것이다. 입에서 입으로 전해지던 이야기는 그림, 글자, 활자, 영상 매체로 바뀌면서 인류와 함께 해왔다. 인간이 이야기를 좋아하는 까닭은 놀이하는 인간, 즉 호모 루덴스의 유전자를 만족시킬 뿐 아니라 생존의 필수 요소였기 때문이란 이야기다.

기록 수단이 정확하지 않을 때는 같은 이야기도 여러 갈래로 변형됐다. 예를 들면 호메로스 시절부터 음유시인들은 지금으로 치면 수천 페이지나 되는 방대한 내용의 신화와 전설을 서사시로 노래했다. 그러나 음유시인마다 서사시를 이어갈 포인트와 반복 지점이 달랐기 때문에 이야기는 변형을 거치게 되고 모두가 완전히 같은 서사시를 노래할 순 없었다. 이러한 개별적인 서사시를 들은 사람끼리 어떤 게 더 올바른가를 따지는 논쟁도 있었을 것이다. 무엇이 사실이고, 무엇이 현실인가. 〈매드니스〉의 놀라운 지점은 바로 현실과 비현실을 관객이 끊임없이 의심하게 만든다는 데 있다.

악몽 같은 운전 끝에 도착한 마을, 홉스의 끝에서 잠이 깬 트렌트는 이 마을이 서터 케인을 홍보하기 위해 만들어낸 마을이라고 확신했다. 서터 케인이 쓴 《매드니스》의 원고에 등장하는 건물은 물론이고, 심지어는 소설 속 인물까지 그대로였다. 분명 트렌트에게 이것은 거짓이다. 하지만 트렌트의 눈에 비치는 이 기묘한 세계는 갈수록 사실성을 띤다. 트렌트는 실제로 존재하는 소설 속 호텔에 도착해서 가구를 두드리며 "이건 현실This is Reality"이라고 말한다. 현실은 거짓되지 않고 변화하지 않는다는 주장이다. 그러나 현실로 드러나는 소설 속 상황을 보면서 트렌트는 "우린 서터 케인의 소설 따위가 아냐! 그건 현실이 아니야!Not Reality!"라고 외친다. 강하게 부정한다는 것은 그만큼 혼란스럽다는 것이고, 이미 트렌트의 의식도 변화하기 시작했다는 신호다. 트렌트의 폭주 직전 상처투성이에 피 흘리는 주점 주인은 "인간과 책(이야기) 가운데 어떤 것이 먼저 존재했는지 모르겠다"고 말한다. 그야말로 총체적 난국이다. 영화를 보는 관객마저 지금 영화 속 현실을 보는 것인지, 소설 속 이야기를 보는 것인지 점차 알기 어려워진다. 그리고 이 혼란스러운 이야기는 마침내 서터 케인이 직접 등장해 모든 사태를 짧은 말 몇 마디로 정리할 때 생각지도 못했던 진짜 공포로 다가온다. 서터 케인은 믿음이 강해지면 현실이 변한다고 말한다. 그리고 〈매드니스〉 속 이야기가 진행되는 내내 언급되는 단어가 바로 '현실 Reality'이다. 무엇이 진짜 현실인가. 존 카펜터는 필름 쓰렛과의 인터뷰에서 "서터 케인의 이야기에 사로잡힌 이들은 편집증적인 정신분열증에 걸리고 도끼로 사람들을 죽이면서 돌아다니게 됩니다. 그런 의미에서 텔레비전과 영화 그리고 책은 살인자를 만들 수 있다는 말도 안 되는 전제를 취했죠"라고 말한다. 다르게 말하자면, 이야기가 너무 현실적이면 역으로 현실이 이야기처럼 바뀔 수도 있다는 말이다.

어찌 보면 45억 년 동안 지구가 끝없이 반복해온 종의 절멸과 대체 과정이 바로 지금 여기서 일어나고 있다는 생각이 존 트렌트가 느낀 공포의 근원인 것이다. 인간으로서는 인류의 종말이지만, 인간을 대체한 존재(새로운 종)에게는 시작이다. 이런 결말은 호러 문학의 또 한 명의 거두(스티븐 킹의 표현)이자 현대 좀비 형식의 토대를 만든 리처드 매드슨의 《나는 전설이다》의 결말과 같다. 바로 현실의 재구성이다. 〈매드니스〉의 마지막 장면에서 트렌트가 영화로 만들어진 자신의 삶을 보면서 미친 듯이 웃을 때 관객이 느끼는 공포는 현실의 극단적인 변화 가능성이다. 현실이 무언가 끔찍한 것으로 돌변한다는 생각은 상상만으로도 무시무시하다. 프랑스 영화 잡지 〈까이에 드 시네마 Cahiers du Cinéma〉는 1995년 그해의 영화 탑10 가운데 한 편으로 〈매드니스〉를 뽑았다. 실로 타당한 결정이다. 그러나 단순한 플롯의 영화를 즐기는 대중에게 〈매드니스〉는 다소 난해한 작품으로 꼽히는 것도 사실이다. 그래서인지 큰 흥행은 하지 못했다. 존 카펜터는 원하지 않았겠지만 결국 〈매드니스〉도 '저주받은 걸작'의 대열에 끼고 만 것이다.

해머 프로덕션 제작 영화 〈쿼터매스〉 시리즈 3편인 1967년 작 〈쿼터매스와 구덩이〉는 500만 년 전에 지구에 온 화성인이 인류의 조상이라는 코즈믹 호러스러운 주제를 다룬다. 영화는 초자연 미스터리로 시작했다가 화성인이 등장하는 SF로 진행된 다음, 새로운 인종이 구 인류를 완전히 파괴하려는 아포칼립스물로 바뀐다. 이때 〈쿼터매스와 구덩이〉에서는 홉스 거리 Hobbs lane란 가상 지명에 도착하는 지하철 종점이 홉스의 끝 Hobbs end이라는 이름으로 등장한다. 〈매드니스〉에도 등장하는 홉스의 끝이 바로 이러한 아포칼립스가 벌어지는 공간이다. 그래서 서터 케인을 통해 다른 세계의 존재들이 홉스의 끝으로 넘어올 때 보이는 모습은 인간의 의식이 완전히 변해가는 아포칼립스를 넘어, 종 자체가 전혀 다른 생물로 대체되어 소수의 인간만이 남은 포스트 아포칼립스로 변해버린다. 여기서 등장하는 다른 생물은 러브크래프트의 〈던위치 호러 The Dunwich Horror〉에 등장하는 외계 신이 낳은 자손의 모습을 인용했으며, 서터 케인의 다른 책 역시 러브크래프트 단편 제목을 유사하게 변형해서 사용하고 있다. 게다가 〈매드니스〉의 원제목인 'In the Mouth of Madness'는 러브크래프트의 걸작 중편 소설 《광기의 산맥 At the Mountains of Madness》을 변형한 제목이다.

존 카펜터는 현대 SF 호러 장르의 가장 위대한 감독 가운데 한 사람이다. 그리고 그가 살아왔고 영화를 만들었던 미국에서의 평가는 박했던 반면 유럽에서는 작가로 대우했던 인물이다. 그는 여전히 영화 관계자로서 일하고 있다. 2020년 저예산 장르영화 전문 제작사

블룸하우스는 존 카펜터의 〈괴물〉 리부트 계획을 발표했다. 그리고 존 카펜터 역시 이 프로젝트에 참여할 것임을 밝혔다. 여기에 더해 존 카펜터는 2022년 무비웹과의 인터뷰에서 커트 러셀이 복귀할 가능성도 있다고 암시했다. 무조건 환영이다. 시대를 초월하는 명작은 다시 만들어져도 보고 싶다.《맥베스》는 몇 번이고 영화로 다시 만들어졌다. 셰익스피어의 작품만 그러란 법 있는가. 우리도 〈괴물〉의 새로운 버전을 보고 싶다.

배경 설명과 용어 정리

원묵시

원묵시 Proto-apocalyptic라는 용어는 유대교 묵시 종말론의 기원을 추적하는 과정에서 등장한 용어다. 보통 원묵시 종말론은 예언 종말론으로부터 묵시 종말론으로 이어지는 연속체의 일부로 간주한다. 원묵시는 헬레니즘 묵시에서 발견되는 일반적인 부활이나 죽은 자의 심판을 강조하지 않는다. 또 원묵시 작품들은 특징이 될 본질이나 고정적인 모티브가 존재하지 않는다. 대신 인간 역사의 다양한 지점들에서 귀족, 현자, 제사장, 노동자 그룹들이 묵시적 상상력을 발전시켜 왔다. 이 그룹은 특정한 전통과 이상적 과거를 향한 동경의 이미지에 의존한다.

천년왕국

천년왕국은 대표적인 묵시 문학인 《요한계시록》에 기록된 내용을 토대로 예수가 재림해 천 년 동안 세상을 다스릴 것이라는 내용이다. 천년왕국에 관한 내용은 성서 전체에 걸쳐 묵시록 20장 1~6절에만 등장한다. "악마는 심연에서 천 년간 묶여 있을 것이다. 그러고나서 그리스도를 위해 순교한 이들과 사람들 앞에서 그리스도의 이름을 증거한 이들은 부활할 것이며, 그리스도와 그의 신자들이 다스리는 천 년간이 올 것이다"라고 한다. 그런 다음 올 최후의 전쟁이 끝나면 모든 사람이 부활하고 악마는 완전히 패배한다는 것이다. 천년왕국 운동은 초기 기독교 공동체에 심대한 영향을 미쳤다. 기독교인은 로마의 억압에 항의하는 행동으로 처형을 요구하거나 순교를 자처하며 절벽에서 뛰어내리기도 했다. 이때 발생한 엄청난 수의 자발적인 죽음 때문에 이후 신이 자살을 금지했다는 교리가 만들어지기도 했다. 그래도 천년왕국운동은 결코 사라진 적이 없다. 유대교의 초기 묵시 전통에 이어 적그리스도에 맞서 싸운다는 기독교 전통 그리고 십자군을 지나 근대의 평등주의적 천년왕국 운동까지 이어지며 현대의 근본주의 기독교 단체는 신이 대재난 이전에 자신들을 구원할 것이라는 휴거 携擧, Rapture 사상을 주장하기도 했다.

홀로코스트

홀로코스트 Holocaust는 그리스어 holókauston에서 유래한 단어로 전부 Holo 태우다 Caust라는 의미로 제물을 불에 태워 공물로 바치는 번제 燔祭를 의미했다. 본래 홀로코스트는 망자와 죽음의 신들인 크토니오스들을 달래려고 제물을 태워 보내는 의식을 가리켰던 것이다. 그러던 것이 20세기에 들어선 1914~1925년 사이에 튀르키예의 아르메니아, 그리스, 아시리아인의 대량 살상을 지칭하면서 '대학살'로 의미가 변경된다. 대학살을 뜻하는 홀로코스트는 1925년에 처음 사용되기 시작해 1960년대 이전까지 대량 학살을 지칭하는 제노사이드 Genocide와 같은 의미로 사용됐지만, 1960년대에 이르러 학자와 유명 작가들에 의해 유대인 학살을 지칭하는 개념으로 정착했다. 현재 홀로코스트는 제2차 세계대전 기간 동안 벌어진 유대인 대학살을 지칭하지만, 정작 유대인은 이 대학살을 지칭하는 용어로 파멸 또는 황폐함을 의미하는 히브리어 단어 쇼아 Shoah를 더 선호한다. 홀로코스트란 단어가 이교도인 그리스 문화에 어원을 두고 있기 때문이다.

방사능

방사능은 각종 원소의 원자핵이 붕괴하면서 방사선을 방출하거나 그런 성질을 가진 방사성물질(방사능)을 말한다. 일반적으로 방사선, 방사능, 방사성을 구별하지 않고 사용하지만, 영화에서 보통 묘사되는 것은 방사능이 아닌 방사선이다. 한국원자력연구원은 불안정한 상태의 원자핵은 특정한 입자나 빛을 방출하면서 안정적인 상태로 바뀌려는 성질이 있는데, 이때 나오는 입자나 빛이 바로 방사선이라고 말한다. 방사선은 눈에 보이지 않으며 무색무취로 종류가 다양하다. 방사선은 크게 입자 형태와 빛이나 전파 형태로 구분할 수 있다. 입자 형태의 방사선으로는 알파선, 베타선, 중성자선 등이 있고, 빛이나 전파로 존재하는 방사선으로는 감마선, X선이 있다. 영화에서 보통 방사선 차폐막으로 납을 많이 들고 있지만, 납보다 더 뛰어난 차폐 능력을 보이는 것이 물 또는 콘크리트다. 콘크리트는 가장 강력한 중성자선까지 차단한다. 핵전쟁 시에 콘크리트로 만든 대피소가 중요한 이유다.

석유파동

석유파동 石油波動 또는 오일쇼크 Oil shock는 1973~1974년(제1차 석유파동) 중동전쟁(아랍·이스라엘 분쟁) 당시 아랍 산유국들의 석유 무기화 정책과 1978~1980년(제2차 석유파동)의 이란 혁명으로 인한 석유 생산의 대폭 감축으로 석유의 공급이 부족해지자, 국제 석유 가격이 급상승하고, 그 결과 전 세계가 경제적 위기와 혼란을 겪은 사건을 말한다. 제1차 석유파동으로 석유 가격은 4배 가까이 급등해 세계 경제 전체의 경제성장률이 크게 떨어졌다. 1975년에는 서방 선진국은 마이너스성장을 기록한다. 해외 의존적 경제구조인 한국 역시 불황 속의 물가상승이라는 스태그플레이션이 나타났다. 제2차 석유파동 시기에 석유 가격은 2.4배 상승했다. 다시 세계 경제는 혼란에 빠지며 성장 둔화와 무역수지 악화가 나타났고, 한국은 제1차 석유파동을 겪었음에도 이에 대비한 정책은 전혀 없이 중화학공업정책에만 몰두한 나머지 200억 달러가 넘는 국제수지 적자 폭으로 인해 외채 문제가 심각해지게 된다.

워터게이트 사건

워터게이트 사건 Watergate scandal은 1972~1974년까지 미국 닉슨 행정부가 베트남전 반대 의사를 표명했던 민주당을 저지하기 위해 불법 침입과 도청 사건을 저지르고, 이를 부정하고 은폐하려는 권력 남용으로 생겨난 정치 스캔들이다. 닉슨 행정부는 민주당 선거운동 지위 본부가 있던 워싱턴 D. C.의 워터게이트 호텔에서 조직적인 도청과 불법 침입을 저질렀고, 여기서 워터게이트 사건이란 명칭이 유래했다. 닉슨과 백악관 측은 도청과 불법 침입의 관련성을 부인했으나 1974년 8월, 결정적이고 확실한 증거를 담은 '스모킹 건'이라 불리는 테이프가 공개된다. 닉슨은 탄핵안 가결이 확실시되자 1974년 8월 9일에 대통령직을 사퇴한다. 미하원 법사위원회가 탄핵 권고안에서 닉슨에게 적용한 범죄 조항은 사법방해죄와 권력남용죄, 두 가지였다. 닉슨은 미중앙정보국CIA을 이용해 미연방수사국FBI과 워터게이트 사건 특별검사의 수사 활동을 방해했다. 또한, 민주당만이 아닌 민간인을 포함해 전방위 사찰을 시행할 불법 비밀 활동을 위한 특별조사반을 설치했으며, 선거자금을 불법 유용하기도 했다. 하지만 미국인들이 생각하는 닉슨의 가장 큰 죄는 도청이 아니라 거짓말이었다.

페미니즘

페미니즘 Feminism, 즉 여성주의 운동의 역사는 19세기 중반 참정권 운동으로 시작된다. 그러나 이러한 조직된 운동 이전에도 여성의 권리에 관한 활동과 목소리는 지속적으로 나타났다. 여성의 권리에 관한 가장 큰 목소리는 18세기 영국에서 등장했다. 그 대표적 인물은 여성의 권리를 찾으려는 활동가인 올랭프 드 구주와 메리 셸리의 어머니이자 작가인 메리 울스턴크래프트다. "교수대에 올라갈 수 있는 존재라면 연단에도 올라갈 수 있어야 한다"고 주장하며 여성의 정치 참여를 열정적으로 주장하고 거침없는 정치적 행보를 취했던 구주와 달리 울스턴크래프트는 언어와 사상으로 여성의 권리를 주장했다. 울스턴크래프트의 《여성의 권리 옹호》는 1792년에 출간됐다. 울스턴크래프트는 이 책에서 "여성의 정신과 남성의 정신은 차이가 없으며 차이가 있다면 단지 육체적인 것뿐"이라고, "따라서 여성도 남성과 마찬가지로 보편적인 인간의 권리를 향유할 수 있어야 한다"고 주장한다. 그리고 이를 위해 인류의 절반을 차지하는 존재인 여성을 '이성'을 지닌 하나의 인격체로서 길러내는 것을 여성 교육의 목표로 삼아야 함을 강조한다. 또한, 여성 스스로도 자신의 인생을 개척하고, 민주적 시민으로서 공적인 영역에 참여하기 위해 사회적 관습에 도전하고 개인적인 습관들을 변화시켜야 한다고 말한다. 오늘날 추구하는 페미니즘과 그다지 다르지 않다. 이처럼 이성을 강조하는 울스턴크래프트의 주장은 이후 존 스튜어트 밀의 《여성의 종속》으로 이어진다. 밀 역시 인간의 이성을 강조하면서 "그런 시점은 아주 더디게 올 것이지만" 여성의 종속이 빚어내는 비참함이란 "과거의 유물은 미래의 진취적 기상과 합치되지 못하며 반드시 역사의 저편으로 사라져야 한다"고 역설한다. 울스턴크래프트의 딸인 메리 셸리는 최초의 아포칼립스 문학 《최후의 인간》을 썼다. 아포칼립스 문학은 사회·문화·사고의 대격변을 묘사하는 장르다. 페미니즘의 선구자인 울스턴크래프트와 권력의 권위를 부정하는 아나키즘의 선구자인 윌리엄 고드윈 사이에서 태어난 메리 셸리가 사회의 극단적 대격변을 다룬 아포칼립스 문학을 썼다는 건 곱씹어봐야 할 일이다. 아포칼립스 장르야말로 사회의 변화를 가장 강렬하고 노골적인 방식으로 묘사하기 때문이다.

현상학적 방법

현상학 Phenomenology은 현상을 중요시하는 철학이다. 현상학이라는 용어는 칸트의 경험적 현상의 학문이나 헤겔의 《정신현상학》이란 책 이름에서 볼 수 있듯이 철학사상 많은 학자가 각기 다른 개념으로 사용해왔다. 하지만, 일반적으로는 에드문트 후설을 중심으로 현상학파라고 불리는 학자들의 철학운동을 뜻한다. 후설은 《유럽학문의 위기와 선험적 현상학》을 통해 엄밀한 학문으로서의 제1 철학, 선험철학을 추구하면서 기존의 철학으로부터 정합적으로 형이상학적 체계를 추구하는 것이 아니라, 모든 편견에서 해방되어 의식에 주어지는 '사태 자체 Sachen selbst'를 직관해야 한다고 주장한다.

자립적 자기 구축

인간은 의심하는 존재다. 의심이 존재를 자각하게 하는 것이다. 데카르트는 의심하는 존재란 단지 육체의 덩어리가 아닌 영혼이나 사유라고 일컫는 존재일 수밖에 없다고 말하면서 이 사유의 존재 Cogito ergo sum를 제1 원리로 받아들였다고 말한다. 그리고 헤겔은 이를 두고 "이성으로부터 나온 자기의식의 자립적 철학"이라고 설명한다. 〈다크 스타〉의 폭탄은 첫 번째 의문을 점차 확장해가면서 드디어 이성적 존재가 된 것이다. 놀라운 폭탄이다.

하이퍼스페이스 효과

하이퍼스페이스 Hyperspace 효과 혹은 초공간招空間 효과라 불리는 표현 방식은 댄 오베넌이 〈다크 스타〉에서 최초로 만든 효과다. 댄 오베넌은 촬영 시 셔터를 열어 놓으면 피사체의 잔상이 길게 이어지는 효과를 이용해 하이퍼스페이스 효과를 만들었다. 영화에서는 우주선이 초광속으로 이동할 때의 시각적 효과를 표현하기 위해 사용됐다.

테크노 호러

테크노 호러Techno-horror는 호러 장르에서 인간을 파괴하거나 변행시키려는 기계가 등장해 공포를 불러 일으키는 영화를 지칭할 때 쓰이는 표현이다. 특히 자동차와 삶이 밀접하게 관련되어 있는 미국에서는 자동차를 공포의 대상으로 등장시키는 경우가 많다. 차가 최초로 사람을 죽이는 영화는 1974년에 공개한 〈킬도저Killdozer〉다. 이 영화는 외계에서 떨어진 운석으로 인해 스스로 움직이기 시작해 사람을 공격하는 불도저를 다루고 있다. 이후 〈공포의 검은 차〉나 호러 소설의 대가 스티븐 킹이 만든 〈맥시멈 오버드라이브〉처럼 인간을 공격하는 자동차가 등장했으며, 이 가운데 가장 뛰어난 영화는 존 카펜터의 〈크리스틴〉이다. 이처럼 자동차가 의지를 지니고 인간을 공격하는 영화와 달리, 데이비드 크로넨버그의 〈크래쉬〉나 줄리아 뒤쿠르노 감독의 〈티탄〉처럼 인간과 기계의 결합을 통해 기괴한 정서를 느끼게 하는 영화도 기계 공포에 속한다. 기계 공포에 속하는 영화에는 자동차만 등장하는 것이 아니다. 토브 후퍼가 감독한 〈맹글러〉처럼 세탁소용 거대 다리미에 악령이 깃들어 사람을 살해하기도 한다. 즉 기계 장치 자체가 공포의 대상이 될 때 테크노 호러에 속하게 된다.

표현주의

표현주의는 사물이나 사건에 의하여 야기되는 주관적인 감정과 반응을 표현하는 데 중점을 둔다. 표현주의 영화는 과하게 강조된 윤곽과 함께 사실적 형상을 극단적으로 왜곡하고 있으며, 연기는 과장되어 있다. 이처럼 양식화되고 현실 파괴적인 디자인의 목적은 직접적이고 극단적인 방식으로 감정을 표출하는 것이다. 표현주의는 1908년경에 회화와 연극 양식으로 이전의 모더니즘 운동처럼 사실주의를 거부했던 세기의 전환기 무렵에 등장한 경향 가운데 하나다. 독일 바이마르 시기의 불안정한 상황에서 비롯했다. 당시 바이마르 시기 독일은 전후 배상금으로 인한 과도한 인플레이션을 겪고 있었다. 전쟁 말기 달러 대 마르크화는 1:10의 비율이었지만, 1923년에는 무려 1달러 대 4조 2천억 마르크가 된다. 게다가 독일 민족주의에서 발생한 극우 세력이 급격하게 성장했다. 이와는 달리 전쟁 배상금의 두 배를 넘어서는 미국의 차관 지원도 있었다. 이 지원으로 독일은 급격한 전후 복구 사업을 펼치고 도시는 점차 발전하고 새롭게 건설됐다. 그러니 인플레이션으로 현금 자산이 쓰레기가 된 독일 중산층의 의식이 흔들리게 된다. 성실하게 살아온 나는 망해가는데, 되는 대로 살아왔던 하층민이나 불한당은 일거리를 얻어 잘살게 되었다는 인식이 생겼다. 이로부터 세계가 점차 미쳐간다는 의식이 자라난 것이다. 표현주의 양식을 활용한 첫 영화는 1920년 작 〈칼리가리 박사의 밀실〉이다. 당대를 살아가던 영화 평론가 지크프리트 크라카우어는 〈칼리가리 박사의 밀실〉을 두고 '미쳐가는 칼리가리는 파시즘을 기대하는 군중의 잠재의식'이라고도 진단한다. 표현주의 영화는 1920년대를 지나면서 24편의 영화가 만들어졌으며, 1927년 〈메트로폴리스〉를 끝으로 더는 만들어지지 않는다. 점차 커지는 제작비 문제도 있었지만, 파시즘이 점점 성장하면서 이제 삶의 불안감을 예술로 형상화하는 시대가 끝났기 때문이다. 그리고 우파의 시대는 열광의 시대지 불안의 시대가 아니기 때문이다. 이제 표현주의 영화를 만들던 감독과 배우, 스태프들은 미국과 영국 등으로 옮겨간다. 그리고 장르영화에 새롭고도 어두운 효과를 결합한다. 표현주의 운동은 짧은 시간에 끝났지만, 이후 영화에 가장 큰 영향력을 드리운 운동 양식이기도 하다.

8

가장 동양적인
영화 장르,
아시아 호러

요괴와 저주의
세계

호러 영화는 공포로 시작해
괴기로 진행된다

영화는 스토리를 통해 인간의 감정을 다루는 예술이다. 인간은 다양한 감정을 느끼지만 공포는 현실에서 겪고 싶은 감정은 아니다. 그래서 호러 영화(우리에겐 '공포'라는 단어가 익숙하지만, 호러는 공포보다 더 폭넓은 감정과 체험을 다룬다)를 보는 것은 흥미롭지만 불편하다. 사실 호러 영화는 모든 관객이 좋아하지도 않았고 영화계에서의 지분도 적었다. 나라와 시대를 막론하고 소수로부터 열광적인 지지를 받긴 했어도 한 번도 메이저 장르였던 적은 없었다. 당연히 영화 산업은 사람들이 좋아하는 보편적인 감정들, 즉 사랑(로맨스), 웃음(코미디), 슬픔(비극) 그리고 불편하지 않을 정도의 스릴(모험, 액션)을 체험하는 영화들을 주로 만들었다. 물론 호러 영화도 꾸준히 만들어지기는 했다. 공포도 사람이 엄연히 느끼는 감정이니 무조건 외면하긴 어렵다. 공포는 사실 인간의 생존을 보장해주는 감정이다. 모르는 상대가 우리의 생명을 위협할 때, 또는 위협으로부터 도망칠 수 없을 때 느끼는 공포는 정말로 강하다. 학자들은 인류가 생존해온 것도 공포의 감정이 발달했기 때문이라고 한다. 동물은 위기가 닥쳐야 공포가 생기지만 인간은 위기를 예감하고 회피하려는 공포의 감각이 있어 멸종을 막고 번성했다는 것이다. 인간이 종교를 가진 것도 피할 수 없는 죽음과 알 수 없는 사후 세계에 공포심을 느끼기 때문이다. 불편하지만 피할 수 없어서 더 짜릿하고 유혹적인 것, 닥치기 전까지는 경험하지 못할 죽음과 유사한 두려움을 느낄 수 있지만 끝나면 다시 일상으로 돌아올 수 있다는 사실이 무서운 이야기를 문학·영화·연극으로 만나는 이유일 것이다. 공포 문학이 발달한 유럽이나 미국에서는 호러 영화도 일찍이 만들어졌다. 영화사의 고전으로 일컬어지는 독일 감독 프리드리히 빌헬름 무르나우의 영화가 그런 것들이다. 사실 서구의 호러 영화는 영화사 130년의 역사와 거의 같은 역사를 지닐 정도로 뿌리가 깊다. 이에 반해 아시아 호러 영화는 1950년대가 지나서야 자신만의 정체성을 만들어나간다. 게다가 한국만이 아니라 아시아 영화계는 영화 필름을 보관하는 데 그다지 관심이 없었다. 남겨진 필름이 없으니 어떤 영화가 만들어졌는지도 알기 어렵다. 고전 호러 영화도 같이 사라졌다.

아시아 호러 장르의 시작은
서구 영화의 모방부터다

아시아에서 가장 먼저 호러 영화를 만든 나라는 일본이다. 영화라는 서양 문물이 일본에 먼저 들어왔으니 당연한 일이다. 1926년의 〈미친 한 페이지〉 같은 일본 실험영화에서 벌써 서구 영화의 영향력을 느낄 수 있다. 이 작품은 가장 오래된 일본 호러 영화라고 하지만 호

- 〈괴묘와 신비한 사미센〉 포스터 　　 · 〈요츠야 괴담〉 포스터 　　 · 〈장화홍련전〉 포스터

러보다는 심리극에 더 가깝다. 일본은 1910년부터 원나라 시기의 고전 설화를 각색한 〈모란등롱〉 같은 호러 영화를 만들어왔다고 전해지는데, 일본에서 괴담을 소재로 만든 영화 가운데 현재 확인 가능한 가장 오래된 영화는 1938년 영화 〈괴묘와 신비한 사미센〉부터다. 이 영화는 마음에 든 남자를 빼앗으려는 가부키 여주인공이 남자의 연인을 살해하자 그 원혼이 고양이에 빙의해 복수한다는 내용으로 1954년에는 〈괴묘 아마가츠지怪猫逢魔が辻〉라는 영화로 다시 만들어진다. 같은 소재라도 1950년대 이전에 만들어진 〈괴묘와 신비한 사미센怪猫謎の三味線〉이나 일본 괴담 전통에서 기인한 작품인 1949년의 〈요츠야 괴담〉은 가정의 붕괴와 비극적인 죽음을 그리는 영화라는 점에서 현대 호러 영화와는 결이 약간 다르다. 백문임 연세대학교 교수는 이것을 본격적인 호러 영화와 구분하기 위해 '가정 비극'이라고 규정했는데, 1924년 일제강점기에 만든 〈장화홍련전〉 역시 이러한 가정 비극에 속하는 것으로 분류할 수 있다. 그리고 이 시기에 일본에서 만든 호러 영화를 일본에서는 괴기 영화*라고 불렀으며, 한국에서도 1960년대 이후부터 이 용어를 사용했다.

중화권(중국, 대만, 홍콩)에서 만들어진 호러 영화 역시 그 최초를 알기는 어렵다. 현재 기록으로 남아 있는 가장 오래된 중화권 호러 영화는 양공량 감독의 1936년 영화 〈오야강시〉다. 이 작품은 영화 제목에 '강시殭屍, Vampire'라는 단어가 들어가 있어 최초의 강시 영화로 언급되곤 하지만, "중세 스타일의 의상, 기형 뱀파이어 얼굴, 과장된 표정, 낮은 키 조명" 등을 언급하는 것으로 보아 당시 할리우드 유니버설에서 만들던 클래식 몬스터에 큰 영향을 받은 것을 알 수 있다. 그러니 이 작품의 제목을 풀이하자면 '심야의 흡혈귀'가 된다. 양공량은 이 작품과 함께 할리우드의 영향력이 크게 느껴지는 영화 〈과학죄인科學罪人, The Evil Scientist〉을 같은 해에 만들기도 한다. 당시 이 작품은 "프랑켄슈타인의 영향을 받았으며, 인간이 야수로, 야수가 거인과 6인치짜리 난쟁이"로 변하는 특수 효과를 구사한 작품으로 소개됐다. 이를 통해 이 작품이 이전 해에 제작된 〈프랑켄슈타인의 신부〉와 야수로 변하는 인간을 표현한 〈런던의 늑대인간〉에 크게 영향을 받았음을 알 수 있다. 중국 사회는 수천 년에 걸쳐 수를 헤아릴 수 없을 만큼 다양한 신과 요괴 그리고 괴담을 창조했지만, 그런 중국도 초기 영화는 서구에서 만든 호러 영화에 큰 영향을 받았다. 그러나 이 작품들은 현재 영상을 확인할 방법이 없다. 오늘날 초창기 중화권 호러 영화 가운데 확인할 수 있는 가장 오래된 작품은 1996년에 장국영이 주연을 맡은 것으로 우리에게 잘 알려진 1937년 작 〈야반가성〉이다.

• 호러 영화는 공포 감정에 충실하지만 괴기 영화는 무서움보다는 괴상하고 기이한 것에 대한 감정을 표현한다. 그로테스크 필름이라고도 한다.

같은 듯 다른
일본, 중국, 동남아시아의 호러 영화

일본 영화는 일찍부터 다양한 호러의 서브 장르를 시도했다. 1949년
에는 유니버설의 〈투명인간〉을 모방한 범죄 영화 〈투명인간이 나타
났다〉가 나왔고, 일본의 예민한 주제인 방사능 피해 문제를 다루는
〈미녀와 액체인간〉이라는 영화가 1958년에 나오기도 했다. 여기에
할리우드 다크 하우스 Dark House 형식**을 적극 차용한 〈홍남〉과 일본
호러 영화의 장인이라고 할 수 있는 나카가와 노부오의 〈흡혈아〉를
비롯해 1954년에는 수많은 괴수 영화의 시작을 알린 〈고지라〉도 나
왔다.

　이런 영화 외에도 일본에서도 원귀가 중요한 공포의 소재였다. 다
만 영화의 톤은 조금씩 차이가 있다. 1949년 전·후편 2부작으로 만들
어진 〈요츠야 괴담〉까지는 원귀의 동기와 사연이 중요하다가, 1950년
대 중반이 지난 후부터는 원귀의 직접적인 복수가 중심을 차지하게
된다. 가령 1957년 영화인 〈카사네 늪의 유령〉은 '요츠야 괴담' 형식***
을 인용해 한쪽 얼굴이 완전히 망가진 원귀의 복수를 그린다. 그리
고 1958년에 공개한 〈망령의 괴묘저택〉은 현대와 과거를 오가며 고
양이의 원혼이 백발 노파의 모습으로 수백 년의 세월을 뛰어넘어 복
수 대상의 혈육을 죽이려는 모습을 보여준다. 이 가운데 가장 무시무
시한 영화는 단연 〈토카이도 요츠야 괴담〉이다. 줏대 없지만 잔인한 사

** 다크 하우스 장르는 인적인 드문 낡고 오래된 집이나 폐쇄된 공간을 배경으로 어둡고
음산한 이야기를 진행하는 영화 장르를 말한다. 대체로 초자연적 요소를 많이 사용하지
만, 인간의 일그러진 심리를 묘사해 공포를 만들기도 한다.
*** '이와라는 여인이 남편 이에몬에게 살해당해 원귀가 되어 복수한다'는 괴담을 바탕으로
한다.

• 〈카사네 늪의 유령〉 무너진 얼굴

• 〈망령의 괴묘 저택〉 원귀

무라이와 그의 성공 욕망을 부추기는 악당은 사무라이의 아내에게 간음이라는 누명을 씌운다. 그러고는 아내와 간음 상대자를 죽여 문짝에 못 박고(당시 간음에 대한 처벌이다) 습지에 버린다. 죽은 채 습지에 버려진 여인은 원귀가 되어 복수를 실행한다. 원귀는 사무라이 앞에 수시로 모습을 드러내고, 심지어는 문짝에 못 박힌 형태로 천장에 등장하기도 한다. 반면 〈쇼군의 사디즘〉은 이런 일본 원귀 영화와는 조금은 톤이 또 다른 작품이다. 1976년에 공개한 〈쇼군의 사디즘〉은 처음엔 단순 고어·고문 영화로 알려졌다. 영화는 원귀가 등장하지는 않지만, 대신 원귀가 등장할 수밖에 없는 사회의 풍경을 극히 냉정한 시선으로 제시한다. 〈쇼군의 사디즘〉에서 돈에 팔린 평민은 장군의 잔인한 고문으로부터도, 포주의 폭력에서도 어떻게든 벗어날 수 없는 존재다. 그 때문에 이 영화에 등장하는 모든 약자는 결국 끔찍한 최후를 맞을뿐더러 그들을 그렇게 몰아붙인 이들은 아무런 처벌도 받지 않는다. 이것이야말로 해결할 수 없는 응어리진 감정이 등장할 수밖에 없는 세계다.

한편, 중화권 호러 영화는 일본과도 또 조금 다르다. 1960년 홍콩 영화 〈천녀유혼〉은 원귀의 세계를 다루지만, 원한에 사무친 원귀라기보다는 인간과 귀신이 벌이는 '로미오와 줄리엣' 형식의 멜로드라마에 더 가깝다. 사실 이 영화의 바탕이 되는 고전 설화집 《요재지이》에 실린 원작 〈섭소천〉 자체가 귀신과 인간이 눈이 맞아 아이까지 낳으며 백년해로하는 이야기다. 중화권의 호러 영화는 공포의 느낌에 치중하기보다는 기담, 괴담 위주에 간간이 공포감을 섞는 판타지물이 우세했다.

중화권에서 공포 자체를 목적으로 하는 주목할 만한 초기 영화는 1974년 작 〈귀안〉이다. 미용실에서 손톱 손질 일을 하는 주인공은 어느 날 안경점을 운영한다는 기이한 분위기의 손님을 맞이해 그 덕분에 콘택트렌즈를 싸게 맞추게 된다. 그런데 이 렌즈를 착용하는 순간부터 주인공은 그 남자의 노예가 된다. 남자는 이미 3년 전에 죽은 인물로, 이제는 사람 피를 빨아먹고 사는 귀신이었다. 〈귀안〉은 결국 이 사악한 요괴의 승리로 끝난다. 이처럼 어둡고 비극적인 이야기는 사악한 원귀에 사로잡힌 소년을 다루는 〈마태〉를 지나 〈종귀〉로 이어진다. 〈종귀〉는 주인공이 억울하게 죽은 아내의 복수를 위해 자신을 흑마술의 제물로 바치고는, 스스로 괴물이 되어 선악에 상관없이 상대방과 관련된 인물 모두를 끔찍하게 죽여나가는 영화다. 〈종귀〉의 클라이맥스는 존 카펜터의 〈괴물〉을 모방한 흔적이 역력하지만, 훨씬 더 처참한 이미지를 그린다.

이와 달리 주술사가 주요 인물로 등장하는 중화권 호러 영화는 주술이 많은 부분을 차지해, 수많은 영화에서 주술이나 흑마술을 소재로 다룬다. 주술을 다루는 중요한 초기 영화는 하몽화 감독이 1975년에 만든 〈강두〉다. 〈강두〉는 젊은 남자를 손에 넣기 위해 흑마술의 힘을 빌려 남자를 조종하는 이야기로, 흑마술을 진행하는 과정을 아주 세세하게 묘사한다. 〈강두〉는 속편으로도 이어지며, 이는 이후 기름 괴물로 변신해 악당을 처단하는 〈유귀자〉, 약속을 배신한 남자에게 저주를 거는 〈고〉 같은 흑마술사가 등장하는 영화로 만들어지는 데 영향을 끼친다.

중화권과 달리 동남아시아 지역은 오컬트적 요소를 소재로 사용하는 영화를 만들기도 한다. 인도네시아 흑마술 영화 가운데 유명한 〈사탄의 숭배자〉는 사탄의 힘을 빌려 대상을 악으로 이끄는 기독교의 흑마술을 다룬다. 여기에는 인도네시아가 유대교, 기독교와 같은 뿌리를 지닌 이슬람을 지배적으로 믿는 국가라는 이유도 있을 것이다. 유일신을 기본으로 하는 유대교, 기독교, 이슬람교는 세상을 선과 악, 신과 악마, 자신과 타자로 구분하는 이원론적 세계관을 바탕으로 한다. 그래서 이슬람을 바탕으로 하는 〈사탄의 숭배자〉는 신을 믿지 않으면 사탄 마귀가 들러붙을 것이라 경고한다. 영화에서 보이는 주술과 저주도 문화권에 따라 차이가 있다. 일반적인 동양의 흑마술은 사악한 술법으로 대상을 파멸시킨다. 사극에서 보이는 제웅에 바늘을 꽂

410

• 〈강두〉 주술사

• 〈고〉 주술사

• 〈유귀자〉 주술사

는 행위가 그런 사례다. 그러나 중화권은 같은 흑마술을 다루더라도 종교적 요소보다는 사적 개인의 잔혹한 복수를 더 중요시하며 여기에 문화적 토양에 깊숙이 뿌린 내린 민담과 설화를 이용했다. 또한, 한국 호러 장르는 무속과 불교에 기반을 두며 흑마술은 거의 다루지 않았을뿐더러 복수보다는 사회에서 억울하게 죽어간 이들, 즉 한恨의 세계를 상대적으로 더 많이 다뤘다.

그렇다고 중화권의 설화 기반 판타지 호러 영화의 제작이 중단된 것은 아니다. 고전을 바탕으로 요괴·원귀 영화의 원형을 완성한 영화는 한국 대만 합작으로 무협 영화의 거장인 호금전 감독이 1979년에 만든 〈산중전기〉다. 〈산중전기〉는 무려 3시간 10분이 넘는 상영 시간을 통해 관객이 요괴가 등장하는 영화에서 기대할 법한 장면을 모두 보여주며 중화권의 요괴를 다룬 영화 가운데 가장 뛰어난 작품으로 손꼽힌다. 영화에는 구천을 떠도는 요괴들이 등장해 환생을 가능하게 하는 경전이 등장하고, 요괴를 처벌하는 도사와 스님 역시 등장해 도술과 무술로 혈투를 벌인다. 1987년 작 〈천녀유혼〉의 원형이 되는 순박한 서생 역시 등장하고, 여기에 선한 요괴와 악한 요괴의 대립도 있다. 당시 성행하던 한국·홍콩 합작 영화로 만들어진 신상옥 감독의 〈반혼녀〉나 장일호 감독의 〈흑발〉처럼 원귀의 세계를 다루는 영화도 가끔은 있지만, 홍콩과 대만 단독으로 만든 '순수 중국식' 호러 영화는 원한보다는 괴이한 사건이나 요괴를 더 많이 다루게 된다. 이는 중국과 한국의 귀신관이 다르기 때문이다. 중국 문화권은 만물유신론의 세계라고도 표현된다. "각인각양 각신각상(사람마다 제 모양, 신령마다 제 모습)各人各樣各神各相"이라는 속담이 있을 정도다. 물론 한국도 도깨비나 몽달귀신, 여러 가지 잡신이 있었지만 사회가 급속히 서구화되면서 많은 민간 설화나 전승이 사라져 버렸다.

크리처의 또 다른 이름 물괴,
그리고 이매망량의 세계

이매망량魑魅魍魎은 모두 도깨비라는 뜻을 지닌 한자가 묶여 만들어진 말로서 세상의 온갖 요괴를 뜻한다. 사탄이 수장으로 그 아래에 있는 수많은 악귀를 다스리는 서양의 기독교 세계와 달리 아시아는 요괴가 개별적으로 한 지역을 차지하는 수많은 요괴의 세계였다. 물론 이들이 처음부터 요괴였던 것은 아니다. 오래전 신神과 귀鬼는 딱히 구분되는 개념이 아니었다. 국문학자 윤혜신은 《귀신과 트라우마》에서 "문명 초기, 인간은 강한 힘을 가진 존재, 신성을 상기시키는 자연물을 신으로 믿고 경외하면서 '신', '귀', '귀신' 등으로 표현했다"라고 말한다. 종묘사직宗廟社稷할 때의 사직은 토지社의 신과 곡식稷의 신 같은 자연신에게 제사 지내는 곳이다. 한반도에는 "불교가 들어오면서 새로운 유형의 귀신이 소개되었고, 선악善惡의 눈으로 귀신을 보게 되었다"고 한다. 그래서 '귀신이 끔찍하게 생겼다'는 관점 역시 불교가 국교였던 고려 시대에 와서야 일반화된다. 이러한 불교의 영향력은 여전해서 1960년대 이후 등장하는 아시아 괴기 영화에서는 원귀를 처벌하는 다수의 존재가 불교의 힘을 빌린 인물이나 스님으로 등장한다. 일본은 국가가 주도한 조선의 사직과 달리 신사神社에서 이러한 제사를 담당한다. 여기에 신으로 취급받지 못하는 요괴鬼가 있다. 미즈키 시게루가 1984년에 출판한 《일본요괴대사전》에는 총 1,592개의 요괴 항목이 있기도 하다. 그러니 일본이야말로 이매망량의 잡신 세상이다.(〈센과 치히로의 행방불명〉에 나오는 각종 잡신들을 보라.)

　일본의 요괴는 요괴를 다룬 원전을 시작으로 각종 영화와 애니메이션 그리고 다양한 서적을 통해 세계인에게 익숙하다. 그러므로 여기서는 이에 반해 잘 알려지지 않은 우리나라의 요괴, 물괴를 살펴

· 이매망량을 그린 민화

보자. 연상호 감독의 〈방법: 재차의〉에는 한국에서 종적을 감췄던 소진이 일본에서 굿을 하는 장면이 등장한다. 그런데 그 모습이 어쩐지 익숙하다. 바로 미야자키 하야오 감독의 〈모노노케 히메〉의 여주인공 복장과 같기 때문이다. 모노노케는 일본어로 物の怪, 즉 물괴를 뜻하는데, 물괴는 괴이한 사물과 평범하지 않은 사건을 이르는 말이다. 요즘 관객에게는 크리처 Creature라고 하면 이해가 쉬울 것이다. 즉, 요즘의 크리처 개념으로 보면 물괴란 아시아 전반에 걸쳐 등장하는 요괴의 다른 말이다. 괴물이건, 크리처건, 물괴건 간에 이상한 생물 또는 상식을 넘어선 존재의 등장은 호러 영화의 좋은 소재가 된다. 중종 22년(1527년)에 "인왕산에 흉악한 짐승이 나타나 사람을 해쳤다 하옵니다. 그것을 두고 듣지도 보지도 못한 짐승이라 하여 사물 물物, 괴이할 괴怪, 물괴라 부른다"라는 기록이 있다. 이를 영화로 만든 것이 허종호 감독의 2018년 영화 〈물괴〉다. 또 명종 12년(1557) 기록에는 "소가 괴이한 송아지를 낳았는데 머리가 둘에 발굽이 여덟이었으며, 암탉이 변하여 수탉이 되고 암탉이 새벽에 울기도 하였으니 이는 물괴"라고 설명한다. 역시 크리처에 가깝다. 《조선왕조실록》에는 인요물괴人妖物怪라는 말이 가끔 등장한다. '사람 중에 요사스러운 것이 나타나고 물건 중에 괴상한 것이 나타난다'는 뜻이다. 여기서 바로 요괴라는 말이 나왔다. 《조선왕조실록》에는 쥐가 나타나 절을 한다거나 이마에 뿔이 숨겨져 있는 망아지만 한 동물을 목격했다는 기록도 등장한다. 우리나라에서는 오랫동안 빗자루나 농기구처럼 인간의 손때가 탄 물건은 인간의 기운이 많이 붙어 이 물건들에 혼이 깃든다고 믿었다. 사물에 혼이 깃들어 요망한 행동을 하는 물건 역시 물괴라고 표현했고, 귓것鬼物이라고도 하며 이 가운데 괴이한 짓을 하는 놈을 속칭 독각이(도깨비)라 했다. 당연하게 귓것을 다룬 한국 영화도 나왔고 그래서 2004년 제작된 한국 호러 영화 〈인형사〉는

• 〈천년호〉 포스터

• 〈월녀의 한〉 포스터

• 〈관 속의 드라큐라〉 포스터

주인이 죽자 오랫동안 아꼈던 인형에 영혼이 깃든다는 설정으로 이야기가 전개된다.

　신상옥 감독이 1969년에 만든 〈천년호〉에는 한국의 대표적인 물괴인 천년 묵은 여우가 등장한다. 〈천년호〉는 신라 진성여왕이 마음에 든 장군을 차지하기 위해 장군의 아내를 죽이고는 그 시체를 천년 묵은 여우의 뼛가루가 뿌려진 호수에 버리면서 사악한 여우의 영혼이 씐 여성이 벌이는 참극을 다룬다. 〈천년호〉는 고양이를 부리

• 〈천년백랑〉 포스터

고 사악한 힘을 지닌 무당의 원혼이 죽은 여성의 육체를 차지하는 〈월녀의 한〉으로 만들어지기도 했다. 그리고 1983년에는 한국 최초의 흡혈귀 영화 〈관 속의 드라큐라〉가 만들어졌다. 여기에 천년 묵은 여우 부부가 등장하는 〈천년백랑〉 같은 영화도 등장했다. 흡혈귀와 천년 여우라는 동서양의 물괴가 한국에서 만난 것이다. 그러나 뭐니 뭐니 해도 물괴, 요괴의 천국은 일본이다.

　일본의 요괴는 1968년 영화 〈괴담 설녀〉처럼

416

단독으로 등장하기도 하지만, 같은 해에 만들어진 〈요괴대전쟁〉처럼 수많은 요괴가 집단을 이뤄 등장하기도 한다. 그런데 이러한 전통 괴담의 세계와 함께 다른 한 축을 차지하는 것이 서구에서 받아들인 요괴인 흡혈귀다. 일본에서 '흡혈吸血'이 처음 영화 제목으로 쓰인 작품은 〈흡혈아〉지만, 이 영화는 늑대처럼 보이는 괴물 가면을 쓴 범죄 영화이며, 진정한 흡혈귀가 등장하는 첫 번째 영화는 〈여자 흡혈귀〉다. 여기서 흡혈귀는 과거에 기독교인이었다가 도쿠가와 막부의 기독교 박해 당시 강제로 피를 마시고 저주를 받아 흡혈귀가 된 인물이다. 이렇게 일본식으로 변형된 흡혈귀는 이후 '흡혈 삼부작'인 〈피를 빠는 인형〉과 〈피를 빠는 눈〉 그리고 〈피를 빠는 장미〉라는 작품으로 이어진다. 덧붙이자면 이 시기 일본 괴기 영화 중에서도 가장 괴상한 영화는 1968년 작인 〈흡혈귀 고케미도로〉다. 〈흡혈귀 고케미도로〉는 비행기를 폭파하려는 테러범과 정부 요인 암살자가 등장하며, 갑자기 UFO가 나타나 비행기가 불시착하고, UFO에는 인간의 신체를 강탈하고는 피를 빠는 존재가 있다. 게다가 영화 중간중간 전쟁을 반대하는 메시지가 드러나지만 결국 인류는 이 흡혈 외계인에

• 〈피를 빠는 인형〉 포스터   • 〈피를 빠는 눈〉 포스터   • 〈피를 빠는 장미〉 포스터

의해 멸종당하고 만다. 〈흡혈귀 고케미도로〉는 의식의 흐름대로 마구잡이로 만들어진 것처럼 보이지만, 이 시기 일본 영화인들이 전쟁을 대하는 태도를 드러내기도 한다. 이처럼 일본 영화나 애니메이션에는 정말로 다양한 요괴가 나오지만 공포의 소재로 많이 등장한 고양이를 빼놓을 수는 없다.

검은 고양이는 죄가 없다

일본 사람에겐 고양이가 친숙하다. 그래서 생활 속에서도 긍정과 부정의 이미지가 모두 공존한다. 일본 사람들은 마네키네코招き猫라는 복고양이 인형을 늘 두고 지내지만, 한편으로는 괴묘怪猫의 나라라고 할 만큼 수많은 괴묘가 출몰하는 호러 영화를 만들어왔다. 설화나 전설에서도 고양이가 가장 많이 등장하는 나라는 일본이다. 일본은 산속에 사는 짐승이나, 늙은 고양이가 변한 네코마타에 관한 이야기가 아주 많고 가부키 극의 단골 주제기도 했다. 네코마타는 꼬리가 두 개로 갈라진 요괴로, 인간에게 도움을 주기도 하지만 인간의 모습으로 변신해 인간을 잡아먹거나 홀리기도 한다. 1968년 영화 〈수풀 속의 검은 고양이〉에서 시어머니와 며느리는 영화가 시작되자마자 일군의 사무라이에 의해 겁탈당하고는 참혹하게 살해된다. 살해된 두 사람의 시체 곁에 고양이가 다가오고 두 사람의 영혼은 복수할 수 있게 고양이의 몸을 빌리는 대가로 세상의 모든 사무라이를 죽일 계약을 저승과 맺게 된다. 문제는 전쟁터에 나갔던 아들이 큰 공을 세워 사무라이가 되어 돌아온 것이다. 며느리는 사무라이지만 남편이라 차마 죽이지 못하고 지옥으로 떠나는데 시어머니는 자신의 아들이라도 죽일 것을 다짐한다. 〈수풀 속의 검은 고양이〉를 모방한 한국

영화 〈이조괴담〉이 고양이로 변한 원귀를 퇴치하고 왕을 지킨다는 내용인 데 반해서 일본은 전혀 다른 내용이다. 그야말로 복수에 진심이다. 이는 한국과 일본의 문화적·정서적 차이가 반영된 결과로 봐야 한다.

일본은 한국이나 중국과 달리 계급이 고착된 사회였다. 평민은 사무라이와 귀족에게 평생 착취와 학대를 당했다. 심지어 사무라이는 새로 만든 칼을 시험한다고 사소한 꼬투리를 잡아 평민의 목을 베어버려도 문제가 없었다. 그렇게 평생을 당하고 사느니 차라리 요괴가 나타나 지배층을 모두 쓸어버리거나 아니면 내가 직접 요괴가 되어 사무라이라면 귀족이건 자신의 아들이건 모두 몰살시켰으면 하는 민초들의 바람이 〈수풀 속의 검은 고양이〉 같은 영화에 반영된 것이다. 이런 바람은 일본 호러 영화의 걸작인 1977년 영화 〈팔묘촌〉에서도 여실히 드러난다. 〈팔묘촌〉은 요코미조 세이시의 〈긴다이치 코스케〉 시리즈 가운데 한 편이다. 한국에서 긴다이치는 '명탐정 김전일('소년탐정 김전일'이 아니라 1937년에 연재를 시작한 다른 작품이다)'로 알려져 있는데, 〈팔묘촌〉은 탐정 김전일이 큰 활약을 벌이는 영화가 아니다. 그보다는 400년에 걸친 저주가 영화의 중심 내용으로 결국 저주 대상자 모두를 죽이는 참극으로 끝을 맺는다. 복수의 가능성을 찾는 과정에서 수십 년 전 주인공의 아버지가 32명을 학살한 사건을 밝힌 김전일에게 마을 경찰 관계자가 하는 말이 인상적이다. "일가족을 모두 죽여버렸으면 복수고 뭐고 할 수 있는 사람이 없지 않겠냐"는 것이다. 모두 죽여버리면 복수 자체가 벌어질 일도 없으니 복수의 연쇄는 끊을 수는 있지만, 인간이 해서는 안 될 가장 끔찍한 방법이다. 이처럼 모조리 죽여버리자는 몰살의 광기야말로 일본 괴기 영화 전반을 지배하는 이미지이기도 하다.

일본과 달리 근대 이전 한국 사회에서는 딱히 고양이에 대한 부정적 전승을 거의 찾아볼 수 없다. 대신 기록에는 왕궁에서 고양이를 예뻐하며 길렀고 부정적인 이미지라고 해봐야 '간교하다', '반찬을 훔쳐 먹는다' 정도였다.* 아무래도 한국 사회에서 고양이에 부정적인 이미지가 덧붙게 된 것은 기독교 전래 이후다. 여기에는 서양의 영향도 있을 것이다. 이집트에서는 신성시했던 고양이를 기독교는 악마의 전령으로 묘사했다. 한국에 전파된 기독교도 다르지 않았다. 게다가 1970~1980년대 한국에는 길고양이의 꼬리를 자르는 끔찍한 행위가 유행하기도 했다. 이런 몹쓸 짓은 고양이를 사악하게 본 기독교의 관점과 일제 잔재로 남아 있던 네코마타 전승이 결합해 나타난 것으로 보인다. 일본에서는 고양이가 사악한(특히 검은 고양이) 네코마타로 변하기 전에 꼬리를 잘라야 한다는 미신이 있었다. 그래서 일본인들은 꼬리가 긴 고양이는 사람을 현혹시킨다고 믿어 꼬리가 짧은 고양이를 선호하기도 했다. 당시 한국에서는 고양이 꼬리를 자르는 잔혹 행위를 길고양이가 도둑고양이가 되지 않게 하려는 행위라 변명했지만 말도 안 되는 이야기고, 남아 있던 일본 미신의 영향이라고 의심하는 게 더 합리적이다.

고양이를 보는 시각은 중국이 좀 더 관대했다. 중국의 고양이 신이기도 한 이수Li Shou는 밤의 악령을 찾아내기도 하며 이를 막는 신이다. 중국 신화에서 신들이 세상을 처음 만들었을 때 신들은 세상을 관리할 존재로 고양이를 선택했다. 다만 게으른 고양이는 혼자 세상

---

* 한국 역시 고양이에 대한 전승은 공식 문서보다 구비설화로 많이 남아 있는 편이다. 한반도 구비설화에서 고양이는 영물로 은혜를 모르며 해를 끼치면 반드시 복수한다고 한다. 주인의 원수를 대신 갚아주는 면도 있으며, 변신술을 사용한다고도 했다. 또 고양이가 시체나 관을 뛰어넘으면 시체가 벌떡 일어서거나(이때 시체의 뺨을 때리고 발을 걸어 넘어뜨리면 된다) 관이 거꾸로 선다는 초자연적이지만, 다분히 흥미 위주의 내용들이 전해져왔다.

을 관리하는 게 귀찮아 신들에게 인간도 말을 할 수 있게 만들어 같이 세상을 관리할 수 있게 해달라고 부탁한다. 이수는 전통적으로 흰 바탕에 검은 무늬가 있는 신격화된 고양이다. 그러나 중국 역시 다른 문화권처럼 몸통 전체가 검은색인 고양이에 대해서는 이중적인 태도를 취했다. 검은 고양이는 초자연적인 존재를 경고하기도 하지만 동시에 불운을 몰고 온다는 것이다. 바로 이 불운을 몰고 온다는 검은 고양이의 특징을 이후 문학과 영화 등에서 이용하면서 검은 고양이에 대한 부정적 태도가 강해진다. 검은 고양이에 대한 이러한 태도는 동아시아 전체가 공유했고, 서양도 마찬가지였다. 한·중·일 영화 모두 음산한 분위기를 만들 때는 항상 검은 고양이를 등장시켰다. 가령 2000년에 만든 한국 호러 영화 〈가위〉에서도 불길함의 상징으로 검은 고양이가 등장한다. 예전에는 더 심했다. 한국 영화에서 고양이는 〈월녀의 한〉에서 볼 수 있듯이 죽임을 당하는 수난을 겪기도 했다. 특히 김인수 감독의 〈원한의 공동묘지〉에서는 고양이 수십 마리를 '진짜'로 학살한다. 지금으로서는 상상도 하기 어려운 일이다. 때로는 원귀나 요괴보다 인간이 더 무섭다.

가장 정치적인 영화 장르

아시아 호러 영화에서 묘사하는 한과 원귀는 결국 그 사회적 정서와 문화의 반영이다. 지배체제에 억눌리고, 차별받고, 약탈당하는 평민의 심정이 설화와 전설로 전해져 내려오고, 그것이 괴담과 설화로 남겨진 것이다. 물론 이는 극동 아시아 전체가 같은 방식을 취하는 것은 아니다. 중국 대륙은 황제의 강대한 중앙 권력이 있기는 했으나 각 지역 권력자들이 막강한 권력과 폭력을 행사한 사회다. 중국 사회의 평민들은 이후 〈아시아 액션 영화의 원형, 무협〉 장에서 서술하겠지만 지역 권력자의 폭력을 피해 산과 황무지로 나가 강호라는 공간을 만들기도 한다. 그러니 중화권은 민과 관 그리고 지역 토호가 벌이는 대립이 괴기와 괴담의 주요한 지분을 차지하기도 한다.

이와 달리 일본 사회는 사무라이로 상징되는 지역 권력자의 지배력이 천 년 동안 민간 사회를 억압해왔다. 일본은 권력 사회가 물리력을 독점한 사회다. 이에 반해 평민들은 함부로 무기를 소지할 수도 없었을뿐더러 수시로 사무라이의 칼에 희생당하기도 했다. 이러한 사회에서는 대립보다는 원한이 중심을 차지할 수밖에 없다. 힘으로는 어쩌질 못하니 마음속에 원한을 키우고 폭력적인 권력자들이 끔찍한 방식으로 죽는 것만 바랄 뿐이다. 그리고 이러한 감정이 1970년대까지 일본 호러 영화의 주제 가운데 하나가 된다.

한국 사회는 이들과는 또 다르다. 한국은 강력한 중앙 집권 사회였다. 한반도 역시 각종 재난과 분란이 지속적으로 벌어지던 사회다. 그렇지만 전염병이나 자연 재난이 발생하면 가장 먼저 나라의 왕이 백성의 마음을 다스리기 위해 천지신명에게 제를 올렸다. 한반도의 권력자는 강한 권력을 지니긴 했으나 백성을 두려워한 사회이기도 했다. 그러니 기담과 괴담이 만들어지는 방식 역시 중국이나 일본과는 다른 방식으로 등장한다. 참혹한 사건이 벌어지면 원혼이 되어서라도 우선 관가를 찾아 호소한다. 이는 한국의 관료제가 공고함을 설명하는 단초가 되기도 한다. 민간은 관을 믿고, 계속해서 억울함을 호소한다. 그러다 관가가 계속 억울함을 무시한다면 결국 민란民亂으로 폭발하고 만다. 한국 역사에 정치권의 부당함을 참아내다 어느 순간 폭발적인 저항으로 터져 나오는 일이 반복되는 것은 바로 이런 강고한 관료적 보수성과 국민 의식의 충돌 때문이라고 볼 수 있다. 이는 관과 민이 늘 대립했던 불안정한 중국 사회와 관에 단 한 번도

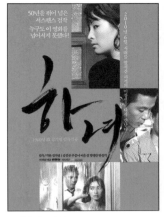

• 〈하녀〉 포스터

• 〈백사부인〉 포스터

저항하지 못했던 일본과는 다른 한국 사회의 특수
성이다. 한국 사회는 동아시아에서 보기 드물게 '저
항'이라는 행위가 중요한 요소로 자리 잡았다. 그리
고 이를 은연중에 담아내는 것이 한반도의 전통 설
화 문학과 1960년 혁명의 시기에 등장한 한국 괴
기 영화들이기도 하다.

• 〈투명인의 최후〉 포스터

　한국의 호러 영화는 1960년에 와서야 김기영
감독의 심리 호러 〈하녀〉와 신상옥 감독의 고전 괴
담 〈백사부인〉 그리고 이창근 감독의 SF 호러 〈투
명인의 최후〉로 본격적으로 등장했다. 그리고 이
세 편의 영화가 모두 잠깐이라도 정치적 자유가 허용되던 1960년
4·19 혁명 이후에 공개된 작품이라는 것은 생각해볼 거리다. 호러
영화는 은밀하게 그 사회의 억압 기제를 폭로하는 속성이 있고, 억압
이 작동하는 사회에서는 폭로 자체가 허용되지 않거나 폭로자에게
가혹한 형벌이 가해지기 때문이다. 한국에서 〈여고괴담〉으로 호러
영화가 부활한 1998년이 적어도 최소한의 민주주의 원리가 작동하

고 검열이 폐지되었던 김대중 정권 시기였다는 점도 이러한 주장을 뒷받침한다. 이전에 등장한 〈장화홍련전〉 같은 가정 비극 영화는 모두 못다 푼 한을 풀어달라며 권력자를 찾는 한 맺힌 귀신 이야기다. 그러나 〈하녀〉는 스스로 상류층의 위치를 차지하려는 여성 방직공을 묘사하고 있으며, 〈백사부인〉은 신선의 경고에도 조금이라도 더 인간의 외형을 지닌 채 자기 삶을 추구하려는 요괴인 백사白蛇를 다룬다. 여기에 〈투명인의 최후〉는 연인을 빼앗기고 자살하려던 인물이 이상한 약을 너무 많이 먹는 바람에 투명인간이 되어 벌이는 복수극이다. 비록 시대의 한계는 있지만, 이 영화들은 분명 이전과 다른 영화다. 여기에 1965년 이용민 감독의 〈살인마〉에 이르면 권력자에게 읍소하는 대신 자신이 직접 원귀가 되어 복수를 집행하는 영화로 변하게 된다. 1960년에 등장한 한국 호러 영화가 억압받는 여성 주체의 등장을 알렸다면, 〈살인마〉에서 그 여성 주체가 원혼이 되어서라도 복수를 이루겠다는 결단을 제시하는 것이다. 결국 아시아 호러 영화, 특히 한국 호러 영화는 자신의 한은 결국 스스로 풀어야 함을 강조한다고 볼 수 있다. 이렇게 호러 장르는 때때로 체제를 향한 전복과 도전의 가능성을 제시한다. 호러를 반역의 영화라고도 하는 이유가 여기에 있는 것이다.

한과 원귀의 세계,
한국 영화

손발을 오그라뜨리는 방법,
그리고 주술과 저주

2021년 연상호 감독이 각본을 맡은 영화 〈방법: 재차의〉는 한국에서는 보기 드물게 '저주'를 다룬 작품이다. 아이디어는 인터넷에서 화제가 된 한 할머니의 쪽지를 참고했다고 한다. 내용은 이렇다. "깔고 안진(앉던) 나이록(나일론) 방석 갓다 노라(갓다 놔라). 안갓다 노면 방법 한다. 방법 하면 손발리(손발이) 오그라진다. 갓다 노면 안한다." 한 인터넷 커뮤니티의 회원이 올린 이 문구가 적힌 이미지는 당시에 꽤나 화제가 되었다. 독특하면서도 단호한 문장도 그렇지만, 글에서 느껴지는 분노와 함께 도무지 무슨 뜻인지 내용을 알 수 없는 '방법'이란 단어도 화제였다. 방법은 지금은 거의 사라진 말이다. 나이가 있는 중장년이라면 어린 시절 한 번쯤 들어 봤을 수도 있겠지만 말의 뜻까지 아는 건 아니다. 단어의 구체적인 뜻을 몰라도 맥락과 그 뉘앙스를 추정해 짐작은 가능하다.

　　일종의 저주라는 의미로 추정되는 이 말은 사전에도 없다.

1527년 초급용 한자 학습서 〈훈몽자회訓蒙字會〉에는 '방법할 염厭'자로 기록돼 있지만, 한자로 방법을 염이라고 쓰는 것만 알려줄 뿐 무슨 뜻인지 알긴 어렵다. 아마 당시에는 모두가 뜻을 알던 말이라서 더 이상의 설명이 없었을 수도 있다. 뉘앙스는 '상대방이 의도한 불행' 정도이고 말 그대로 저주다. 사회문화에 깊은 이해를 지녔던 문학평론가 황현산은 산문집 《밤이 선생이다》 가운데 〈방법과 치성〉에서 더 폭넓은 이야기를 들려준다. 황현산은 "무당이 경을 읽어 축원하거나 방비하는 일을 모두 방법"이라고 하면서 예전에는 방법이란 말이 지금보다 훨씬 더 넓은 의미로 쓰였다고 말한다. 작은 상처나 병을 고치고 잡귀를 쫓는 것 모두 방법이고, 앞서 쪽지를 남긴 할머니처럼 "손발을 오그라뜨리는 방법"도 있다고 한다. 황현산은 어머니가 목격한 일도 덧붙인다. "딸의 혼사용 비단이 사라져 무당을 불러 굿을 하니 그 집 며느리가 대숲에 감춰둔 비단을 머리에 이고 춤을 추며 나왔다"고 한다. 말하자면 올케가 시집갈 시누이의 비단을 숨긴 것이다. 목격담이 사실이라면 방법에는 사람을 마음대로 조종하는 일종의 주술이라는 뜻도 있다.

〈방법: 재차의〉의 핵심 주제는 '진실한 사과'다. 진정한 복수는 가해자에게 되갚음을 하기보다 뉘우치고 사죄하게 하여 피해자가 해원解冤을 해야만 이루어진다는 한국인의 독특한 정서가 보인다. 그리고 저주는 한을 푸는 도구이자 방법이었다. 과거 상하 위계와 차별이 단단하게 자리한 봉건 체제에서 약자가 응어리진 마음, 한恨을 푸는 길은 죽음의 순간에 상대를 저주하는 것 말고는 없었기 때문이다. 한 맺힌 저주는 현실에서 물리적인 항거가 불가능한 약자에게 허용된 유일한 수단인 것이다. 그러나 한국 사회의 지배층은 오랫동안 약자가 내리는 저주를 나쁘고 비합리적인 행위로 취급했다. 조선의 지배적 사상이었던 성리학에서 귀신은 인격이 깃든 존재가 아니라 기의 운동과 조화가 일시적으로 어그러져서 발생한 부정한 것으로 본다. 《정종실록》에는 "하윤은 말하길, 사람은 음양오행 陰陽五行의 기운을 받아서 태어나고, 죽으면 음양이 흩어져서 혼魂은 올라가고 백魄은 내려가는 것이니, 다시 무슨 물건이 있어 지옥으로 돌아가겠습니까?"라고 적혀 있다. 성리학적 사유체계 내에서 인간은 음양오행으로 구성되며, 죽는 순간 혼과 백으로 나뉠 뿐이다. 또 귀신이란 인격적인 존재가 아니라 기의 운동과 조화가 일시적으로 어그러져서 발생한 암세포와 같아서 어떤 인격성이 담길 여지가 없었다. 그러니 제웅을 찌르거나 흑마술처럼 살아있는 대상에게 저주를 내린다는 주술은 한국 사회 지배층의 주류 사상으로는 받아들여지기 어려웠다.

한과 원을 이해해야
한국적 공포의 근원을 이해한다

한이란 무엇일까? 한이라는 한자가 있으니 아시아 다른 나라에도 있는 말이겠지만 한국인의 한은 조금 다르다. 사전에서 한을 검색하면 '몹시 원망스럽고 억울하거나 안타깝고 슬퍼 응어리진 마음'이나 '원통하다', '원망스럽다', '뉘우치다', '억울하다'라는 감정이라고 나온다. 한이 맺힌 원인은 외부가 나에게 가한 나쁜 짓(그래서 원한怨恨이 생긴다)일 수도 있고 내부적으로 내가 끝내 이루지 못한 것에 대한 안타까움(그래서 회한悔恨이 생긴다)일 수도 있다. 중요한 것은 한이란 일시적인 기분이 아니라 내 안에서 오랫동안 응어리진 마음의 결정체라는 것이다. 영어에도 Grudge란 말이 있지만 이는 외부를 향한 원한, 적대감을 말하며 (일본 영화 〈주온呪怨〉의 미국 리메이크 제목이 'GRUDGE'다) 이건 한의 본질인 나의 내적 감정과 다르다. 한은 단순한 복수심도 아니다. 같은 동북아시아라도 문화가 다른 일본인들은 한국인들의 '한 맺히다'라는 감정을 일본에 대한 복수심이라고 생각하는 경향이 있다. 그래서 위안부 피해자들에게 교통사고 가해자가 배상금을 주듯이 돈만 주면 '영구적이고 비가역적으로 해결'되었다고 생각한다. 한을 풀기 위해서는 한의 원인이 원천적으로 해소돼야 한다. 역사적으로 맺힌 한국인들의 한, 즉 일제강점기의 피해자들, 제주 4.3 희생자 그리고 5.18 광주를 비롯해 숱한 폭력의 희생자들은 배상에 앞서 진정한 반성과 사과가 있어야 한의 원인을 해소할 수 있다. 원통하고 억울함을 풀어주는 한풀이, 즉 해원이 필요한 것이다. 이런 정서를 아는 것이 한국 호러 영화를 이해하는 데 중요하다. 연상호 감독이 〈방법〉 시리즈를 만들기 훨씬 전부터 한국 호러 영화에서는 한 맺힌 사람의 사연을 주로 다루었다. 1960~1970년대의 〈월하의 공동묘지〉, 〈엄마의 한〉 같은 고전 영화는 물론 〈여고괴담〉, 〈가위〉, 〈폰〉, 〈장화, 홍련〉 등 2000년대 이후의 한국 호러 영화들에는 희생자들의 한과 원념이 바탕에 깔려있다.

한을 이해하기 위해 고전을 조금 더 알아보자. 《귀신설화연구》

· 〈여고괴담〉 포스터

· 〈가위〉 포스터

· 〈폰〉 포스터

에서는《신병사전 申兵史傳》의 촛불의 비유를 인용하고 있다. 강렬하게 타던 초가 갑자기 꺼지면 오래도록 연기가 맺히게 되고, 이렇게 심지가 채 타지 못하고 갑작스럽게 꺼지듯 죽은 사람의 강렬한 감정이 원이요 한, 즉 원귀를 빚는 원한의 맹아가 된다는 것이다. 그래서 "한이 깊은 사람은 죽어서도 그 원한이 흩어지지 않고 귀매 鬼魅(도깨비나 두억시니)가 된다"고 한다. 한이란 응어리진 감정이다. 조선 이후로 한국 사회의 지배 사상이었던 유교적 가치관은 여성은 물론 남성들의 의식과 생활을 극도로 억압했고 사람들은 한이 맺힐 수밖에 없었다. 남녀를 불문하고 한을 풀지 못하고 죽는다면 원귀가 된다. 그래서 한국의 괴담에는 남성 원귀도 종종 등장한다.

그러나 아무래도 한 맺힌 원귀의 대표는 여성 원귀다. 전통사회가 유독 여성에게 더욱 혹독한 희생을 강요했기 때문이다. 하길종 감독은 영화 〈수절〉에서 고구려 시대를 배경으로 폭군의 학대와 연이은 기근 때문에 들판에 쓰러져 있다가 폭군에게 납치당해 겁탈당한 주인공의 아내가 마을 사람들에게 '화냥년'이라고 매도당해 맞아 죽는 사건을 다룬다. 이 단어에는 여러 뜻이 있지만, 일반적으로 바람피우는 여성을 지칭하는 말로 통용된다. 더구나 남편의 부정행위에 정당하게 분노하는 여성까지도 질투가 심하다는 의미에서 '서방 잡아먹을 년'이란 어이없는 딱지가 붙기도 했다. 김인수 감독의 1974년 작 〈악령〉은 마을의 기생이 연쇄적으로 죽어나가는 조선 시대를 다룬다. 이를 조사하기 위해 사또가 일종의 함정수사로 매일 밤 다른 기생을 잠자리에 불러들여 살인범을 잡으려 한다. 그런데 사또의 아내가 엄청난 질투심으로 기생에게 죽음의 저주를 걸면서 사건은 점점 커지게 된다. 비록 사건 조사를 위해서긴 하지만, 매일 기생과 술판을 벌이고 잠자리까지 함께하는 사또보다 더 '문제'가 바로 사또의 아내가 품은 질투심이란 것이다. 공무집행을 핑계로 외도를 정당화하는 사또를 비판하지 않고 이를 꾸짖는 부인을 비판하는 것이 조선 사회였다. 이렇듯 한국에서는 여성의 한이 쌓이고 또 쌓일 수밖에 없고, 그것을 풀지 못하고 죽으니 원귀가 되는 것도 당연하다.

한 맺힌 원귀의 종류는 무척 다양하다. 원귀의 원寃은 억울한 죄, 잘못이 없어도 받은 죄를 말한다.《귀신설화연구》는 원귀의 종류를 몇 가지로 구분한다. 누명이 씌워져 죽은 원사원귀, 정욕을 풀지 못한 채 죽어 원귀가 된 정욕원귀(몽달귀신), 사람을 그리워하다 죽은 상사원귀 그리고 무덤이 쓸려나가 백골이 노출된 골출원귀, 여기에 원사원귀와 결합해 한국 호러 영화의 주요 캐릭터가 되는 미명원귀도 있다. 미명원귀는 젊어서 죽은 아내 혹은 남편이 원귀로 등장하는 것을 말한다. 이들은 원귀가 돼 자신의 배필을 돕기도 하지만, 재혼한 이들에게는 엄청난 저주를 퍼붓기도 한다. 이와 함께 수많은 잡귀도 있다.《한국 무속의 이해》에서는 "잡귀는 불행한 인간의 사령"으로, "억울하고 참혹하게 죽은 원혼인 영산(영선)"으로 구분하고 있다. 그리고 돌림병이나 사회적 재난으로 죽은 여귀도 있다. 좀비, 늑대인간, 뱀파이어, 루시퍼 등등 서양식 악마와 귀신이 널리 퍼진 지금에는 이처럼 다양한 원귀의 개념이 조금 낯설겠지만 전통적인 민간전승이 여전히 지배적이던 1980년대까지 원귀는 아시아, 특히 한국 호러 영화의 세계관에서 지극히 보편적인 정서적 배경이었다.

잡신과 만물신이
지배 이데올로기에 눌리고 사라진 조선

민속학자 김태곤은《민간의 귀신》에서 각종 신을 분류한 다음 "우리나라의 신은 273종"이라고 말한다. 아마도 오래전에는 이보다 훨씬 많았을 것이다. 특히 조선시대 초기까지만 해도 전해지는 설화에는 원귀가 거의 등장하지 않고 각종 요괴스러운 것들이 등장하지만, 조선 중기를 지나며 이들 괴담이 대부분 강고한 유교 지배 체제 아래서 한을 품고 죽은 원귀 형태로 변했다. 일본의 요괴들은 사람에게 도움을 주기도 하지만 한반도에서 귀신들은 일반적으로 사람들에게 해를 끼치는 존재로 인식되었다. 조선 초기까지만 해도 일반 민중의 귀신관은 이렇지 않았다. 한반도는 본래 초자연적 존재와 인간이 어우러져 지내는 공간이었다. 한반도의 무속에서 신神과 귀鬼는 구분되는 존재가 아니었다. 그러던 것이 고려가 불교를 국교로 삼으면서 점차 신과 귀가 분리되고, 신에 대비되는 귀신은 사악하고 일그러진 것으로 규정된다. 게다가 조선의 지배 이데올로기인 성리학에 이르면 원칙상 귀신은 물론이고 조상의 영혼까지 존재하지 않는 것으로 보았다. 그래서 조선시대 이후 유학에서 제사에 관한 문제는 어물쩍 넘어가는 측면도 있다.

우리가 자연을 선악으로 구분하지 않는 것처럼 전통적인 관점에서 한국 전통의 괴나 도깨비는 선악 구분이 무의미한 존재였다. 사람들은 이들이 그저 자기 내키는 대로 행동한다고 믿었다. 초자연적인 것에 대한 한반도의 본래 태도는 일반적인 아시아 지역과 유사하다. 옛사람들은 죽은 사람의 혼령뿐 아니라 자연물에 깃든 정령까지도 귀신이라 불렀으며, 사람도 죽으면 신비한 힘을 지닌 초자연적 존재가 된다고 믿었다. 이들 초자연적 존재는 사람이 받아들이는 태도에 따라 신성한 존재가 되기도 하고, 재앙을 내리는 공포의 대상이 되기도 했다. 이처럼 인간을 돕기도 하면서 동시에 해를 끼치기도 하는 초자연적인 존재에 대한 태도와 믿음은 무속에서는 어느 정도 이어져왔다고 할 수 있다. 덧붙이자면 한반도는 초자연적인 존재를 하나하나 세부적으로 구분하는 일본과 달리 '대충'이라고도 할 수 있는 방식으로 구분했다. 인간에게 해를 끼치는 존재는 대충 묶어 요물, 요괴, 괴이, 귀신 등으로 표현했고, 같은 귀신이라도 인간에게 도움과 복을 주면 조상신이나 서낭당의 자연신(서낭신)처럼 신이라 불렀다. 그러던 것이 조선 사회와 일제강점기를 지나면서 수백 년에 걸쳐 한반도에 존재한 초자연적 요소가 극단적으로 줄어들게 된다. 그러니 일제강점기에 조선의 귀신을 최초로 정리한 무라야마 지준(한국의 귀신 연구는 여기서부터 시작되니 한국인이 정리한 자료는 무척 부족하다)은 《조선의 귀신》에서 "조선의 귀신은 사람에게 행복을 주기보다는 오히려 재화災禍를 주는 일이 많아 나쁜 일이 있으면 이를 모두 귀신의 소행으로 봤다"고 한다. 신으로 모셔지는 조상의 영혼은 통치 이념인 유교가 흡수하고 남은 건 무슨 짓을 할지 모를 잡귀로 봤기 때문이다. 그리고 이를 해결하는 방법으로 모두 굿판을 벌였다. 한국에서 무슨 스승, 무슨 법사의 이름으로 지금까지도 무속이 흥하는 이유다.

사또를 찾아오는 원귀는
무섭고도 불쌍했다

여자가 한을 품으면 오뉴월에도 서리가 내린다. 지금은 거의 듣기 어려운 옛 속담이다. 물리력은 남자가 강해도 마음의 힘은 여자가 훨씬 강하니 남정네들은 여성들의 마음을 다치게 하지 말라는 어른들의 경고다. 한을 풀지 못하고 죽은 사람은 원귀가 되어 구천을 떠돌다가 짙은 어둠 속에서 예고도 없이 나타난다. 그러니 무시무시하다. 원귀가 등장하는 이야기 가운데 우리에게 가장 익숙한 이야기는 단연 《장화홍련전》이다. 계모에게 살해당한 장화와 홍련은 밤마다 사또에게 나타나 원한을 풀어달라고 부탁하려 하지만, 귀신이 된 장화와 홍련을 본 사또들은 모두 놀라 죽어 나간다. 결국 담대한 사또가 나타나서야 장화와 홍련의 원한이 풀어진다는 이야기다. 이러한 형식을 아랑전설 阿娘傳說이라 한다.

아랑전설은 남성에게 겁탈당할 위기에 처한 여성이 저항하다 살해된 후 원귀가 되어 사또나 권력자 앞에 나타나 자신의 원한을 고발해 가해자를 처벌하는 이야기 형식을 말한다. 이 전설은 본디 밀양 지역에서 억울하게 죽은 여성인 아랑이라는 인물에게서 비롯되었다. 아랑은 자신을 욕보이려는 인물에 저항해 더럽혀진 한쪽 가슴을 자르고 스스로 자결한 여성으로 자신의 억울함을 하소연하기 위해 사또 앞에 원귀로 나타난다. 그런데 그런 아랑을 보고는 사또들이 죽어나간다. 도대체 얼마나 무섭기에 사또들은 아랑을 보고 놀라서 죽기까지 했을까? 물론 귀신은 무섭다. 원한에 가득한 원귀라면 더욱 무섭다. 그러나 단지 무섭다는 이유로 죽는 것은 또 다른 이야기다.

과거 한국 영화에서 묘사하는 원귀는 무서운 형상이 아니었다. 현재 볼 수 있는 가장 오래된 〈장화홍련전〉은 1972년 영화다. 여기서 우리는 정갈한 소복 차림을 한 장화와 홍련의 모습을 볼 수 있다. 장화와 홍련이 무섭다기보다 애처로운 것은 우리가 장화와 홍련의 원통한 사연을 알기 때문이다. 이는 김지운 감독이 만든 〈장화, 홍련〉 포스터의 이미지에서도 마찬가지다. 피가 흥건하게 묻은 옷을 입고 쓰러져 앉은 자매와 뒤에 서 있는 무표정한 아버지, 그리고 알 듯 모를 듯한 미소를 짓는 계모를 보면 관객은 무섭다는 감정도 있지만 무슨 사연이 있기에 저런 모습일까 궁금해진다. 여기에 비하면 1959년 일본 영화 〈토카이도 요츠야 괴담〉에 등장하는 원귀는 정말로 맞닥뜨리면 당장 죽겠다 싶을 만큼 그 자체로 무서운 모습으로 나타난다. 아랑과 같은 한국의 원귀가 무서운 진정한 이유는 죽을 당시의 모습 그

· 〈장화홍련전〉 포스터　　　　· 〈장화홍련〉 포스터

대로 나타나기 때문이다. 《고금소총古今笑叢》에는 이런 원귀가 나타나는 장면이 묘사되어 있다. "밤이 깊은 후에 슬픈 곡성이 나며 음풍이 불시에 일어나고 닫은 문이 스르르 열리며 한 낭자가 가슴에 칼을 꽂고 유혈이 낭자하여 큰 돌덩이를 안고 방 안에 들어오니" 여기서의 원귀는 생전의 화사한 모습이 아니라 죽을 당시의 그 모습이다. 아랑 전설의 원전 이야기에서는 목에 칼이 꽂힌 채 잘라낸 유방에서 피를 뚝뚝 흘리는 원귀가 등장하고 또 다른 이야기에서는 글을 읽고 있는 사또 앞에 머리에 '짧은 칼이 꽂혀' 있는 여인이 등장하기도 한다. 또한, 조선 후기 소담집인 《명엽지해蓂葉志諧》에서는 "사람의 사지가 차례로 떨어져 내려오며, 가슴과 배와 머리와 얼굴이 줄이어 떨어져 내려와서, 스스로 꿰어 연속하여 한 여인을 이루는" 장면이 등장한다. 여인은 살해당한 채 바윗돌에 짓눌려 사지가 다 끊어진 것인데 이걸 목격하면 정말로 죽을지도 모르겠다. 왜 사람들에게 이런 무서운 원귀의 모습들이 남아 있는 것일까. 학자들은 이러한 원귀의 모습은 희생자의 죽은 모습이 목격자들의 뇌리에 강렬하게 기억되고, 그 매장도 비정상적이었기 때문에 그걸 본 사람들에게 '저승으로 가지 못한 채 떠도는 영혼에 대한 두려움'이 투영된 것이라고 분석한다.

괴기 영화의 이름으로 다양하게 만들어진
1960~1970년대 한국 호러 영화

한국 호러 영화의 초기 방향성을 결정한 영화는 권철휘 감독의 1967년 영화 〈월하의 공동묘지〉다. 〈월하의 공동묘지〉는 1960년 〈원귀 월매〉란 타이틀로 영화 제작을 시도했었던 영화지만, 당시에 제작이 무산되고 1967년에야 만들어졌다. 이 영화는 당시에는 사라졌던 변사를 등장시켜 원귀가 되는 월하月下의 비극(비극 당사자의 이름은 월향이다)을 설명하는 신파적 영화로 만들어졌다. 이는 당시 영화의 주 관객층이 여성인 탓도 있었을 것이다. 여성이 구조적으로 억압받는 사회에서 여성이 수난을 당하고 원귀가 되는 서사는 특히 여성에게 감정이입의 여지가 높았던 것이다. 여성의 수난사와 복수를 동시에 묘사한 〈월하의 공동묘지〉는 1960년대부터 사용되는 용어인 '괴

・ 〈엄마의 한〉 포스터　　　・ 〈누나의 한〉 포스터　　　・ 〈며느리의 한〉 포스터

기 영화(당시 한국은 일본과 마찬가지로 이런 호러 영화를 괴기 영화라고 표현했다)'의 방향을 결정한다.

당시 〈월하의 공동묘지〉 같은 '원귀 영화'가 만들어진 배경은 검열 환경과도 밀접한 관련이 있었다. 산업화와 근대화를 내세운 박정희 정권은 미신으로 취급되는 원귀를 검열 대상으로 삼았지만, 옛날을 배경으로 한 영화에 등장하는 한 맺힌 원귀는 '괴담'으로 취급해 검열을 비껴갈 여지가 있었기 때문이다. 이때 등장한 수많은 한국 원귀 영화는 고부갈등과 처첩 갈등으로 밀려나 억울하게 죽음을 맞이한 〈엄마의 한〉 혹은 〈며느리의 한〉처럼 본처나 첩이 벌이는 복수극의 무대로 변모하게 된다. 특히 한이란 용어를 사용하면 한국 관객들에게 영화의 정서를 이해시키기가 아주 수월했으므로 〈엄마의 한〉 〈누나의 한〉 〈며느리의 한〉처럼 제목에 '한'을 붙인 영화들이 줄줄이 만들어졌다. 이런 〈한〉 시리즈가 대부분 전통 사회에서 억압당하던 여성의 원념과 수난을 그렸다면 〈꼬마 신랑의 한〉은 마을에 벌어진 살인사건의 미스터리를 암행어사가 파헤치는 추리극 형식으로 풀었다는 점이 특이하다. 〈꼬마 신랑의 한〉은 《송천필담 松泉筆談》 3권에 있

· 〈사녀의 한〉 포스터

· 〈오공녀의 한〉 포스터

· 〈꼬마 신랑의 한〉 포스터

- 〈백골령의 마검〉 포스터
- 〈이조괴담〉 포스터
- 〈수절〉 포스터

는 〈사령과의 인연〉을 영화 초반에 참고하면서 이를 인간의 복수극
을 밝히는 형식으로 만든 영화다. 〈꼬마 신랑의 한〉은 '꼬마 신랑'이
라는 제목이 풍기는 분위기와 달리 꽤 서늘하게 진행된다.

　한편 이 시기의 다른 한국 영화는 일본 괴기 영화를 모방하면
서도 홍콩에서 유행하던 무술 장면을 섞는 장르 믹스로 흥행적 요소
를 추가한다. 1969년에 등장한 〈백골령의 마검〉은 1968년 일본 영화
〈수풀 속의 검은 고양이〉를 모방하면서 클라이맥스를 홍콩 무협 영
화의 결투 장면으로 채웠고, 1970년 영화 〈이조괴담〉은 1958년 작인
일본 영화 〈망령의 괴묘 저택〉에서 고양이에게 원한을 갚아달라고
부탁하는 내용을 차용하고 있다. 1973년 작인 〈수절〉 역시 〈수풀 속
의 검은 고양이〉와 일본 호러 영화의 걸작인 1964년 작 〈괴담〉의 구
조를 동시에 인용하면서 홍콩 무협 영화를 적당히 섞었다. 비록 표절
혐의는 있지만 〈수절〉은 이 시기 한국 영화에서 가장 뛰어난 영상미
를 표현한 작품 가운데 한 편으로 손꼽을 만하다. 일본 영화를 참조
하는 경향은 1974년 한국·홍콩 합작 영화인 〈흑발〉에도 보인다. 〈흑
발〉은 〈괴담〉의 첫 에피소드에서 주인공을 집어삼키는 검은 머리카

• 〈흑발〉 포스터   • 〈설야의 여곡성〉 포스터   • 〈너 또한 별이 되어〉 포스터

락을 고스란히 모방하고 있다. 〈설야의 여곡성〉에서도 원귀가 천장에 붙어 있는 〈토카이도 요츠야 괴담〉 장면을, 천장을 뚫고 내려온 귀신이 아이를 납치하는 장면으로 변형해 모방했다. 할리우드 영화를 적극 모방한 영화도 잠시 등장했다. 이장호 감독의 〈너 또한 별이 되어〉는 〈엑소시스트〉를 모방해 모든 호러 장면을 연출했다. 영화 자체는 인간의 존재 이유를 다루는 묵직한 영화지만, 영화와 어울리지 않는 악령 들린 소녀의 모습이 영화를 단순한 아류작처럼 보이게 만들고 있다.

귀신이 나오지 못했던
한국 호러 영화들

한국은 일본이나 홍콩처럼 신체 훼손을 노골적으로 보여주는 가학적인 영화를 만들지는 않았지만(검열은 물론이고 사회 통념상 불가능했다), 현대를 배경으로 하는 호러 영화에서는 원한에 찬 인간의 복수가 적지 않았다. 특히 이만희 감독의 1964년 작 〈마의 계단〉은 비록 〈디아볼릭〉을 참고한 부분이 많지만, 한국 영화에서 원한에 휩싸인 인간의 복수를 그리는 영화의 전형을 완성해 중요하다고 평가받는다. 원귀의 복수인 줄 알았던 사건이 실은 인간의 짓이라는 반전反轉 형식이 처음으로 등장한 한국 영화기도 하다. 원한에 서린 귀신 대신에 원한 맺힌 인간으로 빌런이 교체된 것이다. 알고 보니 인간의 짓이었다는 이 내용은 〈디아볼릭〉과 〈마의 계단〉의 이야기 구조를 빌리면서 지속적으로 만

• 〈마의 계단〉 포스터

들어지게 된다. 1980년에 이두용 감독이 만든 〈귀화산장〉이 그렇고, 박윤교 감독의 1981년 작 〈망령의 웨딩드레스〉와 정지영 감독의 데뷔작인 1982년 영화 〈안개는 여자처럼 속삭인다〉도 이 구조를 고스란히 인용해 만든 영화다. 다만 영화의 전체 서사를 원귀의 복수로 구성한 다음, 이를 억지로 인간의 복수로 바꾸다 보니 영화 내용에 어긋나는 부분이 많다. 그리고 이처럼 어설픈 양식은 이후 한국 관객

• 〈귀화산장〉 포스터

• 〈망령의 웨딩드레스〉 포스터

• 〈안개는 여자처럼 속삭인다〉 포스터

이 괴기 영화에 등을 돌리는 이유가 된다.

사실 이 시기 현대 배경의 한국 괴기 영화에서 특징적으로 드러나는 '알고 보니 원귀가 아니라 인간'이라는 형식은 검열 때문에 등장했다. 한국 영화법은 1962년에 마련되지만, 검열은 아무런 법적 장치 없이 이전부터 당연하게 이루어지고 있었다. 검열이 특히 중요시한 요소 가운데 괴기물은 "귀신이 등장한다는 점에서 미신타파 조항에, 복수나 인간을 통한 실험으로 인해 잔혹한 표현의 조항에 위배"되었다. 그렇지만 당시 영화 검열은 '반공정신'에 위배되거나 체제 비판적 요소만 없다면 제작을 금지한다거나 혹은 해당 장면을 무조건 삭제하라는 강압적인 방식으로 이루어지지 않았다. 오히려 검열관들은 영화 시나리오에 적극 개입해 해당 장면이 어떻게 진행되어야 하는지를 심사논평서에 기록했다. 연세대 연구교수 송아름은 논문 〈해명 가능한 괴기성을 만드는 법〉에서 "규제 항목이 적을 수밖에 없던 제정 영화법의 시행규칙에서부터 '미신을 존중하였다고 인정되는 때'는 영화의 상영허가를 불허할 수 있는 항목이었고, 그만큼 미신타파는 중요한 문제였다"고 언급한다. 미신타파가 중요한 요소였기 때문에 괴기 영화는 차츰 초자연적인 원귀가 알고 보니 인간이었다는 형식으로 변경되었고, 이는 1984년 영화법이 개정되기 전까지 유지된다.

이러한 검열 환경에서 등장한 것이 앞서 살펴본 것처럼 전통적인 한을 다룬 영화다. 영화인들에게 검열은 중요한 문제긴 했지만, 영화 제작을 망칠 만큼 중요한 것은 아니었기 때문에 그저 행정적 측면에서 검열 절차를 줄이고 신속하게 영화를 제작하는 방법을 모색했다. 이 시기 대규모 흥행작으로 만들어진 영화와 달리 개봉관에서 공개하기 어려웠던 한국 괴기 영화는 1950년대 할리우드 저예산 영화처럼 빨리 저예산으로 만들어 여러 재개봉관을 돌며 박리다매로 수입을 최대화하는 게 중요했기 때문이다. 그렇다 보니 검열에 문제가 되는 현대 사회의 귀신 출몰이 아니라 설화와 괴담으로 취급되는 '옛날 옛적'을 배경으로 귀신을 등장시켰고, 이는 아무런 검열의 제재도 받지 않았다. 그렇게 등장한 것이 〈엄마의 한〉처럼 '한'을 제목에 붙인 영화들과 신상옥 감독의 〈천년호〉처럼 아주 오래전 과거를 배경으로 한 괴기 영화들이다. 물론 〈천년호〉는 대형 예산을 들인 영화지만 이 영화들 역시 검열을 피하고자 옛날 옛적을 배경으로 삼았다.

1998년 〈여고괴담〉이 한국 호러의 전통을 부활시키기 전까지 한국에서 한동안 호러는 잊힌 장르였다. 물론 예전에도 선구자들은 있었다. 한국에서 호러 영화 전문 감독은 이용민을 시작으로 박윤교 그리고 김인수로 이어진다. 이 가운데 박윤교 감독이 17편으로 가장 많은 괴기 영화를 만들었지만, 가장 폭력적인 이미지를 만들어낸 감독은 김인수다. 김인수 감독은 〈악령〉에서 질투심에 사로잡힌 머슴이 벌인 학살을 영화의 결말까지 숨겨두면서, 이를 사또의 아내가 주술로 기생들을 죽이려는 이미지로 묘사한다. 비록 영화 말미에 그 모든 게 환상으로 밝혀지지만, 영화에서 등장하는 살인 장면은 한국 영화에서 보기 드물게 끔찍한 이미지를 묘사한다. 우선 자신의 남편과 한 이불에서 잔 기생의 머리 가죽을 벗겨낸다. 그런 다음 다른 기생은 혀를 뽑아 버린다. 마지막이 압권인데 누워 있는 기생의 전신에 수백 개의 바늘을 꽂아 넣는다. 김인수는 이후 차기작인 〈미녀 공동묘지〉에서 원귀의 형태로 찾아온 도령과 동침하는 여성을 묘사한다. 창백한 얼굴의 도령은 점차 살이 썩어 문드러지고 급기야는 해골만 남은 채이 여성과 성행위를 한다. 말 그대로 네크로맨틱이다.

한국 호러 영화의 걸작
〈피막〉과 해원

원한과 원귀를 다룬 영화는 〈피막〉에 이르러 정점을 맞이한다. 〈피막〉은 피막지기인 삼돌이의 억울한 죽음과 이를 복수하려는 그의 딸 옥화의 이야기를 다룬다. 영화의 오프닝은 아주 인상적이다. 자욱한 안개가 깔린 마을에 전국 팔도에서 무당이 몰려든다. 마을 세습무는 이들의 등장에 기겁하는데, 이들은 마을 양반이 신병에 걸린 아들을 치료하고자 불러 모은 무당들이다. 여기에 무당으로 변장한 삼돌이의 딸이 있다. 삼돌이의 딸은 정식 무당은 아니지만, 무당을 가장하고 양반 가문에 복수를 하려고 한다. 그런데 단순 복수극으로 보이던 영화는 극이 진행되면서 무속과 해원 그리고 사회적 억압에 관한 강도 높은 비판을 드러낸다.

영화에서 피막*은 급작스러운 죽음에 이른 자들이 삼도천을 넘기 전에 머무르는 공간으로 소개된다. 이곳은 산 자가 점유하는 곳도 아니며 죽은 자가 머무르는 공간도 아니다. 그러니 생과 사 모두에 외면받는 공간이 된다. 한국 사회는 전통적으로 죽음이 인간의 신체에 달라붙는다는 공포를 지니고 있었다. 예전에 길거리에서 죽은 생물을 보면 침을 뱉거나 눈썹을 뽑은 행위가 이 때문이다. 이를 '죽음의 때'라고 한다. 〈피막〉에서 피막은 이 죽음의 때를 묻히기 싫은 양반이 마을에서 멀리 떨어진 강가에 움막을 지어 죽어가는 자를 버려두고 마을 천민인 삼돌이에게 관리하도록 한 공간이다. 영화는 죽

• 피막은 보통 해막 殯幕이라고 하며, 마을 제의 기간에 임신부에게 미칠 부정을 미연에 방지하기 위하여 마을 신의 영역에서 벗어난 공간에 세운 임시 막사를 말한다. 본래 피막지기는 산파(해막할매)가 맡는다.

은 삼돌이와 옥화의 이야기를 같은 비중으로 다루면서 양반 가문의 뒤틀린 이데올로기(수절)와 추악한 본성을 보여준다. 수절 끝에 죽을 위기에 이른 양반가 며느리는 피막에 버려졌다가 삼돌이의 극진한 간호로 살아나 정분이 나지만, 가문에 의해 끔찍하게 살해당한다. 아버지 삼돌이의 복수를 위해 무당을 가장하고 양반가에 온 옥화는 원귀를 믿지 않는 양반들에게 겁탈을 당하기도 한다.

〈피막〉은 단순한 복수극이 아니다. 영화의 결말에서 옥화는 진짜 무당이 되어 오구굿을 한다. 오구굿은 불행하게 죽은 이들의 원한을 풀어주는 굿이다. 옥화의 오구굿이 정점에 이르는 과정에서 양반 가문의 권력자들은 한 명씩 죽음을 맞이하고, 옥화는 기다란 베를 가르는 행위로 굿을 끝맺는다. 베를 가르는 행위는 저승길을 열어 억울한 원혼을 저승으로 이끄는 방법이다. 〈피막〉에서 옥화는 복수만 완성하는 것이 아니라 사회적 약자의 연대를 통해 복수에 성공하는 동시에 아무런 죄가 없는 양반의 아들을 살려낸다. 아버지 삼돌이의 원한과 함께 피막에서 죽어간 숱한 혼령들의 원한까지 풀어준 다음, 억압의 상징인 피막에 불을 지른다. 원한과 해원을 같은 비중으로 다루고 있는 〈피막〉은 가문을 지배하는 큰 마님을 정점으로 성별에 상관없이 권력을 쥔 인물을 묘사하기도 한다. 그리고 이들 권력자에 대항하는 인물들은 마을 세습무와 세습무에게 내림굿을 받고 진짜 무당이 되는 옥화다. 삼돌이를 포함한 이들은 사회의 가장 밑바닥에 있는 존재라고 할 수 있다. 영화는 원귀가 되어 복수하려는 삼돌이 그리고 세습무와 협력한 옥화의 복수를 통해 사회적 갈등과 고통이 사적인 개인의 문제가 아니라 실은 권력의 문제임을 밝히고 있다. 여기에 더해 피막과 함께 불에 타죽는 무당 옥화의 모습을 통해 그 한의 해결이 더는 무당과 같은 이들의 주술 행위로 그쳐서는 절대로 안 된다는 지점까지 강력하게 주장하고 있다.

〈피막〉은 한恨으로 지칭되는 한국 사회의 특정한 콤플렉스를 샤머니즘 세계 속에 놀라운 역동성으로 녹여냈다. 게다가 우리 사회에 뿌리 박혀 있는 비극의 근원이 어디에서 유래하고 있는지를 탐구한 작품이기도 하다. 융에 따르면 콤플렉스란 병적이거나 열등한 것이 아니라 심리적 구성 요소들로서 여러 가지 강한 감정으로 뭉친 심리적 복합체를 말한다. 콤플렉스가 문제를 일으키는 것은 그들의 무의식에 심리적 문제가 오랫동안 억압되어 있을 때다. 다른 나라보다 덜 했다고 해도 한국 사회 역시 권력의 억압이 강도 높게 진행되던 사회다. 권력이 소수에게 독점된 사회에서는 억울함이 쌓이고 이게 한이 된다. 그러한 사회를 배경으로 〈피막〉이 묘사하는 옥화의 태도는 힘없는 자들이 억울하게 당하고야 마는 비극적 구조를 파괴하는 결단(피막을 태우는 불은 정화의 상징이기도 하다)이다. 이러한 이야기를 전개하는 〈피막〉은 우리가 살아가는 사회가 어느 한 집단이 다른 집단을 억압하고 착취하는 사회가 아닌 권력을 가진 소수의 자들에게 힘없는 우리 모두가 폭력적으로 착취당하는 사회였음을 드러낸다.

〈피막〉은 한국 괴기 영화에서 늘 별다른 활약을 하지 못하던 무당을 내세워 수많은 약자의 한을 푸는 영화기도 한 동시에 한과 무속을 통해 전근대적 주술의 세계와 사회를 지배하는 권력의 시대가 끝났음을 강도 높게 말하는 영화로서 정당한 재조명이 반드시 필요하다.

한국 괴기 영화의
창시자, 이용민

최초의 괴기 영화 전문 감독 이용민의
무섭고도 웃기는 영화

이용민은 미국, 영국, 일본의 호러 영화를 섭렵하고, 이를 한국 영화
에 녹여내기를 시도한 최초의 괴기 영화 전문 감독이다. 자신의 제
작사를 설립하여 괴기 영화로 언급된 최초의 작품 〈악의 꽃〉을 만든
이후 제작한 12편의 영화 가운데 8편이 괴기 영화니 '전문 감독'이
란 표현이 절대로 지나치지 않다. 이용민은 일본에서 영화를 공부하
고 1930년대부터 각종 자연 다큐멘터리 작업을 이어가다 해방이 되
자 한국에 돌아온다. 1946년 다큐멘터리 〈제주도 풍토기〉로 영화계
에 입문해 다양한 드라마를 만들다가 자신의 제작사를 설립하여 영
화를 만들었다. 이용민은 〈악의 꽃〉에 이어 1963년 또 다른 괴기 영
화 〈무덤에서 나온 신랑〉을 만드는데, 이 작품은 결혼한 신부가 알고
보니 무덤을 파내 송장의 피를 빨아 먹는 원귀였다는 내용이다. 〈무
덤에서 나온 신랑〉 역시 당시의 검열에 따라 원귀인 줄 알았던 신부
가 사실은 몽유병 환자였던 것으로 밝혀진다. 필름이 남아 있지 않아

시나리오만으로 판단할 수밖에 없지만, 주요 인물의 합동결혼식으로 끝나는 이 작품은 다분히 코미디를 의도하고 만든 작품으로 보인다. 이처럼 호러에 코미디를 결합하는 것은 이용민 감독의 영화에서 중요한 요소였다. 이용민의 작품 가운데 현재 볼 수 있는 초기 작품은 1956년 작인 〈서울의 휴일〉과 1959년 작인 〈고개를 넘으며〉, 1965년 작인 〈살인마〉가 있고, 그중 이용민 감독의 괴기 영화로는 〈살인마〉가 가장 오래된 작품이다. 〈살인마〉는 한국 호러 영화의 걸작으로 최근에 재평가와 많은 관심을 받는 작품이다. 그래서인지 많은 이들이 〈살인마〉를 진지한 태도로만 접근하려 한다. 학술적 관점이라면 이는 당연할 수 있지만, 관객 입장에선 꼭 그럴 필요는 없다. 〈살인마〉는 우리가 현재 확인할 수 있는 노골적이고 엽기적 코미디가 등장하는 최초의 괴기 영화이기 때문이다. 공포와 코미디의 적절한 믹스가 감독의 의도라면 그것을 그대로 즐기는 게 올바른 감상법이다.

〈살인마〉의 주인공 이시목(이예춘 분으로 이용민 감독의 페르소나)은 텅 빈 갤러리에서 10년 전 죽은 아내 애자(도금봉 분 역시 이용민 감독의 또 다른 페르소나다)의 초상화를 발견한다. 이시목이 초상화를 들어서 보자, 그림이 갑자기 주르륵 녹아내린다. 21세기인 지금 봐도 강렬한 인상을 주는 오프닝 장면이다. 이시목은 깜짝 놀라 허겁지겁 뛰쳐나와 택시를 잡는다. 그런데 택시도 이상하다. 택시 기사는 손님이 요구한 목적지가 아니라 다른 방향으로 향한다. 불안을 느껴 차를 세우라고 하자 기사는 밖을 가리키며 "오늘은 원한을 못 푼 귀신들이 득실거리는 날"이라고 말한다. 그러자 저 멀리 숲속에서 망령들이 떼를 지어 놀고 있는 풍경이 등장한다. 택시 기사를 따라간 이시목은 한 낡은 건물에서 어느 화가를 만난다. 수상한 화가는 이시목에게 침대 밑으로 숨으라고 하고 이시목은 죽었던 아내 애자가 화가를 살해하는 장면을 목격한다. 글로 표현하자니 '저게 뭐야'라며 황당하게 느껴지겠지만 실제로 보면 여기까지 연속적으로 펼쳐지는 사건은 소름 끼치기도 하고, 다른 한편으론 기묘하다. 이때부터 영화에는 코믹한 톤도 같이 등장한다. 화가가 죽은 근처 건물에서 애자의 시체를 발견한 이시목은 그대로 주치의 박의사(남궁원 분)에게 가져간다. 사실 주치의는 애자를 죽게 한 일당 가운데 하나다. 주치의가 애자를 살펴보는데 뜬금없이 깨어난 애자는 주치의를 엑스레이 촬영기 쪽으로 몰아가며 다그치듯 "박선생이 나를 정상적인 인간으로 만들어 줄 수 있겠어요? 되겠어요, 안 되겠어요?" 하고 말한다. 시체가 일어나 의사에게 엑스레이 한 방으로 자기를 살려내라 요구하는 것이다. 이 장면은 한국 사회가 지닌 원귀에 대한 고정관념과 완전히 다르다. 원한 맺힌 원귀는 보통 끔찍하고 으스스하게 조용히 다가오지, 바가지 긁는 와이프처럼 다그치진 않는다. 그런데 〈살인마〉의 원귀는 옛날 서울 사투리로 의사를 마구 몰아붙인다. 관객들은 원귀의 얼토당토않은 요구를 뿌리치지 못하고 쩔쩔매는 의사의 한심한 처지를 보고 웃지 않을 수 없다. 코미디는 여기서 그치지 않는다. 원귀로 나타난 애자가 시어머니를 죽이려는 순간 시어머니는 "제발 날 살려주시오"라고 하소연한다. 그러자 애자는 "그건 안 될 말! 지옥의 염라대왕에게나 가서 우는소리 하시지!"라며 시어머니를 끝내 돌로 쳐 죽인다. 이런 상황에서 나올법한 대사가 아니다. 코미디와 끔찍한 살인이 결합하면서 만들어내는 괴이한 정서는 영화를 직접 보지 않고선 결코 느끼기 어렵다. 주요 인물의 행동 역시 매우 코믹하다. 영화에서 이시목의 현재 아내인 혜숙과 애자가 싸우는 장면을 보자. 둘이 엉겨 붙어 싸우는 와중에 애자가 고양이를 부려 공격하게 만들자 혜숙은 몽둥이로 귀신인 애자의 머리를 내려친다. 사람과 귀신이 물리적 타격을 주고받는 것은 장르 규칙의 파괴이지만 재미를 추구하는 이용민 감독은 신경 쓰지 않는다. 얻어맞고 열이 뻗친 애자가 몽둥

이를 빼앗아 혜숙의 머리를 내려치자 혜숙은 머리가 깨지고 눈알이 빠진다. 그런데 이 장면은 끔찍하면서도 웃긴다. 눈알이 빠져 곧 죽을 캐릭터가 할 말은 다 하고 있기 때문이다. 오해는 하지 말자. 이렇게 잔혹한 고어 장면을 코믹하게 느낀다 해도 영화를 조롱하는 것은 아니다. 〈살인마〉는 영화의 2/3를 코미디를 포함한 괴기 영화로, 이후 1/3은 여성 수난의 비극을 제시하고 있지만, 영화가 보여주고자 하는 이 모든 것은 영화의 2/3이고, 나머지는 사족이다. 그리고 우리는 이처럼 잔혹하면서 코믹한 묘사를 33년이 지난 후에야 '코믹 잔혹극'을 표방하며 등장한 한국 영화 〈조용한 가족〉에서 다시 보게 된다. 그러므로 〈살인마〉는 한 세대를 앞선 작품이라고 해도 무방하다.

웃음도 허락받고 웃어야 했던
시절을 살았던 한국인

그런데 정말 이용민 감독의 괴기 영화가 코미디까지 의도했을까? 피와 살점이 난무하는 스플래터 영화에 익숙한 현재 시각으로 본 과잉 해석 아닐까? 영화 역사적으로 보면 반드시 그렇지만도 않았다. 원래 한국 코미디에서 풍자의 웃기고도 슬픈 감정은 자주 쓰이던 수법이다. 멀게는 양반을 풍자하는 탈춤부터 가깝게는 해방 후 근대에 나온 영화나 만화가 그것을 증명한다. 그러나 한국 영화의 코미디 감각은 1970년대 특히 유신체제를 기점으로 이전과 크게 달라진다. 유신은 정부에 대한 모든 비판이 법적으로 금지되고 술자리에서 대통령을 욕하면 잡혀가던 시대였다. 엄혹한 사회 분위기 속에서 대중은 웃음도 눈치 보며 웃어야 무탈한 세상을 살았던 것이다.

코미디를 제대로 하려면 사회적 강자를 대상으로도 풍자가 허용돼야 한다. 그러나 1970년대 유신체제가 되면서 상황은 극도로 나빠진다. 특히 이 시기 권위주의 정부가 폭력적으로 강제했던 '사회의 명랑화'는 수많은 연구자가 지적하는 부분이다. "박정희 대통령 각하의 태평성대 치세에 왜 부정적인 현실 풍자를 하느냐" "그 자체가 불온한 생각 아니냐"는 시각이었다. 전두환 정권은 더 문제였다. 사회 전반에 가득한 폭압의 분위기에서 사람들이 잡혀갈 걱정 없이 웃을 수 있는 대상은 어딘가 모자란 캐릭터뿐이었다. 1980년대에 등장한 당대 최고의 코미디언 이주일의 "못생겨서 죄송합니다"라는 자학 개그, 심형래가 만든 '바보 영구'는 풍자가 위험해진 한국 코미디의 유일한 생존 방법이었다. 그래서 "공허한 웃음과 함께 흔히 엎치락뒤치락하며 따귀를 남발하는 과도한 폭력적 슬랩스틱의 형태"가 당시 코미디의 중심이 되고, 오늘날 우리가 옛날 코미디를 '저급하고 유치한 것'이라고 떠올리게 하는 시선이 여기서 시작됐다.

1960년대의 코미디는 1970년대와는 분명 달랐다. 이때의 코미디는 웃기는 외모가 아니라 갑갑하고 건조한 현실을 갑자기 희극적 상황으로 몰아넣으면서 발생하는 전복과 풍자의 태도로 웃음을 만들었다. 이 시기에 만든 이용민의 영화들은 〈살인마〉에서 보여준 것처럼 잔인하면서도 은근히 웃긴다. 과거에는 상상하지도 못했던 며느리의 시어머니 살해나 사이코패스 같은 악당의 설정은 이전의 한국 영화에서 찾아보기 어렵다. 그래도 검열이 살아있는데 이러한 상황을 진지하게 묘사했다가는 큰 탈이 날 수도 있다. 그래서 괴기 영화의 진지한 사건에 코믹한 상황을 결합해 영화 내용을 비틀고, 서늘하고 진지한 장면에서 갑작스럽게 엉뚱한 상황과 대사가 출몰하도록 만들었다. 이용민 감독이 〈살인마〉를 시작으로 이후 이어지는 영화에서 일관되게 묘사하는 것은 괴기한 상황과 결합해 비틀려 있는 일상의 현실이었다.

다양한 외국 영화의 혼성모방으로
한국식 괴기 영화를 추구하다

영화가 기존에 정립된 형식을 모방하고 재창조하는 것은 다른 예술처럼 필연적이다. 예술의 발전사를 돌아보면 초기에 형식이라는 큰 뼈대를 만들고, 여기에 새롭거나 어딘가에서 가져온 살을 덧붙이게 된다. 특히 1960년부터 본격적으로 등장한 한국 호러 영화는 이미 나온 외래 형식의 모방이 어느 정도는 불가피했다. 그럼에도 불구하고 냉정하게 지금의 시각으로 1960년대 한국 괴기 영화를 평가할 때 가장 문제가 되는 지점은 '표절'이다. 〈살인마〉 역시 검열에서 '흡혈귀 드라큐라와 일본의 요츠야 괴담을 합동 표절한 작품'이라고 지적됐다. 특히 영화 후반 애자가 어떻게 죽었는지 플래시백으로 묘사하는 장면에서 독약을 먹고 머리를 빗질하는 애자의 머리카락이 뭉텅뭉텅 빠지며 한쪽 얼굴이 무너지는 장면은 노골적으로 〈토카이도 요츠야 괴담〉을 표절한 장면이다. 그러나 다른 장면들까지 싸잡아 표절이라고 하긴 어렵다. 고양이 요괴가 쓰인 이시목의 어머니가 하는 행동은 분명 〈망령의 괴묘 저택〉 같은 일본 괴묘 영화의 전통을 떠올리게 하지만, 이러한 장면들은 지극히 한국적인 분위기 속에 잘 녹아들어가 있다. 이는 표절이라기보다 오히려 **창조적 모방**으로 용인할 여지도 있어 새로운 형식의 한국 괴기 영화를 창조하는 과정이라고 봐야 할 것이다. 그리고 홍보에서 굳이 이런 모방을 감추려 하지도 않았다. 〈흡혈화 악의 꽃〉 신문광고를 보면 '한국판 드라큐라'라는 문구로 서양 호러 영화를 찾던 관객에게 한국산 괴기 영화를 보라고 권하고 있다. 몇십 년 뒤 〈퇴마록〉 같은 한국 영화 포스터에서 '한국형 블록버스터'란 문구로 호객을 하던 상황이 이미 1960년대에도 벌어진 것이다 한편 이용민의 대표작 〈살인마〉는 당시 한국 영화에서 가능한 모든 수준의 첨단 기술이 동원된 작품이기도 하다. 녹아내리는 애자의 초상화는 손에 잡을 때는 정상적이지만 비스듬히 들은 이시목의 시점으로 보면 흘러 녹아내린다. 아마 앞의 샷은 정상적인 그림으로 촬영하고 뒤는 덜 마른 물감으로 그린 그림으로 바꾼 다음 기울일 때 중력을 이용해 흘렸을 것이다. 그래서 자세히 보면 같은 샷이 아니라 각자 다른 컷을 이어 붙인 편집점이 보인다. 하지만 당시 관객은 약간 튀는 프레임보다 그림이 녹아내리는 충격이 더 커서 이

· 〈흡혈화 악의 꽃〉 신문광고

를 알아챌 틈이 없었을 것이다. 택시 주행 장면도 공들여 찍었다. 이시목이 잡아탄 택시 내부는 밤 장면이라 외경이 어둡다. 통상 할리우드 영화라면 세트에 차를 세워놓고 배경막에 지나가는 풍경을 영사하는 스크린 프로세스로 장면을 처리했을 것이지만 당시 한국에선 이런 기술이 여의치 않았다. 대신 감독은 조명을 계속 껐다 켜면서 지나가는 가로등 불빛으로 속도감을 주고 소품용 차를 제작부들이 흔들어 주행감을 표현했다. 놀랍게도 후반에 죽은 아내가 복수를 이루고 남편이 뉘우치자 아이들이 살아 돌아오는 장면에서는 광학 합성과 이중 노출을 이용한 옵티컬 합성의 시각 효과가 등장하기도 한다. 옥스베리 머신도 없던 한국에서 이런 시각 효과는 필름을 겹쳐서 몇 번을 인화하고 현상해야 얻을 수 있는 고단하고 번거로운 작업이었다. 이건

기술에 정통한 촬영기사 출신인 이용민 감독만이 만들 수 있는 영화다. 그래서 포스터에도 촬영과 감독 모두 이용민으로 표기된다.

금기에의 도전과 표절 사이의
절묘한 줄타기

이용민은 영화의 핵심 아이디어를 다음 영화에 반영해 마치 본인 영화를 리메이크하듯 만들었다. 1965년 작 〈살인마〉의 아이디어는 그의 마지막 작품인 1976년 작 〈흑귀〉로 이어지지만, 1969년 작 〈악마와 미녀〉는 그의 첫 번째 괴기 영화인 1961년 작 〈악의 꽃〉에서 다루었던 되살아난 시체라는 설정을 '프랑켄슈타인'의 아이디어와 결합해 만든 영화다. 그리곤 다시 〈악마와 미녀〉에서 써먹은 프랑켄슈타인 아이디어는 1966년 작 〈목없는 미녀〉의 '투명인간'이라는 설정과 섞여 1974년 작 〈공포의 이중인간〉이라는 영화로 등장한다. 여기서 다루는 프랑켄슈타인의 괴물과 투명인간은 할리우드의 대표적인 SF 호러 캐릭터들이다. 정말로 자기충족적인 필모그래피가 아닐 수 없다. 우선 〈목없는 미녀〉를 살펴보자.

· 〈목없는 미녀〉 포스터

　　1966년 영화 〈목없는 미녀〉는 소복 입은 원귀 대신 원귀와 투명인간이 합쳐져 등장하는 영화다. 이 영화는 영화 제작 신고 후 "작품 자체가 표절로 의심"된다는 의견이 나왔지만, 제작사는 "표절한 사실이 발견되었을 때는 여하한 처벌도 감수"하겠다고 각서를 쓰기도 했다. 제작사의 주장처럼 〈목없는 미녀〉는 다른 영화의 아이디어를 '참고'했을지라도 명확히 '표절'한 장면은 보이지 않는다. 현재 남아 있는 한·미·일 그리고 중화권 영화와 유사한 '컷'은 있을지라도 동일한 '장면'은 〈목없는 미녀〉에 등장하지 않는다. 이처럼 이용민이 외국 호러 영화의 영향을 받아 한국에서 시도하는 과정은 금기에 도전하는 작업이자 표절 혐의를 받기에 충분한 아슬아슬한 줄타기였다. 이용민이 표절 혐의를 피할 수 있던 까닭은 〈목없는 미녀〉가 같은 장르인 괴기 영화가 아니라 절묘하게도 다른 장르인 모험 영화를 참조했기 때문이다.

할리우드의 첫 번째 모험 호러 영화는 1926년 영화 〈마술사〉를 시작으로 1932년의 〈푸 만추의 가면〉이나 〈위험한 게임〉 같은 모험 또는 생존 영화로 이어진다.(〈슈퍼히어로와 슈퍼빌런〉 장 참조) 이러한 모험 영화를 참조한 것이 〈목없는 여인〉의 주요 이미지다. 주인공은 악당 오윤근이다. 오윤근은 일본군이 남긴 황금을 찾아 동굴을 탐험하며 치명적인 독거미와 뱀 같은 수많은 위험을 피해나간다. 왠지 익숙한 이 장면은 〈푸 만추의 가면〉에서도 보이지만 동시에 스티븐 스필버그의 〈레이더스〉 같은 〈인디아나 존스〉 시리즈를 떠올리게 한다. 그러나 〈레이더스〉는 한참 뒤인 1981년 영화다. 루카스와 스필버그가 〈푸 만추의 가면〉 같은 고전 영화에 대한 오마주로 〈레이더스〉를 만들었듯* 이용민은 그가 섭렵한 할리우드 모험 영화에 호러 영화를 더해서 한국에서 구현한 것이다. 이용민이 여기저기 다른 영화의 장면을 짜깁기해서 자기 영화에 집어넣는 행보는 계속 이어진다. 〈목없는 미녀〉의 차기작인 〈악마와 미녀〉는 할리우드 영화를 정말 노골

• 〈푸 만추의 가면〉은 SF-엔사이클로피디아 SF-encyclopedia에서 "스티븐 스필버그의 〈레이더스〉에서 재미있게 모방한 일종의 펄프 어드벤처 고전"이라고 언급된 것처럼 이후 여러 모험 영화에 큰 영향을 미친 작품이다.

적으로 '참고'한 영화다. 그렇다고 해서 〈악마와 미녀〉가 또 명백한 표절작인 것도 아니다. 비록 어디서 본 것 같은 흔적은 있지만 독창적인 부분도 있다. 그렇지만 뇌 이식 수술은 분명 해머 영화사에서 만든 〈후랑켄슈타인의 역습〉에서 영향을 받은 것으로 보인다.

　〈악마와 미녀〉는 한국 영화에서 노출된 뇌가 최초로 등장하는 영화다. 할리우드는 1940년 작 〈검은 금요일〉에서 인간의 뇌 이식을 다루고, 1941년 작 〈괴물과 소녀〉에서 이종 간의 뇌 이식을 소재로 다루고 있다. 뇌수술에서 뇌 자체가 처음으로 등장하는 것은 1956년 영화인 〈검은 잠〉이다. 여기에 이용민이 〈악마와 미녀〉를 다른 방식으로 만든 영화 〈공포의 이중인간〉에서 정신을 다른 인간에게 옮긴다는 아이디어는 이전 1936년 영화 〈정신을 바꾸는 남자〉에 등장한 적이 있다. 물론 당시 한국에서 수입할 수 있는 외국 영화가 한정된 상황에서 수많은 레퍼런스 영화들을 모두 봤을 가능성은 적다. 그럼 어떻게 이런 아이디어를 얻었을까. 추정이지만 당시 영화계는 일본을 통해 많은 정보를 얻었다는 점과 이용민의 경력이 미군공보국에서 시작됐단 점에서 미국과의 인연을 통해 정보를 얻거나, 그런 영화를 보았을 가능성이 유력하다. 당시 용산의 미군기지에만 가도 미국의 모든 영화를 접할 수 있었고 이용민이 조금만 노력하면 U.S.O 같은 기관을 이용할 수도 있었을 것이다. 어떤 경로로 이런 영화를 봤든 간에 당시 한국에서 흘러들어온 할리우드 영화의 아이디어를 단편적으로 모방한 감독은 많지만 이를 이처럼 자유자재로 해체하고 결합해서 새로운 영화로 만들어낸 감독은 이용민이 최초이며, 여전히 이보다 나은 혼성모방 영화는 그리 많지 않다.

미치광이 과학자를 처음으로 등장시킨
이용민의 영화들

이용민은 한국 영화사에서 처음으로 미치광이 과학자를 주인공으로 내세운 감독이기도 하다. 그의 첫 번째 괴기 영화인 〈악의 꽃〉부터 자신이 창조주의 능력을 가졌다며 광기에 빠진(전형적인 프랑켄슈타인 캐릭터다) 식물학자 주인공을 등장시킨다. 또 〈목없는 미녀〉에는 독거미를 연구하는 학자가 등장하기도 한다. 이렇게 창조한 한국형 미친 과학자를 가장 독창적으로 완성한 영화가 〈악마와 미녀〉 그리고 〈공포의 이중인간〉이다. 특히 〈악마와 미녀〉는 줄거리만 들으면 어이없을 정도로 황당하다. 혹시 에드 우드의 B급 영화를 보고 참조했냐고 묻고 싶을 정도다.

영화는 일제강점기를 배경으로 식물인간이 된 아내에게 밤마다 피를 수혈하며 정상적인 뇌를 자기 아내에게 이식하려는 일본인 과학자(이예춘 분)를 주인공으로 보여준다. 과학자는 다른 사람의 뇌가 이식되면 그 사람이 본질적으로 다른 존재가 된다는 것 따위는 고려하지 않는다. (대신 이 아이디어는 이후에 만든 〈공포의 이중인간〉의 중요한 모티브가 된다) 또 소복을 입은 묘령의 여인이 등장해 간호사를 자청한다. 이 여성은 멀쩡하게 생겼지만, 밤마다 사람의 피를 마시는 귀신 같은 인간이다. 과학자는 자신의 병원에 있는 환자를 멋대로 실험 재료로 사용하고 조수들은 그런 과학자의 기술을 노리고 있다. 게다가 그 일본인 과학자는 조선인 학자 친구가 연구 중인 뇌 이식 논문을 가로채려 친구를 잔인하게 죽인다. 이처럼 어처구니없을 만치 여기저기 벌려놓은 기괴한 요소들이 신통하게도 하나의 이야기로 결합해 나간다. 게다가 〈악마와 미녀〉에는 여성 원귀도 등장한다. 그런데 뇌 이식에 실패해 술에 취한 과학자가 일본도로 원귀의 목을 자르자 목이 잘린 원귀는 몸 따로 머리 따로 과학자를 괴롭힌다. 샘 레이미가 〈이블 데드 2〉에서 보여준, 죽어서 자신의 목을 가지고 놀며 주인공을 놀리는 캐릭터를 이용민은 수십 년 앞서 보여준 것이다.

〈악마와 미녀〉를 다른 버전으로 만든 〈공포의 이중인간〉은 여기서 한술 더 뜬다. 여기서도 역시 이예춘이 연기하는 현대의 과학자는 인간의 정신을 다른 시체로 이동하는 실험을 하다 실패한다. 실험에 실패한 시체는 정원 나무 옆에 버려지고 얼마 후 번개가 치면서 시체가 부활한다. 벼락을 맞아 시체가 되살아나는 것은 프랑켄슈타인의 설정과 같지만 〈공포의 이중인간〉은 한 걸음 더 나아간다. 살인마의 정신이 이식된 이 여성은 거리를 걸으며 자기를 희롱하는 남자들을 혼쭐내고 자기 집으로 가 난동을 피운다. 평범한 인간의 몸에 살인마의 정신이 깃든 이중 캐릭터는 이미 1940년 영화 〈검은 금요일〉에서도 등장했다. 이 영화에서 스탠리 리지스는 교수와 갱단 두목이라는 두 인물을 훌륭히 연기한다. 하지만 성별까지 바뀌고, 의식과 육체가 서로 어긋나면서 생기는 갈등은 〈공포의 이중인간〉만의 독특한 재미다.

탐욕은 이용민 영화의 또 다른 주제다. 〈목없는 미녀〉에는 일본이 남겨 놓은 금괴를 찾으려고 혈안이 된 악당이 주인공으로 등장한다. 이러한 탐욕적 캐릭터는 이후 〈악마와 미녀〉와 〈공포의 이중인간〉에서 미치광이 과학자의 아이디어와 결합한다. 〈악마와 미녀〉에서 일본인 과학자는 뇌 이식이라는 천재적인 연구 결과를 자기 것으로 만들기 위해 절친한 친구였던 조선인 과학자를 무참히 살해한다. 그리고는 죽은 친구의 시체를 자신의 연구실 지하에 있는 황산에 집어넣어 살을 모두 녹인 다음 자신의 연구실에 이 백골을 걸어 놓는다. 시체를 황산에 녹여버린다는 아이디어는 1960년에 한국에서 개봉한 〈심야의 별장 House On Haunted Hill〉을 모방한 것이지만 〈목없는 미녀〉에서는 이를 악당의 최후로 표현했고, 〈악마와 미녀〉에서는 아예 친구의 백골을 자신의 서재에 전시하는 악취미로 확장해 묘사했다.

〈공포의 이중인간〉에서 탐욕 가득한 사악한 과학자는 일본군이 숨겨둔 다이아몬드 12박스를 찾기 위해 집요하게 연구한다. 그는 본래 과학과는 전혀 무관한 인물이었지만, 오로지 일본군 장교를 부활시켜 다이아몬드의 위치를 알아내겠다는 탐욕 하나로 무려 30년을 연구에 바친 인물이다. 그런데 이런 집념을 본 조수가 하는 말이 촌철살인이다. 조수는 "차라리 이 산을 모조리 뒤졌으면 (다이아몬드 찾기가 더) 쉬울 뻔했습니다"라고 말한다. 허를 찔린 과학자는 대충 얼버무리다가 속으로 '이 자식 죽여야겠어'라고 생각한다. 이용민의 괴기 영화에는 일제강점기와 일본이 약탈한 한국의 보물 그리고 탐욕에 휩싸인 인물이 자주 등장한다. 대부분의 성인들에게 일본 제국주의의 기억이 선명했던 1960년대에는 지극히 자연스러운 설정이었을 것이다. 이들은 자신의 탐욕 때문에 평범한 사람들을 학살하고 끝내는 자신도 파멸한다.

한국의 괴기 영화는
한국 사회가 낳은 자식이다

1960년에 김기영 감독의 〈하녀〉와 이창근 감독의 〈투명인의 최후〉 같은 새로운 한국 영화가 동시에 등장한 배경으로 4·19 혁명을 무시할 수 없다. 국민들이 스스로 독재자를 몰아냈다는 성취감은 대단한 것이었고 다가올 사회에 대한 기대도 무척이나 컸다. 그러니 새로운 한국 영화의 등장은 새 시대에 대한 영화계의 응답이기도 했다. 평론가들은 실제로 1960년에 〈하녀〉가 개봉했을 때 당시 "4·19가 아니

· 〈차타레 부인의 사랑〉 포스터　　　· 〈연인〉 포스터

었다면 보기 힘들었을 영화들"이라며 〈차타레 부인의 사랑〉이나 〈연인〉처럼 성적인 금기를 건드리는 작품과 함께 〈하녀〉를 언급했다. 혁명은 금기를 깨고 새로운 가치에 대한 열망을 부른다.

　이렇게 한국 영화는 시대의 전환기마다 그 시대를 살았던 사람들의 정서를 진하게 반영했다. 또 대표적인 영화가 IMF 외환위기 직후 1998년 봄 개봉작 박기형 감독의 〈여고괴담〉이었다. 〈여고괴담〉은 1960~1970년대의 한국식 원귀를 현대적으로 재구성했다. 청춘과 배움의 터전인 학교가 어쩌다가 끔찍한 사연을 품은 원귀들의 무대가 되었을까. 이 영화는 여전히 원귀의 정서를 깔고 있었지만 거기서 한 걸음 나아가 관객들에게 비인간적인 교육제도와 입시지옥을 떠올리게 하며 큰 호응을 받았다. 오랜만에 보는 공포 영화인 데다 지옥 같은 학교에서 희생된 원귀라니 얼마나 현실적으로 다가왔겠는가. 과거의 원귀가 비극적인 가정사와 전통적 가치관의 희생자였다면 〈여고괴담〉의 귀신은 해방 후 한국 사회의 온갖 모순이 농축된 학교라는 공간을 배경으로 나타난다. 당시 한국인들은 최초의 문민정부라는 김영삼 정부에 큰 기대를 걸었다. 실제로 김영삼 정부는 오랜 적폐인 군부의 불법 사조직 하나회를 해체하고, 금융실명제로 금융의 투명성을 바로잡는 일련의 개혁적 조치로 갈채를 받았다. 그러나 삼풍백화점과 성수대교 붕괴 같은 대형 사고가 연이어 터지고 정권 후반기는 외환위기라는 거대한 실패가 이어졌다. 뒤를 이은 김대중 정부는 외환위기로 감당해야 하는 엄청난 부채와 김영삼이 미처 청산하지 못한 군부정권의 적폐를 안고 1998년 2월에 출범했다. 그리고 그해 개봉한 영화가 여자 고등학교의 원귀를 불러내는 〈여고괴담〉과 시체를 은밀히 묻어 범죄를 감추는 코미디 〈조용한 가족〉인 것이다.

이 두 영화가 장르의 틀 속에서 한국의 정서를 반영한 영화라면, 최초로 한국적 블록버스터를 홍보 문구로 내세운 영화가 1998년에 등장했다. 바로 〈퇴마록〉*이다. 예산과 기술은 부족했지만, 철저히 할리우드 블록버스터의 외양을 카피한 영화였다. 같은 장르영화면서도 한국적 정서를 반영한 〈여고괴담〉과 할리우드 스타일을 따라 한 〈퇴마록〉이 같은 해인 1998년에 나온 것은 당시의 한국 사회가 4.19 직후처럼 다양한 상상력이 분출하던 변화의 시기였다는 점을 말해준다.

1990년대 말~2000년 초에 걸쳐 등장한 〈여고괴담〉과 〈조용한 가족〉 그리고 〈소름〉처럼 뛰어난 한국 호러 영화의 배경이 학교 건물과 외딴집 그리고 낡은 아파트 같은 고립된 공간이라는 것은 지금 보면 의미심장하다. 이제 전통적 가치의 붕괴는 돌이킬 수 없는 현실이고 사회의 총체적 변화가 불가피한 상황이 다가올 것이란 점을 영화가 미리 보여주는 것 같다. 그리고 우리가 아는 대로 지금은 그때와 너무 달라졌다. 당시의 학교는 낡았지만 한국적인 정서와 문화가

• 〈쉬리〉가 한국적 블록버스터 1호로 인정되지만 최초로 이 용어를 사용한 것은 〈퇴마록〉이었다.

남아 있는 공간이었다. 공포의 대상도 아직 원귀였다. 〈여고괴담〉과
〈소름〉에서 보여주는 학교와 낡은 아파트 같은 공간은 잠시 떠날 수
는 있어도 곧 다시 돌아와야 한다. 이런 공간은 의식이 외부로 벗어
나는 걸 허용하지 않으며 그곳이 너무나 끔찍하다는 걸 알면서도 쉽
사리 떠나지 못하게 한다. 고립된 한국 사회에서 살아갈 수밖에 없는
우리의 현실을 빗댄 것과 같다. 이용민 감독의 1960년대 괴기 영화
가 별장, 저택이란 은밀한 공간에 숨겨진 악을 끄집어내고 처벌하는
영화라면, 20세기 마지막에 다시 시작한 한국의 호러 영화는 은밀한
공간 아래에 묻힌 것이 무엇인지 밝히려는 영화였다.

시대가 변하면
공포 영화도 변한다

한국의 괴기 영화는 1960년 연인을 잃은 상실감에 투명인간이 되
어 복수를 진행하는 〈투명인의 최후〉로 시작했다. 1960년대 이후로

• 〈불가사리〉 포스터

• 〈대괴수 용가리〉 포스터

• 〈목숨을 판 사나이〉 포스터

괴기 영화의 주제도 다양해진다. 〈불가사리〉나 〈대괴수 용가리〉 같은 괴수물이 등장했고 1966년에는 복수를 위해 죽어가는 남자를 괴물로 만들어 악당을 하나하나 처치해 나가는 〈목숨을 판 사나이〉 같은 영화가 등장하기도 했다. 이용민 감독의 〈살인마〉와 〈목없는 미녀〉가 흥행에 성공함에 따라 1967년부터 괴기 영화 붐이 일어 권철휘 감독의 〈월하의 공동묘지〉도 만들어지게 된다. 그런데 〈월하의 공동묘지〉가 성공하자 한국 호러 영화의 방향성은 서서히 원귀와 한으로 수렴된다. 앞서 살펴본 것처럼 검열의 영향도 일부 있었지만, 결국 대중 정서가 서양식 호러의 '창조적 모방'인 이용민 영화보다는 좀 더 한국 관객이 이해하기 쉽고 한국의 정서에 맞는 원귀 영화를 선호했다고 보는 게 맞을 것이다. 지금이야 좀비도 이상하지 않은 세상이지만 당시에는 소복 입은 원귀가 익숙했다. 그래서 이용민의 영화도 슬슬 관객이 빠지기 시작하고, 더 이상 장사가 안되는 영화를 만들 제작자도 없었다. 그러자 이용민도 점차 괴기 영화가 아닌 다른 장르물을 만든다.

새마을운동의 깃발이 올라가고 '조국 근대화'의 나팔 소리가 온 나라에 퍼지던 1970년대가 되면 TV의 영향으로 관객이 극장을 떠나 영화의 수익성은 갈수록 악화된다. 영화인들은 체제를 찬양하는 '유신영화'를 만들어 그 대가로 얻은 스크린 쿼터로 영화를 수입해 돈을 벌어야 했다. 자연히 한국의 영화인들은 점차 제작을 부업으로, 외화 수입을 주업으로 삼게 된다. 이런 상황에서 한국 괴기 영화는 1986년 영화 〈여곡성〉과 1987년의 미스터리 영화 〈하녀의 방〉으로 사실상 종말을 고하게 된다.

죽었다가 되살아난
한국의 괴기 영화 자체가 공포였다

한동안 사라진 한국의 괴기 영화는 1998년이 되어서야 한국형 '공포 영화(이 이후부터 공포 영화와 호러 영화라는 장르명이 함께 쓰이기 시작한다)'로 다시 등장한다. 〈여고괴담〉을 신호탄으로 2000년대 초반은 한국 호러 영화의 제2의 전성기였다. 〈가위〉〈폰〉〈장화, 홍련〉은 상당한 흥행 성공을 거두었고 다른 호러 영화들도 낮은 손익분기점 덕에 선방할 수 있었다. 아울러 이 시기에 등장한 한국 호러 영화는 적극적으로 디지털 시각 효과를 사용하기도 해서 기술적으로도 발전한다. 의도했건 아니건 후배 영화인들은 선배인 이용민 감독이 했던 것처럼 새로운 기술로 새로운 장르를 개척한 것이다. 판타지와 호러로 당겨진 한국 영화의 기술적 흐름, 특히 컴퓨터 그래픽은 지금의 〈부산행〉〈킹덤〉〈방법: 재차의〉 같은 작품의 기반이 되었다.

또한 호러 장르로서 천만 관객을 최초로 돌파한 〈괴물〉은 〈대괴수 용가리〉와 〈우주괴인 왕마귀〉라는 괴기·괴수 영화의 전통에 속하며, 심지어 두 번째 천만 영화인 〈부산행〉은 비록 서구 좀비 영화의 틀을 고스란히 빌려온 작품이지만, 이 역시 시체가 살아 돌아오거나 시체를 부활시키는 이용민 감독의 괴기 영화에서 이어지는 한 갈래로 볼 수도 있다. 그리고 오컬트 장르로 천만 관객을 넘긴 장재현 감독의 〈파묘〉는 21세기 한국 호러 장르에 신선한 충격을 주었다. 〈파묘〉는 단순한 모방 영화가 아닌 원귀와 한이라는 한국 토속의 괴기 전통에 외부에서 유입된 악귀(혹은 정령과 〈공포의 이중인간〉을 결합한 것으로도 볼 수 있을)를 결합한 작품이다. 한동안 사라졌던 한국 괴기 영화의 맥을 새롭게 부활시켰다는 점에서 의미가 있다.

그러나 21세기의 한국 호러 영화가 1960년대나 2000년대 초반의 한국 호러 영화와 같다고 볼 수는 없다. 예전부터 호러 영화는 전통적으로 신인 감독과 신인 배우의 등용문이었다. 앞서 말한 〈가위〉나 〈여고괴담〉이 대표적이고, 유명 해외 감독 크리스토퍼 놀란, 피터 잭슨, 스티븐 스필버그, 샘 레이미, 올리버 스톤, 프랜시스 포드 코폴라마저도 모두 호러나 스릴러 영화로 데뷔했다. 호러 장르는 저예산으로 흥행 부담이 적고, 새로운 재능의 발굴과 파격적인 영화적 실험을 허용하는 장르였기 때문에 2000년대 초반 한국에서는 〈소름〉과 〈장화, 홍련〉처럼 인정받는 호러 영화들이 만들어졌으며 〈4인용식탁〉처럼 한국 사회의 현실을 반영하거나 〈시실리 2km〉라는 독특하고 독창적인 영화도 만들 수 있었다. 다만 아쉽게도 최근에는 한국 호러 영화에서 인상적인 데뷔작을 찾기 힘들다. 대신 유명 스타를 내세운 기획으로 몸집을 키웠다. 미친 상상력으로 가득 찬 신인 감독의 호러 영화를 만나기 어렵다는 게 아쉬울 뿐이다.

동북아시아 괴기 영화
베스트 10

★

동북아시아 괴기 영화는 설화와 증오를 다루는 세계다. 여기서 예외적인 곳이 우리나라다. 우리나라는 검열이 작동하는 한계 내에서 한恨이라는 다소 모호한 심리적 상태를 내세운다. 그리고는 전설의 고향 식의 이야기를 만들어낸다. 여기에 당대의 심리는 아는 사람만 보일 수 있게 슬쩍 가려놓았다. 이와 달리 일본과 홍콩, 대만은 노골적이다. 이들이 만들어내는 괴기 영화는 몰살을 꿈꾼다. 이미 망한 세상이라면 다 죽여버리자는 태도처럼 보인다. 아시아 괴기 영화 목록은 대한민국, 일본, 중화권의 영화로 고루 배정했다. 이들은 각각 다른 문화권에서 괴기 영화가 어떤 방식으로 작동하는가를 보여주는 영화다. 따라서 여기서 순위는 큰 의미가 없다.

10	**마태** 魔胎	**1983**

감독 유흥천
출연 여수릉, 애적, 하백광, 구양사비

무심코 가져온 오래된 유물이 한 집안을 풍비박산 내는 영화는 드물지 않다. 그런데 〈마태〉에서는 유물이 한 가족을 선택한다. 딱히 큰 이유는 없다. 유물에 담긴 악귀는 그저 놀잇감이 필요했을 수도 있다. 그러고는 사람들이 차례로 죽어나가다 급기야 가족의 막내아들에게 들러붙는다. 그야말로 집요하고 지독한 악귀다. 영화가 비록 악귀를 퇴치하는 장면으로 끝을 맺을지라도 이미 완전히 파괴된 가족에게 희망 따위는 없어 보인다. 이 시기 홍콩, 대만의 호러 장르는 흑마술사와의 대결이 아니라면 주로 감당하기 어려운 악귀 혹은 괴물 같은 인간을 묘사한다. 비록 조악한 특수 효과가 영화의 완성도를 떨어트리긴 하지만, 그 정서만큼은 놀라울 만큼 끔찍하다.

9 귀안 鬼眼   1974

감독   계치홍
출연   진사가, 사유, 임위도, 하평

〈귀안〉은 홍콩에서 본격적인 호러 영화가 만들어지던 초기에 등장한 작품이다. 이전까지 홍콩, 대만은 주로 고전 설화에서 가져온 이야기를 다소 낭만적인 판타지로 만들었다. 그러던 것이 1970년대에 들어서면 극도로 과격한 작품들이 등장한다. 〈귀안〉은 우연히 마주친 한 남자가 알고 보니 이미 죽은 지 오래되어 흡혈귀가 된 존재라는 걸 알게 되면서부터 이야기가 시작된다. 악귀의 존재를 알았으니 당연히 그것을 막고 퇴치하려는 내용으로 이야기가 전개된다. 그러나 영화는 그처럼 손쉽게 풀리지 않는다. 이 악귀의 존재가 너무나도 강력하기 때문이다. 그렇게 영화는 악귀의 승리로 막을 내린다. 〈귀안〉은 해결 불가능한 사태를 다루는 영화다.

8 망령의 괴묘저택 亡霊怪猫屋敷   1958

감독   나카가와 노부오
출연   호소카와 슌오, 에시마 유리코, 쿠라하시 히로아키, 시바다 신,
        와다 가쓰라노스케, 키타자와 노리코, 후지에 사츠키

일본은 아시아 괴기 영화의 대표 주자답게 영화사 초기부터 괴기 영화를 만들어 왔다. 다만 이 괴기 영화들은 인간이 중심이지, 괴담이 중심은 아니다. 일본 영화의 걸작 가운데 한편인 〈우게츠 이야기〉는 괴기 영화가 아니면서도 괴담을 넣어 이러한 태도를 잘 보여준다. 괴담이 중심을 차지하는 초기 영화 〈카사네 늪의 유령〉에 이어 공개한 〈망령의 괴묘저택〉은 괴담 자체가 영화를 지배하는 틀이 된다. 영화는 과거와 현재를 오가면서 이 두 시간대를 동시에 떨게 하는

고양이 악령을 등장시킨다. 〈망령의 괴묘저택〉은 억울하게 죽은 주인의 복수를 다짐한 고양이가 악당과 악당의 집에서 일하던 하인의 먼 자손까지 처벌하려는 복수의 광기를 담고 있다.

7 미녀와 액체인간 美女と液体人間   1958

감독 혼다 이시로
출연 시라카와 유미, 사와라 켄지, 히라타 아키히코, 오자와 에이타로, 치다 시야

인간이 다른 무엇으로 변신한다는 이야기는 전 세계 어디에나 있는 이야기지만, 일본은 변신을 하나의 영화 장르로 만들어냈다. 흔히 〈변신인간〉 시리즈의 시작으로 불리는 〈미녀와 액체인간〉은 방사능에 오염된 인간이 액체 생물체로 바뀌어 인간을 공격하는 내용이다. 이 액체 인간들의 목적은 모든 인류를 액체 인간으로 바꾸는 것이다. 뛰어난 특수 효과를 선보인 이 작품 이후 도호 영화사는 화려한 특수 효과를 사용한 〈전송인간〉과 〈가스인간 제1호〉로 〈변신인간〉 삼부작을 완성한다. 그리고 바로 이 삼부작에서 아이디어를 얻은 일본은 새로운 변신인간을 계획한다. 〈가면라이더〉, 〈울트라맨〉 같은 작품이 바로 여기서부터 탄생했다.

6 악마와 미녀   1969

감독 이용민
출연 이예춘, 오은이, 장동휘, 김석훈, 추석양, 전계현, 옥상미

뛰어난 연구 결과를 훔치려는 악당은 선한 과학자를 죽여 그의 백골을 실험실에 전시해둔다. 한 여성은 밤마다 피를 빨고, 악당은 원혼과 싸우느라 정신이 없지만, 그 와중에도 죽은 것처럼 보이는 아내를 살리려고 잠깐씩 노력한다. 여기에 악당의 조수는 악당의 연구를 노리고 있다. 아마도 영화사 전체를 살펴봐도 〈악마와 미녀〉보다 정신 나간 영화는 찾아보기 어려울 것이다. 의식의 흐름처럼

만들어낸 영화가 종종 등장하긴 했지만, 어느 정도 지켜야 할 흐름이 있는 법이다. 〈악마와 미녀〉는 마치 단절된 의식 속에서 순간순간 반짝이는 아이디어를 영상화한 듯한 영화다. 그렇다고 해서 말도 안 되는 영화는 아니다. 영화는 확실한 이야기를 지니고 진행된다. 그게 더 놀랍다.

5	**산중전기** 山中傳奇	**1979**

감독 호금전
출연 서풍, 석준, 장애가, 동림, 서채홍, 김문정, 오명재

홍콩은 1960년 작 〈천녀유혼〉을 기점으로 고전 설화를 영화로 만든다. 그 뒤를 이어 〈지옥신부〉와 〈화피〉 같은 영화가 1960년대에 등장한다. 호금전 감독의 걸작 〈산중전기〉는 이러한 설화 기반의 괴담을 종합한 영화다. 영화에는 나약한 서생이 등장하고 이를 이용하려는 악귀와 서생을 돕는 선한 영혼 그리고 원귀를 잡으려는 퇴마사들이 등장해 무려 3시간이 넘는 이야기를 전개한다. 〈산중전기〉는 좁은 홍콩에서는 담기 어려운 풍경을 담기 위해 한국에서 촬영한 영화이며 홍콩에서 이보다 더 뛰어난 괴담 영화는 아직 등장하지 않았다.

4	**수풀 속의 검은 고양이** 藪の中の黒猫	**1968**

감독 신토 켄토
출연 나카무라 요시 우에몬, 오토와 노부코, 사토 케이, 도우라 로쿠히로, 태지 키와코, 토야마 타이지

전국시대 일본. 일군의 사무라이들이 농민의 집에 들이닥쳐 고부姑婦를 겁탈하고 살해한다. 죽어가는 두 사람 곁에 고양이가 다가오고 이들은 고양이와 저승의 힘을 빌려 모든 사무라이를 멸할 것을 약속하고는 요괴로 부활한다. 그런데 요괴가 된 농민의 아들이 전장에서 적군 사무라이 대장을 살해한 공으로 사무라이가 된다. 이에 며느리는 남편을 위해 복수를 포기하지만, 어머니는 아들을 죽여서라도 끝까지 복수를 이루려고 한다. 일본 괴기 영화가 담아내는 지독한

복수는 일본 사회로부터 비롯한 것으로 보인다. 힘없는 평민은 일본 역사 내내 권력자에게 억압됐고 이를 해결할 방법은 혁명이지만, 혁명의 전례가 없던 일본은 마치 몰살을 꿈꾸는 것처럼 영화를 만들어낸다.

3 살인마   1965

감독 이용민
출연 이예춘 , 도금봉 , 정애란 , 이빈화 , 남궁원 , 추석양 , 강문 , 조석근

이용민 감독은 자신이 직접 영화를 제작하기로 마음먹고는 제작사를 차린 다음 일련의 괴기 영화를 만들었다. 그러니 이용민 감독이 가장 관심 있었던 영화는 괴기 영화라고 할 수 있다. 지금은 사라진 두 편의 영화를 제외하고 우리가 볼 수 있는 이용민의 첫 번째 괴기 영화는 〈살인마〉다. 〈살인마〉는 원귀의 복수와 괴이한 상황 그리고 기괴한 코미디가 어우러진 영화다. 1965년 이전 호러 장르에서 이처럼 소름 끼치는 상황과 코미디가 한꺼번에 어우러진 영화는 유례를 찾기 어렵다. 여기에 〈살인마〉는 물리 매체 덕분에 오늘날에야 겨우 확인할 수 있는 서구와 일본의 다양한 호러 영화를 곳곳에 인용하고 있다. 진정 놀라운 영화다.

2   괴담 怪談   1964

감독 고바야시 마사키
출연 아라타마 미치요, 와타나베 미사코, 나카시로 타츠야, 키시 게코,
      나카무라 카츠오, 단바 테츠로, 나카무라 쇼우에몬, 타키자와 슈

〈괴담〉은 단순한 괴기 영화가 아니라 일본 영화 역사상 가장 뛰어난 작품 가운데 한 편으로 손꼽힌다. 뛰어난 촬영과 배경이 영화 내내 화면을 압도하며 배우들의 연기 또한 일품이다. 칸느 영화제 심사위원상을 받고도 남을 영화다. 〈괴담〉은 총 네 개의 에피소드로 구성된 작품으로 각각의 에피소드마다 독창적인 영상을 보여준다. 그러나 〈괴담〉의 진가는 그 이후에 나타난다. 아시아, 특히 홍콩, 대만과 한국은 〈괴담〉의 다양한 요소를 참고하면서 영화를 만들어내기 시작했다. 영화를 구성하는 네 개의 에피소드 〈흑발〉〈설녀〉〈귀 없는 호이치〉 그리고 〈찻잔 속에〉는 1970~1980년대 아시아 괴기 영화에서 다양하게 변주되었다.

'괴기 영화'라는 특별한 장르는 한 시대만을 풍미했던 호러의 하위 장르다. 1950년대에서 1980년대까지 등장했던 괴기 영화는 각종 기담, 괴담을 참고하거나 각박한 사회 분위기를 영화에 담은 다음 소름 끼치는 원귀와 괴물의 세계로 관객을 끌어들인다. 일본 영화의 걸작 〈오니바바〉가 이러한 형식을 참고한 영화이고, 홍콩은 기름 인간을 내세운 〈유귀자〉 같은 영화를 만들기도 했다. 20세기가 끝나면서 기괴하고 괴이한 내용이 주를 이루는 괴기 영화는 점차 사라졌다. 2024년 개봉해 천만 관객을 넘긴 〈파묘〉의 가장 놀라운 지점은 이처럼 사라진 괴기 영화 스타일을 전면에 내세웠다는 점이다. 2024년에 개봉한 한국 영화 〈씬〉이 있듯이 괴기 영화는 다시 돌아올지도 모른다.

토카이도 요츠야 괴담 東海道四谷怪談　　1959

감독　나카가와 노부오
출연　야마치 시게루, 와카스기 카츠코, 키타자와 노리코, 에미 슌타로,
　　　이케우치 준코, 나카무라 류사부로

아시아 괴기 영화에서 가장 무서운 작품은 무엇일까? 단 한 작품을 꼽아야 한
다면, 단연 〈토카이도 요츠야 괴담〉이다. '요츠야 괴담'은 다양한 버전으로 만들
어졌다. 그 가운데 가장 유명한 영화는 1949년에 이부작으로 만들어진 작품이
다. 다만, 1949년 작품은 공포와는 거리가 먼 인간 중심의 서사다. 〈토카이도
요츠야 괴담〉은 생생한 컬러 화면을 통해 원귀의 복수를 전면에 내세운다. 이
지독한 복수는 영화 전체에 귀기가 서리게 할 정도로 소름 끼친다. 이런 이유로
〈토카이도 요츠야 괴담〉 역시 아시아 괴기 영화에 엄청난 영향을 미쳤다. 특히
억울하게 죽은 이의 복수라는 테마는 아시아가 공유하고 있으나 그 묘사 방식
에 있어서는 이 작품을 모방한 영화가 부지기수다.

배경 설명과
용어 정리

재차의

재차의在此矣는 '여기 있다'는 뜻으로 고려 정승 한종유가 썩은 것으로 보이게 손발을 검게 칠해 마치 되살아난 시체처럼 분장하고는 사람들을 놀려먹고 제사 음식을 훔쳐갔던 장난에서 나온 말이다. 《용재총화》 제3권 〈정승 한종유의 호탕한 생애〉에 실려 있는 한종유에 관한 내용은 다음과 같다. 친구들과 어울려 방탕한 삶을 살던 "공(한종유)이 한번은 두 손에 검은 칠을 하고 어둠을 틈타 남의 집 빈소에 들어갔다. 그 집 부인이 빈전에 와서 '서방님, 서방님, 어디로 가셨나이까' 했다. 공이 검은 손을 휘장 사이로 내밀며 가느다란 소리로 '내 여기 있소'라고 하자, 부인이 놀라서 무서워 도망을 쳤다." 한종유가 "내 여기 있소我 在此矣"라고 말했을 때 빈소를 지키는 부인에게 이는 마치 시체가 살아 돌아온 것과 같은 충격이었을 것이다. 영화 〈재차의〉는 바로 이런 공포스러운 상황을 따와 영화 제목으로 삼은 것이다.

제웅

제웅은 짚으로 만든 사람의 형상으로 20~30㎝ 크기의 인형이다. 한자로 추령 芻靈, 초우인 草偶人이라고 적는다. 제웅이 정확히 어느 시기에 등장한 것인지는 알 수 없으나 조선시대 여러 문헌에서 제웅에 관한 글을 볼 수 있다. 제웅은 사람에게 깃든 액운을 거둬내기 위한 것으로 보통 액막이용으로 만들었다. 동양 문화권에서는 주술을 목적으로 만들어 사용했고, 중국 역시도 액막이나 병을 쫓기 위한 목적으로 만들었다. 일본은 이러한 목적 외에도 사람을 저주하는 도구로도 사용했다고 한다. 인간의 형상을 모방한 제웅과 유사

한 인형은 아시아만이 아니라 전 세계 문화권에서 유사한 용도로 사용하기도
했다.

괴기 영화

괴상하고 기이한 것을 다루는 영화를 지칭하는 '괴기 영화'라는 표현은
1929년에 독일 표현주의 영화를 지칭하면서부터 등장한다. 이때만 해도 괴
기 영화는 말 그대로 괴상하고 기이한 표현과 스릴이 포함된 영화를 포괄하
는 용어였다. 이후 1959년에 이르면 이제 막 등장한 할리우드와 영국 영화
특히, '드라큘라' 같은 존재를 표현하기 위해 괴기 영화라는 표현이 사용되고,
1960년에 이르면 호러 영화와 미스터리 스릴러 영화에 일반적으로 사용되
기 시작한다. 호러 영화를 괴기 영화로 통칭하는 방식은 1990년대까지 이
어졌으며, 21세기 들어서면서 과거 '귀신 영화'를 표현할 때 괴기 영화라는
표현을 많이 썼다. 호러 영화를 지칭하는 '공포 영화'라는 표현은 1958년부
터 보이기는 하지만, 1960대에는 괴기 영화에 비해 많이 쓰이지 않던 표현
으로 1970년대 중반부터 점차 늘어갔다. 그러던 것이 한국 원귀 영화의 새
로운 시작을 알린 〈여고괴담〉이 등장하고 '호러 영화'와 함께 동시에 사용되
면서 괴기 영화란 표현은 점차 사라졌다. 다만 서술의 맥락상 이 장에서는 괴
기 영화를 호러 영화와 같은 뜻으로 병행해서 사용한다.

세습무

무당은 여러 가지로 지칭한다. 일반적으로 여성은 무당, 남성은 박수라 표현
하고 경상도와 전라도에서는 무당, 당골, 당골래, 성방, 화랭이로 제주도에서
는 신방神房이라고 한다. 이 무당은 두 가지 유형으로 분류된다. 하나는 신내
림을 받은 강신무降神巫이나 다른 하나는 대대로 무당 일을 내려받은 사회적
신분으로서의 세습무世襲巫다. 강신무는 중부 이북 지방에 주로 많고 대체로
몇 개의 마을이나 혹은 지역을 초월해서 활동하며, 신이 내려 활동하는 만큼

신앙적 카리스마를 풍기며 사람들에게 위압적으로 군림하기도 한다. 세습무는 한반도 남부에 많이 있었다고 하는데, 원칙적으로 마을에 소속된 직업 무당인 만큼 자신의 마을에서만 일하며 결혼도 하지 않고 사회적으로 차별받았다. 게다가 마을을 떠나지도 못한 채 무당을 천직으로 마을에 봉사해야 했다. 그러니 사회적 위계에서 가장 낮은 자리를 차지했다. 그렇다 보니 현재 한국 사회에서 세습무는 거의 없다시피 하고 대부분이 강신무로 활동한다.

오컬트

오컬트 Occult는 '감춰진', '숨겨진', '비밀' 등을 뜻하는 라틴어 Occultus에서 유래한 것으로, 가톨릭에 반하는 밀교密敎나 비학秘學을 의미한다. 오컬트를 숭배하는 이들은 가톨릭에 의해 이단으로 낙인찍히고, 큰 억압을 받았지만 오컬트는 끈질기게 이어졌고 오늘날에도 오컬트를 연구하는 사람이 많이 있다. 오컬트는 크게 이론적 오컬트와 마술적 오컬트 두 가지로 나뉜다. 이론적 오컬트는 우리가 흔히 알고 있는 점성술, 손금 보기 그리고 타로(카드) 등이 있으며, 마술적 오컬트에는 주문이나 의식 그리고 영적 능력과 함께 연금술이 포함된다. 특히 연금술 역사는 서구 화학 실험을 탄생시키기도 했다. 오컬트는 심령학 등 학문적 차원으로 접근해 1882년 케임브리지 대학 학자들에 의해 설립된 영국 심령연구협회, 1925년도에 설립된 런던 대학 부속 심령학 연구소 그리고 1969년 세계 최대의 과학 단체인 미국과학진흥협회가 정식 단체로 인정한 미국 초심리학회 등이 체계적인 연구를 하고 있기도 하다. 이러한 오컬트 양식의 영화 중 유명한 작품이 바로 〈컨저링〉이다. 오컬트 영화는 보통 컬트 집단이라고 부르는 밀교의 악마숭배나 선 대신 악 자체를 추종하는 집단 그리고 사악한 악령이 직접 출몰하는 이야기로 구성된다. 오컬트를 다룬 최초의 영화는 1934년에 만들어진 〈검은 고양이 The Black Cat〉이다.

창조적 모방

영화 업계에서는 이를 '우라까이'라고 부르면서 너무 심하지만 않으면 용인하는 분위기도 있었다. 원래는 '베끼어 쓰다'라는 뜻의 일본어 '裏返—うらがえし'(우라카이)에서 나온 말로서 충무로에서는 널리 쓰던 용어고, 지금도 기자 본인의 취재 없이 남의 말을 인용 보도하거나 다른 기사를 적당히 바꿔 올리는 한국 언론의 문제점을 지적하는 말로도 쓰인다. 표절과 창조적 모방은 종이 한 장 차이인데 단순한 인용이 아니라 창작자의 재해석과 그 문화에 맞는 적절한 변용이 있는가가 판단 기준이다. 반면 인용과 출처를 명백히 밝히는 것은 오마주라고 하여 표절로 보지 않는다.

옥스베리 머신

보통 이중인화라고 부르는 필름 합성 기법(페이드인—아웃, 디졸브, 와이프 같은 화면전환 역시 이러한 광학 특수 효과다)은 영화사 초기부터 등장했다. 그러던 것이 마스터 포지티브 필름(영화를 촬영한 원본 필름은 '오리지널 네거티브 필름'이라 하고, 이 오리지널로부터 추가 공정을 거친 마스터 포지티브 필름을 만든 다음 마스터 프린트로 대량 복사용 '듀플렉스 네거티브 필름'을 몇 벌 만든다. 이 듀플렉스 네거티브 필름을 영화관에서 상영한다.)의 배경을 지우거나 다른 이미지를 자유롭고 간편하게 추가할 수 있는 옵티컬 프린팅 Optical printing 기술이 등장하면서 특수 효과를 결합한 영화의 시대가 열리고, 1930년에는 할리우드 최초의 '특수 효과' 부서가 탄생한다. 바로 이 시기에 옵티컬 프린팅 기술을 적극 활용해 등장한 영화가 〈투명인간〉이다. 이후 필름 합성 기술인 옵티컬 프린팅은 CG 시대에 들어서면서 영국의 옥스베리사에서 개발한 옥스베리 머신을 사용하기 시작한다. 옥스베리 머신은 필름에 담긴 영상소스를 디지털로 변환하는 스캐닝—레코딩이 가능한 장비다. 마스터 필름의 인화 과정을 조절하면서 통제하던 광학 기법 Optical effects이 드디어 디지털 데이터로 처리 가능하게 된 것이다. 한국에서도 1994년 〈구미호〉를 제작하면서 영화사 '신씨네' 신철 대표는 당시 가격으로 무려 10억이 넘는 옥스베리 머신을 수입하기도 했다.

U.S.O

U.S.O United Service Organizations는 미군을 위한 문화 복지 서비스 기관으로 미국 위문 협회라고 지칭한다. 그리고 USO는 미국 정부 소속이 아닌 비영리 재단 이며, 미군과 이들 가족을 위한 편의 시설을 운영하고 위문공연단 순회 등을 하는 군 장병 복지를 위한 조직이다. 특히 제2차 세계대전 당시 땡볕에 시달 리던 병사들을 위해 유럽 전선까지 아이스크림을 싣고 가 배급한 사례는 전 설로 남아 있다. 현재 한국에는 평택 미군기지 두 곳, 오산 공군기지 한 곳, 캠 프 케이시 한 곳, 캠프 워커 한 곳에 U.S.O 사무소가 입점해 있다.

9

비극을 다루는
스펙터클,
전쟁 영화

참혹과 비탄의
스펙터클

현대 전투를 현미경처럼 해부한 걸작
〈블랙 호크 다운〉

리들리 스콧 감독의 2002년 작 〈블랙 호크 다운〉은 소말리아 내전 중에 벌어진 모가디슈 전투를 다룬 영화다. 이 영화는 다큐멘터리라 할 만큼 실제 모가디슈에서 벌어진 미군의 군사 작전을 현미경 같은 디테일로 재현하고 있다. 개봉 후 〈블랙 호크 다운〉은 현대 전쟁 영화의 새로운 모범이 되었다는 찬사를 얻었다. 카메라는 마치 미로와도 같은 모가디슈 시내를 종횡무진 질주하면서 절망적인 상황에 빠진 미군을 추적한다. 당시 사용된 군사 장비, 작전 계획, 실제 전투 상황도 아주 정밀하게 재현했다. 현대 전쟁의 영화적 해부란 말이 괜히 나온 게 아니다. 극적 긴장감을 놓치지 않으면서도 과도한 감상주의를 배격하는 영화다.

미군의 시각에서 보면 마치 좀비처럼 끝없이 밀려오는 반란군 수장 아이디드의 병사들이 있다. 이들은 모가디슈 시민과 뒤섞여 구분이 어려울 뿐만 아니라 총격에도 눈 하나 깜짝하지 않고 미친 듯

• 〈블랙 호크 다운〉 스틸 컷

이 총과 로켓을 난사한다. 당시 아이디드의 병사들은 마약류나 독한
술 등을 섭취하고 미군과의 전투에 나섰기에 죽음에 대한 공포가 사
라지다시피한 상태였다. 미군 입장에서는 죽여도 죽여도 계속 나타
나는 이들의 존재가 얼마나 공포스러웠을지 짐작조차 하기 어렵다.
(좀비처럼 달려드는 엄청난 수의 적군을 묘사하는 장면은 〈고지전〉이나 〈태극기
휘날리며〉처럼 중국군을 다루는 한국전쟁 영화에서도 볼 수 있다.)•

• 〈태극기 휘날리며〉에서 가장 강렬하게 극이 전환되는 장면이 있다. 전투는 소강상태이
   고, 군인들이 휴식을 취하고 있을 때 라디오에서 "5개월간의 짧고도 길었던 전쟁"이 끝

〈블랙 호크 다운〉은 미군의 영웅적인 행동만을 그려내지 않는다. 현대 전쟁 영화는 애국주의를 경계하려는 경향이 있기 때문이다. 소말리아 내전을 배경으로 류승완 감독이 만든 영화 〈모가디슈〉 역시 애국심에만 매달리지 않는다. 한국과 북한 대사관은 서로 힘을 합쳐 지옥으로 변한 소말리아를 빠져나가려 하지만 상황은 순탄하지 않다. 미국과 중국 대사관이 모두 철수한 상황에서 한국 측은 이탈리아 대사관으로, 북한은 이집트 대사관으로 피하지만 북한 측은 구조 비행기 확보에 실패한다. 〈모가디슈〉는 한국 측이 기지를 발휘한 덕분에 모두가 안전한 결말을 맞는다. 영화가 그리고자 하는 것은 애국심보다는 '형제애'다. '같은 민족은 결국 형제'라는 태도는 많은 전쟁 영화를 다루는 테마기도 하다. 영화 〈블랙 호크 다운〉 역시 형제애의 또 다른 표현인 '전우애'를 강조하고 있다. 거대한 화염과 폭음이 대지를 뒤흔들고, 쏟아져 나오는 적과 대치하면서 믿을 것은 오로지 서로를 지켜줄 동료밖에 없는 상황에서 싹트는 전우에 대한 강렬한 믿음은 말로 표현하기 어렵다. 나의 동료는 나를 지켜줌으로써 나만이 아니라 내가 지닌 신념, 후방의 가족, 친구들 그리고 모두의 가치관까지도 지켜주는 존재다. 그러니 적의 총탄에 동료가 죽었을 때 극한적인 분노가 나타나는 것은 당연하다.

전쟁터의 형제애를 그리는 영화는 제1차 세계대전을 거치면서 등장한다. 전장을 배경으로 한 많은 영화가 주로 병사들 간의 신뢰와 간부에 대한 불신 그리고 군대 지휘관에 의해 행해지는 무모한 작전

을 보이고, "국군장병 여러분 드디어 통일이 눈앞에 있습니다"라는 방송이 흘러나온다. 사람들이 기쁨에 빠져 있는 순간 사이렌이 울리며 10만 명에 달하는 중국군이 밀려 내려오기 시작한다. 드디어 이 끔찍한 전쟁이 끝났다는 안도와 기쁨이 순식간에 절망으로 변하는 순간으로, 영화는 산 전체를 뒤덮은 채 한국군을 향해 질주하는 엄청난 수의 중국군을 묘사한다.

들을 통해 적군보다 내부의 불합리에 더 큰 문제가 있음을 드러낸다. 그리고 전쟁이라는 인류 최악의 비극은 절대 있어서는 안 됨을 스펙터클을 통해 강조한다. 그러므로 사실 거의 모든 전쟁 영화는 반전反戰영화라고 할 수 있다. 심지어 제2차 세계대전 당시 나치의 전쟁 영화조차도 결국 프로파간다로, 빨리 승리를 이루어 전쟁을 끝내자는 것이다.

전쟁과 영화

세상에서 가장 재미있는 구경거리가 싸움 구경과 불구경이란 말이 있다. 당사자들에겐 잔인하지만 구경꾼들에게는 타인의 갈등과 재난을 구경하는 것만큼 재미난 일이 없다. 구경꾼에게는 두 가지 심리적 메커니즘이 작동한다. 내 일이 아니라서 다행이라는 거리 두기와 만일 나에게 저런 일이 닥치면 얼마나 끔찍할까 하는 동조에서 나오는 몰입감이다. 나의 일처럼 느껴져 실감 나지만 정말로 내게 벌어진 일이 아니라서 괜찮다는 것이다. 영화라는 매체는 이 두 가지 심리적 장치를 이용해서 때로는 관객을 구경꾼으로 만들고 때로는 인물에게 카메라를 바짝 들이대며 감정 이입을 하게 만든다. 싸움 구경이 영화에서 인물 간의 대립과 갈등이라면 불구경은 액션과 스펙터클이다. 전쟁 영화야말로 여기에 안성맞춤인 소재가 아닐 수 없다. 더구나 전쟁은 인류 역사에 수천 년간 반복되어 온 재난이며 지금 이 순간에도 벌어지는 참상이다. 누구나 전쟁을 겪지는 않지만 모두가 전쟁이 만드는 비극과 스펙터클을 본 적은 있다. 더구나 요즘처럼 소셜 미디어가 발달한 시대에는 굳이 TV나 영화를 볼 필요도 없다. 틱톡이나 트위터에는 전장의 기록들이 차고도 넘쳐난다. 우크라이나 전쟁, 팔레스타인 전쟁이 그것을 보여주고 있다.

전쟁 영화는 영화사 초기부터 등장하며, 가장 유명한 영화는 D.W. 그리피스 감독의 1915년 작 〈국가의 탄생〉이다. 이 영화는 미국 남북전쟁을 배경으로 하며, 백인 우월주의로 대변되는 KKKKu Klux Klan를 영웅으로 그리는 영화다. 당연히 현재의 시각으로 보면 정치적으로 올바르지 못하다.

그리피스 감독이 〈국가의 탄생〉을 만들 결심을 하게 한 이탈리아 감독 조반니 파스트로네의 〈카비리아〉가 1914년 공개된다. 어린 소녀 카비리아의 주변에서 벌어지는 사건을 다룬 148분짜리(현재는 124분짜리 버전만 볼 수 있다) 대서사극 〈카비리아〉는 거대하고 인상적인 세트를 배경으로 로마와 카르타고의 제2차 포에니 전쟁을 묘사하는 영화다. 그런데 막 전쟁이 펼쳐지는 시점에서 아주 인상적인 장면이 그려진다. 로마가 공격해오자 철학자 아르키메데스는 로마의 함선을 불태울 장치를 만들기로 한다. 우선 그는 작은 사각 거울 다섯 장으로 빛을 모아 종이를 태우는 실험을 한다. 그런 다음 거대한 육각형으로 조립된 거울에 태양 빛을 반사해 로마 함대를 모두 불태워버린다. 아르키메데스 일화의 사실성은 여기서 굳이 따지지 않겠다. 그보다 〈카비리아〉가 묘사하는 아르키메데스의 거울은 마치 '영화 그 자체' 같다. 시험용 거울 장치가 마치 조리개를 조이듯 각각의 빛을 종이의 한 점에 모으면 종이에는 불(사건)이 붙는다. 영화에서 사건을 담아내는 카메라와도 같은 모습이다. 게다가 함대를 불태우기 위해 성 위에 설치한 거대한 육각형 거울은 거대한 빛을 집중시켜 로마 함대로 향한다. 마치 거울이 함대의 이미지를 비추는 듯한 이 장면은 바로 영사기(프로젝터)와 전조등의 모습을 떠올리게도 한다.

사실 전쟁과 영화는 늘 함께했다. 전쟁은 영화를 선전 도구로 이용했고, 영화도 전쟁에 복무했다. 하늘에서 적진을 정찰하는 항공 촬

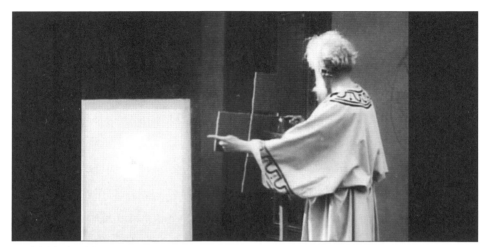

• 〈카비리아〉 거울 장치

• 〈카비리아〉 로마군을 향해 쏘는 강력한 빛

영은 전쟁이 사용한 영화 기술이다. 역으로 정찰용 항공 촬영 기술의 발달은 전쟁 후 영화 기술의 발전을 촉진시켰다.

제1차 세계대전 당시 그리피스는 미국 영화감독으로서는 유일하게 선전 영화를 찍으러 유럽 전선으로 갈 수 있었다. 그리고 그리피스의 촬영 기사인 빌리 비처는 조명이 없어 태양 빛을 거울로 반사해 촬영을 진행했다. 〈카비리아〉의 아르키메데스처럼. 영화와 전쟁이 주고받은 상호 영향과 유사성은 꽤 깊다. 〈카비리아〉는 영화 타이틀 다음에 곧바로 각본가의 단독 크레딧을 띄웠는데, 그는 가브리엘 단눈치오란 인물로 〈카비리아〉에 참여한 다음, 곧이어 벌어진 제1차 세계대전에서 민간인 신분으로 전쟁 영웅이 된 인물이다. 시인, 소설가, 극작가였으며, 이탈리아 파시즘의 정신적 지주로 일컬어진다. 이는 제2차 세계대전에서 선전·선동을 위한 최고의 수단으로 영화를 활용하려 했던 괴벨스를 예언하는 듯하다.

영화를 정치에 이용한 것은 괴벨스만이 아니다. 레닌은 혁명에 성공한 다음 젊은 영화인 **지가 베르토프**를 만나서 "영화야말로 가장 중요한 예술"이라며 문맹자가 다수인 러시아 인민들에게 보여줄 선전 영화를 만들라고 독려했다. 뿐만 아니라 군국주의 일본의 선전 영화였던 츠부라야 에이지의 특촬영화, 미국의 반나치 선전 영화 〈우리가 싸우는 이유〉, 그리고 박정희 시대를 살았던 이들이 기억하는 〈배달의 기수〉 등 영화는 언제나 정치선전과 함께했다. 이렇게 종종 영화는 전혀 예상치 못한 방식으로 현실을 환기시킨다.

제1차 세계대전 영화,
참호전의 참상을 배경으로 만든 영화들

제1차 세계대전 당시 전사한 프랑스 보병 중위 알프레드 주베르는 사망하기 직전 일기에서 "지옥도 이렇게 끔찍할 수는 없을 것이다. 인간은 미쳤다!" 하고 절규한다. 그리고 우리는 이러한 격정 속에서 제1차 세계대전의 행진가*를 찾아 들을 수도 있다. "우리가 얼마나 지쳤는지 아는 사람이 아무도 없어. 우리가 얼마나 지쳤는지, 우리가 얼마나 지쳤는지…. 사실, 신경 쓰는 사람도 없지." 제1차 세계대전 당시의 전쟁 영화는 대부분 전쟁의 풍경을 찍은 뉴스 필름으로 구성됐다. 그러나 전쟁이 끝나고 살아남은 사람들에게 남은 감정은 절망과 비애감뿐이었다. 이러한 이유로 전쟁이 끝나고 난 후 만들어진 전쟁 영화의 상당수는 전쟁의 비극을 전달하려는 영화들이었다.

제1차 세계대전 종전 직후 나온 두 편의 영화를 보자. 제1차 세계대전의 공중전을 다룬 영화 〈날개〉는 아카데미 영화제 1회 작품상 수상 작품이며 〈탑건〉의 조상 같은 작품이다. 이 영화는 전쟁 기간 중 비행기 조종사들의 영웅적인 활약을 혁신적인 촬영 기법으로 그리고 있지만, 한편으로는 의도치 않게 친구를 죽이게 되는 비극을 다룬다. 이에 반해 〈제7의 천국〉에서 영웅적인 활약과 애국심은 그리 중요하지 않다. 전선과 후방에서 서로 텔레파시가 통할 것이라 믿는 연인의 애틋한 사랑을 그리는 〈제7의 천국〉은 전쟁의 비극을 더욱 강조한다. 두 편 모두 훌륭하지만 제1차 세계대전을 그린 영화 가운데 가장 위대한 영화는 이 두 편보다 루이스 마일스톤 감독이 1930년에 만든 영화 〈서부전선 이상 없다〉라고 해야 할 것이다.

레마르크의 소설을 영화화한 이 작품은 그 어떤 영웅주의도 드러내지 않으며, 반전영화가 빠지기 쉬운 함정인 비극의 과시도 없이 아주 담담하게 전쟁을 통해 등장하는 모든 비극을 담고 있다. 특히 영화의 마지막 장면에서 수년 동안 전쟁의 참화를 견디며 생존한 주인공이 철모에 내려앉은 나비를 보며 삶의 아름다움을 깨닫는 순간 맞이하는 종말은 전쟁의 비극을 지극히 처연한 모습으로 그린다. 영화

● 이 노래는 우리에게 〈떴다 떴다 비행기〉로 익숙한 동요로, 원곡은 19세기 미국 동요인 〈메리는 어린 양을 길렀어요 Mary Had a Little Lamb〉다. 전쟁 시기에 군인들은 지친 마음을 달래기 위해 동요처럼 순수하지만, 단순한 멜로디를 지닌 여러 노래를 자신들의 암담한 처지를 비판하는 군가로 바꿔 부르기도 했다.

· 제1차 세계대전 참호

는 기이한 애국주의로부터 시작한다. 전쟁이 발발하자 학교 선생은 과
거 학생들의 영웅적인 참전 사례를 찬양한다. 그러자 학생들은 곧바
로 학교를 떠나 군대에 지원한다. 바로 이 순간부터 영화는 애국주
의의 그림자에 가려진 비참한 현실을 비춘다. 이제 주인공은 황폐해
진 평야를 파헤친 참호 속에서 모든 삶을 보낸다. 참호는 전쟁 직후
인 1914년 9월부터 만들어졌으며, 참호전은 무려 1,460일 동안 펼쳐
진다.

제1차 세계대전은 사실 인간을 갈아 넣는 전쟁이었다. 양쪽이 모
두 참호를 파놓고 단 몇백 미터의 땅을 차지하기 위해 기관총이 쏟아

붓는 총알을 피해 철조망을 기어서 전진한다. 원래 참호는 적의 포탄과 총알을 피하기 위해 파놓은 안전지대였지만 실상은 참호 자체가 지옥이었다. 사실 참호는 샘 멘데스 감독이 〈1917〉에서 보여준 잘 정리된 터널 같은 흙구덩이가 아니다. 파놓은 참호는 비가 오면 사실상 하수도로 변했다. 진흙과 병사들이 배설한 오물들이 물속을 둥둥 떠다니는 가운데 거기서 잠도 자고 밥도 먹어야 했다. 게다가 포탄 구덩이 주위로 시체를 파먹고 무섭도록 살이 오른 쥐도 문젯거리였다. 이 강아지만한 쥐들은 상처 입고 잠들어 있는 병사들의 다리나 몸뚱이를 산 채로 파먹기도 했다. 그래서 쥐와 전염병을 방지하기 위해서는 시체를 매장해야 했는데, 여기서 '전장 정리'라는 개념이 처음 등장한다. 이 전장 정리는 이만희 감독의 〈돌아오지 않는 해병〉과 장훈 감독의 〈고지전〉에서도 잘 묘사하고 있다.

〈서부전선 이상 없다〉는 이런 공간에 배치된 스무 살도 안 된 젊은이가 4년간 겪는 이야기를 전개한다. 지겹게 이어지던 전투 도중 포탄 구덩이 속으로 도망친 주인공은 그곳으로 도망쳐 온 적군을 만나

• 〈서부전선 이상 없다〉 주인공의 마지막 모습

자 공포에 질려 칼로 그의 가슴을 찌르고 만다. 그러고는 곧바로 자신의 행동을 깊이 후회한다. 죽어가는 적군에게 괴로워하며 말을 거는 주인공의 악몽 같은 모습은 전쟁의 무심하고 무자비한 측면을 잘 드러낸다. 이와 함께 무겁게 짓누르는 감정과 허무한 전쟁의 가벼움을 동시에 포착한 마지막 장면은 주인공의 쓸쓸한 최후와 함께 전쟁 그 자체의 의미에 대해 강력한 의문을 제기하고 있다.

스탠리 큐브릭은 참호전의 참상을 포탄 충격이라는 다른 방식으로 묘사한다. 1957년 영화 〈영광의 길〉에는 넋이 빠져나간 병사가 나온다. 참호를 둘러보던 사령관에게 병사의 동료는 포탄 충격 때문이라고 말한다. 그러자 사령관은 자신의 부대에 그따위 것은 없다며 쇼크 상태의 군인을 자신의 부대에서 추방해버린다. 〈영광의 길〉은 이기적인 군사령관에 의해 희생되는 병사를 그리고 있다. 여기서 병사들의 지휘관인 커크 더글러스는 그러한 사령관에 대립해서 병사들을 지키려는 인물로 등장한다. 이렇게 이기적이고 무능한 장교는 전쟁 영화에서 자주 보이는 캐릭터지만 여기서는 '포탄 충격'이라는 다소 생소한 용어에 주목할 필요가 있다.

당시에는 '외상 후 스트레스 장애 PTSD, Post-Traumatic Stress Disorder'란 용어가 나오기 전이다. 포탄 충격이라 불렀던 정신이 완전히 파괴된 상태는 남북전쟁 당시 '군인들의 마음 Soldier's heart'이라는 용어로 처음 등장했다. 그러다가 제1차 세계대전의 포탄 충격을 거쳐 제2차 세계대전 때는 '전투 피로 Battle fatigue', 한국전쟁에 이르면 '군사적 효능의 소진 Operational exhaustion'으로 표현된다. 인간이 겪을 수 있는 가장 끔찍한 상태를 표현하는 방식에서 점점 인간의 모습을 지워갔다. 전쟁에서 민간인의 희생을 '부수적 피해 Collateral damage'로 에둘러 표현하는 것과 같은 말장난이다. 전쟁이 발발하면 이처럼 많은 수의 지휘관이 군인을 '군사적 효능'으로 표현되는 보급 물자 정도로 취급하게 된다. 그리고 이러한 취급을 당하는 병사 역시 이에 물들어 후임 병사들을 똑같이 취급하는 악순환이 계속된다. 이제 전쟁에서 인간의 모습은 완전히 사라지고 전략 물자의 목록만 제시되는 것이다.

전쟁 영화가 그리는
스펙터클의 딜레마

미·소 냉전시기에 만들어진 전쟁 영화는 전쟁의 허망함과 군인의 비극을 다루기도 하지만 기본적으로 가장 중요시했던 것은 두 집단이 충돌하는 전투의 스펙터클이었다. 〈벌지 대전투〉나 〈패튼 대전차군단〉 같은 영화에서 만들어내는 전쟁의 스펙터클은 전쟁의 옳고 그름보다는 엄청난 병력이 충돌하는 현장과 무자비한 폭발 그리고 전차 같은 대규모 전쟁 무기의 전시를 통해 관객을 전쟁의 볼거리 속으로 끌어들이려는 것이었다.

여기서 전쟁 영화의 스펙터클 문제가 발생한다. 얼마나 사실적으로 묘사할 것인가, 그리고 그것이 도덕적으로 옳은가의 문제다. 과거의 전쟁 영화들은 총이나 포탄을 맞은 병사들이 그냥 소리를 지르고 쓰러지는 장면이 주였다. 하지만 진짜 포격은 사람의 몸뚱어리를 갈가리 찢어 놓는다. 근처에 있는 사람은 흔적도 남지 않는다. 소총 사격 역시 영화에서처럼 가슴에 붉은 핏자국만을 남겨 두진 않는다. 〈라이언 일병 구하기〉나 〈핵소 고지〉 같은 현대 영화들은 더욱 생생한 묘사를 위해 군인의 몸에서 피와 살점이 튀기고 팔다리가 찢겨나가는 모습을 보여준다. 그것이 현실이기 때문이다. 크리스토퍼 R. 브라우닝은 《아주 평범한 사람들》에서 총격의 끔찍함을 그린다. 그는 유대인을 체계적으로 처형한 독일 '101 예비경찰대대'의 기록을 통해, 사람들을 근거리에서 사살한 독일군이 얼마나 많은 피와 살점을 뒤집어썼는지 그리고 얼마나 빨리 그 상황에 익숙해져갔는지 묘사한다. 그런데 아무리 그것이 사실이라고 해도 그처럼 끔찍한 상황을 영화로 표현하는 데는 윤리적인 문제가 발생한다. 물론 여기에 정답은 없다. 다만 표현 수위의 문제는 어느 정도 있을 수 있다.

프랑스의 영화비평가 세르주 다네는 〈'카포'의 트래블링〉이란 글에서 전기 철조망에 몸을 던져 자살해 죽은 인물을 긴 트래블링(트래킹의 프랑스식 표현)으로 묘사하는 장면을 비판했다. 비극을 천박한 구경거리(스펙터클)로 전락시키지 말아야 한다는 것이다. 전적으로 옳은 말이다. 비극은 구경거리가 아니다. 그러나 영화가 그려내는 모든 스펙터클이 '천박한' 장면은 아니다. 아니 오히려 스펙터클이야말로 전쟁 영화에서 가장 필요한 것이기도 하다. 스티븐 스필버그 감독은 〈라이언 일병 구하기〉를 통해 월남전 영화 이후 사라졌던 전쟁 영화의 전통을 되살렸다. 그리고 〈라이언 일병 구하기〉의 오프닝은 가장 극단적인 방식의 스펙터클로 채워진다. 노르망디 상륙 작전이 펼쳐지고 병사들은 일제히 적의 토치카를 향해 뛰어간다. 병사들은 독일군의 기관총과 폭탄에 몸이 뚫리고 팔다리가 날아간다. 처참하게 죽어가는 병사들의 모습을 그대로 보여주는 것은 과연 옳은 일일까. 아니면 흥행을 위해 비극을 이용한 것은 아닐까.

노르망디 상륙 작전은 〈지상 최대의 작전〉을 비롯해 많은 영화가 소재로 다뤘다. 그런데 〈지상 최대의 작전〉의 전쟁 스펙터클은 〈라이언 일병 구하기〉와는 사뭇 다르다. 〈지상 최대의 작전〉은 엄청나게 기다란 레일을 깔아 움직이는 트래킹 카메라로 노르망디 해변에 도착한 연합군의 진격을 쫓아간다. 실로 장엄한 스펙터클이다. 일부 병사들이 독일군의 총알에 쓰러지는 모습을 보여주지만 카메라가 진격을 멈추지 않는 병사들을 계속 쫓느라 쓰러진 병사들은 그냥 지나가는 풍경처럼 보일 뿐이다. 반면 〈라이언 일병 구하기〉는 모든 상륙 장면을 들고 찍기로, 철저히 병사들의 시점에 따라 촬영한다. 내장이 튀어나와 "엄마, 엄마"를 외치며 죽어가는 병사의 표정을 잡는다. 감독은 관객을 전쟁터 한가운데, 철저하게 병사의 시점에 놓는 것이다. 여기서 관객이 느끼는 감정은 무엇일까. 고어적인 화면을 즐기는 길티 플레저일까, 아니면 전쟁의 참상을 목도하는 안타까움일까.

〈라이언 일병 구하기〉와 비교하기 좋은 영화는 스튜어트 쿠퍼 감독의 1975년 작 〈오버로드〉다. '오버로드'는 노르망디 상륙 작전의 암호명이다. 영화의 시작은 군대 소집과 훈련이라는 과정을 〈서부전선 이상 없다〉에서 그려낸 방식으로 묘사하며, 주인공의 심리를 추적해간다. 그리고 영화는 노르망디 지역에 도착하자마자 한 인간의 죽음을 보여주며 끝을 맺는다. 관객은 주인공의 심리와 상황을 쫓아가는 과정에서 전쟁의 허망함을 느끼게 된다. 〈라이언 일병 구하기〉의 오프닝은 바로 이러한 전체 과정의 압축판이라 할 수 있다. 스필버그가 노르망디 상륙 작전을 단순히 스펙터클로 소비하지 않았다는 증거는 많다. 들고 찍기로 촬영한 상륙 작전에 사실성을 부여하기 위해 감독은 촬영감독인 야누스 카민스키에게 제2차 세계대전 기록 영상과 같은 화면의 질감을 요구했고 카민스키는 종군기자가 사용한 것과 똑같은 기종의 **벨 앤드 하우웰** Bell and Howell 카메라를 구해서 셔터 스피드를 조정하고 조도를 낮추는 등의 기법을 사용해서 종군기자의 시점으로 영화를 촬영했다.

뛰어난 전쟁 영화는 스펙터클을 단순한 눈요기로 소비하지 않는다. 그저 영화를 과시적으로 포장하지 않고 최대한 사실을 재현하고 전달하려는 노력으로 전쟁의 광기와 인간의 무력감을 잔혹한 파괴를 통해 더욱 극적으로 보여주는 장치로 사용할 뿐이다.

아무리 덧없어도
전쟁은 계속 이어진다

인류는 제1차 세계대전이라는 사상 초유의 참극을 경험했고, 영화는 전쟁의 비극을 묘사하는 데 집중했다. 이런 기류는 제2차 세계대전이 발발하면서 미묘하게 변한다. 바로 애국주의와 민족주의의 확산이다. 어차피 벌어진 전쟁이라면 일단 이기는 것이 중요했기에 제2차 세계대전 동안 전쟁 참가국들은 수많은 전쟁 영화를 만든다. 전쟁 중임을 감안하면 대부분은 프로파간다 영화였다. 할리우드는 미국 국방부의 지원을 받으며 자유 세계의 승리를 외치는 영화들을 만들기 시작했다. 영화사의 손꼽히는 걸작 〈카사블랑카〉도 겉으론 멜로 영화지만 내용은 반나치 영화였다.

반면 독일은 선전장관 괴벨스의 지휘 아래 영화를 만들기 시작한다. 전쟁 초기 괴벨스는 〈바람과 함께 사라지다〉를 관람한다. 테크니컬러로 엄청난 예산을 투입해 만든 이 영화를 보던 괴벨스는 할리우드의 기술력과 자본력에 엄청난 열등감을 느꼈다. 자극을 받은 괴벨스는 독일의 위대함을 선전하기 위해 아그파컬러의 기술 향상을 지시하게 된다. 전쟁은 영화에 많은 의미를 부여했고, 영화는 컬러 화면으로 전장을 생생하게 담아냈다. 게다가 독일은 전장을 직접 촬영해 전쟁 영웅을 미화하는 영화들을 만들어내기도 했다. 타란티노가 〈바스터즈: 거친 녀석들〉에서 묘사한 영웅적인 독일 군인은 괴벨스가 주도해 만든 실제 영화를 바탕으로 한 장면이다. 그렇게 전쟁 초·중기 영화는 각자의 위대함과 용맹을 과시하기에 여념이 없었다. 하지만 전쟁 말기가 되면 전쟁 영화의 태도 또한 달라지기 시작한다.

1945년 종전이 가깝던 시기에 제작한 영화 〈그들은 소모품이다〉가 이런 태도를 잘 드러낸다. 영화는 미해군 PT보트(어뢰정) 부대

를 주역으로 내세운다. 그들은 작은 어뢰정을 몰고 적의 함선과 잠수함을 공격하는 임무를 맡았다. 하지만 이들의 모험과 별개로 영화에는 현실과 달리 짙은 패배의 기운이 드리워져 있다. 주연 배우인 존 웨인을 필두로 영화에 등장하는 인물들은 그저 살아남기를 바라지만 단 한 사람도 전쟁의 승리를 말하지 않는다. 영화가 가장 중요하게 표현하는 것은 '프로페셔널'이다. 어뢰정 부대원들은 전쟁의 승패를 이야기하지 않는 대신 승패에 상관없이 자신들이 이 일의 '프로'이기 때문에 자신이 맡은 역할에 최선을 다한다고 거듭해서 다짐한다. 〈그들은 소모품이다〉는 이제 전문 기능인이 된 군인의 세계를 묘사한다. 영화에는 아주 공을 들인 폭파 장면이 여러 번 등장하지만, 마치 다큐멘터리를 찍듯이 그저 관찰자의 시점으로 폭발 장면을 그려내며 그 어떠한 영웅주의도 묘사하지 않는다. 그저 자신 앞에 닥친 일이기 때문에 그 일을 수행한다는 태도를 보여줄 뿐이다.

〈그들은 소모품이다〉와 함께 전쟁 말기, 같은 해에 등장한 〈미군 병사 이야기〉는 자신 앞에 닥친 사태를 해결하려는 태도에서 한걸음 더 나아간다. 드디어 전쟁의 승리가 아닌 전쟁의 폭력으로 인간의 마음이 무너지는 참혹한 이야기를 다루기 때문이다. 종군기자로 퓰리처상을 받은 어니 파일의 실화를 영화화한 〈미군 병사 이야기〉는 평범한 미군 부대와 함께 전장을 따라다니는 어니 파일의 회고로 진행된다. 영화에 등장하는 미군 병사들은 애국심이 투철한 영웅적인 인물들이 아니다. 그저 평범한 삶을 살다가 전쟁에 참전해 평범한 보병의 삶을 살아가는 인물들이다. 그리고 이들은 전투가 반복되는 가운데 베테랑 군인이 되어가지만, 정신적으로는 몹시 피폐해져간다. 영화에서 가

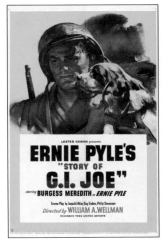
• 〈미군 병사 이야기〉 포스터

• 어니 파일

장 인상적인 장면은 소대 상사를 묘사하는 장면이다. 그는 소대에서 가장 뛰어난 군인이다. 그런 그에게 처음으로 말문을 연 아들의 목소리가 녹음된 레코드판이 배달된다. 상사는 아내와 아들의 온전한 목소리를 듣자마자 끝없이 이어지던 전쟁 때문에 팽팽하던 신경이 끊어지고 미쳐버리고 만다. 〈미군 병사 이야기〉가 그리는 것은 전쟁에 던져진 사람들의 마음이다. 이들은 그저 작전 명령에 따라 전쟁을 수행할 뿐이다. 그리고 하나둘 죽어간다. 이런 묘사는 패배주의를 조장하는 것도 아니고, 영웅주의를 혐오하는 것도 아니다. 그보다는 전쟁의 참상을 지극히 담담하게 묘사함으로써 관객의 성찰을 유도한다. 마지막 장면에서 전사한 동료를 깊은 탄식으로 바라보다 천천히 떠나가는 동료 병사와 어니 파일의 모습은 이를 매우 뛰어나게 포착하고 있다. 특히 이오지마 전투 한복판을 취재하던 어니 파일이 일본군의 총탄에 사망한 것이 영화 공개 바로 두 달 전이니 영화를 보는 관객의 탄식은 더욱 깊었을 것이다.

전쟁 영화는 분명 스펙터클을 전면에 내세운다. 반면 다른 한편으로는 인간의 마음이라는, 눈에 보이지 않으면서도 아주 작은 영역을 다루기도 한다. 실은 그 인간의 마음이 부서지고 무너지는 것이야말로 포격과 공습이라는 스펙터클을 넘어서는 거대한 이미지의 시작이자 결과이기 때문이다. 전쟁 영화는 우리에게 스펙터클을 선사하지만 비탄과 참혹함을 잊지 말라는 경고도 함께 주고 있다.

한국전쟁 이후의
현대 전쟁 영화

잊힌 전쟁,
한국전쟁을 다룬 영화

한국전쟁은 미국에서 잊힌 전쟁 Forgotten war 취급을 받는다. 아마 제2차
세계대전까지 승승장구하던 미국이 최초로 승리하지 못한 전쟁이라
는 이유도 있을 것이다. 그래도 전쟁 직후인 1950년대까지는 한국전
쟁에 대한 영화도 꽤 만들어져 스무 편이 넘는다. 한국전에서 미군
의 영웅적 승리가 적어서인지 이런 영화들의 완성도는 제2차 세계대
전을 다룬 영화에 비해 대체로 실망스러운 수준이다. 특히 나치와 일
본 제국주의라는 명확한 적을 대상으로 싸운 제2차 세계대전과 달리
냉전의 세력 균형을 위한 한국전쟁은 다른 전쟁 영화들과 목표가 같
을 수가 없었다. 한국전쟁이 한창이던 1951년에 만들어진 사무엘 풀
러 감독의 저예산 영화 〈철모〉는 이를 잘 보여준다. 이 영화는 적의
형태를 명확히 보여주지 않는다. 대신 홀로 살아남은 미군과 한국인
소년과의 우정, 그리고 최후에 밀려오는 북한군과의 전투를 그린다.
적의 실체가 명확하지 않다는 것은 다른 영화에서도 마찬가지다. 대

형 예산을 들인 〈원한의 도곡리 다리〉는 공군을 주인공으로 삼아 북한군이 거의 등장하지 않는다. 게다가 안소니 만 감독이 미 국방부의 지원 없이 저예산으로 만든 〈낙동강전투 최후의 고지전〉에서 묘사하는 북한군은 마치 유령처럼 모습은 보이지 않고 날아오는 총격과 포격으로만 느껴진다. 미국에서 촬영하다 보니 동양인 엑스트라를 구하는 데 한계가 있어서였을 수도 있다. 실제로 전쟁이 한창인 한국에서 극영화를 촬영하는 것 자체가 무리기도 하다. 이 가운데 예외적인 영화가 〈장진호 전투〉다. 이 영화는 한국전쟁을 다룬 영화 가운데 처음으로 중국군의 인해전술이 등장하며, 장진호 전투 당시의 살인적인 추위와 함께 북한군을 명확하고 살벌한 적군으로 뛰어나게 묘사했다.

한국전쟁을 다룬 영화 중 주목할 작품은 〈서부전선 이상 없다〉를 만든 루이스 마일스톤 감독의 1959년 영화 〈폭찹 고지〉다. 〈폭찹 고지〉는 베트남 전쟁의 끔찍한 고지전을 그린 〈햄버거 힐〉의 원형 같은 영화다. 그리고 〈햄버거 힐〉처럼 실화를 바탕으로 했으며, '폭찹 고지 전투'를 기록한 책을 바탕으로 등장인물 모두 실명 그대로 등장

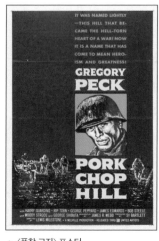

• 〈폭찹 고지〉 포스터

한다. 〈폭찹 고지〉에는 한국인이 보기에 불편한 장면도 있다. 일본인 출신으로 미군 장교가 된 인물이 나오는 장면이다. 미군은 아이러니하게도 한국군 장교들보다는 일본 출신의 미군 장교를 더 신뢰한다. 불과 몇 년 전까지 총부리를 맞대고 싸우던 적국 일본 출신인데도 말이다. 게다가 미군들은 전쟁 승리보다 물자 빼먹기와 자신의 안위에만 집착하는 한국 장교들에게 경멸을 보인다. 영화의 이런 묘사는 일본인들의 이간질일까 아니면 실제로 벌어졌던 사실일까. 대부분 만주군 출신이었던 한국

군 장교들의 비리, 무능, 부정부패를 〈폭찹 고지〉에서 미국인 시각으로 확인하는 것은 매우 불편한 경험을 안겨주기도 한다.

〈폭찹 고지〉는 한국전쟁의 특수한 전투 상황을 잘 묘사하기도 했다. 이 영화에서 가장 인상적인 대사는 "여긴 산양이나 뛰어놀기 좋은 나라야!"다. 제1차 세계대전은 참호전으로, 제2차 세계대전은 섬멸전으로 대변된다. 그리고 한국전쟁은 고지전이다. 고지전은 참호전과 섬멸전이 결합한 전투다. 전투원들은 '산양이나 뛰어놀기 좋은' 가파른 산허리와 능선을 따라 참호를 파고 이를 잇는 교통호를 판다. 그런 다음 산을 차지하기 위한 치열한 전투가 벌어진다.

고지전은 휴전 협정의 산물이기도 하다. 1950년 6월 25일에 시작된 전쟁은 다음 해인 1951년 7월 10일을 기점으로 휴전을 위한 지루한 협상에 들어간다. 휴전 협상 동안 조금이라도 더 많은 땅을 차지하기 위해 치열한 전투가 벌어졌다. 산(고지)을 점령하는 것은 곧 그 아래 위치한 평지까지 점유하는 것이기 때문에 이를 위해 수많은 사람이 고지를 차지하기 위한 전투에 투입됐다. 끊임없는 소모전인 고지전이 1953년 7월 27일까지 만 2년이 넘는 시간 동안 벌어진다. 장훈 감독의 〈고지전〉이 생생하게 묘사하고 있듯이 2년이라는 시간은 하루 혹은 며칠마다 고지의 주인이 바뀌는 광기 어린 전투에서 인간의 정신을 완전히 망가뜨리기에 충분한 시간이다. 게다가 전투를 수행하는 군인들은 휴전 협상이 진행 중임을 알고 있었다. 내일이라도 휴전이 되면 싸울 필요가 없는데도 오늘은 목숨을 걸고 전장에 나가야 한다. 정말이지 피를 말리고, 목숨을 가학적으로 파먹는 전쟁이 아닐 수 없다.

한국전쟁을 다룬 영화는
북한을 뿔 달린 괴물로 그려야만 했다

당연하겠지만 한국전쟁을 그린 영화는 대부분 한국에서 만들었다. 한국전쟁 소재의 한국 영화는 무려 300편이 넘는다. 군사 독재 시절에 만들어진 대부분의 한국전쟁 영화는 시대의 한계와 검열의 한계로 인해 대체로 북한군과 공산당을 악마화하는 데 집중했다. 물론 적을 명확하게 규정해야 하는 전쟁 영화의 특성상 불가피한 측면이 있다. 제2차 세계대전을 그린 수많은 할리우드 영화를 보면 모든 독일인은 감정 없는 전쟁 병기로 인식되는 것과 같은 맥락이다. 한국전쟁 영화의 명작으로 꼽히는 〈피아골〉도 여기서 크게 벗어나진 못한다. 〈피아골〉은 원칙적으로 반공영화임에도 불구하고, 개봉 당시 **빨치산**을 인간적으로 그렸다며 논란이 되기도 했다. 사실 〈피아골〉은 빨치산을 악마로 그리는 데 거침이 없다. 영화는 빨치산 대장의 식인을 무용담처럼 언급할 뿐만 아니라 심지어는 시간屍姦에 대한 묘사까지 등장하지만, 일부 빨치산 대원을 인간적으로 묘사했다는 이유로 이강천 감독은 크게 곤욕을 치렀다. 그런 와중에도 〈돌아오지 않는 해병〉처럼 전쟁의 비극과 허무를 그린 출중한 영화가 박정희 시절에 나오기도 했다. 영화를 연출한 이만희 감독은 국군을 영웅적으로 그리지 않았다는 이유로 〈피아골〉의 이강천 감독처럼 기관에 끌려가 큰 곤욕을 치렀다. 군사독재와 권위주의 정권이 위세를 부리던 1980년대까지 대부분의 한국전쟁 영화는 천편일률적인 반공영화였지만 그 와중에 간혹 주목할 만한 작품이 없지는 않았다. 이 시기 한국전쟁을 배경으로 한 두 편의 뛰어난 영화는 이두용 감독의 〈최후의 증인〉과 임권택 감독의 〈짝코〉다.

　〈최후의 증인〉과 〈짝코〉는 한국전쟁 이후 그 비극이 여전히 이어지고 있는 1980년이란 시공간을 파헤친다. 이 두 편 가운데 임권택 감독의 〈짝코〉는 비교적 단순한 이야기 구조를 지닌다. 빨치산 대장 짝코(김희라 분)를 호송하던 주인공(최윤석 분)은 짝코를 고의로 풀어줬다는 누명을 벗고자 짝코를 추적하는 데 평생을 바친다. 결국 두 사람은 부랑자 수용소에서 만나지만, 이미 늙어버린 이들은 서로를 죽이려고 할 뿐 별다른 힘이 없다. 〈짝코〉는 우리 모두 결국 다르지 않다는 이야기를 전하는 영화다.

한국전쟁의 비극을 절망적이고도 역동적으로 다룬 김성종 작가의 베스트셀러 소설을 원작으로 하는 〈최후의 증인〉은 연관성이 없어 보이는 두 건의 살인 사건으로 시작한다. 무기력한 형사인 오 형사(하명중 분)는 사건을 추적하는 과정에서 한국 현대사를 지배하는 감당하기 어려운 비극과 마주한다. 그 비극은 결국 가장 선한 사람들을 착취하며 부를 불려간 사악한 인간들의 역사다. 영화 속에서 지리산 부대 사령관의 딸인 손지혜(정윤희 분)와 머슴 출신의 황바우(최불암 분)가 묘사하는 선한 인간의 표상은 단순히 북한군만이 아니라 우익 청년 단장과 검사라는 사악한 인물들과 극적인 대비를 이룬다. 여기에 살인자를 찾는 미스터리 형식을 더한 〈최후의 증인〉은 2시간 40분에 가까운 상영 시간 동안 눈을 뗄 수 없게 만든다.

〈최후의 증인〉은 선한 사람들의 비극적 최후로 끝을 맺는다. 영화의 오프닝에서 이두용 감독은 자막을 통해 "이야기도 어두운 이야기. 화면도 어둡다. 80년대엔 이러한 어둠이 사라졌으면 한다"는 의견을 피력했다. 하지만 〈최후의 증인〉이 제작된 해는 1980년이었다. 박정희 암살로 한국 사회가 잠깐이나마 민주화의 열망에 사로잡혔지만 전두환의 등장으로 다시 암흑으로 돌아간 바로 그해다. 감독의 소망과는 달리 80년대에도 어둠은 걷히지 않았고, 〈최후의 증인〉은 검열에 걸려 1시간 분량이 삭제됐다. 한국전쟁의 비극을 시공간을 넘어 1980년대의 사건으로 치밀하게 그려낸 〈최후의 증인〉은 걸작 중의 걸작이다. 한국영화데이터베이스에서 그 실체를 확인해보기를 추천한다.

민주화 이후 다양해진
한국전쟁 영화의 메시지

1998년 들어선 김대중 정부가 영화 검열을 폐지하고 사회 전반에 자유화 바람이 불면서 21세기의 한국전쟁 영화는 더 이상 북한군을 악마로만 그리지 않는다. 대신 전쟁의 참상, 분단의 비극, 그리고 형제애가 중심 주제로 대체된다. 이런 경향은 2003년 개봉한 강제규 감독의 〈태극기 휘날리며〉의 영어 제목이 'TaeGukGi: Brotherhood of War('전쟁 속 형제애'라는 뜻)'라는 것으로도 알 수 있다. 친형제가 한국전쟁 발발로 전쟁터로 끌려간다. 형 이진태는 전쟁 미치광이가 돼서라도 공훈을 세워 동생을 전역시키려 한다. 하지만 동생 이진석은 형의 희생을 바라지 않기에 형과 대립한다. 전쟁통

• 〈태극기 휘날리며〉 해외 포스터

의 혼란에서 동생이 국군에게 죽었다고 오해한 형은 극한의 증오심에 싸여 인민군에 전향해 국군을 상대로 처절한 살육을 벌이고 그 와중에 참호에서 형제가 조우한다. 동생의 절규에 정신을 차린 형은 이번에는 동생을 살리기 위해 스스로 사지로 뛰어들어 희생한다.

〈태극기 휘날리며〉는 전투 장면 말고도 길 가던 청년을 납치하다시피 징집하는 남한의 군인들(이 장면 때문에 국방부의 촬영 지원이 거

절되었다), 보도연맹 사건 당시 쌀 한 줌 받았다는 죄로 우익 자경단에게 빨갱이로 몰려 학살당하는 민간인들의 참상(이 장면 때문에 이명박 정권 당시 공안당국의 주목을 받았으나 뚜렷하게 흠잡을 거리는 발견하지 못했다고 한다) 등 군사독재 시절 영화에서는 보기 어려웠던 사건들이 최초로 스크린에 묘사된다. 보도연맹 학살 장면은 한국전쟁을 경험하지 못한 필자에게는 하나의 '에피소드'였다. 하지만 영화를 본 모친이 "내 친구들도 저렇게 많이 죽었어"라고 하시는 말씀을 들으니 어른들에게는 그것이 '현실'이었다는 사실을 깨닫고 몹시 부끄러웠다. 역사는 그것을 체험한 세대가 정확하게 기록해야 한다. 그렇지 않으면 실체가 불분명한 이야깃거리가 되고, 심지어는 날조와 왜곡의 대상이 될 수 있다. 〈태극기 휘날리며〉는 일부 장면이 지나치게 신파조라는 비판도 있었지만 한국 영화로는 보기 드문 스펙터클과 감독의 능란한 연출에 힘입어 한국 영화사상 두 번째로 천만 관객을 돌파했다. 여기에 탄력을 받아 또 다른 한국전쟁 영화 〈고지전〉이 나온다.

　〈고지전〉은 고지 공방전을 통해 무의미한 전쟁의 광기를 그린다. 북한군과 내통하는 인물이 있을지도 모른다는 정보 때문에 들어간 '악어 부대'가 실은 끔찍하고 비극적인 기억을 숨기고 있는 부대라는 설정으로, 영화는 한국전쟁의 수많은 비극을 다시 생각해볼 것을 제안하고 있다. 〈고지전〉의 대사 가운데 가장 인상적인 부분은 비극적인 사건으로 남성식 일병이란 자신의 존재를 감추로 있던 김수혁이 자신의 정체가 밝혀지는 장면에서 외치는 대사다. 김수혁은 "전쟁 동안 남성식이 수십만이 죽었어"라고 외친다. '나'라는 존재가 끝없이 죽었다는 것이다. 남성식은 전쟁으로 죽

• 〈고지전〉 포스터

· 〈공동경비구역 JSA〉 포스터

어간 수많은 생명의 다른 이름일 것이다.

많은 이들이 〈공동경비구역 JSA〉도 한국전쟁을 다룬 이야기라고 생각을 하는데 엄밀히 말하면 한국전쟁 영화는 아니고 분단 상황을 그린 영화다. 남북한 군인들이 등장해서 그런 인상을 주는 것 같다. 〈태극기 휘날리며〉와 〈고지전〉이 과거의 한국전쟁을 다루었다면 〈공동경비구역 JSA〉는 그 전쟁이 어떻게 지금까지도 우리의 삶을 지배하고 있는가를 보여주는 점에서 한국전쟁과 아예 관련이 없지는 않다. 단, 〈올드 보이〉나 〈헤어질 결심〉으로 박찬욱 감독의 팬이 된 관객이라면 사뭇 다른 스타일의 영화임은 감안하고 보길 바란다. 〈공동경비구역 JSA〉는 박찬욱 감독이 성공하기 전에 제작사의 통제를 받아 만든 영화로 분명히 아주 잘 만든 영화지만 현재의 박찬욱 스타일과는 거리가 있다.

전쟁 영화의 하위변종,
특공대 영화

20세기에 벌어진 전쟁을 다루는 영화에는 또 하나의 특징이 있다. 전투에 져서 포로가 되는 순간은 절망적이지만 막상 포로수용소를 다루는 영화는 기이한 활력이 넘친다. 탈출이라는 또 다른 명확한 목표가 생기기 때문이다. 〈콰이강의 다리〉 속 유명한 휘파람 행진곡이 그렇고, 〈대탈주〉는 결말은 비극적이지만 탈주를 준비하는 과정 내내 활기가 넘친다. 이외에도 한국전쟁을 소재로 한 〈제17포로 수용소〉 등 포로수용소 및 탈주 영화는 생각보다 적지 않다. 그리고 전쟁

504

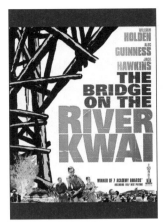

• 〈콰이강의 다리〉 포스터

• 〈대탈주〉 포스터

• 〈제17 포로 수용소〉 포스터

영화가 빚어낸 하위 장르 가운데 가장 흥미진진한 영화가 바로 특공대 영화 Commando film다.

초기 특공대 영화는 라울 월시 감독의 1946년 작 〈오브젝티브 버마〉처럼 공수부대나 특수부대가 무모한 작전을 수행하는 영화로 만들어졌다. 그러다가 점차 특별한 전문가들이 모여 불가능한 작전을 해결하는 영화로 변해간다. 특공대 영화에는 독특한 장점이 있다. 일반 전쟁 영화만큼 대규모 전투 장면이 꼭 필요하진 않아 상대적으로 제작비가 적게 든다. 이야기는 대개 서스펜스 플롯, 즉 적진에 몰래 침투해서 특수 임무를 마치고 돌아오는 설정이라서 아슬아슬한 긴박감이 보장된다. 주특기가 뚜렷한 캐릭터, 불가능한 임무, 끝내 그것을 성공시키는 소수 정예의 특공대라는 장치는 재미와 흥행을 모두 담보하는 성공의 공식이다. 통신(기계), 폭파, 저격, 격투 등 프로페셔널한 능력을 지닌 특공대원이 가파른 산 속에 숨어 있는 요새나 낭떠러지 위에 있는 난공불

• 〈나바론 요새〉 포스터

• 〈특공대작전〉 포스터

락의 요새 같은 곳에 침투해서 적을 섬멸하거나 무기를 파괴하고 돌아오는 과정은 손에 땀을 쥐게 한다. 특공대 영화의 진정한 서막은 1961년 〈나바론 요새〉가 열었다. 〈나바론 요새〉는 해안의 절벽에 설치돼 연합군의 진격을 막는 거대한 독일군 대포를 파괴하는 작전을 다룬다. 〈나바론 요새〉에는 불가능한 임무, 개성 있는 전문 특공대원, 서스펜스가 골고루 담겨 이후 나온 모든 특공대 영화의 바이블 같은 작품이 되었다.

이후 등장한 특공대 장르 가운데 가장 인상적인 작품은 〈특공대작전〉과 〈독수리 요새〉다. 〈특공대작전〉은 군 범죄자들만 모아 특공대를 조직하는 영화다. 범죄자를 모아 팀을 꾸린다는 이야기는 로저 코먼 감독이 1955년에 만든 〈5인의 총잡이〉에서 처음 등장하지만, 〈특공대작전〉은 이 아이디어를 뛰어난 전투 영화로 만들어낸다. 그리고 이 아이디어는 이후 1978년에 독일군의 공격으로 범죄자 호송 차량에서 탈주한 군인들이 얼떨결에 특공대 임무를 떠맡게 된다는 이야기를 유쾌하면서도 기이한 비극을 덧씌워 그린 〈엘리트 특공대The Inglorious Bastards〉로 이어진다. 바로 타란티노가 자신의 작품 〈바스터즈: 거친 녀석들Inglourious Basterds〉에서 차용한 그 제목이다. 특히 〈엘리트 특공대〉에는 인상적인 대사가 나온다. 범죄 호송 차량에서 탈출한 군인들이 헛간에 몸을 숨겼을 때 흑인 병사가 '상사들이 수년간 괴롭혔다'고 말하자 중위 계급인 인물이 "전쟁 역시 함께 잘사는 방법을 몰라서 일어난 것 같다"고 말한다. 함께 사는 방법이야말로 모두가 원하지만 여전히 아무도 해결하지 못한 인류의 가장 큰 숙제이기도 하다.

〈독수리 요새〉는 반전에 반전을 거듭하는 구성이 치밀한 스릴러

영화다. 영국 정보부 MI6는 미국 첩보 기관 OSS와
연합해서 독일에 포로로 사로잡힌 장군을 구하기
위한 특공대를 독수리 요새로 파견한다. 하지만 웬
일인지 작전 지역에 도착한 순간부터 팀원이 죽어
나가기 시작한다. 팀원들은 대원 가운데 독일 스파
이가 있다며 의심한다. 미군 요원은 영국군에게 뭔
가 석연치 않은 작전 내용을 캐묻고, 독일군에 포
로로 잡혔다는 장군은 사실 배우가 연기하는 가짜
장군이며, 이를 이용해 MI6에 숨어들어 있는 스파
이를 찾아내려 한다는 것이 작전의 진짜 목적임을

• 〈독수리 요새〉 포스터

밝혀낸다. 그렇다고 이런 결말이 나이트 샤말란의 영화처럼 오로지
반전을 위한 무리한 반전도 아니다.

　　대부분의 특공대 영화는 임무 완수라는 통쾌한 결말로 끝나지만
그렇다고 모두가 살아 돌아오는 것은 아니다. 〈새벽의 7인〉은 비극적
인 결말에도 불구하고 깊은 감동을 주는 영화다. 나치 가운데서도 가
장 악명 높은 '라인하르트 하이드리히 암살 작전'이라는 실화를 소재
로 만들었는데, 특공대를 그린 영화, 아니 제2차 세계대전에서 벌어진
작전을 다룬 영화 가운데 이보다 더 무거운 영화는 없다. 촬영감독 앙
리 드카에가 촬영한 안개 짙은 프라하 시내의 장면이 펼쳐지면서 관객
은 앞으로 전개될 암울하고 비극적인 결말을 미리 경험한다. 고작해야
20대 초중반 정도의 사람들로 꾸려진 암살팀은 끈기 있게 암살 작전
계획을 수립하지만, 하나둘 지쳐간다. 결국 암살에는 성공하지만 급기
야 팀원 가운데 한 명이 밀고하여 독일군에 의해 숨어 있던 성당 지하
실이 포위된다. 그리고 이어지는 엔딩은 절망과 비탄 그 자체다.

　　〈새벽의 7인〉은 스펙터클 요소가 전혀 없는 아주 드문 특공대
영화다. 영화는 작전 실행을 두려워하는 사람들의 마음처럼 무겁고

• 〈새벽의 7인〉 지하실에서의 최후

느리게 진행된다. 하지만 영화 속 인물들의 현실감 넘치는 태도와 죽음의 이미지에 뒤덮인 프라하의 묘사는 관객들이 영화에서 눈을 뗄수 없게 만든다. 영화의 마지막 장면, 성 키릴과 성 메토디우스 성당에서 벌어지는 이들의 최후에는 비극을 넘어서는 그 무엇이 있다. 아마도 그것은 실제 역사와 그 엄혹한 세월 전체에서 느껴지는 감정 때문일 것이다. 프라하의 성 키릴과 성 메토디우스 성당 벽에는 여전히 당시에 이들을 향해 독일군이 쏟아부은 총탄의 흔적이 남아 있다. 실제 작전을 소재로 만든 이 영화는 2017년에 〈철의 심장을 가진 남자〉로 리메이크됐지만 원작의 감동을 잇기에는 무리가 있다.

전혀 다른 전쟁의 시작,
베트남 전쟁

1960년대에 시작해서 1975년에 끝난 베트남 전쟁은 전쟁 영화의 형식과 내용을 완전히 바꿔 놓았다. 전쟁 자체를 비판적으로 보는 반전주의 시각이 강화된 것이다. 물론 〈람보 2〉 그리고 척 노리스의 〈대특명〉같이 북베트남 군인을 파리 떼처럼 죽이는 황당무계한 액션 영화도 없진 않았다. (〈람보〉 1편은 속편과는 결이 다른 반전 영화다) 이런 흐름에는 베트남 전쟁의 본질이 영향을 미쳤다. 베트남 전쟁은 미국 역사상 최초의 침략 전쟁이었을 뿐만 아니라 국민의 지지도 받지 못한 불의한 전쟁이었다. 전쟁의 명분으로 삼은 '통킹만 어뢰사건'은 베트남에 개입하기 위한 미국의 조작극으로 판명됐고, 이로 인해 전쟁을 반대하는 거센 시위의 물결이 급격히 증가했다. 이런 영향을 받아 만들어진 대표적인 베트남 전쟁 영화가 마이클 치미노 감독의 〈디어 헌터〉와 프랜시스 포드 코폴라의 〈지옥의 묵시록〉이다.

적의 실체와 대의명분이 분명했던 제2차 세계대전, 승리도 패배도 아니어서 미국인들이 잊고 싶던 한국전쟁과 달리 베트남 전쟁은 명백하게 명분 없는 전쟁이었다. 마이클 치미노는 〈디어 헌터〉에서 반전 시위의 물결 아래서 '도대체 이따위 전쟁이 왜 필요한가'라는 과감한 질문을 던짐으로써 고전적 전쟁 영화의 테마를 크게 뒤바꿨다. 대의를 위해 싸우다 희생된 군인을 위로하고 동료애를 강조하

• 〈람보〉 포스터

• 〈지옥의 묵시록〉 포스터

• 〈디어 헌터〉 포스터

던 이전과는 사뭇 다른 작품이었다. 포로로 잡힌 미군이 러시안 룰렛을 하는 장면은 지금 봐도 모골이 송연할 정도로 인간성이 파괴되어가는 과정을 끔찍하게 보여준다.

〈디어 헌터〉 직후에 개봉한 코폴라의 〈지옥의 묵시록〉은 미국이 베트남 전쟁을 벌인 이유를 뿌리부터 파헤치고 뒤집는다. 최정예 군인이던 월터 커츠 대령이 무단으로 군대를 이탈해서 베트남과 캄보디아의 경계에 자신만의 왕국을 건설한다. 베트남과 미국 모두를 적대시하는 미치광이 커츠 대령은 미국의 제거 대상일 뿐이다. 암살 임무를 위해 선발된 윌라드 대위는 메콩강을 거슬러 가면서 미군들의 온갖 광기를 목도하고 중간에 잔류한 프랑스인의 농장에서 아직도 숨을 부지하고 있는 제국주의의 흔적을 경험한다. 프랑스인 농장주는 윌라드 대위에게 "이 전쟁은 이데올로기 싸움이 아냐. 민족해방 투쟁이지. 너희 미국은 우리와 똑같은 실수를 하고" 있음을 지적한다.ᆞ 〈지옥의 묵시록〉은 1979년 칸느에서 〈양철북〉과 함께 황금종려상을 공동 수상했고, 베트남전의 허망함을 압도적인 스펙터클과 입체적인 캐릭터로 그려낸 걸작임에 틀림없다.

1970년대의 선배 감독들이 베트남 전쟁의 부당함과 광기를 묘사했다면 1980년대 들어오면 전쟁을 직접 체험한 젊은이들이 영화 감독으로 성장하면서 전쟁의 인간성 파괴를 성찰하는 영화를 만들었다. 대표적으로 올리버 스톤 감독의 1986년 영화 〈플래툰〉은 아무런 가책 없이 민간인을 학살하는 군인들의 모습을 통해 전쟁의 부조리함을 강력하게 비판했다. 민간인만이 아니라 아군까지 살해한 중

ᆞ 처음 개봉한 〈지옥의 묵시록〉 극장판에는 담기지 않은 내용으로, 이후 삭제 장면을 대거 수록한 '리덕스 판'에 담긴 내용이다. 그러나 이 또한 시적인 서사로 진행되는 영화에 지나치게 설교적인 장면이라 생각했는지 '파이널 컷'에선 다시 삭제됐다. 〈지옥의 묵시록〉 극장판 상영 시간은 156분이고, 리덕스 판은 199분, 파이널 컷은 182분이다.

사를 지켜보던 병사 크리스는 결국 분노를 이기지 못하고 마지막 전투에서 그 중사를 사살해버린다. 결국 자신 역시 동료를 살해한 인간이 돼버린 것이다. 관객은 신병 크리스의 시선으로 인물의 내면적 변화를 함께 겪고 변화해간다. 영화는 크리스의 독백으로 끝을 맺는다. "나는 동료를 살해한 중사와 살해당했지만 인간성을 지키던 중사라는 두 사람을 아버지 삼아 탄생했다. 적은 우리 내부에 있다. 우리는 우리 자신과 싸우고 있었다."

베트남 전쟁에 대한 성찰은 〈햄버거 힐〉에도 이어진다. 〈햄버거 힐〉은 〈폭찹 고지〉와 함께 〈고지전〉 같은 한국 영화에도 큰 영향을 미친 작품이기도 하다. 〈햄버거 힐〉은 아무도 점령해야 하는 이유를 모르는 한 베트남 고지를 점령하기 위해 전쟁 기계로 전락해 무의미한 살육을 반복하는 군인들의 전투를 그리고 있다. 〈햄버거 힐〉이란 지명 자체가 사람을 햄버거 패티처럼 갈아넣는 곳이란 미군들의 자조어린 농담에서 나온 말이다. 햄버거 힐 전투는 1969년 5월 10일 시작되어 공격과 후퇴를 반복하며 10일 동안 진행된다. 이 과정에서 군인들의 사지는 뜯겨 나가고 1초 전 눈빛을 교환했던 동료가 1초 후에는 시체가 된다. 수많은 전투 경험을 쌓았던 동료가 사라진 곳에는 어리고 전투 경험도 없는 신병들이 자리를 차지하게 된다. 이러한 비인간적인 전투 행위의 반복은 전투 자체를 지긋지긋하게 만듦으로써 전쟁 그 자체를 혐오스러운 것으로 보게 한다.

전쟁의 혐오스러움은 전투 행위에만 있는 것이 아니다. 브라이언 드 팔마 감독은 〈전쟁의 사상자들〉에서 관성에 빠지고 타성에 젖은 인간이야말로 가장 혐오스러운 존재임을 보여준다. 베트남군과의 전투 중에 동료를 잃은 미군은 극심한 분노에 휩싸인다. 이들은 보복을 위해 베트남 민간인 여성을 납치해 결국 살해하고 만다. 이러한 사태를 그냥 넘길 수 없었던 주인공은 이 사건을 상관에게 보고하지만 상관 역시 이를 그냥 무시하고 넘어간다.(자괴감에 빠진 주인공은 술을 마시던 도중 군종 장교에게 이 사실을 털어놓고, 민간인을 학살한 미군은 군사법정 심판으로 넘어간다)

〈전쟁의 사상자들〉은 '악의 일상성'*을 묘사하는 영화다. 라울 힐베르크의 《홀로코스트, 유럽 유대인의 파괴》를 번역한 역사학자 김학이는 역자 서문에서 "악이 진부한 것이라면 소통을 하면 된다. 그러나 악이 공공업무, 경제활동, 사생활의 일상적인 실천 그 자체라면 답이 없다"라고 말한다. 악이 일상이 되면 해결할 방법이 없다는 것이다. 우리의 일상은 대체로 반복되는 작업으로 구성된다. 일종의 기계적 일 처리다. 〈전쟁의 사상자들〉은 전쟁 중에 발생하는 범죄 행위를 마치 사소한 일 처리처럼 해결하려는 과정을 막으려는 주인공의 노력을 그린다. 전쟁 중이니 어쨌건 사람은 죽게 마련이라는 태도는 인간의 행위를 하나의 일거리처럼 판단하는 태도다. 전쟁은 윤리적 판단을 순식간에 마비시킨다. 인간의 생명 자체가 순식간에 처리해야 할 일상적 업무가 되어버리고 만다.

개인의 체험에 집중하며 전쟁의 참상을 그리는
21세기의 전쟁 영화

21세기로 들어오면 전쟁 영화는 베트남 전쟁을 다룬 영화들이 등장하던 시기와는 많이 달라진다. 그 사이 미국은 레이건-아버지 부시-클린턴-아들 부시를 거치면서 중동에서 전쟁을 벌이거나 코소보 사

• 악의 일상성이란 개념은 우리에게 한나 아렌트가 사용한 '악의 평범성'이란 말로 잘 알려져 있다.

· 〈허트 로커〉 포스터　　　　　· 〈사울의 아들〉 포스터　　　　　· 〈울프 콜〉 포스터

태 같은 지역 민족 분쟁에 개입했다. 이라크 전쟁이나 아프간 전쟁을 그린 몇 편의 전쟁 영화가 나왔지만 지금 전쟁 영화의 추세는 전쟁 그 자체보다는 개인이 체험하는 전투의 순간을 영화로 그려내는 것이다.

　캐서린 비글로우 감독은 이라크 전쟁을 배경으로 한 〈허트 로커〉에서 폭탄 제거팀의 활약을 그리면서, 전쟁터가 아니라면 아무런 의미도 느끼지 못하는 새로운 유형의 전쟁 신경증을 강력한 연출로 묘사하고 있다. 헝가리 감독인 네메시 옐레시 라슬로는 〈사울의 아들〉에서 아들의 시체를 매장해야 하는 수용소의 유대인 사울을 끈질기게 카메라로 추적함으로써 개인의 비극이 실은 모두의 비극임을 극명하게 보여준다. 그런가 하면 프랑스 영화 〈울프 콜〉처럼 전쟁의 기술적인 측면을 뛰어난 방식으로 그려내기도 한다.

　시대가 변하고 다루는 표현 방식이 변했을지는 몰라도 전쟁 영화를 관통하는 가장 중요한 주제는 결코 변한 적이 없다. 전쟁은 일어나선 안 된다는 것이다. 하지만 이 끔찍한 전쟁은 겨우 정치적인 이유로 발발해왔다. 클라우제비츠°는 전쟁을 "적을 강요하여 우리의 의지를 충족시키기 위한 무력 행위로, 다른 수단들이 개입된 정치적 교류의 연장"이라고 표현한다. 또한 독일 정치인 비스마르크는 "전쟁의 목적은 국가가 추구하는 정치에 상응하는 조건으로 평화를 쟁취하는 것"이라고 말한다. 오늘날 많이 인용되는 전쟁이론의 교과서적 표현이 제1차 세계대전 이전에 나왔다는 것을 생각해볼 필요가 있다. 제1차 세계대전 이전까지 전쟁은 한 나라의 총력전이 아니었다. 한 무리의 전투병력이 적과 전쟁을 벌이지만, 일반 시민은 전쟁과 큰 관련이 없었다. 그러나 제1차 세계대전이 발발하면서 전쟁에 아무런 관여도 하지 않았던 민간인 피해가 대규모로 발생한다. 그러니 제1차 세계대전 이전이 정치인이 군인을 동원해 전쟁을 벌이는 정치 행위였다면, 제1차 세계대전 이후 전쟁은 정치 행위를 넘어선 국가적 재난이 된다. 제1차 세계대전은 19세기적 가치를 완전히 파괴하며 20세기를 시작하게 했고, 이전과는 달리 정치의 작동을 중단시켰다. 사람들은 전쟁에 강제로 휩쓸려 들어갔고, 수천만 명의 사상자가 발생했다.

냉전 당시 미국과 소련은 서로를 제국주의라 비난했지만 사실은 둘 다 제국주의였다. 차이라면 미국은 소프트 파워와 경제적 블록으로 지배하는 제국주의였고, 소련은 동유럽과 중앙아시아의 다른 나라들을 사실상 점령하면서 러시아어 사용을 강제했던 하드 파워의 제국주의란 것뿐이다.

로버트 알드리치 감독의 1956년 영화 〈공격〉에는 인상적인 대사가 하나 등장한다. "군대는 감정이 없다"는 말이다. 전쟁이 일어나는 순간 전쟁에 돌입한 사회에서는 전쟁 기계가 작동하기 시작한다.

●   클라우제비츠는 프로이센 왕국의 군인이자 군사 사상가 군사 이론의 고전인 《전쟁론》의 저자로 유명하다.

바로 이 사태를 러시아 영화 〈컴 앤 씨〉가 전쟁 영화 역사상 가장 소름끼치는 방식으로 묘사하고 있다. 평범한 우리는 그저 전쟁 기계의 소모용 부품으로, 지휘관의 명령에 따라 수시로 생과 사를 오가게 된다. 아니면 〈쟈니, 총을 얻다〉에서처럼 인간은 사지가 모두 잘리고 혀까지 망가진 상태에서도 군대의 홍보를 위한 전시품으로 전락할수도 있다. 정전협정 후 70년이 지난 지금까지도 전쟁의 위협에 노출되어 사는 대한민국이 어떤 방식으로건 전쟁을 막아야 하는 이유기도 하다.

배경 설명과 용어 정리

○

KKK

KKK Ku Klux Klan는 백인우월주의 단체로 인종차별(흑인만이 아니라 모든 비백인이 대상이다)을 당연시하는 근본주의 기독교 단체. KKK는 남북전쟁이 끝난 직후인 1865년 미국 테네시주에서 여섯 명의 은퇴한 남부군 장교들에 의해 설립됐다. 이들의 목적은 흑인을 백인과 분리하고, 격리시키는 것이었다. 이들은 이를 위해 폭력·협박·테러 행위를 서슴지 않았다. 이들은 흰색 천과 두건으로 온몸을 감싸는데, 이는 자신들이 백인임을 과시하는 행위인 동시에 남부연합군 병사들의 혼령임을 자처하고, 동시에 그런 모습을 통해 공포 효과를 나타낸다. 단체명의 유래는 그리스어로 원을 의미하는 κύκλος(키클로스)와 집단이라는 뜻의 Clan을 합성한 것으로 추론하고 있다.

제2차 포에니 전쟁

포에니 전쟁 Bella punica은 기원전 264년에서 기원전 146년 사이에 로마와 카르타고가 세 차례에 걸쳐 약 120년간 벌였던 전쟁을 말한다. 포에니 Poeni라는 단어는 로마인이 페니키아인을 지칭하는 단어 Poenicus에서 나왔다. 제2차 포에니 전쟁은 카르타고의 명장 한니발이 알프스산맥을 넘어 이탈리아로 진군해온 것으로 유명하다. 로마는 한니발의 진군에 지연 전술을 펼쳤고, 전쟁은 로마의 승리로 끝난다. 제2차 포에니 전쟁이 끝났을 때 로마 지휘관은 다른 사람은 모두 죽여도 카르타고의 대학자 아르키메데스는 죽이지 말라는 명령을 내렸지만, 분노한 한 병사에 의해 아르키메데스는 살해당하고 만다.

벨 앤드 하우웰

벨 앤드 하우웰Bell and Howell은 도널드 벨Donald Bell과 앨버트 하우웰Albert Howell이라는 두 명의 전직 극장 영사 전문가에 의해 1907년 미국에서 설립된 카메라 브랜드다. 이들이 만든 35mm 카메라는 1912년부터 판매를 시작하면서 안정적인 이미지, 제거할 수 있는 삼각대와 거의 파괴되지 않는 구조로 인기를 얻었다. 특히 몇몇 단점을 개선한 BH 70, 16mm 카메라는 제2차 세계대전 중 종군기자용으로 사용되었으며 셔먼 탱크만큼 견고하고 신뢰할 수 있는 카메라라는 평가를 얻었다.

아그파컬러

아그파컬러Agfacolor는 1867년 독일 베를린에 세워진 약품 회사인 아그파에서 1932년에 개발을 시작해 1936년에 처음으로 내놓은 컬러 필름의 명칭이다. 이 당시에 나온 아그파컬러는 당시 할리우드에서 주도적으로 사용하던 테크니컬러에 비해 품질이 많이 떨어졌다(마치 탈색된 화면처럼 보였다). 요제프 괴벨스는 〈바람과 함께 사라지다〉와 〈백설 공주와 일곱 난쟁이〉를 관람한 후 독일의 영화 산업은 물론이고, 미국과 영국에 대항한 문화전쟁에서 이기려면 더 뛰어난 컬러 필름이 필요하다고 생각해 아그파에 컬러 필름을 개선할 것을 요구한다. 그리하여 개선된 아그파컬러는 1941년부터 사용된다. 아그파는 제2차 세계대전 당시 전범 기업집단인 이게파르벤에 속해 있었다. 1925년에 아그파, 바이엘 등의 6개 회사가 기업연맹을 맺으면서 탄생한 이게파르벤은 이후 1930년대에 나치당을 지지했고, 홀로코스트에 적극적으로 참여한 전쟁범죄자 혐의로 재판받기도 했다. 1964년 게바트 포토프로덕션과 합병한 아그파 게바트는 영화 산업이 디지털로 전환한 2000년대 이후에는 건강 관리와 그래픽 그리고 화학 물질을 다루는 종합 화학회사로 변화했다.

빨치산

파르티잔Partisan을 한국식으로 부른 것이 빨치산이다. 그러다가 북한군이 지리산 등 산에 근거지를 마련하고 무장 게릴라 투쟁을 벌이는 과정이 길어지면서 빨치산은 어느새 '산에 숨어 있는 빨갱이'를 가리키는 용어가 되었다. 사실 파르티잔은 정식 부대는 아니지만, 무장을 갖추고 침략군 혹은 점령군에게 대항하는 이들을 말한다. 이들은 군대에 준한 무장을 갖추고 있지만, 계급이 존재하지 않는다. 다만 이들에게 작전을 지시하는 대장은 존재한다. 파르티잔은 도시에서 일상생활을 하며, 비밀리에 점령군에 대항해서 싸우는 레지스탕스와는 다른 세력이다. 하지만, 파르티잔이 레지스탕스가 되기도 하고, 레지스탕스가 파르티잔이 되기도 하는 등 경계를 구분하지는 않는다.

김성종

김성종은 20세기 한국 추리소설의 독보적 대가다. 그는 1969년 단편 소설 〈경찰관〉으로 데뷔한 후, 1974년에 첫 장편 소설이자 한국사의 비극을 미스터리에 녹여낸 걸작 《최후의 증인》으로 1974년 한국일보 창간 20주년 기념 200만 원 현상 장편 소설 공모전에 당선된다. 참고로 1974년이면, 당시 최고 인기 직업이던 은행원 월급이 4만 원이 안 되던 시절이다. 《최후의 증인》이 공모전에 당선된 이후 김성종은 본격적인 작가의 길을 걷는다. 이후 김성종은 1975년에서 1981년까지 《일간스포츠》 신문에 〈여명의 눈동자〉라는 대하드라마를 연재했다. 〈여명의 눈동자〉는 일제강점기부터 이후 해방기의 혼란과 한국전쟁까지 이어진 주인공 3명의 비극적인 삶을 역동적으로 묘사했고, 1991년 MBC 방송사에 의해 36부작 드라마로 만들어진다. 드라마 〈여명의 눈동자〉는 문장으로 표현된 내용과 사건들을 해외 로케이션에서 진행하면서까지 생생하게 그려내 "한국 드라마의 역사는 여명의 눈동자 이전과 이후로 나뉜다"라는 평가를 받을 만큼 뛰어난 작품으로 완성됐다. 다만 완성도가 너무 높은 탓에 시청자들이 드라마의 리메이크를 간절히 원했음에도 그 정도의 퀄리티는 만들어내기 힘들다는 판단 때문에 여전히 다시 만들어지지 않고 있는 작품이기도 하다. 김성종은 《최후의 증인》과 《여명의 눈동자》

그리고 《제5열》과 같은 작품을 통해 역사의 파도에 휩쓸리며 고통받는 인물들을 미스터리 화법 속에 탁월한 방식으로 녹여낸 작가다.

지가 베르토프

지가 베르토프 Дзига Вертов, Dziga Vertov는 러시아 다큐멘터리 감독이다. 그는 영화를 프로파간다의 도구로 보았으며 영화를 만드는 사람은 카메라의 눈을 통해 세상을 바라보아야 한다고 주장하며 다큐멘터리 작업을 이어 나갔다. 카메라의 눈은 인간의 눈보다 더 완전하게 세계를 인지한다는 의미를 가진 '키노 아이 Kino eye라는 개념을 제시하면서 〈키노 프라우다〉라는 뉴스 영화 시리즈를 제작하기도 했다. 그의 대표작인 〈카메라를 든 사나이〉는 수많은 영화 작가에게 영향을 미쳤으며, 이후 프랑스의 누벨바그를 이끌었던 장 뤽 고다르는 할리우드 영화 스타일에 반기를 들며, 지가 베르토프의 이름을 딴 '지가 베르토프 집단'을 결성해 영화 운동을 벌이기도 했다.

10

아시아
액션 영화의 원형,
무협

칼이 춤추면,
피바람이 불어온다

무협과 강호란 무엇인가

무협武俠이란 말은 언제 누가 어떻게 만들었을까. 무협에서 '협'의 개념을 이해하려면 한자의 구성을 봐야 한다. 俠자는 사람인변亻에 큰 대大자가 좌우로 작은 크기의 사람人을 감싸고 있는 형태다. 약한小 사람을 돌보는 인물을 형상화한 것이다. 서양에서 '히어로'가 남을 돕는 사람이란 뜻으로 사용한 것과 맥락을 같이한다. 무와 협을 결합한 단어이자 '무로 남을 돕는 자'라는 뜻의 무협은 사실 근대에 만들어진 단어다. 예전 중국은 무협보다는 '유협'이란 말을 즐겨 사용했다. 무협이란 말 자체는 일본에서 만든 것인데, 일본의 모험소설가 오시카와 슌로가 1903년에 쓴《무협의 일본武俠の日本》을 시초로 본다. 이 말은 협은 무로서만 이룰 수 있다는 일본의 호전적인 군사주의를 반영한 것이다. 이를 당시 서구 열강의 패권경쟁에 흔들리던 중국도 받아들이게 된다. 당시는 가치적 개념인 협보다 직접적 무력인 힘이 더 중요했기 때문이다. 이후로 중화권에도 무협 소설, 무협 영화의 개념이 자리를 잡는다. 정작 무협이란 단어를 만든 일본은 전통적으로 무사도武士道란 용어를 썼으므로 사무라이 영화에는 무협이란 단어를 사용하지 않다가 나중에 홍콩 영화가 무협이란 단어를 쓰자 이를 받아들여 1970년대부터 일부 영화에 사용한다. 중국의 유협이 일본에서 무협으로 변하고, 이를 홍콩이 영화의 장르 용어로 쓰자 다시 일본으로 역수입된 것이다. 한국도 이런 경로를 거쳐서 무협 소설, 무협 영화라는 말을 쓰기 시작했다.

무협 세계에서 무술인들이 의義와 협이라는 세계관으로 자신들만의 질서를 구축하는 세상이 바로 강호江湖다. 강호는 역사적으로는 한漢, 당唐, 송宋, 원元, 명明, 청淸 같은 왕조가 지배하던 중국의 공식 역사와는 따로 존재하던 세상이다. 무술 고수들이 각자 문파를 결성하여 다스리던 일종의 사이버 월드다. 말하자면 '암흑가', 한국 영화의 중심지 '충무로'처럼 있지만, 없는 세계이고 또 없지만 있는 세계인 것이다. 강호를 다른 말로는 무림武林이라고도 한다. 무림의 실력자들은 공권력과는 별개로 또 다른 세상에서 공권력에 버금가는 능력을 행사한다. 무협에서는 정의롭고 보편적 가치를 실천하는 세력을 정파正派라고 하고, 악을 행하는 쪽을 사파邪派라고 한다. 수천 년에 걸친 전란과 대량 살육으로 인명 경시 풍조가 만연한 중국 역사에서 공권력을 대신해 의와 협을 실행하는 무림 고수의 존재는 영웅을 바라는 대중의 욕망이 빚은 결과물이었다. 서극의 영화 〈소오강호笑傲江湖〉가 이런 강호의 풍경을 적절하게 묘사하고 있다. 주인공

• 〈소오강호〉 스틸 컷

은 이제 막 강호에서 은퇴한 무림 고수 두 사람을 만난다. 이들은 '소오강호(강호의 속박을 웃어넘긴다는 노래)'를 함께 부르며 즐거운 시간을 보내지만, 이들을 쫓아온 관부의 자객에게 두 고수는 큰 상처를 입는다. 그러나 이들

은 죽음의 순간을 앞두고도 태연하게 다시 소오강호를 부른다. 이 작품에서 묘사하는 것처럼 강호는 무력이 우선시되는 사회면서도 관과 협 어느 쪽도 지배력을 행사하지 못하는 속박 없는 사회, 곧 소오강호라는 노래로 대표되는 낭만적인 협의 공간이기도 하다.

무협 영화의 인기몰이

> "강호의 살수는 유성처럼 찬란히 빛나며 나타나지만
> 이름 없는 유성처럼 순식간에 사라져간다"

전설적 무협 영화 〈유성·호접·검 流星·胡蝶·劍〉*의 오프닝에 등장하는 대사다. 〈유성호접검〉은 소설 원작도 유명한데, 원작자 고룡은 무협 소설의 대가이자 '검 하나로 영원에 접근한다'는 철학적 주제를 무협에 녹인 대표적인 작가다. 이 책의 제목에서도 유성, 즉 별똥별처럼 덧없이 사라지는 자객의 운명과 호접, 즉 잡지 않으면 날아가는 나비 같은 사랑 그리고 검, 즉 살수의 숙명인 칼이 이어지는 유장하면서도 허무한 철학적 느낌을 받는다. 이걸 영화로 만든 〈유성호접검〉은 1976년 쇼 브라더스 작품이다. 초원 감독이 연출하고 주연에는 종화(맹성혼 역), 곡봉(노백 역), 악화(율향천 역), 조연으로 장철 감독 영화의 단골 배우 나열(한당 역) 그리고 〈첩혈쌍웅〉의 스타인 이수현

• 오리지널 포스터와 일부 한국 홍보 포스터에서는 〈유성·호접·검 流星·胡蝶·劍〉같이 영화 제목에 구분점을 넣어 영화 제목을 오독할 가능성을 방지하고 있다. 이 책에서는 이후 〈유성호접검〉으로 표기한다.

• 〈유성호접검〉 지면 광고

• 〈유성호접검〉 기사

• 〈의리의 사나이 외팔이〉 동아일보 지면 광고

이 젊은 시절 단역(거의 나오자마자 죽는다)으로 출연한 영화다. 한국에는 1977년 개봉했지만 서울 도심 개봉관은 잡지 못하고 주로 청계천의 아세아 극장 같은 재개봉관과 변두리 재개봉관을 돌다 끝났다. 하지만 당시에도 관객들에게 미친 영향은 어마어마했다. 입소문에 따라 반복 관람이 늘어났고 이 영화를 본 오현리 같은 한국의 무협 작가는 〈유성호접검〉을 〈벤허〉와 같은 반열에 올리기도 했다. 한마디로 〈유성호접검〉은 무협 영화의 모든 것을 담은 작품이었다.

한국에서 무협 영화 붐은 1968년 개봉한 왕우 주연의 〈의리의 사나이 외팔이獨臂刀〉 시리즈로 시작한다. 왕우에서 이소룡-성룡-홍금보-이연걸-견자단으로 이어지는 액션 스타들의 계보는 홍콩 영화의 화려한 역사 그 자체를 상징한다. 당시 무협 영화의 인기는 지금의 마블 영화를 넘을 정도였다. 아이언맨은 손바닥에서 빔을 발사하고 로켓 수트를 입어야 하늘을 날지만 무협지의 고수들은 장풍을 쏘고 경공술로 하늘을 날았다.

문화권을 넘나드는
영웅 서사의 보편성

무협 서사는 의협 정신을 기반으로 하며, 의협 정서는 시대를 초월해 민중이 공통으로 바라왔던 영웅 서사와 본질적으로 같다. 동서양의 전설과 서사시의 영웅들, 웨스턴 무비의 영웅들은 민초들이 자신들을 지켜줄 영웅을 꿈꾸면서 만들어낸 이야기인 것이다. 이런 영웅에게는 각각 나라와 문화권별로 철학적 바탕이 있었다. 서양은 기사도,

중국은 의협, 일본은 무사도, 미국은 개척 정신을 내세운다. 우리도 허균의《홍길동전》과 전래동화《반쪽이》등에서 보듯이 전통 사회에서 구전되는 영웅 서사들의 대부분은 무력으로 악을 처벌한다는 무협의 형식을 지니고 있다.

영웅 서사의 구성이 보편적이었던 만큼 무협 영화는 다른 영화들과 국적과 문화권을 넘어 꾸준히 서로 영향을 주고받기도 했다. 가령 대가를 바라지 않고 마을을 구한 뒤 홀연히 떠나버리는 〈셰인〉 같은 서부극에서는 아시아적 협의 영향력도 느껴진다. 아마 〈셰인〉이 제작되던 1950년대가 일본 영화나 아시아 문화가 서구에도 익숙하던 시대라는 것과 무관하지 않을 것이다. 미국은 20세기 초부터 중국과 일본을 불안하지만 동시에 신비한 세계로 받아들이면서 은근히 이에 영향을 받기도 했었다.(니토베 이나조가 무사도에 관한 책《무사도》영문판을 출판한 것이 1900년이다) 물론 역으로 서부극도 홍콩과 일본 영화에 강력한 영향을 미쳤다. 무협과 사무라이 영화에 등장하는 일대일 대결 장면이 서부극에 영향받은 대표적인 설정이다. 한편 일본의 찬찬바라 영화와 중화권의 무협 영화는 서양 액션과 결이 다르다. 동양인과 서양인은 체격과 무기도 다를 뿐 아니라 세계관도 달랐다. 서양의 검술 액션 Sword fight scene은 대개 신화(니벨룽겐의 노래나 엑스칼리버)를 배경으로 하거나 역사적 영웅 같은 캐릭터의 능력을 보여주기 위한 설정이라면, 무협의 주인공에서 무술 능력은 그 자체가 서사고, 캐릭터다.

상무와 투쟁의 산물,
다양한 무기들

무협의 협은 무의 등장으로 시작한다. 거칠게 말하면 무를 이용해서 의를 실천하는 행위가 협이라고 하겠다. 문학이론가 진산은《중국무협사》에서 중국의 무(武) 관념은 "고대의 상무尙武 기풍과 습무習武 생활"에서 기원했다고 말한다. 허구한 날 전쟁이 벌어지니 싸워서 이겨야(상무) 하고, 이를 위해 열심히 싸움 기술을 익혀야(습무) 했다는 말이다. 그러한 사회이니 "'용기 없음'은 사람들이 가장 멸시하는 것"이기도 했다. 기원전 770년 춘추전국시대가 시작되면서 협의 맹아인 호검好劍이라는 독특한 사회적 시류가 형성된다. 고대 중국에서는 활과 칼 그리고 극戟이라 부르는 다양한 날을 단 창 같은 무기를 사용했다. 오늘날 우리가 보는 무협 영화 속의 다양한 무기, 예컨대 영화에서 묘사하는 화려하게 생긴 유성추流星錘나 호두구虎頭鉤 같은 무기는 존재하지 않았다. 당시의 전사들은 칼과 창을 들고 근접전을 펼쳐야 했다. 여기에 더해 칼은 구조가 간단해 만들기도 쉬웠으니 칼이 전사의 상징이 되어 숭검심리崇劍心理가 보편화되었다. 무협 영화에서 협객을 대표하는 상징적인 무기가 칼인 이유다. 협객은 무력을 통해 자신의 협을 관철해야 했으므로 그가 지니는 무기는 협객의 상징이 된다. 그러니 영화에서 다양한 협객을 묘사할 때 이들을 구분해주는 가장 확실한 장치가 바로 협객이 지닌 다양한 형태의 무기다.

반면 비교적 근대인 청나라 배경의 이안 감독의 〈와호장룡〉에는 칼 말고도 다양한 무기가 등장한다. 〈와호장룡〉에서는 수련과 용이 대결을 펼친다. 여기서 용은 청명검靑冥劍을 들고 싸우는데, 수련은 자신의 평범한 칼이 천하제일 보검인 청명검에 잘려 나가자 계속 다양한 무기를 번갈아 집어 든다. 처음 사용하는 칼은 버드나무 잎 모양으로 중국의 대표적인 칼인 유엽도柳葉刀다. 이 칼은 대결 도중에 수련이 팔을 확 펼치자 쌍검으로 나뉜다. 쌍검은 분리된 칼이 두 개라기보다 하나의 칼집에 한 쌍으로 붙어 있는 두 개의 칼로 구성된다. 그리고 일반적으로는 보통 칼에 비해 길이가 짧다. 그런데 유엽도마저 상대가 안 되자 수련은 이번에 창槍을 쓴다. 이 창은 적의 시각을 교란하고 공격 시 튀는 피를 막기 위한 붉은 털이 감싸고 있다. 창도 잘려 나가자 이번엔 호두구虎頭鉤를 꺼낸다. 호두구는 손잡이에 칼날이 달려 있고, 쇠막대의 끝이 휘어진 고리 형태의 무기다. 그런 다음 창과 도끼를 결합한 산鏟을 쓰려 하지만, 너무 무거워 포기하고 대신 대나무 뿌리를 모방한 철편鐵鞭을 쓴다. 철편은 산보다 가볍지만, 그래도 무게가 7~8kg은 나가는 무기다. 철편에 한 번 맞으면 산산조각이 난다. 이제 이 철편마저 잘리자 수련은 마지막 무기로 검劍을 쓴다. 중국의 기본 사대병기四大兵器는 검, 도, 곤, 창이다. 〈와호장룡〉은 수련 캐릭터를 통해 한 사람이 사대병기와 그 변형인 다양한 병기를 자유자재로 사용하는 모습을 무협 영화사상 가장 뛰어난 방식으로 보여주고 있다. 〈와호장룡〉은 바로 이 하나의 시퀀스를 통해 과거 중국인의 의식을 지배하는 상무 정신과 함께 이전까지 무협 영화 속에서 다양한 병기로 상징되는 협객의 모습을 단번에 정리한 것이다.

송나라부터 본격적으로 완성된
무협의 세계관

춘추전국시대를 거치면서 전통적으로 무술과 검을 숭배하는 심리로부터 무라는 개념이 점차 퍼져나간다. 그리고 여기에 사士라는 개념이 결합하고 이후 이는 국사國士와 유사遊士라는 개념으로 분할된다. 국사는 문자 그대로 국가를 위해 싸우는 전사이며, 유사는 관직에 오르지 않으며 농경을 벗어나 자유롭게 돌아다니는 이들을 말한다. 여기서부터 유사들이 오늘날의 협객과 유사한 방식으로 남의 어려움을 해결하는 협의 초기 형태를 보여준다. 협은 공권력의 공백을 메운다는 점에서 서양의 자경단과 비슷하지만 본질은 다르다. 자경단은 공동체를 지키기 위해 등장한 반면 협은 '나我'를 과시하는 것이 더 중요하기 때문이다. 이렇게 등장한 협은 중국 역사의 과정인 지배 세력의 변화 과정에 따라 아주 다양한 형태로 변하기 시작한다.

무협의 원형은 오랫동안 중국 역사를 관통해왔지만 우리가 아는 본격적인 모습은 송나라부터다. 이 시기에 이르면 도시가 형성되고 우리가 무협 영화에서 보는 도시와 객잔이 어우러져 있는 무협 영화의 전형적인 풍경이 만들어진다. 또한 송나라 시대는 소림사의 무술이 고도로 발전하고 평민 생활 전반에 걸쳐 수많은 무술 집단이 등장하면서 무림이라 부르는 세계가 본격적으로 형성된다. 그리고 민간 사회에 종교·경제·정치나 삶의 필요에 따라 비밀 결사가 생겨난다. 영화 〈무간도〉나 〈흑사회〉에서 볼 수 있는 제를 지내며 피를 섞은 술을 나눠 마시는 관습도 바로 이때부터 시작했다. 바로 이러한 개별적 집단들이 각 문파를 이루게 된다. 그러니 우리가 보기

· 소림사

에 〈무간도〉 속에 등장하는 이들은 그저 조폭일 뿐이지만, 무협의 관점에서는 협객이 되기도 하는 것이다. 이와 함께 탐관오리의 부정부패, 많은 부역과 세금 등으로 인해 고통받은 무림의 많은 이들이 산속으로 숨어든다. 어둠의 세력인 녹림綠林이 이때 탄생한 것이고, 여기서 보표保鏢(운송), 살수殺手(암살자), 향마響馬(도적단)라는 3대 집단이

탄생한다. 살수와 향마는 무협 영화에 빠질 수 없는 집단이다.(앞서 〈유성호접검〉의 맹성혼이 살수다.) 한편 장철의 영화 〈보표〉는 귀하고 비싼 물건을 대신 배달하는 이들, 보표가 운영하는 집단인 표국鏢局을 그리고 있는데, 영화 속에서 독립적으로 운영되는 표국과 달리 초기 표국은 일종의 향마 집단의 연합이었다. 녹림 전체에 걸쳐 있는 개별적 무림 집단(도적단)이 연합해서 물건을 보호하고 운반하는 형태이기 때문에 이를 아무도 건들지 못했다.

무림이 형성되는 역사 공간에는 실제로도 피가 철철 흘러넘치는 사건이 수시로 벌어졌다. 한 무제 때는 일부 토착 호협* 세력들이 변절하여 관직(혹독하고 까다로운 관리라는 뜻에서 혹리酷吏라고 한다)에 오른다. 황제는 애초에 출신이 같은 데다가 호협의 생태에 익숙한 이들을 관리로 삼아, 호협이 많은 지역에 파견해 호협 세력을 살육하도록 했다. 그리고는 이를 "협으로써 협을 다스린다"고 표현했다.《사기》, 〈혹리열전〉에는 "피가 10여 리를 흘렀으며, 12개월이 다하도록 군내에는 아무 소리도 들리지 않았다"며 당시를 묘사한다. 이렇게 호협을 제거하는 방식은 이후 다른 왕조에도 이어져 호협 세력이 커질 때마다 사용했다. 호금전 감독의 〈용문객잔〉 같은 작품들이 바로 혹리들이 지배하는 이러한 시대를 묘사하고 있다. 그리고 원나라 시기에는 몽골족이 한족의 반란을 우려하여 아예 무술 수련 자체를 금지한다.

중국 역사와 가치관에서 비롯된 협의 개념은 의협을 거쳐 자신의 가치를 인정해주고 사람을 위해 목숨을 바치는 유협遊俠이 되고, 이후 호협豪俠으로 갈라졌으며 (오우삼의 초기 영화인 〈호협〉에는 이를 정확히 보여주는 설정이 자세하게 나온다) 송나라 때에 이르면 도시의 발달

---

* 유협의 친구 관계를 파벌 관계로 변화시켜, 자신의 뜻을 대신 해결해주거나 혹은 돈을 받고 문제를 해결해주는 무사.

과 함께 오늘날 보는 무림 세계의 무협武俠으로 변모한다. 나중에 명나라 때에 이르면 협객의 이미지에 포청천包靑天 같은 법관의 이미지를 덮어씌운 공안公案 소설류가 등장하고 이와 함께 유가儒家는 협의 개념에 나라를 위해 몸을 바치는忠 이미지 또한 덧씌운다. 충·효·예라는 지배 이데올로기를 중심에 두는 유가의 관점에서 보면 공권력을 부정하는 자의적 가치관인 유협은 존재해선 안 되기 때문이다. 그러나 지배층이 아무리 금지해도 민간에는 항상 협의 문화가 함께했다. 중국의 역사·시대적 현실이 늘 협의 필요성을 불러냈다.

넓은 영토의 중국에서는 역사적으로 중앙의 힘이 지방까지 미치지 못했고 지방의 지배 세력과 도적단이 민중에게 벌이는 착취와 약탈은 끔찍한 것이었다. 그야말로 법은 멀고 주먹은 가까운 세상에서 자신의 복수는 스스로 이루어야 한다는 생각이 강했고, 민간에서는 이를 협이라고 했다. 즉 중국에서 실제의 협은 지배층이 강조한 객관적이고 가치 지향적인 개념이기보다는 내가 옳다고 믿는 행동을 하는 개인적 복수에 가까웠던 것이다. 이렇게 협의 기준이 각자 지닌 신념 체계에 따라 달라지니 협객의 이미지 또한 여러 가지로 달라지게 된다. 나라와 국민을 위하는 것이 협의 큰 뜻이라는 주장도 있으나 협의 국가–민족주의적 요소는 권력자와 유학자에 의해 나중에 덧씌워진 이미지에 가깝다. 사실상 실제 중국인의 협은 정의와 불의에 상관없이 자신이 진정 옳다고 믿으면 죽건 말건 끝까지 자신의 길을 밀고 나가는 정신 그 자체였기 때문이다. 비록 폭력배를 미화했다는 논란이 있지만 예전에 평안도 출신의 탁월한 싸움꾼 시라소니를 협객으로 그린 소설이 인기를 끈 것도 민중들이 법보다 주먹이 가까운 세상에서 약자를 위해 싸워주는 영웅을 갈구했기 때문일 것이다.

무법의 세계, 정의가 없는 혼돈의 세상에서 무력으로 민초를 구

하는 영웅서사의 동양적 버전인 무협 영웅의 이야기는 오랫동안 전
승되다 근세에 이르면 소설로 만들어진다. 무협 소설은 20세기 초에
선을 보이다가 1950년대부터는 중국 본토에서 이주한 김용金庸, 와
룡생臥龍生, 진청운陳靑雲, 고룡古龍 같은 작가들이 대만과 홍콩에서 잇
달아 작품을 발표하고 중화권은 물론 한국에서까지 인기를 얻으며
문학의 형태로 발전했으며, 나중에는 영화의 소재가 되었다.

무협 영화의 기반이 된
무협 소설

홍콩 최초의 무협 영화는 1928년에 공개한 〈화소홍련사〉다. 〈화소홍
련사〉는 최초의 무협 소설이자 구파 무협 소설의 대표작으로 평가받
는 《강호기협전江湖奇俠傳》을 영화화한 작품으로 16부작, 27시간에 달
한다. 〈화소홍련사〉를 시작으로 무협 영화는 관객의 엄청난 열광을
불러일으켰다. 그러나 당시 중국의 국민당 정부는 이것이 마땅치 않
았다. 1930년 상하이 전영검사위원회는 미신사설迷信邪說•을 조장한다
는 이유로 무협 영화 금지 결정을 내린다. 하지만 1949년에는 무협 영
화를 금지한 국민당 정부도 공산당에 쫓겨 대만으로 도망친다. 이로써
중국에는 무협 영화는 물론 영화 산업 자체가 사라지게 된다. 이렇게
끝난 무협 영화는 홍콩의 쇼 브라더스가 '무협 신세기'를 선언하고, 신
파 무협 영화 〈강호기협〉을 만들며 부활한다. 무협 영화의 부활은 하필
이면 홍콩이 중국도 대만도 아닌 자유로운 창작이 가능한 영국의 식민

•　아무런 과학적 근거도 없는 그릇되고 올바르지 않은 것을 종교적 신앙처럼 맹신하는 행
위를 가리킨다.

• 〈화소홍련사〉 포스터

지였기에 가능한 일이었다. 아이러니다. 그렇다면 구파 무협은 무엇이고, 신파 무협은 무엇일까?

　구파 무협은 수백 년 동안 내려오던 무협 이야기의 민간전승을 20세기 초에 글로서 정리한 것이다. 1923년 작 평강불초생平江不肖生의 《강호기협전》이나 환주루주還珠樓主의 《촉산검협전》이 구파의 대표작품이다. 구파 무협 작품은 많은 사람의 사랑을 받았지만, 곧 이를 모방한 수많은 아류작이 나오면서 생명력을 잃는다. 그러다가 1950년대에 이르면 구파 무협의 폐단을 극복하고자 서구 문학 형식을 빌려 새로운 문체를 제시하고 복잡한 플롯과 등장인물의 세밀한 심리를 묘사하는 이른바 신파 무협 작품들이 등장한다. 1954년에 양우생이

• 〈강호기협〉 포스터   • 〈원앙검협〉 포스터   • 〈금검은구〉 포스터

발표한《용호투경화龍虎鬪京華》, 1956년 김용의《서검은구록 書劍恩仇錄》
을 시작으로 무협·역사·애정이라는 세 가지 요소를 결합한 신파 무
협은 구파와 차별을 보이며 대중의 호응을 얻는다.

　　홍콩의 무협 영화는 구파와 신파 무협을 모두 섞어 사용하기 시
작한다. 1965년에는 평강불초생의《강호기협전》을 그대로 제목으로
사용한 신파 무협 영화 〈강호기협〉 삼부작 시리즈가 등장한다. 신파
무협 영화가 구파 무협 소설의 에피소드식 구조를 참고한 까닭은 신
파 무협 소설의 장대한 내러티브를 100분 내외의 러닝타임으로 요
약하기 쉽지 않았기 때문이다. 무협 소설 영화화가 활기를 띠자, 여
기에 당시 절대적 인기를 얻던 신파 무협 소설의 대부 김용이 힘을
보탠다. 김용은 자신의 소설은 아무렇게나 각색해도 좋다고 말한다.
예나 지금이나 영화를 만들려면 좋은 이야기가 많이 필요한데 무협
영화를 만들 보물창고의 열쇠를 김용 작가가 영화인들에게 통째로
준 것이나 마찬가지였다.

무협 영화 제국,
쇼 브라더스의 제작 시스템

무협 영화를 제대로 알려면 쇼 브라더스의 역사를 알아야 한다. 쇼 브라더스邵氏兄弟, Shaw Brothers Limited는 1950~1970년대 홍콩 영화계는 물론 아시아 영화를 지배하다시피 했던 메이저 스튜디오다. 싱가포르에서 영화 배급 및 극장 체인을 운영하던 두 형제, 소인매邵仁枚와 동생 소일부邵逸夫가 1958년 홍콩에 설립했다. 짐작할 수 있듯이 쇼 브라더스라는 명칭과 로고는 할리우드의 워너 브러더스를 모방한 것이다. 영화 시작에 붙는 로고 필름에도 20세기 폭스사의 시네마스코프를 쇼스코프 Shawscope라는 이름으로 모방하기도 했다. 비록 모방이긴 하지만 이건 쇼 브라더스 영화들의 지향점이 어디인가를 명확히 드러내는 상징이기도 하다. 그 첫 출발은 전용 스튜디오의 설립이었다. 소씨 형제들은 1961년 홍콩 청수만 스튜디오를 완공하면서 할리우드와 같은 철저한 스튜디오 제작 시스템을 확립해간다.

청수만의 쇼 브라더스 스튜디오는 마치 공장처럼 영화를 제작했다. 작업 속도를 올리기 위해 까다로운 동시 녹음을 포기하고 후시 녹음을 사용했지만 한편으론 당시 만연하던 밤샘 촬영의 병폐를 없애고 9 TO 5*라는 주간 제작 시스템을 확립했다. 또한 나라별로 영화 검열 기준에 따라 영화 필름을 세 가지 판본으로 편집하여 미국, 일본, 싱가포르, 말레이시아, 홍콩 시장에 각각 공급했다. 쇼 브라더스는 자신들의 극장을 이용해서 생산·배급·상영이라는 수직 독과점 구조를 확립하면서 한편으로는 이한상, 호금전, 장철 같은 감독을 고용해 빠른 속도로 영화 시장을 장악한다. 그리고 이들 감독을 중심으

•   오전 9시부터 오후 5시까지 근무한다는 뜻이다.

로 영화 세트장의 권력 구조가 만들어졌다. 유명 감독들이 배우와 스태프를 선발해 아들, 딸처럼 키우는 수양아들, 수양딸 구조가 만들어진다. 현지 촬영보다는 세트 촬영으로 제작비를 줄이고 전속 감독과 배우를 수시로 동원해 후다닥 영화를 만드는 이런 시스템은 할리우드가 '꿈의 공장'이라 불리며 영화를 찍어내던 시스템을 그대로 벤치마킹한 것이었다. 런 런 쇼라는 이름으로 더 잘 알려진 소일부와 쇼 브라더스는 아시아의 MGM이었다. 하지만 영화의 스토리와 내용까지 할리우드를 따라 한 것은 아니다. 할리우드에 서부극과 액션, SF가 있다면 아시아 영화는 뭔가 다른 것으로 채워야 했다.

소씨 형제와 젊은 감독들은 1950년대 아시아 영화 시장을 주름잡던 일본의 찬찬바라 영화, 즉 사무라이 검술 영화에 주목한다. 무협이나 사무라이나 둘 다 아시아를 배경으로 하고, 사극이며, 무기를 쓰고, 무술을 기본으로 하니 참조하기 안성맞춤이 아닐 수 없었다. 물론 당시에도 무협 영화는 있었다. 1960년대 이전에 만들어지던 무협 영화는 황당무계한 무공을 경극 스타일로 만들었다. 쇼 브라더스는 경극 스타일의 느슨하고, 서부극과 사무라이 영화에 비해 지루한 당시 영화와는 전혀 다른 스타일로 만들길 원했다. 무협 영화의 초창기에 쇼 브라더스 감독들은 시사실에서 일본 사무라이 영화를 밤새 몰아 보면서 검술 액션의 합을 배우고, 다른 한편으로는 당시를 풍미하던 사무엘 풀러와 샘 페킨파의 영화에서 폭력의 미학을 배웠다. 이를 바탕으로 쇼 브라더스는 1960년대부터 무협 영화를 대규모로 제작한다. 1960년 중반부터 시작된 쇼 브라더스의 전성기에는 홍콩 흥행 영화 20위 안에 든 작품 대부분이 쇼 브라더스 영화일 정도로 홍콩 영화 시장을 거의 독점했다. 무협은 이미 소설로 출간된 작품이 많아 소재 발굴 측면에서도 유리했다. 김용 같은 대작가가 원작 사용도 허락했지 않은가. 시장의 호응과 함께 수많은 무협 영화가 제작되어 홍콩, 싱가포르, 대만, 한국, 그리고 미국에까지 상영되었다. 이렇게 유행한 무협 영화는 20세기 대중문화 전반에 큰 영향을 미쳤다. 쿠엔틴 타란티노가 홍콩 액션과 무협 영화의 광팬이란 건 널리 알려진 사실이고, 넷플릭스의 다큐멘터리 〈쇼 브라더스의 쿵푸 신드롬〉을 보면 힙합과 비보잉까지 무협 영화의 영향을 받았다는 점을 알 수 있다.

닮은 듯 달랐던
사무라이 영화와 무협 영화

앞서 말한 대로 무협 영화의 감독들은 사무라이 영화를 적극적으로 참조했다. 그러나 같은 이야기를 다루는 일본과 중국의 정서는 묘하게 차이가 난다. 이런 차이는 장철 감독이 고샤 히데오 감독의 1964년 작 〈3인의 사무라이〉를 리메이크한 〈3인의 협객〉에도 잘 드러난다. 〈3인의 사무라이〉와 〈3인의 협객〉은 가혹한 세금 때문에 영주의 딸을 납치한 농민과 이들을 돕는 협객을 다룬다는 점에서 이야기의 시작은 같다. 그러나 영화의 결말에서 영주의 딸을 납치한 농민이 모두 죽고 난 후에 벌어지는 이야기는 전혀 다르다. 사무라이는 농민을 돕고자 하지만 농민들은 죽은 자들에 대해 슬퍼하기만 할 뿐 겁에 질려 희생자를 대신해 탄원서를 관리에게 전달하는 일에는 누구도 나서지 못하고, 이를 본 사무라이는 절망한다. 이에 반해 협객은 농민이 모두 살해당하자 직접 관리를 찾아가 대량 학살을 벌인 다음 막 도착한 더 높은 관리에게 모든 사실을 알려 사태를 해결한다.

　사무라이 영화와 무협 영화에서 보이는 캐릭터의 사뭇 다른 대

• 〈3인의 사무라이〉 포스터   • 〈3인의 협객〉 포스터

응 방식은 일본과 중국의 역사 문화적 차이가 반영된 결과라고 봐야한다. 일본의 사회구조는 지배층과 사무라이 그리고 평민으로 구성된다. 평민보다도 낮은 천민인 부락민도 있었지만 대체로 평민은 계층 이동의 사다리가 전혀 존재하지 않는 집단이었다. 한마디로 일본은 개천에서 용이 나올 수 없는 사회였다. 신분 이동이 불가능한 계급 사회에선 스스로 운명을 개척하기보다는 누군가 나서서 자신들을 구원해주길 바랄 뿐이다. 일본과 달리 한국과 중국은 신분의 차이는 엄연하지만 이론상으로는 시험을 거쳐서 누구든 학문을 쌓으면 관리로 진출할 수 있는 길을 열어둔 사회다. 이처럼 계층 이동이 가능한 사회에서는 필연적으로 평등 의식이 발생하기 마련이다. 높은 자건 낮은 자건 평등하다는 의식이야말로 한국 사회와 마찬가지로 중국 민간 사회의 가장 중요한 개념이다. 기원전 209년 진나라의 진승과 오광이 난을 일으키면서 "왕후장상의 씨가 따로 있겠느냐"며 힘이 있으면 누구라도 왕이 될 수 있다고 외치는 이런 말들은 한국과 중국에선 당연하지만, 일본에서는 불가능했다.

그래서 같은 설정으로 시작한 영화라도 캐릭터의 행동과 반응은 일본과 중국이 다를 수밖에 없었다. 장철은 〈3인의 협객〉을 만들면서 두 나라의 정서적 차이를 반영하면서도 별개로 훌륭한 리메이크작을 창조한 것이다.

무협 영화가 사라지고
홍콩 영화도 사라졌다

쇼 브라더스와 왕우, 장철이 빛내던 무협 영화의 황금기는 이후로도 몇 번이나 환골탈태의 몸부림을 통해 1990년대 말까지 명맥을 이어 갔다. 1960년대에 등장한 무협 영화는 이후 장검이 아닌 단검을 주로 사용하는 영화와 손발을 무기처럼 사용하는 권격 영화로 분리되다 1980년대부터 점차 시들해진다. 무협 영화와 권격 영화가 분리되던 시기에 혜성처럼 등장한 이소룡의 영화들은 무협 영화를 현대적 액션 영화로 변신시켰고 찬란히 빛나던 이소룡이 유성처럼 세상을 떠나자 그를 발굴했던 레이먼드 초우는 자신의 영화사 골든 하베스트에서 성룡, 원표, 홍금보를 일컫는 가화삼보를 내세우며 1980년대와 이어지는 전성기를 구가했다. 1980년대 들어 골든 하베스트가 영화계를 지배하면서 힘이 빠진 것인지, 세대교체를 인정한 것인지는 몰라도 (레이먼드 초우는 런 런 쇼보다 20살이 젊다) 런 런 쇼는 1980~1990년대에 한동안 영화 제작을 멈추고 자신의 필름들을 회사 창고에 보관만 하고 있었다. 앞서 말한 대로 그러한 이유로 우리는 쇼 브라더스의 대표작을 한동안 다시 볼 수가 없었다.

　1980년대부터 홍콩 영화는 또 한 번의 세대교체가 이뤄진다. 미국에서 영화를 공부하고 돌아와 홍콩의 TV 업계에서 일하던 서극은 방송국이 망하자 영화를 찍는다. 고룡의 미스터리 무협 작품을 떠올리게 하는 뛰어난 데뷔작인 〈접변〉을 필두로, 〈촉산〉을 통해 할리우드식 시각 효과를 접목한 신무협 영화를 연출한 서극은 오우삼, 정소동 등 재능 있는 동료를 모아 전영공작실電影工作室, Film Workshop이란 이름으로 연달아 흥행작을 내놓는다. 〈소오강호〉〈동방불패〉〈천녀유혼〉〈황비홍〉 등의 무협 판타지 영화들이다. 〈영웅본색〉〈첩혈쌍웅〉〈마영정〉 같은 무협과 액션 느와르를 결합한 영화도 많은 관객을 모았다. 그리고 이들이 만들어낸 무협에서 느와르까지 다양한 장르를 섭렵한 전영공작실의 필모그래피에는 쇼 브라더스 출신 대선배 감독 장철의 무협 영화가 끼친 깊은 영향력을 결코 지울 수 없다. 서극이 장철의 〈의리의 사나이 외팔이〉를 리메이크하면서 비정한 강호를 묘사한 〈서극의 칼〉을 만든 것 또한 이러한 영향력의 가시적인 결과기도 하다.

　　홍콩 무협 영화의 종말은 빠르게 찾아왔다. 무협 영화는 관객이 보길 원하는 놀라운 신체 능력 대신 특수 효과에만 의지한 채 과거에 영광스럽게 기억된 걸작들을 흉내 내기 시작했다. 게다가 CG 기술의 과도기에 사용된 CG 기술은 조악했지만, 계속해서 CG와 신체를 허공에 들어올리는 와이어 기술에만 의존했다. 결국 관객은 무협 영화를 등한시하기 시작했고, 무협 영화 제작에 투자하려는 사람들 또한 사라졌다. 이러한 내용들은 홍콩 장르 영화 전반에 해당하는 것이지만, 무협 영화는 이보다 조금 빨랐고, 홍콩이 중국에 반환된 이후 무협 영화는 사람들의 기억에서 급격히 빠른 속도로 사라져버렸다. 2000년 이안 감독이 미국에서 〈와호장룡〉을 만들었을 때 사람들이 놀란 것 가운데 하나는 바로 몇 년 전까지 관객의 열광을 불러일으켰던 무협 영화를 정말로 잊어버리고 있었다는 것이다.

　　현재는 홍콩 영화가 사라진 자리에 중국 영화만이 남았다. 14억의 내수시장만으로도 무서울 게 없다는 태도로 만드는 중국 영화에는 이제 〈전랑〉이나 〈장진호〉 같은 국책 영화들이 차지하고 있다. 중국인들은 한때는 중국 영화(그들에겐 홍콩 영화도 중국 영화다)가 아시아를 지배했는데 지금은 한국 영화에 밀렸다고 탄식한다. 그러나 중국인들은 정작 자신들이 홍콩 영화의 생명력을 없앤 장본인이라는 사실을 모르거나 알아도 인정하지도 않는다. 성룡과 견자단 같은 영화인들이 시진핑의 만수무강을 기원하는 동영상을 바치고 있는 게 중국 영화의 현실이기 때문이다.

의와 협과 혈,
무협 영화의 거장, 장철

고어 영화보다 심한
신체 훼손의 감독

무협 영화의 수는 헤아릴 수 없을 만큼 많고, 무협 영화를 만든 감독
도 많다. 하지만 장철을 무협 영화의 대표 감독으로 꼽는 데 반대할
사람은 많지 않을 것이다. 장철의 영화는 무협 영화의 창세기였다.
내용과 형식, 메시지와 양식 모두에서 장철은 독보적인 세계를 구축
했다. 의와 협으로 충만한 사나이의 세계, 그리고 그들의 장렬한 죽
음은 장철 영화의 핵심이었다. 장철의 카메라는 그것을 격렬한 신체
훼손과 유혈 참극으로 보여준다. 장철만큼 비장하고 끔찍한 죽음에
집착하는 감독은 흔치 않았다. 장철이 보여주는 죽음은 거의 고어 영
화 수준이라 해도 지나치지 않다. 장철은 촬영장에서 무술 감독인 유
가량에게 "(인물이) 내장에 상처를 입고, 심지어 내장을 쏟아가면서도
여전히 움직일 수 있을까? 안 될까? 어쨌든 피는 많을수록 좋은데."
하고 주문했다고 한다.

쏟아지는 오장육부를 자기 손으로 밀어 넣으면서 싸우는 장면

• 〈단장의 검〉 포스터　　　　• 〈의리의 사나이 외팔이〉 포스터　　　　• 〈돌아온 외팔이〉 포스터

이 그냥 나온 것이 아니다. 〈오둔인술〉에서는 한술 더 떠서 싸우다가 자신의 배에서 쏟아져 나온 내장을 밟는 바람에 미끄러져 적에게 죽임을 당하는 장면도 나온다. 이런 식의 '내장을 뽑아 줄넘기하는' 장면은 피터 잭슨의 초기작 〈데드 얼라이브〉 같은 고어 영화에서나 나오던 황당한 묘사다. 때로 장철 영화의 폭력은 아크로바틱에 가까운 모습로 나타나기도 한다. 가령 창으로 몸을 꿰뚫은 다음 등 쪽으로 창을 뽑아내는 장면이 종종 등장한다. 〈철기문〉에서는 깃발 달린 창이 몸을 뚫고 날아가 나무에 꽂히면 피에 절은 깃발이 펼쳐진다. 한술 더 떠서 〈방세옥과 호혜건〉은 주인공 방세옥이 유일한 약점인 항문에 칼이 박힌 채 죽는 당혹스러운 모습을 묘사한다. 이처럼 장철은 죽음과 인간 신체의 유한성에 집착했다. 현재 우리가 볼 수 있는 가

• 〈심야의 결투〉 포스터

장 오래된 장철의 영화인 〈3인의 협객〉을 시작으로 장철 영화에는 대학살에 가까울 정도로 수많은 사람이 빈번하게 죽어나간다. 특히 1967년 작인 〈의리의 사나이 외팔이〉의 흥행 성공으로 탄력을 받아 만든 후속작 〈대자객〉은 마지막 7분 동안 이어지는 대학살의 스펙터클을 유감없이 보여주며, 〈심야의 결투〉에는 입이 떡 벌어질 정도로 죽음이 즐비하다. 여기에 〈복수〉에 이르면 슬로모션을 사용하면서 캐릭터가 죽음에 이르는 행위 자체를 엄숙히 여기는 것처럼 보여준다. 장철은 어쩌면 폭력과 죽음을 종교적 예식의 차원으로까지 밀고 나가는 감독이라고도 볼 수 있다.

의와 협을 바탕으로
폭력과 죽음을 화려하게 그려내는 장철의 영화들

전성기인 23년 동안 무려 86편의 영화를 공장처럼 만들어내면서도 장철만큼 영화 제작의 방향성이 뚜렷한 감독은 그리 많지 않다. 그리고 이러한 특징은 그가 감독한 영화의 대다수 각본을 본인이 직접 썼다는 데서도 드러난다. 장철은 "난 장면을 계획해서 찍어본 적이 없다. 고증 같은 것도 무시한다. 관객을 즐겁게 하는 화면만 만들어내면 그뿐이다. 내 영화에는 일관성이 없다. 어떤 때는 근사한 영화가 나왔지만 형편없는 영화가 나올 때도 많다"라고 말한다. 장철은 전성기 동안 한 해에 무려 7~8편의 영화를 말 그대로 '찍어'냈다. 그러나 "일관성 없고 형편없는 영화도 많다"라는 말은 겸손으로 들린다. 장철의 영화 대부분은 일정 수준을 성취하고 있을뿐더러 재밌기 때문이다. 이는 1970~1980년대에 무분별하게 쏟아져 나온 무협·쿵푸 영화에 대한 비판적 평가(자신을 포함한)를 인식한 말로 보인다.

영화에 대한 장철의 방향성과 고집은 《홍콩 영화 100년사》에서도 확인할 수 있다. 이 책에 따르면 쇼 브라더스 일본지사 대표인 채란은 극도로 잔인한 장철 영화에 대해 "동남아 검열기관이 수차례 경고했지만 듣지를 않았다. 마지막에는 더욱 심해져서 내장이 다 튀어나오고 나서야 만족하곤 하였기에 몇 편의 영화는 상영 금지까지 되었지만, 장철은 여전히 자기 고집대로만 하였다"고 말한다. 폭력 묘사에 대한 장철의 고집은 어쩌면 그의 인생 과정에서 이미 예고된 것이었다.

상해에서 태어난 장철은 중일전쟁 직후 국민당에서 활동하다가 1947년 대만에서 〈가면여낭〉이란 작품의 시나리오로 영화계에 입문한 후 다른 작품에서 공동 감독으로 영화 작업에 참여하게 된다. 장철은 이 시기에 계속해서 영화 시나리오 작업을 이어갔으며 세 편의 시나리오가 영화로 만들어지기도 했다. 1957년에는 홍콩으로 건너가 시나리오 작가와 작사가 그리고 영화 평론가로 활동을 이어간다. 그 시기의 다른 중국인들처럼 장철도 젊은 시절 항일전쟁과 국공내전이라는 현실의 전쟁과 끔찍한 폭력을 경험했고, 이는 자연히 세계관에도 큰 영향을 미친다.

장철은 1965년에 〈강호기협〉과 이 작품의 속편인 〈원앙검협〉에서 프로덕션 디자인을 맡게 된다. 〈강호기협〉 삼부작은 이후 장철의 페르소나가 된 왕우의 데뷔작이며, 서증굉 감독의 데뷔작이기도 하다. 장철은 이 작품에 참여하면서 영화 현장 실무를 익힐 수 있었다. 〈강호기협〉은 무술 수련을 막 끝내고 강호로 나온 주인공이 혼인을 약속한 여성을 만나 무술에 정진하면서 홍련파라는 산적과 엮여 대결을 벌이는 이야기를 삼부작으로 구성한 영화다. 〈강호기협〉은 다소 떨어지는 액션의 속도감을 제외하면 오늘날 우리가 기억하는 홍콩 무협 영화의 형식을 완성한 영화다. 이후로 장철이 단독으로 감독 데뷔한 첫 번째 영화는 1966년에 만든 〈호협섬구〉다. (이 영화는 안타깝게도 필름이 사라졌다)

데뷔작을 완성한 후 장철은 일본 영화 리메이크작 〈3인의 협객〉을 만들고 다음으로 〈단장의 검〉을 만든다. 〈단장의 검〉은 일본 정서를 각색한 전작과는 달리 본격적으로 중국적 협의 가치를 드러내며 전혀 다른 이야기를 전개한다. 〈단장의 검〉의 오프닝은 인상적이다. 영화가 시작되면 주인공 이악은 한 관리의 집에 침입해 아버지를 모함해 죽게 만든 관리를 처단한다. 이 오프닝과 더불어 중요한 것은 이악의 태도다. 이악은 복수를 수행하기 전 먼저 이름을 밝힌다. 복수를 끝낸 이악은 정체를 감추고 숨어 살면서 벽에 붙은 자신의 수배서를 뜯어내 소중하게 간직한다. 이악 자신이 복수를 완수했음을 진심으로 자랑스러워하는 태도다. 바로 무협 영화의 바탕 정서를 이해하는 데 중요한 의義와 협俠 개념이 전면에 등장하는 순간이다.

사실 의나 협이라는 동양적 가치관은 서양식 합리주의로는 이해하기 어렵다. 의는 영어로 'Righteousness'라고 번역되기도 하지만 그 의미는 다르다. 서양의 올바름은 '보편적 정의'에, 중국의 의는 개인의 관점에 따라 달라지는 '나의 정의'에 가깝다. 의가 보편적이려면 자신의 이해관계와 상관이 없고 그 결과로 불이익이 오더라도 실행해야 한다. 하지만 중국의 의는 추상적인 명분보다는 주군에 대한 충성, 은혜받은 것에 대한 보답 등 자신과 관련이 있는 행동인 경우가 많다. 협은 의를 실행하여 얻는 평판과 명망이며, 그것을 행하는 주체가 인간이다. 말하자면 의를 구현하는 행동이 협인데, 흥미롭게도 중국과 한국의 협도 세부적으로는 느낌이 다르다. 한국은 남을 돕는 이타적 행동을 협으로 생각한다면 중국의 협은 복수에 가깝다. 〈단장의 검〉의 이악은 복수를 완수함으로써 원수와 같은 하늘을 지고 살 수 없다는 불구대천不俱戴天을 실천하고 협을 완성한 것이다.

복수의 전통과 죽음의 발레

원래 중국에는 복수를 권하는 수천 년의 전통이 있다. 오죽하면 공자 스스로 군자의 복수는 10년이 걸려도 늦지 않는다고 했을까. 중국인들에게 복수가 만연한 까닭은 이미 설명한 바와 같이 넓은 대륙의 특성 때문이다. 한국처럼 중앙의 행정력이 지방까지 통하던 좁은 땅에서는 사적인 복수가 쉽지 않았다. 반면 중국은 구석까지 중앙의 행정 권력이 미치지 않아 무력한 사법 체계 대신 사적인 복수를 일삼던 역사적 전통과 관련이 있다. 협의 이름으로 행해지는 복수는 중국인의 관점으로는 정의의 구현이기도 했다. 장철이 영화에서 협의 존재 가치를 증명하는 방식으로 복수를 즐겨 사용하는 이유가 이것이다.

　장철의 걸작 〈복수〉는 협의 판타지 미학을 시각적으로 추구한 작품이다. 많은 장면을 쇼 브라더스의 세트장에서 촬영한 장철의 영화는 실내, 실외 모두 인공적으로 느껴지지만, 역설적으로 바로 그런 느낌 때문에 지극히 양식적인 조형미를 살린다. 관객은 밀폐된 세트 공간 속에서 처절하게 죽어가는 적룡의 모습을 보고 난 뒤, 복수를 다짐하며 마치 연극 무대처럼 시시각각 변하는 공간을 유령처럼 헤매고 다니는 강대위의 모습을 본다. 장식적이고도 화려한 매력이 있는 장면이다. 게다가 그 화려함을 배경으로 잔혹하고 피가 흘러넘치는 살육이 펼쳐진다. 그야말로 장철 영화 미학의 결정판이라고 할 수 있는 이 영화는 처참한 살육을 극의 시작과 클라이맥스에 배치한 다음 이미지의 미로 속으로 관객을 끌어들인다. 이곳에서 헤매는 인물들은 그 어디로도 나갈 수 없고 강대위가 복수라는 형태의 협을 극단적으로 밀어붙인 처절한 절멸의 이미지로 영화는 끝난다. 그러나 영화가 끝나더라도 관객은 영화의 미로를 구성하는 강렬한 이미지에서 벗어나지 못한다. 관객 역시 죽음의 이미지에 완전히 사로잡혀버리기 때문이다.

장철의 영화를 설명할 때 가장 많이 언급하는 것 가운데 하나가 '죽음의 발레', 즉 죽음을 맞는 순간의 슬로모션이다. 장철이 영화에서 죽음의 슬로모션을 사용한 작품은 1969년 작인 〈보표〉가 최초다. 바로 전작인 〈사각〉에서까진 주인공의 죽음에 슬로모션을 쓰지 않았다. 〈사각〉은 1969년 7월, 〈보표〉는 1969년 12월에 개봉했다. 그리고 이 영화들 직전인 1969년 5월에 홍콩에서 샘 페킨파의 〈와일드 번치〉가 개봉한다. 타임라인으로 보면 〈사각〉과 〈보표〉의 사이에 〈와일드 번치〉가 있는 셈이다. 장철이 〈와일드 번치〉를 본 효과는 즉각 나타났다. 영화사상 가장 장엄하고 충격적인 폭력의 슬로모션인 〈와일드 번치〉가 비슷한 시기에 무협 액션을 찍던 장철에게 영향을 주지 않았다면 오히려 그게 이상하다. 장철은 〈보표〉에서 슬로모션을 실험한 다음 1970년 영화 〈복수〉에서 이를 자신만의 방식으로 완성한다. 장철은 이후의 영화에서도 결정적 장면에서 슬로모션을 즐겨 사용하긴 하지만, 〈복수〉만큼 완벽하게 슬로모션을 사용한 영화는 없다. 장철은 샘 페킨파가 발명한 '총탄'의 발레를 '칼과 피'의 발레로 바꾸었다. 이 정도면 장철에게 영화의 폭력은 예술이고 종교적 성심이 아닐까 하는 생각까지 든다.

문화에 따라
다르게 받아들여지는 의와 협

장철의 영화를 살펴보다 보면 동양권에서 장철의 최고 걸작으로 손꼽히는 〈심야의 결투〉나 〈복수〉가 서양권에서는 종종 〈오독〉이나 〈잔결〉 같은 영화보다 낮은 취급을 받는 것을 알 수 있다. 특히 서양권에서는 무협 영화의 정서적 측면보다는 기술적이고 기교적인 측면을 더 중요시하는 경향이 있다. 유독 미국에서 크게 히트한 〈죽음의 다섯 손가락〉은 **마샬 아츠** 영화Martial Arts Movie로, 무협 영화 특유의 아크로바틱하고 역동적인 동작은 미국의 다양한 하층 문화에 뿌리내렸으며 이후 힙합과 브레이크 댄스에까지 영향을 끼쳤다.

문화적 맥락을 모르면 개별 영화에 대한 평가도 달라질 수 있다. 널리 알려진 홍콩 영화 마니아 타란티노의 홍콩 영화 리스트가 대표적이다. 영화 평론가 정성일은 장철을 다룬 글에서 타란티노가 정창화 감독의 〈죽음의 다섯 손가락〉을 최고의 작품 가운데 한 편으로 손꼽는 것을 보고 "타란티노는 홍콩 영화의 진수를 알지 못한다"라고 썼다. 맞기도 하고 틀리기도 한 이야기다. 정성일은 타란티노가 〈심야의 결투〉나 〈복수〉 같은 장철 영화를 보지 못해 〈죽음의 다섯손가락〉을 꼽았을 거라는 취지로 썼지만, 영화

• 〈죽음의 다섯 손가락〉 포스터

광인 타란티노가 그 작품들을 보지 않았을 리는 없다. 게다가 과연 타란티노가 무협의 세계관을 몰라서 〈죽음의 다섯 손가락〉을 꼽았을까. 그보다는 다분히 타란티노 개인의 취향이 작용했다고 보여진다. 그래도 타란티노는 다른 서구의 평론가보다는 상대적으로 동양적 세계관을 좀 더 이해하려는 모습이 있다. 〈펄프 픽션〉의 유명한 장면

을 보자. 암흑가 조직의 보스 마르셀러스 윌러스에게 쫓기던 버치가 우연히 이상한 가게로 쫓겨 들어간다. 하필 가게 주인은 남자들을 성적 노리개로 삼는 변태였다. 직전까지 죽일 듯 싸우던 둘은 결박당하고, 보스의 바지가 벗겨진다. 먼저 희생양이 된 보스와 달리 버치는 운 좋게 감시자를 해치우고 탈출에 성공하는데, 웬일인지 그냥 도망치지 않고 돌아와서 변태 사장을 처단하고 보스를 구해준다. 〈펄프 픽션〉의 이 장면에서 많은 미국 관객은 버치의 행동을 이해하지 못했다고 한다. 일단 자기 목숨을 살리는 게 먼저인데 왜 브루스 윌리스는 가게로 돌아가는가? 더구나 직전까지 자기를 죽이려 했던 마르셀러스 아닌가? 왜 그를 구하는가? 이런 질문을 받고 타란티노는 무협 영화를 예로 들면서 상황을 설명했다. 타란티노도 자기 나름의 방식으로 동양의 의와 협을 이해한 것이다.

장철의 영화는 무협 특유의 세계관을 모르면 이해하기 어렵다. 의와 협에 대한 서구의 몰이해는 장철을 계승한 오우삼의 느와르 영화를 대할 때도 마찬가지였다. 〈첩혈쌍웅〉에서 킬러 주윤발이 실수로 눈을 멀게 한 엽청문의 시력을 되찾기 위해 애쓰자 이수현은 형사임에도 불구하고 그를 돕는다. 비록 범죄자이지만 이와는 별개로 엽청문의 시력을 되찾도록 노력하고 자신의 죗값을 치르려는 주윤발의 행동은 의롭기 때문이다. 하지만 정서의 맥락을 알 리 없는 서양의 평론가들은 경찰과 킬러가 힘을 합치는 〈첩혈쌍웅〉을 동성애 터치를 가미한 버디물로 잘못 읽었다. 이처럼 문화 환경에 따라 이해의 차이가 발생하는 것을 **문화할인** Cultural discount이라고 한다. 반면 상대적으로 동양권은 무협 소설의 전통을 사회 내에서 깊숙이 체화하고 있었으므로 장철 영화의 정서적 측면도 중요하게 받아들였다. 이러한 경향은 중국 고전을 원작으로 한 영화에서 좀 더 분명하게 나타난다.

중국적 가치관과 개인적 체험이
녹아든 장철의 영화

장철이 《수호전》을 시리즈로 만든 영화 가운데 두 번째 작품인 〈수호지〉에는 장철 영화의 정서적 엑기스라고 할 만한 장면이 등장한다. 영화 후반 무송은 자신이 돕는 사건에 비열한 음모가 끼어들었음을 알게 되자 악당은 물론이고 이들과 결탁한 관리까지 모조리 살육한다. 그리고는 시체가 쌓여 있는 관리 집 벽에 자신의 피로 "이들을 살해한 자는 호랑이를 때려잡은 무송이다"라고 크게 글씨를 쓴 다음 양산박으로 떠난다. 피로서 협을 행하는 상황을 장철답게 그려낸 것이다. 한편 영화 초반 무송은 판관에게 압송되는 도중 주막에서 만난 도적 집단의 우두머리와 의형제를 맺는다. 협객임을 자처하는 인물이 도둑놈과 의형제를 맺는다는 건 합리적 사고로는 이해하기 어려운 행동이지만 〈수호지〉의 이러한 묘사는 역사적 사실에도 들어맞는다.

실제로 중국은 역사적으로 도적과 협객을 크게 구분하지 않았다. 협을 자처하는 이들은 관리나 지역 토호의 행패가 심해지거나 먹고 살기가 어려워지면 산으로 들어가 도적질을 행했다. 그러니 도적과 협객은 한 끗 차이라고 할 수 있다. 역사에 관심이 많았던 장철이 묘사하는 살육의 아수라장은 중국의 고전과 역사에 기록된 처참한 내용에 크게 영향을 받은 것으로 보인다. 게다가 장철은 일본 제국주의의 침략과 국민당과 공산당의 국공내전을 모두 겪은 인물이다. 특히 중일전쟁 때 일본군은 중화민국의 수도인 난징을 점령해 무려 20만 명이 넘는 사람을 학살했다. 장철은 자신이 보고 듣고 겪었던 이 끔찍한 살육을 중국의 역사와 결합해 무협 영화에 녹여내고, 그 결과물로 처참하면서도 과장되게 장엄한 살육의 이미지를 연출

• 〈의리의 사나이 외팔이〉 방강의 팔이 잘리는 순간

한 것으로 보는 게 타당하다.

그렇다면 장철의 영화에서 장철을 가장 장철답게 만드는 장면은 무엇일까? 장철의 영화를 본 이들은 대체로 〈의리의 사나이 외팔이〉에서 방강의 팔이 뚝! 하고 잘리는 장면을 꼽을 것이다. 사실상 장철이 만든 대부분의 영화는 같은 이미지(밀폐된 공간 속 주인공에게 드리운 죽음의 이미지와 함께 신심에 상처 입은 인물이 이를 극복하고 은인 또는 공동체를 구하는 것)를 반복하고 있다고 해도 과언이 아니다. 〈의리의 사나이 외팔이〉에서 방강은 사부에게 인정받지만, 사형들에게는 근본이 없다고 무시당한다. 자신이 계속 있으면 사문에 분란이 생길 것을 염려한 방강이 떠나기로 하자 사부의 딸이 막아 선다. 사실 그녀는 속으로는 방강을 좋아하면서도 겉으로는 사형들과 함께 방강을 괴롭히고 있다. 사부의 딸은 떠나려는 방강에게 억지로 떼를 쓰며 공격하다 그만 방강의 팔을 싹뚝 잘라버리고 만다. 하지만 방강은 사부의 딸에게 반격하거나 원망하기는커녕 모든 고통을 감내하며 그 자리를 떠나 홀로 의를 행하는 떠돌이 유협의 세계로 들어간다. 비록 억울한 꼴을 당했지만 그래도 사부는 자신에게 언젠가는 반드시 보답해야 할 큰 은혜를 베푼 사람이기 때문이다. 이것이 앞서 설명한 의와 협이다. 방강은 비록 사부의 딸의 행동에 육체와 마음의 상처를 동시에 입었지만, 은혜는 꼭 갚아야 한다는 의와 협을 체화한 인물이므로 목숨을 걸고 사부의 위기에 뛰어들어 끝내 은혜를 갚는다. 이게 바로 이 영화의 한국어판 제목이 〈의리의 사나이 외팔이〉인 이유다. (이 영화의 원제는 독비도獨臂刀다.)

　장철은 다음 작품인 〈대자객〉에서 이 주제를 한계까지 밀어붙인다. 중국 전한 시대의 역사가 사마천이 기록한 《사기》의 〈자객열전〉에 등장하는 '섭정' 편을 영화화한 〈대자객〉은 폭군을 암살하는 자객을 다룬 영화로 자객은 목표를 이루자 누구도 자신을 알아볼 수 없도록 얼굴을 도려낸다. 어떤 일이 있어도 받은 은혜를 갚아야 한다는 무협 정서는 이른바 초원 감독의 '무협 영화계의 벤허'인 〈유성호접검〉에도 면면히 흐르는 지배 정서. 영화 속 방주의 수하들은 은혜를 갚기 위해 짧게는 십 년, 길게는 수십 년을 음지에서 암약하면서 방주의 호출만을 기다리는 사람들이다. 그리고 은혜 갚기라는 임무가 끝나면 1초의 망설임도 없이 스스로 목숨을 버린다. 이처럼 무협 영화에서 보이는 의를 위해 협을 행한 후 세상에서 자신의 존재를 지워버리는 행위는 초기 민간사회 유협의 한 특징이기도 했다.

　이 같은 중국 특유의 의협이라는 행위는 〈심야의 결투〉에서 더욱 극단적으로 묘사된다. 아마도 영화 역사에서 가장 많은 인간을 도륙(총이나 폭탄이 아니라 칼로)한 영화를 꼽으라면 단연코 〈심야의 결투〉일 것이다. 〈심야의 결투〉는 호금전이 만든 정패패 주연의 〈대취협〉의 속편 격으로 만들어진 영화지만, 정작 완성된 영화는 철저히 왕우를 중심에 내세우는 영화다. 게다가 그 방식 역시 기괴하기 짝이 없다. 영화는 은붕이 일편단심 금연자(정패패 분)를 향한 마음 때문에 살육을 반복하는 것으로 묘사하지만, 정작 결말에 이르렀을 때 은붕은 수백에 이르는 악당을 모조리 도륙한 다음 크게 외친다. "나는 천하무적이다!" 누가 알아주건 말건 자신이 천하제일이라는 자기만의 가치에 대한 집착이야말로 민간에 스며든 협 판타지의 가장 극단적이고, 강렬한 모습이다. 〈심야의 결투〉에는 인상적인 장면 하나가 등장한다. 은붕이 도적들의 산채에 나타나고 도적 가운데 한 명이 두목에게 은붕과 한패가 아니냐고 의심받자 결백을 증명하기 위해 스스로 배를 가르고 죽는 장면이다. 아주 짧은 에피소드이지만, 일개 도적이라도 자신의 이름을 더럽히지 않기 위해서는 목숨마저 던진다는 협의 개념을 아주 충실하게 묘사했다.

시대의 변화와 함께
장철의 영화도 변해갔다

장철은 분명 수많은 영화에서 협을 묘사한다. 그리고 많은 영화에서 주인공의 죽음을 끝으로 에필로그나 감정의 여운을 남기지 않고 바로 영화를 끝내버린다. 초기작인 〈단장의 검〉이나 〈심야의 결투〉에서 주인공의 죽음 이후를 묘사하던 것과는 다르다. 복수는 복수를 부르기 마련이다. 그렇기에 복수의 연쇄를 끊는 것은 모든 인물이 죽는 길뿐이다. 복수자와 복수 대상이 모두 죽음을 맞이하는 이런 영화는 협을 강조하면서도 복수의 결과인 허망한 종말을 던져놓고 관객에게 복수의 고리를 끊으라고 하는 것처럼 보인다. 이것이 장철 자신의 가치관 변화 때문인지, 아니면 비슷한 결말을 반복하기 싫었던 감독의 변덕 때문인지는 본인만이 알 것이다. 장철은 "피의 형제애는 중국 무인武人의 패러다임"이라고 말한다. 형제의 피는 나의 피며, 형제의 복수는 기필코 수행해야 한다. 이는 폭력이 폭력을 불러오는 세계에 대한 묘사다. 그러니 관객이 신나게 복수의 유혈을 즐겼으면 이제 폭력 따위는 필요 없는 현실로 내몰겠다는 태도, 즉 패러다임의 전환을 요구하는 것으로 보이기도 한다. 이렇게 보면 장철이야말로 극단적인 폭력을 통해 비폭력을 강도 높게 주장하는 인물로 보일 지경이다. 그리고 이는 장철 본인이 겪었던 시대의 정서를 반영한 어쩔 수 없는 선택이기도 하다.

1967년 3월을 기점으로 홍콩은 거센 시위의 물결로 뒤덮였다. 당시 홍콩 사회는 극심한 빈부격차와 부정부패로 들끓고 있었다. 여기에 중국에서 온 피난민이 주로 사는 구룡반도에 대한 차별 때문에 분노까지 들끓기 시작하고, 중국 공산당 지지자들이 홍콩 총독부에 반대하면서 시위가 대규모로 확대된다. 구룡반도를 중심으로 발생한 시위는 중국의 문화대혁명을 모방한 청년들의 폭동으로 격화됐고, 자살폭탄 등을 이용한 테러와 홍콩 총독부의 강경 진압에 따라 51명의 사망자와 832명의 부상자가 발생하고 만다. 체포된 4,979명 가운데 1,936명이 유죄로 판결받았다. 이 시기 홍콩 청년들은 권력과 기성 사회로부터 소외됐다는 느낌을 강하게 받게 된다. 그런데 마침 그때 권위적인 권력자 집단에 의해 팔이 잘리고 밖으로 내몰린 청년을 주인공 삼은 〈의리의 사나이 외팔이〉가 등장한 것이다. 그리고 장철은 〈의리의 사나이 외팔이〉의 대흥행 속에서 자신이 만드는 영화의 관객을 발견한다. 바로 이들 홍콩 총독부에 반대하는 청년들이었다. 장철은 "〈의리의 사나이 외팔이〉를 만들자마자, 구룡에서 폭동이 일어났다. 이 폭동 기간 동안 나는 〈대자객〉을 만들었다"라고 말한다. 이 말에서 장철이 시대와 상호 영향을 주고받았음을 알 수 있다.

이 시기는 장철의 영화적 실험이 계속되는 시기기도 하다. 장철은 〈의리의 사나이 외팔이〉의 액션 장면에서 핸드헬드Hand-held 카메라를 활용한 촬영을 선보이며 마지막 클라이맥스를 독특한 액션 장면으로 만들어낸다. 핸드헬드 촬영은 〈심야의 결투〉의 마지막 액션 장면에서도 사용돼 사슬 갈고리가 사지를 꿰뚫고 허공으로 들어 올려지는 은붕의 처절한 모습을 담아내기도 한다 〈철수무정〉은 이보다 한 단계 더 나아간다. 이후 장철과 함께 수많은 영화를 찍을 강대위가 처음 출연한 이 영화에서 장철은 강대위가 맡은 캐릭터가 죽음에 이르는 과정을 핸드헬드로 촬영하다가 곧바로 트래킹 샷으로 찍은 다음 다시 핸드헬드 촬영으로 넘어간다. 한 장면에서 촬영 방식을 바꿔가며 영화를 만드는 것은 품이 많이 드는 일이지만 이로 인해 등장인물의 죽음은 더욱 뛰어난 역동성을 얻게 된다. 이러한 촬영방식만이 아니라 폭력 역시 실험한다. 〈사각〉 직전에 만든 〈비도수〉에서는 클라이맥스를 더 과장된 형태로 묘사한다. 〈비도수〉에서 장철은 칼을 배에 찔러넣고 휘저어서 생긴 상처에서 폭포수처럼 쏟아지는 피를 묘사한다. 그러나 이러한 유혈 효과가 너무 과장된 듯하다고 느꼈는지 이후에는 거의 사용하지 않는다. 이렇게 1970년대의 장철 영화는 폭력 묘사와 촬영, 그리고 스토리에 있어서 확실히 이전과는 다른 변화를 보이고 있었다.

왕우가 떠나가고
신인배우의 등용문이 된 장철의 영화들

〈철수무정〉에서 처음 등장한 강대위는 장철 영화의 배우들에 대한 세대교체 선언과도 같다. 무비 스타로 머리가 커진 왕우가 더 이상 자신의 말을 듣지 않자 장철은 대타로 강대위를 발탁하고, 초기작부터 〈철수무정〉까지 함께한 나열도 빠지면서 자신의 배우 군단을 새롭게 꾸린다. 1986년 〈영웅본색〉으로 부활한 적룡도 이때 경력을 시작했다. 장철의 중·후반기 작품에서는 진관태, 부성, 척관군, 당염찬 같은 무예가 뛰어난 젊은이들이 장철 영화에서 새롭게 꾸려진다. 또 신인 배우들은 출연만 하면 스타가 되는 장철 영화에 나간다는데 몸을 사릴 이유가 없었다. 베놈스라고 불리며 유명세를 얻은 5인방(강생, 녹봉, 손건, 곽추, 나망)은 뛰라면 뛰고 구르라면 구르며 장철이 하라는 대로 몸 사리지 않고 액션 투혼을 불태웠다. 지금 다시 베놈스의 영화를 보면 촬영하다 사람 몇 명 잡은 게 아닌지 걱정이 될 정도다. 이렇게 청년 배우를 기용해 만든 실험적 초기 영화가 〈철수무정〉 직후 완성한 적룡, 강대위 주연의 〈사각〉이다.

〈사각〉은 장 뤽 고다르의 〈네 멋대로 해라〉를 모방한 영화다. 영화 속에서 동생의 장난감 총에 죽은 척하는 적룡에게 동생이 영화에서 죽은 사람은 눈을 감는다고 말하자 적룡이 "그건 뉴 웨이브 시네마(누벨바그La nouvelle vague)"라고 말한다. 그리고는 영화의 결말에서 죽어가는 적룡은 〈네 멋대로 해라〉의 장 폴 벨몽도처럼 눈을 감으려고 하지만, 결국 눈을 감지 못한 채 죽는다. 장철 영화는 〈사각〉에서의 적룡만이 아니라 영화 속의 주요 인물 모두 눈을 부릅뜬 채로 죽는다. 눈을 뜨고 죽는다는 것은 사태를 해결하지 못했다는 원한 때문이다. 영화의 결말에 눈을 부릅뜨고 죽는 것은 죽은 자의 원한이자 현실 세계에는 해결 불가능한 문제가 그대로 남아있음을 관객에게 환기시키는 장치이기도 하다.

강대위는 왕우에서 비장미가 빠진 인물이다. 강대위 역시 비극적인 인물을 많이 연기했지만, 왕우의 이미지를 완벽하게 재현하지는 못한다. 그나마 왕우가 묘사한 비장미에 근접한 인물은 적룡이다. 장철은 본래 왕우 다음으로 작업할 인물로 강대위만을 원했지만, 적룡의 팬인 쇼 브라더스 부사장 방일화(적룡이라는 이름은 방일화가 좋아하던 알랭 드롱의 이름을 음차音借한 것이다)의 요구 때문에 적룡과도 함께 영화 작업을 하게 된다. 그래서인지 적룡, 강대위 콤비가 출연하는 초기 영화에서 적룡의 비중은 강대위에 비해 많이 낮은 편이다. 낙하산은 어디서나 찬밥 취급을 받기 마련이다. 적룡이 본격적으로 주연을 맡은 〈사각〉 직후 영화인 〈보표〉에서 적룡은 이미지와는 잘 어울리지 않는 질투심 많은 협객을 연기하기도 했다. 데뷔작인 〈돌아온 외팔이〉에서는 단역이었음에도 인상적인 모습을 보여준 것에 비해, 초라한 배역이었다. 가족 모두가 연기자인 집안에서 태어난 금수저 배우 강대위와 달리 적룡은 아버지가 사망한 후 어린 나이에 가족의 생계를 책임져야 하는 가난한 집안 출신이었다. 게다가 신무협 영화 시절 쇼 브라더스 영화는 모두 북경어로 만들어졌지만, 적룡은 북경어를 전혀 하지 못했다(광동어, 북경어를 모두 더빙하는 방식은 SFX 무협 영화가 본격적으로 만들어지던 1990년대에야 등장한다). 그렇지만 장철 영화에서 적룡이 드러내는 장렬한 죽음의 이미지는 그 누구도 대신할 수 없었다. 한마디로 멋지게 죽는 장면에서 적룡은 단연 최고의 연기를 해냈다. 〈대결투〉에서 적룡과 강대위가 빗속에서 악당들과 결투를 벌이고 죽어가는 최후를 묘사하는 장면에서만 유일하게 장철의 전매특허인 '장엄한 죽음'의 이미지를 적룡과 강대위 둘이 공평하게 나눠 갖는다.

• 〈대결투〉 두 사람의 최후와 장엄한 죽음

장철 영화의 영향력은
1980년대에도 계속 이어졌다

장철 영화의 전성기는 1970년대 말까지였고, 1980년대에 들어서며 점차 쇠퇴한다. 1960년대에는 〈의리의 사나이 외팔이〉, 〈심야의 결투〉처럼 죽음의 이미지에 집착한 작품들이 주를 이뤘다. 1970년대에는 《수호전》과 김용 소설을 바탕으로 한 고전 무협 영화와 소림사를 다룬 영화들이 등장했다. 이후 왕우 시대를 지나, 전문 액션 팀인 베놈스의 아크로바틱한 무술 중심 영화들로 마무리된다. 평소 역사에 관심이 많았던 장철이 고전을 배경으로 만든 영화들은 그가 기존에 만들던 영화와는 달리 어딘가 느슨하거나 느긋하다는 인상을 주지만, 이와 달리 청나라에 의해 화염에 휩싸였던 소림사를 배경으로 한 영화들은 다시금 예정된 파멸의 처절한 세계를 묘사한다. 그런 다음 베놈스를 중심에 두고 만든 액션 영화들은 신체 기술의 한계를 극단까지 실험하는 와중에 마치 서커스를 보는 듯한 느낌마저 들게 만든다. 뛰어난 액션을 펼쳐 보이는 〈잔결〉 이후 영화들은 배우들의 뛰어난 액션 능력 덕분에 기존 장철 영화와는 다른 스타일을 선보인다. 그래서 이 시기의 〈벽혈검〉 같은 영화는 배우의 개인기에 의존한 현란한 무술로 눈이 즐거운 한편, 장철의 유명한 피 칠갑 액션과 죽음의 발레는 더 이상 구경하기 어렵다.

이 시기 이후부터 성룡과 함께 1979년 〈취권〉을 만든 원화평 그리고 홍콩 무협 영화를 혁신했다고 평가받는 유가량이 만들어내는 아크로바틱 액션 영화의 시대가 펼쳐진다. 원화평과 유가량은 장철이 프로덕션 디자인으로 참여했던 최초의 신무협 영화인 1965년 〈강호기협〉을 시작으로 1960~1970년대 동안 장철 팀에 소속되어 다양한 작품에서 활동하기도 했다. 장철은 홍콩 무협 영화의 토대와 대들보를 세웠다고 해도 과언이 아니다. 그러니 이후 성룡을 중심으로 홍금보와 원표가 팀을 꾸린 가화삼보嘉禾三寶의 위대한 1980년대 역시 장철에게 어느 정도는 빚진 것이다.

장철은 홍콩 느와르의 씨앗도 이미 1970년대 초반에 심어놓았다. 장철의 필모그래피에서 잘 언급되지 않는 영화인 1973년 작 〈경찰〉이 그것이다. 강도에게 살해당한 친구의 복수를 꿈꾸는 주인공은 강도를 잡기 위해 경찰이 된다. 이후 살인범이 소속된 범죄 조직과 경찰의 싸움으로 이어지고, 고전적 협인 복수와 현대의 법인 처벌 사이의 갈등이라는 큰 주제를 다룬다. 시종일관 가라앉은 분위기 속에서 주인공의 경찰 활동이 역동적으로 묘사되는 이 영화는 홍콩 경찰 영화를 확립한 초기작일 뿐만 아니라 이후 등장할 홍콩 느와르의 원형을 보여주기도 한다. 특히 장철이 영화 제작 전반에 걸쳐 쌓아온 협이라는 개념의 변화와

• 〈팔 없는 검객〉 포스터

• 〈돌아온 외다리〉 포스터

• 〈소오강호〉 포스터　　　　• 〈동방불패〉 포스터　　　　• 〈게임의 법칙〉 포스터

폭력적인 사회에서 폭력으로만 삶을 꾸릴 수밖에 없는 인물들은 이후 고스란히 오우삼과 임영동의 홍콩 느와르로 이어진다. 결국 장철은 무협과 느와르라는 홍콩 영화 2대 장르의 골조를 세운 감독인 것이다. 장철의 영향력은 홍콩에서 그치지 않았다. 장철이 만든 협과 유혈의 무협 세계는 한국 영화계에도 큰 영향을 미쳤다. 양팔을 모두 잃고 입과 발가락을 사용해서 싸우는 1969년 작 〈팔 없는 검객〉이나 실제로는 다리를 잃지는 않았지만, 제목을 모방한 1974년 작 〈돌아온 외다리〉(영화 내용은 장철의 〈대결투〉에 영향을 받았다) 같은 영화는 장철의 영향을 떼어놓고 설명하기 어렵다.

　　1960~1970년대에 장철에 의해 확립된 무협 영화의 정서와 기법은 1980~1990년대의 홍콩 느와르와 〈소오강호〉, 〈동방불패〉 같은 SFX 판타지 신무협을 거쳐 1994년 작 〈게임의 법칙〉 같은 한국 느와르 영화에도 직·간접적으로 영향을 미쳤다. 그 영향을 살펴보면, 우선 무협 액션의 스타일이 있다. 장철은 영화를 만드는 가운데 거듭해서 새로운 액션 안무를 개발했고, 이를 슬로모션과 아크로바틱 액션을 사용해서 영화의 정서에 어울리는 액션을 만들어갔다. 현

대 SFX 신무협 영화에서 와이어와 고속·저속 촬영* 등을 제거한다면 우리는 장철 영화의 액션과 1990년대 무협 영화의 액션을 구별하기 어려울 것이다. 또한, 장철 영화에 담긴 짙은 허무주의와 폭력에 대한 냉소를 꼽을 수 있다. 이 허무주의는 폭력을 추구하던 주인공의 죽음으로 끝을 맺는다. 장철의 제자 오우삼은 이 허무주의에 낭만을 결합한 〈영웅본색〉을 만들었으며, 담가명 감독은 1989년 작 〈살수호접몽〉 같은 장철 식의 폭력과 허무가 결합한 낭만 따윈 없는 비극적인 영화들을 제작한다. 그리고 이들 작품에서 영향을 받은 한국식 조폭영화가 등장했다.

시대의 한계를 넘지 못해 편협했지만, 무협으로 서민의 정서를 대변했던 장철

장철은 매우 보수적인 인물이다. 장철은 여성을 주인공으로 내세운 영화를 만든 호금전을 은근히 비판하는 뜻에서 "인류의 몇천만 년의 발전 속에서 남성은 웅장하고 여성은 온화하다. 난조鸞鳥를 억지로 봉황으로 만들면 자연스럽지 않은 것"이라고 말했다. 그런데 사실 역사는 장철의 말과 좀 달랐다. 장철이 의도적으로 무시했는지는 모르겠으나 중국의 역사와 설화에는 수많은 여협女俠이 존재한다. 월나라의 뛰어난 검객인 월녀는 문자로 기록된 최초의 협객 가운데 한 사람이다. 이와 함께 당나라 시기의 홍선과 섭은랑 그리고 협녀를 포함

---

* 슬로모션을 만드는 고속 촬영과 달리, 1970년대부터 홍콩 영화에서 사용한 초당 18프레임 정도의 저속 촬영은 24프레임으로 변환했을 때 액션 동작을 실제보다 더 빠르게 보이도록 한다. 액션 장면을 더욱 박진감 있고 역동적으로 만드는 촬영 기법이다.

해 수많이 인물이 기록으로 남아 있으며, 심지어는 한 협사가 평판이 나쁜 어느 아낙네의 버릇을 고치러 갔더니 이 여성이 그에게 남편의 잘못을 조목조목 따지면서 손끝으로 돌을 파내며 그 내용을 새기는 모습이 등장하기도 한다. 결국 난처해진 협사는 슬그머니 도망쳐버린다.

장철은 자신이 익히고 탐구한 협 외에는 다른 사람들의 협과 세계관을 받아들이지 못하는 편협한 인물이기도 한 것이다. 그런 그가 다룬 무협 영화는 서민 사회에 펼쳐져 있는 수많은 영웅 서사의 한 토막을 영화로 표현한 것이라고 할 수도 있겠다. 다양한 영웅 서사 가운데 협이라는 이름 아래 장철이 펼칠 수 있었던 이야기는 분명 편협하지만, 소시민이 상상만 했던 통쾌한 응징을 그려낸다. 게다가 여기선 영웅 또한 죽는다. 영화를 보는 관객은 가슴이 아프지만, 문제가 해결됐으니 이제 영웅 없는 평범한 세상을 살아갈 수 있게 된다. 아니 영웅이 필요 없는, 즉 폭력 없는 세상을 안도하며 받아들이게 된다.

무협 소설은 '어른들의 동화'라고도 한다. 홍콩 느와르는 칼 대신 총을 든 무협 영화다. 홍콩 느와르가 무협 영화 속 개인의 협과 의를 이어받아 이를 낭만적인 죽음으로 포장한 것은 앞으로 도래할 중국이라는 전체주의 사회의 지배에 대한 공포 때문일 것이다. 동화는 잔인하다. 비극적 세계를 낭만과 환상으로 슬그머니 덮어두기 때문이다. 장철은 그의 영화를 통해 동화와 처참한 날것을 동시에 묘사했고, 이후 오우삼이 동화를, 임영동이 드라이한 정서와 폭력 묘사를 물려받았다. 그런 다음 두기봉이 이 두 가지를 다시 결합한다. 그리고 이 가상의 무협 공간에서 활약하는 프로페셔널들의 세계만을 다룬다. 마치 주변 세계는 아무 관심 없다는 태도다. 이는 과거 무림 맹주의 역학관계를 다양하게 드러내려는 여타의 무협 감독과 달리 오로지 주인공과 그 가까운 주변의 충돌만을 세밀하게 묘사하는 장철과도 닮았다. 그리고 이러한 측면에서 두기봉은 현대의 장철처럼 보이기도 한다. 어쩌면 홍콩 영화는 장철로 시작해 장철로 마무리되었다고 볼 수 있다.

배경 설명과
용어 정리

찬찬바라 영화

찬찬바라チャンバラ는 칼날이 쨍쨍 부딪치는 소리인 '찬찬'과 피가 후두둑 흩뿌
려지는 소리인 '바라바라'라는 일본 의성어가 결합한 용어. 찬찬바라 영화
는 1950년대 사무라이를 묘사한 영화들이 젊은 층에게 엄청난 인기를 얻으
면서 등장한 영화 형식이다. 초기작에는 1956년 영화인 〈네무리 쿄시로〉 같
은 영화들이 있지만, 가장 유명하며 홍콩과 한국에 지대한 영향을 끼친 작품
은 구로사와 아키라의 1950~1960년대 작품들과 〈자토이치〉 시리즈다.
특히 이 시기에 일본 찬찬바라 영화는 피와 폭력을 강조한다. 구로사와 아키
라의 〈츠바키 산주로〉는 한 합으로 끝나는 마지막 대결 장면에서 피가 마치
폭포수처럼 쏟아지는 장면을 연출한다. 〈자토이치〉 시리즈의 경우 초기 영화
에서는 유혈이 크게 강조되지 않지만, 시리즈가 이어지면서 팔다리가 잘려
나가기 시작한다. 이러한 일본 찬찬바라 영화에서 폭력이 가장 두드러진 영
화는 1970년대에 만든 〈아들을 동반한 검객〉 시리즈다. 특히 2편에서는 사
지를 절단하는 것을 넘어 얼굴을 분해 수준으로 잘라내며, 4편에서 닌자와
대결하며 닌자들의 다리를 마구 자르는 장면은 〈킬 빌〉의 우마 서먼이 일본
갱단인 '크레이지 88'을 도륙하는 장면에 인용됐다.

사

사士는 우리에겐 '선비'라는 개념으로 익숙하지만, 본래 '사'라는 문자의 개념
이 무엇으로부터 등장했는지는 불확실하다. 대표적인 중국 철학자 풍우란은
"사의 본뜻은 재능을 가진 사람들의 통칭이었을 것"이라고 추론하며, 중국의
대표적인 역사학자 여사면은 "사는 전사戰士를 말한다. 그들은 평상시에 경작

에 힘쓰고, 유사시에는 방패와 창을 들고 사직社稷을 호위한다"라고 말한다. 문학이론가 진산은 "사라는 계층은 평민 중에서 분화되어 나온 특수 계층"이라고 정리한다. 이들 사는 "귀족과 평민 사이의 중간 계층이며, 상층사회와 평민사회가 유동적으로 만나는 지점에 존재"했다. 그리고 이러한 사 계층에서 문인으로 옮겨간 인물이 바로 유가儒家의 창시자 공자公子다.

올바름(의)

앤거스 그레이엄이 쓴 《도의 논쟁자들》에서 협의 탄생과 성장에 가장 큰 영향을 미쳤던 묵가의 사상 가운데 한 부분을 확인할 수 있다. 묵가의 윤리는 "부자와 군신의 사회적 관계 위가 아니라, 개인 자신과 개인 상호 간 그리고 개인들의 총화인 천하에 이익을 주는 개인들 위에 구축된다. 어원적으로 자신의 사회적 위치에 적합한 것을 의미하는 '의(정의)'는 이로운 것으로 재정의된다." 따라서 올바름을 의미하는 의는 사회의 공통관념이 아니라 개인이 추구하는 방향과 그의 위치에 따라 변하는 것이 된다. 의에 대한 이러한 개념 규정은 이후 유협이 자신의 '뜻'에 따라 악당으로 보이는 자의 목을 자르고 심장을 뽑아내는 행위의 근거로 작용한다. (참고로 여기서 심장을 뽑아내는 행위 역시 중요하다. 아시아에서는 인간의 존재 근원이 심장에 있다고 믿었다. 따라서 무협 소설에서 종종 등장하는 심장을 뽑아 술안주로 삼거나 개의 먹이로 주는 등의 행위는 그가 죽인 인간의 인간성 자체를 부정하는 행동이다. 장철의 영화에서도 아들의 심장을 빼앗긴 악당 두목이 절규하는 내용이 등장한다)

가화삼보

가화삼보嘉禾三寶에서 '가화'는 영화사 골든 하베스트를 뜻하며, '삼보'는 세 가지 보물을 뜻하는 말이다. 즉 '골든하베스트의 세 보물'로, 영어로는 골든 트리오 Golden trio라고 부른다. 1980년대 홍금보, 성룡, 원표 이 세 사람이 순번과 담당을 정해 돌아가며 영화를 촬영하던 시기에 홍콩 영화 최고의 트리오였던 이 세 사람을 일컫는 말이다.

SFX 무협 영화

신무협이라고도 하는 홍콩의 SFXSpecial Effects(특수 효과) 무협 영화는 무협 장면을 특수 효과를 통해 더욱 화려하게 만든 영화를 말한다. 최초의 SFX 무협 영화는 서극의 〈촉산〉이다. 〈촉산〉은 1932년 환주루주가 연재를 시작해 엄청난 광풍을 불러온 무협 소설 《촉산검협전 蜀山劍俠傳》을 영화화한 작품이다. '촉산'은 아미산을 말하니 소설의 주요 인물은 아미파 인물이고, 이들이 수많은 요괴와 대립해서 신기한 능력이 있는 다양한 법보 法寶 등을 동원해 싸우는 이야기다. 특히 법보의 묘사가 인상적인데, 구자음뢰 九子陰雷 같은 법보는 핵폭탄을 연상케 한다. 구자음뢰의 묘사를 보자. "기광 奇光이 터지면서 화염이 위로는 하늘 저편까지 만 길이나 치솟고 아래로는 물속 깊이 꿰뚫고 들어간다. 삽시간에 사방 천리 안에 살아있는 모든 생명체가 새까맣게 변해버린다. 이 음뢰의 폭발로 인해 날리는 재와 먼지는 하늘까지 닿는다." 이처럼 환상적인 묘사가 수시로 등장하는 《촉산검협전》은 특수 효과를 동원해 만들기 딱 좋은 작품이었던 것이다. 서극의 〈촉산〉이 SFX 무협 영화를 위한 일종의 테스트였다면, SFX 무협 영화의 문을 연 작품은 〈소오강호〉와 그 속편인 〈동방불패〉다. 이 작품들은 이전까지 볼 수 없었던 화려한 특수 효과를 통해 소설을 읽으며 상상만 하던 검기를 묘사하거나 검을 허공에서 자유자재로 움직이는 어검술 등을 묘사하면서 SFX 무협의 전성시대를 연다. 본래 명나라 시대에 이르러 무협은 다분히 사실적인 무협과 환상적인 검협 두 갈래로 갈라지게 된다. 《강호무림최종분석》에서 저자인 오현리는 "무협이란 권법과 무기로 기예(技藝)를 겨루는 사실형의 주인공이며, 검협이란 환술 幻術과 법술 法術을 구사하는 환상적인 주인공으로 선인 仙人"이니, 등장하는 인물에 따라 작품이 구분됐다고 말한다. 그러던 것을 서극이 〈촉산〉에 이어 만든 〈소오강호〉와 〈동방불패〉라는 SFX 무협 영화가 엄청난 인기를 끌면서 이제는 무협과 검협이라는 구분이 의미가 없어졌다. 특수 효과를 과시하기 위해 너도나도 날아다니고 누구나 초월적인 능력을 사용했기 때문이다. 〈마녀 2〉 역시 무협과 검협이 동시에 섞인 작품이기도 하다.

프로덕션 디자인

프로덕션 디자인Production Design이란 영화 전체를 포괄하는 시각적 디자인을 말한다. 한국에서는 편의에 따라 미술감독과 프로덕션 디자이너를 구분하기도 하고 구분하지 않기도 하지만, 프로덕션 디자이너는 미술감독보다 더 폭넓은 영역을 담당한다. 프로덕션 디자이너는 각본을 해석하는 감독의 의도를 파악해 촬영 장소, 세트, 의상, 소품 등 관객의 눈에 보이는 모든 시각적인 요소들이 디자인되고 선택되는 과정을 관리한다. 그러니 프로덕션 디자이너는 시나리오 단계에서부터 캐릭터의 성격을 파악하고 영화 전체의 구성과 분위기를 결정해 거기에 맞는 소품 등을 분석하고 디자인하는 사람을 말한다. 따라서 프로덕션 디자인은 감독이 영화 촬영에 들어가기 전에 먼저 영화의 구체적인 이미지를 결정하고 창조하는 일이며 연기를 뺀 비주얼의 모든 것을 결정하는 또 다른 감독이다.

마샬 아츠

마샬 아츠Martial arts는 라틴어로 'Arts of Mars'다. 여기서 Arts는 그리스어 Techne(테크네, 기술)를 라틴어로 번역한 Ars(아르스, 기술, 기예)에서 변형된 단어다. Mars는 로마 전쟁의 신 마르스(그리스에서는 아레스)를 말한다. 즉 마샬 아츠는 전쟁의 기술이니 무예, 무술을 뜻한다. 참고로 유명한 격언인 "인생은 짧고 예술은 길다 Art is long, life is short"라는 말은 서양 의학의 선조 히포크라테스의 말이다. 작가 이강룡의 그리스어 원문 번역에 따르면 이 문장은 "의술의 길은 먼데 인생은 짧도다"라고 번역할 수도 있다. 그러니 여기서 Art는 예술이 아니라 기술을 말한다. 마찬가지로 무협 소설에서는 짧은 초식 Art 하나를 익히기 위해 평생을 바치는 인물들이 등장한다.

문화할인

문화할인은 하나의 문화가 언어와 관습, 취향이 다른 문화 시장에 진입했을 때 그 가치가 감소하는 현상을 말한다. 우리는 우리 사회의 문화를 부지불식간에 받아들여 소화하지만 타 문화는 익히지 않으면 알기 어려울뿐더러 알더라도 나의 것으로 소화하긴 어렵다. 특히 코미디 영화의 경우가 더욱 심하다. 한중문화학자 여신은 박사학위 논문 〈우리가 주성치 영화에서 놓쳤던 것들〉에서 주성치의 〈도협〉을 첫 번째 사례로 든다. 영화에서 주성치는 "各位觀眾, 五條煙!(여러분, 에이스 다섯 개)"라고 외치고는 담배 다섯 개비를 꺼낸다. "광둥어에서 카드의 '에이스'는 '煙(연)'이라고 부르는데, 이 煙(연)은 '담배'를 가리킬 때도 사용하는 단어다. 도박에 관해 대화하는 도중에 '여러분, 煙(연) 다섯 개!'라는 말을 들으면 관객은 당연히 '에이스'를 예상하지만 실제로 진짜 담배를 꺼냈을 때 모두 이 엉뚱한 행동에 놀라고 웃음을 터뜨리게 된다."

또 다른 사례는 주성치의 〈007 북경특급〉이다. 영화 속에서 암살자인 주성치가 등장하고 등 뒤로 "有理想、有文化、有秩序(이상 있고, 교양 있고, 질서 있다)"라는 내용의 그림이 보인다. 이는 등소평이 "사회주의 정신문명을 건설한다는 것은 모든 인민을 이상 있고, 도덕심이 있고, 교양이 있고, 규율이 있는 사회주의 신인으로 양성하는 일이다"라는 연설이 중국 사회에 널리 퍼진 것을 묘사한 것이지만, 영화의 그림에는 '도덕심有道德'이란 말이 빠져있다. 바로 대륙인의 도덕성 결여를 비웃는 장면이다. 뿐만 아니라 이러한 문화 할인은 국가 간만이 아니라 세대 간에도 나타날 수 있으며, 이처럼 그 나라의 사회·문화에 대한 정보가 적을수록 이해도는 떨어지게 마련이다. 그러니 수천 년간 다양한 양상으로 변화해온 의와 협이라는 개념을 서구인이 이해하기는 더더욱 어렵다.

베놈스

장철의 주요 작품에서 무술을 넘어 서커스 곡예로까지 보이는 안무 동작을 하는 배우들을 일컫는다. 이들이 등장하는 영화를 베놈스 필름이라고도 한다. 베놈스 필름으로는 1976년 영화 〈소림사〉를 첫 작품으로 꼽기도 하지만 가장 유명한 작품들은 베놈스를 구성하는 주요 인물들인 강생江生, 곽진봉郭振鋒, 손건孫建, 녹봉鹿峰, 나망羅莽이 모두 등장해 고룡식의 미스터리 무협 스타일로 만든 〈오독 Five Venoms〉이 유명하다. 베놈스란 명칭도 여기서 따왔다. 장철의 후기 작품은 이들 베놈스와 함께한 영화가 거의 대부분이며, 베놈스 필름은 영화의 서사 자체가 액션을 떠받드는 구조로 구성된 것이 특징이기 때문에 무협 영화 자체를 좋아한다면 기본적인 재미는 보장한다. 베놈스 필름은 기괴하면서 독창적인 액션과 이 액션을 뒷받침할 황당하면서 즐거운 이야기로 수많은 컬트 팬을 끌어모으기도 했다. 그러나 베놈스 필름은 분명 장철 영화 특유의 비장미를 보여주진 못한다. 물론 비장하고 처참한 죽음은 영화마다 등장하지만, 장철 특유의 아우라를 느끼긴 어렵다. 그렇지만 이 영화들이 만들어지던 당시에 등장한 모든 저예산 쿵푸 영화를 싸잡아 비판하며 "장철은 '추락한 우상'이 아니라 처음부터 추락할 만한 위치에 한 번도 오르지 못한 것은 아닐까"라는 저주와도 같은 비난은 심하다. 장철은 수많은 걸작을 만들었다. 그리고 그 영화들은 그 이전에 단 한 번도 보지 못했던 형식의 영화들(베놈스 필름까지 포함해서)이다. 〈의리의 사나이 외팔이〉를 시작으로 연이어 제작된 장철의 걸작들은 오늘날 중국에서 만들어지는 그 어떤 영화와 비교해도 더 독창적이며, 영화 전체를 지배하는 미학과 주제 또한 명료하다. 게다가 호금전이 유교·불교·도교에 기대어 고전적 학풍을 담은 중국 세계를 묘사했던 반면 장철은 마지막까지도 협을 주제로 한 민간사회의 정서를 영화에 담기 위해 노력했다. 비유하자면 호금전이 찰리 채플린이라면 장철은 버스터 키튼이라고 할만하다. (버스터 키튼 역시 오랫동안 비평계에서 무시당했다)

누벨바그

누벨바그 La nouvelle vague는 문학 작품을 각색해 상상력 없는 영화를 만들어내며 안전함만을 꾀하는 세태를 비판한 평론가이자 영화감독 프랑수아 트뤼포가 주도한 영화 운동이다. 1958년 장 뤽 고다르, 끌로드 샤브롤, 자크 리베트, 에릭 로메르 등과 함께 프랑스 영화의 전통을 거부하면서 새로운 형식의 영화로 만들고자 했다. 휴대용 장비의 사용과 세트를 사용하지 않는 누벨바그의 영화 제작 방식은 다큐멘터리와도 같은 스타일로 만들어졌다. 이와 함께 점프 컷이나 불연속 편집, 롱테이크 같은 촬영 기법을 사용해 여러 가지 형식을 혼합한 영화를 만들어 내러티브가 극도로 모호한 주관적 영화를 만들기도 했다. 영화 평론가이기도 했던 장철은 누벨바그의 대표작 가운데 한 편인 장뤼 고다르의 〈네 멋대로 해라〉를 인용한 영화 〈사각〉을 만들었다.

II

이제는 사라진
영화 장르,
홍콩 느와르

세기말의 영화, 홍콩 느와르

홍콩에는
홍콩 느와르가 없었다

1986년 홍콩 영화계는 단 한 편의 영화로 완전히 변하게 된다. 바로 오우삼 감독의 걸작 〈영웅본색〉이다. 당시 홍콩 영화계는 코믹 액션 영화의 전성시대였다. 〈프로젝트 A〉 같은 성룡, 홍금보, 원표 트리오의 코믹 액션 영화들, 〈오복성〉 시리즈, 그리고 허관걸, 맥가, 석천이 출연해 홍콩 최고 수익을 자랑한 오락 영화 〈최가박당〉 시리즈 같은 영화들이 대세였다. 여기에 홍금보가 〈귀타귀〉로 창조해낸 강시 영화까지 한 시대를 풍미하는 중이었고, 〈소림사〉 시리즈와 같은 무협 영화 역시 계속해서 만들어지는 중이었다. 이에 질세라 〈등대여명〉, 〈인지구〉처럼 홍콩의 지난날에 대한 향수를 부르는 애절한 영화역시 홍콩 영화의 한 지분을 차지하고 있었으니 흥행과 다양성 모든 측면에서도 홍콩 영화의 황금기라 할 수 있는 시대였다.

1980년대 초반 홍콩에서 진지한 범죄 영화는 그저 작은 영역을 차지하고 있었을 뿐이었다. 이들 범죄 영화의 주류는 형사물이었으

며, 〈호월적고사〉, 〈투분노해〉처럼 미래의 불안을 과거의 역사를 통
해 비춰내려는 영화들도 만들어졌다. 이러한 시대에 〈영웅본색〉의
등장은 하나의 사건이었다. 관객들은 이제까지 전혀 본 적이 없었지
만, 장철의 초중기 무협 영화 스타일과 현대 갱스터 영화가 처음으로
결합해 새로 옷을 갈아입은 현대판 무협 영화인 〈영웅본색〉을 만나
면서 열광하기 시작했다.

　　홍콩에서는 〈영웅본색〉의 성공 이후 이와 같은 범죄 조직을 배
경으로 한 영화가 물밀듯 쏟아져 나왔다. 홍콩 느와르 전성기에 주윤
발이 한 해에 출연한 영화만 해도 최소 10편에서 최대 20편(겹치기 출
연은 기본)까지였고, 〈영웅본색〉의 아류작 역시 엄청나게 만들어졌으
니 그야말로 범죄 영화의 물결이 덮쳐왔다고 해도 과언이 아니었다.
그러나 정작 홍콩에선 '홍콩 느와르'라는 말을 쓰지 않았다. 이 용어는
평론가들이 사용한 것이 아니라 일본의 영화 배급사가 〈영웅본색〉에
붙인 광고 문구에서 유래했다. 당시까지 일본을 많이 참조하던 한국
영화계가 이 광고 문구를 그대로 받아들이면서 홍콩에서 양산되던 암

• 〈영웅본색〉 일본 포스터(우측 하단에 '香港ノワール', '홍콩 느와르'라고 쓴 글이 있다)

울한 분위기의 범죄 영화를 1997년 홍콩의 중국 반환과 결합하면서 하나로 묶어 홍콩 느와르란 용어로 정착시켰다. 그래서 한국과 일본만 홍콩 느와르란 용어를 쓴다. (실제로 Hong Kong Noir로 검색하면 대부분 홍콩의 밤 풍경 이미지만을 볼 수 있다)

홍콩에서 이런 느와르 영화를 부르는 말은 따로 있었다. 홍콩 반환을 둘러싼 불안 심리를 영화에 녹여낸 작품은 '알레고리 영화'로 부르고, 범죄 조직이 등장하는 영화는 '대권자大圈仔● 영화'라고 부른다. 〈영웅본색〉이 등장한 이후부터 홍콩은 일련의 범죄 영화들에 '영웅편英雄片'을 쓰고, 그중에서도 삼합회가 중심인 영화에는 '강호 영화'라는 용어를 사용했다. 영어권에서는 느와르 영화에 대해 '영웅적인 살육Heroic bloodshed'이라는 표현을 쓴다. 홍콩과 영어권에서 영웅Hero이라는 용어를 선호하는 것에서 볼 수 있듯이, 이런 영화들은 한국에서 홍콩 느와르로 규정하는 영화와는 조금 다르며 무협과 어울리는 희생적이고 낭만적인 인물이 협의를 구현하기 위해 액션을 펼치는 영화를 주로 가리켰다. 반면 한국에서는 당시 홍콩에서 만들어진 거의 모든 범죄 영화를 홍콩 느와르로 표현했다. 그렇다 보니 홍콩 느와르의 계보를 추적하는 글에는 항상 최초의 홍콩 느와르 영화가 허안화 감독의 1981년 영화 〈호월적고사〉로 언급되거나 1984년에 맥당웅 감독이 만든 〈성항기병〉이 지목된다. 심지어는 1980년에 서극이 만들었던 청소년 범죄 영화 〈제일유형위험第一類型危險〉을 최초의 홍콩 느와르로 꼽기도 하지만, 이들 영화는 각자 다양하게 분류되며 '홍콩 느와르'란 한 단어로 묶기에는 스펙트럼이 넓다. 이보다는 범죄 영화에 속하는 알레고리 영화, 대권자 영화, 영웅편 영화, 강호 영화 등을 홍콩 느

● 대권자는 1970년대에 광동성에서 온 홍위병 출신들이 홍콩에서 조직한 범죄 조직을 말한다.

• 〈호월적고사〉 포스터   • 〈성항기병〉 포스터   • 〈제일유형위험〉 포스터

와르의 하위 분류로 보는 것이 정확하다.

가장 중요한 초기 알레고리 영화는 허안화 감독의 〈호월적고사〉
다. 베트남 전쟁으로 베트남을 탈출한 화교(주윤발 분)를 주인공으로
등장시킨 이 작품은 홍콩에 설치된 난민 수용소에서 어쩔 수 없이
살인을 저지르고 미국으로 탈출하려는 인물을 다룬다. 그러나 함께
홍콩을 떠나려던 여성이 인신매매 조직에 납치되고 주윤발은 그녀
를 구하기 위해 필리핀에서 범죄 조직을 위해 일하기 시작한다. 〈호
월적고사〉는 극도로 우울한 영화다. 영화 속에서 주윤발은 홍콩에
있는 여성과 편지를 주고받으며 계속해서 낙관적인 희망을 말하지
만, 영화의 결말은 주요 인물이 모두 죽으며 주윤발 역시 죽은 여성
과 나룻배에 탄 채 어디로 가야 할지 모르는 상태에서 끝을 맺는다.
당시 홍콩 사회는 베트남 전쟁으로 생겨난 난민과 1979년에 벌어진
중국-베트남 전쟁에서 홍콩의 미래를 보던 시기다. 허안화는 은근
한 불안감을 담은 〈호월적고사〉에 이어, 1982년에는 이를 노골적으
로 반영한 〈투분노해〉를 만든다. 유덕화가 최초로 주연급으로 등장
한 이 영화는 베트남 공산당이 제시하는 허상과 그 그림자에서 삶을

파먹히며 죽어가는 중국 화교의 삶을 다룬다. 특히 아이들이 즐거운 표정으로 총살당한 시체를 뒤지며 생계를 꾸리는 장면은 오늘날에는 더욱 충격적으로 다가온다. 〈투분노해〉에서 일본인 기자와 집으로 향하던 아이들은 총소리가 들리자 환한 표정으로 "닭 농장에 가야 한다"며 뛰어간다. 이 닭 농장은 바로 총살 현장을 가리킨다. 베트남 공산 정권의 화려한 선전과 달리 정부에 의해 가려진 세계에서 벌어지는 이 참혹한 현실을 영화로 보던 홍콩 시민이 얼마나 심란했을지는 영화를 보면 짐작할 수 있다.

〈호월적고사〉가 알레고리 영화의 전형을 만들었다면, 대권자 영화의 전형을 만든 것은 〈성항기병〉이다. 성항기병省港旗兵은 군 출신의 불한당으로 광동성과 홍콩 국경 일대에서 범죄를 저지르는 이들을 이르는 말이다. 〈성항기병〉은 스타일보다 리얼리티를 중시했는데, 영화 초반 범죄를 위해 홍콩으로 몰래 넘어가는 인물들을 시작으로 **구룡성채**를 배경으로 한 클라이맥스에서 일당이 모두 몰살당하는 순간까지 영화는 지극히 사실적이고 냉정한 태도를 취한다. 여기에는 참혹하게 죽어가는 인물들에 대한 연민도, 이들을 잡으려는 경찰에 대한 긍정도 일절 드러내지 않는다. 영화에 출연한 인물들은 당시 대부분 신인이거나 진짜 대권자 조직원이었으니 개봉 당시 이 영화

• 구룡성채

를 본 관객들은 더한 사실감을 느꼈을 것이다. 이후 〈성항기병〉은 사
실주의 범죄극에 큰 영향을 미치게 된다.

어둡고 어두운 느와르 영화,
홍콩에 도착하다

정작 홍콩은 느와르란 용어를 쓰진 않지만 이 말 자체는 묘한 뉘앙
스를 준다. 홍콩 느와르는 기존의 필름 느와르Film noir에서 따온 말로,
프랑스어로 '검은' '암울한' '어두운'을 뜻하는 느와르Noir라는 단어
에 홍콩이라는 지명이 결합했다. 느와르는 문학 작품 규정에서 먼저
등장한 말이다. 프랑스에서 18세기 영국 고딕 문학을 설명하기 위해
로망 느와르Roman noir라는 명칭을 처음으로 사용한다. 이후 프랑스 갈
리마르 출판사에서 1945년에 검은 바탕에 노란 글씨로 꾸며진 겉표
지로 만든 범죄물 도서 시리즈 세리 느와르Série noire가 등장한다. 시인
이자 영화 각본가인 자크 프레베르는 당시에 연속적으로 발생한 암
울한 항공사고에서 영감을 얻어 세리 느와르라는 용어를 만들었다
고 한다. 1946년에는 프랑스 비평가 니노 프랭크가 영화 전문지 〈레
크랑 프랑세즈L'Ecran français〉에 당시의 미국 영화 네 편 〈말타의 매〉
〈이중배상〉 〈로라〉 〈안녕, 내 사랑〉을 대상으로 1930년대 프랑스의
시적 리얼리즘이 자아내는 음울한 톤에 빗대, 앞선 '느와르'라는 속
성과의 유사성을 언급한다. 그리고 느와르에 대한 직접 언급은 장 피
에르 사르티에가 쓴 기사 〈미국인들도 필름 '느와르'를 만든다〉에서
처음으로 등장한다. 니노 프랭크가 1940년대 어두운 미국 영화에서
프랑스의 시적 리얼리즘을 떠올린 것과 달리, 전성기 미국 필름 느와
르는 삭막한 도시를 배경으로 독일 표현주의의 영향을 받은 일련의

범죄 영화와 탐정 영화였다. 필름 느와르의 세계는 아무런 희망도 없으며 모두가 서로를 이용하는 냉정한 세계다.

필름 느와르는 장르가 아니라 하나의 사이클(주기)로서 독일 표현주의처럼 일종의 미적 운동으로 보기도 한다. 그래서 뛰어난 비평가이자 작가이자 감독이었던 폴 슈레이더(〈택시 드라이버〉와 〈분노의 주먹〉 각본을 담당했다)는 필름 느와르에 상당한 영향을 받기도 했지만 당시의 사회적 맥락이 담긴 하나의 주기로서의 필름 느와르는 1950년대 후반에 종식되었다고 말한다. 슈레이더는 필름 느와르를 1941년의 〈말타의 매〉을 시작으로 1958년의 〈악의 손길〉로 끝난 것으로 보며, 1974년에 만든 〈차이나타운〉과 같은 영화는 필름 느와르로 취급하길 거부한다. 이렇게 서구에서는 식어가던 느와르 영화의 흐름이 1980년대 홍콩의 시대 상황에는 점차 맞아들어가고 있었던 것이다.

홍콩 느와르가 유독 어둡고도 기묘한 느낌을 주는 이유는 1997년 **홍콩 반환**이라는 시대적 배경이 주는 불안감 때문이다. 비록 1960년대에는 영국의 식민 통치에 격렬하게 저항했던 홍콩인들이었지만, 공산당이 지배하는 중국과의 통합도 미래가 보이지 않는 어둠이었다. 홍콩 느와르를 지배하는 풍경이 화려한 네온사인을 벗어나 어둠에 뒤덮인 홍콩의 밤 골목인 것은 우연이 아니다. 밤 골목의 다른 모습에는 연예 사업을 지배하는 어둠의 조직 삼합회三合會가 있다. 이승만 시절 한국 영화계 역시 정치 깡패 임화수가 지배하기도 했었지만, 홍콩 영화계의 삼합회 개입은 훨씬 깊고 오래된 것이었다. 처음에 삼합회는 영화가 자신들을 소재로 다루면 극히 민감하게 반응하며 영화를 금지하다시피 했다. 그러다 〈영웅본색〉이 크게 성공하자 교활하게도 영화를 이용해 삼합회 이미지를 세탁한다. 본질은 깡패지만 영화를 통해 무협 영화의 협객처럼 포장하는 것이다. 삼합회는 자신

• 〈마담 킬러〉에 등장하는 홍콩 밤 거리

• 시위* 중인 양조위

들을 미화하는 영화에 유명 스타들을 출연시키려고 감금, 협박, 폭력을 일삼았고, 홍콩 영화계는 이를 근절하기 위한 대대적인 시위를 벌이기도 했다. 이런 삼합회의 영화계 개입은 홍콩 영화의 몰락 원인 중 하나였다. 범죄 조직의 개입은 전혀 다른 스타일의 영화를 만들기도 했다. 우선 〈영웅본색〉에 큰 영향을 받은 낭만적 범죄자를 숭배하는 강호 영화다. 〈영웅본색〉 직후에 등장한 〈영웅투혼〉이나 〈의본무언〉은 선량한 범죄 조직 보스가 등장한다. 선한 보스라는 설정은 삼합회의 전신인 18세기 천지회의 영웅적 우두머리처럼 화려하게 윤색된 판타지에 불과하지만, 협과 의를 숭상하는 중화 문화권에서 이용하기에는 아주 적절한 것이었다. 실제

• 　2002년 삼합회에 폭행당하고 강제로 나체 사진까지 찍힌 유가령 사건을 가십처럼 보도한 언론에 항의 중인 시위였다.

584

로 홍콩 느와르의 등장과 함께 삼합회에 지원한 청년 수가 크게 늘었다고 한다. 특히 홍콩판 〈대부〉를 표방하며 만들어진 〈강호정〉 이 부작은 주윤발이 연기하는 낭만적 범죄 보스의 정점을 그려낸다. 이와 달리 사실성을 강조하거나 경찰이 주인공으로 등장하는 영화에는 거대한 삼합회가 등장하지 않는다. 사실주의 범죄 영화의 대가인 임영동 감독이 만든 〈풍운風雲〉 삼부작은 범죄자의 감옥 생활을 그리거나(〈감옥풍운〉), 소규모 갱단의 보석상 강탈(〈용호풍운(미스터 갱)〉), 그리고 학교 주변을 지배하는 깡패 집단이 등장(〈학교풍운〉)하는 것으로 범죄 세계를 묘사한다. 이렇게 삼합회가 영화계 곳곳에 손을 뻗으면서 삼합회끼리의 대립을 그린 영화는 있어도 삼합회 자체를 악의 무리로 묘사한 홍콩 느와르는 없다고 해도 과언이 아니다. 결국 홍콩 느와르는 시들해진 무협 영화를 대체하는 산업적 수요와 여기에 가미된 의와 협이라는 전통적 정서, 홍콩 반환을 둘러싼 불안감, 영화계를 지배하던 삼합회의 입김까지가 모두 결합된 당시 시대의 산물로 봐야 할 것이다.

홍콩 반환의 불안감이 알레고리로
영화에 담기다

홍콩 느와르의 전성기에 만든 영화 대부분은 1997년 홍콩 반환이란 알레고리 속에서 해석된다. 더구나 이어지는 1999년은 2000년을 앞두고 밀레니엄에 대한 불안감까지 퍼져 있었다. 이 시기의 많은 홍콩 영화가 중국으로의 반환과 세기말의 불안이 겹쳐 음울한 그림자를 영화에 짙게 드리운다. 그러나 이런 것과 상관없이 만들어진 〈영웅본색〉의 아류작도 많이 나왔다. 가령 1980년대 후반에 만들어진 〈대

호출격〉이나 〈시티 워〉 그리고 〈벽력선봉〉 같은 영화들은 만듦새는 나쁘지 않지만, 코미디를 첨가해 오락적 요소를 극대화했을 뿐 시대 정서를 담고 있지는 않았다. 또 장철의 제자들이 생활고에 빠진 스승을 위해 만든 〈흑전사〉도 있지만 완성도는 떨어진다. 선량한 보스를 중심에 두는 〈용의 가족〉 그리고 유덕화가 8년간의 잠입 경찰을 연기하는 〈복수의 만가〉는 준수하게 만들어졌지만, 이 역시 홍콩 반환이라는 알레고리와는 무관한 작품들이다.

한편 양조위의 초기 주연작이자 어수룩한 연기가 일품인 1987년작 〈은행풍운〉이 이 시기 대표적인 홍콩 반환 알레고리 영화다. 영화는 홍콩에서 달아나려는 범죄자 고향양(적룡 분)이 어설픈 은행털이 아세(양조위 분) 일당 때문에 엉겁결에 사람들을 인질로 잡고는 경찰과 대치하는 상황을 다룬다. 〈은행풍운〉은 비록 시드니 루멧의 명작 〈뜨거운 오후〉를 모방한 영화지만, 완전히 고립된 공간으로서의 홍콩을 잘 형상화하고 있다. 여기서 은행은 살아서는 절대 빠져나갈 수 없는 공간으로 상징화된다. 이와 함께 또 다른 알레고리 영화 〈살수호접몽〉에서 범죄 조직을 떠나려는 두 인물(종진도와 왕조현 분)이 있다. 그러나 이들은 결국 죽음을 맞이하고, 이들을 돕지만 범죄 세계에 남고 싶던 인물(양조위 분)은 오히려 강제로 범죄 세계를 떠나는 아이러니가 벌어진다. 종진도와 왕조현 그리고 양조위가 펼치는 〈살수호접몽〉은 〈첩혈쌍웅〉이 나오기 전까지 가장 심금을 울리는 범죄 영화로 손꼽힌다. 여기에 절망적인 홍콩의 고립감을 뛰어나게 형상화한 〈마담 킬러〉˙도 있다. 비열한 범죄 집단인 경찰 조직에 의해 빌(원표 분)

˙　원제목은 '망명원앙'이다. 1990년대 초부터 물밀듯 한국에 수입된 홍콩 영화 가운데는 원제목을 확인할 수 없는 영화도 많을뿐더러 원제목과 전혀 상관없는 제목을 붙여 놓은 영화도 많았다. 그 가운데 한 편이다. 이 작품은 재개봉관에서 첫 개봉 하면서 당시 유명한 〈마담〉 시리즈를 떠올리도록 〈마담 킬러〉란 제목을 붙였다. 비디오로는 두 회사에서

의 아내가 살해되고 심지어는 딸까지 살해당하는 세계에서 빌과 말레이시아에서 건너온 화교 출신 여성 킬러는 홍콩 탈출이 아니라 홍콩의 어두운 미래를 상징하는 것처럼 보이는 범죄자 형사 일당을 모두 몰살하는 것으로 영화를 끝낸다. 그 어떤 꿈도 희망도 없는 세계에 대한 묘사다. 이처럼 1980년대에 등장한 작품들은 각자 다양한 목적에서 영화를 만들었고, 때로는 비판적 시각으로, 때로는 오직 돈을 위해서 영화를 만들었다.**

범죄 영화의
춘추전국시대가 펼쳐지다

홍콩 느와르의 전성기인 1990년대에는 지하 세계의 의리와 명예를 강조한 오우삼과는 다른 스타일의 범죄 영화도 등장했다. 한 편은 니콜라스 레이의 〈이유 없는 반항〉을 홍콩 느와르와 결합한 영화인 진목승 감독의 〈천장지구〉다. 〈천장지구〉는 비극적인 청춘 영화 스타

각각 출시하면서 〈마담 킬러〉와 〈극도추종〉이란 제목을 달았다. 원래 〈극도추종〉이란 제목으로 만들어진 허안화 감독의 영화는 〈화룡만가〉라는 제목으로 출시됐다. 이처럼 홍콩 영화의 다수가 제목이 바뀌어 수입됐다. 〈영웅투혼〉의 원제는 〈강호용호문〉이고, 〈용호풍운〉은 〈미스터 갱〉이란 제목으로 개봉했다. 〈폴리스맨〉의 원제는 〈적담정〉이고, 〈중안실록 O기〉는 〈폴리스맨 2〉로 공개했다. 홍콩 영화 제목을 한글로 음차했을 때 그 의미를 알 수 없는 제목들이 많이 있기 때문에 이를 우리가 쉽게 아는 뜻으로 바꾸는 건 좋은 의도지만, 단지 흥행에 성공한 영화의 제목을 따와 전혀 상관없는 영화에 차용하는 건 문제가 될 수 있다.

** 오직 돈을 위해 영화를 만든 인물로는 왕정이 대표적이다. 왕정은 〈지존무상〉, 〈정전자〉처럼 홍콩 느와르에 도박을 결합하는 나름 참신한 아이디어로 새로운 트렌드를 주도하기도 했지만 갈수록 비슷한 작품을 마구잡이로 찍어내서, 돈밖에 모르고 저질영화를 찍는다는 이미지를 가진 감독이 되었다.

일의 끝판왕이다. 주인공 유덕화는 전작인 〈지존무상〉에 이어 방황하며 갖은 범죄를 저지르는 청춘의 모습을 절절하게 형상화하고 있으며, 유덕화의 상대역인 오천련은 유덕화에게 치명적으로 빠져드는 가녀리고 불나방 같은 부잣집 딸을 연기한다. 〈천장지구〉는 이후 수많은 청년 범죄 영화에 지대한 영향을 미쳤다. 한국에서도 〈천장지구〉는 대히트를 기록하며 많은 젊은이가 모방하는 영화가 되었고, 유덕화와 오천련은 한국에서 할리우드 톱스타에 버금가는 인기를 누리기도 했다. 홍콩 영화의 멋지고 파멸적인 캐릭터들은 한국 영화에도 많은 영향을 끼쳐서 〈천장지구〉는 김성수 감독의 1997년 작 〈비트〉에는 정우성이 오토바이로 질주하거나 옥상에서 맥주와 담배 연기를 함께 뿜어내는 장면으로 모방하기도 한다. 한편 〈첩혈가두〉의 흥행 실패로 위축되었던 오우삼은 〈첩혈속집〉으로 스타일리쉬 느와르를 시도하여 흥행에도 성공한다. 〈첩혈속집〉은 이전까지 등장한 홍콩 느와르의 액션 장면을 더욱 스타일리쉬하고 과감하게 묘사했다. 영화 후반 롱테이크로 촬영한 총격전 장면은 홍콩 느와르 액션 장면 가운데 명장면으로 손꼽히기도 한다. 이처럼 화려한 스타일 위주의 느와르가 명맥을 유지하는 동시에, 사회적 맥락은 제거하고 액션에만 초점을 맞춘 대권자 영화들도 대량으로 만들어졌다.

또 다른 한편에서는 화려한 스타일보다는 사실성을 최대한 강조하는 영화들도 등장한다. 배우로 많은 영화에 출연했던 황지강 감독이 뛰어난 액션 스타일을 선보인 1988년 작 〈천라지망〉 이후 사실적인 액션 스타일로 전환하면서 1993년 성룡 주연의 〈중안조〉를 만든다. 〈중안조〉는 준수한 완성도로 만들어졌음에도 기존에 알던 성룡 영화와는 달리 드물게 웃음기 빠진 진지한 스타일로 인해 한국에서는 썩 성공하지 못했다. 다음으로 황지강 감독은 사실적인 스타일을 극대화한 〈폴리스맨 2〉를 만든다.(원제의 '중안실록O기'는 조직범죄

전담반을 뜻하는 말이다) 영화는 처음부터 끝까지 갱단을 추적하는 이야기로 구성된다. 영화의 클라이맥스에서 벌어지는 8분간의 총격전은 이 시기 영화 가운데 가장 뛰어난 액션 연출을 선보이고 있기도 하다. 특히 〈폴리스맨 2〉가 묘사하는 영화 속 캐릭터들은 관객이 감정을 이입하지 않도록 건조하게 묘사하면서 영화의 사실성을 높이고 있다. 그리고 이러한 황지강의 액션 스타일을 한 차원 더 밀어붙인 감독이 등장한다. 바로 두기봉이다.

두기봉은 1988년에 뛰어난 범죄 영화 〈대행동〉을 만들기는 했지만, 홍콩 반환 이전에 만든 영화는 일정한 형식 없이 그저 고용 감독으로서 닥치는 대로 만든 영화들이다. 두기봉이 자신의 스타일을 처음으로 완성한 영화는 〈무미신탐〉이고, 인상적인 작품은 유달지 감독과 공동으로 작업해 1998년에 공개한 〈암화〉다. 〈암화〉는 조직 보스 암살을 둘러싸고 킬러와 보스를 지키려는 비리 경찰의 대결을 다루고 있다. 〈암화〉는 암살과 대결이라는 핵심 주제 이외에는 아무것도 다루지 않는다. 영화는 범죄자이며 냉혈한인 형사와 킬러의 쫓고 쫓기는 추격전을 극히 냉정하게 지켜볼 뿐이다. 여기서부터 여기저기 고개를 돌리지 않고 영화적 핵심만 끝까지 밀어붙이는 두기봉의 전체 영화 스타일을 확립하게 될 영화가 등장한다. 1998년 작인 〈더 히어로〉는 암흑가를 양분하는 절대 무림 고수 두 명(서부극의 총잡이와도 닮아 있다)이 조직 보스에게 배신당한 후 복수하는 이야기를 다룬다. 특이하게도 〈더 히어로〉는 복수를 다룬 영화답지 않게 영화 속의 인간관계나 비극적 서사 따위는 중요하게 묘사하지 않는다. 영화 후반 다리가 절단돼 조직에 버림받은 킬러는 건물 옥상에서 자신을 배신한 보스에게 저격총을 겨눈 상태로 몇 날 며칠을 대기하다 그 상태 그대로 인상적인 죽음을 맞이한다. 이후, 1999년 영화 〈미션〉과 속편인 2006년 영화 〈익사일〉 그리고 〈암전〉과 〈대사건〉 같은 영화들은

・〈미션〉 포스터　　　　　　　　・〈익사일〉 포스터　　　　　　　・〈피의 복수〉 포스터

사소한 감정을 제거하며 서사의 핵심을 밀어붙이는 두기봉의 스타일
이 영화를 어떤 경지까지 끌어 올리는지를 보여주는 걸작들이다.

　　두기봉이 묘사하는 영화는 이전까지 상투적으로 만들어왔던 홍
콩 느와르와는 다르다. 의리와 명예를 중심에 둔 조직 폭력단의 낭만
주의 숭배는 완전히 사라지고, 영화 속에 남는 건 스타일과 개인뿐이
다. 홍콩반환 이후를 묘사하는 두기봉 영화의 세계는 프로페셔널들
의 세계이자 홍콩 느와르 특유의 폼생폼사 분위기 속에서 감정이 사
라진 채 오로지 현재만을 살아가는 인간군상의 세계로 돌변한다. 이
는 홍콩이라는 지리적 세계를 사수해야 한다는 이전 시대의 묘사 방
식을 떠나 이제는 사라진 홍콩이라는 공간 속에서 어떻게든 자존감
을 유지하며 살아가야만 하는 개인들의 세계다. 게다가 이 개인들은
언젠가는 중국이라는 더 큰 세계에 흡수될 공간을 부유하는 유령 같
다. 그러니 관객은 한껏 멋을 부린 두기봉의 영화 속에서 삶을 터전
을 잃어버린 이들이 그려내는 일종의 상실되어가는 감정을 크게 느
끼게 된다. 이러한 두기봉의 영화들은 세계 각국의 찬사를 받았고,
2009년 프랑스에서 〈피의 복수〉라는 작품으로 〈미션〉과 〈익사일〉의

연작과도 같은 영화를 만들기도 했다. 한국 영화계 역시 두기봉이 관여한 〈천공의 눈〉은 〈감시자들〉로, 감독한 〈마약전쟁〉은 〈독전〉으로 리메이크해서 둘 다 흥행에 성공했다. (대신 한국의 리메이크 작은 두기봉 특유의 선 굵은 연출은 사라지고 좀 더 세련되게 포장한 것이 그 차이점이다)

홍콩 반환이 현실이 된 1997년

오우삼이 할리우드로 떠난 이후 홍콩 느와르는 점차 관객들에게 외면받는다. 마치 최후의 발악처럼 홍콩 영화계는 한심한 영화를 쏟아 냈고, 지친 관객들은 홍콩 영화 자체를 멀리하게 된다. 영화의 생명력이 다하면서 한국에서도 홍콩 영화가 흥행 보증 수표가 되던 시기는 지났고, 21세기가 되면서 한국 감독의 영화가 서서히 떠오른다. 봉준호, 박찬욱 등 주요한 감독이 데뷔작을 발표하던 시기가 2000년대 초반이었다. 강시 영화는 한물갔고, 느와르, SFX 무협, 도박 등등 중화요리처럼 화려하고 다양했던 홍콩 영화의 메뉴판은 이제 제한된 메뉴를 맛없게 만드는 초라한 식당으로 변해갔다. 이때부터 사람들은 홍콩 영화의 종말을 이야기하기 시작했다. 당시에는 '홍콩 영화의 종말'이란 말이 지나치다 싶었지만 지금 와서 돌이켜보면 '종말'이란 단어 자체가 적확한 지적이었다.

홍콩 반환이 현실이 된 1997년에는 그런 종말 의식을 반영하면서 사회적 불안이라는 메타포를 노골적으로 드러낸 영화들이 등장한다. 홍콩 반환 직후에 공개한 프루트 챈 감독의 홍콩 반환 이부작 〈메이드 인 홍콩〉과 〈그해 불꽃놀이는 유난히 화려했다〉는 이런 불안 심리를 강렬하게 표현한 대표작이다. 〈메이드 인 홍콩〉은 서극이 만들었던 〈제일유형위험〉을

· 〈메이드 인 홍콩〉 포스터 　　　· 〈그해 불꽃놀이는 유난히 화려했다〉
　　　　　　　　　　　　　　　　포스터

1997년이라는 홍콩 반환 알레고리에 녹여냈다. 주인공은 가끔 조폭
이 맡긴 돈 수금 일을 하며 살아가는 양아치 소년이다. 그런 그가 시한
부 인생을 사는 소녀를 만나고 소녀의 수술비를 마련하기 위해 살인
청부 일을 떠맡는다. 물론 이야기는 소년의 계획대로 되지 않으며, 결
말에서 소년은 갱 두목을 살해한 다음 홍콩의 한 공동묘지에서 최후를
맞이하는 것으로 끝이 난다. 주인공 소년은 미래가 없는 인물이다. 그
런 소년이 죽음을 앞둔 소녀의 미래를 걱정하지만, 결국 홍콩에는 내
일에 대한 기대 없이 오늘만 사는 인물들만 남는다. 〈메이드 인 홍콩〉
의 이러한 비관적 시각을 이어 바로 다음 해에 만들어진 〈그해 불꽃놀
이는 유난히 화려했다〉 역시 뛰어난 알레고리 영화다. 이 영화는 영국
군에 소속됐다가 홍콩이 중국에 반환되면서 실업자가 된 인물들을 그
린다. 이들은 미래 없는 삶 속에서 은행을 털어 한탕 하려 하다가 허탕
을 치고 만다. 범죄 조직 보스의 딸이 포함된 집단이 재미 삼아 은행
을 먼저 털었기 때문이다. 그런데 보스의 딸은 달아나는 와중에 이들
에게 은행에서 강탈한 돈을 넘겨주고 도망간다. 이제 돈의 분배 문제

가 남았지만, 이들은 무엇을 어떻게 해야 할지 모른 채 하루하루를 지내다가 주인공의 동생이 돈을 훔쳐 중국 본토로 도망가버린다. 홍콩에서 꿈꿨던 기대와 좌절 그리고 극단적인 분노에 내몰린 주인공이 머리에 총상을 입은 뒤 모든 기억을 잃어버리고 중국 체제 아래서 순응하며 사는 모습으로 영화는 끝난다. 행복해지고 싶다면 홍콩 시절의 기억 따위는 모두 지워버리라는 것이다.

홍콩 반환 이후의 홍콩 느와르

홍콩이 중국에 반환된 이후 만들어진 과거 홍콩 느와르 스타일의 영화들에서는 생기가 느껴지지 않는다. 가끔 〈무간도〉와 같은 걸작이 등장해 홍콩 영화계가 아직 살아 있음을 증명할 뿐이다. 홍콩이 중국에 이양돼도 중국은 홍콩을 특별 행정구로서 50년간 일국양제—國兩制 원칙에 따라 홍콩의 자율권을 보장하겠다고 약속했지만 불과 20여 년 만에 그 약속은 거짓임이 드러나게 되었다. 절망적인 홍콩시민은 2014년과 2019년 봉기했지만 돌아온 것은 더 강력한 탄압이었다. 그리고 이러한 미래를 마치 예측이나 한 것처럼 만든 작품이 두기봉의 걸작 〈흑사회〉 이부작이다. 〈흑사회〉는 삼합회 회장 선거를 둘러싼 갱단의 다툼을 그린 영화다. 그리고 홍콩 영화에서 처음으로 삼합회 자체를 인간 말종들의 집단으로 묘사했다. 영화에서 유일하게 고전적 협을 숭배하는 인물은 결국 거리로 떠밀려 나가 쓰레기 더미에서 시체로 발견되고, 과거의 회장은 부하에게 살해된다. 게다가 이 삼합회 전체를 지배하려는 것은 다름 아닌 중국 공안이다. 중국 공안은 '깡패'들을 체계적으로 제거한 다음, 사업 수완이 뛰어난 인물을 회장으로 골라 삼합회를 회사처럼 관리하려 한다. 홍콩 느와르에서 홍콩 반환 이후

• 〈무간도〉 포스터　　　　　　　• 〈흑사회〉 포스터　　　　　　　• 〈흑사회: 이화위기〉 포스터

의 풍경을 이처럼 서늘하고 냉소적으로 그려낸 영화는 〈흑사회〉 이전
에도 이후에도 없었다고 해도 과언이 아니다. 홍콩 반환 이전에는 삼
합회의 간섭 때문에 불가능했고, 이후에는 삼합회 따위는 동네 양아치
취급하는 중국 정부의 검열 때문에 불가능해졌다. 〈흑사회〉는 바로 그
과도기 사이였기에 나올 수 있었던 걸작이다. 그리고 다시는 이런 홍
콩 영화를 보기 어려워졌다.

　　홍콩 느와르의 전성기는 짧았다. 1986년 〈영웅본색〉으로부터
시작되었고, 1997년 홍콩 반환 이후에도 없지는 않았지만 홍콩 느와
르가 조악한 수준으로 반복 재생산되는 가운데 관객들은 홍콩 느와
르의 종말을 예감할 수 있었다. 이후에 등장한 폭력 영화들은 이전
홍콩 느와르와는 전혀 다른 영화다. 1990년대 중반에 등장했던 홍콩
폭력 영화는 홍콩 반환이라는 이미 결정된 사태 자체를 무시하고 현
재만을 즐기려는 영화들이었고, 이 또한 홍콩 반환과 함께 또 다른
영화로 변해간다. 그리하여 홍콩 느와르로 시작한 홍콩 폭력 영화는
홍콩과 함께 서서히 사멸해간다. 그리고 이제 홍콩 영화는 중국 영화
계의 한 부분으로 편입되었다.

홍콩 느와르의 신화를 창조한 오우삼

누구에게나 강렬했던 〈영웅본색〉의 기억

1986년 영화관의 어둠 속에서 영화를 보던 관객들은 이후 홍콩 영화계를 완전히 일변시킬 결정적 장면을 목도한다. 〈영웅본색〉에서 소마(주윤발 분)가 송아걸(장국영 분)을 붙들고 "형제란!"이라고 외치는 바로 그 순간에 홍콩 느와르의 전설이 시작된다. 범죄 세계에서 벗어나고 싶은 형과 그런 형을 잡고야 말겠다는 형사 동생, 그리고 둘 사이에서 끊긴 형제의 의를 다시 이으려고 목숨을 거는 소마(주윤발 분). 소마는 쓰러진 형 앞에서 동생 송아걸의 멱살을 붙잡고는 "네 형은 새 삶을 살 준비가 돼 있는데, 너는 왜 형을 용서할 용기가 없는" 것이냐며 절규한다. 〈영웅본색〉에서 가장 강렬하게 관객의 감정을 건드리는 지점이다. 평론가 고 정영일은 〈영웅본색〉을 두고 "형제의 사랑, 친구의 의리와 우정, 경찰과 범죄 조직의 대결"을 담으면서도 "누선淚腺 자극도 강하다"라고 말하고 있다. 여기서 사랑, 의리, 우정은 곧 형제애다. 신파극의 과장스러운 말투로 소개한다면 '눈물 없

• 〈영웅본색〉 주윤발

이는 볼 수 없는~ 핏빛 형제애('Blood brothership'은 장철의 표현이다)가 철철 넘치는 영화~'인 것이다. 이것은 자신이 폭력 영화를 만든 것이 아니라 인의와 형제애에 관한 영화를 만들었음을 수시로 역설한 오우삼의 입장과도 일치하는 부분이다.

영화에서 형 송자호(적룡 분)는 지난날의 잘못을 깨닫고 새출발하려 하지만, 한번 몸담았던 범죄 세계가 놔주지 않는다. 동생이 형사이니 이용 가치가 있기 때문이다. 형사인 동생 송아걸은 형 때문에 진급에서 탈락했을 뿐만 아니라 심지어는 범죄 조직에게 아버지까지 살해당한 과거가 있다. 범죄 세계에서 벗어나려는 형과 달리 그 세계를 끝장내려는 동생은 형에 대한 증오가 더욱 깊어간다. 이 두 형제 사이에 있는 인물이 주윤발이 연기하는 소마˙다. 소마는 적룡을 위해 복수를 수행하는 행동俠을 하며, 끊어진 형제애義를 다시 잇는 인물이다.

• 〈영웅본색〉에서 주윤발과 장국영 등이 연기한 몇몇 등장인물은 더빙 버전에 따라 다른 이름을 가진다. 주윤발의 경우 광둥어 버전에서는 주윤발은 마크, 장국영은 키트, 북경어 버전에서는 주윤발은 소마, 장국영은 아걸로 불린다. 한국에 처음 공개한 〈영웅본색〉은 북경어 버전이어서 우리에게는 소마와 아걸이 더 익숙하다.

〈영웅본색〉에서 유일하게 서사가 없는 캐릭터지만(등장한 과거라곤 갱단의 협박에 오줌을 마신 사건뿐이다. 이 사건은 〈흑전사〉같이 〈영웅본색〉에 영향을 받은 영화들에 두고두고 언급된다), 또 유일하게 모든 것을 행동으로 증명함으로써 '영웅본색'이란 영화 제목의 상징을 형상화하는 캐릭터다. 그런 소마가 '형제'의 의미를 말하는 순간 총탄에 머리가 꿰뚫리는 장면은 아슬아슬하게 이어질 듯 말 듯 진행되던 형제의 의리라는 서사를 단번에 결합시킨다. 극 중에서 대만 범죄 조직의 두목이 체념하듯 말하는 "강호의 도리가 땅에 떨어졌다江湖道義現在已經不存在了"라는, 정말 무협 소설에나 나올법한 고색창연한 대사를 현대에 이렇게 강렬하게 구사한 작품은 홍콩 영화 전체를 통틀어도 〈영웅본색〉 말고는 찾기 어렵다.

정성일 평론가는 〈영웅본색을 두 번 보는 것이 두렵다〉라는 글에서 "내가 〈영웅본색〉을 본 다음 심금을 울린다고 생각한 대목은 장면에 있는 것이 아니다. 마치 벼락이라도 맞은 것 같은 감흥을 불러일으킨 단 한 마디의 대사. "강호의 의리가 땅에 떨어졌구나" 어쩌면 이 대사는 원래의 직역이 아니라 번역한 사람이 기분을 낸 것일 수도 있다. 하지만 아무래도 상관없다. 나는 그 대사를 '읽는' 순간 거의 참을 수 없을 정도로 온몸의 감각이 경련을 일으키는 반응을 일으켰다"고 말한다, 그런 다음 "〈영웅본색〉을 좋아하지 않을 수도 있다. 다시 한번 말하지만 이 영화는 굉장한 걸작이거나 미학적으로 논쟁적인 작품이 아니다. 하지만 이 영화를 좋아하지 않는다면 그건 둘 중의 하나이다. 이런 영화가 필요한 삶을 살아본 적이 없거나, 이 영화가 제 시간에 도착하지 않은 사람들"이라고 쓰고 있기도 하다.

지금은 〈영웅본색〉하면 주윤발을 먼저 떠올리는 사람이 많다. 하지만 애초에 주윤발은 조연이었으며 시나리오에서 비중도 적었다. 그럴 수밖에 없었던 것이 주윤발은 1980년대 초까지 큰 흥행작은 없었던 인물이다. 게다가 당시 예산 부족에 허덕이던 〈영웅본색〉의 제

• 〈영웅본색〉 시나리오에 없었던 소마와 송자호의 재회 장면

작 과정에서 유일하게 마케팅에 내세울 수 있는 인물은 장국영뿐이
었다. 오우삼은 장국영을 섭외하면서 철없는 송자걸 캐릭터 때문에
장국영이 피해를 보면 어쩌나 고민했지만, 대인의 기질을 지닌 장국영
은 "이건 연기일 뿐"이라며 출연을 흔쾌히 승낙했다고 한다. 〈영웅본
색〉은 전작인 〈구사일생〉의 실패와 지나친 영화 작업으로 지쳐있던 오
우삼이 적룡 그리고 서극과 의기투합해서 만든 영화다. 당시에 적룡
은 이제 한물간 배우로 평가됐고, 심지어 주윤발은 당시 홍콩에서 흥
행의 독약票房毒藥으로 평가받던 인물이다. 그런데 영화가 촬영을 거
듭할수록 주윤발의 연기는 시선을 사로잡았고, 오우삼은 주윤발을
위해 시나리오에 없었던 장면들을 추가로 만들어 넣는다. 촬영 분량
이 늘어나자 주윤발이 오우삼에게 한 말 역시 인상적이다. "저의 촬
영 일수는 걱정하지 않으셔도 됩니다. 언제라도 추가 촬영이 필요하다
면 날짜는 중요하지 않습니다." 흔히 하는 말로 신 스틸러, 또는 조연이
주연만큼 분량을 받아먹는 상황이 생긴 것이다. 그렇게 주윤발은 〈영
웅본색〉의 상징이 되며, 아시아 영화 시장 전체를 지배했다.

• 〈영웅본색〉 포스터들

한국에선 뒤늦게 불어닥친
〈영웅본색〉 열풍

1987년 5월 〈영웅본색〉이 한국에 개봉했을 때 이
영화가 홍콩은 물론 아시아 영화계에서 하나의 이
정표가 되리라 예상한 사람은 아무도 없었다. 〈영
웅본색〉은 이른바 '종3통'이라 불리던 도심의 핵심
개봉관에는 아예 걸지를 못했고 '화양-명화-대지'
라인이라고 불리던 부도심의 재개봉관에서만 간신
히 개봉했다.* 당시 홍콩 영화는 이소룡의 공백을

• 〈영웅본색〉 개봉관

•   화양은 서대문 로터리의 화양극장, 명화는 영등포 로터리의 명
    화극장, 대지는 미아 삼거리의 대지극장을 말한다.(지금은 없어졌
    거나 다른 건물이 세워졌다) 이 세 극장은 도심 극장만은 못하지만 나름 사람이 몰리는 부
    도심에 있어 종로 3가의 피카디리, 단성사, 또는 인근의 도심 개봉관 영화를 받아 2차로
    개봉하던 극장들이었다. 개봉관에서 거절한 〈영웅본색〉이 재개봉관에서 변두리 재개
    봉관으로 퍼지면서 호응을 얻자 이후 다른 홍콩 영화들도 화양-명화-대지 라인에서 개
    봉하는 경우가 늘어나며 3개 극장은 홍콩 영화 전문개봉관으로 변하게 된다. 화양, 명

• 〈영웅본색〉 주윤발의 롱코트

메우기 위해 발굴된 성룡의 〈취권〉, 〈소권괴초〉 같은 코믹 액션 영화나 가화삼보의 영화들 그리고 홍금보가 제작한 강시물의 시대였다. 〈영웅본색〉은 홍콩 시민 5명 가운데 1명이 관람했을 정도로 홍콩에서는 엄청난 흥행을 거둔 작품이지만, 한국 개봉 당시에는 94,604명이라는 소소한 성적을 보였다.

오늘날 홍콩 영화의 상징과도 같은 제목인 〈영웅본색〉은 개봉 당시에는 제목 자체부터 그다지 흥미를 이끌지 않는 영화로 평가받았다. 그러다 재개봉관을 시작으로 입소문을 탔다. 당시 우리나라 청소년들도 하나둘씩 주윤발을 따라 롱코트를 입고 입에는 성냥개비 하나씩을 물었다. '주윤발 신드롬'의 시작이다. 게다가 오우삼은 〈영웅본색〉 덕분에 선글라스 판매량이 크게 증가한 레이 밴 Ray-Ban®사로부터 감사 편지를 받기도 했다.

〈영웅본색〉은 수많은 영화의 집대성이기도 하다. 1967년 작 〈영웅본색〉을 리메이크하면서 1979년 화산 감독의 〈형제 差人·大佬·博命仔〉

화, 대지극장의 주인이 같기도 했고, 〈영웅본색〉의 수입사인 세진영화와 극장주의 개인적 친분이 있었기에 가능한 일이었다.

를 참고한 작품으로, 액션 연출은 오우삼의 스승인 장철과 샘 페킨파를 인용했다. 〈영웅본색〉 초반 소마가 풍림각楓林閣에서 벌이는 학살 장면에서는 샘 페킨파식 액션 장면의 편집 감각을 볼 수 있다. 여기에 주윤발 캐릭터는 장 피에르 멜빌 감독의 〈사무라이〉에서 트렌치코트를 입은 알랭 드롱의 모습(특히 〈사무라이〉의 알랭 드롱의 이미지는 이후 〈첩혈쌍웅〉의 고독한 킬러로 사용했고, 〈첩혈속집〉에서는 피아노 장면 대신 클라리넷을 부는 주윤발의 모습으로 변주했다)을 모방했으며, 선글라스와 성냥개비를 입에 문 모습은 실베스터 스탤론의 〈코브라〉에서 가져왔다. 주윤발은 〈영웅본색〉의 상징에서, 나아가 홍콩 영화의 상징이 된 것이다.

오늘날에는 잘 느끼기 어렵지만 당시 주윤발과 〈영웅본색〉의 영화적 영향력은 절대적이었다. 〈영웅본색〉 이후 수많은 홍콩 범죄 영화가 등장하고 한국에 불법 비디오로 수입됐다.(대체로 영화 개봉보다 빨랐으며, 한국에 정식으로 수입되지 않은 영화도 많았다) 주윤발이 등장한 거의 모든 작품은 '영웅본색'이란 제목이 붙으면서, 당시 불법 비디오를 상영하는 공간(여관, 만화방, 다방, 전문 상영관과 함께 심지어는 작은 방에서 비디오를 틀던 일반 가정집에서는 끓인 라면 반 개를 포함해 편당 500원에 영화를 보여주던 곳도 많았다)에는 '영웅본색'이란 제목을 달고 나온 영화만 최소 20편이 넘었다.

• 〈영웅본색〉은 1997년 홍콩만이 아니라 1987년 한국 사회와의 연관 속에서도 깊게 탐구되는 작품이다. 영화연구가 이영재는 논문 〈형제애의 로망, 1987의 정동—〈영웅본색〉과 홍콩-한국 커넥션〉에서 "〈영웅본색〉은 '''동지'라고 지칭되는 '아들들의 연대', 구체적으로는 '형제애'에 기반한 저항담론의 그 장소에 말 그대로 '제 시간에 도착'하였다. 정치적 주체로서 '젊은 남성'만을 상상해낼 수 있는 시대착오성까지 포함하여, 이것이야말로 1987년 한국에서 〈영웅본색〉이 하나의 '역사적' 사건인 이유"라고 쓰고 있다. 1987년 6월 민주 항쟁을 주도했던 청년들의 동지 의식이 〈영웅본색〉과 결합하고 있음을 지적한 것이다. 이러한 동지 의식은 〈영웅본색〉에서 불구가 된 주윤발이 3년 만에 적룡을 만나 하소연하는 장면과 겹친다.

한국과의 밀접한 관계로
영화 경력을 시작한 오우삼

오우삼 감독은 한국과도 인연이 깊은 감독이다. 오우삼 감독의 데뷔
작은 1974년 영화 〈철한유정〉이다. 범죄 집단 두목을 잡으려는 경
찰과 범죄자 물건을 강탈해 살아가는 주인공이 경찰과 우정을 쌓으
며 범죄 집단 두목을 처벌한다는 이 작품은 영화의 마지막을 주인공
의 장엄한 죽음으로 장식한다는 면에서 오우삼의 스승인 장철의 그
림자를 엿볼 수도 있지만, 그다지 폭력적인 작품은 아니다. 이후 한
동안 오우삼은 아직은 불씨가 완전히 꺼지지 않던 무협이나 권격 액
션 영화를 몇 편 더 만든다. 그 두 번째 작품은 1974년 작 〈위험한 영
웅 女子跆拳群英會〉이다. 이 작품은 원제목 '여자태권군영회'가 말해주듯
태권도를 다룬 작품이다. 경희대학교에서 몇 장면을 촬영한 이 영화
는 당시 한국의 탤런트 김창숙에게 반한 오우삼이 출연을 적극 섭외
해서 만들어졌다. 한국의 태권도 도장을 차례차례 격파하는 일본 가
라데 고수에 맞서 태권도를 배우러 왔던 중국 무술가와 한국 태권도
고수가 힘을 합친다는 이야기다. 일본 가라데 고수가 자신의 간판을
걸고 한국에서 도장을 격파하며 다닌다는 설정 자체는 당시 한국 사
회에서는 불가능한 이야기이지만, 홍콩에서는 문제될 것이 없었다.
〈위험한 영웅〉은 이소룡의 〈정무문〉에 큰 영향을 받은 작품이면서
이후 〈주성치의 파괴지왕〉에 영향을 끼친 작품이기도 하다. 오우삼
은 〈위험한 영웅〉 이후 성룡, 홍금보, 원표가 처음으로 한 작품에 출
연(원표는 딱 한 장면만 출연한다)하는 〈소림문〉을 만드는데, 역시 야외
촬영은 한국에서 진행했다. 홍콩은 땅이 좁아서 로케이션 촬영에 적
당한 풍광을 찾기 어려웠고 대만에는 오래된 절이나 문화유적이 많
지 않아 한국이 촬영지로 딱 적합했기 때문이다. 그래서 〈소림문〉은

• 〈소림문〉 남한산성 북문(전승문 全勝門)

남한산성 북문에 동문이란 간판을 붙이고 찍었다.

　　이 시기 오우삼이 만든 작품은 당시에 유행하던 일반적인 쿵푸 영화와 크게 다르지 않다. 대신 〈소림문〉에서는 무술 감독을 맡은 홍금보의 다채로운 동작 지도를 통해 홍금보가 얼마나 뛰어난 무술 감독인지를 확인할 수 있다. 오우삼 초기의 가장 중요한 영화는 〈호협〉이다. 〈호협〉은 살수와 협객이 팀을 이뤄 악당의 본거지에서 수많은 고수와 혈투를 벌이는 내용으로 이후 오우삼의 걸작으로 재탄생한 〈첩혈쌍웅〉의 원형을 찾을 수 있는 영화다. 두 영화는 이야기 구조와 인물관계가 거의 일치하며 특히 영화를 지배하는 의와 협의 정서는 〈호협〉이 〈첩혈쌍웅〉의 예고편이 아닌가 하는 생각까지 들게 한다. 이해관계를 떠나 그것이 옳기에 행한다는 정서가 두 영화 모두에 담겨 있기 때문이다. 특히 영화의 클라이맥스에서 주인공을 돕는 살수가 악당 두목에게 내뱉는 "세상에는 진정한 친구도 존재하더군"이라는 대사는 〈첩혈쌍웅〉의 주제가 되기도 할 뿐만 아니라 오우삼의 스승인 장철의 흔적을 강하게 느끼게 하는 작품이기도 하다.

　　그런데 이 시기에 오우삼이 더 잘했던 것은 당시 홍콩 영화에

• 〈구사일생〉 포스터

서 가장 잘 팔리던 코미디 영화였다. 오우삼은 홍콩 코미디의 대가인 허관문, 허관영, 허관걸 형제와 함께 〈발전한 發錢寒〉 〈전작괴 錢作怪〉 〈마등천사 摩登天師〉와 같은 영화를 만들었으며, 1970년대 홍콩 코미디 가운데 최고 흥행작인 〈미스터 부〉를 기획하고, 〈미스터 부 2〉에서 조감독을 맡기도 했다. 코미디 영화로 주가로 올리던 오우삼은 다시 액션 영화로 돌아온다. 이번에는 무협 영화가 아니라 마약 재배로 악명이 높았던 골든 트라이앵글(태국과 미얀마, 라오스의 접경지역)을 배경으로 유혈이 난무하는 총격

액션 영화 〈구사일생〉을 한국과 합작으로 만들었다. 한국 배우들인 이해숙, 박일권, 장일식, 김호곤 등이 출연하기도 했다.

당시 한국 영화계는 일본과의 교류가 막혀 있던 탓에 대신 홍콩 영화계와 교류가 잦았다. 1998년 김대중 정부가 일본 대중문화 개방 정책을 시행하기 전까지 일본 영화는 한국에서 금지 대상이었다. 물론 대중은 음지에서 일본 영화를 접하기도 했고 정작 일본 영화를 금지한 박정희는 청와대에서 주일 대사관이 구해온 필름으로 사무라이 영화를 보며 만주군 시절부터 익힌 무사도의 추억에 젖었지만, 공식적으로 일본 영화는 한국에 없었다. 물론 극장가에는 할리우드와 유럽영화가 있었으나 정서·문화적인 유사성으로 한국 관객에게 좀 더 친숙한 홍콩 영화가 대신 자리를 잡았다.

홍콩 영화계와의 합작에 적극적이었던 신상옥 감독의 신필름과 쇼 브라더스는 대규모 합작 영화 〈비련의 왕비 달기〉를 시작으로 합작 영화를 제작했고, 합작 영화가 흥행에 실패한 이후에도 한국 배우들을 홍콩에서 합숙시키며 홍콩 영화에 출연하게 했다. 이는 홍콩 영화를 합작 영화로 둔갑시켜 수입하려는 방편이었다. 이 당시 홍콩 영

화 출연자 가운데 인터넷무비 데이타베이스IMDB에 등록되었지만, 정체를 알 수 없는 출연자 다수가 당시 홍콩에서 합숙하며 쇼 브라더스 영화에 출연했던 한국 배우들이다. 홍콩의 제작자와 감독들도 지리적으로 가까운 한국 시장을 중요시했고 기획하기에 따라 한국·홍콩 합작 영화는 양국 시장을 동시에 노릴 수도 있었다. 쇼 브라더스 영화는 물론, 신흥 메이저로 부상한 골든 하베스트는 한국의 영화사와 끈끈한 관계를 맺으며 줄줄이 나오던 성룡 영화를 동아수출공사에 독점 제공했다. 그래서 1980년대까지 한국에는 '명절에는 성룡영화'라는 공식까지 나올 정도였다. 〈구사일생〉도 이런 한·홍 합작의 흐름으로 제작된 영화였다.

〈구사일생〉은 오우삼의 필모그래피에서 다소 이질적인 작품이다. 영화는 잔혹극에 가깝다. 팔과 목이 갑작스럽게 잘려나가고, 여러 개의 창이 인간의 사지를 꿰뚫는 장면도 등장한다. 동시에 아들을 살리기 위해 모든 걸 포기하는 아버지의 모습을 묘사한다. 형제애를 포기하고 부성父性을 택한 오우삼의 액션 영화로는 이 작품이 유일하다. 게다가 영화 촬영에 실탄을 사용하면서 오발 사고까지 벌어지기도 했다. 〈구사일생〉은 전쟁 프로페셔널들이 펼치는 극단적인 폭력과 아버지의 정이라는 두 가지가 서로 충돌한다. 더군다나 아들을 살리려는 과정에서 모든 등장인물이 차례차례 끔찍하게 죽어가는 이영화는 마치 일그러진 부성을 묘사하는 것처럼 보이기까지 한다. 문제는 〈구사일생〉이 너무 잔인했다는 것이다. 〈구사일생〉은 당시 홍콩에서는 상영이 금지됐고 1984년 한국에서 먼저 개봉한다. 홍콩에서는 이후 1986년 〈영웅본색〉 성공 직후 오우삼의 이름을 앞세워 개봉하지만 흥행에는 실패한다. 이 때문에 이 작품은 한국와 홍콩 버전 두 가지 편집본이 있다.(한국판 〈구사일생〉이 7분 더 길다)

〈구사일생〉은 오우삼이 다작을 하면서도 모든 책임은 감독 혼자

져야 하는 홍콩 영화 제작의 고질적 시스템 문제에 좌절하던 시기에 만든 영화다. 어쩌면 독실한 크리스천으로 폭력을 싫어하던 그가 당시의 지친 심리 상태를 영화의 폭력성으로 분출한 것인지도 모른다. 오우삼은 이 영화 이후 잠시 영화판을 떠나게 된다. 〈영웅본색〉 이전까지 오우삼의 존재감이 한국에서는 크게 두드러지지 않은 이유는 불균질한 완성도와 다작을 반복한 것에도 원인이 있었다.

알레고리는 사라지고
스타일만 남는다

홍콩 반환을 10년 앞둔 시기에 등장한 1986년 〈영웅본색〉은 홍콩 영화의 방향성 자체를 완전히 바꿔버렸다. 〈영웅본색〉의 오리지널 작품인 1967년 작 용강 감독의 〈영웅본색〉이 15년간 옥살이를 하고 나온 인물이 경찰인 동생을 위해 새 삶을 시작하려 자신을 다시 범죄로 끌어들이려는 집단에 맞서 갈등하는 사회파 영화였다면, 오우삼의 〈영웅본색〉은 형제간의 갈등이란 요소 외 모두 장철식 의협이 지배하는 비극적 낭만의 세계로 바꿔놓은 영화였다. 사실 〈영웅본색〉 1, 2편은 장철이 1971년에 만든 영화 〈대결투〉의 변형이기도 하다. 여기에 추가해서 중국으로 반환되는 홍콩 사회 저변에 깔린 불안감을 우화적이고 우회적으로 반영한 대표적인 알레고리 영화였다.

오우삼은 〈영웅본색〉 1, 2편의 성공을 다음과 같이 말한다. "영웅본색의 성공은 제작과 연출의 요인은 물론이고, 내가 보기엔 영화의 내용과도 깊은 관계가 있다고 생각합니다. 왜냐하면 영화의 느낌은 특수한 심리상태(1997년 홍콩이 영국에서부터 중국으로 반환된다는 사실에 대한 불안감)에 놓인 홍콩 사람들에게 큰 영향을 미칠 수 있기 때문입니다." 이러한 불안감을 해소해줄 '영웅의 형상'이 바로 주윤발이 연기한 소마라는 인물이었다. 영화 제작자로서 서극은 오우삼보다 비관적이다. "이 영화는 내가 홍콩을 이해하는 방식입니다. 홍콩이라는 아주 이상한 사회를 배경으로 그러한 경제 상황 속에서 살아야 하는 주인공들은 자신들이 생존할 수 있을까를 의심합니다… 어떤 의미에서 〈영웅본색〉은 홍콩에 대한 아주 혹독한 비판적 시네마입니다."

1990년대 들어 홍콩의 중국반환이 다가오면서 홍콩 느와르는 달라진다. 임영동의 〈용호풍운〉처럼 사실적으로 범죄 세계를 묘사한 영화는 점차 사라지며 대신 양식적이고 화려한 액션을 내세우는 영화들이 등장한다. 그 변화는 오우삼이 주도했다. 〈영웅본색 2〉는 〈영웅본색〉의 사실성을 최대한 제거하면서 폭력의 낭만성을 극대화했다. 심지어 영화 속에서 주인공을 만화 캐릭터로 만들어 보여주기도 하고 스승인 장철이 〈복수〉의 클라이맥스에서 보여준 처절한 살육전을 총격전으로 변형해 캐릭터의 죽음을 극단적으로 숭배하듯 묘사한다. 〈영웅본색 2〉가 그려내는 현실성을 벗어난 액션과 스타일은 이후 홍콩 느와르의 중요한 표현 방식으로 자리 잡는다. 그리고 이러한 스타일리쉬 홍콩 느와르의 최고 정점이 바로 오우삼의 1989년 작 〈첩혈쌍웅〉이다.

〈첩혈쌍웅〉에 이르면 총격전의 슬로모션은 무협 영화의 칼싸움 액션보다 더욱 정교해지고 발레 같은 우아함이 느껴진다. 관객은 폭력을 판타지로 보여주는 새로운 오우삼식 액션에 더욱 열광했고, 〈첩혈쌍웅〉은 홍콩 느와르의 레퍼런스로 남는다. 사회성과 시대성이 거세된 자리에 화려함이 자리를 차지한 것이다. 이때부터 서구권의 평론가들도 본격적으로 오우삼의 영화에 주목했다. 또한 이전까지 아시아 영화라면 구로사와 아키라나 오즈 야스지로 영화만 출시하던 아트영화 배급사 '크라이테리온 컬렉션'에서도 오우삼의 작품을 레이저 디스크(이때는 DVD가 개발되기 전이다)로 출시했다.

　1989년 오우삼은 서극과 〈영웅본색 3〉를 만들면서 영화의 방향을 놓고 대립하다가 결국 감독에서 물러난다. 오우삼이 빠지고 제작자인 서극이 감독까지 맡은 〈영웅본색 3〉는 전작과 달라진 스타일 때문에 흥행이 저조했고 평가 역시 그리 좋지 못했다. 하지만 그렇다고 〈영웅본색 3〉가 그렇게 빠지는 영화는 아니다. 서극은 〈영웅본색 3〉를 불안한 시대상을 적극 반영한 알레고리 영화로 만들었다. 직전에 벌어진 '천안문 사태'를 전차의 진행을 막아서는 인물인 아민(양가위 분)을 통해 노골적으로 반영하고 있으며, 베트남 전쟁 말기라는 배경을 이용해 홍콩 반환 직전의 불안감을 연상하도록 연출했다. 그리고 프리퀄로써 〈영웅본색〉 1, 2편에서 영화의 상징과도 같은 존재 주윤발을 어리숙한 인물로 내려놓았다. 하지만 관객이 원했던 건 쌍권총을 쏘며 무림 고수의 풍모를 풍기는 협객 주윤발이었지, 인간 주윤발이 아니었다. 프리퀄이란 아이디어 자체는 나쁘지 않았다. 오우삼도 〈영웅본색 3〉는 서극처럼 베트남을 배경으로 한 프리퀄로 만들 생각이었다. 그러나 오우삼이 묘사하는 주윤발은 더 영웅적이며 더 비장하고 더 처절했다. 서극과 갈라선 오우삼은 1990년에 사비를 털어 본인이 생각하는 진정한 '영웅본색 3'인 〈첩혈가두〉를 만든다.

　마이클 치미노 감독의 〈디어 헌터〉에서 영감을 얻은 〈첩혈가두〉는 홍콩 반환이라는 알레고리와 함께 오로지 돈만을 숭배하는 홍콩인들의 탐욕까지 비판적으로 녹여낸 영화다. 〈영웅본색〉에서 악역을 담당했던 이자웅이 돈 때문에 친구를 배신하는 인물을 연기했고, 양조위는 이자웅이 쏜 총탄이 머리에 박혀 광인이 된 장학우를 위해 복수하는 인물로 등장한다. 〈첩혈가두〉는 미래가 보이지 않는 홍콩의 불안 심리를 잘 반영한 수작이지만 흥행에는 실패했다. 3시간이 넘는 초기 편집본이 너무 길어 흥행에 불리할 것으로 생각한 제작자 겸 감독 오우삼이 스스로 50여 분을 삭제해 145분으로 줄이면서 영화가 매끄럽지 못하게 나온 탓도 있었다. (나중에 재편집한 감독판은 165분이다) 하지만 그보다는 홍콩 반환이 눈앞에 닥쳐온 90년대에 〈첩혈가두〉가 묘사하는 극단적으로 처절하고 우울한 이야기를 홍콩 시민이 보고 싶어 하지 않은 원인도 있다. 다가올 현실이 우울한데 어떤 관객이 제 돈 내고 더 우울한 영화를 보고 싶어 했겠는가.

1997년이 되면서 홍콩에선 영화가 사라지고 영화인도 사라졌다

오우삼은 1993년 홍콩을 떠나 할리우드에서 〈하드 타겟〉을 만든다. 장 끌로드 반담을 내세운 이 작품은 흥행에는 실패했지만, 할리우드에서 보기 드문 뛰어난 액션 스타일을 보여줬다. 그러나 오우삼의 할리우드 진출이 순탄한 것만은 아니었다. 할리우드에 비교하면 주먹구구에 가까웠던 홍콩 영화 시스템에 익숙한 탓에 오우삼은 〈하드 타겟〉을 만들면서 많이 헤매기도 했다. 가령 감독은 제작의 중요 부분만 컨펌하면 되는 게 할리우드 시스템이었지만 오우삼은 홍콩 시절처럼 모든 것을 결정하려고 수많은 제작 회의에 참석한 나머지 정작 연출을 위한 자신만의 시간을 갖지 못했다. 그러다 두 번째 작품 〈브로큰 애로우〉부터는 많은 부분을 조감독에게 위임하고 자신의 페이스를 찾으며 액션 영화 팬들의 탄성을 자아내게 한다. 세 번째 작품인 〈페이스 오프〉에서는 오우삼의 스타일과 할리우드의 시스템이 행복하게 결합한 작품으로 흥행에 성공하고 비평적으로도 찬사를 얻었다. 이렇게 인정받은 오우삼의 스타일은 배우이자 제작자인 톰 크루즈에게도 구애를 받아 〈미션 임파서블 2〉에서도 비둘기를 날리

• 〈하드 타겟〉 포스터   • 〈브로큰 애로우〉 포스터   • 〈페이스 오프〉 포스터

는 장면으로 자신의 인장을 다시 한번 보여준다.

오우삼의 액션 스타일은 단지 자신이 만든 영화에만 등장한 것은 아니다. 워쇼스키 자매가 만든 〈매트릭스〉는 오우삼식 액션 스타일을 노골적으로 모방한 작품이며, 샘 페킨파의 후계자이자 폭력 영화의 장인 월터 힐 역시 1996년 영화 〈라스트 맨 스탠딩〉에서 오우삼의 쌍권총 스타일을 도입해 쌍권총을 손에 들고 난사하는 캐릭터를 등장시키기도 했다. 이뿐 아니라 수많은 영상을 비롯해서 각종 코미디 작품 역시 오우삼식 액션을 패러디하기도 했다. 오우삼의 액션 미학은 비록 오늘날에는 다소 유치해 보일지라도 한 시대를 풍미한 전설적인 스타일이라고 할 수 있다.

오우삼이 〈페이스 오프〉 이후 만든 할리우드 영화들은 그다지 성공적이지 못했다. 그렇지만 항상 새로운 피를 수혈받아 산업의 생명력을 유지하던 할리우드의 홍콩 감독 호출은 계속됐다. 황지강은 킬러들의 유쾌한 소동을 그린 〈빅 히트〉를 만들었고, 임영동은 홍콩에서 만들던 사실주의 액션과는 달리 장 끌로드 반담과 일련의 할리우드식 액션 영화를 찍었다. 그리고 〈백발마녀전〉을 만들었던 우인

태는 〈사탄의 인형 4: 처키의 신부〉와 〈프레디 vs 제이슨〉을 만들었다. 서극 역시 장 끌로드 반담과 함께 〈더블 팀〉과 〈넉 오프〉 같은 액션 영화를 만들었다. 그러나 홍콩 영화의 물결이 사라진 오늘날 황지강, 임영동, 우인태 같은 감독은 중국 영화계에서 서서히 자취를 감춰버렸고, 오우삼과 서극은 중국 체제를 찬양하는 영화를 만드는 길로 태세를 전환했다. 이들이 홍콩 반환 이후 만든 영화에는 인상적인 작품이 없다. 그 이유가 오우삼과 서극이 노쇠해졌기 때문인지 아니면 중국 당국의 눈치를 보면서 영화를 만들 수밖에 없는 현실 때문인지는 알 수 없다. 장철과 그의 제자 오우삼은 홍콩 영화라는 세계의 문을 열고 닫으면서 의와 협의 세계를 스크린에 펼쳤지만 1990년대 이후 홍콩 영화에 남은 건 결국 방향성을 잃은 사회에서 돈에 대한 탐욕과 생존에 대한 욕구뿐이었다.

〈영웅본색〉은 홍콩 느와르의 상징과도 같은 영화이고, 홍콩 영화가 사라진 오늘날에도 이 작품을 능가할 영화는 등장하지 않고 있다. 아직도 홍콩에서는 영화를 만들고 있는데 홍콩 영화가 사라졌다는 언급은 너무하다고 반발할 사람도 있을 것이다. 그러나 적어도 우리를 사로잡았던 홍콩 영화는 사라진 게 사실이다. 오늘의 홍콩 영화를 생각하면 1970~1980년대에 홍콩의 무협, 느와르, 청춘, 판타지 영화로 청춘을 보냈던 한국 관객들은 더욱 씁쓸해진다. 오우삼과 서극 둘 다 1990년 즈음 제작한 〈첩혈가두〉와 〈영웅본색 3〉에서 천안문 사태의 절망감을 노골적으로 묘사하며 홍콩 반환의 불안감을 적극 드러낸 인물들이지만 이제 그들은 중국의 통치하에서 겨우 숨만 쉬고 있기 때문이다.

홍콩 영화 몰락의 제1요인은 무엇인가? 단언컨대 그것은 체제의 문제다. 권력이 요구하는 조건에 작품을 꿰어맞추려 할 때 창작물의 생명은 끝장나버리고 만다. 한국은 박정희와 전두환으로 이어지는 군사정권 때 영화가 질적으로 바닥을 쳤으며, 진정한 민주화가 시작된 김영삼 정부 말기와 김대중 정부 시절부터 영화의 창의력과 완성도가 화려하게 만개했다. '지원을 하되 간섭하지 않는다'는 한국의 문화정책은 김대중 정부 이후로 지켜지는 원칙이 되었고, '블랙리스트'로 이를 흔들려고 했던 몽매한 권력자들은 대가를 치러야 했다.

영화가 만들어지려면 자본, 인력, 아이디어가 결합해야 한다. 그러나 정치적 자유라는 토대가 없다면 모래성과 같다. 중국 영화의 비즈니스 토양도 한국의 관점에서는 상식적이지 않은 점이 많다. 한한령*이 내려지기 이전까지 한국 영화계에는 돈이 넘치는 중국 영화계를 기회의 땅으로 생각하는 사람들이 일부 있었다. 착각이었다. 한한령 이전에도 중국에서 일을 벌인 한국 영화인들이 제대로 성과를 얻은 경우는 극히 드물었고, 심지어 한국의 유명 감독들도 사기를 당하고 돌아오는 일이 있었다. 영화란 돈이 없으면 안 되지만 돈이 있어도 비즈니스의 투명성, 정책의 예측 가능성, 사상의 자유가 없는 곳은 위험하다는 점을 간과한 것이다.

최근 홍콩 영화계는 부상한 한국 콘텐츠에 대응해서 과거 화려했던 홍콩 영화의 부활을 시도하는 계획을 세우고 있다고 한다. 그러나 거듭 말하지만 창작의 자유가 없는 곳에서는 절대로 영화가 발전할 수 없다. 100년이 넘는 영화역사가 실증한 명제다. 그래서 홍콩 영화의 몰락은 홍콩의 비극일 뿐 아니라 영화를 사랑하는 모든 이의 비극이다.

---

* 한국의 문화 콘텐츠와 기업 활동을 제한한 중국 정부의 정책이다.

홍콩 느와르 영화
베스트 10

★

홍콩 느와르 팬이라면 이 목록이 다소 미심쩍어 보인다는 건 부정할
수 없다. 홍콩 느와르에서 손꼽히는 작품 가운데 큰 사랑을 받는 작
품 일부가 빠져 있고 팬들의 비난을 받는 영화가 포함됐기 때문이다.
홍콩 느와르로 지칭하는 이 영화 장르는 다양한 여러 형식이 결합해
한국에서만 통용되는 용어다. 이 단어를 만든 일본조차 홍콩 느와르
를 따로 규정하지는 않는다. 목록을 작성한 원칙은 가장 상징적인 영
화 두 편인 〈영웅본색〉과 〈첩혈쌍웅〉을 제외하고, 홍콩 느와르라는
용어의 분위기를 가장 잘 드러낼 수 있는 영화들로 선택했다. 그러므
로 이 목록은 이제는 사라진 홍콩 느와르의 잔향감을 느낄 수 있는
또 다른 시각 정도로 참조할 수 있다.

10 마담 킬러 亡命鴛鴦   1988

감독 장견정,
출연 원표, 하문석, 진상림, 나열, 원화, 고비, 진탁흔

사실 이 영화는 원제 그대로 '망명원앙'이라고 불러야 할 필요가 있다. 원제가 영
화에 드리운 상실감을 매우 잘 드러내기 때문이다. 이 영화의 또 다른 제목인 〈극
도추종〉이라는 제목은 허안화 감독의 〈화룡만가(원제 '극도추종')〉와 혼동을 일으킬
수도 있다. 이 영화는 액션 배우 원표의 정극 연기가 비판을 받기는 하지만 홍콩
반환을 십 년 앞둔 시대의 가라앉은 분위기를 아주 잘 표현했다. 영화에서 원표는
까닭 모를 사건에 휩쓸리다가 급기야 아내뿐 아니라 딸까지 잃고 만다. 그는 말레
이시아에서 온 여성 킬러와 우연히 팀을 이뤄 돈에 미친 동료 경찰에게 복수를 시

11 이제는 사라진 영화 장르, 홍콩 느와르   613

작한다. 돈도 미래도 희망도 없는No Money, No Visa, No Hope 당시 홍콩의 분위기를 잘 담 아낸 수작이다.

| **9** | **살수호접몽** 殺手蝴蝶夢 | **1989** |

감독 담가명
출연 종진도, 왕조현, 양조위, 진혜민, 유가휘, 오맹달

〈살수호접몽〉의 영어 제목은 'My Heart Is That Eternal Love'다. 여기서 내 마음이 향한 영원한 사랑은 무엇일까? 영화는 주인공인 종진도와 왕조현의 사랑을 그린다. 여기에 왕조현을 짝사랑하는 양조위가 있다. 이 세 사람은 급격히 파멸을 향해 간다. 결국 홍콩을 떠나려고 했던 인물은 모두 죽고, 홍콩에 남기를 원했던 이는 홍콩을 떠나야만 한다. 그러니 영화가 묘사하는 각자의 사랑은 상징적인 측면에서 홍콩에 대한 사랑으로 비치기도 한다. 홍콩에서 살고 싶지만 떠나야 하거나 떠날 수 없는 사람들의 이야기가 바로 〈살수호접몽〉의 비극적인 분위기 전체를 지배하고 있다.

| **8** | **암화** 暗花
그리고 두기봉 영화 | **1998** |

감독 유달지, 두기봉
출연 양조위, 유청운, 소미기, 노해붕, 왕천림, 정호남

두기봉 감독이 〈무미신탐〉으로 자신만의 스타일을 제시했다면, 〈암화〉는 그의 스타일이 완성된 작품이다. 그러니 〈암화〉는 두기봉 영화 전체를 이 목록에 담는 상징적 작품이기도 하다. 보통 유달지 감독의 작품으로 알려지기도 했는데, 각본가에 따르면 두기봉이 대부분을 감독했다. 〈암화〉에 이어 같은 해에 만든 〈비상돌연〉과 〈더 히어로〉를 보면 보다 확실한 두기봉의 인장을 〈암화〉에서 느낄 수 있다. 특히 1988년에 공동 감독으로 참여해 만든 뛰어난 범죄 영화 〈대

행동)과 비교하면 그 스타일의 차이를 더 확실하게 볼 수 있다.

7	**호월적고사** 胡越的故事	**1981**

감독 허안화
출연 주윤발, 무건인, 종초홍, 나열, 탕금당, 김표

베트남 전쟁이 끝나며 보트피플로 베트남에서 탈출한 호월은 홍콩과 필리핀을 거쳐 미국으로 떠나려 한다. 그런데 그 과정에서 알게 된 연인이 필리핀 갱단에 잡혀가는 사건이 벌어진다. 호월은 필리핀에서 연인을 위해 갱단을 위한 일을 시작한다. 〈호월적고사〉는 영화의 시작부터 끝까지 시종일관 가라앉은 분위기를 유지한다. 심지어 영화의 마지막 총격전 장면까지도 그렇다. 감독 허안화는 보트피플을 보고 홍콩의 미래를 떠올린 것 같다. 허안화의 다음 작품인 〈투분노해〉 역시 베트남을 배경으로 사회의 밑바닥을 전전하는 중국인을 묘사하기 때문이다. 그러나 〈호월적고사〉가 묘사했듯이 떠날 곳은 어디에도 없다.

6	**용호풍운** 龍虎風雲	**1987**

감독 임영동
출연 주윤발, 이수현, 손월, 오가려, 장요양, 황광량

임영동 감독은 삼합회 영화가 판치는 홍콩 느와르에서 삼합회의 영웅 만들기 강요가 필요 없는 영화를 만들기로 한다. 그렇게 〈용호풍운〉 〈감옥풍운〉 〈학교풍운〉이라는 아주 사실적인 범죄 영화 〈풍운〉 시리즈가 탄생했다. 한국 평단이 규정한 홍콩 느와르는 대체로 사실주의 영화와 낭만적 범죄 조직 영화로 구성된다. 그 가운데 〈폴리스맨 2〉 등의 영화를 만든 황지강 감독과 임영동이 이 사실주의 범죄 영화를 대표하는 감독이다. 그렇다고 해서 이들이 '파멸로 향하는 주인공'이라는 비극의 형식적 측면까지 무시하는 건 아니다. 〈용호풍운〉은 범죄 조직에 침투한 경찰이 점차 범죄자에 동화되면서 벌어지는 심리적 갈등을 매우

뛰어나게 묘사한다. 그러니 타란티노가 이 영화를 모방한 것이다.

5 무간도 無間道 — 2002

감독 유위강, 맥조휘
출연 유덕화, 양조위, 황추생, 증지위, 두문택, 진혜림

이제는 홍콩 느와르가 사라졌다고 믿었던 시기에 등장한 〈무간도〉는 충격 그 자체였다. 홍콩 영화가 죽었다고 선언한 사람들은 잠시 무안해졌고, 관객들은 홍콩 느와르의 부활을 축하했다. 그러나 〈무간도〉로 인해 홍콩 느와르가 부활한 것은 아니었다. 〈무간도〉는 홍콩 느와르가 사라지기 직전 찬란하게 빛난 한 편의 영화다. 잠입 경찰을 다룬 숱한 영화 가운데 〈무간도〉가 정점에 이른 것은 인간사가 그렇게 마음먹은 대로 전개되지 않는다는 것을 노골적으로 보여주기 때문이다. 영화에서 경찰은 패배하고 갱은 승리한다. 이는 일반적인 관객이 원하는 것은 아니지만, 〈무간도〉는 이를 충분히 납득할 수 있도록 묘사한다. 그게 홍콩 느와르의 마지막 힘이었다.

4 흑사회 黑社會 — 2005

감독 두기봉
출연 임달화, 양가휘, 고천락, 장가휘, 임가동, 임설, 왕천림, 강대위

〈흑사회〉는 두 편의 영화로 등장했다. 첫 작품은 2005년에, 다음 작품은 2006년에 나왔다. 〈흑사회〉 이부작은 두기봉의 본래 스타일처럼 곁가지를 전혀 다루지 않고 삼합회 보스 선거라는 이야기만을 끈질기게 밀고 간다. 여기에는 강호의 의리나 의협 따위는 존재하지 않는다. 이것은 일종의 선언처럼 보이기도 한다. 과거 홍콩 느와르를 이끌었던 많은 부분이 삼합회의 폭력적인 개입이었고, 삼합회는 자신들의 이야기를 낭만적으로 포장하길 원했기 때문이다. 그러나 이제 홍콩은 중국에 넘어가게 되었고 영화계는 더는 조폭의 눈치를 볼 필

요가 없어졌다. 이제부터 영화는 철저한 비즈니스로 제작된다. 바로 〈흑사회〉가 묘사하는 중국에 흡수된 홍콩의 냉소적인 풍경이고, 이를 통해 〈흑사회〉는 홍콩 영화의 종말을 선언한 것이나 다름없다.

3 첩혈쌍웅 喋血雙雄   1989

감독   오우삼
출연   주윤발, 이수현, 엽천문, 증강, 성규안, 주강, 이범위

홍콩 느와르를 규정하는 작품 가운데 가장 선두에 선 작품은 단연 〈첩혈쌍웅〉이다. 전설적인 킬러는 살인 청부를 수행하다 사고로 무고한 여인의 눈을 멀게 만든다. 가책을 느낀 킬러는 여인의 눈을 고치기 위해 마지막 임무를 맡고, 강직한 형사는 킬러를 추적하는 과정에서 킬러의 심정에 동조하게 된다. 오우삼 감독은 〈첩혈쌍웅〉으로 홍콩 폭력 영화의 정점을 만든다. 이후 등장하는 홍콩 폭력 영화에서 관객은 〈첩혈쌍웅〉의 단편만을 느낄 정도다. 게다가 이 영화에는 심금을 울리는 사랑과 우정이 있다. 영화는 예정된 비극을 향해 시체의 산을 쌓으며 걸어가고 관객은 결말을 가슴 졸이며 따라간다. 그렇게 〈첩혈쌍웅〉은 죽어가는 눈먼 홍콩의 허망함을 표현한다.

홍콩 범죄 영화 가운데 〈성항기병〉보다 소름 끼치는 결말을 그린 작품은 없다고 해도 과언이 아니다. 홍콩 외곽에서 한탕을 위해 홍콩에 숨어든 범죄자 집단은 곧바로 경찰에 포위당한다. 이들이 생존을 위해 선택한 곳은 홍콩의 가장 어두운 공간인 구룡성채다. 마치 미궁과도 같은 이곳에서 범죄자들은 경찰과 쫓고 쫓기다 파멸적 결말로 휩쓸려 들어간다. 〈성항기병〉은 홍콩의 사실주의 범죄 영화의 정점에 선 작품이다. 그리고 이러한 사실주의는 〈성항기병 속집〉에서 더욱 과격하고 처참한 폭력으로 표현되기도 한다. 〈성항기병〉이 그리는 홍콩은 낮과 밤이 의미 없는 절망의 공간이다. 이후에도 숱한 영화가 등장했지만, 이 정도의 절망을 묘사하진 않았다.

몇 가지 제목을 나열해 보자. 〈은행풍운〉〈지존무상〉〈타이거맨〉〈천장지구〉〈첩혈속집〉〈첩혈가두〉〈강호정〉 등 우리는 여기에 수십 편의 제목을 더 덧붙일 수도 있다. 진정한 홍콩 느와르의 시작은 〈영웅본색〉이지만, 알레고리 영화로서의 홍콩 느와르의 시작은 〈호월적고사〉다. 이 작품들은 뿌리 없는 인간의 근본적인 비애를 다룬다. 살아가는 토대가 사라져가고, 갈 곳도 없는 인간들의 이야기. 그 이야기 속에서 누군가는 악착같이 돈에 탐닉하고 또 누군가는 허망한 죽음에 집착한다. 그러고는 홍콩 영화 자체가 사라졌다. 그러니 홍콩 영화를 말한다는 것은 그 상실감에서부터 시작할 수밖에 없다.

1 영웅본색 英雄本色   1986

감독 오우삼
출연 적룡, 주윤발, 장국영, 이자웅, 주보의, 증강

홍콩 느와르는 곧 〈영웅본색〉이라고 해도 무방하다. 〈영웅본색〉은 홍콩 느와르
라는 단어 자체를 탄생시켰으며, 작품의 완성도 또한 홍콩 느와르의 정점에 이
른 작품이다. 이 영화는 오늘날에는 잊힌 듯했던 의리와 의협을 불러들여 이
를 범죄 조직 가운데 폭탄처럼 던져 놓는다. 바로 여기서부터 홍콩 느와르가 시
작했고, 삼합회는 영화를 조폭의 선전 도구로 써먹을 생각을 떠올린다. 그러니
〈영웅본색〉의 등장은 영광의 시작인 동시에 다른 측면에서는 비극의 시작이기
도 하다. 이 작품 이후 홍콩 영화는 거듭해서 자기 복제를 했고, 홍콩 반환과 상
관없이 홍콩 영화는 몰락한다.

배경 설명과
용어 정리

구룡성채

우리가 홍콩 영화에서 많이 봤던 도로를 뒤덮은 간판 풍경은 대체로 구룡반도의 모습이다. 부유층이 많이 사는 홍콩섬보다 정착하기 쉬운 구룡반도에는 본토에서 넘어온 사람이 많이 살았는데 영화에서 이들은 어리석고, 가난하고 다른 문화에 적응하지 못하는 '촌놈'으로 표현된다. 이렇게 표현하는 인물형을 남자는 아찬 阿燦이라 부르고 여자는 찬매 燦妹라 부른다. 배우 주성치의 〈신정무문〉이 아찬을, 배우 왕조현의 〈의개운천〉이 찬매의 이미지를 묘사하고 있다. 그리고 감독 왕가위의 〈아비정전〉, 〈중경삼림〉과 같은 영화가 구룡반도를 배경으로 만들어졌다. 이와 함께 중요한 공간으로 구룡성채 九龍城寨(1993년에 철거하면서 묻혀 있던 현판이 발견돼 본래 이름이 구룡채성 九龍寨城이란 것이 밝혀지기도 했다)가 있다. 이 특이한 건축물은 그야말로 범죄의 온상이었으며, 영국의 홍콩 지배 시기에도 일종의 치외 법권 지대였다. 구룡성채의 최초 모습은 아파트 같은 건물이 띄엄띄엄 있는 지역이었으나 여기에 점차 불법 건축물이 쌓이면서 마치 하나로 만들어진 듯한 거대한 건축물로 변하게 된다. 여기에 빈민과 범죄자 그리고 대권자 같은 범죄 집단이 들어서게 된다. 애니메이션 〈공각기동대〉는 이 구룡성채를 미래 도시의 배경으로 그렸으며, 가장 중요한 대권자 영화로 손꼽히는 〈성항기병〉에서는 갱단과 경찰 특공대가 벌이는 최후의 대결이 펼쳐지는 장소로 삼았다. 구룡성채 내부는 〈성항기병〉에서 볼 수 있듯 불법 구조물이 하늘을 막아버려 마치 동굴 속 미로 같은 느낌을 준다. 이런 면에서 구룡성채는 홍콩 내부의 모순을 드러내는 공간으로 홍콩 영화 속에 자주 등장했다.

홍콩 반환

19세기 아편전쟁 이후 중국이 영국에 홍콩을 할양한 결과, 영국은 홍콩을 150년간 실효 지배하게 된다. 1997년에 홍콩과 중국 간의 조약이 만료됨에 따라 영국은 홍콩을 중국에 반환했다. 영국이 지배하는 시기에 홍콩은 세계적인 금융 및 문화 중심지로 성장했으며, 홍콩 시민의 자존감은 점차 커져갔다. 이는 영국의 식민지라는 사실에 대한 불만이 쌓이게 한 동시에, 공산당 지도 체제인 중국에 포함되는 불안 심리를 키웠다. 홍콩 반환 당시 중국 정부는 '일국양제'(한 국가 두 체제) 원칙을 약속했으며, 이는 향후 50년간 홍콩에 고도의 자치권과 자유를 보장하겠다는 내용을 담고 있었다. 이러한 약속이 있었음에도 반환 직전의 홍콩에는 미래에 대한 불확실성의 분위기가 널리 퍼졌으며, 일부 시민들은 안정적인 미래를 위해 홍콩을 떠나기도 했다.

12

활동사진의 쾌감을 만족시키는 가장 영화적인 장르, 액션

액션,
영화의 영혼

웅장하게 돌아온 〈탑건: 매버릭〉

2022년에 공개한 〈탑건: 매버릭〉은 아주 잘 만든 액션 영화다. 그냥 잘 만든 정도가 아니라 전편인 〈탑건〉에 대한 깊은 예우마저 갖추고 있다. "전작을 뛰어넘는 속편이 있는가?"는 영화판의 오랜 논쟁거리였다. 대개 속편은 실망스러운 경우가 많지만 〈대부 2〉〈에이리언 2〉〈터미네이터 2〉처럼 예외는 있다. 〈탑건: 매버릭〉도 이 대열에 합류한다. 〈탑건: 매버릭〉은 전작의 내용을 충실히 반영하면서도 단순 반복이 아니라 업그레이드를 추구한다. 뿐만 아니라 영화의 본질인 '활동사진의 쾌감'을 추구하는 액션 영화, 그중에서도 군사 작전을 소재로 만든 밀리터리 액션 영화로서도 한동안 탑 티어에 머물 가능성이 높다.

〈탑건: 매버릭〉은 두 개의 클라이맥스를 가진다. 첫 번째 클라이맥스에선 적의 우라늄 기지 폭파에 성공한 매버릭 팀은 적기와 공중전을 벌이는 와중에 매버릭이 전편 〈탑건〉에서 사고로 죽은 동료의 아들 루스터를 구하려다 격추당하고 만다. 이후 매버릭을 구하러 온 루스터까지 격추되고, 이들은 적의 기지에서 전작 〈탑건〉을 대표하는 전투기인 'F14 톰캣'을 훔쳐내 탈출하며 두 번째 클라이맥스를 보여준다. 이 과정에서 액션 영화 팬들과 밀리터리 마니아들 모두에게 황홀한 경험을 선사한다.

적진에서 적의 비행기를 타고 탈출한다는 내용과 장면은 특공대 영화의 걸작 〈독수리 요새〉의 클라이맥스와 유사하다. 〈독수리 요새〉에서 연합군 특공대는 임무를 성공적으로 완수한 다음 기지를 탈출한다. 목표는 적의 비행장이다. 특공대는 적의 장갑차를 따돌리고, 다리를 폭파해 추격을 막아낸다. 그런 다음 버스를 몰고 적의 비행장으로 뛰어들어가 대기 중인 적기를 박살내며, 아군이 몰고 온 적의 비행기를 타고 탈출한다. 그런데 〈탑건: 매버릭〉의 적기는 그냥 적기가 아니라, 과거에는 미군기였다가 이제는 적의 손에 넘어간 기체 F-14 톰캣이다. 과거에 톰캣을 몰던 매버릭 본인이 적진에서 다시 훔쳐 타고 탈출하는 설정이 기발하다.

액션은 영화의 시작이다

여기서 논점을 정리하고 넘어가자. 액션 영화란 무엇인가? 전쟁 영화도 액션 영화인가? 전쟁 영화와 액션 영화의 차이는 무엇인가? 결론부터 말하면 전쟁 영화는 액션 영화의 외연이 가장 넓게 확장된 형태이다. 그렇다면 액션 영화란 무엇인가? 가장 영화다운 영화이자 활동사진의 쾌감을 가장 잘 보여주는 영화다. 영화를 부르는 영어권의 다양한 표현에는 Film, Movie, Cinema 등이 있다. 이 가운데 '활동사진'으로 번역되었던 Motion Picture란 말도 있다. 그렇다. 영화란 본질적으로 '움직이는 사진'이었던 것이다.

1895년 12월 뤼미에르가 시네마토그래피로 파리의 그랑카페에서 세계 최초의 영화 〈기차의 도착〉을 상영했을 때 사람들을 경악시킨 것은 운동성 Motions이었다. 뤼미에르가 자신의 발명품에 붙인 'Cine-matho-graphy'란 말뜻 자체가 '움직이는 사진'이란 뜻이었다. 이처럼 움직임은 영화 예술을 다른 매체와 구분하는 핵심적인 본질이었다.

그렇다면 영화가 운동성을 탁월하게 구현할 수 있는 장르는 무엇인가? 당연히 액션 Action이다. 액션이란 말 자체는 인간의 모든 행동을 포괄한다. 우리가 걷고 말하고 움직이는 모든 것이 액션이다. 하지만 일상적 움직임을 전부 액션이라고 하지는 않는다. 영화의 액션은 일상을 넘어서는, 즉 인간의 운동성을 극대화시킨 행동으로 봐야 한다. 사람 또는 도구를 이용해서 통상을 넘는 에너지와 속도감으로 운동성을 극대화시켜 시각적 쾌감을 추구하는 것이 영화 액션이다. 그리고 그 운동성에 대항하는 상대방의 운동성이 결합되면 쌍방의 운동 에너지가 부딪쳐 강력한 상승작용을 만든다. 그것이 충돌 장면, 또는 격투 장면이다. 액션은 결국 싸움인 것이다.

격투는 가장 오래되고 가장 보편적인 영화적 스펙터클이다. 개인들의 다툼부터 국가 간의 전쟁에 이르기까지 액션은 우리에게 가장 익숙한 운동성의 묘사다. 당연히 활동사진인 영화가 액션을 소홀히 할 리가 없다. 영화 발명 이전에 에드워드 마이브리지가 실험한 말이 뛰는 모습의 연속 촬영도 결국은 액션이다. 기차의 도착도 액션이고, 달나라에 가려 대포를 쏘는 것도, 달나라에서 만난 외계인과 싸우는 것도 액션이다. 이렇게 액션은 영화의 시작부터 관객과 함께했다. 영화의 서사를 채우는 것이 플롯과 캐릭터라면 액션은 영화의 볼거리를 채워왔다. 그래서 100년 전이나 지금이나 영화감독들은 먼저 카메라를 돌린 Roll the Camera 다음에 배우들에게 연기를 하란 신호로 "액션"이라고 외친다. 영화는 배우의 액팅 Acting으로 액션을 보여주며 시작되었다고 해도 크게 틀린 말은 아니다.

• 마이브리지 실험

모든 영화감독은
액션 영화를 찍고 싶어 한다

액션 영화는 무성 영화부터 시작되었다. 찰리 채플린과 버스터 키튼의 슬랩스틱도 액션이다. 단지 당시에는 그걸 액션 영화라고 부르지 않았을 뿐이다. 본격적인 액션 영화의 탄생은 1920년대에 더글러스 페어뱅크스가 눈부신 활극을 보여주면서부터였다. 페어뱅크스가 보여준 아크로바틱에 가까운 활극은 최초의 서부극인 1903년 작 〈대열차강도〉에서 보여준 엎치락뒤치락 개싸움 수준의 액션과는 차원이 달랐다. 현란한 검술로 수많은 적을 해치우고 밧줄을 타고 공간에서 공간으로 도약하는 페어뱅크스의 액션이 엄청난 사랑을 받자 평론가들은 이를 어떻게 부를지 몰라 처음엔 '페어뱅크스식 영화'라고 불렀다. 나중에 비슷한 영화가 계속 나오자 비로소 '액션 영화'라는 용어를 만들어 장르를 구분하기 시작했다.

　제작자들이 액션에 관심을 둔 건 오래전부터다. 쿠엔틴 타란티노 감독이 "영화 역사상 가장 위대한 액션 감독 중 한 명"이라고 말한 윌리엄 위트니 감독은 수많은 시리얼 영화를 통해 수많은 액션 장면을 탁월하게 그려낸 인물이다. 또한 윌리엄 위트니는 뮤지컬

• 〈검은 해적〉에서 보여주는 페어뱅크스식 액션

• 〈바그다드의 도둑〉에서 보여주는 페어뱅크스식 액션

〈42번가〉의 감독이자 뮤지컬 영화 초기 최고의 안무가인 버스비 버클리의 음악적 시퀀스를 본떠 만든 일련의 세심한 안무를 통해, 영화 속 액션 시퀀스를 만들어내는 현대적 시스템을 고안한 공로를 인정받기도 했다. 사실 액션은 댄스고, 댄스는 액션이다. 할리우드 스타 톰 크루즈 역시 인터뷰에서 액션 팀에게 "이 뮤지컬(〈사랑은 비를 타고〉)은 꼭 봐야 해요"라고 해서 액션 팀이 뜨악했다는 일화가 있다. 하지만 그들이 영화 액션 연출을 왜 동작 안무Action choreography라고도 하는지 이해했다면 그런 반응을 보이지는 않았을 것이다. 액션은 스턴트와 다르다. 스턴트는 주연배우의 부상을 우려해 위험한 장면을 전문 스턴트맨이 대행하는 것이고, 액션은 몸동작을 영화적으로 멋지고 아름답게 구현하는 것이다. 영화의 액션은 치밀하게 준비한 세부 동작을 하나하나 무용처럼 합을 맞춰서 연기하는 것이다. 가령 발레리나는 사전 약속에 따라 도약을 해야 하고, 발레리노는 그걸 적절하게 받아 줘야 한다. 만일 합이 안 맞으면 결과는 참사다. 영화 속 액션은 댄스와 맞닿는 점이 있다. 그래서 코레오그래피 Choreography, 즉 안무라고 봐야 한다. 액션은 무용처럼 인간의 신체가 만드는 아름다움의 극한을 추구한다. 그 점에서 무용과 액션은 이란성 쌍둥이와 같은 것이며 단지 피가 튀는가, 튀지 않는가의 차이로 구분해야 할 것이다. 톰 크루즈 역시 자신의 액션 영화는 수많은 뮤지컬, 찰리 채플린의 위대한 마임Mime 그리고 버스터 키튼의 위대한 스턴트에서 큰 영향을 받았다고 고백한다.

액션 영화의 뿌리는 할리우드 초기의 시리얼 무비에서 찾을 수 있다. 윌리엄 위트니 감독의 시리얼 영화는 매주 토요일마다 노동자를 겨냥한 오락 영화였고 대체로 12편 내외의 작품으로 첫 화를 제외하면 보통 15분 이내(1,000피트 릴 하나가 15분이다)로 만들어졌다. 시리얼 무비에서 스토리는 곁치레다. 이야기가 시작되면 인물은 오로지 뛰고, 구르고, 쫓고, 쫓기며, 싸우고, 또 싸운다. 그걸 보는 대중은 미친 듯이 환호했다. 액션이야말로 순수한 오락 그 자체였다. 그러나 영화 역사에서 가장 천대받은 장르가 호러 영화라면 액션 영화는 아예 장르로서 인정받지도 못하고 그저 영화의 재미를 더해주는 양념으로만 취급받았다. 더글러스 페어뱅크스라는 걸출한 액션 스타가 사라진 후 한동안 침체를 겪던 액션 영화가 서서히 두각을 나타내기 시작한 건 전쟁 영화의 부속 장르인 특공대 영화나 스파이 영화가 등장하면서다. 영화의 제작이 발전하고 액션이 강조되면서 예산도 점점 커져갔다. 그러면서 영화 속 액션이 아니라 아예 액션 자체로 영화를 만드는 흐름이 이어진다.

액션 영화의 정체성과
〈007〉 시리즈의 출발

제2차 세계대전이 끝나고 한동안 할리우드는 전쟁 영화를 쏟아낸다. 그러다 이 기세가 시들해질 기미를 보이자 특공대 영화라는 하위 장르를 만들어 흥행 성공을 거둔다. 밀리터리 액션과 서스펜스를 결합한 특공대 영화의 예산은 점점 커져서 1961년 작 〈나바론 요새〉는 600만 달러의 예산을 들였으며, 〈탑건: 매버릭〉이 인용하기도 한 1968년 작 〈독수리 요새〉는 770만 달러의 예산을 투자해 보다 풍부한 액션을 담는다. 특공대 영화의 붐도 시들해져 갈 조짐이 보이자 할리우드는 액션 장면을 잘 써먹을 또 다른 대체품을 찾아낸다. 바로 프랜차이즈 스파이 영화 〈007〉 시리즈다. 액션 장르의 여명기라 할 수 있는 초기 〈007〉 시리즈와 당시 스페셜 급 영화의 대명사였던 뮤지컬 영화의 제작비 투자 및 수익 비교를 보면 액션 영화가 얼마나

개봉 년도	〈007〉 시리즈 영화	예산 (백만 달러)	수익 (백만 달러)	개봉 년도	뮤지컬 영화	예산 (백만 달러)	수익 (백만 달러)
1962	살인 번호	1.1	59.5	1961	웨스트 사이드 스토리	6.75	44.1
1963	위기일발	2	79	1964	메리 포핀스	6	103.1
1964	골드핑거	3	125	1964	마이 페어 레이디	17	72.7
1965	썬더볼 작전	9	141.2	1967	사운드 오브 뮤직	8.2	286.2
1967	두번 산다	9.5	111.6	1968	올리버	10	77.4
1969	여왕 폐하 대작전	7	82	1969	헬로, 돌리!	25	26
1971	다이아몬드는 영원히	7.2	116	1971	1776	6	2.8
1973	죽느냐 사느냐	7	161.8	1972	카바레	4.6	42.8
1973	황금총을 가진 사나이	7	97.6	1975	화니 레이디	8.5	40.1
1977	나를 사랑한 스파이	13.5	185.4	1977	뉴욕, 뉴욕	14	16.4
1979	문레이커	34	210.3	1979	헤어	11	38
1981	포 유어 아이스 온리	28	195.3	1982	빅터, 빅토리아	15	28.2
1983	옥토퍼시	27.5	187.5	1982	애니	35	57.1
1983	네버 세이 네버 어게인	36	160	1984	아마데우스	18	90
1985	뷰 투 어 킬	30	152.4	1985	코러스 라인	25	14.2
1987	리빙 데이라이트	40	191.2	1986	라비린스	25	12.9
1989	살인면허	32	156.1	1988	문워커	22	67
1995	골든 아이	60	356.4	1996	에비타	55	141
1997	네버 다이	110	333	2001	물랑 루즈	50	179.2

*제작비는 후반 작업 비용을 모두 포함한 금액이며, 수익은 최대 수익 기준이다.(인터넷무비데이타 베이스 등 참고)

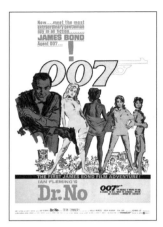

• 〈007: 살인 번호〉 포스터   • 〈007: 나를 사랑한 스파이〉 포스터   • 〈식스티 세컨즈〉 포스터

짭짤한 캐시카우인지가 분명하게 드러난다.

　〈007〉 시리즈의 첫 영화인 〈살인 번호〉는 1952년에 약 100만 달러 예산으로 제작한다. 이 시기 뮤지컬 영화 〈웨스트 사이드 스토리〉는 675만 달러의 예산으로 제작했다. 그리고 표에서 볼 수 있듯이 결국 액션 영화의 예산 규모가 뮤지컬 영화의 예산 규모를 역전하고 만다. 결국 투자 규모 대비 수익률에 있어서 뮤지컬은 액션 영화를 따라잡을 수 없었기 때문이다. 극단적인 사례로는 〈식스티 세컨즈〉라는 영화가 있다. 1974년에 공개한 이 영화는 불과 15만 달러의 제작비로 영화 후반 40여 분 동안 도시 전체를 박살 내고(자동차만 127대가 박살난다), 카 체이스를 놀랍도록 역동적인 화면과 액션으로 펼쳐보이며 무려 4,000만 달러의 수익을 벌어들인다. 1968년에 카 체이스를 중요한 요소로 활용했던 〈블리트〉가 A급 제작비인 400만 달러로 벌어들인 수익과 거의 같은 수준이었다. 1970년대가 시작되자 할리우드는 저예산 액션 영화와 고예산 액션 영화라는 투 트랙 제작에 집중하게 되고, 〈007〉 시리즈의 등장과 〈블리트〉 같은 영화의 등장으로 드디어 '액션 영화'라는 단일 장르의 정체성이 확립된다.

할리우드를 지배하는 유대인들은 냉정한 사업가다. 확실하게 벌어줄 기미가 보이지 않는 프로젝트는 쳐다보지도 않는다. 그러기 위해 영화를 편하게 고를 장르라는 메뉴판도 만들었다. 그들의 주방에서 손님들이 어쩌다 찾는 '세프 특선'은 의미가 없다. 사람들이 가장 많이 찾는 장르만이 가장 투자할 가치가 있는 장르였다. 결국 장르란 투자 안전성을 계통별로 분류한 것이다. 1970년대가 되자 확실하게 액션 영화가 돈이 된다는 게 증명됐다. 이전까지 모험, 범죄, 특수 임무 등으로 나뉘어 있던 액션 영화의 형식은 이제 액션 자체를 중심으로 단일화된다. 1977년, 제작자들은 두 편의 영화로 큰 위험성과 더 큰 수익 가능성을 발견한다. 바로 〈엑소시스트〉로 큰 수익을 올렸던 윌리엄 프리드킨의 〈소서러〉와 신인 감독인 조지 루카스의 〈스타워즈〉였다. 〈소서러〉는 당시 최대 금액인 2,200만 달러를 투자해 600만 달러가 채 안 되는 수익으로 쫄딱 망한다. 그 반면에 〈스타워즈〉는 1,100만 달러를 투자해 1978년까지 무려 5억 3,000만 달러의 수익을 올린다. 공교롭게도 〈스타워즈〉는 1950~1960년대까지 미국

· 〈소서러〉 포스터　　　· 〈스타워즈〉 포스터

인들을 사로잡던 스페이스 오페라에 제2차 세계대전의 공중전, 그리고 적 기지를 파괴하는 특공대 영화를 모두 합친 영화였다. 마침 이 시기는 뮤지컬과 전쟁 영화가 쇠퇴했으며, 전통적으로 스페셜 영화급으로 만들어지던 대하 서사 영화(에픽 무비)들도 거의 힘을 잃었던 시기이기도 하다. 이제 확실한 수익을 보장하는 건 특수 효과와 화려한 액션이 지배하는 영화들이었다. 1970년대는 영화 제작의 패러다임이 변화하고 있었다.

이 시기는 전통적인 S급 영화들이 다른 방식으로 수익을 극대화할 방법을 모색하던 시기이기도 하다. 톱스타를 무더기로 동원해 만든 거대 규모의 재난 영화들인 1970년 작 〈에어포트〉, 1972년 작 〈포세이돈 어드벤처〉, 1974년 작 〈타워링〉이 그런 영화들이다. 그러나 이들 영화는 스타보다 액션의 쾌감에 집중하는 저렴한 액션 영화와는 달리 잠깐 유행한 한철 영화이기도 했다. 재난이 항상 일어나는 것도 아니고 관객이 항상 재난을 목격하고 싶은 것도 아니기 때문이다. 그러자 스튜디오들은 다양한 스타 군단보다 단일 스타를 발굴하

· 〈에어포트〉 포스터

· 〈포세이돈 어드벤처〉 포스터

· 〈타워링〉 포스터

고, 그 스타를 액션 활극과 결합할 영화를 모색한다. 〈007〉 시리즈가
바로 여기에 안성맞춤인 영화였다.

영화가 끝날 때까지 쏘고, 달리고, 차와 함께 질주한다

카 체이스와 무감정 형사로 다양하게 진화하는 액션 영화

〈007〉 시리즈는 냉전을 배경으로 등장한 작품이다. 007은 세계 각국을 누비면서 소련과 다른 적국, 혹은 거대 범죄 조직에 맞서 싸움을 벌인다. 그러나 이것도 만능은 아니었다. 제작비가 많이 드는 스파이 액션 영화의 한계 때문에 액션 영화의 또 다른 자손이 태어난다. 바로 형사 액션물이다. 1968년에 등장한 〈블리트〉와 1971년 등장한 〈더티 해리〉는 전혀 다른 방향성을 제시한다. 이 두 편의 형사 이야기는 범죄자를 추적하는 과정에서 합법적 설정으로 액션(폭력)을 행사할 수 있었고, 역동적인 추격 장면을 양념으로 끼워 넣을 수 있었다. 특히 〈블리트〉에서 등장한 카 체이스 장면은 이후 액션 영화 스타일을 바꿔놓았다고 해도 과언이 아니다. 영화의 주인공 블리트 경위는 용의자로 의심되는 인

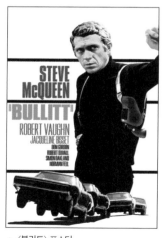

• 〈블리트〉 포스터

물의 차를 따라간다. 그러다 순식간에 카 체이스가 벌어지고, 고속도로를 질주하며 총격을 벌이는 와중에 용의자의 차는 블리트의 차에 충돌한 채 튕겨나가 그대로 주유소로 돌진해 폭발해버린다. 무려 11분 동안 진행되는 이 카 체이스를 두고 영화학자 레너드 마틴은 "영화 역사상 최고의 장면 중 하나"라고 표현할 정도였다. 게다가 영화의 주연인 스티브 맥퀸은 주변의 만류를 뿌리치고 대부분의 카 체이스를 스턴트 없이 직접 연기했다. 이건 스티브 맥퀸 본인이 실제로 르망 레이스에 출전한 카 레이서였기에 가능한 연기였다.

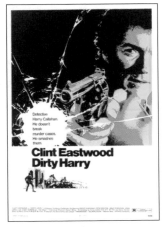

• 〈더티 해리〉 포스터

이와 달리 돈 시겔 감독의 〈더티 해리〉는 엄청난 카 체이스나 놀라운 추격전을 보여주진 않지만 이전까지 영화에 등장했던 인물과는 전혀 다른 유형의 주연 캐릭터를 선보인다. 영화의 범인은 감정이라곤 없는 악질 사이코패스고, 이를 추적하는 형사 캘러한은 절차적 정당성 따위는 무시하고 악인은 반드시 처단해야 한다고 믿는 냉정한 경찰이다. 이 둘이 정말 한 톨의 감정도 없이 대결하는 서늘한 액션들은 기존의 정의감 넘쳐 비분강개하던 형사 캐릭터를 단박에 촌스럽게 만들었다. 영화의 클라이맥스에서 일부러 악당의 공격을 유도해 반격을 핑계로 사살해버리는 살벌한 장면은 〈더티 해리〉 이전까지는 없었다. 나중에 영화 〈코난〉 등으로 무자비한 마초의 세계를 그렸던 존 밀리어스 감독은 〈더티 해리〉를 두고 "최근에 공개한 영화 가운데 〈대부〉보다 더 중요하며, 훌륭한 영화"라고까지 말하기도 했다.

〈블리트〉, 〈더티 해리〉와 함께 새로운 스타일과 개성의 액션 영화로는 〈프렌치 커넥션〉도 빼놓을 수 없다. 〈소서러〉로 거대한 실패를 맛본 윌리엄 프리드킨은 〈프렌치 커넥션〉에서 〈블리트〉의 카체이스 액션을 뉴욕을 가로지르며 전철을 추격하는 놀라운 카 체이스 장면으로 새롭게 재구성한다. 그리고 이전까지 다소 정적이던 형사 캐릭터는 사건 해결을 위해서는 물불 가리지 않는 열혈 형사 지미로 바꾸었다. 결과는 대성공이었다. 영화는 "매 순간 〈블리트〉만큼 재미있고, 긴장감 넘친다"라는 평을 받았다. 〈프렌치 커넥션〉의 액션은 캐릭터의 땀 냄새가 느껴지는 착각까지 불러일으킬 정도로 사실적이었다. 카메라를 현장에 던지는 이런 연출은 영화를 만들기 전에 다큐멘터리 감독으로 명성을 날리던 윌리엄 프리드킨의 스타일이 반영된 것이기도 했다.

이 시기에 만들어진 메이저급 액션 영화들은 주로 형사물이나 카 체이스 영화였다. 1970년대에 전성기를 맞이해 오늘날까지 이어진 카 체이스가 표현하는 속도의 쾌감은 〈탑건: 매버릭〉에서 전투기들이 벌이는 도그파이트Dogfight의 쾌감과 비슷하기도 하다. 그리고 형사물의 등장과 함께 형사물로서는 넘어설 수 없는 카타르시스 Catharsis인 응징과 복수를 다룬 영화들이 등장하기도 했다. 〈더티 해리〉에 영

• 〈워킹 톨〉 포스터

• 〈데스 위시〉 포스터

• 〈익스터미네이터〉 포스터

638

향받은 이 영화들은 흔히 **자경단 영화**라 불리며, 〈워킹 톨〉과 〈데스 위시〉, 〈익스터미네이터〉와 같은 극단적 폭력을 다루는 영화로 발전 하기도 했다. 자경단 영화는 공권력이 지켜주지 못하는 나와 가족의 안전을 주인공이 직접 총을 들고 해결한다는 설정으로 관객들의 열 렬한 환영을 받았다.* 여기에는 미국의 치솟는 범죄율과 허술한 치안 에 불안을 느끼던 대중들의 심리가 반영되었다. 그러다 로널드 레이 건이 집권하는 1980년대에 '미국을 다시 위대하게 Make America Great Again'의 바람이 불자 영화도 '하드 바디'라고 부르는 근육질 남성들의 시대로 변한다. 이제 아놀드 슈워제네거, 척 노리스, 실베스터 스탤론 같은 근 육질 남성들이 현역 군인도 부담스러운 M60 기관총이나 미니건(일명 개틀링 기관포)을 한손으로 들고 갈겨대며 적군을 모기떼처럼 청소하는 비현실적인 밀리터리 액션물이 연속적으로 나오게 된다.

거대한 근육과 대규모 폭발의 시대
그리고 〈다이 하드〉

1980년대 액션 영화를 떠올릴 때 가장 대표적인 영화는 〈람보 2〉와 〈코만도〉다. 이 영화들은 실베스터 스탤론과 아놀드 슈워제너거라는 1980년대를 지배한 액션 스타들의 거대한 근육을 생각나게 한다. 물

• 〈데스 위시〉의 성공은 즉각 이탈리아 영화에 영향을 끼쳤다. 민간의 저항을 반영한 자 경단 영화는 당시 강도 높은 파업과 무자비한 정치 테러 그리고 증가하는 범죄율로 인 해 '납의 시대'로 표현되는 당대 이탈리아를 표현할 하나의 도구가 되었다. 이로부터 이 탈리아 자경단 영화의 시작인 〈시민 반란〉부터 〈빅 라켓〉처럼 극단적 폭력을 제시한 영 화들까지 등장한다. 그리고 이 영화들을 포함해 이탈리아 범죄 영화 Poliziotteschi에서 묘사 한 강도 높은 폭력은 이후 홍콩 느와르에도 큰 영향을 끼친다.

론, 여기에 척 노리스와 스티븐 시걸, 장 끌로드 반담 같은 액션 영화 배우도 빠지면 섭섭하다. 사실 〈록키〉로 미국 신화를 창조한 실베스터 스탤론과 아놀드 슈워제네거는 애초에 비교할 대상이 아니었다. 비록 아놀드가 존 밀리어스 감독의 1982년 영화 〈코난〉과 같은 대작에 출연하기는 했지만, 오스트리아계로 독특한 영어 발성으로 말하는 그가 이러한 스탤론과 나란히 액션 영화에 출연할 수 있었던 것은 순전히 그의 거대한 근육 때문이었다. 이후 그가 1980년대 중반에 찍은 〈코만도〉 같은 준 A급 영화들은 척 노리스가 주연을 맡은 〈매트 헌터〉보다 제작비가 적었고, 〈델타 포스〉와는 같은 수준이었다. 그래도 중요한 것은 아놀드가 거대한 근육을 과시하면서도 더 강력한 외계인에게 막무가내로 당하는 〈프레데터〉와 같은 독특한 액션 영화로 대성공을 거두었다는 것이다.

1994년 영문학 교수인 수잔 제퍼드는 《하드 바디》라는 연구서를 내놓는다. 한국에 출간된 《하드 바디》의 표지는 거대한 근육을 자랑하는 레이건의 캐리커처로 구성되어 있다. 수잔 제퍼드는 《하드

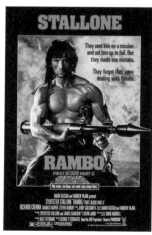

· 〈람보 2〉 포스터

· 〈코만도〉 포스터

· 〈프레데터〉 포스터

바디》를 통해 "강력한 근육질 남성이 주인공인 영화들이 미국적 가치를 위협하는 약물 중독자와 동성애자, 히피와 같은 소프트 바디들에 대항해 보수적 가치인 '강한 미국'이라는 가치를 지키려는 미국 보수의 남성성을 드러낸다"고 주장했다. 이러한 주장은 이후 많은 영화 평론가에게 영향을 미치기도 했다. 그리고 실제로 스텔론이 맡은 캐릭터는 〈람보〉 시리즈를 거치는 동안 전쟁의 트라우마에 시달리는 피해자(1편)에서 미국을 위한 대량 학살자(2, 3편)로 변해가고, 척 노리스는 람보의 뒤를 이어 〈대특명〉 시리즈에서 또다시 베트남군을 대량 학살한다. 이 시대 관객들은 1981년 저널리스트 로저 로젠블라트의 "미국은 환호에 굶주려 있었다"라는 표현에 대응하듯 이들 영화에 열광했다.

레이건 시대는 경제를 위해 많은 것을 포기해야 했던 시대다. 미국 노동자의 총소득은 1970년대 후반부터 점차 줄어들었고, 1980년대에도 계속해서 줄어든다. 1970년 초에 발생한 경제 위기는 미국의 국가적 위기로 둔갑했다. 그리고 미국인은 이전까지는 생각해본 적도 없는 맞벌이 경제 활동을 해야만 했다. 1980년대는 애국심 따위가 아니라 정부에 대한 불신이 극으로 치달았다. 사람은 분노가 쌓이면 이를 풀어줄 필요가 있다. 그리고 여가가 없는 삶에서 스트레스를 푸는 가장 좋은 방법은 영화다. 때마침 영화관에서는 상상으로만 존재한 거대한 근육질 주인공이 모든 것을 때려 부수고 있었다. 〈람보〉 1편에서 람보가 M60 기관총을 난사하고는 자신의 옛 상관에게 눈물을 흘리며 분노를 토했을 때, 보수주의자들은 람보를 더 낫게 대우할 강한 정부를 떠올렸을 것이다. 그러나 일반인의 처지에선 저렇게 강한 인물마저도 박해당하는 사회를 떠올리기 마련이다. 그러던 람보가 〈람보 2〉에서 모든 걸 다 박살내자 환호를 보낸 것이다.

관객은 영화를 보며 사회적 가치를 따지지 않는다. 중요한 건 캐

• 〈48시간〉 포스터

• 〈비벌리 힐스 캅〉 포스터

• 〈리썰 웨폰〉 포스터

릭터다. 캐릭터에 감정을 이입할 수 있으면 다소 이상한 상황 정도는 그냥 받아들이게 된다. 1980년대에 하드 바디 영화가 등장하고 성공한 이유는 이데올로기가 아니라 사회적 가치를 상실하고 분노한 사람들의 감정이입에서 찾아야 할지도 모른다. 그러나 격렬한 감정이 계속되면 피곤하기 마련이다. 사람들은 하드 바디 영화에 점차 지쳐갔고 거대한 근육질 캐릭터가 무작정 때려 부수는 영화에 싫증을

• 〈다이 하드〉 포스터

내기 시작했다. 예외적으로 〈프레데터〉가 대성공 (1,800만 달러 예산으로 9,800만 달러 이상을 벌었다)한 이유는 주인공의 근육보다는 영화 자체가 정말로 새로웠기 때문이다. 맨손으로 소도 때려 잡을 아놀드가 외계의 헌터로부터 쫓기는 서스펜스는 실로 복잡하고 미묘한 새로운 공포의 체험이었다. 저물어가는 하드 바디 유행의 대체재를 찾는 과정에서 액션 영화는 다시 한번 놀라운 환골탈태를 선보일 기회를 맞는다. 바로 1988년 작 〈다이 하드〉다.

〈다이 하드〉는 느닷없이 등장한 영화가 아니

다. 1980년대에는 이미 하드 바디 영화들과 함께 〈48시간〉, 〈비버리 힐스 캅〉 그리고 〈리썰 웨폰〉이라는 형사 영화의 전통을 이어온 버디 무비의 성공이 있었다. 강직한 형사와 수다스러운 파트너라는 버디 무비의 공식은 강력하고 빠른 액션과 버무려져 이미 많은 사랑을 받고 있었다. 〈다이 하드〉는 이런 영화의 결을 따르지만, 살짝 달랐다. 버디와의 수다는 존 맥클레인의 혼잣말과 무전기를 통해 주고받는 얼굴 모르는 LA 경찰과의 대화로, 하드 바디 캐릭터들의 액션은 다소 평범하지만 기지가 넘치는 소시민 형사의 죽도록 구르는 액션으로 바뀌었다. 그리하여 〈다이 하드〉는 액션 영화의 역사를 다시 쓰며, 새로운 창세기이자 구약성서와 같은 영화가 되었다.

진정한 현대 액션 영화의 시작,
다이 하드

1980년대까지의 액션 영화는 전부 수평적 구도의 영화였다. 배경은 도시의 거리 혹은 베트남 같은 열대 밀림이었다. 그곳에서 등장인물

• 〈리썰 웨폰〉의 첫 장면

들은 좌우로 총을 난사하거나 폭탄을 던지며 액션을 과시했다. 그런 점에서 1987년작 〈리썰 웨폰〉의 초반은 〈다이 하드〉의 등장을 예고하는 서막 같은 영화다. 영화의 시작과 함께 막무가내로 마약범을 소탕한 형사 릭스는 자살 시도가 벌어지는 옥상에서 바로 그 사람 곁으로 다가간다. 그를 설득하는 것 같던 릭스 형사는 난데없이 수갑을 채우고는 건물 아래로 뛰어내린다. 충격적일 정도로 기발했던 이 초반은 아쉽게도 후반으로 이어지지 않고 전반적으로 〈48시간〉 같은 전형적인 버디 액션 형사물을 따른다. 하지만 〈리썰 웨폰〉의 제작자 조엘 실버는 여기서 뭔가 영감을 얻은 것 같다. 차기작 〈다이 하드〉에서는 〈리썰 웨폰〉이 보여준 별난 형사 캐릭터를 영화 전체로 확대한다. 영화의 무대도 길가가 아니라 최첨단 장치가 갖춰진 거대한 나카토미 빌딩(당시 LA에 있는 20세기 폭스 본사 빌딩)으로 변했고, 주인공 존 맥클레인은 그 건물 내·외부에서 수직과 수평을 활보하며 액션을 펼친다. 드디어 액션 영화는 2차원 공간에서 벗어나 3차원 공간을 무대로 삼기 시작한 것이다.

1980년대 액션 영화 가운데 지상이 아닌 하늘을 무대로 삼은 액션 영화들이 있기는 했다. 바로 1982년 작 〈화이어폭스〉와 1983년 작 〈블루 썬더〉다. 각각 최첨단 전투기와 헬리콥터를 이용하는 이들 영화의 액션은 인상적이지만, 마치 하늘만을 무대로 삼아야 한다는 듯 비행기 액션 위주로 보여준다. 반면 이 시기에 〈다이 하드〉는 비록 하늘을 날지는 않지만 소방호스를 이용해 건물 옥상에서 뛰어내리며, 건물 밖에 매달린 채 건물 유리창을 깨부수고 건물 안으로 뛰어든다. 심지어는 환기통까지 액션의 무대로 이용한다. 공간을 자유자재로 옮겨 다니며 벌이는 액션은 그야말로 예측 불허다. 여기에 이전 액션 영웅보다 다소 빈약한 근육의 주인공(브루스 윌리스 분)은 근육 대신 특유의 입담으로 끊임없이 깐족거리며 적을 놀려댄다.

• 〈터미네이터 2〉 스틸 컷

〈다이 하드〉의 등장과 함께 액션의 스타일이 변한다. 여전히 B급 액션 영화는 지상을 무대로 삼았지만, 이후 등장하는 메이저 액션 영화들은 공간의 경계를 없애기 시작했다. 1990년 영화 〈토탈 리콜〉은 화성을 무대로 극단적인 폭력을 보여주며, 거대한 엘리베이터가 상승하는 가운데 액션이 벌어진다. 1991년 영화 〈분노의 역류〉는 불길이 장소를 가리지 않는 것처럼 소방관들도 장소를 가리지 않고 건물 곳곳으로 뛰어들어간다. 1993년 영화 〈클리프 행어〉는 무대를 산악과 절벽으로 삼았다. 그리고 또 다른 액션 영화가 탄생한다. 바로 호러와 액션을 결합한 SF 영화 〈터미네이터〉를 만들었던 제임스 카메론의 〈터미네이터 2〉다. 제임스 카메론은 〈터미네이터 2〉에서 액션의 경계를 지워버린다. 엄청난 양의 총탄이 건물 위에서 경찰을 향해 쏟아져내리고, 악당은 트럭을 거쳐 헬리콥터를 몰며 3차원 공간에서 2차원 공간인 지상에 붙어 있는 주인공을 무자비하게 압박한다. 앞뒤는 물론 천장에서까지 생동감 넘치는 입체적 액션이다.

제임스 카메론은 〈터미네이터 2〉에 이어 또다시 공간의 경계를 허무는 액션 영화 〈트루 라이즈〉를 만든다. 〈터미네이터 2〉에 이어 여기서도 주연을 맡은 아놀드 슈워제네거는 세계 곳곳을 누비다가, 수직 이착륙기 해리어기까지 몰고 적과 싸운다. 갈수록 강한 자극을 추구하는 액션의 진화는 오늘날에는 〈분노의 질주〉에까지 이른다. 헬리콥터가 전차를 체인으로 감아 돌리는 차원까지 말이다. 해도 너무한 이런 과장된 장면까지 가면 상상력을 칭찬하기에 앞서 헛웃음이 나올 지경이다. 〈다이 하드〉에서 시작한 3차원 공간의 활용은 제임스 카메론을 거치면서 이제 액션 영화에서는 필수적인 구성 요소가 되었다. 물론 모두가 성공한 것은 아니다. 1991년 작 〈마지막 보이스카우〉과 1993년 작 〈라스트 액션 히어로〉는 그 모든 요소를 어느

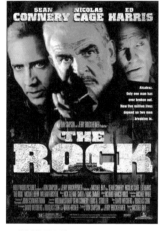

· 〈더 록〉 포스터

정도 사용했음에도 흥행에 실패하고 만다. 우연히도 두 영화는 모두 하드코어 액션과 코미디가 따로 놀고 있다. 관객이 정서적 차이를 받아들이기 힘들었음이 분명하다.

〈다이 하드〉가 선보인 새로운 액션의 형식을 가장 잘 물려받은 영화는 탁월한 프로듀서 돈 심슨과 제리 브룩하이머가 제작을 맡고, 마이클 베이가 두 번째로 감독한 1996년 영화 〈더 록〉이다. 〈더 록〉은 〈다이 하드〉의 스타일을 카 체이스와 결합해 극단까지 밀어붙인 영화다. 대신 분위기에 절대 어울리지 않을 유머 따위는 다 걸어냈다. 물론 다른 캐릭터들이 소소한 유머를 구사하지만 몰입에 방해가 될 정도는 아니다. 그러니 관객은 액션에 온전히 집중할 수 있게 된다. 그리고 영화의 초반부 샌프란시스코의 울퉁불퉁한 지형을 잘 활용한 카 체이스 장면은 〈블리트〉를 시작으로 〈식스티 세컨즈〉 그리고 〈세븐업 수사대〉 등으로 이어지는 강렬한 카 체이스 영화에 대한 진정한 찬가나 마찬가지다. 이 장면이야말로 처음으로 고전 액션 영화에 대한 찬사가 후배 감독에게 계승되어 등장한 장면이라고 할 수 있다. 그래서 〈다이

하드〉가 현대 액션 영화의 구약성서라면 〈더 록〉은 현대 액션 영화의 신약성서가 되었다.

인간에 대한 위대한 찬가,
액션 영화

〈탑건: 매버릭〉의 오프닝에는 대단히 인상적인 장면이 있다. 매버릭은 시험용 비행기를 몰고는 불가능하다고 여겨지던 마하 10의 장벽에 도달한다. 바로 그 순간 매버릭은 또다시 도전을 꿈꾼다. 여기서 한 걸음 더 나갈 수 있다는 것, 그것이 불가능해 보일지라도 해야만 하는 그 세계로 매버릭은 접근해 들어간다. 그리고 마하 10을 넘어선 시험 비행기는 공중 분해되고 만다. 한편, 영화 초반 등장하는 해머 소장은 이런 실험을 중지시킨다. 그는 무인기에 집착하는 군인처럼 묘사되지만 무인기로의 전환은 당연하다. 기술적 측면도 그렇지만 인간 보호라는 목적에서 무인기로의 전환은 반드시 이루어져야 하기 때문이다. 게다가 〈더 록〉에서 부하들의 비극을 책임지던 험멜 장군 역이었던 에드 해리스를 여기서는 해머 소장으로 내세움으로써, 관객은 해머 소장이 그저 기술 관료가 아니라 신념을 지닌 인물이란 느낌 또한 받게 된다.

　　매버릭의 도전은 다소 과장됐지만 영화가 묘사하려는 것은 분명하다. 한계를 넘어서려는 인간의 도전 정신을 표상하는 것이다. 인간은 도전하는 존재다. 이제 액션 영화의 하위 장르가 된 특공대 영화의 가장 큰 주제는 하나다. 과연 "인간이 해내기 불가능할 것만 같은 일을 해낼 수 있을까?" 하는 것이다. 이를테면 〈스타워즈〉 시리즈의 외전인 〈로그 원〉처럼 불가능한 작전을 해내기 위해 목숨까지 바치는 것이다. 그러한 도전은 가능성에 상관없이 사람의 마음을 자극하는 무엇인가가 있다. 그리고 액션 영화들은 그러한 도전을 다양한 액션 양식을 통해 보여준다. 주인공은 강력한 적에 맞서 일반인은 오르지도 못할 벽을 오르고, 위험천만한 절벽에서 뛰어내리며, 폭발의 폭풍에 휩쓸려 날려가고도 벌떡 일어나 뛰어간다.

　액션 영화는 활동사진으로서 영화의 쾌감에 바치는 찬가다. 영화 예술을 일컫는 '시네마'라는 말은 움직임이다. 러시아말로는 키노, 이탈리아어로는 치네마, 영어로는 시네마로 발음되지만 결국 모두 액션을 말한다. 이는 단지 움직이는 사진을 말하는 것이 아니다. 영화의 빛이 스크린을 밝힌 다음 수많은 인물이 상황을 만들고 서사를 쌓아나갈 때 관객의 심장 또한 급격하게 움직인다. 관객이 영화 속으로 끌려 들어가는 것은 바로 이런 액션부터고, 그런 다음에서야 시네마가 등장할 수 있는 토대가 만들어진다. 그러니 여전히 영화는 액션이다.

배경 설명과 용어 정리

미국을 다시 위대하게

많은 사람이 '미국을 다시 위대하게 MAGA, Make America Great Again'라는 슬로건을 도널드 트럼프가 내세운 것으로 알고 있지만, 실제로는 1980년 로널드 레이건 공화당 대선 후보가 민주당 후보인 지미 카터 대통령을 꺾었을 때 내건 슬로건이다. 이걸 트럼프가 무단으로 도용한 것이다.

에드워드 마이브리지의 실험

1878년 사진사 에드워드 마이브리지는 말이 뛰는 순간, 네 발이 땅 위에 떠 있는지 아닌지에 관한 논쟁을 결론지어 달라는 부탁을 받았다. 그는 처음에는 12대의 사진기를 1피트 간격으로 팔로 엘토 부지의 경주 트랙을 따라 설치하고는 셔터에 끈을 연결해 말이 달리며 끈을 끊으면 사진이 찍히도록 했다. 그리고 이렇게 촬영된 사진을 더 정교하게 만들기 위해 24대(우연의 일치이지만, 현대 영화는 1초에 24프레임으로 구성된다)의 카메라를 사용했다. 그리고 이 사진을 이어붙여 1880년 최초로 영사했다고 알려져 있다. 마이브리지는 이 최초의 '연속 동작 사진' 이후 소, 사냥꾼, 사슴, 운동선수들까지 촬영했다고 한다. 그리고 조이트로프와 유사하지만, 원통 대신 원판을 회전시키는 방식을 사용한 페나키스토스코프 Phenakistoscope를 만들기도 했다. 마이브리지가 사진기로 만든 달리는 말의 연속 이미지는 2022년 조던 필 감독의 〈놉〉에서 등장하기도 했다.

고전

고전古典의 사전적 정의는 "오랫동안 많은 사람에게 널리 읽히고 모방이 될 만한 문학이나 예술 작품"이다. 그러나 고전을 정의하는 말은 일일이 찾아보기 어려울 정도로 아주 많다. 그만큼 규정이 다양하다. 이럴 때는 그 단어가 가진 원 뜻을 살펴보는 것도 좋다. 각종 예술에서의 고전이라는 개념은 서구에서 온 것으로 모두가 알듯이 클래식 Classic이라고 쓴다. 클래식은 라틴어 클라시쿠스 Classicus에서 유래한 단어인데, 함대艦隊라는 의미의 클라시스 Classis라는 명사에서 파생된 형용사다. 클라시쿠스라는 단어는 로마가 위기에 처했을 때 국가를 위해 군함을 한 척도 아닌 함대(클라시스)를 기부할 수 있는 사람을 뜻하는 말이다. 그리고 이에 반대되는 단어가 많은 사람에게 익숙할 프롤레타리우스 Proletarius로, 즉 재산이 없이 자기 자식 Proles밖에 내놓을 게 없는 가난한 사람을 의미한다.(이 프롤레타리우스가 오늘날의 프롤레타리아 Proletarier가 된 것이다) 이처럼 이 단어들은 오늘날 부르주아 Bourgeois와 프롤레타리아의 대립이라는 개념과 달리 본래는 공동체(국가)의 위기 상황에서 각자가 할 수 있는 역할을 구분한 단어다. 그리고 그 구분은 부富에 맞춰져 있다. 이는 묘하게도 '오래되고 여전히 기억되는 것'이라는 의미에서 영화라는 매체에도 아주 잘 들어맞는다. 영화의 고전들은 함대급의 자본을 투입했고(저예산이라도 결코 적은 돈이 아니다), 삶에 지친 이들의 마음을 돌보아주었기 때문이다. 클라시쿠스가 공동체를 지키기 위한 의미를 담고 있었다면, 오늘날 영화를 비롯한 각종 예술을 의미하는 클래식은 인간의 정신을 지키고 돌보는 의미가 부여돼있다. 우리는 때로 고전이라 일컫는 영화를 볼 때 깊은 감동을 느끼기도 하고, 심지어는 영혼의 고양을 느끼기도 한다. 거대한 자본이 투입되는 영화 산업에서 종종 그러한 감흥을 느낄 때 바로 클라시쿠스(클래식)라는 단어를 떠올리게 된다.

더글러스 페어뱅크스

더글러스 페어뱅크스는 영화의 역사에서 진정한 최초의 '스타'라고 할 수 있는 인물이다. 게다가 '액션 스타'였다. 30대 초반까지 영화계 사람들에게 별

다른 인상을 주지 못했던 더글러스 페어뱅크스는 1916년 자신의 제작사를 설립한 이후 코믹한 액션 모험극을 중심에 둔 영화들을 만들었다. 그리고 1920년 〈쾌걸 조로〉의 성공을 통해 당대 최고의 오락 모험 영화들인 〈삼총사〉〈로빈 후드〉〈바그다드의 도둑〉 등을 통해 최고의 슈퍼스타가 된다. 더글러스 페어뱅크스는 자신의 모험 영화에서 단련되고, 탁월한 운동 능력을 통해 훌륭한 액션을 보여준다. 그가 보여준 놀라운 스턴트는 여전히 많은 이들에게 액션의 레퍼런스로 남아 있기도 하다. 그 대표적인 사례가 스티븐 스필버그의 〈레이더스〉다. 영화에서 채찍을 가진 해리슨 포드와 칼을 가진 악당의 대결을 그려내는 이 장면은 바로 더글러스 페어뱅크스의 첫 번째 대규모 성공작 〈쾌걸 조로〉에서 악당과 싸우는 조로의 모습을 인용한 것이다. 더글러스 페어뱅크스는 이후 당시의 연인이었던 메리 픽포드 그리고 찰리 채플린, D.W. 그리피스와 함께 당시의 억압적인 스튜디오에서 벗어나 창작의 자유를 최대한 보장하는 영화 제작사인 유나이티드 아티스츠 UA, United Artists를 만들기도 한다.

카타르시스

카타르시스 κάθαρσις: Catharsis는 아리스토텔레스의 〈시학〉 6장에서 처음 등장한 단어다. 〈시학〉은 카타르시스에 대해 "비극은 드라마 형식을 취하고 서술 형식을 취하지 않는데, 연민과 공포를 불러일으키는 사건으로 바로 이러한 감정의 카타르시스를 실현한다"라고 한다. 카타르시스는 논란이 많은 단어로, 이 단어를 쓴 아리스토텔레스조차 그 의미를 설명하지 않았다. 카타르시스는 '감정의 정화'와 '감정의 배설' 두 가지 의미가 있다. 〈시학〉을 해제한 로즐린 뒤퐁록과 장 랄로는 카타르시스에 대해 "카타르시스는 결국 재현 활동 자체가 주는 '쾌감 Hédonè'이다 관객의 입장에서 보자면 그 고유의 쾌감은, 재현된 형태들(비극의 경우에는 연민과 공포를 불러일으키는 것의 형태들)을 관조함으로써 얻게 되는 정화된 정서적 경험에서 비롯된다"라고 설명한다. 관객은 연민과 두려움이 가득한 이야기를 정제된 상태로 느끼게 되고, 미적으로 정화된 감정이 "쾌감을 동반한 일종의 정화와 안도감"을 수반하게 된다는 것이다. 이때의 쾌감은 정서적 격동(윤리)부터 가슴이 뻥 뚫리는 시원함(의학)까지 포함한다. 존 맥티어난 감독이 액션의 새로운 경지를 묘사하는 〈다이 하드〉는 사악한 악당을 시원하게 응징하면서 가슴이 뻥 뚫리는 의학적 카타르시스(감정의 배설)를 선사한다.

자경단 영화

자경단 Vigilante 영화는 영화사 초기부터 등장해서, 법 집행에 실망한 이들이 직접 범죄자들을 처벌하는 행위를 담은 영화들을 말한다. 우리가 일반적인 모험 영화들로 받아들이는 〈조로〉와 〈로빈 후드〉 같은 영화들이 바로 자경단 영화의 기원이기도 하며, 구로사와 아키라 감독의 〈요짐보〉 역시 자경단 영화의 일종이다. 수많은 서부극 역시 자경 행위를 다루고 있기도 하다. 자경단 영화가 하나의 형식으로 자리 잡게 된 것은 두 편의 영화인 1973년 영화 〈워킹 톨〉과 1974년 영화 〈데스 위시〉 때문이다. 〈워킹 톨〉은 은퇴한 프로레슬러가 부패한 지역 사회의 갱단과 맞서 싸우는 이야기(실화를 영화화했다)이며, 〈데스 위시〉는 깡패들의 폭력에 아내를 잃은 의사가 직접 총을 들고 이들을 처벌하는 영화다. 한편, 1980년에 등장한 〈익스터미네이터〉는 월남전 참전 군인이 갱단과 맞서 싸우는 이야기로, 지역 사회를 지키기보다 폭력을 즐기는 듯한 주인공의 잔인한 폭력에 더 집중하는 영화다. 이 세 편의 영화는 자경 행위의 등장과 그 변화 그리고 자경단 영화가 극단적인 폭력 영화로 변화하는 지점을 보여준다. 자경단 영화는 미국 경제의 불황 그리고 점차 증가하는 범죄율과 함께 시민들의 사회적 불신과 불안이란 심리를 반영하며 등장했다. 사람들이 공권력을 불신하는 가운데 등장한 자경단 영화는 관객들의 호응을 받았다.

맞벌이 경제활동

미국에서는 1940년대까지 기혼 여성의 경제 활동을 금지한 주가 있었을 정도로 기혼 여성은 집안 문제를 다루는 사람으로 규정된 사회였다. 최초의 맞벌이라 할 수 있는 여성의 경제 활동은 1950년대 미국 사회의 황금기에 등장했다. 이 시기에 일종의 초기 '커리어 우먼' 형태가 등장하지만, 이는 사치스러운 전자 제품이나 가구를 구입하기 위한 일시적 행위였다. 그러나 1970년대에 등장한 맞벌이는 점차 줄어드는 소득과 물가 상승 때문에 생활을 유지하기 위한 필수적인 활동으로 절망적인 궁핍을 피하기 위한 행동이었다.

찾아보기

ㅊ

그 외

영화 · 영상 목록

- 〈007 골드핑거 Goldfinger〉(1964, 가이 해밀턴)
- 〈007 골든 아이 GoldenEye〉(1995, 마틴 캠벨)
- 〈007 나를 사랑한 스파이 The Spy Who Loved Me〉(1977, 루이스 길버트)
- 〈007 네버 다이 Tomorrow Never Dies〉(1997, 로저 스포티스우드)
- 〈007 네버 세이 네버 어게인 Never Say Never Again〉(1983, 어빈 커쉬너)
- 〈007 다이아몬드는 영원히 Diamonds Are Forever〉(1971, 가이 해밀턴)
- 〈007 두번 산다 You Only Live Twice〉(1967, 루이스 길버트)
- 〈007 리빙 데이라이트 The Living Daylights〉(1987, 존 글렌)
- 〈007 문레이커 Moonraker〉(1979, 루이스 길버트)
- 〈007 북경특급 國產凌凌漆〉(1994, 이력지)
- 〈007 뷰 투 어 킬 A View to a Kill〉(1985, 존 글렌)
- 〈007 살인 면허 Licence To Kill〉(1989, 존 글렌)
- 〈007 살인 번호 Dr. No〉(1962, 테렌스 영)
- 〈007 썬더볼 작전 Thunderball〉(1965, 테렌스 영)
- 〈007 여왕 폐하 대작전 On Her Majesty's Secret Service〉(1969, 피터 R. 헌트)
- 〈007 옥토퍼시 Octopussy〉(1983, 존 글렌)
- 〈007 위기일발 From Russia With Love〉(1963, 테렌스 영)
- 〈007 죽느냐 사느냐 Live And Let Die〉(1973, 가이 해밀턴)
- 〈007 포 유어 아이스 온리 For Your Eyes Only〉(1981, 존 글렌)
- 〈007 황금총을 가진 사나이 The Man With The Golden Gun〉(1974, 가이 해밀턴)
- 〈12번째 보조 사제〉(2014, 장재현)
- 〈13번째 여자 Thirteen. Women〉(1932, 조지 아르차인보)
- 〈13일의 금요일 Friday The 13th〉(1981, 스티브 마이너)
- 〈1776〉(1972, 피터 H. 헌트)

- 〈1917〉(2019, 샘 멘데스)
- 〈2001: 스페이스 오디세이 2001: A Space Odyssey〉(1968, 스탠리 큐브릭)
- 〈2009 로스트 메모리즈 2009 Lost Memories〉(2002, 이시명)
- 〈2012〉(2009, 롤랜드 에머리히)
- 〈2019년 멸종지대 2019 After The Fall Of New York〉(1983, 세르지오 마르티노)
- 〈28일 후 28 Days Later...〉(2002, 대니 보일)
- 〈3인의 사무라이 三匹の侍〉(1964, 고샤 히데오)
- 〈3인의 협객 邊城三俠〉(1966, 장철)
- 〈42번가 42nd Street〉(1933, 로이드 베이컨)
- 〈48시간 48 HRS.〉(1982, 월터)
- 〈4인용 식탁〉(2003, 이수연)
- 〈5인의 총잡이 Five Guns West〉(1955, 로저 코먼)
- 〈7인의 사무라이 七人の侍〉(1954, 구로사와 아키라)
- 〈GP506〉(2008, 공수창)
- 〈THX 1138〉(1971, 조지 루카스)
- 〈WR 유기체의 신비 W.R.: Mysteries Of The Organism〉(1971, 두샨 마카베예프)
- 〈UFO〉(1970, TV 시리즈)
- 〈X–레이 눈을 가진 사나이 X: The Man With The X-Ray Eyes〉(1963, 로저 코먼)
- 〈가디언즈 오브 갤럭시 Guardians of the Galaxy〉(2014, 제임스 건)
- 〈가르시아 Bring Me the Head of Alfredo Garcia〉(1974, 샘 페킨파)
- 〈가면여낭 假面女郎〉(1947, 방패림)
- 〈가스펠 Godspell: A Musical Based on the Gospel According to St. Matthew〉(1973, 데이비드 그린)
- 〈가위〉(2000, 안병기)
- 〈감기〉(2013, 김성수)
- 〈감시자들〉(2013, 조의석)
- 〈감옥풍운 Prison on Fire, 監獄風雲〉(1987, 임영동)
- 〈강두 降頭〉(1975, 하몽화)
- 〈강호기협 江湖奇俠〉(1965, 서증굉)
- 〈강호정 2: 영웅호한 英雄好漢〉(1987, 황태래)
- 〈강호정 江湖情〉(1987, 황태래)
- 〈갤럭시 퀘스트 Galaxy Quest〉(1999, 딘 패리소)
- 〈갱스 오브 뉴욕 Gangs of New York〉(2002, 마틴 스콜세지)
- 〈검은 금요일 Black Friday〉(1940, 아서 루빈)
- 〈검은 잠 The Black Sleep〉(1956, 레지널드 르 보그)
- 〈검은 사제들〉(2015, 장재현)
- 〈검은 해적 The Black Pirate〉(1926, 알버트 파커)

- 〈구사일생 英雄無淚〉(1986, 오우삼)
- 〈국가의 탄생 The Birth of a Nation〉(1915, D.W. 그리피스)
- 〈귀신 들린 집의 공포 My World Dies Screaming〉(1958, 해롤드 다니엘스)
- 〈귀안 鬼眼〉(1974, 계치홍)
- 〈귀화산장〉(1980, 이두용)
- 〈그날 그 이후 Threads〉(1984, 믹 잭슨)
- 〈그날 이후 The Day After〉(1983, 니콜라스 메이어)
- 〈그날이 오면 On The Beach〉(1959, 스탠리 크레이머)
- 〈그들은 소모품이다 They Were Expendable〉(1945, 로버트 몽고메리, 존 포드)
- 〈그리스 Grease〉(1978, 랜들 클라이저)
- 〈그해 불꽃놀이는 유난히 화려했다 去年煙花特別多〉(1998, 프루트 첸)
- 〈극도추종 Zodiac Killers, 極道追蹤〉(1991, 허안화)
- 〈금지된 세계 Mutant〉(1982, 앨런 홀츠먼)
- 〈금지된 행성 Forbidden Planet〉(1956, 프레드 M. 윌콕스)
- 〈기계 인간 L'uomo meccanico, Mechanical Man〉(1921, 앙드레 디드)
- 〈기차의 도착 L'arrivée d'un train à La Ciotat〉(1895, 뤼미에르 형제)
- 〈꼬마 신랑의 한〉(1973, 박윤교)
- 〈끝없는 세계 World Without End〉(1956, 에드워드 번즈)
- 〈나는 고발한다 J'accuse〉(1919, 아벨 강스)
- 〈나는 좀비와 함께 걸었다 I Walked with a Zombie〉(1943, 자크 투르뇌르)
- 〈나를 찾아봐 We Are Still Here〉(2015, 테드 조지건)
- 〈나바론 요새 The Guns Of Navarone〉(1961, J. 리 톰슨)
- 〈나쁜 피 Mauvais Sang〉(1986, 레오스 카락스)
- 〈나의 환자〉(1967, 하길종)
- 〈나이트 크리프스 Night Of The Creeps〉(1986, 프레드 데커)
- 〈나이트메어 시티 Incubo Sulla Città Contaminata〉(1980, 움베르토 렌지)
- 〈나이트메어 앨리 Nightmare Alley〉(1947, 에드먼드 굴딩)
- 〈낙동강전투 최후의 고지전 Men in War〉(1957, 안소니 만)
- 〈날개 Wings〉(1927, 윌리엄 A. 웰먼)
- 〈낯선 곳에서의 2주 Two Weeks In Another Town〉(1962, 빈센트 미넬리)
- 〈내 이름은 튜니티 They Call Me Trinity, Lo chiamavano Trinità...〉(1970, 엔조 바르보니)
- 〈내일을 향해 쏴라 Butch Cassidy And The Sundance Kid〉(1969, 조지 로이 힐)
- 〈너 또한 별이 되어〉(1975, 이장호)
- 〈너무 많은 것을 안 여자 The Girl Who Knew Too Much〉(1963, 마리오 바바)
- 〈넉 오프 Knock Off〉(1998, 서극)
- 〈네 멋대로 해라 À Bout De Souffle〉(1960, 장 뤽 고다르)

- 〈네무리 쿄시로眠狂四郎〉(1956)
- 〈노인을 위한 나라는 없다 No Country for Old Men〉(2007, 에단 코헨, 조엘 코헨)
- 〈노잉 Knowing〉(2009, 알렉스 프로야스)
- 〈노틀담의 꼽추 The Hunchback of Notre Dame〉(1923, 월러스 워슬리)
- 〈놉 Nope〉(2022, 조던 필)
- 〈눈먼자들의 도시 Blindness〉(2008, 페르난도 메이렐레스)
- 〈뉴욕, 뉴욕 New York, New York〉(1977, 마틴 스콜세지)
- 〈뉴욕 탈출 Escape from New York〉(1981, 존 카펜터)
- 〈늑대와 춤을 Dances with Wolves〉(1990, 케빈 코스트너)
- 〈니벨룽겐: 크림힐트의 복수 Die Nibelungen: Kriemhilds Rache〉(1924, 프리츠 랑)
- 〈다섯 손가락의 야수 The Beast with Five Fingers〉(1946, 로버트 플로리)
- 〈다이 하드 Die Hard〉(1988, 존 맥티어난)
- 〈다크 나이트 The Dark Knight〉(2008, 크리스토퍼 놀란)
- 〈다크 스타 Dark Star〉(1974, 존 카펜터)
- 〈다크 하프 The Dark Half〉(1993, 조지 로메로)
- 〈다크맨 Darkman〉(1990, 샘 레이미)
- 〈닥터 스트레인지: 대혼돈의 멀티버스 Doctor Strange in the Multiverse of Madness〉(2022, 샘 레이미)
- 〈단장의 검 斷腸劍〉(1967, 장철)
- 〈달세계 여행 Le Voyage dans la lune〉(1902, 조르주 멜리에스)
- 〈닻을 올리고 Anchors Aweigh〉(1945, 조지 시드니)
- 〈대결투 大決鬥〉(1971, 장철)
- 〈대괴수 용가리〉(1967, 김기덕)
- 〈대나무 집 House Of Bamboo〉(1955, 사무엘 풀러)
- 〈대부 2 The Godfather: Part II〉(1974, 프란시스 포드 코폴라)
- 〈대부 The Godfather〉(1972, 프란시스 포드 코폴라)
- 〈대사건 大事件〉(2004, 두기봉)
- 〈대열차 강도 The Great Train Robbery〉(1903, 에드윈 S. 포터)
- 〈대취협 大醉俠〉(1966, 호금전)
- 〈대탈주 The Great Escape〉(1963, 존 스터지스)
- 〈대특명 Missing In Action〉(1984, 조셉 지토)
- 〈대행동 The Big Heat, 城市特警〉(1988, 금양화, 두기봉)
- 〈대호출격 Tiger On Beat, 老虎出更〉(1988, 유가량)
- 〈더 로드 The Road〉(2009, 존 힐코트)
- 〈더 록 The Rock〉(1996, 마이클 베이)
- 〈더블 팀 Double Team〉(1997, 서극)
- 〈더 헌팅 The Haunting〉(1963, 윌리엄 와이즈)

- 〈더 히어로 A Hero Never Dies, 真心英雄〉(1998, 두기봉)
- 〈더티 해리 Dirty Harry〉(1971, 돈 시겔)
- 〈던위치 호러 The Dunwich Horror〉(1970, 다니엘 할러)
- 〈데드 돈 다이 The Dead Don't Die〉(2019, 짐 자무시)
- 〈데드 얼라이브 Dead Alive〉(1992, 피터 잭슨)
- 〈데드 오브 나잇 Dead of Night〉(1974, 밥 클라크)
- 〈데드 피플 Dead People〉(1973, 윌러드 휴익)
- 〈데들리 컴패니언 The Deadly Companions〉(1961, 샘 페킨파)
- 〈데스드림 Deathdream〉(1974, 밥 클라크)
- 〈데이곤 Dagon, la secta del mar〉(2001, 브라이언 유즈나)
- 〈덴티스트 The Dentist〉(1996, 브라이언 유즈나)
- 〈델라모르테 델라모레 Dellamorte Dellamore〉(1994, 미켈레 소아비)
- 〈델타 포스 The Delta Force〉(1986, 메나헴 골란)
- 〈도협 至尊無上 III, 賭俠〉(1990, 왕정)
- 〈독수리 요새 Where Eagles Dare〉(1968, 브라이언 G. 허튼)
- 〈독수리의 밤 Night of the Eagle〉(1962, 시드니 하이어스)
- 〈독전〉(2008, 이해영)
- 〈돌스 Dolls〉(1987, 스튜어트 고든)
- 〈돌아오지 않는 해병〉(1963, 이만희)
- 〈돌아온 외다리〉(1974, 이두용)
- 〈돌아온 외팔이 獨臂刀王〉(1969, 장철)
- 〈동방불패 笑傲江湖 II 東方不敗〉(1992, 서극)
- 〈듄 Dune〉(2021, 드니 빌뇌브)
- 〈드라이브 Drive〉(2011, 니콜라스 빈딩 레픈)
- 〈드라큐라 Dracula〉(1931, 토드 브라우닝)
- 〈드래그 미 투 헬 Drag Me to Hell〉(2009, 샘 레이미)
- 〈디아볼릭 Les Diaboliques〉(1955, 앙리 조르주 클루조)
- 〈디어 헌터 The Deer Hunter〉(1978, 마이클 치미노)
- 〈딕 트레이시 Dick Tracy〉(1937, 앨런 제임스, 레이 테일러)
- 〈딥 임팩트 Deep Impact〉(1998, 미미 레더)
- 〈뜨거운 오후 Dog Day Afternoon〉(1975, 시드니 루멧)
- 〈라라랜드 La La Land〉(2016, 데이미언 셔젤)
- 〈라비린스 Labyrinth〉(1986, 짐 헨슨)
- 〈라스트 맨 스탠딩 Last Man Standing〉(1996, 월터 힐)
- 〈라스트 액션 히어로 Last Action Hero〉(1993, 존 맥티어난)
- 〈라이언 일병 구하기 Saving Private Ryan〉(1998, 스티븐 스필버그)

- 〈마태 魔胎〉(1983, 유홍천)
- 〈마틴 Martin〉(1977, 조지 A. 로메로)
- 〈말리그넌트 Malignant〉(2021, 제임스 완)
- 〈말타의 매 The Maltese Falcon〉(1941, 존 휴스턴)
- 〈맑은 날 영원히 볼 수 있으리 On A Clear Day You Can See Forever〉(1970, 빈센트 미넬리)
- 〈망령의 괴묘 저택 亡靈怪猫屋敷〉(1958, 나카가와 노부오)
- 〈망령의 웨딩드레스〉(1981, 박윤교)
- 〈망자의 도시 The City of the Dead〉(1960, 존 르웰린 막시)
- 〈매드 맥스 2 The Road Warrior〉(1981, 조지 밀러)
- 〈매드 맥스 Mad Max〉(1979, 조지 밀러)
- 〈매드니스 In The Mouth Of Madness〉(1995, 존 카펜터)
- 〈매드썬 Exterminators of the Year 3000〉(1983, 기울리아노 카네메오)
- 〈매트 헌터 Invasion U.S.A.〉(1985, 조셉 지토)
- 〈매트릭스 The Matrix〉(1999, 릴리 워쇼스키, 라나 워쇼스키)
- 〈맥시멈 오버드라이브 Maximum Overdrive〉(1986, 스티븐 킹)
- 〈맨 인 더 다크 Don't Breathe〉(2016, 페데 알바레스)
- 〈맨스터 The Manster〉(1959, 조지 브레이크스톤, 케네스 G. 크레인)
- 〈메리 포핀스 Mary Poppins〉(1964, 로버트 스티븐슨)
- 〈메이드 인 홍콩 香港製造〉(1997, 프루트 첸)
- 〈메이저 던디 Major Dundee〉(1965, 샘 페킨파)
- 〈메트로폴리스 Metropolis〉(1927, 프리츠 랑)
- 〈며느리의 한〉(1972, 박윤교)
- 〈모가디슈〉(2021, 류승완 감독)
- 〈모노노케 히메 もののけ姫〉(1997, 미야자키 하야오)
- 〈모라 타우의 좀비 Zombies of Mora Tau〉(1957, 에드워드 L. 칸)
- 〈모란등롱 牡丹燈籠〉(1910, 알 수 없음)
- 〈목숨을 판 사나이〉(1966, 신현호)
- 〈목없는 미녀〉(1966, 이용민)
- 〈몬스터즈 Monsters〉(2014, 가렛 에드워즈)
- 〈무간도 無間道〉(2002, 유위강)
- 〈무덤에서 나온 신랑〉(1963, 이용민)
- 〈무서운 이야기〉(2012, 홍지영, 민규동, 임대웅, 정범식, 김곡, 김선)
- 〈무장 트럭 Warlords Of The 21st Century〉(1982, 할리 코켈리스)
- 〈문워커 Moonwalker〉(1988, 제리 크레이머, 짐 블래시필드, 콜린 칠버스)
- 〈문폴 Moonfall〉(2022, 롤랜드 에머리히)
- 〈물괴〉(2018, 허종호)

- 〈버닝 The Burning〉(1981, 토니 메이램)
- 〈벤허 Ben-Hur A Tale of the Christ〉(1925, 프레드 니블로)
- 〈벤허 Ben-Hur〉(1959, 윌리엄 와일러)
- 〈벽력선봉 Final Justice, 霹靂先鋒〉(1988, 왕백문)
- 〈벽혈검 碧血劍〉(1981, 장철)
- 〈보디 백 Body Bags〉(1993, 존 카펜터)
- 〈보이지 않는 침입자 Invisible Invaders〉(1959, 에드워드 L. 칸)
- 〈보표 保鑣〉(1969, 장철)
- 〈복수 報仇〉(1970, 장철)
- 〈복수의 만가 The First Time Is The Last Time, 第一蕾〉(1988, 양본희)
- 〈부산행〉(2016, 연상호)
- 〈부서지는 세계 Crack In The World〉(1965, 앤드류 마튼)
- 〈부활의 날 復活の日〉(1980, 후쿠사쿠 긴지)
- 〈분노의 13번가 Assault on Precinct 13〉(1976, 존 카펜터)
- 〈분노의 역류 Backdraft〉(1991, 론 하워드)
- 〈분노의 주먹 Raging Bull〉(1980, 마틴 스콜세지)
- 〈불가사리〉(1962, 김명제)
- 〈브로드웨이 멜로디 The Broadway Melody〉(1929, 해리 부몽)
- 〈브로드웨이에 선 좀비 Zombies on Broadway〉(1945, 더글러스 고든)
- 〈브로큰 애로우 Broken Arrow〉(1996, 오우삼)
- 〈블랙 크리스마스 Black Christmas〉(1974, 밥 클라크)
- 〈블랙 팬서 Black Panther〉(2018, 라이언 쿠글러)
- 〈블랙 호크 다운 Black Hawk Down〉(2001, 리들리 스콧)
- 〈블랙홀 The Black Hole〉(1979, 게리 넬슨)
- 〈블레이드 러너 Blade Runner〉(1982, 리들리 스콧)
- 〈블루 썬더 Blue Thunder〉(1983, 존 바담)
- 〈블리트 Bullitt〉(1968, 피터 예이츠)
- 〈비도수 飛刀手〉(1969, 장철)
- 〈비디오드롬 Videodrome〉(1983, 데이비드 크로넨버그)
- 〈비버리 힐스 캅 Beverly Hills Cop〉(1984, 마틴 브레스트)
- 〈비트 Beat〉(1997, 김성수)
- 〈빅 라켓 Il Grande Racket〉(1976, 엔조 G. 카스텔라리)
- 〈빅 트러블 Big Trouble In Little China〉(1986, 존 카펜터)
- 〈빅터, 빅토리아 Victor Victoria〉(1982, 블레이크 에드워즈)
- 〈빅 히트 The Big Hit〉(1998, 황지강)
- 〈사각 死角〉(1969, 장철)

- 〈세상의 끝 La Fin du monde〉(1931, 아벨 강스)
- 〈세상의 끝 Verdens Undergang〉(1916, 아우구스트 블롬)
- 〈세상의 끝까지 21일 Seeking a Friend for the End of the World〉(2012, 로렌 스카파리아)
- 〈세인트 루이스에서 만나요 Meet Me In St Louis〉(1944, 빈센트 미넬리)
- 〈셔터 룸 The Shuttered Room〉(1967, 데이비드 그린)
- 〈셰인 Shane〉(1953, 조지 스티븐스)
- 〈소권괴초 笑拳怪招〉(1979, 성룡)
- 〈소년과 개 A Boy And His Dog〉(1975, L.Q. 존스)
- 〈소림문 少林門〉(1976, 오우삼)
- 〈소서러 Sorcerer〉(1977, 윌리엄 프리드킨)
- 〈소오강호 笑傲江湖〉(1990, 김양화, 서극, 정소동, 허안화, 호금전)
- 〈소일렌트 그린 Soylent Green〉(1973, 리차드 플라이셔)
- 〈솔라리스 Солярис, Solaris〉(1972, 안드레이 타르코프스키)
- 〈솔저 블루 Soldier Blue〉(1970, 랄프 넬스)
- 〈쇼 브라더스 쿵푸 신드롬 Iron Fists and Kung Fu Kicks〉(2019, 세르지 오우)
- 〈쇼군의 사디즘 德川女刑罰繪巻 牛裂きの刑〉(1976, 마키구치 유지)
- 〈수색자 The Searchers〉(1956, 존 포드)
- 〈수절〉(1973, 하길종)
- 〈수풀 속의 검은 고양이 藪の中の黒猫〉(1968, 신도 카토네)
- 〈숨은 요새의 세 악인 隠し砦の三悪人〉(1958, 구로자와 아키라)
- 〈숲속에서 Within The Woods〉(1978, 샘 레이미)
- 〈쉘 위 댄스 Shall We Dance〉(1937, 마크 샌드리치)
- 〈쉘부르의 우산 Les Parapluies De Cherbourg〉(1964, 자크 드미)
- 〈쉬리〉(1999, 강제규)
- 〈쉬버스 Shivers〉(1975, 데이비드 크로넨버그)
- 〈슈퍼내추럴 Supernatural〉(1933, 빅터 할페린)
- 〈슈퍼맨 2 Superman II〉(1980, 리처드 레스터)
- 〈슈퍼맨 Superman〉(1948, 스펜서 고든 베넷, 토마스 카)
- 〈슈퍼맨 Superman〉(1978, 리차드 도너)
- 〈스캐너스 Scanners〉(1981, 데이비드 크로넨버그)
- 〈스타게이트 Stargate〉(1994, 롤랜드 에머리히)
- 〈스타맨 Starman〉(1984, 존 카펜터)
- 〈스타쉽 트루퍼스 Starship Troopers〉(1997, 폴 버호벤)
- 〈스타워즈 2020 Scontri stellari oltre la terza dimensione〉(1979, 루이지 코지)
- 〈스타워즈 에피소드 4, 새로운 희망 Star Wars : Episode IV, A New Hope〉(1977, 조지 루카스)
- 〈스타워즈: 오비완 케노비 Obi-Wan Kenobi〉(2022, 데보라 차우)

- 〈스타트렉 4 Star Trek IV : The Voyage Home〉(1986, 레너드 리모이)
- 〈스타트렉: 더 모션 픽쳐 Star Trek : The Motion Picture〉(1979, 로버트 와이즈)
- 〈스타트렉 Star Trek〉(1966, 진 로든버리)
- 〈스트리트 오브 파이어 Streets Of Fire〉(1984, 월터 힐)
- 〈스파이더맨 Spider-Man〉(2004, 샘 레이미)
- 〈스페이스 트러커 Star Truckers〉(1996, 스튜어트 고든)
- 〈스페이스 헌터 Spacehunter: Adventures in the Forbidden Zone〉(1983, 라몽 존슨)
- 〈스페이스볼 Spaceballs〉(1987, 멜 브룩스)
- 〈승리호〉(2020, 조성희)
- 〈시간의 문제 A Matter of Time〉(1976, 빈센트 미넬리)
- 〈시민 반란 Il Cittadino Si Ribella〉(1974, 엔조 G. 카스텔라리)
- 〈시민 케인 Citizen Kane〉(1941, 오손 웰즈)
- 〈시실리 2Km〉(2004, 신정원)
- 〈시체들의 낮 Day Of The Dead〉(1985, 조지 A. 로메로)
- 〈시체들의 새벽 Dawn of the Dead〉(1978, 조지 A. 로메로)
- 〈시카리오: 암살자의 도시 Sicario〉(2015, 드니 빌뇌브)
- 〈시티 워 City War, 義膽紅脣〉(1988, 손중)
- 〈식스티 세컨즈 Gone In 60 Seconds〉(1974, H.B. 할리키)
- 〈신부의 아버지 Father of the Bride〉(1950, 빈센트 미넬리)
- 〈신체 강탈자의 침입 Invasion Of The Body Snatchers〉(1956, 돈 시겔)
- 〈십 대 혈거인 Teenage Cave Man〉(1958, 로저 코먼)
- 〈싸이코 Psycho〉(1960, 알프레드 히치콕)
- 〈싸일런트 러닝 Silent Running〉(1972, 더글라스 트럼블)
- 〈썬즈 오브 아나키 Sons of anarchy〉(2008, TV 시리즈)
- 〈아담스 패밀리 The Addams Family〉(1964, TV 시리즈)
- 〈아들을 동반한 검객 子連れ狼 三途の川の乳母車〉(1972, 미스미 겐지)
- 〈아라비아의 로렌스 Lawrence Of Arabia〉(1962, 데이비드 린)
- 〈아르고 황금 대탐험 Jason And The Argonauts〉(1963, 돈 샤피)
- 〈아마겟돈 Armageddon〉(1998, 마이클 베이)
- 〈아마데우스 Amadeus〉(1984, 밀로스 포만)
- 〈아미스타드 Amistad〉(1997, 스티븐 스필버그)
- 〈아비정전 Days of Being Wild, 阿飛正傳〉(1990, 왕가위)
- 〈아엘리타 Aelita: Queen of Mars, Аэлита〉(1924, 야코프 프로타자노프)
- 〈아이언맨 Iron Man〉(2008, 존 파브로)
- 〈악령〉(1974, 김인수)
- 〈악령의 밤 Night of the Demon〉(1957, 자크 투르뇌르)

- 〈악마와 미녀〉(1969, 이용민)
- 〈악의 꽃〉(1961, 이용민)
- 〈악의 손길 Touch Of Evil〉(1958, 오손 웰스)
- 〈안개는 여자처럼 속삭인다〉(1982, 정지영)
- 〈안녕, 내 사랑 Murder, My Sweet〉(1944, 에드워드 드미트릭)
- 〈안드로메다의 위기 The Andromeda Strain〉(1971, 로버트 와이즈)
- 〈암전暗戰〉(2000, 두기봉)
- 〈암화暗花〉(1998, 유달지, 두기봉)
- 〈애나벨 Annabelle〉(2014, 존 R. 레오네티)
- 〈애니 Annie〉(1982, 존 휴스턴)
- 〈애들이 줄었어요 Honey, I Shrunk The Kids〉(1989, 조 존스턴)
- 〈애콜라이트 The Acolyte〉(2023, 미니 시리즈)
- 〈야반가성 夜半歌聲〉(1937, 마서유방)
- 〈어둠의 표적 Straw Dogs〉(1971, 샘 페킨파)
- 〈어벤져스: 엔드게임 Avengers: Endgame〉(2019, 루소 형제)
- 〈어벤져스 The Avengers〉(2012, 조스 웨던)
- 〈어비스 The Abyss〉(1989, 제임스 카메론)
- 〈어셔 가의 몰락 House Of Usher〉(1960, 로저 코먼)
- 〈언더워터 Underwater〉(2020, 윌리엄 유뱅크)
- 〈엄마 UMMA〉(2022, 아이리스 K. 심)
- 〈에비타 Evita〉(1996, 알란 파커)
- 〈에어포트 Airport〉(1970, 조지 시턴)
- 〈에이리언 2 Aliens〉(1986, 제임스 카메론)
- 〈에이리언 Alien〉(1979, 리들리 스콧)
- 〈에퀴녹스 Equinox〉(1970, 잭 우즈)
- 〈엑소시스트 The Exorcist〉(1973, 윌리엄 프리드킨)
- 〈엔터테인먼트 Thats Entertainment〉(1974, 잭 헤일리 주니어)
- 〈엘 토포 El Topo〉(1970, 알레한드로 조도로프스키)
- 〈엘리트 특공대 The Inglorious Bastards〉(1978, 엔조 G. 카스텔라리)
- 〈엘리펀트 맨 The Elephant Man〉(1980, 데이비드 린치)
- 〈여고괴담〉(1998, 박기형)
- 〈여곡성〉(1986, 이혁수)
- 〈여자 흡혈귀 女吸血鬼〉(1959, 나카가와 노부오)
- 〈연가시〉(2012, 박정우)
- 〈연인 Les Amants〉(1958, 루이 말)
- 〈열외 인간 Rabid〉(1977, 데이비드 크로넨버그)

- 〈영광의 길 Paths of Glory〉(1957, 스탠리 큐브릭)
- 〈영구와 땡칠이〉(1989, 남기남)
- 〈영웅본색 英雄本色〉(1967, 용강)
- 〈영웅본색 A Better Tomorrow, 英雄本色〉(1986, 오우삼)
- 〈영웅본색 2 A Better Tomorrow II, 英雄本色 II〉(1987, 오우삼)
- 〈영웅본색 3 英雄本色 III - 夕陽之歌: A Better Tomorrow III〉(1989, 서극)
- 〈영웅투혼 Flaming Brothers, 江湖龍虎門〉(1987, 장동조)
- 〈옐로우 스톤 Yellowstone〉(2008, 미니 시리즈)
- 〈오니바바 鬼婆〉(1964, 신도 카토네)
- 〈오독 五毒〉(1978, 장철)
- 〈오둔인술 五遁忍術〉(1982, 장철)
- 〈오멘 The Omen〉(1976, 리처드 도너)
- 〈오버로드 Overlord〉(1975, 스튜어트 쿠퍼)
- 〈오스터맨 The Osterman Weekend〉(1983, 샘 페킨파)
- 〈오야강시 午夜殭屍〉(1936, 양공량)
- 〈오즈의 마법사 The Wizard Of Oz〉(1939, 빅터 플레밍)
- 〈오징어 게임〉(2021, 황동혁)
- 〈오페라의 유령 The Phantom of the Opera〉(1925, 루퍼트 줄리안)
- 〈올리버 Oliver!〉(1968, 캐롤 리드)
- 〈와일드 번치 The Wild Bunch〉(1969, 샘 페킨파)
- 〈와호장룡 Crouching Tiger, Hidden Dragon, 臥虎藏龍〉(2000, 이안)
- 〈외계+인〉(2022, 최동훈)
- 〈외계로부터의 9호 계획 Plan 9 From Outer Space〉(1958, 에드 우드)
- 〈요괴대전쟁 妖怪大戦争〉(1968, 구로다 요시유키)
- 〈요짐보 Yojimbo, 用心棒〉(1961, 구로사와 아키라)
- 〈요츠야 괴담 四谷怪談 前篇〉(1949, 키노시타 케이스케)
- 〈욜란다와 도둑 Yolanda And The Thief〉(1945, 빈센트 미넬리)
- 〈용서받지 못한 자 Unforgiven〉(1992, 클린트 이스트우드)
- 〈용의 가족 Dragon Family, 龍之家族〉(1988, 유가량)
- 〈우리에게 내일은 없다 Bonnie and Clyde〉(1967, 아서 펜)
- 〈우주 전쟁 The War Of The Worlds〉(1953, 바이런 해스킨)
- 〈우주 해적선 The Ice Pirates〉(1984, 스튜어트 래필)
- 〈우주괴인 왕마귀〉(1967, 권혁진)
- 〈우주대모험 1999 SPACE: 1999〉(1975, TV 시리즈)
- 〈우주보안관 장고 BraveStarr〉(1987, TV 애니메이션 시리즈)
- 〈우주수폭전 This Island Earth〉(1954, 조셉 M. 뉴먼)

- 〈우주에서 온 메시지 宇宙からのメッセ-ジ〉(1978, 후쿠사쿠 긴지)
- 〈우주의 7인 Battle Beyond the Stars〉(1980, 지미 T. 무라카미, 로저 코먼)
- 〈우주전함 야마토 宇宙戦艦ヤマト〉(1974, TV 애니메이션 시리즈)
- 〈우주해적 캡틴 하록 宇宙海賊キャプテンハーロック〉(1978, TV 애니메이션 시리즈)
- 〈우주해적 코브라 Space Adventure Cobra〉(1982, 데자키 오사무)
- 〈울프 콜 The Wolf's Call〉(2019, 아벨 랑작)
- 〈워 게임 The War Game〉(1965, 피터 왓킨스)
- 〈워리어 The Warriors〉(1979, 월터 힐)
- 〈워킹 톨 Walking Tall〉(1973, 필 칼슨)
- 〈원스 어폰 어 타임... 인 할리우드 Once Upon a Time... in Hollywood〉(2019, 쿠엔틴 타란티노)
- 〈원앙검협 鴛鴦劍俠〉(1965, 서증굉)
- 〈원자 뇌가 달린 피조물 Creature with the Atom Brain〉(1955, 에드워드 L. 칸)
- 〈원한의 공동묘지〉(1983, 김인수)
- 〈원한의 도곡리 다리 The Bridges at Toko-Ri〉(1954, 마크 롭슨)
- 〈월녀의 한〉(1980, 김인수)
- 〈월드워 Z World War Z〉(2013, 마크 포스터)
- 〈월하의 공동묘지 月下의 共同墓地〉(1967, 권철휘)
- 〈웨스트 사이드 스토리 West Side Story〉(1961, 제롬 로빈스)
- 〈위대한 침묵 he Great Silence, Il grande silenzio〉(1968, 세르지오 코르부치)
- 〈위험한 게임 The Most Dangerous Game〉(1932, 어니스트 B. 쇼드색, 어빙 피첼)
- 〈위험한 영웅 女子跆拳群英會〉(1975, 오우삼)
- 〈윈드 리버 Wind River〉(2016, 테일러 쉐리던)
- 〈유귀자 油鬼子〉(1976, 하몽화)
- 〈유령의 집 The House of Ghosts〉(1906, 세군도 드 초몬)
- 〈유령출몰지 The Haunted Palace〉(1965, 로저 코먼)
- 〈유성·호접·검 流星·胡蝶·劍〉(1976, 초원)
- 〈은하수를 여행하는 히치하이커를 위한 안내서 The Hitchhiker's Guide to the Galaxy〉(2005, 가스 제닝스)
- 〈은행풍운 人民英雄〉(1987, 이동승)
- 〈의개운천 A Hearty Response, 義蓋雲天〉(1986, 나문)
- 〈의리의 사나이 외팔이 One-Armed Swordsman, 獨臂刀〉(1967, 장철)
- 〈의본무언 Brotherhood, 義本無言〉(1987, 진회의)
- 〈이블 데드 2 Evil Dead 2〉(1987, 샘 레이미)
- 〈이블 데드 3: 암흑의 군단 Army of Darkness〉(1992, 샘 레이미)
- 〈이블 데드 Evil Dead〉(1981, 샘 레이미)
- 〈이유 없는 반항 Rebel without a Cause〉(1955, 니콜라스 레이)

684

- 〈제5원소 Le Cinquième èlèment〉(1997, 뤽 베송)
- 〈제6지대 Night Gallery〉(1970~1973, TV 시리즈)
- 〈제7의 천국 7th Heaven〉(1927, 프랭크 보제이기)
- 〈제국의 종말 Flash Gordon〉(1980, 마이크 호지스)
- 〈제일유형위험 第一類型危險〉(1980, 서극)
- 〈제주도 풍토기〉(1946, 이용민)
- 〈조용한 가족〉(1998, 김지운)
- 〈존 카터: 바숨 전쟁의 서막 John Carter〉(2012, 앤드류 스탠튼)
- 〈졸업 The Graduate〉(1967, 마이크 니콜스)
- 〈좀비들의 왕 king of the zombies〉(1941, 장 야브로)
- 〈좀비오 Re-Animator〉(1985, 스튜어트 고든)
- 〈종귀 種鬼〉(1983, 양권)
- 〈주니어 보너 Junior Bonner〉(1972, 샘 페킨파)
- 〈주성치의 파괴지왕 Love On Delivery〉(1994, 이력지)
- 〈주온 Ju-on: The Grudge, 呪怨〉(2002, 시미즈 다카시)
- 〈죽어, 괴물아, 죽어! Die, Monster, Die!〉(1965, 다니엘 할러)
- 〈죽은 자의 편지 Письма мёртвого человека, Dead Man's Letters〉(1986, 콘스탄틴 로푸샨스키)
- 〈죽음의 경주 Death Race 2000〉(1975, 폴 바텔)
- 〈죽음의 날 Day Of The Dead〉(1985, 조지 A. 로메로)
- 〈죽음의 다섯 손가락 天下第一拳〉(1972, 정창화)
- 〈죽지 않는 괴물 The Thing That Couldnt Die〉(1958, 콘스탄틴 로푸샨스키)
- 〈중경삼림 重慶森林〉(1994, 왕가위)
- 〈중안조 重案組: Crime Story〉(1993, 황지강)
- 〈즐거운 미망인 The Merry Widow〉(1925)
- 〈지구 최후의 인간 The Last Man on Earth〉(1964, 우발도 라고나, 시드니 살코우)
- 〈지구가 끝장 나는 날 The World's End〉(2013, 에드거 라이트)
- 〈지구를 지켜라〉(2003, 장준환)
- 〈지구에서 2천만 마일 20 Million Miles To Earth〉(1957, 네이던 유란)
- 〈지그펠드 폴리스 Ziegfeld Follies〉(1946, 빈센트 미넬리)
- 〈지금 우리 학교는〉(2022, 드라마 시리즈)
- 〈지상 최대의 작전 The Longest Day〉(1962, 앤드류 마튼, 켄 아나킨, 베른하르트 비키)
- 〈지상 최후의 사나이 The Last Man on Earth〉(1964, 우발도 라고나)
- 〈지옥신부 The Bride Who Has Returned From Hell, 地獄新娘〉(1965, 신치)
- 〈지옥의 사막 Damnation Alley〉(1977, 잭 스마이트)
- 〈지옥 인간 From Beyond〉(1986, 스튜어트 고든)
- 〈지저스 크라이스트 슈퍼스타 Jesus Christ Superstar〉(1973, 노만 주이슨)

- 〈지존무상 Casino Raiders, 至尊無上〉(1989, 왕정)
- 〈지지 Gigi〉(1958, 빈센트 미넬리)
- 〈지킬 박사와 하이드씨 Dr. Jekyll And Mr. Hyde〉(1931, 루벤 마모울리언)
- 〈진홍빛 제단의 저주 Curse of the Crimson Altar〉(1968, 버논 스웰)
- 〈짝코〉(1980, 임권택)
- 〈차이나타운 Chinatown〉(1974, 로만 폴란스키)
- 〈차타레 부인의 사랑 L'Amant de lady Chatterley〉(1955, 마르크 알레그레)
- 〈찬두의 귀환 The Return of Chandu〉(1934, 레이 테일러)
- 〈천공의 눈跟蹤〉(2007, 유내해)
- 〈천녀유혼 倩女幽魂〉(1960)(1960, 이한상)
- 〈천녀유혼 倩女幽魂〉(1987)(1987, 정소동)
- 〈천년백랑 千年白狼〉(1983, 박윤교)
- 〈천년호 千年狐〉(1969, 신상옥)
- 〈천라지망 天羅之網〉(1988, 황지강)
- 〈천장지구 天若有情〉(1990, 진목승)
- 〈철기문 鐵旗門〉(1980, 장철)
- 〈철모 The Steel Helmet〉(1951, 사무엘 풀러)
- 〈철수무정 鐵手無情〉(1969, 장철)
- 〈철십자 훈장 Cross Of Iron〉(1977, 샘 페킨파)
- 〈철한유정 鐵漢柔情〉(1974, 오우삼)
- 〈첩혈가두 Bullet In The Head, 喋血街頭〉(1990, 오우삼)
- 〈첩혈속집 Hard-Boiled, 辣手神探〉(1992, 오우삼)
- 〈첩혈쌍웅 The Killer, 喋血雙雄〉(1989, 오우삼)
- 〈촉산 新蜀山劍俠〉(1983, 서극)
- 〈총검장착 Fixed Bayonets!〉(1951, 사무엘 풀러)
- 〈최후의 스타화이터 The Last Starfighter〉(1984, 닉 캐슬)
- 〈최후의 증인〉(1980, 이두용)
- 〈취권 Drunken Master, 醉拳〉(1978, 원화평)
- 〈츠바키 산주로 椿三十郎〉(1962, 구로사와 아키라)
- 〈칠드런 오브 맨 Children Of Men〉(2016, 알폰소 쿠아론)
- 〈카바레 Cabaret〉(1972, 밥 포시)
- 〈카비리아 Cabiria〉(1914, 조반니 파스트로네)
- 〈카사네 늪의 유령 怪談累ヶ淵〉(1957, 나카가와 노부오)
- 〈칼리가리 박사의 밀실 Das Kabinett des Doktor Caligari〉(1920, 로베르트 비네)
- 〈캐빈 인 더 우즈 The Cabin in the Woods〉(2012, 드루 고더드)
- 〈캐빈 피버 Cabin Fever〉(2002, 일라이 로스)

- 〈캣 피플CAT PEOPLE〉(1942, 자크 투르뇌르)
- 〈캡틴 마블 Captain Marvel〉(2019, 애나 보든, 라이언 플렉)
- 〈캡틴 마블의 모험 Adventures of Captain Marvel〉(1941, 존 잉글리쉬, 윌리엄 위트니)
- 〈캡틴 아메리카: 시빌 워 Captain America: Civil War〉(1944, 엘머 클리프턴, 존 잉글리시)
- 〈캣 피플의 저주The Curse of the Cat People〉(1944, 로버트 와이즈)
- 〈커버 걸 Cover Girl〉(1944, 찰스 비도르)
- 〈컨저링 The Conjuring〉(2013, 제임스 완)
- 〈컨테이젼 Contagion〉(2011, 스티븐 소더버그)
- 〈컬러 아웃 오브 스페이스 Color Out of Space〉(2019, 리차드 스탠리)
- 〈컴 앤 씨 Come and See, Иди и смотри〉(1985, 엘렘 클리모프)
- 〈케이블 호그의 발라드The Ballad of Cable Hogue〉(1970, 샘 페킨파)
- 〈코난 Conan the Barbarian〉(1982, 존 밀리어스)
- 〈코러스 라인A Chorus Line〉(1985, 리차드 아텐보로)
- 〈코만도 Commando〉(1985, 마크 L. 레스터)
- 〈코브라 Cobra〉(1986, 조지 P. 코스마토스)
- 〈콘보이 Convoy〉(1978, 샘 페킨파)
- 〈콜드 스킨 La pell freda〉(2017, 자비에르 젠스)
- 〈콰이강의 다리 The Bridge on the River Kwai〉(1957, 데이비드 린)
- 〈쾌걸 조로 The Mark Of Zorro〉(1920, 프레드 니블로)
- 〈쿼터매스와 구덩이 Quatermass and the Pit〉(1967, 로이 워드 베이커)
- 〈쿼터매스의 실험 The Quatermass Xperiment〉(1955, 발 게스트)
- 〈퀵 앤 데드 The Quick And The Dead〉(1995, 샘 레이미)
- 〈크라임웨이브 Crimewave〉(1985, 샘 레이미)
- 〈크래쉬 Crash〉(1996, 데이비드 크로넨버그)
- 〈크리스틴 Christine〉(1983, 존 카펜터)
- 〈크툴루의 부름 the Call of Cthulhu〉(2005, 앤드류 르망)
- 〈클레오파트라 Cleopatra〉(1963, 조셉 L. 맨키비츠)
- 〈클리프행어 Cliffhanger〉(1993, 레니 할린)
- 〈킬 빌 Kill Bill : Vol. 1〉(2003, 틴 타란티노)
- 〈킬도저 Killdozer〉(1974, 제리 런던)
- 〈킬러 엘리트 The Killer Elite〉(1975, 샘 페킨파)
- 〈킹덤〉(2019, 드라마 시리즈)
- 〈킹콩 King Kong〉(1933, 메리언 C. 쿠퍼, 어니스트 B. 쇼드색)
- 〈타워링 The Towering Inferno〉(1974, 존 귈러민)
- 〈타이거 맨 伴我闖天涯〉(1989, 임영동)
- 〈타이탄 Clash of the Titans〉(2010, 루이스 리터리어)

- 〈펄프 픽션 Pulp Fiction〉(1994, 틴 타란티노)
- 〈페널티 The Penalty〉(1920, 월레스 워슬리)
- 〈페이스 오프 Face Off〉(1997, 오우삼)
- 〈페임 Fame〉(1980, 앨런 파커)
- 〈포세이돈 어드벤처 The Poseidon Adventure〉(1972, 로널드 님)
- 〈폭찹 고지 Pork Chop Hill〉(1959, 루이스 마일스톤)
- 〈폰〉(2002, 안병기)
- 〈폴리스맨 赤膽情〉(1988, 진회의)
- 〈폴리스맨 2 Organized Crime & Triad Bureau, 重案實錄0記〉(1994, 황지강)
- 〈푸 만추의 가면 The Mask Of Fu Manchu〉(1932, 찰스 브래빈)
- 〈풀의 죽음 No Blade of Grass〉(1970, 코넬 와일드)
- 〈프라하의 학생 Der Student von Prag〉(1913, 스텔란 리예)
- 〈프랑켄슈타인 Frankenstein〉(J. 설 다우리)(1910, J. 설 다우리)
- 〈프랑켄슈타인 Frankenstein〉(제임스 웨일)(1931, 제임스 웨일)
- 〈프랑켄슈타인의 신부 The Bride Of Frankenstein〉(1935, 제임스 웨일)
- 〈프레데터 Predator〉(1987, 존 맥티어난)
- 〈프레디 vs 제이슨 Freddy vs. Jason〉(2004, 우인태)
- 〈프렌치 커넥션 The French Connection〉(1971, 윌리엄 프리드킨)
- 〈프릭스 Freaks〉(1932 – 토드 브라우닝)
- 〈프린스 오브 다크니스 Prince Of Darkness〉(1987, 존 카펜터)
- 〈플래시 고든 Flash Gordon〉(1936, 프레데릭 스테파니, 레이 테일러)
- 〈플래시댄스 Flashdance〉(1983, 애드리안 라인)
- 〈플래툰 Platoon〉(1986, 올리버 스톤)
- 〈플레시 고든 Flesh gordon〉(1974, 마이클 벤베니스트)
- 〈피를 빠는 눈 呪いの館 血を吸う眼〉(1971, 미치오 야마모토)
- 〈피를 빠는 인형 幽霊屋敷の恐怖 血を吸う人形〉(1970, 미치오 야마모토)
- 〈피를 빠는 장미 血を吸う薔薇〉(1974, 미치오 야마모토)
- 〈피막〉(1980, 이두용)
- 〈피아골〉(1955, 이강천)
- 〈피의 복수 复仇〉(2009, 두기봉)
- 〈피의 축제 Blood Feast〉(1963, 허셀 고든 루이스)
- 〈하녀〉(1960, 김기영)
- 〈하녀의 방〉(1987, 김인수)
- 〈하늘의 오두막 Cabin in the Sky〉(1943, 빈센트 미넬리)
- 〈하드 타겟 Hard Target〉(1993, 오우삼)
- 〈하오의 결투 Ride the High Country〉(1962, 샘 페킨파)

- 〈학교풍운 學校風雲〉(1988, 임영동)
- 〈한〉(1967, 유현목)
- 〈한네의 승천 The Reincarnation〉(1977, 하길종)
- 〈할로윈 Halloween〉(1978, 존 카펜터)
- 〈해운대〉(2009, 윤제균)
- 〈해적 The Pirate〉(1948, 빈센트 미넬리)
- 〈핸섬가이즈〉(2024, 남동협)
- 〈햄버거 힐 Hamburger Hill〉(1987, 존 어빈)
- 〈허트 로커 The Hurt Locker〉(2008, 캐서린 비글로우)
- 〈헤어 Hair〉(1979, 밀로스 포만)
- 〈헤이트풀 8 The Hateful Eight〉(2015, 쿠엔틴 타란티노)
- 〈헬과 8인의 미녀 Hell Comes To Frogtown〉(1988, 도널드 G. 잭슨, 스콧 쇼)
- 〈헬레이저 Hellraiser〉(1987, 클라이브 바커)
- 〈헬로, 돌리! Hello, Dolly!〉(1969, 진 켈리)
- 〈헬보이 Hellboy〉(2004, 기예르모 델 토로)
- 〈형제 差人·大佬·博命仔〉(1979, 화산)
- 〈혜성의 밤 Night Of The Comet〉(1984, 톰 에버하트)
- 〈호월적고사 胡越的故事〉(1981, 허안화)
- 〈호협섬구 虎俠殲仇〉(1966, 장철)
- 〈호협 豪俠〉(1978, 오우삼)
- 〈혹성탈출 Planet of the Apes〉(1968, 프랭클린 J. 샤프너)
- 〈홀리 마운틴 La Montaña sagrada〉(1973, 알레한드로 조도로프스키)
- 〈홍남 虹男〉(1949, 키요히코 우시하라)
- 〈화니 레이디 Funny Lady〉(1975, 허버트 로스)
- 〈화룡만가 極道追踪〉(1991, 허안화)
- 〈화성에서 온 침입자 Invaders From Mars〉(1953, 윌리엄 카메론 멘지스)
- 〈화성의 로빈슨 크루소 Robinson Crusoe On Mars〉(1964, 바이런 해스킨)
- 〈화성인 지구 정복 They Live〉(1988, 존 카펜터)
- 〈화소홍련사 火燒紅蓮寺〉(1928, 장석천)
- 〈화이어폭스 Firefox〉(1982, 클린트 이스트우드)
- 〈화이트 좀비 White Zombie〉(1932, 빅터 할페린)
- 〈화피 The Painted Skin, 画皮〉(1966, 포방)
- 〈황비홍 黃飛鴻〉(1991, 서극)
- 〈황야의 7인 The Magnificent Seven〉(1960, 존 스터지스)
- 〈황야의 무법자 A Fistful Of Dollars, Per Un Pugno Di Dollari〉(1964, 세르지오 레오네)
- 〈황혼에서 새벽까지 From Dusk Till Dawn〉(1996, 로버트 로드리게스)

- 〈후랑켄슈타인의 역습The Curse of Frankenstein〉(1959, 테런스 피셔)
- 〈흑귀〉(1976, 이용민)
- 〈흑발〉(1974, 장일호)
- 〈흑사회 Election, 黑社會〉(2005, 두기봉)
- 〈흑전사 Just Heroes, 義膽群英〉(1987, 우마, 오우삼)
- 〈흡혈귀 고케미도로 吸血鬼ゴケミドロ〉(1968, 사토 하지메)
- 〈흡혈귀단 Les vampires〉(1915, 루이 푀이야드)
- 〈흡혈식물 대소동The Little Shop Of Horrors〉(1960, 로저 코먼)
- 〈흡혈아 吸血蛾〉(1956, 나카가와 노부오)
- 〈히트 Heat〉(1995, 마이클 만)

참고문헌

1장

- 박성학, 《세계영화문화사전》, 집문당, 2001.
- 배리 랭포드, 《영화 장르》, 방혜진 옮김, 한나래, 2010.
- 버지니아 라이트 웩스먼, 《세상의 모든 영화》, 김영선 옮김, 이론과실천, 2008.
- 임진모, 《팝, 경제를 노래하다》, 아트북스, 2014.
- 제프리 노웰 스미스, 《세계 영화 대사전》, 이영아 외 옮김, 미메시스, 2015.
- 코린 쿨레, 《고대 그리스의 의사소통》, 영림카디널, 1999.
- 헨드릭 W. 반 룬, 《반 룬의 예술사이야기》, 이덕열 옮김, 들녘, 2000.

2장

- 고장원, 《스페이스 오페라란 무엇인가?》, 부크크, 2015
- 로렌스 M. 크라우스, 《스타트렉의 물리학》, 곽영직·박병철 옮김, 영림카디널, 2008.
- 브라이언 그린, 《엘러건트 유니버스》, 박병철 옮김, 승산, 2002.
- 서정남, 《영상특수효과의 세계》, 빛을여는책방, 2018.
- 엘런 와이즈먼, 《인간 없는 세상》, 이한중 옮김, 알에이치코리아, 2020.
- 임명신 외, 《스페이스 오페라》, 반니, 2022.
- 피터 비스킨드, 《헐리웃 문화혁명》, 박성학 옮김, 시각과언어, 2001.
- 하길종, 《하길종 전집 2: 사회적 영상과 반사회적 영상》, 한국영상자료원, 2009.

3장

- J. F. 비얼레인, 《세계의 유사신화》, 현준만 옮김, 세종, 2000.
- 강유원, 《문학 고전 강의》, 라티오, 2017.
- 김산해, 《최초의 신화 길가메쉬 서사시》, 휴머니스트, 2020.
- 로버트 단턴, 《혁명 전야의 최면술사》, 김지혜 옮김, 알마, 2016.
- 마이클 우드, 《신화 추적자》, 최애리 옮김, 웅진지식하우스, 2006.
- 메리 셸리, 《프랑켄슈타인》, 김선형 옮김, 문학동네, 2012.
- 박요한, 〈파라켈수스의 의화학적 호문쿨루스 제작에 관한 연구〉(석사 학위논문), 서울대학교 대학원, 2022.
- 볼프람 폰 에센바흐, 《파르치팔》, 허창운 옮김, 한길사, 2005.
- 요한 볼프강 폰 괴테 외, 《파우스트》, 이인웅 옮김, 문학동네, 2006.
- 작자미상, 《니벨룽겐의 노래》, 허창운 옮김, 종합출판범우, 2014.
- 제임스 놀스·루이스 리드, 《아서왕과 원탁의 기사들》, 김석희 옮김, 비룡소, 2004.
- 찰스 스콰이어, 《켈트 신화와 전설》, 나영균·전수용 옮김, 황소자리, 2021.
- 케빈 크로슬리 홀랜드, 《북유럽 신화》, 서미석 옮김, 현대지성, 2016.
- 플라톤, 《향연》, 강철웅 옮김, 이제이북스, 2010.
- 허먼 멜빌, 《모비 딕》, 김석희 옮김, 작가정신, 2024.
- 헤시오도스, 김원익, 《신통기》, 민음사, 2003.
- 호메로스, 천병희, 《일리아스》, 도서출판 숲, 2015.

4장

- H. P. 러브크래프트, 홍인수, 《공포 문학의 매혹》, 북스피어, 2012.
- H. P. 러브크래프트, 《러브크래프트 전집》 1~7, 정진영·류지선 옮김, 황금가지, 2015.
- 로버트 E. 하워드 외, 《좀비 연대기》, 정진영 옮김, 책세상, 2017.
- 미셸 우엘벡, 《러브크래프트: 세상에 맞서, 삶에 맞서》, 이채영 옮김, 필로소픽, 2021.
- 클라크 애슈턴 스미스, 《클라크 애슈턴 스미스 걸작선》, 정진영 옮김, 황금가지, 2015.
- 하가시 마시오, 《크툴루 신화 대사전》, 전홍식 옮김, AK커뮤니케이션즈, 2019.

5장

- 디 브라운, 《나를 운디드니에 묻어주오》, 최준석 옮김, 한겨레출판, 2024.

- 로버트 쉬네이큰버그, 《위대한 영화감독들의 기상천외한 인생 이야기》, 정미우 옮김, 시그마북스, 2010.
- 이사야 벌린·헨리 하디, 《이사야 벌린의 자유론》, 박동천 옮김, 아카넷, 2014.
- 커미트 홀·피터 카스텐, 《미국법의 역사와 문화》, 손세정 옮김, 라티오, 2009.
- 콜린 윌슨, 《잔혹》, 황종호 옮김, 하서출판사, 2007.
- 한국철학사상연구회, 《아주 오래된 질문들》, 동녘, 2017.
- 햄프턴 시드, 《피와 천둥의 시대》, 홍한별 옮김, 갈라파고스, 2009.

6장

- 대니얼 W. 드레즈너, 《국제 정치이론과 좀비》, 유지연 옮김, 어젠다, 2013.
- 라에네크 위르봉, 《부두교: 왜곡된 아프리카의 정신》, 시공사, 1997.
- 시 엘 아르 제임스, 《블랙 자코뱅》, 우태정 옮김, 필맥, 2007.
- 웨이드 데이비스, 《나는 좀비를 만났다》, 김학영 옮김, 메디치미디어, 2013.

7장

- 르네 데카르트, 《성찰》, 이현복 옮김, 문예출판사, 1997.
- 배시애, 《전염병학》, 동화기술, 2007.
- 빌 브라이슨, 《빌 브라이슨의 발칙한 미국산책》, 강주헌 옮김, 청림출판, 2011.
- 스티븐 L. 쿡, 《예언과 묵시》, 이윤경 옮김, 새물결플러스, 2016.
- 스티븐 L. 쿡, 《묵시문학》, 차준희 옮김, 대한기독교서회, 2015.
- 스티븐 핑커, 《우리 본성의 선한 천사》, 김명남 옮김, 사이언스북스, 2014.
- 자미라 엘 우아실·프리데만 카릭, 《세상은 이야기로 만들어졌다》, 김현정 옮김, 원더박스, 2023.
- 제임즈 칼라스, 《요한계시록》, 박창환 옮김, 컨콜디아사, 1977
- 지그문트 바우만, 《고독을 잃어버린 시간》, 오윤성 옮김, 동녘, 2019.
- 지그프리트 크라카우어, 《칼리가리에서 히틀러로: 독일 영화의 심리학적 역사》, 장희권 옮김, 새물결, 2022.
- 하인츠 부데, 《불안의 사회학》, 이미옥 옮김, 동녘, 2015.

8장

- 강상순, 《귀신과 괴물》, 소명출판, 2017.
- 김종서 외, 《교감 역주 송천필담 3》, 보고사, 2009.
- 김지영, 《괴상하고 무섭고 슬픈 존재들》, 서해문집, 2022.

- 김태곤 외, 《한국사상의 원천》, 박영사, 1976,
- 메리 울스턴크래프트, 《여성의 권리 옹호》, 문수현 옮김, 책세상, 2011.
- 무라야마 지준, 《조선의 귀신》, 노성환 옮김, 민속원, 2019.
- 미즈키 시게루, 《일본요괴대사전》, 1984
- 백문임, 《월하의 여곡성》, 책세상, 2008.
- 성현, 《용재총화》 제3권, 1525
- 송아름, 〈해명 가능한 괴기성을 만드는 법: 검열이 구축한 1960년대 괴기영화의 장르성〉, 《한국극예술학회》, no.72, 2021, pp.99-134.
- 안병국, 《귀신설화연구》, 도서출판 규장각, 1995.
- 에드문트 후설, 《유럽학문의 위기와 선험적 현상학》, 이종훈 옮김, 한길사, 2016.
- 유경자, 〈구비설화 속 '여성표상 동물' 이야기에 나타나는 속신(俗信)의 양상과 기능〉, 《민속학연구》 vol.21., no.47, 2020, pp155-173.
- 윤혜신, 《귀신과 트라우마》, 2010, 지식의날개
- 윤혜신, 《귀신과 트라우마》, 지식의날개, 2010.
- 이부영, 《한국의 샤머니즘과 분석심리학》, 한길사, 2012.
- 작자 미상, 《고금소총》
- 전여강, 《공자의 이름으로 죽은 여인들》, 이재정 옮김, 예문서원, 1999.
- 조흥윤, 《한국의 샤머니즘》, 서울대학교출판부, 1999.
- 존 스튜어트 밀, 《여성의 종속》, 정미화 옮김, 이소노미아, 2022.
- 최길성, 《한국 무속의 이해》, 예전사, 1994.
- 홍만종, 《명엽지해》, 1678
- 황현산, 《밤이 선생이다》, 난다, 2013.

9장

- 라울 힐베르크, 《홀로코스트 유럽유대인의 파괴》, 김학이 옮김, 개마고원, 2008.
- 이윤영, 《사유 속의 영화》, 문학과지성사, 2011.
- 존 엘리스, 《참호에 갇힌 제1차 세계대전》, 정병선 옮김, 마티, 2009.
- 크리스토퍼 R. 브라우닝, 《아주 평범한 사람들》, 이진모 옮김, 책과함께, 2023.
- 파커 J. 파머, 《비통한 자들을 위한 정치학》, 김찬호 옮김, 글항아리, 2012.
- 폴 비릴리오, 《전쟁과 영화》, 권혜원 옮김, 한나래, 2004.

10장

- 량서우중, 《강호를 건너 무협의 숲을 거닐다》, 안동준·김영수 옮김, 김영사, 2004.
- 사마천, 《사기본기》, 김원중 옮김, 을유문화사, 2005.

- 씨네21,《씨네21 영화감독사전》, 한겨레출판, 2002.
- 앵거스 찰스 그레이엄,《도의 논쟁자들》, 나성 옮김, 새물결, 2015.
- 여신·임대근,〈우리가 주성치 영화에서 놓쳤던 것들: 영화〈식신(食神)〉의 중국 광둥어 원작과 표준어 더빙 및 한글 자막 간의 괴리 문제〉,《중국문화연구》, no.46, 2019, pp.153-184.
- 오현리,《강호무림최종분석》, 달과별, 1997.
- 종보현,《홍콩 영화 100년사》, 윤영도·이승희 옮김, 그린비, 2014.
- 진산,《중국무협사》, 동문선, 1997.

11장

- 강인형·김지석,《향항전영 1997년》, 한울, 1995.
- 구회영,《영화에 대하여 알고싶은 두세 가지 것들》, 한울, 2011.
- 이영재,《아시아적 신체》, 소명출판, 2019.
- 이영재,〈형제애의 로망, 1987의 정동:〈영웅본색〉과 홍콩-한국 커넥션〉,《대중서사연구》 vol.27, no.57, 2021, pp.301-338.
- 정성일 외,《언젠가 세상은 영화가 될 것이다》, 바다출판사, 2010.

12장

- 로버트 D. 퍼트넘,《나홀로 볼링》, 정승현 옮김, 페이퍼로드, 2016.
- 수잔 제퍼드,《하드 바디》, 이형식 옮김, 동문선, 2002.
- 아리스토텔레스 외,《시학》, 천병희 옮김, 문예출판사, 2002.
- 이마미치 도모노부,《단테『신곡』강의》, 이영미 옮김, 교유서가, 2022.